WALTER WEDDIGEN

Theoretische Volkswirtschaftslehre als System der Wirtschaftstheorie

Theoretische Volkswirtschaftslehre

als System der Wirtschaftstheorie

Von

Dr. Dr. Walter Weddigen

em. ord. Professor
an der Universität Erlangen-Nürnberg

Dritte durchgesehene und ergänzte Auflage
8. – 10. Tausend

DUNCKER & HUMBLOT / BERLIN

Gedruckt 1964 bei Berliner Buchdruckerei Union GmbH., Berlin 61
Printed in Germany

Meiner Frau

Vorwort zur dritten Auflage

Die dritte Auflage wurde in allen Teilen durchgesehen und ergänzt. Da dies Buch nicht nur die logische Brauchbarkeit der von mir seit 1927 von der Ertragstheorie her entwickelten systematisch-theoretischen Grundlage einer einheitlichen Wirtschaftswissenschaft erweist, sondern auch dem Lehrzweck dienen soll, so seien mir einige Bemerkungen zur heuristischen Aufgabe des hier dargelegten Lehrsystems gestattet.

Mit diesem Lehrgebäude stehe ich in deutlichem Gegensatz zu allen den Fachvertretern der Wirtschaftswissenschaft, die sich heute eine „reine" Wirtschaftstheorie ohne Mathematik nicht vorstellen können. Ich möchte das, was ich schon in der letzten und auch jetzt wieder in dieser Auflage (S. 253) über die Eignung und die Grenzen mathematischer Beweisführungen in der Wirtschaftswissenschaft ausführte, hier nicht verschärfen, aber die Praxis schüttelt über diese Einstellung der „Mathematiker" schon lange den Kopf, und eine lange akademische Lehrtätigkeit hat mir die Schwierigkeiten gezeigt, mit denen diese Einstellung auch pädagogisch zu kämpfen hat. Die Folge ist, daß die heute so notwendige vermehrte Unterrichtung breiterer Volksmassen über die wirtschaftlichen Zusammenhänge unnötig erschwert wird.

Gewiß erfordert auch die teleologisch-erfolgsbetrachtende Grundauffassung, mit der unser Lehrsystem arbeitet, bei vielen Lesern ein gewisses Sicheinarbeiten, denn hier tritt ein mehr anschauliches Raumdenken in auch qualitativ zu erfassenden Gebilden und Gebildestufen dem mehr rechenhaft-quantitativen, vor allem mechanisch-kausalen Plus- und Minusdenken der „Mathematiker" gegenüber. Aber wir stehen heute an einer Wende: In Amerika beginnt man anscheinend schon, sich der Grenzen des Erkenntniswerts der mathematischen Wirtschaftstheorie bewußt zu werden, die heute in Westdeutschland fast überall noch auf ihrem Höhepunkt steht. Die Götterdämmerung der Mathematik in der Wirtschaftstheorie bricht an, und es ist jetzt die Frage: Soll das Pendel der wissenschaftstheoretischen Weiterentwicklung nun wieder zur empirischen Wirtschaftsbeschreibung eines bloßen Historismus hindurchschwingen, oder wird man von den heuristischen Möglichkeiten einer teleologisch-erfolgsbetrachtenden Wirtschaftstheorie Gebrauch machen, die die Wirtschaftswissenschaft in ihrer Theorie wie in ihren praktischen Disziplinen als eine einheitliche „theoretische Wissenschaft relativ hoher empirischer Ordnung" begründet. Diese erfolgsbetrachtende (produktivitätstheoretische) Grundauffassung ist heute nicht „modern“, zumal sich aus einigen früheren Übertreibungen dieser Forschungsrichtung gewisse direkte Verbindungen hin zum politischen Ständegedanken ergaben und dieser Gedanke im faschistischen Italien und im nationalsozialistischen Deutschland anfangs zum Deckmantel verhängnisvoller Diktaturen mißbraucht wurde, die zum zweiten Weltkrieg führten. Dies Buch sucht diese teleologische Grundauffassung von allen Einseitigkeiten und Übertreibungen zu befreien und in diesem Rahmen auch den Ergebnissen jener Gegner gerecht zu werden, die nicht die Produktivität der Wirtschaft schlechthin, sondern den Verteilungsprozeß der Marktwirtschaft zum Ausgangspunkt ihrer theoretischen Betrachtung machen. Möchte es damit dazu beitragen, der Entwicklung unserer Wirtschaftswissenschaft endlich die logisch notwendige neue Richtung zu geben, für die ich seit fast vier Jahrzehnten eintrete.

Nürnberg, den 9. März 1964 Walter Weddigen

Aus dem Vorwort der ersten Auflage

Wie sein Titel besagt, versucht dies Buch, das Wissen von der Volkswirtschaft systematisch aus wenigen grundlegenden Gesetzen der Wirtschaftstheorie heraus zu entwickeln. Immer wieder findet sich im Schrifttum die Behauptung, es könne keine allgemeine Theorie von der Wirtschaft schlechthin geben, vielmehr erfordere jede Entwicklungs- oder Ordnungsstufe des Wirtschaftslebens eine besondere Theorie. Diese Behauptung würde die Möglichkeit einer einheitlichen Wirtschaftswissenschaft und eines Systems der Wirtschaftstheorie in deren Mittelpunkt folgerichtig ausschließen. Wir versuchen, sie mit diesem Buche zu widerlegen: Es möge wenigstens in Umrissen zeigen, daß die Erhebung der (zweckmäßig bestimmten) Wirtschaft zum Erkenntnisobjekt einer teleologischen Wirtschaftstheorie den logisch geeigneten Ausgangspunkt bildet für die Erkenntnis schlechthin a l l e r Erscheinungen des Wirtschaftslebens und insbesondere auch der Volkswirtschaft.

Naturgemäß war dabei auch vieles aus der herkömmlichen Nationalökonomie in das dargelegte System der Wirtschaftstheorie einzubauen. Diese herkömmliche Nationalökonomie hat die Verteilungstheorie (gegenüber der Ertragstheorie, die bei uns den Kern der Wirtschaftsteorie bildet) stets einseitig bevorzugt. So hat sie auf diesem Gebiet der Preis- und Einkommenslehre schon vieles erarbeitet, was sich im Gesamtzusammenhang des hier vorgetragenen Systems durchaus bewährt und von dessen ertragstheoretischen Grundgedanken her seine Bestätigung und Einordnung findet. Wo dies nicht der Fall ist, setzt sich unser Buch auch mit den wichtigsten abweichenden Lehrmeinungen der überkommenen Volkswirtschaftslehre stets kurz auseinander, um dem Leser die Möglichkeit zu geben, sich unter Anhörung auch der „altera pars" in den Grundfragen ein selbständiges Urteil zu bilden. Jedoch waren wir bestrebt, keinerlei Fachkenntnisse beim Leser vorauszusetzen und die abstrakten Zusammenhänge möglichst überall durch konkrete Beispiele oder Vergleiche zu erläutern.

Aus dem Vorwort zur zweiten Auflage

An dieser Stelle sei ganz allgemein ein Wort an die Kritik des Buches gestattet. Keine Besprechung, ob für oder wider, ist auf die Kernfrage eingegangen, die das wissenschaftliche Anliegen des Buches vor allem bedeutet: Die Frage nämlich, ob es sich lohnt, bei der Begründung der Wirtschaftstheorie um der Ermöglichung einer wirklich grundlegenden Systematik einer einheitlichen Wirtschaftswissenschaft willen so weit ins Rein-theoretische zurückzugehen, wie dies Buch mit der teleologischen Abgrenzung des Erkenntnisobjektes der Wirtschaftswissenschaft und mit der folgerichtigen Durchführung der sich aus dieser Erkenntnisgrundlage für die Theorie ergebenden Schlüsse es tut. Lohnt es sich auch für eine „theoretische Wissenschaft empirisch so hoher Ordnung", wie die Wirtschaftswissenschaft es unstreitig ist, auf logische Sauberkeit und Folgerichtigkeit ihrer Grundlegung Wert zu legen oder nicht? das ist die Frage, die dieses Buch vor allem aufwirft. Wenn die Kritik des Buches einerseits die „bemerkenswerte Konsequenz" dieses Vorgehens anerkannte, so hat sie doch andererseits deutlich Anstand genommen daran, daß bestimmte Schlußfolgerungen daraus das Buch mit „der ganzen Nationalökonomie von Adam Smith bis Keynes" in Widerspruch gebracht hätten. Das Buch wurde überall nur so kritisiert, als wenn sein Titel „Theoretische Volkswirtschaftslehre" lautete, und einige Kritiker beschränken sich sogar auf die unleugbare Feststellung, es sei kein Lehrbuch im Sinne der herkömmlichen Theorie. Der entscheidende Zusatz jenes Titels aber, der Zusatz: „als System der Wirtschaftstheorie", wurde niemals berücksichtigt. Schon der geringe äußere Umfang des Buches aber schloß wohl erkennbar den Versuch aus, auch diejenigen Ausläufer insbesondere der (ja überall schon deskriptiveren) Preis- und Einkommenstheorie bis ins Einzelne zu behandeln, in denen sich die Systematik der theoretischen Gesamtkonzeption kaum noch widerspiegelt. Die heute üblichen Lehrbücher der „modernen" Theorie beschäftigen sich mit viel Mathematik, Diagrammen und entsprechend eng gezogenen Prämissen so vorzugsweise mit diesen Teilen der Wirtschaftstheorie, daß insoweit für Einzelheiten, die dort noch Erkenntniswert haben, hier auf sie verwiesen werden kann.

Ich meine aber doch nach wie vor, daß die hier gewählte reintheoretische Grundlage sich nicht nur rein logisch, sondern auch heuristisch und praktisch rechtfertigt, obwohl sie mit ihrer Heraushebung nur der spezifisch wirtschaftlichen Seite allen menschlichen Handelns zunächst etwas weiter als üblich von der gängigen, schon sogleich mehr deskriptiven und daher wirklichkeitsnäheren Anschauung der ja immer komplexen wirtschaftlichen Wirklichkeit wegführt. Dies Opfer an Wirklichkeitsnähe, wie es jede Theorie zunächst mehr oder weniger bringen muß, lohnt sich ja nicht nur um der geschlossenen Systematik eines in seinem theoretischen Kern einheitlichen Wissens von der Wirtschaft willen, die es ermöglicht. An verschiedenen Stellen des Buches (z. B. S. 68, 92, 196) wird vielmehr auch klar, daß gewisse ursprünglich unwesentlich erscheinende Denkfehler der Wirtschaftstheorie niemals möglich gewesen wären, wenn diese Theorie die hier vorgeschlagene und konsequent durchgeführte reintheoretische Grundlegung von vornherein zum Ausgangspunkt genommen hätte. Gewiß sind diese Denkfehler heute in der Wissenschaft fast überall erkannt, aber wenn wir z. B. an die Arbeitswertlehre Ricardos und deren Einfluß auf den Marxismus denken, so haben ungezählte Millionen von Menschen leiden und sterben müssen, bis es soweit war, daß diese Fehler an ihren unheilvollen praktischen Auswirkungen schließlich offenbar (aber auch dann von der politischen Praxis noch keineswegs überall zugegeben) wurden. Solche unvermerkte und zunächst geringfügig erscheinende, aber in der praktischen Auswirkung katastrophale Denkfehler können sich bei der heute noch immer vorherrschenden, von vornherein schon mehr deskriptiven Grundauffassung der Wirtschaftswissenschaft auch heute jederzeit wieder bilden, und zum Pionier und Führer zukunftsträchtiger praktischer Entwicklungen vollends kann die Wirtschaftstheorie niemals werden, wenn sie sich nicht zu einer logisch folgerichtigen reintheoretischen Grundlegung entschließt (vgl. dazu z. B. S. 60, 61). Auch die von der Kritik fast allgemein anerkannten Ausführungen des Buches zur Theorie der Wirtschaftspolitik (§§ 17 bis 19) gehen ja gradlinig auf diese theoretische Grundlegung des Buches zurück.

Das hier zunächst verlangte Opfer an Wirklichkeitsnähe wird ja aber auch ganz wesentlich erleichtert durch die in diesem Buch betonte und überall beherzigte These, daß die reine Theorie in einer theoretischen Wissenschaft „empirisch" so „hoher Ordnung" wie der Wirtschaftswissenschaft überall alsbald graduell in die Wirtschaftsbeschreibung übergehen muß: Diese hat mit ihren konkreteren, plastischeren, wenn auch nicht mehr exakten Begriffen und Regeln die notwendig abstrakten Grundbegriffe und Gesetze der reinen Theorie immer sogleich zu ergänzen. Die vorliegende zweite Auflage unterstreicht das durch mancherlei Ergänzungen noch mehr als die erste und sucht so an vielen Stellen den gedanklichen Anschluß an die Auffassungen der herkömmlichen Wirtschaftstheorie noch mehr zu erleichtern, als es in der ersten Auflage bereits geschah.

Inhalt

I. Einführung
§ 1 Theoretische Wirtschaftswissenschaft und Volkswirtschaftslehre 15
§ 2 Das System der Wirtschaftswissenschaft 26
§ 3 Das Verhältnis der Wirtschaftswissenschaft zu den Nachbardisziplinen 32
§ 4 Methodenfragen, Schrifttum 35

II. Die Ertragstheorie
§ 5 Grundbegriffe und Begriffe 46
§ 6 Die Wirtschaftszweige 62
§ 7 Die Wirtschaftsstufen 72
§ 8 Das allgemeine Ertragsgesetz (Produktivitätsgesetz) 82
§ 9 Die Ertragstendenzen 97
§ 10 Das Rentabilitäts- oder Massenproduktionsgesetz 111
§ 11 Der Produktionsfaktor „Boden" 119
§ 12 Der Produktionsfaktor „Kapital" 125
§ 13 Der Produktionsfaktor „Arbeit" 134
§ 14 Das Grundgesetz der Wechsellagentheorie 149

III. Die Verteilungstheorie
§ 15 Problemstellung und Begriffe 157
§ 16 Die Preisbildung der Marktwirtschaft 171
§ 17 Die Selbststeuerungsfähigkeit der Volkswirtschaft 186
§ 18 Die Lenkung der Volkswirtschaft 196
§ 19 Regelungen der Verteilung 220
§ 20 Wesen und Produktivität des Geldes 232
§ 21 Der Wert des Geldes 246
§ 22 Erkrankungen des Geldwesens 268
§ 23 Erklärungsversuche zur Einkommensbildung 282
§ 24 Das Arbeitseinkommen 291
§ 25 Das Kapitaleinkommen 305
A. Begriff und Arten des Kapitaleinkommens 305
B. Begriff und Aufgabe des Kredits 307
C. Wesen und Funktion des Kapitalzinses 310
D. Die Investitionen in der Marktwirtschaft 323
§ 26 Das Einkommen aus Boden 327
§ 27 Der Unternehmergewinn 340
§ 28 Konjunktur und Krise 346

Namenverzeichnis 375

Sachverzeichnis 379

I. Einführung

§ 1 Theoretische Wirtschaftswissenschaft und Volkswirtschaftslehre

Ihr Gegenstand: Theoretische Wissenschaften im hier gebrauchten Sinne dieser Bezeichnung erstreben vor allem die systematische Erkenntnis möglichst allgemeingültiger Gesetze und Regeln, die für die Abläufe und Zusammenhänge der Wirklichkeit maßgebend sind. Dazu wählt sich jede solche systematisierend-theoretische Wissenschaft einen nur ihr eigentümlichen Betrachtungsgegenstand, ein sogenanntes Erkenntnisobjekt, um ein System (d. h. eine logisch gegliederte Ganzheit) möglichst allgemeingültiger Aussagen darüber zu gewinnen. Sie braucht dazu, wie schon A. Amonn mit Recht betont hat, einen Auswahlgesichtspunkt, ein sog. Identitätsprinzip, das ihr dies Erkenntnisobjekt einheitlich begreifbar aus dem an sich unbegreifbaren Chaos der Wirklichkeit (Empirik), dem Erfahrungsobjekt, heraushebt. Erst dieses sog. Identitätsprinzip läßt, wenn es zweckmäßig gewählt wird, die Dieselbigkeit (die Identität) der einer solchen theoretischen Wissenschaft spezifisch eigentümlichen Probleme über der chaotischen Mannigfaltigkeit und Vielgestalt der Erscheinungen hervortreten, die die Wirklichkeit ausmachen. Das Identitätsprinzip gibt insofern einer jeden solchen theoretischen Wissenschaft die von ihr zu betrachtende Seite ein und derselben Wirklichkeit an, ähnlich wie etwa ein und dieselbe Skulptur infolge der unterschiedlichen Schattenverteilung sehr verschiedene photographische Bilder liefert, wenn man sie von verschiedenen Seiten aus scharf beleuchtet.

Bei den Wissenschaften vom menschlichen Handeln (den sog. Sozialwissenschaften im weitesten Sinne dieses Begriffs) ist es immer ein Zweckgesichtspunkt, der als geeignetes Identitätsprinzip die uns in diesem Sinne interessierende Seite der Wirklichkeit in unserer Betrachtung hervortreten läßt. Der Wald z. B. ist (um ein von E. Rothacker gegebenes Beispiel anzuführen), dem Bauer „Gehölz“, dem Förster „Forst“, dem Jäger „Jagdgebiet“, dem Dichter ist er „Waldesweben“, denn sie alle betrachten den Gegenstand „Wald“ von ganz verschiedenen Zweckgesichtspunkten (Absichten) aus. So liefern Zweckgesichtspunkte die Identitätsprinzipien und damit die Erkenntnisobjekte aller derjenigen systematisierend-theoretischen Wissenschaften, die das Handeln des Menschen betrachten. Auf der Verschiedenheit dieser Erkenntnisobjekte beruht die Arbeitsteilung unter diesen Wissenschaften, die bei der Ausdehnung des menschlichen Wissens heute unentbehrlich ist.

Das Erkenntnisobjekt insbesondere der systematisierend-theoretischen Wirtschaftswissenschaft, nämlich die W i r t s c h a f t, wird daher, wie dieses Buch durch seine Systematik erweisen soll, zweckmäßig vom Auswahlgesichtspunkt des Mittelbeschaffungszweckes bestimmt: Die **Wirtschaftstheorie** als rein-theoretischer Kern dieser Wissenschaft betrachtet als dieses Erkenntnisobjekt das menschliche Handeln in seiner Erfolgsbeziehung zu Zwecken der Beschaffung von Mitteln (Gütern), oder mit anderen Worten, sie betrachtet dies Handeln teleologisch (d. h. zweckbezogen) unter dem Gesichtspunkt seiner E r g i e b i g k e i t für diesen Mittelbeschaffungszweck. Für diese Erfolgsbetrachtung der Wirtschaftstheorie ergibt sich daher der Begriff der Wirtschaft als Begriff menschlicher M i t t e l b e s c h a f f u n g, als Inbegriff der Erzeugung und Bereitstellung von Gütern für menschlichen Bedarf im weitesten Sinn.

Die Wirtschaft als das auf Mittelbeschaffung gerichtete menschliche Handeln tritt dabei den außerwirtschaftlichen Bereichen des menschlichen Handelns gegenüber. In diesen außerwirtschaftlichen Bereichen dient dieses Handeln nicht den Zwecken der Mittelbeschaffung, sondern es verwirklicht E n d zwecke, wird zum Selbstzweck, mag es dabei um die Erfüllung triebhafter Ziele des vitalen Genusses oder um die Erreichung oberster Selbstzwecke (Ideale) etwa ethischer, ästhetischer oder politischer Art, um die ideelle Emotionswelt des Menschen also, gehen. Auch bei dieser Unterscheidung des wirtschaftlichen und des um seiner selbst willen betätigten Handelns aber geht es folgerichtig stets nur um die verschiedenen Seiten ein und derselben Wirklichkeit. So gehört ein und dieselbe Tätigkeit, z. B. die des Bergführers oder Künstlers, zur Wirtschaft, insofern sie der Mittelbeschaffung d. h. hier dem Gelderwerb dient, und sie ist außerwirtschaftlich, insofern sie als Selbstzweck, z. B. aus Sport- bzw. aus Kunstbegeisterung betrieben wird (S. 21). Und selbst ein typisch wirtschaftlicher Tatbestand verliert dann seinen wirtschaftlichen Charakter, wenn er vom Mittel zum Selbstzweck wird, so etwa das Sparen, wenn es nicht mehr

[1] Der Begriffsunterschied von Sparsamkeit und Geiz, den die bisherige Wirtschaftstheorie ohne Wertungen nicht zu bestimmen vermochte, ergibt sich also aus dem hier verwendeten Wirtschaftsbegriff ganz zwanglos. Entsprechend ist auch „Verschwendung" nur „Mittelaufwendung als Selbstzweck", also selbstzweckbetonter Aufwand. Nur hieraus, nicht etwa aus einer Verletzung des Rationalprinzips (S. 22) ergibt sich die (mitunter ja im Rahmen ihrer Absicht auch „planmäßige") Verschwendung als außerwirtschaftlich.

Mittel der Vorsorge für künftigen Bedarf, sondern Selbstzweck (Befriedigung) sammelwütigen Geizes ist[1].

Mit den außerwirtschaftlichen, den Selbstzweckbereichen des menschlichen Handelns beschäftigen sich andere Sozialwissenschaften, so die Ethik mit dem Streben nach dem Guten, die Ästhetik mit dem Streben nach dem Schönen, die Politik mit dem Streben nach Macht. So würde z. B. die Ethik das Handeln etwa eines Staatsmannes teleologisch unter dem Zweckgesichtspunkt des Guten zu betrachten haben: Sie betrachtet also sein Handeln in seiner Erfolgbeziehung zum ethischen Ideal und untersucht z. B., inwieweit und inwiefern jener Staatsmann die Sittlichkeit seines Volkes gefördert (oder verdorben) hat. Die Ästhetik ihrerseits würde sein Handeln unter dem Zweckgesichtspunkt des Schönen betrachten und so den Erfolg aufzeigen, den es etwa für die Kunstbestrebungen seines Volkes hatte. Die Politik als Wissenschaft betrachtet das gleiche Handeln des Staatsmanns teleologisch unter dem Gesichtspunkt des Machtzwecks, sie zeigt also den Staatsmann etwa als Mehrer (oder Minderer) von Macht und Einfluß seiner Nation. Von allen Selbstzweckbereichen (idealer oder auch triebhaft-vitaler Natur) her empfängt die Wirtschaft die Ziele, für die sie die Mittel (Güter) zu beschaffen sucht. Die Wirtschaftswissenschaft betrachtet so die wirtschaftliche Seite des Handelns jenes Staatsmanns, wenn sie dasselbe teleologisch, d. h. in seiner Erfolgsbeziehung zum (seiner Leistung für den) Zweck der Mittelbeschaffung untersucht und etwa feststellt, inwieweit und wodurch er den Wohlstand (Güterreichtum) seines Volkes gemehrt (oder gemindert) hat. Insofern ist die Wirtschaft eine Dienerin aller jener (idealen und vitalen) Ziele des menschlichen Strebens, eine Dienerin freilich, die pfleglich behandelt werden muß, wenn sie nicht versagen soll.

Die Aufgabe der theoretischen Wirtschaftswissenschaft gegenüber ihrem Erkenntnisobjekt, der Wirtschaft, ergibt sich dann aus dem doppelten Sinn des Wortes „theoretisch", mit dem dieses Wort einerseits Systematisierung und andererseits auch Generalisierung bedeutet: Die „theoretische" Forschung nämlich tritt einerseits als systematisierende Forschung, die wissenschaftliche Systeme bildet, der praktisch-normativen Forschung gegenüber, die der Beratung der Praxis dient. So kann man z. B. bei Betrachtung einer Schafherde eine logisch gegliederte Ganzheit (d. h. ein System) von Erkenntnissen des Wesens und Verhaltens der Tiere aufzustellen trachten (systematisierende Betrachtung), oder man kann dasjenige Wissen von den Schafen zu gewinnen suchen, das etwa dem Schäfer Rat und Auskunft für seine Schafzucht gibt (praktisch-normative Betrachtung). Und die „theoretische" Forschung tritt andererseits auch als generalisierende Forschung, die unter Absehen (Abstraktion) von Einzelheiten mehr das Allgemeingültige der Erscheinungen zu erfassen sucht, der individualisierenden Forschung gegenüber, die mehr auf das Besondere der Erscheinungen, d. h. auf das ihnen spezifisch Eigentümliche, im Ergebnis also auf die Beschreibung

(Deskription) konkreter Einzelheiten, eingeht. So kann man bei Betrachtung jener Schafherde entweder das *allen* Tieren Allgemeine zu erkunden trachten (z. B. alle Tiere haben vier Beine und, wenn der Hund bellt, laufen sie weg: Generalisierende Betrachtung, die unter Verstärkung ihres Abstraktionsgehalts auch zur Betrachtung der Säugetiere und weiter der Lebewesen überhaupt aufsteigen kann, wobei sie die wachsende Allgemeingültigkeit ihrer Aussagen mit zunehmender Inhaltslehre derselben bezahlen muß); oder man kann mehr das den *einzelnen* Tieren unterschiedlich Eigentümliche ermitteln (z. B. die Schafböcke haben außer den vier Beinen auch Hörner und, wenn der Hund bellt, laufen sie nicht so schnell weg wie die Schafe: Individualisierende Betrachtung, die den Grad ihrer Individualisierung und Konkretisierung noch weiter steigern kann, wenn sie z. B. auf die Schafböcke einer bestimmten Rasse, Altersstufe usw. und schließlich zur Beschreibung eines einzelnen Tieres und seines Verhaltens übergeht).

Danach geht die theoretische Wirtschaftswissenschaft zunächst (im erstgenannten Sinne des Wortes „theoretisch") als *systematisierend-theoretische* Wirtschaftsforschung auf Gewinnung eines möglichst einheitlich gegliederten und gleichsam symmetrisch aufgebauten Systems des Wissens von der Wirtschaft aus. Hier ergibt ihre (polargraduelle) Unterteilung in generalisierende und individualisierende Forschung (also im zweitgenannten Sinne des Wortes „theoretisch") als erste Aufgabe dieser systematisierend-theoretischen Wirtschaftswissenschaft:

1. Die *generalisierend-theoretische* Betrachtung (Wirtschafts*theorie*). Diese richtet ihr Augenmerk auf das den wirtschaftlichen Erscheinungen Allgemeine und bezweckt so im unmittelbarsten Sinn die Feststellung eines Systems möglichst allgemeingültiger und exakter Aussagen (Gesetze und Regeln) von der Wirtschaft. *Mit dieser systematisch-generalisierenden Wirtschaftstheorie hat es unser Buch zu tun.*

Die sog. „*reine*" *Wirtschaftstheorie* kommt dabei dieser Forderung nach Allgemeingültigkeit, Exaktheit und Systematik am nächsten. Sie geht von der zweckbezogenen (also teleologischen) Betrachtung jener Ergiebigkeitsverhältnisse aus, die schlechthin aller Wirtschaft ohne Rücksicht auf die jeweiligen Unterschiede des Raumes oder der Zeit eigentümlich sind, wobei sie also von den konkreten Einzelheiten des besonderen Falles absieht (abstrahiert). Ihre Betrachtung geht dabei stets auf das *Ganze* der wirtschaftlichen Zusammenhänge des betrachteten Wirtschaftsgebildes, die reine Wirtschaftstheorie ist stets eine *makro*ökonomische Theorie. Als Denkwerkzeuge dienen ihr die wirtschaftswissenschaftlichen Grundbegriffe (§ 5). Ihr typisches Ergebnis ist das exakte Gesetz, das innerhalb seiner Voraussetzungen keine Ausnahmen zuläßt. — Mit diesen exakten Gesetzen von hohem Erklärungswert in ihrem Mittelpunkt liefert die reine Wirtschaftstheorie gleichsam das Rückgrat des wirtschaftstheoretischen Systems. Um die abstrakt-isolierenden, exakten und systemgebenden, dafür aber auch blutleeren Ergebnisse dieser reinen Wirtschaftstheorie zu erläutern und der Theorie mehr Wirklichkeitsnähe zu geben, muß jedoch diese generalisierend-theoretische Forschungsweise der Wirtschaftswissenschaft in gradueller Abstufung ihres Abstraktionsgehalts stets sehr bald übergehen in

2. die individualisierend-deskriptive Wirtschaftsforschung oder Wirtschafts*beschreibung*. Diese ist, wie soeben schon angedeutet, mehr auf die Erfassung des Einmaligen und Besonderen der wirtschaftlichen Erscheinungen gerichtet, und sie büßt mit zunehmender Konkretheit ihrer Ergebnisse an Erklärungswert ein. Nicht was aller Wirtschaft schlechthin und abstrakt gemeinsam, sondern was der einzelnen konkreten, was der wirklichen Wirtschaft also eigentümlich ist, interessiert hier in erster Linie. So ist hier auch eine *mikro*ökonomische Betrachtung, eine Betrachtung von Ausschnitten und Teilzusammenhängen des Wirtschaftsgebildes also, möglich. Dabei ist die Wirtschaftsbeschreibung hier aber nicht, wie vielfach in der Wirtschaftsgeschichte, Selbstzweck, sondern steht im Dienste der theoretischen Forschungsweise zu 1., der sie auch das Tatsachenmaterial und die induktive Erweisung liefert (vgl. S. 35).

Hier geht die Exaktheit (Ausnahmslosigkeit), die die Gesetze der reinen Theorie auszeichnet, mehr und mehr verloren, die Grenzen des Erkenntnisobjekts verschwimmen. Die Bilder und Begriffe werden unschärfer, aber auch plastischer und wirklichkeitsnäher (wie etwa auch eine weiche Photograhie plastischer, aber auch ungenauer ist als eine harte). Wir verglichen ja eingangs die Aufspaltung des (allen Wissenschaften gemeinsamen) Erfahrungsobjektes in die verschiedenen Erkenntnisobjekte dieser Wissenschaften mit den ganz verschiedenen Photos, die von ein und derselben Skulptur entstehen, wenn man sie von verschiedenen Seiten aus scharf beleuchtet. Bleiben wir im Bilde dieses Vergleichs, so öffnet sich hier beim Übergang der Wirtschaftstheorie zur Wirtschaftsbeschreibung die Blende des Scheinwerfers mehr und mehr; die Schlagschatten, deren unterschiedliche Verteilung jene Verschiedenheit der Bilder ergeben hatte, werden weicher, das diffuser auffallende Licht der Deskription fließt oder greift um die Kanten des Gegenstandes herum, umfaßt also gleichsam auch die Übergänge zu den Erkenntnisobjekten der Nachbarwissenschaften, und zwar hier besonders auch der technischen Disziplinen. So erhält die teleologische (Erfolgs-) Betrachtung der reinen Wirtschaftstheorie mit deren zunehmendem Übergang zur Wirtschaftsbeschreibung überall eine Beimischung technologischer oder sonstwie kausaler Betrachtung, mag diese nun naturwissenschaftlicher oder psychologischer oder soziologischer Natur sein (vgl. S. 46). Das beginnt schon bei den Regeln alias Tendenzen, die den exakten Gesetzen der reinen Theorie mit einem ersten, noch geringen deskriptiven Einschlag ergänzend an die Seite treten: Mit beginnendem Übergang der reinen Wirtschaftstheorie zur Beschreibung tritt ja schon innerhalb der Wirtschaftstheorie an die Stelle des exakten Gesetzes die bloße Regel oder Tendenz. Diese duldet Ausnahmen und weist stets auch einen technischen Einschlag auf, schildert dafür aber auch weit anschaulicher die Verhältnisse, die in der wirklichen (empirischen) Wirtschaft vorherrschen (vgl. § 9).

Die nachstehende Zeichnung mag unseren Vergleich mit der von verschiedenen Seiten beleuchteten Skulptur verdeutlichen (und dabei zugleich auch unserer Auffassung vom Wesen der Soziologie [in der Zeichnung: S], wie sie unten S. 33 dargelegt wird, mit zur Erläuterung dienen).

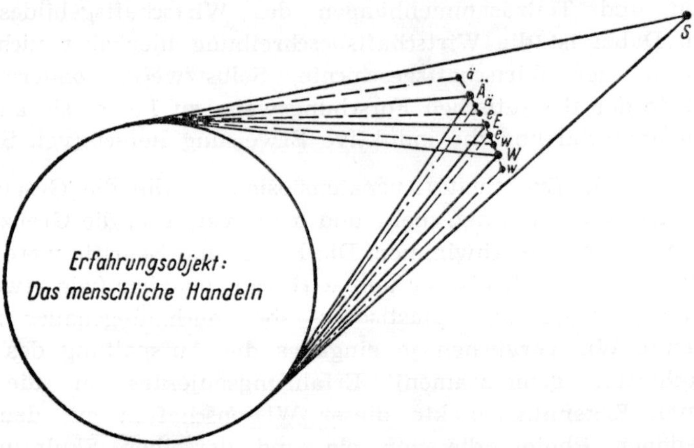

Die beiderseits der großen Buchstaben angeordneten entsprechenden kleingeschriebenen Buchstaben mit den von ihnen ausgehenden gestrichelten Linien begrenzen die erweiterte Blendenöffnung bzw. den entsprechend diffuseren „Lichtstrahleneinfall" der mehr empirisch-deskriptiven Betrachtungsweise in den durch die großen Buchstaben bezeichneten Wissenschaften Ästhetik (Ä), Ethik (E) und Wirtschaftswissenschaft (W).

Betrachtet die reine Wirtschaftstheorie stets nur die spezifisch wirtschaftliche Seite alles menschlichen Handelns, so daß die Wirtschaft als

Mittelbeschaffung schlechthin ihr Erkenntnisobjekt bildet, so treten beim Übergang zur Wirtschaftsbeschreibung auch die konkreten Unterschiede der gesellschaftlich betriebenen Wirtschaften, der sog. Sozialwirtschaften, hervor. Unter diesen tritt dabei die Volkswirtschaft (Nationalwirtschaft), d. h. die im Bereiche der Volksgemeinschaft arbeitsteilig integrierte Wirtschaft, in den Vordergrund. Die Volkswirtschaft hat ja seit etwa einem Jahrhundert in den großen Kulturstaaten die Territorialwirtschaften der Länder in eine untergeordnete Bedeutung verwiesen (weiteres S. 73 u. 76 f.). Daher ist der in Deutschland übliche (wenn auch genau genommen zu enge) Name der systematisierend-theoretischen Wirtschaftswissenschaft „Allgemeine alias Theoretische Volkswirtschaftlehre" oder „Theoretische Nationalökonomie". Auch unter dem Namen **„Volkswirtschaftslehre"** schlechthin stellt man diese Disziplin der „Volkswirtschaftspolitik" (s. § 2,2) gegenüber. Das ändert aber nichts daran, daß jede Theorie der Volkswirtschaft zweckmäßig zuerst eine reine Theorie der Wirtschaft schlechthin zu sein, also die Wirtschaftsgebilde aller Stufen von den Einzel- bis hinauf zur Weltwirtschaft ohne Unterschied von Raum und Zeit in gleicher Weise zu betrachten und damit nur eine einzige einheitliche Wirtschaftswissenschaft zu begründen hat[2]. Der äußere Umfang dieser „reinen" Wirtschaftstheorie, die Zahl ihrer streng allgemeingültigen Gesetze, ist, wie wir sehen werden, gering: Die Wirtschaftswissenschaft ist, um einen Ausdruck Rickerts zu gebrauchen, eine „theoretische Wissenschaft relativ historischen Charakters sehr hoher Ordnung", oder, um diesen Ausdruck noch etwas präziser zu fassen, sie ist eine generalisierend-theoretische Wissenschaft eines relativ individualisierend-beschreibenden (alias empirischen) Charakters sehr hoher Ordnung. Wollte aber die Wirtschaftswissenschaft auf diese ihre reine Theorie verzichten, so würde sie jede Möglichkeit zu einer einheitlich systematischen Ausrichtung ihres Wissenstoffs verlieren. Sie wäre wie ein Buch ohne Rücken, wenn ihren mehr beschreibenden Teilen die Rückverbundenheit in einer gemeinsamen reinen Theorie fehlen würde. So werden wir auch in diesem Buche die theoretischen Fragen der Volkswirtschaft stets aus dem System der Wirtschaftstheorie heraus zu behandeln haben.

Für die mehr wirtschaftsbeschreibende Einstellung der theoretischen Wirtschaftswissenschaft, die die reine Ergiebigkeitsbetrachtung dieser streng systematischen Theorie, wie gesagt, überall sehr bald zu ergänzen hat, wird es dann auch erkennbar, daß in den menschlichen Handlungen bald die spezifisch wirtschaftliche, d. h. die

---

[2] Näheres s. bei W. Weddigen, Über die Einheit der Wirtschaftswissenschaft, Ztschr. für die ges. Staatswissenschaft, 107. Bd., 1951, S. 389 ff.

Mittelbeschaffungsseite, bald die außerwirtschaftliche, d. h. die Selbstzweckseite eine überwiegende Wirklichkeitsbedeutung hat, je nachdem der Handelnde den nächsten Erfolg seines Tuns mehr als Mittel zu weiteren Zwecken oder mehr als unmittelbare Verwirklichung eines Selbstzweckes (z. B. eines Ideals) anstrebt. Der Lastträger z. B. wird seine Arbeit oft mehr als Mittel zum Erwerbszweck und weniger etwa als Verwirklichung eines Ideals (z. B. der Pflichterfüllung) oder als sonstige Selbstzweckerfüllung auffassen, zumal wenn die Arbeit schwer ist, und wenn er die Ehre und Würde seiner Arbeit nicht erkennt. Der Forscher oder Künstler hingegen wird sein Schaffen meist mehr als Verwirklichung des Selbstzweckes (Ideals) der Wahrheit bzw. der Schönheit und weniger als Erwerbsmittel betrachten, obwohl in neuerer Zeit immer häufiger eine „Kommerzialisierung" auch dieser Berufe festzustellen ist. Allgemein wird die geistige Produktion wohl häufiger unter „idealen", also außerwirtschaftlichen Selbstzweckgesichtspunkten betrieben als die Sachgüterbeschaffung. Eine Wirtschaftstheorie, die sich des Unterschieds von Theorie und Beschreibung nicht genügend bewußt war, hat daher (viel zu eng) nur die *Sach*güterbeschaffung für „Wirtschaft" erklärt und nur diese Beschaffung *materieller* Güter als Erkenntnisgegenstand der Wirtschaftswissenschaft gelten lassen wollen. Das kann für beschreibende Untersuchungen zweckmäßig sein, die Wirtschafts*theorie* aber muß, wenn sie eine solche Abgrenzung ihres Betrachtungsgegenstandes zum Ausgangspunkt nimmt, die Erkenntnis systematisch grundlegender Zusammenhänge der Wirtschaft, wie wir sie sehen werden, notwendig verfehlen.

Je mehr andererseits der Mittelbeschaffungszweck das Handeln im Einzelfall empirisch (d. h. in der Wirklichkeit) als Motiv beherrscht und es damit für die deskriptive Betrachtung zum wirtschaftlichen Handeln macht, desto mehr pflegt das *Rationalprinzip* im Bewußtsein des Handelnden in den Vordergrund zu treten: Das überwiegend außerwirtschaftliche Handeln, mag es sich um triebhafte Genußakte oder um die begeisterte Verwirklichung idealistischer Ziele handeln, ist in der Regel mehr vom unmittelbaren Impuls (eines Triebes oder einer Begeisterung) beherrscht. Beim Wirtschaften hingegen werden meist ganz bewußt und planmäßig Mittel eingesetzt, um andere Mittel zu beschaffen, und dies setzt ein rechenhaft-rationelles Vergleichen der eingesetzten Mittel (der Kostengüter) mit den damit zu beschaffenden Gütern (den Nutzengütern) voraus: Das Rationalprinzip, das einen Erfolg mit den kleinsten Mitteln (bzw. mit gegebenen Mitteln den größten Erfolg) erreicht wissen will, bedingt hier einen abwägenden Wertvergleich von Nutzen und Kosten, der den Wirtschaftserfolg (Ertrag) als Überschuß des Nutzens über die Kosten erst sicherstellt. So hat man das Rationalprinzip geradezu als **„ökonomisches Prinzip"** oder Prinzip der Wirtschaftlichkeit bezeichnet, und die Wirtschaftstheorie wird, sobald sie sich schon mehr auf die Beschreibung wirtschaftlicher Handlungen einstellt, diese Überlegungen des Wirtschaftenden nicht übersehen können.

Will man also entgegen der hier von uns vertretenen Meinung den Begriff der Wirtschaft nicht rein-theoretisch vom Identitätsprinzip der Wirtschaftstheorie aus, sondern von vornherein mehr beschreibend durch Hervorhebung der in der Wirklichkeit häufigsten Merkmale wirtschaftlicher Maßnahmen bilden, so wird man das Abwägen von Nutzen und Kosten, das nach dem Rationalprinzip erfolgt, in die Abgrenzung des Wirtschaftsbegriffes aufnehmen müssen, dabei dann aber auch nicht vergessen dürfen, daß es sich in der wirklichen Wirtschaft sehr oft nur um die Gegenüberstellung von Nutzen- und Kostenchancen handelt, so wie auch, daß bei vielen wirtschaftlichen Entscheidungen Tradition und Gewohnheit sowie auch die Erwartungen zukünftiger Gestaltungen von ausschlaggebender Bedeutung sind. Für die auf strenge Allgemeingültigkeit und Systematisierung eingestellte (die rein-theoretische) Betrachtung allerdings kann dies ökonomische oder Rationalprinzip das spezifische Merkmal nicht abgeben, das die wirtschaftliche Seite des menschlichen Handelns einheitlich begreifbar aus der Wirklichkeit hervorhebt. Denn das Rationalprinzip liegt grundsätzlich allem vernünftigen Handlen, dem wirtschaftlichen wie dem außerwirtschaftlichen, zugrunde, und Ausnahmen von unserer obigen empirischen Regel kommen immerhin vor: Die rationalen Überlegungen können ausnahmsweise auch in außerwirtschaftlichen Handlungen ähnlich stark ins Bewußtsein treten, so z. B. im Schachspiel, wo sie geradezu zum Selbstzweck werden. Und andererseits wird, wie schon angedeutet, auch oft genug rein instinktmäßig, gewohnheitsmäßig, routinemäßig, mechanisch oder sonstwie unüberlegt gewirtschaftet.

Die Wirtschaftsbeschreibung beschäftigt sich, wie man sagen kann, als realistische Wirtschaftsforschung mit den wirtschaftlichen Erscheinungen der Gegenwart und als historische Wirtschaftsforschung mit den wirtschaftlichen Erscheinungen der Vergangenheit.

In dem konkreteren Bilde, das die schon etwas mehr beschreibend eingestellte Wirtschaftstheorie von der Wirtschaft entwirft, erhält auch die (seit J. B. Say) bekannte Dreiteilung der Sozialwirtschaft in Güterbeschaffung (Produktion), Güterverteilung (Distribution) und Güterverbrauch (Konsumtion) ihre Berechtigung. Einer solchen schon nicht mehr rein-theoretischen Betrachtung erscheint meist der Verbrauch der Güter durch den Konsumenten als Ziel und Erfüllung aller Wirtschaft: Die Erzeugnisse (Produkte), die die Sachgüterproduktion in Urproduktion und Gewerbe herstellt, führt hier der ständig fließende Kreislauf der Wirtschaft, vermittelt durch Handel und Verkehr, im Wege der Verteilung dem Konsumenten (Verbraucher) zu, dessen Versorgung vor allem mit Sachgütern hier als Ende und Ziel des Volkswirtschaftsprozesses erscheint (vgl. § 6). Das hierbei angewandte Verfahren, besonders die Produktionstechnik und die Verkehrstechnik, ist von großer Bedeutung für die Ergiebigkeit der Wirtschaft.

Technik und Wirtschaft. Der Sinn dieser viel umstrittenen Unterscheidung ergibt sich aus der dargelegten Grundauffassung vom Gegenstand der Wirtschaftswissenschaft: Die naturwissenschaftlich-technischen Disziplinen belehren die Praxis als angewandte oder Kunstlehren über die naturwissenschaftlichen bzw. psychologischen Zusammenhänge, die sie bei ihrem Erfolgstreben zu berücksichtigen und zu benutzen hat. So stellt z. B. die Agrikulturtechnik dem Landwirt, die Psychotechnik etwa dem Eignungsprüfer das kausale Wissen zusammen, das er zur Erreichung seiner Zwecke benötigt. Die Wirtschaftstheorie dagegen betrachtet dies Handeln der Praxis, wie wir sahen, teleologisch unter dem Gesichtspunkte seines Mittelbeschaffungserfolges (S. 16). „Technik" und „Wirtschaft" als Begriffe meinen daher nur je eine Seite des gleichen empirischen menschlichen Handelns: Die Technik betrifft das „Wie" des menschlichen Erfolgstrebens, der Wirtschaftsbegriff das menschliche Streben nach Mittelbeschaffungserfolg (Ertrag) selbst. Die technischen Disziplinen belehren den Menschen über die kausalen Wege und Verfahren, die ihn zu einem bestimmten Ziel führen, die (reine) Wirtschaftstheorie dagegen betrachtet (insbesondere als Ertragstheorie) das menschliche Handeln teleologisch, d. h. im Hinblick auf dessen Fort- oder Rückschritte hin zum (bzw. weg vom) erstrebten Ziel.

Das Wort „Technik" bedeutet allerdings nicht nur die Lehre der Verfahrensweisen (Methoden), die die Wirtschaft bei der Erzeugung und Bereitstellung der Güter anwendet, sondern auch diese Verfahrensweisen selbst, bezeichnet dann also die Art und Weise des Vorgehens in der Produktion. Die Wirtschaft stellt dabei oft der Technik die Aufgaben: Sie gibt die Produktionsziele an und wählt die Mittel und Wege, die die Technik zu deren Erreichung anbietet. Die Frage der Herstellung eines Gutes also ist technisch gelöst, wenn das dazu geeignete Verfahren gefunden ist, wirtschaftlich gelöst aber erst dann, wenn der Nutzen der auf diese Weise durchgeführten Herstellung einen Überschuß über ihre Kosten ergibt, so daß ein Erfolg (Ertrag) der Mittelbeschaffung erzielt wird. Ein technisch mustergültiger Betrieb kann daher dennoch wirtschaftlich einen Fehlschlag bedeuten. In seinem weitesten Sinn tritt übrigens der Ausdruck „Technik" als Inbegriff des Verfahrens den Begriffen jedes zielstrebigen Handelns überhaupt gegenüber (z. B. Technik des Musizierens, Vortragstechnik usw.).

Dieser Begriffsunterschied von Technik und Wirtschaft ist freilich streng nur für die reine Theorie festzuhalten. Für die Beschreibung der Wirklichkeit (Empirik) hingegen überwiegt bald deren wirtschaftliche Seite (z. B. beim kaufmännischen Leiter des Unternehmens), bald deren technische Seite (z. B. beim Betriebsingenieur der Fabrik). So erfaßt in der Wirtschaftstheorie z. B. der Begriff der „Unternehmung" mehr die erwerbswirtschaftliche, der des „Betriebes" mehr die technische Seite der gleichen gewerblichen Produktionseinheit: Der Betrieb ist das Produktionsgebilde im Hinblick auf seine technische Zweckeinheit, insbesondere des räumlichen, des maschinellen und des Arbeitszusammenhanges. Die Unternehmung ist das Produktionsgebilde im Hinblick auf seine wirtschaftliche Zweckeinheit, insbesondere der Wirtschaftsführung, der Marktstellung und des Geldkapitalzusammenhanges. Als wirtschaftstheoretischer Oberbegriff umfaßt der Begriff der Betriebswirtschaft (S. 53) beide Begriffe.

Die **Wirtschaftstheorie** lernten wir soeben als Kernstück der systematisierend-theoretischen Wirtschaftswissenschaft kennen. Sie hat uns nach allem jene Grundorientierung, jenes Gerippe des wirtschaftswissenschaftlichen Wissens zu liefern, das wir kennen müssen, bevor wir uns auf Einzelheiten des besonderen Falles einlassen. Sie enthält als (aufeinander angewiesene) Teiltheorien:

a) Die Theorie des Ertrages, d. i. die Theorie der Wirtschaftsproduktivität, des Wirtschaftserfolges. Auch „Produktions-" oder „Produktivitätstheorie" genannt, sucht sie als reine Ergiebigkeitstheorie die Gesetze und Regelmäßigkeiten der Ertragsgestaltung systematisch zu erfassen. Die Ertragstheorie enthält in erster Linie die reine, d. h. die (streng nur generalisierende) Wirtschaftstheorie der zeitlosen „Wirtschaft an sich". Sie liefert so, wie wir sehen werden, den systematischen Kern, das Rückgrat des wirtschaftstheoretischen Systems. Von der Preisbildung sieht sie zunächst ab.

b) Die Theorie der Verteilung: Diese beschäftigt sich mit den Gesetzen und Regeln, die für die Verteilung des in der arbeitsteiligen Wirtschaft von den Einzelwirtschaften gemeinsam erzielten Produkts unter die Mitwirkenden maßgebend sind. Sie ist also eine Theorie der Preis- und Einkommensbildung in der gesellschaftlich betriebenen Wirtschaft (Sozialwirtschaft), und zwar vor allem eine Theorie der Einkommensbildung in der marktwirtschaftlich betriebenen Volkswirtschaft. So sucht sie vor allem zu erklären, wie der Strom von Waren und Leistungen, von denen jeder Produzent in seiner arbeitsteiligen Spezialisierung immer nur eine Art herstellt und am Markte anbietet, sich in zahllosen Verästelungen so unter die gleichen Personen verteilt, daß diese in ihrer Eigenschaft als nachfragende Konsumenten daraus ihren eignen mannigfaltigen Bedarf decken können (näheres s. S. 157).

Die Verteilungstheorie ist schon erheblich beschreibender (deskriptiver) eingestellt als die Ertragstheorie. Ist doch die Preis- und Einkommensbildung, wie sie hier im Vordergrund steht, keine zeitlos-allgemeingültige Wirtschaftserscheinung, sondern eine Erscheinung nur der Sozial-, insbesondere der Geld- und Kreditwirtschaft. So werden hier insbesondere auch die Einflüsse systematisch untersucht, die von den volkswirtschaftspolitischen Maßnahmen und Gestaltungen auf die

Einkommensbildung ausgehen. Das bedingt eine grundsätzliche Betrachtung auch der verschiedenen Wirtschaftsordnungen.

Die Verteilungstheorie stand bisher meist einseitig im Vordergrund der wirtschaftstheoretischen Forschung. Der Grund dieser Bevorzugung war kein eigentlich theoretischer, sie ergab sich vielmehr für unsere noch junge wirtschaftswissenschaftliche Disziplin aus jener Einstellung auf praktische Gegenwartsfragen, aus der heraus sich fast alle Wissenschaften ursprünglich entwickelt haben, bevor sie eine zeitlos reine Theorie hervorbrachten. Je mehr freilich die Verteilung des Nationalprodukts heute auch einer zentralen wirtschaftspolitischen Beeinflussung unterstellt wird, desto deutlicher wird sich zeigen, daß die Ausrichtung auf die systemgebenden Grundgesetze der Ertragstheorie auch für die Verteilungstheorie unentbehrlich ist. Schon seit die erste Auflage dieses Buches vor 16 Jahren diese Feststellung machte, hat sie sich weitgehend bewahrheitet.

§ 2 Das System der Wirtschaftswissenschaft

Neben die systematisierend-theoretische Wirtschaftswissenschaft, die, wie gesagt, zumeist als „Allgemeine Volkswirtschaftslehre" oder als „Theoretische Nationalökonomie" bezeichnet wird, tritt nun im System der Wirtschaftswissenschaft, wie schon angedeutet, noch die praktisch-normative Wirtschaftsforschung: Die a n g e w a n d t e n oder p r a k t i s c h e n wirtschaftswissenschaftlichen Disziplinen wenden hier den grundsätzlich gleichen Wissensstoff, den die systematisierend-theoretische Wirtschaftswissenschaft unter dem Gesichtspunkt ihres Systematisierungszwecks zu gewinnen trachtet, auf das praktische Wirtschaftshandeln an: Nicht die Gewinnung eines einheitlichen und übersichtlich gegliederten Systems möglichst allgemeingültiger Erkenntnisse des wirtschaftlichen Seins, sondern die Beratung der wirtschaftspolitischen Praxis ist hier das Ziel der Wirtschaftsforschung. Die praktische Wirtschaftswissenschaft weist so (auch hier wieder generalisierend wie individualisierend) die wirtschaftlichen Wege zu den Zielen der W i r t s c h a f t s p o l i t i k, d. h. der im Dienste von Gemeinschaftszwecken stehenden, machtmäßigen Wirtschaftsbeeinflussung.

Dabei sucht diese praktische Wirtschaftswissenschaft in ihren mehr generalisierenden Teilen die Zweckmäßigkeitszusammenhänge möglichst allgemeingültig zu erfassen, die für das praktische Handeln des Wirtschafters bzw. Wirtschaftspolitikers von Erheblichkeit sind, und gelangt so oft zur Aufstellung praktischer Faustregeln, Grundsätze oder „Postulate" (vgl. z. B. die bekannten Besteuerungs- oder die Budgetierungspostulate der Finanztheorie). Diese mehr generalisierenden Teile aller Einzeldisziplinen der praktischen Wirtschaftswissenschaft faßt man unter der Bezeichnung „a n g e w a n d t e W i r t s c h a f t s t h e o r i e" zusammen.

Diese angewandte Theorie der praktischen Wirtschaftswissenschaft greift besonders unmittelbar auf den Wissensstoff der systematisierend-theoretischen Wirtschaftswissenschaft (der Theoretischen Volkswirtschaftslehre) zurück, überall aber erarbeitet die praktische Wirtschaftswissenschaft auch neues Wissen von der Wirtschaft da, wo der Systematisierungszweck jener mehr rein-theoretischen Wirtschaftsbetrachtung Zusammenhänge abseits liegen ließ, die für die Beratung der wirtschaftspolitischen Praxis von Erheblichkeit sind. Im ganzen wird auch das Erkenntnisobjekt der Wirtschaftswissenschaft hier viel weniger streng festgehalten als in der „reinen Theorie". Denn hier sind auch besonders viele technische Zusammenhänge, wie die angewandte Naturwissenschaft und Psychologie sie feststellen, für die wirtschaftspolitische Praxis von Bedeutung. — In den mehr beschreibenden Teilen ihrer einzelnen Disziplinen zeigt die praktische Wirtschaftswissenschaft — exempla docent — die wirtschaftspolitischen Maßnahmen auf, die in Vergangenheit und Gegenwart angewandt worden sind, und deren Erfolg.

Die Einteilung dieses praktischen (oder angewandten) Teils der Wirtschaftswissenschaft ergibt sich dann aus der Stufenfolge der praktischen wirtschaftspolitischen Ziele, zu denen hier die Wege gewiesen werden:

1. Die Einzelwirtschaftspolitik weist an der Basis dieser Zweckstufenfolge die wirtschaftlichen Mittel und Wege zu den Zielen der einzelwirtschaftlichen Praxis, wie sie im Betriebe der erwerbswirtschaftlichen Unternehmung einerseits und im Konsumentenhaushalt andererseits auftritt.

In der erstgenannten Hinsicht berät die Betriebswirtschaftslehre die Führung des Erwerbsbetriebes. Diese Disziplin wird mitunter auch als Privatwirtschaftslehre bezeichnet, aber auch sie beauskunftet und berät die Einzelwirtschaften unter Berücksichtigung der Gemeinschaftsgesichtspunkte, also nicht als „private" (d. h. von der Gemeinschaft abgesonderte), sondern als wirtschaftspolitische Gebilde, als Glieder der Volksgemeinschaft. Die Betriebswirtschaftslehre wird ja z. B. nicht bereit sein, die Führung eines der Volksgemeinschaft entgegenarbeitenden Betriebes, etwa einer Falschmünzerwerkstatt, zu beraten. So kann man die Betriebswirtschaftslehre als eine echte Teildisziplin der Einzelwirtschaftspolitik bezeichnen[1]. Vor allem angewandt-theoretisch stellt sich hier die Allgemeine Betriebswirtschaftslehre ein. Neben Form, Standort und innerer Organisation des Betriebes einschließlich seiner Finanzierung behandelt sie vor allem das betriebliche Rechnungswesen (Buchführung und Bilan-

[1] Mit dieser Auffassung von der Begründung und Eingliederung der Betriebswirtschaftslehre, die wir (ebenso wie die übrige obige Auffassung vom Wesen der praktischen Wirtschaftswissenschaft) in der Abhandlung: Zur logischen Grundlegung der praktischen Wirtschaftswissenschaft, Schmollers Jahrb., 52. Jahrg. 1928, S. 55 ff., entwickelten, stimmt auch im wesentlichen überein E. H. Sieber, Objekt und Betrachtungsweise der Betriebswirtschaftslehre, 1931, insbesondere S. 14 ff.

zen, Selbstkostenrechnung, betriebliche Planung und Statistik). Ihr treten die S o n d e r betriebswirtschaftslehren (z. B. des landwirtschaftlichen, des gewerblichen, des Handels-, des Verkehrs- und des Bankbetriebes) an die Seite. Auch die Betriebswirtschaftslehre des Revisions- und Treuhandwesens kommt hier zur Behandlung. — Eine andere Auffassung möchte der Betriebswirtschaftslehre mit der Allgemeinen Betriebswirtschaftslehre nicht nur einen angewandt-theoretischen, sondern einen eignen rein-theoretischen Teil zuweisen, der dann in mikroökonomischer Betrachtung die partielle Gleichgewichtsbildung in der Betriebswirtschaft zu untersuchen habe. Das würde aber jede einheitliche Systematik in der Wirtschaftstheorie und in der Wirtschaftswissenschaft überhaupt vereiteln. Die Mitarbeit an den Problemen der reinen Wirtschaftstheorie, zu der selbstverständlich auch die Vertreter der Betriebswirtschaftslehre berufen sind (vgl. S. 95), wird sich zweckmäßig im Rahmen der Systematisierend-theoretischen Wirtschaftswissenschaft zu vollziehen haben. Der Name „Theoretische V o l k s wirtschaftslehre" für diese zentrale Disziplin erweist sich auch insofern als unglücklich.

Neben der Betriebswirtschaftslehre gehört auch die H a u s w i r t s c h a f t s l e h r e als praktische Wirtschaftslehre vom Konsumentenhaushalt zur Einzelwirtschaftspolitik. Über die theoretische Wesenheit des Konsumentenhaushalts s. S. 67.

2. Die zweite Hauptdisziplin der praktischen Wirtschaftswissenschaft ist die P r a k t i s c h e V o l k s w i r t s c h a f t s l e h r e. Als Lehre von der Volkswirtschaftspolitik wird sie oft auch selbst kurz V o l k s w i r t s c h a f t s p o l i t i k genannt. Sie berät die volkswirtschaftspolitische Praxis, indem sie die wirtschaftlichen Wege weist zu den Zielen (Normen) der volkswirtschaftspolitischen Tätigkeit, d. h. zu den Zielen der unmittelbar auf Volksgemeinschaftszwecke ausgerichteten Wirtschaftsbeeinflussung. Wie das Subjekt dieser Zwecke die Volksgemeinschaft ist, so kommen als Träger der Volkswirtschaftspolitik überwiegend Körperschaften wie der Staat, die Gemeinden, Selbstverwaltungsverbände und dergleichen in Betracht.

In der praktischen Volkswirtschaftslehre stellt man oft die Lehre der grundsätzlichen Gesichtspunkte und allgemeinen Möglichkeiten volkswirtschaftspolitischer Eingriffe und Gestaltungen in der A l l g e m e i n e n oder T h e o r e t i s c h e n V o l k s w i r t s c h a f t s p o l i t i k als in einer wesentlich angewandt-theoretischen Disziplin zusammen. Nach den Unternormen (Vorzwecken) dieser Wirtschaftsbeeinflussung gliedert sich die praktische Volkswirtschaftslehre ferner in T e i l d i s z i p l i n e n wie Landwirtschaftspolitik, Gewerbepolitik, Handelspolitik, Verkehrspolitik usw., je nachdem es sich um die volkswirtschaftliche Beeinflussung der Landwirtschaft, des Gewerbes, des Handels, des Verkehrswesens usw. handelt.

In einem etwas anderen Sinne gliedert sich auch die Sozialpolitik als volkswirtschaftliche Disziplin hier ein. Sie weist die wirtschaftlichen Wege zu den Zielen der sozialpolitischen Tätigkeit. Diese Praxis der Sozialpolitik erstrebt die Eingliederung von Gesellschaftsgruppen (Klassen, Ständen und Kasten) in das Gesellschaftsganze, hat also insbesondere die Verhinderung und Beseitigung gesellschaftlicher Spannungen und Gegensätze in der Volksgemeinschaft zur Aufgabe[2].

3. Noch weiter aufwärts in den Stufen unserer Zweckpyramide (s. S. 73) würde dann der Einzelwirtschafts- und Volkswirtschaftspolitik im System der Wirtschaftswissenschaft zu dessen Vollendung noch eine praktische Weltwirtschaftslehre (Weltwirtschaftspolitik) an die Seite treten müssen. Ähnlich wie die Volkswirtschaftspolitik würde auch sie in eine Allgemeine Weltwirtschaftspolitik sowie in eine, hier aber überstaatliche Gewerbe-, Handels-, Verkehrspolitik usw. zu gliedern sein, und auch eine Disziplin der übernationalen Sozialpolitik wäre hier denkbar. Die Voraussetzung für die Ausbildung solcher Disziplinen wäre aber zum mindesten die allgemeine Bildung politisch endgültig befriedeter und weitgehend arbeitsteilig organisierter Weltwirtschaftsbereiche, also etwa von Kontinental- oder Großraumwirtschaften. Dazu müßten sich diese überstaatlichen Großbereiche zu übernationalen Gebilden im Sinne wirklicher Völkergemeinschaften, also etwa so konsolidieren, wie es (mehr in der Mittelstufe der Wirtschaftspyramide) auf der Ebene deutscher nationaler Entwicklung der Fortschritt vom Staatenbund deutscher Länder zum Bundesstaat des geeinten Reiches von 1871 ergab, und wie man es auf der kontinentalwirtschaftlichen Stufe heute mit der europäischen Integration grundsätzlich anstrebt. Bis dahin wie auch bis zur Bildung einer endgültig befriedeten Gemeinschaft aller Völker der Erde ist — ungeachtet aller Ansätze dazu — heute noch ein gutes Stück Weges, und vorher würde es an wirklich übernationalen praktischen Zielen, die hier von der Wissenschaft zu beauskunften wären, zu sehr fehlen. So ist die Bildung eigener weltwirtschaftspolitischer Disziplinen vorerst noch wenig fortgeschritten. Die reine Wirtschaftstheorie macht, wie wir sehen werden, die großen wirtschaftlichen Vorteile solcher übernationaler Zusammenschlüsse deutlich ersichtlich, aber das in dieser Richtung erforderliche praktische Wissen um die zwischenvölkischen (internationalen) Wirtschaftsbeziehungen wird vorerst von den volkswirtschaftspolitischen Disziplinen (zu 2) bereitgestellt werden können. Für

---

[2] Vgl. W. Weddigen, Grundzüge der Sozialpolitik und Wohlfahrtspflege, Stuttgart 1957, S. 1.

die Gegenwart jedenfalls muß es genügen, den Platz für eine solche weltwirtschaftspolitische Disziplin im System der Wirtschaftswissenschaft grundsätzlich offen zu halten.

4. Als vierte und letzte Teildisziplin der praktischen Wirtschaftswissenschaft vervollständigt die Finanzwissenschaft dieses System. Sie weist die Mittel und Wege zu den praktischen Zwecken der Finanzwirtschaft, d. h. zu den Zwecken „Beschaffung, Verwaltung und Verausgabung der öffentlichen Mittel". Die Unterscheidung der angewandt-theoretischen (generalisierenden) und der beschreibenden (individualisierenden) Forschungseinstellung, die hier wie bei allen vorgenannten wirtschaftspolitischen Disziplinen erforderlich ist, ergibt die Gliederung der Finanzwissenschaft in Finanztheorie und Finanzbeschreibung: Die Finanztheorie oder Allgemeine Finanzwissenschaft arbeitet vor allem das heraus, was für die Finanzwirtschaften (S. 50) aller Länder an wirtschaftlichen Maßnahmen und Zusammenhängen in gleicher Weise erheblich ist. Ihr Kernstück ist die Allgemeine Steuerlehre. Die Finanzbeschreibung oder Besondere Finanzwissenschaft hingegen geht vor allem auf die finanzwirtschaftlichen Maßnahmen und Tatsachen der einzelnen Länder und Zeiten ein[3].

Die vorstehenden Darlegungen ergeben den folgenden schematischen Überblick über das

System der Wirtschaftswissenschaft

I. **Systematisierend-theoretische Wirtschaftswissenschaft** oder **Theoretische Volkswirtschaftslehre.** Sie erstrebt ein System möglichst allgemeingültiger Erkenntnisse von der Wirtschaft. Sie umfaßt als nur graduell (durch Abstufung des Abstraktionsgehalts) unterschiedene Teilgebiete:

1. die Wirtschaftstheorie mit dem Ziel generalisierender Erkenntnis. Diese enthält als (aufeinander angewiesene) Teiltheorien
   a) die Theorie des Ertrages (Produktivitätstheorie) als im Kern rein-theoretisches Rückgrat des wirtschaftstheoretischen Systems,
   b) die Theorie der Verteilung als Theorie der Einkommensbildung in den Sozialwirtschaften, insbesondere der Volkswirtschaft,
2. die Wirtschaftsbeschreibung. Diese hat als realistische und historische Wirtschaftsforschung in mehr individualisierender Erkenntnis die abstrakten Ergebnisse der Theorie mit ihren wirklichkeitsnäheren, konkreteren Feststellungen zu unterbauen und zu ergänzen.

[3] Näheres hierüber s. W. Weddigen, Allgemeine Finanzwissenschaft, Berlin 1964[4].

II. **Praktische oder angewandte Wirtschaftswissenschaft.** Sie weist die wirtschaftlichen Wege zu den Zielen der Wirtschaftspolitik, d. h. der auf Gemeinschaftszwecke ausgerichteten, machtmäßigen Wirtschaftsbeeinflussung. Nach der Stufenfolge der so von ihr beauskunfteten leitenden Zwecke (Normen) ist sie einzuteilen in:

1. *Einzelwirtschaftspolitik*, nämlich
   a) *Betriebswirtschaftslehre*. Sie gibt Auskunft über die Mittel und Wege zu den Zwecken (Normen) der Betriebswirtschaft und ist einzuteilen in
      α) *Allgemeine* Betriebswirtschaftslehre als vor allem angewandt-theoretische Lehre von Form, Standort, Funktionen, Organisation und Rechnungswesen des Betriebes,
      β) *Sonder*betriebswirtschaftslehren (z. B. des landwirtschaftlichen, des gewerblichen, des Handels-, des Verkehrs- und des Bankbetriebes), die einen angewandt-theoretischen, mehr generalisierenden und einen beschreibenden (historischen und realistischen) mehr individualisierenden Teil enthalten,
      γ) *Soziale* Betriebspolitik mit der Norm der Eingliederung der Betriebsangehörigen in die Betriebsgemeinschaft. Unterteilung wie bei β.
   b) *Hauswirtschaftslehre* als Betriebslehre des Konsumentenhaushalts.

2. *Praktische Volkswirtschaftslehre* oder *Volkswirtschaftspolitik*: Subjekt ihrer leitenden Normen ist die Volksgemeinschaft (Träger meist Staat, Gemeinden, Verbände usw.), einteilbar in:
   a) *Allgemeine* oder *Theoretische Volkswirtschaftspolitik* als angewandt-theoretische Lehre von den volkswirtschaftspolitischen Gestaltungsmöglichkeiten,
   b) *Besondere* (spezielle) Volkswirtschaftspolitik, z. B. *Agrarpolitik*, *Gewerbepolitik*, *Handelspolitik*, *Verkehrspolitik* usw. mit den Normen einer Beeinflussung von Landwirtschaft, Gewerbe, Handel, Verkehr usw.
   c) *Sozialpolitik* mit der Norm einer Eingliederung von Gesellschaftsgruppen in das Gesellschaftsganze, die Volksgemeinschaft.

   } (zu b und c:) Unterteilung in einen angewandt-theoretischen und einen beschreibenden (historischen und realisistischen) Teil wie oben unter II, 1 a β,

3. *Praktische Weltwirtschaftslehre* (Weltwirtschaftspolitik). Subjekt ihrer leitenden Normen wären Völkergemeinschaften bzw. die Gemeinschaft aller Völker der Erde. Gegenwärtig noch wenig entwickelt, nach ihren Unternormen (Vorzwecken) jedoch einteilbar z. B. in
   a) *überstaatliche Gewerbepolitik*, *Handelspolitik*, *Verkehrspolitik* usw.
   b) *überstaatliche Sozialpolitik*,

   } (zu a und b:) Normen und Unterteilung entsprechend II, 2 b und c.

4. Finanzwissenschaft (Finanzwirtschaftspolitik). Sie zeigt die Wege auf zu den Zwecken der Finanzwirtschaft, d. h. zu den Zwecken „Beschaffung, Verwaltung und Verausgabung der öffentlichen Mittel"; auch sie ist einzuteilen in
   a) Finanztheorie oder Allgemeine Finanzwissenschaft mit dem Ziel generalisierender Erkenntnis (z. B. Allgemeine Steuerlehre) als angewandt-theoretischen Teil, und
   b) Finanzbeschreibung oder Besondere Finanzwissenschaft mit dem Ziel einer mehr individualisierenden Erkenntnis der Mittel und Wege, die in Vergangenheit und Gegenwart zur Erreichung der finanzwirtschaftlichen Zwecke angewandt worden sind.

§ 3 Das Verhältnis der Wirtschaftswissenschaft zu den Nachbardisziplinen

Zeigt dieses System der Wirtschaftswissenschaft das Verhältnis der wirtschaftswissenschaftlichen Disziplinen zueinander, so ergibt sich das Verhältnis der Wirtschaftswissenschaft zu ihren Nachbarwissenschaften vor allem aus der Bestimmung ihres Gegenstandes (§ 1).

Die **Ethik, Ästhetik, Politik** usw. als sozialwissenschaftliche Disziplinen wenden zwar gleichfalls eine teleologische (zweckbezogene) Betrachtungsweise an. Sie benutzen aber, wie wir sahen, als Auswahlgesichtspunkte nicht, wie die Wirtschaftswissenschaft, den Mittelbeschaffungszweck, sondern Selbstzwecke. So hat, wie schon bemerkt, die Ethik das Ideal des Guten, die Ästhetik das des Schönen, die Politik als Wissenschaft den Machtzweck zum Identitätsprinzip erhoben usw. Ihre Erkenntnisobjekte liegen daher nicht im Bereich der Mittelbeschaffung, sondern in dem der Zielerreichung. Sie betrachten nicht das Streben nach Mitteln (für fernere Ziele), sondern die Verwirklichung von Zielen, die um ihrer selbst willen gewollt sind.

Das Verhältnis der Wirtschaftswissenschaft zu diesen anderen Sozialwissenschaften führt auch zur **Werturteilsfrage.** Die Wirtschaftswissenschaft als Betrachtung der Mittelbeschaffung nämlich setzt alle diese ethischen, ästhetischen, politischen usw. Ziele jeweils voraus, enthält sich also jeder Stellungnahme zu ihrem Inhalt, jedes bekennenden Werturteils[1]. Sie vermeidet damit jede Feststellung, die nicht rein sachlich beweisbar ist, und hier liegt insbesondere auch die Problematik der modernen Wohlfahrtsökonomie (welfare economics): Diese muß ihren Wohlfahrtsbegriff stets auf obere Ziele (Nor-

---

[1] Zur Werturteilsdebatte vgl. W. Weddigen, Das Werturteil in der politischen Wirtschaftswissenschaft. Jahrb. f. Nationalökonomie u. Statistik, 153. Bd. 1941, S. 263 ff. Wir traten dort den Ergebnissen Max Webers und Werner Sombarts in den meisten Punkten bei.

men) ausrichten, die sie in ihrer Geltung hypothetisch zu unterstellen hat (s. auch S. 57).

Den Gegensatz zum bekennenden bildet ja das erkennende oder hypothetische Werturteil, das nur unter der Voraussetzung eines Zwecks wertet: Wer (den Zweck) a anstrebt, für den ist (das Mittel) b gut. So betrachtet die sogenannte teleologische oder Erfolgsbetrachtung der reinen Wirtschaftstheorie den Grad der Annäherung an (der Leistung für) vorausgesetzte Mittelbeschaffungszwecke, ohne über den Inhalt der die Mittelbeschaffung leitenden Ziele auch nur etwas mitzuteilen. Liegt hier also nur eine Wertbeziehung vor, so ist das erkennende Werturteil einer praktisch-normativen Betrachtung vor allem für die praktische Wirtschaftswissenschaft unentbehrlich. Denn wenn hier die wirtschaftlichen Wege zu den Zielen der Praxis gewiesen werden, so werden diese Ziele dabei als geltend unterstellt[2]. In der angewandten Theorie dieser Disziplinen begründet das erkennende Werturteil die (S. 26) schon erwähnten „Grundsätze" oder „Postulate", die unter der Voraussetzung bestimmter praktischer Ziele allgemeine Richtlinien (Faustregeln) für das wirtschaftspolitische Handeln aufstellen. Am bekanntesten sind hier die gleichfalls schon erwähnten Grundsätze der Besteuerung oder auch der Budgetaufstellung der Finanzwissenschaft; aber auch für die Sozialpolitik stellten wir solche „Grundsätze" auf[3].

Betrachten die erwähnten Sozialwissenschaften je einen Teilinhalt der menschlichen Kultur, so liefert die **Soziologie** (Gesellschaftslehre) eine Gesamtschau aller dieser Teilinhalte (einschließlich auch des wirtschaftlichen) in ihrem Zusammenwirken, ihrer gegenseitigen Bedingtheit und Entwicklung. Sie umfaßt alle diese Teilinhalte gleichsam von einem vergrößerten Abstande, der auch einen veränderten Gesichtswinkel bedingt. So bildet sie gleichsam einen Überbau über den vorgenannten Sozialwissenschaften. Wie unsere obige Zeichnung (S. 20) andeutet, kann die Soziologie aus diesem Gesichtswinkel heraus keine ähnlich „reine", abstrakte Theorie bilden wie die Wirtschaftswissenschaft. Auch die Allgemeine Soziologie wird in ihrer theoretischen Zusammenschau stets einen beschreibenden Einschlag zeigen, mit ihrer generalisierenden Forschung muß sie sich der Kulturphilosophie, mit ihrem Einschlag zur Beschreibung muß sie sich der Kulturgeschichte nähern. In ihrer heutigen Ausbildung und Ausdehnung erscheint sie, darin auf anderem Gebiet der Geographie vergleichbar, als eine synthetisierende und insofern gleichsam interfraktionäre Disziplin, zu der man von den verschiedensten theoretischen Grundwissen-

[2] Mit der Auswahl dieser von ihm zu unterstellenden praktischen Ziele, zu denen er die Wege weist, kann hier also der Forscher auch als solcher denjenigen Zielen dienen, die er persönlich für wertvoll hält. Er kann damit niemals unwissenschaftlich, sondern höchstens uninteressant werden, dann nämlich, wenn niemand jene Ziele verfolgt.

[3] Vgl. W. Weddigen, Allgemeine Finanzwissenschaft, 1964⁴, §§ 9, 14, 19, 25, 31—36; Ders., Sozialpolitik. Eine Einführung in ihre Theorie und Praxis, Jena 1933, S. 210, 212, 217, 220, 230, 233, 239, 244, 254, 260.

schaften her (aber tunlichst nicht ohne gründliche Ausbildung in einer solchen) gelangen kann. Neben diese Allgemeine Soziologie tritt die Empirische Soziologie als der deskriptive Teil der Disziplin mit großen Verdiensten um die Ermittlung und Ordnung sozialwissenschaftlich erheblicher Tatsachen aus allen Gebieten des Gesellschaftslebens, insbesondere der Bevölkerungsentwicklung und der Meinungsbildung. Die Pflege der Soziologie ist insofern von besonderer Bedeutung, als sie infolge ihres distanzierten Standpunktes eine gewisse Selbstkritik auch der Völker fördert.

Nach anderer Ansicht (v. Wiese) ist die Soziologie als Theorie eine Lehre von den menschlichen Beziehungen und sie beschäftigt sich als empirische Soziologie vor allem mit dem Aufbau der Gesellschaft in Schichten und Gruppen. Die erstgenannte Aufgabe einer Beziehungslehre gehört aber wohl hauptsächlich zum Gebiet der Sozialpsychologie. Die Erforschung der gesellschaftlichen Struktur andererseits muß zwar in den deskriptiven Teilen auch aller andern Sozialwissenschaften von deren spezifischen Gesichtspunkten aus betrieben werden, kann aber bei der synthetisierenden Kraft der soziologischen Zusammenschau neben andern Objekten sicherlich eine besonders dankbare Aufgabe sozialwissenschaftlicher Erkenntnis der Empirischen Soziologie bedeuten.

Die **Rechtswissenschaft** ist wesentlich eine an Normen (Geboten) richtende Disziplin. Sie behandelt und bezweckt die Regelung des menschlichen und (als Wirtschaftsrecht) insbesondere auch des wirtschaftlichen Handelns im Gesellschaftsleben. Diese normative (zweckrichtende) Betrachtung des Juristen fragt: „Entspricht oder widerspricht ein Handeln einem Gebot?“ und (in der Rechtspolitik): „Welche Gebote (bzw. Verbote) sind zu erlassen, um ein dem obersten Gebot der Gerechtigkeit entsprechendes Handeln der Menschen zu bewirken?“ Die teleologische (zweckbezogene) Betrachtung des Wirtschaftstheoretikers hingegen fragt: „Welchen Erfolg (Ertrag) hat, welche Leistung erzielt ein Handeln für Zwecke der Beschaffung von Mitteln?“ und (in der Wirtschaftspolitik): „Welche wirtschaftspolitischen Maßnahmen sind erforderlich, um bestimmte Zwecke von Gemeinschaften zu erreichen?“ Die rechtsnormative Beurteilung bestimmter Handlungen muß sich naturgemäß mit deren Erfolgsbeurteilung ändern. Daher werden die Rechtsnormen (Gebote und Verbote), die die Rechtswissenschaft aufstellt, mitunter von der Wirtschaft verändert (etwa durch Bildung von Gewohnheitsrecht). So bedingte z. B. die zunehmende Produktivität und Rentabilität der Kapitalverwendung zu Beginn der Neuzeit eine Umgehung und allmähliche Beseitigung der noch auf Aristoteles zurückgehenden Zinsverbote, die auf der Annahme „Geld trägt keine Jungen“ beruhten. Insofern behandelt die Rechtswissenschaft, wie man gesagt hat, die Form, die Wirtschaftswissenschaft den Inhalt wirtschaftlicher Vorgänge. Der verschiedene Erkenntniszweck (Erfassen zweckstrebigen Handelns hier, Ausrichten auf Normen dort) bedingt oft auch eine verschiedene Begriffsbildung in beiden Disziplinen.

Die **Statistik** als Wissenschaft ist die Lehre von der zahlenmäßigen Erfassung von Massenerscheinungen, und zwar besonders von Massenerscheinungen der menschlichen Gesellschaft. Sie wird unterteilt z. B. in Wirtschaftsstatistik, Bevölkerungsstatistik, Hygienestatistik, Kriminalstatistik usw. Als Wirtschaftsstatistik befaßt sie sich mit den Methoden der zahlenmäßigen Erfassung wirtschaftlicher Massenerscheinungen. Insofern ist sie eine Hilfsdisziplin der Wirtschaftswissenschaft. Die Erkenntnisse selbst, die hier durch Anwendung der von der statistischen Disziplin entwickelten Methoden erzielt werden (z. B. die Ergebnisse einer Berufszählung) heißen zwar gleichfalls „Statistiken“, gehören als zahlenmäßige Ergebnisse aber bereits zur (beschreibenden) Wirtschaftswissenschaft.

Die **Wirtschaftsgeschichte** ist ein Zweig der Kulturgeschichte. Die historische Wirtschaftsforschung ist zwar auch als Methode der systematisierend-theoretischen wie auch der praktischen Wirtschaftswissenschaft wichtig, sie steht dabei aber im Dienste der generalisierenden Forschungszwecke, die jene Teile der Wirtschaftswissenschaft verfolgen: Die geschichtlichen Daten, die auch die Wirtschaftswissenschaft nicht entbehren kann, dienen dieser zur Unterbauung und Verifizierung (Erweisung) ihrer systematisierend-theoretischen wie ihrer angewandt-theoretischen Ergebnisse. Wir deuteten das oben bei der Erörterung der wirtschaftsbeschreibenden Teile jener Disziplinen verschiedentlich bereits an. Aber Übergänge und ein gegenseitiges Aufeinanderangewiesensein sind hier zweifellos vorhanden.

§ 4 Methodenfragen — Schrifttum

Zum Schlusse dieses einführenden Teiles seien noch einige Fragen kurz erläutert, die das „Wie“ des wirtschaftswissenschaftlichen Forschens, also seine Methode, sein Verfahren, betreffen. Der Anfänger kann diese methodologischen Erörterungen ohne Nachteil auch erst am Ende des Buches lesen.

Der sog. **Methodenstreit** wurde in der zweiten Hälfte des vorigen Jahrhunderts vor allem geführt von G. Schmoller (Berlin) auf der einen und Carl Menger (Wien) auf der andern Seite. Es ging dabei um den Unterschied von Induktion und Deduktion und um die Berechtigung des abstrahierend-isolierenden Verfahrens der die Deduktion bevorzugenden generalisierend-theoretischen Forschung. Die Induktion schließt aus den einzelnen konkreten Tatbeständen der Wirklichkeit auf den abstrakt-allgemeinen

Satz, der von den Besonderheiten des Einzelfalles absieht (abstrahiert), den betrachteten Zusammenhang also aus den vielfältigen Beziehungen der Wirklichkeit (Empirik) isolierend heraushebt[1]. Mit dem bekannten Beispiel: A, B, C usw. sind gestorben, daher: Alle Menschen sind sterblich. Die Deduktion dagegen geht von der Abstraktion aus, sie schließt vom allgemeinen Obersatz auf die einzelnen Tatbestände der Wirklichkeit: Alle Menschen sind sterblich, daher werden auch A und B sterben. Die isolierend-deduktive Forschungsmethode lag bis dahin vor allem den Arbeiten der englischen sog. klassischen Schule und ihrer Epigonen zugrunde. Maßvoll in Ergänzung auch mit Induktion benutzt dort von den bekanntesten „Klassikern“ Adam Smith (1723—1790) die Deduktion, einseitiger aber David Ricardo (1772—1817), als dessen Vorläufer hierin schon der Physiokrat Turgot zu nennen ist. Der „homo oeconomicus“ ist hier der streng rational handelnde, von nur wirtschaftlichen Zielen bewegte Mensch, aus dessen Verhalten die Gesetze der Wirtschaft gefolgert werden sollen.

Vorwiegend **induktiv** gingen zur Zeit des Methodenstreites vor:

1. Die ältere historische Schule. Vorläufer dieser Richtung ist Friedrich List, der in seiner mehr empirisch-historischen Betrachtungsweise wiederum von den Romantikern (Adam Müller, Baader, Genz u. a.) beeinflußt war. Die wichtigsten Vertreter der Schule waren Roscher, Knies und Hildebrand. Roscher (Grundriß zu Vorlesungen über die Staatswirtschaft nach geschichtlicher Methode, 1843) bahnte den Übergang zu dieser mehr geschichtlichen Forschung an. Die volkswirtschaftlichen Erscheinungen seien nicht nur im gegenwärtigen Sein, sondern auch im Werden und Vergehen des menschlichen Lebens zu begreifen. Daher habe schon die „fertige“ Wirtschaftstheorie „die Menschen so zu nehmen, wie sie wirklich sind: von sehr verschiedenen, auch nichtwirtschaftlichen Motiven zugleich bewegt, einem ganz bestimmten Volke, Staate, Zeitalter angehörig“. Immerhin läßt Roscher die isolierende Abstraktion dabei „als ein unentbehrliches Stadium in den Vorarbeiten des Nationalökonomen“ gelten. Weiter ging schon Knies (Die politische Ökonomie vom Standpunkt der geschichtlichen Methode, 1853): Er will die historische Betrachtungsweise nicht neben, sondern an die Stelle jenes „Absolutismus der Theorie“ gesetzt wissen, der mit Unrecht eine unbedingte Gültigkeit „für alle Zeiten, Länder und Nationalitäten“ beanspruche. Bruno Hildebrand (Nationalökonomie der Gegenwart und Zukunft, 1848) endlich strebte auf dem Wege einer Erforschung der Wirtschaftsstufen und wirtschaftlichen Entwicklungsgesetze eine „Reform für die Erkenntnis der wirtschaftlichen Seite des Volkslebens“ und damit eine Verbindung von Theorie und Geschichte an (vgl. S. 77).

[1] W. Euckens „pointierend — hervorhebende“ Abstraktion, die er der generalisierenden Abstraktion gegenüberstellt, bedeutet in Wahrheit nur einen geringeren Grad der Abstraktion, die ja in bipolarer Spannungsreihe in die individualisierende Deskription übergeht. Daß auf zweckmäßige Art und Weise abstrahiert werden muß, ist selbstverständlich.

2. Die neuere historische (auch sog. ethische oder deutsche) Schule: Ihre Hauptvertreter waren Gustav Schmoller (1838—1917), Lujo Brentano, Karl Bücher. Die Schule bevorzugte eine empirisch-induktive realistische Methode, suchte aber doch die Erscheinungen der Wirklichkeit auf ihre soziologischen und psychologischen Grundlagen zurückzuführen. Schmoller, als Führer der Schule, wollte die Ursachen der volkswirtschaftlichen Erscheinungen durch ein Zurückgehen auf die „Motive der betreffenden wirtschaftlichen Handlungen" aufgedeckt wissen. Er pflegte auch eine gewisse Isolation in der historischen Methode (vgl. seine Wirtschaftsmonographie „Die Straßburger Weber- und Tucherzunft"). Er legte Wert auf mosaikartiges Zusammentragen und Rückverfolgung von Einzelheiten sowie auf Einbeziehung auch der Grenzwissenschaften, wie Soziologie, Philosophie, Ethnographie, Moralwissenschaft. Als Schüler Schmollers wirkten vor allem Spiethoff, der besonders die Krisenforschung pflegte (vgl. § 28), und Waldemar Mitscherlich, der eine soziologisch-historische Forschungseinstellung mit generalisierend-theoretischem Einschlag bevorzugte (vgl. S. 80).

Dagegen wurde die **deduktive Methode** von der österreichischen, Wiener oder Grenznutzenschule vertreten. Gegen Schmoller wandte sich hier, wie gesagt, vor allem Carl Menger (Untersuchungen über die Methode der Sozialwissenschaften, 1883). Die Schule vertrat wesentlich eine deduktive und abstrahierend-isolierende, theoretische Methode, wobei sie, ähnlich wie die englischen „Klassiker", vom reinen Wirtschaftsmenschen (homo oeconomicus) ausging. Weitere Vertreter dieser „exakten" Richtung waren v. Wieser, v. Böhm-Bawerk, v. Philippovich, Zuckerkandl (vgl. auch S. 105).

Otto v. Zwiedineck-Südenhorst ging in seinem Werk Allgemeine Volkswirtschaftslehre, 1932, von ähnlichen Grundlagen aus, erreichte aber dort durch bewußtes Maßhalten mit der Abstraktion eine wirklichkeitsnahe Theorie und vermeidet so eine gewisse subjektivistisch-individualistische Enge der Problemstellung, von der die Grenznutzenschule oft nicht freikam.

In England fand der Gegensatz von Theoretikern und Historikern in den Angriffen Ausdruck, die von einigen Autoren des vorigen Jahrhunderts gegen die „klassische" englische Schule (Adam Smith, David Ricardo) gerichtet wurden. So betonte Richard Jones die Wichtigkeit der Tatsachenbeobachtung gegenüber der Aufstellung allgemeiner Gesetze. Walter Bagehot forderte mehr Erweisung der theoretischen Ergebnisse an der Wirklichkeit, und Cliffe Leslie vertrat gegenüber der apriorisch-statischen Methode Ricardos eine mehr empirisch-deduktive Forschungsweise, die die wirtschaftlichen Erscheinungen auch in ihrer Entwicklung und in ihrer gesellschaftlichen Verbundenheit zu erkennen habe[2]. — Auch in Italien wurde damals die Frage in einem eigenen Schrifttum diskutiert. — In den Vereinigten Staaten lebte der Streit noch nach dem 1. Weltkriege so lebhaft wieder auf, als wenn ihn die Alte Welt nie ausgefochten hätte. Ausgehend von der neueren amerika-

---

[2] Näheres bei Horst Wagenführ, Der Systemgedanke in der Nationalökonomie, 1933.

nischen Psychologie, forderten hier die sog. Institutionalisten (oder Behavioristen) ein eingehendes Studium der wirtschaftlichen Einrichtungen (institutions) und des praktischen wirtschaftlichen Verhaltens (behaviour) der Menschen. Dabei sei die Veränderung der wirtschaftlichen Daten in quantitativer Analyse auch durch Zuhilfenahme mathematisch-statistischer Methoden zu untersuchen.

Der „Methodenstreit" ist aber heute doch überlebt. Historiker und Theoretiker hatten beide halb recht: Beide Methoden, Induktion und Deduktion, müssen sich in Theorie und Beschreibung ergänzen. Auch die Wirtschaftswissenschaft hat das Recht und die Möglichkeit, eine absolut allgemeingültige, zeitlose Theorie der Wirtschaft schlechthin zu entwickeln, und gerade dieser Aufgabe widmet sich unsere Ertragstheorie in erster Linie (s. Teil II). Aber auch diese generalisierende, zeitlose Theorie der Wirtschaft muß im steten Hinblick auf die Verhältnisse der Wirklichkeit geschaffen werden und an ihnen erweisbar sein, wenn sie Erkenntniswert behalten soll. In gradueller Abstufung ihres Abstraktionsgehaltes geht sie daher, wie wir sehen werden, überall schon sehr bald zur Wirtschaftsbeschreibung über, wobei ihre Ergebnisse zwar an Allgemeingültigkeit verlieren, aber an Anschaulichkeit und Wirklichkeitsnähe gewinnen (vgl. S. 19). Jede Wirtschaftsbeschreibung wiederum muß die allgemeingültigen Gesichtspunkte dieser generalisierenden Wirtschaftstheorie im Auge behalten, wenn sie sich nicht im Chaos der Empirik verlieren soll. Vor allem Carl Menger verdanken wir dabei die Erkenntnis, daß Theorie und Geschichte als Generalisierung und Individualisierung mit zahlreichen Abstufungen des Abstraktionsgehalts bipolar ineinander übergehen.

Aus dem Gegensatz zur einseitig kausalen Forschungsmethode der englischen „klassischen" Schule, insbesondere Ricardos, wie er sich schon bei Adam Müller und den übrigen Romantikern zeigte, entwickelte sich in der wirtschaftstheoretischen Forschung die **teleologische (zweckbezogene) Betrachtungsweise.** In der Rechtswissenschaft vertreten schon von Stammler und Rud. Stolzmann, trägt sie der Tatsache Rechnung, daß menschliches Tun erst vom Zweck her seinen Sinn erhält, wie z. B. ein Fußballspiel (um ein Beispiel Sombarts zu gebrauchen) unverständlich ist für den, der den Spielzweck nicht kennt. Sie will das menschliche Handeln daher von seinen Zwecken aus betrachtet wissen und richtet dabei in der Wirtschaftswissenschaft ihr Augenmerk vor allem auf den Grad der Erreichung dieser Zwecke. So schon die „leistungsmäßige" Betrachtung bei Othmar Spann, ferner die „Erfolgsbetrachtung" (Ergiebigkeitsbetrachtung, Produktivitätsbetrachtung) der (vom Verfasser ausgebauten) Ertragstheorie[3].

[3] Bemerkenswerte Ausführungen über das Wesen der Teleologie machte auch Karel Engliš, Teleologische Theorie der Staatswirtschaft, Brünn 1933.

Spann[4] forderte eine streng ganzheitliche („universalistische") Betrachtung, als deren Vorbilder er die Romantiker (Adam Müller, Baader, Novalis und Görres) ansieht. Die kausale Forschungsweise der englischen (sog. klassischen) Schule lehnte er demgemäß als eine individualistische Betrachtung „aus der Froschperspektive" ab, bei der man „den Wald vor lauter Bäumen" nicht mehr erkenne. Gegenüber der abstrahierend-isolierenden Methode der „klassischen" Schule und der Grenznutzler (s. S. 105) verwies Spann auf den „ganzheitlichen Entsprechungszusammenhang" (die Funktionalität) aller produktiven Kräfte, von dem man niemals mit einem „ceteris paribus" absehen könne. Zu Spanns Verfahrenslehre vgl. unten S. 41, zu seinem Wirtschaftsbegriff meine Kritik in: Teleologische und technologische Wirtschaftsauffassung, Jahrb. f. Nationalökonomie und Statistik, III F. Bd. 74, 1928, S. 364. Spann hat in seiner Lehre manches vereinseitigt und auch übertrieben, er hat durch seine eigenwillige Terminologie sich selbst viel Schwierigkeiten gemacht, und auch die antiliberale politische Haltung, mit der er sich zum „Ständestaat" bekannte, hat ihm viel Ressentiment eingebracht. Daß aber er und die ganze teleologische Forschungseinstellung, die er vertrat, heute in Deutschland fast überall ignoriert und totgeschwiegen wird[5], ist sachlich nicht gerechtfertigt.

Die hier dargelegte Wirtschaftstheorie hat ihr Kernstück in der Ertragstheorie (Produktivitätstheorie), der Theorie des Wirtschaftserfolges[6]. Diese wurde noch bis zum zweiten Weltkrieg meist nicht als Teil der Wirtschaftstheorie anerkannt, sondern in die technischen Wissenschaften verwiesen, obwohl alle nationalökonomischen Lehrbücher ertragstheoretische Erkenntnisse behandelten. Unsere Theorie erstrebt klare, logisch konsequente Grundbegriffe und straffe Systematisierung der Wirtschaftstheorie, deren systemgebendes Rückgrat eben die Ertragstheorie darstellt. In der theoretischen Abstraktion geht sie zunächst weiter als Spann. So sucht sie zunächst nicht eine Theorie nur der Volkswirtschaft, sondern eine Theorie der Wirtschaft schlechthin, d. h. der Wirtschaftsgebilde aller Stufen, von der Einzelwirtschaft bis hinauf zur Weltwirtschaft (s. § 7), zu geben, und damit die Einheit der Wirtschaftswissenschaft von der reinen Theorie her zu begründen[7]. Sie stellt aber neben die exakten „Gesetze" der reinen Theorie (s. §§ 8, 10) stets sogleich mehr wirtschaftsbeschreibende (sog. „empirische") Tendenzen. Diese haben als nicht exakte (also Ausnahmen duldende) Regeln schon in der Theorie die Verbindung mit der Wirklichkeit (Empirik) zu halten (vgl. z. B. § 9). Hier, in der schon mehr beschreibend eingestellten Wirtschaftstheorie, findet dann das Wirtschaftsgebilde der heute größten Wirklichkeitsbedeutung, die Volkswirtschaft, die erforderliche Berücksichtigung. Dabei fördert die systematische Orientierung an der Ergiebigkeitsbetrachtung der reinen Ertragstheorie — bei voller Wahrung wissenschaftlicher Wertefreiheit (S. 32) — doch eine Er-

---

[4] Fundament der Volkswirtschaftslehre, 1929[4], Tote und lebendige Wissenschaft, 1929[3].

[5] Eine Ausnahme in der neueren Literatur macht hier, abgesehen von den Spannschülern W. Heinrich und Andreae, G. Stavenhagen, der in seiner Geschichte der Wirtschaftstheorie, 1957[2], S. 279 ff. die wichtigsten Gedankengänge Spanns in aller Kürze (ohne Stellungnahme) treffend zusammenfaßt.

[6] Vgl. dazu W. Weddigen, Theorie des Ertrages, Jena 1927.

[7] Näheres darüber bei W. Weddigen, Über die Einheit der Wirtschaftswissenschaft, Ztschr. für die ges. Staatswissenschaften, 1951.

fassung der spezifisch volkswirtschaftlichen Produktivitätszusammenhänge, die der oft mehr privatwirtschaftlichen Blickeinstellung der Preis- und Einkommenstheorie erschwert ist, obwohl schon Adam Müller und Friedrich List eine Theorie der „produktiven Kräfte" forderten. Von hier aus erstrebt unsere Theorie eine grundsätzliche Korrektur der individualistisch-liberalistischen Harmonielehre, wie sie durch die Epigonen der „klassischen" Nationalökonomie ausgebildet wurde. Neben der Untersuchung der freien Wirtschaft sucht sie insbesondere auch das mehr auf zentrale Wirtschaftsbeeinflussung und -gestaltung abgestellte Wirtschaftshandeln, das Handeln des Wirtschaftspolitikers also, in ihre systematisierend-theoretische Untersuchung mit einzubeziehen, um so eine geeignete Grundlage für die „angewandte Theorie" der wirtschaftspolitischen Disziplinen zu gewinnen und damit auch die bisher fehlende innere Einheit von reiner Wirtschaftstheorie und Wirtschaftspolitik zu begründen (vgl. z. B. §§ 18 und 19). Bei alledem dient die Analogie zwischen den Wirtschaftsgebilden und den biologischen Organismen oft als ein zweckmäßiges Mittel zur Veranschaulichung der wirtschaftlichen Zusammenhänge.

Da das Wort **„organisch"** vielfach schon zur Phrase wird, sollte man sich bei seinem Gebrauch stets ausdrücklich Rechenschaft darüber geben, worin jeweils die Ähnlichkeit der betreffenden Feststellung mit den für die biologischen Organismen geltenden Erkenntnissen liegt. Bedingt schon durch die Analogie des beiderseitigen Grundgesetzes (s. unten S. 93 und 103), liegen sie besonders häufig im Stufengedanken (vgl. S. 72) oder in der Elastizität (selbsttätigen Anpassungsfähigkeit) der Wirtschaftsgebilde (S. 54, 87). Weitere interessante Analogien S. 154, 174, 200, 215, 225, 229, 277 ff., 283. Dagegen genügen Vergleiche bloßer Äußerlichkeiten (z. B. der Vergleich der Telegraphenleitungen mit den Nervensträngen des menschlichen Organimus!) natürlich nicht, um eine Wirtschaftstheorie als eine organische (genauer: organizistische) zu bezeichnen.

Daß es sich für die organische Wirtschaftstheorie immer nur um Vergleiche auf Grund von Ähnlichkeiten der biologischen und sozialen Gebilde, niemals um deren Gleichsetzung handeln kann, sei hier ausdrücklich festgestellt. Auch diese Vergleiche sind nur insoweit zweckmäßig, als sie die abstrakten Zusammenhänge des Wirtschaftsablaufs durch den Hinweis auf analoge konkrete Zusammenhänge des biologischen Lebens zu erläutern vermögen. Die organische Analogie kann jene Zusammenhänge der Wirtschaft verdeutlichen und u. U. auch dem Forscher helfen, ihnen auf die Spur zu kommen, niemals aber kann sie solche Zusammenhänge beweisen. In der Politik führt organizistisches Denken, insbesondere die Zweckstufenanalogie, leicht zum Ständegedanken, den der italienische Faschismus und der deutsche Nationalsozialismus zu einer Knebelung des Individuums mißbrauchten. Man sollte das aber den Organismusgedanken als gänzlich wertungsfreie wissenschaftliche Methodik nicht entgelten lassen (s. S. 33). Vgl. auch Weddigen, Der Organismusgedanke in der Wirtschaftswissenschaft, Zeitschrift für die gesamte Staatswissenschaft, 99. Bd., 1938, S. 1 ff.

Kurz erörtert sei hier insbesondere noch die Streitfrage von **Kausalität und Funktionalität,** die Frage also, ob die Wirtschaftstheorie auch Ursachen oder nur Zusammenhänge einer gegenseitigen Entsprechung (eines Aufeinanderangelegtseins) der Erscheinungen, im Ergebnis also Gleichgewichtszusammenhänge, feststellen könne.

Die Spannsche Auffassung behauptet, die teleologische Wirtschaftstheorie könne nur Funktionalzusammenhänge, d. s. „ganzheitliche“ Entsprechungszusammenhänge einer all- und gegenseitigen Abhängigkeit (Interdependenz) aller Wirtschaftsglieder feststellen. Die Feststellung rein ursächlicher (kausaler) Verknüpfungen sei ihr unmöglich. Damit aber hat sie nur recht hinsichtlich der reinen Wirtschaftstheorie: Unser Produktivitätsgesetz z. B. (§ 7) wie auch das Labilitätsgesetz (§ 14) sind u. E. solche „ganzheitliche“ Funktionalgesetze, denn sie sind nur auf Wirtschaftskomplexe (alias Wirtschaftsgebilde, d. s. „Wirtschaftsganze“ im Sinne Spanns) anwendbar und enthalten im Elastizitätsbegriff die Bezugnahme auch auf das qualitative Verhalten aller Glieder des Komplexes. Sobald jedoch die Wirtschaftstheorie sich beschreibender einstellt, gelangt sie zur Feststellung von Regelmäßigkeiten (Tendenzen), die ihrer Blickeinstellung nach kausal, freilich auch nicht mehr streng allgemeingültig (exakt) sind. Die Ertragstendenzen (s. § 9) und viele andere Wirtschaftsregeln unserer Theorie liefern Beispiele einer solchen schon mehr beschreibend eingestellten, daher kausalen und nicht mehr streng „ganzheitlichen“ Wirtschaftstheorie. Spann unterschätzte die Bedeutung des Übergangs zur Deskription, der neben die reine Theorie eine solche mit deskriptivem Einschlag stellt. Ein „universalistisches“ Ergebnis der reinen Theorie für sich allein ohne solche deskriptive Ergänzung bleibt trotz all seiner systematischen Bedeutung doch inhaltsarm wie ein Knochengerüst ohne Fleisch. So ist es zwar richtig, aber es genügt allein doch nicht, z. B. zu sagen, daß Wald und Klimafeuchtigkeit stets in einem Entsprechungsverhältnis, d. h. also in einem Verhältnis des gegenseitigen Aufeinanderangelegtseins, miteinander stehen. Man will auch wissen, daß und wieso die Niederschläge „in der Regel“ (nämlich abgesehen etwa von bodenauswaschenden Platzregen und Hagelschlägen) den Wald zum Wachsen bringen, und daß und wieso der Waldreichtum des Landes „in der Regel“ dessen Klimafeuchtigkeit, also die Niederschläge, bedingt. Das Wissensstreben des Menschen dürstet nach kausaler Erklärung, auch wenn sie nicht mit der Eindeutigkeit exakter Gesetze, sondern nur mit der Wahrscheinlichkeit bloßer Regeln gegeben werden kann (vgl. z. B. S. 97, ferner auch S. 173).

Mindestens die ersten Anstoßwirkungen, die von Veränderungen auf der einen oder anderen Seite des Funktionalzusammenhanges ausgehen, lassen sich vermittels dieser Regeln meist mit Wahrscheinlichkeit kausal erklären. Die Feststellung solcher ersten Anstoßwirkungen ist keineswegs ohne Erkenntniswert, denn es dauert oft ziemlich lange, ehe sie im Allzusammenhang (der Interdependenz) der wirtschaftlichen Vorgänge untergehen. Die statische Vorstellung vom Gleichgewicht, die sich aus der reintheoretischen Feststellung des allseitigen Funktionalzusammenhanges ergibt, wenn man annimmt, daß diese Gleichgewichtsbeziehungen sich nicht mehr ändern, kann erst durch diese Regeln (Tendenzen) und Feststellungen einer schon mehr beschreibend eingestellten dynamischen Theorie, die den Weg der Anpassung von einem Gleichgewicht zum andern verfolgt, auch praktisch fruchtbar gemacht werden. Auch im Ausland hat man daher neben der (dort vor allem von Walras und Pareto vertretenen) Gleichgewichtsanalyse auch der „Verlaufsanalyse“ (Prozeßanalyse) des wirtschaftlichen Geschehens vermehrte Aufmerksamkeit gewidmet, wobei man vor allem auch der Dauer dieses Geschehens (der „Reaktionsgeschwindigkeit“ bei der Anpassung an die neue Lage) Rechnung zu tragen sucht.

Mit den Angriffen v. Gottl-Ottlilienfelds gegen die Kausalität setzte sich O. v. Zwiedineck-Südenhorst (Kausalität oder Dogmatik in der Nationalökonomie, München 1943) auseinander. Er betont dabei zutreffend die Parallelen im Verfahren der Biologie und der Sozialwissenschaften, die ihm eine „Nähe der Sozialwissenschaften zur Biologie“ begründen (a.a.O. S. 80 ff.). Vorher hatte nach dem Vorgange von Walras schon der Schwede Gustav Cassel in unbewußter Parallele zu dem, was Spann mit seinem Entsprechungsgedanken in der Produktionstheorie versuchte, in der Verteilungstheorie den Preisbildungsvorgang der Marktwirtschaft in ein System quantitativer Funktionalgleichungen aufzulösen gesucht. Er arbeitete damit einer quantifizierend-mathematischen Methode in der Wirtschaftstheorie vor (vgl. S. 173).

Erkennen wir jedoch die primär teleologische (erfolgsbetrachtende) Ausrichtung der Wirtschaftstheorie als zweckmäßig — den Beweis dafür hat dieses Buch zu liefern — und vergegenwärtigen wir uns die große Ausdehnung des deskriptiven Einschlags in ihr, so sehen wir andererseits auch die Grenzen dieser **mathematischen Methode** in der Wirtschaftswissenschaft. J. H. v. Thünen in Deutschland, Jevons, Marshall, Edgeworth und Pigou in England, Cournot in Frankreich, Pantaleoni in Italien, Walras und Pareto als Führer der Lausanner Schule, Irving Fisher in den Vereinigten Staaten, später in Deutschland Bortkiewicz, Engländer u. a. sind Vertreter dieser Forschungsweise. Sie suchen bestimmte Abhängigkeitsverhältnisse zwischen den volkswirtschaftlichen Tatsachen auf mathematische Formeln zu bringen. Der Preis z. B. ist dann das Verhältnis ausgetauschter Mengen, die Produktion bedeutet den Austausch von Rohstoffen und Arbeit gegen verbrauchbare Güter in bestimmtem Mengenverhältnis usw. Im ausländischen Schrifttum vor allem hat die sog. Ökonometrie die mathematische Methode im Bund mit der Wirtschaftsstatistik in den Dienst besonders der „Verlaufsanalyse“ (s. oben) gestellt, um auf diese Weise Theorie und Wirklichkeit der Wirtschaft einander gegenüberzustellen. Wie das Experiment der Nachprüfung naturwissenschaftlicher Theorien dient, so sucht die mathematische Wirtschaftstheorie ihre Ergebnisse mit Hilfe der statistisch-ökonometrischen Forschung an der Wirklichkeit nachzuprüfen.

Solche mathematische Darstellung versagt aber doch weitgehend gegenüber den qualitativen Zusammenhängen der Wirtschaft, wie sie gerade für die teleologisch-organische Theorie besonders erkennbar werden. Nur hinsichtlich quantitativer Zusammenhänge ist die Darstellungsweise der Mathematik zur Illustration geeignet, vorausgesetzt, daß sie das Maß ihrer Verfeinerungen in einem angemessenen Verhältnis zur Wirklichkeitsbedeutung solcher quantitativen Feststellungen hält. Vorbildlich erscheint hier die Mäßigung Marshalls, des Führers der in England einflußreichen Cambridger Schule. Er fordert den Gebrauch der Mathematik nur als einer abgekürzten

Sprache, die sobald als möglich in Worte zu übersetzen sei. Nur zu leicht verleitet ja sonst die mathematische Methode mit ihren Quantifizierungsbedürfnissen den Wirtschaftsforscher dazu, mit soviel abstrakten Prämissen und wesenswidrigen Isolationen (z. B. ceteris paribus, S. 173) hinter den kausalen Anstoß- und Weiterverwirkungen der wirtschaftlichen (und besonders der Preisbildungs-) Zusammenhänge der Marktwirtschaft herzulaufen, daß man schließlich in der Tat als Ergebnis nur noch das in der Hand behält, was man mit jenen Prämissen in die Fragestellung hineingetan hat. Dabei mutet die Anwendung der exakten Methoden der Mathematik auf dafür viel zu deskriptive Problemstellungen der Wirtschaftswissenschaft mitunter geradezu als Spielerei einer nutzlosen Gedankenakrobatik an.

Von vornherein nur beschränkt anwendbar ist die mathematische Methode auf die Theorie der zentral geleiteten Planwirtschaft, in der Preisrelationen von geringerer Bedeutung sind. Die insofern notwendige Bevorzugung der marktwirtschaftlichen Zusammenhänge erschwert so den „Mathematikern" auch die Erarbeitung einer Wirtschaftstheorie, die auf die freie wie die wirtschafts- und sozialpolitisch gelenkte Marktwirtschaft schon von der Grundlegung her einheitlich anwendbar ist.

Zum neueren deutschen Schrifttum: Fast alle bisherigen deutschen Zusammenfassungen des wirtschaftstheoretischen Wissens behandeln nicht (wie der Verfasser seit fast 4 Jahrzehnten) zunächst die reine Theorie der Wirtschaft unabhängig von Raum und Zeit, sondern zielen sogleich auf eine theoretische Betrachtung insbesondere der Volkswirtschaft ab. Die Ertragsgesetze und -regeln wurden dann bis in die neueste Zeit meist entweder als Naturgesetz bzw. als technische Regeln (so das „Gesetz des abnehmenden Bodenertrags") oder im Zusammenhang mit anderen volkswirtschaftlichen Fragen, zum Teil auch überhaupt nicht oder nicht als Ertragsregeln (so das sog. Gossensche Gesetz, s. S. 104) vorgetragen. Dies Verfahren vermied zwar die Schwierigkeiten, die das notwendig abstrakte Denken der reinen Theorie vor allem dem Anfänger zunächst bietet, es verzichtete aber auch auf den Angelpunkt einer teleologischen Betrachung, von dem aus allein sich auch die volkswirtschaftlichen Fragen systematisch einheitlich und aus dem Grunde begreifen lassen (s. S. 118).

Von größeren deutschsprachigen Lehrbüchern und wirtschaftstheoretischen Zusammenfassungen seien hier nur genannt:

Alfred Amonn, Grundzüge der Volkswohlfahrtspflege I, 1926. — Ders., Grundzüge der Theoretischen Nationalökonomie, Bern 1948. — Enrico Barone, Grundzüge der theoretischen Nationalökonomie, 1935[2]. — E. Böhler, Nationalökonomie. Grundlagen und Grundlehren. Zürich, 1960[4]. — C. Brinkmann, Wirtschaftstheorie, 1948. — Gustav Cassel, Theoretische Sozialökonomie. 1932[5]. — Karl Diehl, Theoretische Nationalökonomie I—IV, 1916—1933. — Walter Eucken, Die Grundlagen der Nationalökonomie, 1959[7]. Diese Grundlegung beschränkt die Ertragstheorie auf die Rolle weniger Erfahrungsregeln der Wirtschaftenden. — Wolfgang Heller, Theoretische Volkswirtschaftslehre, 1927. — Albert Hesse, Grundriß der Politischen Ökonomie II, Volkswirtschaftslehre, 1942. — R. Kerschagl, Volkswirtschaftslehre, 1947[4]. — Robert Liefmann, Grundsätze der Volkswirtschaftslehre I, 1917, II, 1919. — A. Mahr, Volkswirtschaftslehre, 1954[3]. — Franz Oppenheimer, Theorie der reinen und politischen Ökonomie, 1910[5]. — A. Paulsen, Neue Wirtschaftslehre, 1958[4]. — Heinrich Pesch, Lehrbuch der Nationalökonomie I, 1924[4], II—V, 1920—1923. — Eugen v. Philippovich, Allgemeine Volkswirtschaftslehre, 1922[16]. — Hans Peter, Grundprobleme der theoretischen Nationalökonomie, 3 Bde. 1933—1937, gibt (z. T. mit mathematischer Methode) im wesentlichen nur Preis- und Einkommenstheorie. — Dagegen trägt, gleichfalls unter Benutzung der Mathematik, auch etwas Produktionstheorie vor Heinrich Frhr. v. Stackelberg, Grundzüge der Theoretischen Volkswirtschaftslehre, 1951[2]. — Hans Ritschl, Theoretische Volkswirtschaftslehre, 2 Bde., Bd. I, Grundlagen u. Ordnungen d. Volkswirtschaft, 1947, leugnet (S. 81 ff., 136) die Möglichkeit einer „allgemeinen Theorie von der Wirtschaft schlechthin". — Erich Schneider, Einführung in die Wirtschaftstheorie, 4 Bde., 1963[10], 1963[8], 1962[7], 1962. — Gustav Schmoller, Grundriß der allgemeinen Volkswirtschaftslehre, 2 Bde., 1923, vorwiegend historisch. — Hermann Schumacher, Die Wirtschaft in Leben und Lehre, 1943. — Othmar Spann, Fundament der Volkswirtschaftslehre, 1929[4]. Die leistungsmäßige Betrachtungsweise Spanns führt unmittelbar zu einer Berücksichtigung auch der Ertragstheorie. — P. A. Samuelson, Volkswirtschaftslehre, 1952, 1955[2]. — Adolf Weber, Allgemeine Volkswirtschaftslehre, 1933[5], 1958[7] (zunehmende, wenn auch nicht systematische Berücksichtigung auch ertragstheoretischer Gesichtspunkte, z. B. S. 162, 207, 214, 218, 404, 504, 532). — Ders., Die neue Weltwirtschaft, 1947. — Friedrich v. Wieser, Theorie der gesellschaftlichen Wirtschaft, 1924[2]. — Otto Edler v. Zwiedineck-Südenhorst, Allgemeine Volkswirtschaftslehre, 1932, 1948[2] (gute Erörterung auch der ertragstheoretischen Fragen, s. dazu auch unten S. 94).

Zur Lehrgeschichte der Volkswirtschaftslehre siehe vor allem E. Heimann, Geschichte der volkswirtschaftlichen Lehrmeinungen, 1949. — A. Kruse, Geschichte der volkswirtschaftlichen Theorien. 1953[3]. — E. Salin, Geschichte der Volkswirtschaftslehre, 1951[4]. A. Tautscher, Geschichte der Volkswirtschaftslehre, Wien 1950. — Stavenhagen, Geschichte der Wirtschaftstheorie, 1964[3]. Theo Suranyi-Unger, Die Entwicklung der theoretischen Volkswirtschaftslehre im ersten Viertel des 20. Jahrhunderts, 1927 (guter dogmengeschichtlicher Überblick auch über das ausländische Schrifttum). — L. J. Zimmermann, Geschichte der theoretischen Volkswirtschaftslehre, 1954.

Von Einführungen und kleineren Grundrissen seien genannt:

Gerhard Albrecht, Einführung in die Volkswirtschaftslehre, 1935. — Friedrich Bülow, Volkswirtschaftslehre. Eine Einführung in das wirtschafts- und sozialwissenschaftliche Denken, 1957. — Erich Carell, Allgemeine Volkswirtschaftslehre, 1963[10]. — Wolfgang Heller, Die Grundprobleme der theoretischen Volkswirtschaftslehre, 1921. — Jens

Jessen, Volk und Wirtschaft. Zugleich eine Einführung in das Wirtschaftsleben, 1936[2]. — W. Meinhold, Grundzüge der allgemeinen Volkswirtschaftslehre, 1961[2], stellt einen besonderen ertragstheoretischen Teil voraus, den er aber wesentlich auf die Bodenertragstendenz abstellt, ohne bei der Erwähnung des Allgemeinen Ertragsgesetzes dessen Voraussetzung genügender Elastizität aufzunehmen. — Muhs, Allgemeine Volkswirtschaftslehre, 1951. — H. Peter, Einführung in die politische Ökonomie, 1950. — E. Preiser, Nationalökonomie heute. Eine Einführung in die Volkswirtschaftslehre. 1959. — Wilhelm Röpke, Die Lehre von der Wirtschaft, Zürich 1962[9]. — H. Sauermann, Einführung in die Volkswirtschaftslehre. 1960. — Othmar Spann, Die Haupttheorien der Volkswirtschaftslehre auf lehrgeschichtlicher Grundlage, 1949[25]. — Richard v. Strigl, Einführung in die Grundlagen der Nationalökonomie, 1937. — W. Waffenschmidt, Graphisch-Anschauliche Einführung in die Volkswirtschaftslehre, 1963[2]. — Adolf Weber, Kurzgefaßte Volkswirtschaftslehre, 1956[7].

Als Sammelwerke kommen vor allem in Betracht:

Handwörterbuch der Sozialwissenschaften 1956 ff., zugleich Neuauflage von: Handwörterbuch der Staatswissenschaften, 1923 ff.[4]. — Wörterbuch der Volkswirtschaft, 1931[4]. — Grundriß der Sozialökonomik, 1914 ff. — Die Wirtschaftstheorie der Gegenwart, 1927, 1932. —

Von einschlägigen deutschen Zeitschriften, die ihr Erscheinen meist ab Ende 1944 bis 1948 oder 1949 unterbrachen, seien genannt:

Weltwirtschaftliches Archiv, Jena, ab 1949 Hamburg — Jahrbücher für Nationalökonomie und Statistik, Jena, seit 1948 Stuttgart. — Schmollers Jahrbuch für Gesetzgebung u. Verwaltung, Berlin. — Zeitschrift für die gesamte Staatswissenschaft, Tübingen. — Zeitschrift für Nationalökonomie, Wien. — Finanzarchiv, Tübingen. — Ordo, Jahrb. f. d. Ordnung von Wirtschaft und Gesellschaft, Freiburg 1948 ff. — Mehrsprachig erscheint: Kyklos, Internationale Zeitschrift für Sozialwissenschaften, Bern, 1946 ff.

Textsammlungen bieten: Ausgewählte Lesestücke zum Studium der politischen Ökonomie, hrsg. v. K. Diehl und P. Mombert, 20 Bde. 1921 bis 1926. — Textbücher zum Studium über Wirtschaft und Staat, hrsg. v. J. Jastrow, 6 Bde., Berlin 1913 ff. — Klassiker der Wissenschaften. Monographien mit ausgewählten Texten. Wirtschaftswissenschaft. Bd. 1, A. R. J. Turgot (besorgt v. Weddigen) 1950; Bd. 2, J. H. v. Thünen (besorgt v. K. Bräuer) 1951. — The Series of Republished Articles on Economics, ausgewählt durch die American Economic Association, London, 1951 ff. — Nationalökonomie. Ausgewählte Texte zur Entwicklung einer Wissenschaft, hrsg. v. A. Kruse, 1960.

II. Die Ertragstheorie

§ 5 Grundbegriffe und Begriffe

Begriffliche Erörterungen am Anfang theoretischer Werke sind heute bei deren Autoren oft wenig beliebt. In der Tat sind „Begriffskataloge" zwecklos, die dann in den positiven Untersuchungen zum größten Teil nicht gebraucht werden. Bildet man aber die Grundbegriffe und Begriffe als geeignete D e n k w e r k z e u g e der positiven Theorie, so ist es gut, dieses logische Werkzeug in seinen wichtigsten Stücken klar und übersichtlich beisammen zu haben, bevor man mit dem Werk beginnt. Die Geschichte der Wirtschaftswissenschaft zeigt, wie aus leichten Unklarheiten oder Verschiebungen der benutzten Begriffe Irrtümer von weltbewegender Bedeutung entstanden sind (vgl. z. B. S. 196). So kann der Wirtschaftstheoretiker die Verantwortung für die Klarheit der von ihm benutzten Begriffe kaum schwer genug nehmen.

Der oben (S. 19) behandelte graduelle Übergang von der Wirtschaftstheorie zur Wirtschaftsbeschreibung in der bipolaren Spannungsreihe von Generalisierung und Individualisierung kennzeichnet auch die G r u n d b e g r i f f e der Wirtschaftswissenschaft i n i h r e m V e r h ä l t n i s z u d e n B e g r i f f e n: Die Grundbegriffe sind die exakten Denkmittel der r e i n e n Theorie. Mit ihnen betrachtet die Wirtschaftstheorie teleologisch nur die vom Identitätsprinzip bezeichnete Seite der Wirklichkeit, also deren Mittelbeschaffungsseite (vgl. S. 15). Die Grundbegriffe sind daher, wie wir sehen werden, stets reine Erfolgskategorien der Mittelbeschaffung: Sie bezeichnen ihren Gegenstand völlig eindeutig und ohne jeden technischen oder sonstwie deskriptiven Einschlag als abstrakte Kategorien wirtschaftswissenschaftlicher Ergiebigkeitsbetrachtung.

Die B e g r i f f e dagegen sind die unschärferen, aber auch anschaulicheren und wirklichkeitsnäheren Werkzeuge der Wirtschaftsbeschreibung. Mit ihnen kann und muß der Wirtschaftswissenschafter auch solche Erscheinungen der Wirklichkeit erfassen, die nicht mehr streng nur seinem Erkenntnisobjekt, sondern auch bereits den Gebieten des Übergangs zu anderen Erkenntnisobjekten angehören. Im Unterschied zu den Grundbegriffen haben daher die Begriffe der Wirtschaftswissenschaft oft entweder einen technischen Einschlag, der zur Naturwissenschaft bzw. zur Psychologie, oder einen soziologischen Einschlag, der zur Gesellschaftslehre hinübergeht. Das entspricht nur dem oben (S. 19) bereits dargelegten Wesen der Beschreibung.

Da die reine Theorie, wie wir (S. 21) sahen, in der Wirtschaftswissenschaft einen Raum von relativ geringer Ausdehnung einnimmt, also schon sehr bald in eine zunehmend individualisierend-deskriptive (beschreibende) Wirtschaftstheorie übergeht, so ist auch die Zahl ihrer Grundbegriffe verhältnismäßig gering. An Zahl, wenn auch nicht an logischer Bedeutung, überwiegen daher die Begriffe im Denkwerkzeug der Wirtschaftswissenschaft deren Grundbegriffe bei weitem.

Bestimmten wir die **Wirtschaft,** unser Erkenntnisobjekt, bereits als das auf Mittelbeschaffung (Güterbeschaffung) gerichtete menschliche Handeln, so findet dieser Grundbegriff der Wirtschaftstheorie eine konkretere Ergänzung im Begriff der Produktion. Die Tätigkeit nämlich des wirtschaftenden Menschen zur Hervorbringung, Bereitstellung und Erhaltung von Mitteln (Gütern) aus Stoffen und Kräften natürlicher wie menschlicher Herkunft bezeichnen wir als Produktion. Die erzeugten Güter heißen Produkte. Die Produktion ist erfolgreich (ertragreich, ergiebig), wenn sie bei der Umwandlung von Stoffen und Kräften, die sie zur Herstellung der Güter vornimmt, eine Werterhöhung (Brauchbarkeitserhöhung) derselben erzielt und sich so als echte Mittelbeschaffung erweist (weiteres s. § 6).

Der Produktion als der Güterbeschaffung der Wirtschaft tritt die Konsumtion, der Güterverbrauch, als Zielerreichung gegenüber. Ist die Produktion stets Mittel zum Zweck, so erfolgt die Konsumtion als Selbstzweck um der Bedürfnisbefriedigung willen, die sie bedeutet. Obwohl die Konsumtion als außerwirtschaftlich daher nicht zum Erkenntnisobjekt der reinen Wirtschaftstheorie gehört (vgl. S. 16), muß die Konsumtion von der schon mehr beschreibenden Wirtschaftstheorie doch mit in Betracht gezogen werden, wenn wirklichkeitsnähere Bilder der Wirtschaft entstehen sollen. Im einzelnen entscheidet hier oft die psychische Einstellung beim Gebrauch der Güter darüber, ob bzw. inwieweit Produktion oder Konsumtion vorliegt; z. B. wäre der Verbrauch einer Flasche Wein als Genußmittel Konsumtion, als Genesungsmittel aber insofern Produktion, als sie der Wiederherstellung (Reproduktion) von Arbeitsfähigkeiten dient (s. S. 63).

Wie aus alledem schon ersichtlich, stellt die Kategorie des Mittels einen der wichtigsten Grundbegriffe der Wirtschaftswissenschaft dar: Das **Gut** ist das Mittel des menschlichen Handelns. Wir unterscheiden:

1. Nach ihrer Zweckwidmung Produktiv- und Konsumtivgüter: Produktivgüter (Produktionsmittel) sind die Güter,

insofern sie der Produktion weiterer Güter, der Mittelbeschaffung also, dienen (Grundbegriff). So dient der Webstuhl der Herstellung von Tuch. Konsumtivgüter, auch Konsumgüter genannt, sind die Güter, insofern sie unmittelbar dem endgültigen Verbrauch, der Zielerreichung also, dienen. Die schon erwähnte Flasche Wein als Heil- oder Stärkungsmittel also ist für die reine Theorie ein Produktivgut, als Genußmittel ein Konsumtivgut. Die schon mehr wirtschaftsbeschreibende Theorie freilich trennt die typischen Mittel des unmittelbaren konsumtiven Verbrauchs (z. B. der Ernährung, der Bekleidung, der Körperpflege und der Behausung) auch etikettierend als marktreife Fertigfabrikate bzw. Fertigwaren von den typischen Mitteln weiterer Produktion (z. B. den Halbfabrikaten, Maschinen u. dgl.), die allein dann als Produktivgüter bezeichnet werden.

In dieser Hinsicht auf den Verbrauchszweck unterscheidet man Existenzgüter, die lebensnotwendig sind (z. B. Nahrungsmittel, Kleidung) und Kulturgüter (z. B. Bücher), die Kulturzwecken dienen. Die Grenzen sind flüssig. Die Menge von Konsumgütern, die einem Volke je Kopf oder Haushalt regelmäßig zufließt, bestimmt dessen sog. Lebenshaltung (standard of life). Über Tauschgüter s. § 20.

Je nach der Zahl von Mittelbeschaffungsakten, die ein Gut vom endgültigen Verbrauchszweck trennen, hat man Güter erster, zweiter und fernerer Ordnung unterschieden (z. B. Brot, Mehl, Getreide). Die Ordnungszahl steigt hier also mit zunehmender Entfernung von der Konsumgutreife, in der ein Gut das Endziel verwirklicht, für das es geschaffen wurde.

2. Nach der physischen (technischen) Qualität: Sachgüter und persönliche Güter:

Als Sachgüter können alle Dinge zu Mitteln des Menschen werden, die sich außerhalb seiner eigenen Person befinden. Zu ihnen gehören also die Quellen von Naturkräften und Energien aller Art, sobald sie nur als Glied einer Zweck-Mittel-Beziehung gedacht werden (z. B. die Sonne Italiens als Faktor des Fremdenverkehrs). Die Sachgüter zerfallen in bewegliche Sachgüter und unbewegliche Sachgüter (nämlich Grundstücke, Gebäude, d. s. sog. Immobilien). Bewegliche Sachgüter als Gegenstand des Tausch- oder Marktverkehrs heißen Waren.

Die Summe der beweglichen und unbeweglichen Sachgüter, die im Eigentum eines Wirtschaftssubjekts stehen, bezeichnet man als dessen Realvermögen. Das Realvermögen zuzüglich der Forderungen stellt das Bruttovermögen, dieses nach Abzug der Schulden das Nettovermögen einer Person dar.

Persönliche Güter (Mittel) sind menschliche Leistungsfähigkeiten. Als persönliche Produktivgüter (Produktivkräfte) treten sie in den Dienst der Mittelbeschaffung. Die Leistung der persönlichen Produktivgüter heißt Arbeit im Sinne der Wirtschaftstheorie (Grundbegriff, s. auch S. 134). Wir bezeichnen diese Produktivkräfte, deren Beschaffung und Erhaltung ständig Aufwendungen (z. B. für Ernährung, für Ärzte u. dgl.) erfordert, daher auch als Arbeitsfähigkeiten oder Arbeitskräfte.

Die persönlichen Güter (Arbeitskräfte) zerfallen wieder in körperliche — z. B. Kräfte manueller Arbeiter — und geistige — z. B. technische oder organisatorische Wirtschaftskenntnisse. Die letzteren beeinflussen als führende geistige Produktivgüter die Kombinierung und damit das Wirkungsverhältnis der übrigen Produktivkräfte ihres Wirtschaftsgebildes in maßgebender Weise.

Die Nutzung (der Gebrauch, die Leistung) der Arbeitskräfte wird Gegenstand des Tausch- oder Marktverkehrs in der Form der sog. persönlichen Dienstleistungen (z. B. der „freien Berufe") und der Arbeitsleistungen der abhängigen Berufsarbeit. Die Arbeitskräfte selbst werden (mit der Person ihres Trägers) verkauft nur im Falle der Sklaverei. Eine Wirtschaftstheorie, die viel zu einseitig nur Preistheorie war, hat es daher versäumt, die Arbeitskräfte auf eine Höhe mit den Sachgütern zu stellen, und dafür lange die Dienstleistungen zu Gütern erklärt. Dadurch ging ihr viel vom systematischen Aufbau der Wirtschaftswissenschaft verloren (vgl. S. 67). Auch logisch ist es unmöglich, neben einem Mittel noch dessen Leistung als ein weiteres Mittel aufzufassen. So kann man z. B. auch die elektrische Energie nicht neben der elektrizitätserzeugenden Maschine als weiteres Gut auffassen, obwohl die Kilowattstunde Gegenstand des Marktverkehrs sein kann. Nutzungen als zeitweiliger Gebrauch von Gütern können wie Waren gehandelt werden, niemals aber neben den genutzten Gütern weitere selbständige Güter bedeuten.

3. Nach ihrem Wirkungsbereich: unbeständige und beständige Güter:

Unbeständige oder verbrauchliche Güter, weniger treffend auch Verbrauchsgüter genannt, sind solche Mittel, die beim Gebrauch technisch ihr Wesen verändern, indem sie verbraucht werden (z. B. Lebensmittel, Kohle).

Beständige oder (mit Cassel) dauerhafte Güter, auch Gebrauchsgüter genannt, können ohne technische Wesensveränderung beliebig oft gebraucht werden. Im langfristigen Gebrauch sind sie oft die Substanz der Vermögensbildung ihres Eigentümers (z. B. des Grundbesitzers). Als gemeinbrauchliche Güter bezeichnen wir solche Güter, die ohne solche Wesensveränderung gleichzeitig von vielen Personen gebraucht werden können. Gemälde oder Kenntnisse z. B. sind beständige gemeinbrauchliche, Musikvorträge unbeständige gemeinbrauchliche Güter[1].

[1] Im Hinblick auf diese unbeständigen gemeingebrauchlichen Güter kann man die gemeingebrauchlichen Güter nicht, wie Spann vorschlug, als „unverbrauchliche Güter" bezeichnen.

Zwischen den verbrauchlichen und den dauerhaften Gütern stehen die abnutzbaren Güter. Ihrem allmählichen Verbrauch tragen in der Betriebswirtschaft die jährlichen Abschreibungen Rechnung.

Im Überfluß vorhandene Dinge (z. B. der Äther), oft ungenau „freie Güter“ genannt, sind keine Güter im Sinne der Wirtschaftstheorie, weil zum Mittelbegriff die Knappheit gehört. Erst insofern sie als Glied einer Zweck-Mittel-Beziehung gedacht werden (z. B. Luftbewirtschaftung im gesunkenen U-Boot oder die frische Luft als Wirtschaftsfaktor im Luftkurort) werden sie zu Gütern im Sinne der Wirtschaftstheorie, also zu „wirtschaftlichen Gütern“ im Sinne des Sprachgebrauchs[2]. Empirisch wächst die Knappheit der von der Wirtschaft zu beschaffenden Güter vor allem durch Bevölkerungsvermehrung und Vermehrung der Bedürfnisse, wenn die Ergiebigkeit der Wirtschaft damit nicht Schritt hält.

4. Nach dem Eigentümer: Private Mittel, die im Sondereigentum (Privateigentum) und öffentliche Mittel, die im Gemeineigentum öffentlicher Körperschaften stehen. Die Wirtschaft der öffentlichen Mittel heißt Finanzwirtschaft: Sie gewinnt die öffentlichen Mittel (z. B. durch Erhebung von Abgaben) von den Einzelwirtschaften, verwaltet sie im Sinne der Gemeinschaftszwecke und führt sie ihrer Verausgabung zu. Wir erwähnten sie bereits (S. 30)[3].

Die Erfolgsbetrachtung unserer teleologischen (zweckbezogenen) Ertragstheorie stieß oben bereits und stößt überall auf den **Wertbegriff.** Der wirtschaftliche Wert nämlich ist die Bedeutung eines Gutes als eines Mittels für menschliche Zwecke. Diese Bedeutung beruht stets auf dem Urteil des Wirtschaftenden über die Eignung des Gutes zur Erreichung dieser Zwecke, und außerdem auch auf der Knappheit des Gutes, die freilich für die reine Theorie schon mit dessen Begriffsbestimmung als eines Mittels gegeben ist.

Diese Zwecke selbst sind gegeben durch die Bedürfnisse des Menschen. Hier unterscheidet man (entsprechend der obigen Einteilung der Güter) lebensnotwendige, vitale oder Existenzbedürfnisse, wie die nach Nahrung, Bekleidung, Wohnung und Heizung, von den kulturellen Bedürfnissen, die mit den höheren Zielen geistiger Art gegeben sind. Setzt man die Bedürfnisse in Beziehung zu den Mitteln (Gütern) ihrer Befriedigung, so spricht man von Bedarf. So verstehen wir darunter in der Marktwirtschaft die Summe der zur Befriedigung eines genügend kaufkräftigen Bedürfnisses in Frage kommenden Gütermengen, und in der kollektiven Planwirtschaft die Gütermengen, die zur Befriedigung der vom zentralen Wirtschaftsplan berücksichtigten Bedürfnisse in Betracht kommen. Man unterscheidet den Einzel- oder Individualbedarf (des Einzelnen) vom Gemein-

---

2 Nähere Begründung bei Weddigen, Theorie des Ertrages, 1927, S. 93; ähnlich auch H. Schumacher, Die Wirtschaft in Leben und Lehre, 1943, S. 54.

3 Man nennt sie neuerdings auch „öffentliche Finanzwirtschaft“ in Anlehnung an den englischen und französischen Sprachgebrauch (public finance, finance publique). Näheres darüber bei W. *Weddigen*, Allgemeine Finanzwirtschaft, 1964[4], S. 9.

oder Kollektivbedarf (der Gemeinschaft). Die Kollektivbedürfnisse, die dem letztgenannten Bedarf zugrunde liegen, werden nicht, wie die Individualbedürfnisse, von jedem Einzelnen empfunden und durch aktive, individuelle Konsumakte befriedigt, sondern ihre Befriedigung kommt den Mitgliedern der Gemeinschaft insgesamt zugute (z. B. Seuchenschutz oder Wehrmacht).

Den Gegensatz zum wirtschaftlichen Wert bildet einerseits der ideelle Wert, d. i. die Bedeutung, die ein Gegenstand als Verkörperung eines Selbstzweckes (Ideals) besitzt (z. B. Verehrungswert eines Fetischs); ferner der technische Wert, der den naturwissenschaftlichen Wirkungsgrad eines Gegenstandes ohne Rücksicht auf seine Mitteleigenschaft bezeichnet. So besteht z. B. der Kalorienwert der Kohle als technischer Wert auch im Sommer bei 30° Hitze, wenn niemand Kohle benötigt. Ein Gut hat auch dann Bedeutung als Mittel zur Deckung eines subjektiven Bedarfs, wenn das Urteil des Wirtschaftenden über seine technische Eignung unrichtig, diese technische Eignung also nur vorgestellt ist. Insofern kann auch der sog. Putativwert (z. B. des Amuletts) ein wirtschaftlicher Wert sein. Wir unterscheiden:

Nutzwert und Kostenwert: Nutzwert (auch Nutzen genannt) ist der Wert des beschafften (produzierten) Gutes, Kostenwert (auch Kosten genannt) ist der Wert des bei dieser Mittelbeschaffung zu opfernden Gutes. Kosten einer Produktion sind also entweder der Wert der dabei einzusetzenden Produktionsmittel (der sogen. Kostengüter), oder, wenn er größer ist als dieser, der Wert des Gutes, das bei anderweitigem Einsatz dieser Produktivmittel hätte produziert werden können. Insofern sind Kosten „entgangener Nutzen". Die individualwirtschaftlichen (privaten) Kosten, die die einzelwirtschaftliche Kalkulation eines Produzenten belasten, unterscheidet man von den sozialwirtschaftlichen (z. B. volkswirtschaftlichen) Kosten, d. h. den Nachteilen, die diese Produktion für die Sozial- (z. B. die Volks-) wirtschaft als Ganzes zur Folge hat (z. B. Störungen und Schäden durch Lärm, Rauch, Gerüche oder Abwässer eines Fabrikbetriebes, für die dieser finanziell nicht aufzukommen hat).

Gegenwartswert und Zukunftswert: Den Wert, den ein Gut im Hinblick auf eine erst zukünftige Bedürfnisbefriedigung besitzt, stellt man als Zukunftswert seinem Gegenwartswert gegenüber. Der Zukunftswert eines Gutes bedingt den Aufschub seiner Nutzung und die bis dahin bestehende Gefahr der Nutzungsbeeinträchtigung (das „Risiko"). Der Zukunftswert ist insofern gleich dem Gegenwartswert vermindert um den Zwischenzins (Diskont, S. 309) und die Risikoprämie. Jene Rückstellung von Gegenwartsgütern, die im Hinblick auf diesen Zukunftswert erfolgt, nennt man „Sparen": Sparen ist Rückstellung von Gütern für künftigen Bedarf. Dabei kann die Rückstellung der Mittel für Zeiten des Alters oder der Not, zur Wahrung ihrer jederzeitigen sofortigen Verwertbarkeit (also im Interesse der Liquidität) oder zur Ansammlung von Mitteln für größere Anschaffungen (als sogen. Zwecksparen) erfolgen. Legt der Sparer seine Geldersparnisse (z. B. im Strickstrumpf) still, anstatt sie etwa einer Sparkasse oder Bank anzuvertrauen, so spricht man von Horten.

Produktivwert und Konsumwert: Produktivwert ist die Bedeutung des Gutes als eines Mittels weiterer Mittelbeschaffung (Grundbegriff), Konsumwert ist die Bedeutung des Gutes unmittelbar für eine endgültige Zielerreichung.

Gebrauchs- und Tauschwert: Gebrauchswert (value in use) ist der Wert, den der Ge- oder Verbrauch eines Gutes unmittelbar, d. h. abgesehen vom Umweg über einen Tauschakt, vermittelt. Er ist letztlich also stets subjektiv. Der Begriff des Tauschwertes hingegen faßt gerade den Tauschakt ins Auge: Der Tauschwert (value in exchange) beruht auf der Eintauschkraft eines Gutes. Der Tauschwert ist insofern ein objektiver Wert, er setzt allerdings einen Gebrauchswert des Gutes voraus, hängt auch von der Knappheit des Gutes ab und ist für den Tauschenden (als sog. subjektiver Tauschwert) auch von subjektiver Bedeutung. In Geld ausgedrückt heißt der Tauschwert eines Gutes sein Geldwert. Unter den Tauschwerten unterscheidet man den gemeinen Wert als den im freien Wirtschaftsverkehr erzielbaren Tauschwert (Gegensatz: Affektionswert als bloßer Gefühls- oder Anhänglichkeitswert), und den Ertragswert als den mit dem landesüblichen Zinsfuß kapitalisierten Reinertrag (beträgt dieser Zinsfuß 4 %, so ist also z. B. der Ertragswert eines Gutes von 2000,— M jährlichem Reinertrag 50 000,— M).

Eine besondere Bedeutung für jede teleologische (zweckbezogene, erfolgsbetrachtende) Wirtschaftstheorie erhalten die sog. **Wirtschaftsgebilde.** Jeder Zweck nämlich bedingt einen Komplex (d. h. eine Ganzheit) von Mitteln, die ihm dienen. Ein Gut (Mittel) kann ja nur im Verein mit anderen Gütern (Mitteln) einem Zweck dienen. Selbst ein Stück Brot z. B. kann nur zusammen mit der Leistungsfähigkeit der Organe des Verbrauchers dessen Hunger stillen. Solche zusammenwirkenden Güter, die also einander notwendig ergänzen, nennt man in der Wirtschaftstheorie komplementäre oder Ergänzungsgüter[4]. Die Gesamtheit solcher einem Zwecke dienenden komplementären Güter nennt man Wirtschaftsgebilde, auch Wirtschaftskomplex oder Wirtschaftsganzheit. Jede Einzelwirtschaft (z. B. eines Handwerkers), jede Betriebswirtschaft (z. B. einer Fabrik), aber auch z. B. jede Stammes- oder Volkswirtschaft stellt ein solches Wirtschaftsgebilde dar. Zu jedem Wirtschaftsgebilde gehören neben den Sachgütern stets auch (körperliche und geistige) persönliche Güter (Arbeitskräfte) als komplementäre Mittel.

Die in den Wirtschaftsgebilden, besonders die in der Volkswirtschaft vereinigten Produktionsmittel nennt man auch Produktionsfaktoren oder auch nur kurz „Faktoren". Diese gruppiert man seit J. B. Say stilisierend (aber doch schon mehr beschreibend) als Boden, Kapital und Arbeit, je nachdem es sich bei den Produktionsmitteln um unbewegliche Sachgüter, bewegliche Sachgüter[5] und persönliche Güter (Arbeitsfähigkeiten) handelt. Diese Dreiteilung

[4] In der Betriebswirtschaftslehre bezeichnet man als komplementäre Güter auch die Güter eines verbundenen Angebots (z. B. Gas und Koks) oder einer verbundenen Nachfrage (z. B. Photoapparate und Filme).

[5] Über diesen Kapitalbegriff s. § 12 unter I.

faßt in jeder Kategorie naturgemäß zahllose technische Unterschiedlichkeiten zusammen. Auch sind die Übergänge hier wie bei allen mehr beschreibenden Begriffen (S. 46) flüssig (vgl. z. B. S. 125). Denkt man weniger an diese Dreiteilung der Produktionsfaktoren, so bezeichnet man die Produktionsmittel in einem mehr technischen Sinne auch als Produktionselemente.

Die Wirtschaftsgebilde können sein Einzelwirtschaften alias Individualwirtschaften und Gesellschaftswirtschaften alias Sozialwirtschaften. In der Einzelwirtschaft beschafft nur der Einzelne die Mittel für die von ihm bestimmten Ziele. In einem weiteren Sinne allerdings stellt man die Einzelwirtschaft der Sozialwirtschaft auch als die Wirtschaftseinheit gegenüber, die in der Produktion als Betriebswirtschaft den Betrieb bzw. die Unternehmung auch einer Mehrheit von Personen, und die in der Konsumtion den Haushalt auch einer Mehrheit z. B. von Familienmitgliedern umfaßt.

Die Sozialwirtschaft ist die gesellschaftlich, d. h. die von einer Mehrheit von Personen betriebene Wirtschaft. Von grundlegender Bedeutung ist hier der wirtschaftliche Wettbewerb als das Verhältnis zweier oder mehrerer Wirtschaftssubjekte, die einander bei dem Streben nach einem gleichen wirtschaftlichen Ziel zu übertreffen suchen. Wird das Zusammenwirken und Ineinandergreifen der produktiven Kräfte einer Sozialwirtschaft durch den arbeitsteiligen Austausch (S. 142) der Erzeugnisse und Leistungen ihrer Wirtschaftseinheiten vermittelt, so spricht man von Tausch- oder Verkehrswirtschaft und, wenn hierbei Käufe und Verkäufe eines mehr oder weniger freien Marktes im Wettbewerb der Marktbesucher diesen Austausch vermitteln, von Marktwirtschaft. Wird hingegen das Zusammenwirken der produktiven Kräfte einer Sozialwirtschaft (ähnlich wie in der Einzelwirtschaft) zentral von einer Stelle aus geleitet, so spricht man von Gemeinwirtschaft, Kollektivwirtschaft, Planwirtschaft, Befehlswirtschaft oder Verwaltungswirtschaft. Nicht die Einzelwirtschaftspläne von Marktbesuchern, die miteinander im freien Wettbewerb stehen, sondern der allumfassende Plan der wirtschaftspolitischen Zentralverwaltung sucht hier das Ineinandergreifen der Produktivkräfte zu regeln. Wettbewerb kommt hier nur in Leistungskämpfen in Frage, die oft von der Zentralgewalt als Wettkämpfe der Betriebswirtschaften organisiert werden. Über gelenkte Wirtschaft s. § 18.

Rechtlichen Rahmen und Form der Sozialwirtschaften betreffen die Begriffe „Wirtschaftsverfassung" und „Wirtschaftsordnung". Unter Wirtschaftsverfassung verstehen wir die auf die Dauer berechneten Rechtsgrundlagen, den Inbegriff der Normen, die den rechtlichen Rahmen für den Ablauf einer Sozialwirtschaft liefern, unter Wirtschaftsordnung die Form des Zusammenwirkens der Gliedgebilde (Einzel-,

Betriebs-, Verbandswirtschaften) des sozialwirtschaftlichen „Organismus". So hat man die Wirtschaftsverfassung zutreffend als den rechtlichen Niederschlag der Wirtschaftsordnung bezeichnet. Die Rechtsnormen der Wirtschaftsverfassung können zentral und autoritär, aber auch dezentralistisch z. B. durch verbandsbildende Verträge (etwa Kartellabreden, Gewerkschaftskoalitionen oder Tarifverträge) geschaffen werden. Sie können auch auf Gewohnheitsrecht beruhen. Da der wirtschaftsgestaltende Wille der Wirtschaftenden nicht immer nur vom Recht, sondern oft auch von Sitte und Konvention bestimmt wird, so braucht die Wirtschaftsordnung der Wirtschaftsverfassung nicht immer ganz zu entsprechen[6].

Die Sozialwirtschaft (Verkehrs- oder Gemeinwirtschaft), die im Bereich der Gemeinschaft eines Volkes oder auch einer (aus Volksgruppen zusammengesetzten) Nation arbeitsteilig integriert ist, heißt Volkswirtschaft (Nationalwirtschaft). Diese Integration der Volkswirtschaft bedeutet die Gesamtempfindlichkeit (Solidarität) einer gleichsam organischen Einheit, wie sie beruht auf der (durch den Austausch der Spezialistenüberschüsse vermittelten) arbeitsteiligen Verflechtung aller Einzel- und Verbandswirtschaften der Volkswirtschaft. Diese können in ihrem arbeitsteiligen Zusammenwirken am ehesten mit den in ihren Funktionen unterschiedlichen Gliedern eines biologischen Organismus verglichen werden. Entsprechend von der Gruppierung der Wirtschaftssubjekte her gebildet sind die Begriffe Familien-, Sippen-, Stammes-, Kontinental- und Großraumwirtschaft. Unter Weltwirtschaft hingegen versteht man heute meist nur den Inbegriff der wirtschaftlichen Beziehungen eines arbeitsteiligen Austauschs, die die jeweils umfassendsten Sozialwirtschaften, also die Volks-, Kontinental- oder Großraumwirtschaften über deren Grenzen hinweg miteinander verbinden. Die zwischenvölkischen (internationalen) Wirtschaftsbeziehungen stehen hierbei im Vordergrund. Seltener denkt man auch hier so, wie wir den Begriff z. B. oben (S. 29) im System der Wirtschaftswissenschaft oder unten S. 74 verwandten, an eine Gemeinschaft aller Menschen oder Völker der Welt als an das übernationale Wirtschaftssubjekt einer die ganze Erde umfassenden Sozialwirtschaft.

Als Elastizität (Anpassungs-, Umgliederungs- oder Umgruppierungsfähigkeit) des Wirtschaftsgebildes bezeichnen wir seine Selbststeuerungsfähigkeit. Wir verstehen darunter die Fähigkeit seiner komplementären Mittel, sich bei einer Änderung in Zielen oder Mitteln des Gebildes, die das bisherige Gleichgewicht (das zweckmäßige Wirkungsverhältnis) seiner Mittel stört (also z. B. bei einer Modeänderung oder einer Mißernte), durch eine qualitative Umgruppierung gegenseitig teilweise zu ersetzen, um dies Gleichgewicht möglichst wieder-

[6] Vgl. hierzu Th. Pütz, Theorie der Allgemeinen Volkswirtschaftspolitik und Wirtschaftslenkung, Wien 1948, S. 23 ff., und die dort angeführte Literatur.

zugewinnen. Vermöge seiner Elastizität läßt also das elastische Wirtschaftsgebilde selbsttätig überschüssig gewordene Mittel nach Möglichkeit an die Stelle fehlender treten, es gruppiert selbsttätig seine komplementären Kräfte um, um die Verzerrungen im Wirkungsverhältnis seiner produktiven Kräfte selbsttätig möglichst auszugleichen und so gleichsam selbst das beste aus der neuen Lage zu machen. Eine ähnliche automatische Anpassungsfähigkeit, wie sie also auf einer bis zu einem gewissen Grade gegebenen Substituierbarkeit der mitwirkenden Produktionsfaktoren beruht, zeigt z. B. der biologische Organismus, wenn er bei fettarmer Ernährung diesen Mangel an Fett dadurch selbsttätig nach Möglichkeit ausgleicht, daß er Kohlehydrate in Fette umwandelt. In der Medizin verläßt sich die Naturheilkunde besonders weitgehend auf diese Selbsthilfetätigkeit, diese Naturheilkraft oder Regenerationsfähigkeit erkrankter Organismen. Ganz entsprechend sucht auch z. B. eine genügend elastische „freie" Marktwirtschaft, wie (S. 181 ff.) noch zu zeigen, durch eine selbsttätige Umgruppierung ihrer produktiven Kräfte, die ihr dann durch die Preisbildung des Marktes im freien Spiel von Angebot und Nachfrage ermöglicht wird, das bestmögliche Wirkungsverhältnis jener Kräfte wieder herzustellen, wenn diese Bestkombination durch eine Änderung ihrer Mittel (z. B. Erdbeben) oder ihrer Ziele (z. B. Modeänderungen, Kriegsausbruch) gestört ist. Ähnlich ist aber auch die zentralistische Leitung großer Gemeinwirtschaften oder einzelwirtschaftlicher Unternehmungen bei Aufwandsveränderungen oder bei plötzlicher Umstellung auf neue Aufgaben meist angewiesen auf eine gewisse Anpassungsfähigkeit und Wendigkeit ihrer Produktivkräfte, obwohl sie diese Eigenschaften durch entsprechende Anweisungen und Hilfen (z. B. für Umschulung von Arbeitern oder dgl.) unterstützen kann.

Die Elastizität eines Wirtschaftsgebildes (Wirtschaftskomplexes) beruht nach allem auf der Reagibilität und Beweglichkeit, mit der seine produktiven Kräfte auf eine Störung ihres Gleichgewichts, ihres quantitativen Bestverhältnisses also, antworten (weiteres s. S. 83 ff., sowie § 17). Bei in Geld veranschlagten Mitteln der Einzelwirtschaft spricht man hier auch von „Flüssigkeit" oder „Liquidität". Diese beruht auf der Umgruppierungsfähigkeit von Geldmitteln eines Wirtschaftsgebildes.

Von den Mitteln, ihrem Wert und ihrer Vereinigung im Wirtschaftsgebilde gelangen wir zu ihren Verrichtungen (Erfolgswirkungen, Leistungen, Funktionen). Hier stellt der **Ertrag** den zentralen Grundbegriff unserer Theorie dar, wie der Preis das Zentralproblem der herkömmlichen Wirtschaftstheorie bedeutet. Der Ertrag ist der Erfolg der Wirtschaft, also der Mittelbeschaffung, er bedeutet den Fortschritt auf dem Wege vom unvollkommenen zum vollkommenen

Mittel, stellt also die Leistung der Wirtschaft dar. Im Sinne der Wirtschaftstheorie ist er die Differenz von Nutzen und Kosten, von Rohertrag und Aufwand. Er heißt insofern auch Reinertrag. Zu jedem Ertrag gehört, wie schon angedeutet, eine Vereinigung von Mitteln, ein Wirtschaftsgebilde, das ihn hervorbringt.

Den Geldertrag der Einzelwirtschaft nennt man bei der Erwerbswirtschaft auch Gewinn. Den Ertrag der Sozialwirtschaft nennt man das „Sozialprodukt i. w. S.", den Ertrag insbesondere der Volkswirtschaft nennt man das „Nationalprodukt". Dessen Produkte können dem Eigenverbrauch des Produzenten dienen, oder zum Absatz auf dem Markte bestimmt sein. Die Summe der Güter, die hier auf dem Markte zum Umsatz gelangen, ergeben das Sozial- alias Nationalprodukt i. e. S.

Zusammen mit etwa zufließenden Abgaben aus dem Ausland deckt das Sozialprodukt als sog. Bruttosozialprodukt den letzten Verbrauch (der privaten Haushalte wie auch der öffentlichen Hand) und die Kapitalbildung der Volkswirtschaft sowie etwaige Abgaben an das Ausland: Dies Bruttosozialprodukt ist die Gesamtheit der in Geld bewerteten Güter und Dienste, also der Marktwert aller erzeugten Produkte, Leistungen und Nutzungen, die einer Volkswirtschaft in einem Zeitraum zum Verbrauch oder zur Investition zur Verfügung stehen. Zieht man von diesem Bruttosozialprodukt den Bedarf für Reproduktion und Erhaltung des Produktionsapparates, d. h. die sog. Gebrauchskosten (Ersatzinvestitionen) ab, so erhält man das sog. Nettosozialprodukt[7]. Hier spricht die Statistik vom „Nettosozialprodukt zu Marktpreisen", um den Marktanteil (Marktwert in Geld)[8] aller jener Endprodukte zu bezeichnen, die der Volkswirtschaft als Ergebnis ihrer wirtschaftlichen Tätigkeit nach Erhaltung ihres anfänglichen realen Vermögensbestandes neu zugewachsen sind. Der Begriff soll also die Summe der Verbrauchsausgaben und Ersparnisse decken.

Zieht man von diesem Nettosozialprodukt zu Marktpreisen die indirekten Steuern und Gebühren, die Kosten bedeuten, die also von den Unternehmern direkt entrichtet werden (z. B. die Umsatzsteuer), ab, und rechnet man die Subventionen aus öffentlichen Mitteln, soweit sie nicht nur autoritäre Preissenkungen ausgleichen sollen, hinzu, so ergibt sich das sog. „Nettosozialprodukt zu Faktorkosten", das man auch als „Volkseinkommen" oder Netto-Volkseinkommen bezeichnet. Dieser Begriff des Netto-Volkseinkommens umfaßt also „die Gesamtheit der in Geld bewerteten Güter und Dienstleistungen, die einer Volkswirtschaft nach Erhaltung des anfänglichen realen Vermögensbestandes jährlich zum Verbrauch und zu Investitionen zur Verfügung stehen" bzw. „die Summe aller individuell im Produktions- und Austauschprozeß der Verkehrswirtschaften (durch Leistungen) erfolgten Geldeinkommen" (E. Schneider). Der Begriff soll damit die Summe aller Entgelte decken, die den Produktionsfaktoren für ihre Lieferungen und

[7] Die Bruttoinvestition, die den Produktionsbeständen zufließt, besteht also aus der Ersatzinvestition, die diese Bestände wiederauffüllt, und der Nettoinvestition, die allein zum Nettosozialprodukt gehört.

[8] Zur Ausschaltung bloßer Preisänderungen legt man dabei der Wertberechnung der jeweils verschiedenen Mengen die Preise eines Ausgangsjahres (Bezugsjahres, Normaljahres) zugrunde.

Leistungen gewährt werden („Faktorkosten“ als Marktwert der produktiven Leistungen), wobei die direkten Steuern, Sozialbeiträge u. dgl. nicht abgesetzt sind. Subtrahiert man von diesem Netto-Volkseinkommen diejenigen Beträge, die (wie unverteilte Gewinne oder die vom Unternehmer getragenen Sozialbeiträge) nicht ausbezahlt werden, und addiert man dazu die übertragenen Einkommen (wie z. B. Subventionen), so ergibt sich das sog. persönliche Einkommen sowie nach Abzug der bezahlten direkten Steuern und Arbeitnehmersozialbeiträge das sog. verfügbare Einkommen.

Der Berechnung des Volkseinkommens dient die sog. volkswirtschaftliche Gesamtrechnung als nationale Rechnungslegung über den Kreislauf der Güter und Leistungen (S. 158). Sie wird ähnlich wie die Budgets der Finanzwirtschaft sowohl rückblickend als Übersicht über eine abgelaufene Wirtschaftsperiode wie auch als sog. Nationalbudget vorausschauend für das kommende Wirtschaftsjahr aufgestellt. Sie sucht mit ihrer Konteneinteilung den Verbrauch der privaten Haushaltungen wie der öffentlichen Hand, die Anlageinvestitionen der privaten Unternehmungen wie auch die öffentlichen Investitionen, ferner die Veränderung der Lagerbestände und den Saldo der Handelsbilanz zu erfassen.

Um die Ströme der Güter und Leistungen auf ihrem Wege durch die Gesamtwirtschaft hindurch zu verfolgen, entwickelte Leontief das Verfahren der input-output-Analyse, mit der er die in ein Wirtschaftsgebilde (Wirtschaftssektor, Erwerbszweig) einströmenden Kostengüter (einschließlich der Arbeitskräfte) nach Hinzurechnung des Produktionsgewinns (Input) dem Güterstrom gleichsetzte, der das Wirtschaftsgebilde wieder verläßt (Output). Vor ihm hatte 1933 in Deutschland schon F. Grünig ähnliche Vorschläge gemacht.

Die Problematik aller dieser Berechnungsarten und Begriffe ergibt sich u. a. daraus, daß ein Teil von Produktion und Verbrauch (z. B. die produktive Tätigkeit der Hausfrau, der Eigenverbrauch der landwirtschaftlichen und gewerblichen Betriebe), wie hinsichtlich des Eigenverbrauchs schon erwähnt, gar nicht auf den Markt gelangen, also keinen Preis haben. Sie sind in ihrer Größe und Bedeutung schwer zu schätzen und auch international sehr verschieden.

Mit dem Begriff des Nationalprodukts wird analog der Einzelwirtschaft auch die Volksgemeinschaft theoretisch als ein einziges Wirtschaftssubjekt vorgestellt, das einen Ertrag erzielt. Das kann, genau genommen, nur zutreffen, soweit die Volkswirtschaft gemeinwirtschaftlich als zentral geleitete Planwirtschaft organisiert ist. In der Marktwirtschaft ergibt sich, wie wir sehen werden, das Nationalprodukt aus dem durch den Markt vermittelten arbeitsteiligen Zusammenwirken, dem „Ineinandergreifen“, der Einzelwirtschaften und Gruppen als der Glieder des volkswirtschaftlichen „Organismus“.

Das Nationalprodukt als Volkseinkommen ist nicht ohne weiteres gleichzusetzen mit der „Volkswohlfahrt“. Deren Begriff kann, wie wir sahen, nur von bekennenden Werturteilen her bestimmt werden, die in den Preisen der Güter und Leistungen nicht immer zum Ausdruck kommen, und denen auch die personelle Verteilung des Volkseinkommens nicht immer Rechnung trägt. Der Preisbildungsmechanismus des Marktes stattet ja keineswegs immer diejenigen Volksgruppen mit der größten Kaufkraft aus, die in diesem Sinne der „Volkswohlfahrt“ sozialethisch die förderungswürdigsten sind (vgl. S. 22). Marshall forderte hier „ein Maximum der Produktion und ein Optimum der Distribution“. Aber alle Versuche der welfare-economics, den Wohlfahrtsbegriff hedonistisch-subjektivistisch auf die Nutzenschätzungen der Individuen zu begründen (so vor allem Pigou, der die Summe „of the satisfactions“ maximiert wissen wollte), mußten ja am Mangel der interpersonellen Vergleichbarkeit und damit Meßbarkeit dieser Nutzenschätzungen scheitern. Wo die Vertreter der welfare-economics dennoch unter Hinweis auf den sinkenden Grenznutzen steigender Einkommen (S. 103) eine Gleichmachung oder doch Nivellierung der Einkommen forderten, da unterschätzten sie meist die Rückwirkung der Verteilung auf die Erzeugung des zu verteilenden Sozialprodukts, d. h. auf die Ergiebigkeit der Volkswirtschaft.

Der Begriff der **Ergiebigkeit** (Einträglichkeit) eines Wirtschaftsaktes bezeichnet dessen Fähigkeit, einen Ertrag (Mittelbeschaffungserfolg) zu erzielen. Die Ergiebigkeit ist nicht gebunden an Änderungen der physischen (technischen) Qualität des Produkts: Wasser in der Wüste beim Durstigen ist ein brauchbareres Mittel als Wasser am Fluß, der Wassertransport von hier nach dort also ist wirtschaftlich ergiebig, obwohl dabei das Wasser seine Eigenschaften als H_2O usw. nicht verändert. Ein Buch in der Hand des Lesenskundigen ist ein brauchbareres Mittel als ein Buch in der Hand des Analphabeten, die Gebrauchsüberlassung vom letzteren an den ersten also ist gleichfalls wirtschaftlich ergiebig, und zwar auch dann, wenn sie unentgeltlich erfolgt. Ein kenntnisreicher Student ist ein geeigneteres Mittel (z. B. für sein Volk) als ein kenntnisloser, auch seine Unterweisung also ist wirtschaftlich ertragreich. Diese rein auf der Nutzensteigerung beruhende, gleichsam immaterielle Ergiebigkeit nicht erkannt zu haben, war der Hauptfehler der Physiokraten (s. S. 124). Ergiebigkeit in der Zeit (Spann) bedeutet Nachhaltigkeit der Ertragserzielung. Verstöße gegen sie bedeuten Raubbau.

Dieser Begriff der Ergiebigkeit (Einträglichkeit) umfaßt die Begriffe von **Produktivität und Rentabilität:** Der (in § 7 noch näher zu erörternde) Stufengedanke besagt, daß über der Einzelwirtschaft die Volkswirtschaft, über dieser wieder die Kontinental- und zuletzt die Weltwirtschaft steht. Dieser (der organischen Wirtschaftstheorie eigentümliche) Gedanke einer Stufenfolge der Wirtschaftsgebilde verhilft uns auch zu einer klaren Beantwortung der viel umstrittenen Frage nach der Begriffsbestimmung von Produktivität und Rentabilität[9]:

Rentabilität ist die Ergiebigkeit (Einträglichkeit) des Wirtschaftsgebildes nur für seinen eigenen Zweck. Hier vergleicht also z. B. der Fabrikant Nutzen und Kosten seiner Produktion, und da er mit dieser heute meist einen Geldertrag zu erzielen strebt, so veranschlagt er dabei die zu erzielenden Nutzengüter und die zu opfernden Kostengüter in Geld mit Hilfe der Preise, die der Markt dieser Güter ihm angibt. Ergibt diese Wirtschaftsrechnung ein Plus, also einen Gewinn, so ist die Produktion, also in diesem Falle die Fabrik, rentabel. Rentabilität bedeutet in diesem Sinne eigenwirtschaftliche Ergiebigkeit (Eigenwirtschaftlichkeit).

Produktivität als Grundbegriff der Wirtschaftstheorie hingegen bedeutet die Ergiebigkeit (Einträglichkeit) eines Wirtschaftsgebildes für den Zweck eines ihm übergeordneten Wirtschaftsgebildes, in das es (mit anderen) eingegliedert ist. So bezeichnet dieser Grundbegriff in unserem Beispiel die Ergiebigkeit, die jene Betriebswirtschaft (die Fabrik) mit ihrem „produktiven Beitrag" für das Nationalprodukt der gesamten Volkswirtschaft erzielt: Nicht der eigne Nutzen des Gliedgebildes (also der Fabrik), sondern der Gemeinnutzen im Sinne des ihm übergeordneten Wirtschaftsganzen (hier also der Volkswirtschaft) kommt hier in Frage. Eine Schuhfabrik also ist rentabel, wenn sie einen Geldgewinn abwirft, produktiv, wenn die Volkswirtschaft die in ihr hergestellten Schuhe auch entsprechend benötigt, so daß deren Herstellung einen Beitrag zum Nationalprodukt bedeutet. Im dargelegten Sinn könnten wir das Fremdwort „Produktivität" mit „Gesamtwirtschaftlichkeit" oder „gesamtwirtschaftliche Ergiebigkeit" übersetzen[10]. Erst in einem weiteren, für die reine Wirtschaftstheorie zu ungenauen Sinn wird der Begriff der Produktivität oft auch ganz allgemein dem der wirtschaftlichen Ergiebigkeit überhaupt gleichgesetzt.

Dies Begriffspaar Produktivität und Rentabilität wird meist im Verhältnis von Einzelwirtschaft und Volkswirtschaft, weniger oft bezüglich des Verhältnisses von Volkswirtschaft und Weltwirtschaft gebraucht.

---

[9] Näheres hierüber in der Innsbrucker Antrittsvorlesung des Verfassers: Werturteil und Produktivitätsbegriff in der Wirtschaftswissenschaft, Jhrb. f. Nat. u. Stat., III F. Bd. 81, 1932, S. 489 ff.

[10] Gewisse Schwierigkeiten könnte man hier darin erblicken, den „Zweck des übergeordneten Wirtschaftsganzen" ohne bekennendes Werturteil zu bestimmen. Aber hier müssen die Ziele als geltend unterstellt werden, die dem Bedarf der Gesamtwirtschaft jeweils zugrunde liegen (vgl. S. 50). Auch andere Begriffe wie etwa „Nationalprodukt" und „Volkswohlfahrt" setzen ja, wie dargelegt, solche „Personifizierungen" der Gesamtwirtschaft voraus. Urteile über die Produktivität sind insofern keine bekennende, sondern erkennende Werturteile, nämlich Wertbeziehungsurteile einer teleologischen Erfolgsbetrachtung.

In der ersten Hinsicht ist der Ausspruch treffend: „Produktivität ist volkswirtschaftliche Rentabilität, — Rentabilität ist privatwirtschaftliche Produktivität.“ Wir können hier zumeist „Produktivität“ schlechthin mit „volkswirtschaftliche Ergiebigkeit“ übersetzen. Die Rentabilität als „privatwirtschaftliche Ergiebigkeit“ des einzelwirtschaftlichen Unternehmens als einer privaten Erwerbswirtschaft ist hier am Maßstab seines Reinertrages in Geld heute so sinnfällig zu messen, daß man im gleichen Sinne auch geradezu von „Wirtschaftlichkeit“ des Unternehmens spricht. Die Produktivität als Frage des volkswirtschaftlichen Nutzens wird immer viel schwerer zu beurteilen sein.

Man hilft sich hier oft, indem man als volkswirtschaftlichen Ertrag (Nationalprodukt) die Mengen der in der Volkswirtschaft produzierten Sachgüter auffaßt und so z. B. die Produktenmenge, die in der Zeiteinheit pro Arbeiter bzw. pro Arbeitsstunde hergestellt wird, zum Maßstab der sog. Arbeitsproduktivität macht. Ähnlich setzt der Begriff der Flächenproduktivität den Ertrag der Landwirtschaft in Beziehung zur Einheit der bestellten Fläche (ha). Ändert sich hierbei freilich, wie meist, die Zusammensetzung des Nationalprodukts, so muß man die Sachgüter mit bestimmten Preisen in die Vergleichsrechnung einsetzen, was die bedenkliche Komplexität des Produktivitätsmaßstabes noch mehr steigert. Die Mitwirkung des Kapitalfaktors bleibt in beiden Fällen, in dem der Arbeitsproduktivität wie in dem der Flächenproduktivität, unberücksichtigt. Treffender sind daher hier die Ausdrücke „arbeitsbezogene“ (Reuss) bzw. „flächenbezogene Produktivität“.

In der zweiten Hinsicht, im Verhältnis von Volkswirtschaft und Weltwirtschaft, ist die Zahlungsbilanz (und noch umfassender die Forderungsbilanz, S. 260) der Maßstab der Rentabilität einer Volkswirtschaft. Die Frage ihres „produktiven Beitrages“ etwa für eine Großraumwirtschaft (z. B. eines Kontinents), in die wir uns diese Volkswirtschaft eingegliedert denken können, oder für die Weltwirtschaft (als Wirtschaftsgemeinschaft aller Völker der Erde) läßt sich mit diesem Maßstab noch nicht ohne weiteres entscheiden.

Vor dem zweiten Weltkrieg griff eine Kritik diese früher schon von mir vertretene Abgrenzung des Begriffspaares „Produktivität“ und „Rentabilität“ an, weil sie an ihrer Anwendung auf das Verhältnis von Volks- und Weltwirtschaft doch offenbar sinnlos sei. Als aber Deutschland im Kriege 1940 eine europäische Kontinentalwirtschaft zu bilden suchte, zeigte sich die Unentbehrlichkeit der von mir rein aus den logischen Notwendigkeiten des wissenschaftlichen Systems heraus vorgeschlagenen Abgrenzung sogleich in den praktischen Überlegungen der deutschen Kriegswirtschaftspolitik. In dem damals großenteils von Deutschland beherrschten Europa handelte es sich ja nicht nur darum, die Zahlungsbilanzen der europäischen Volkswirtschaften gegen Defizite zu schützen, sie so im Gleichgewicht zu halten und damit deren Rentabilität zu wahren. Wichtig vielmehr war damals auch, diese Volkswirtschaften so arbeitsteilig aufeinander abzustimmen, daß jede von ihnen ihren Beitrag zum Rüstungs- und Ernährungsziel der damals kontinental gewordenen Kriegswirtschaft bestmöglich leistete. Dies war (da wir hier von der ethischen Verwerflichkeit der mit diesem Kriege verfolgten politischen Ziele absehen müssen) durchaus eine Frage der Produktivität dieser Volkswirtschaften als ihrer gesamtwirtschaftlichen Ergiebigkeit, nämlich eine Frage ihrer Ergiebigkeit für jenes ihnen übergeordnete kontinental-europäische Wirtschaftsziel. Eine Wirtschaftstheorie, die nicht hinter der Praxis herhinken will, muß eben ihre Grundbegriffe rein-theoretisch und nicht nur nach praktischen Bedürfnissen der jeweiligen Gegenwart bilden. Gleichwohl findet sich noch 1956 die Behauptung: „Eine Volkswirtschaft als Ganzes kann nie als rentabel bezeichnet werden" (F. S. Weber). Aber die „Ergiebigkeit nur für den eignen Zweck" findet sich auf allen Wirtschaftsstufen, und die Wirtschaftstheorie sollte sich nicht scheuen, gleichartige Erscheinungen auch gleich zu benennen, selbst wenn sie damit dem Sprachgebrauch der Praxis vorauseilt. Erst wenn wir die Ergiebigkeit der Weltwirtschaft als solcher betrachten, hat die Unterscheidung von Rentabilität und Produktivität keinen Sinn mehr, weil es oberhalb der Weltwirtschaft ein ihr übergeordnetes, ein noch höherstufiges Wirtschaftsgebilde ja nicht mehr gibt.

In der Regel wird eine Wirtschaftseinheit, die für sich selbst gesehen Überschüsse erzielt, also rentabel ist, damit auch ihren „produktiven Beitrag" zum Wohlstand des Wirtschaftsganzen leisten, in das sie eingegliedert ist. Denn die Preise, mit denen z. B. der Einzelwirtschafter die Nutzen- und Kostengüter in seine Rentabilitätsrechnung einsetzt, sind ja bei zweckmäßigem Funktionieren des Wirtschaftsapparates zugleich auch der Ausdruck des Wertes, den diese Güter für die Volkswirtschaft als Ganzes haben. Dennoch können in der arbeitsteiligen Sozialwirtschaft, in der jeder nur eine bestimmte Art von Waren oder Leistungen herstellt, um dafür am Sozialprodukt des Wirtschaftsganzen (im Wege der „Verteilung") beteiligt zu werden, Produktivität und Rentabilität auseinanderfallen. Dies geschieht, wenn und solange das Wirtschaftsgebilde der niedrigeren Stufe (z. B. die Einzelwirtschaft) im Verteilungsprozeß des höherstufigen Wirtschaftsgebilde (z. B. der Volkswirtschaft) nicht seiner Bedeutung für diesen Ertrag entsprechend dotiert wird, so daß also seine Beteiligung am Sozialprodukt nicht dem entspricht, was es für dies Sozialprodukt leistet. Der Kettenhandel z. B., der sich in Inflationszeiten oft in den Weg der Ware vom Produzenten zum Konsumenten einschiebt, ist infolge der ständig steigenden Geldentwertung (Preiserhöhungen) rentabel, er verdient schon am bloßen Besitz der Sachwerte, deren Preise ständig steigen. Er ist aber trotzdem unproduktiv, weil die Volkswirtschaft den Kettenhändler neben dem legitimen Handel (S. 68) gar nicht benötigt. Rentabel, aber unproduktiv sind ferner in der Regel auch die illegal (z. B. wucherisch oder betrügerisch) erzielten Gewinne.

Ein verhungernder Erfinder volkswirtschaftlich wertvoller Produktionsverbesserungen andererseits arbeitet produktiv, aber unrentabel. Fällt Rentabilität und Produktivität in dieser Weise auseinander, so ist der Wirtschaftsorganismus stets irgendwie erkrankt. Im Beispiel des Kettenhandels liegt das an der inflationistischen Aufblähung des Geldwesens, die die sachlich unmotivierten Preissteigerungen bedingt (S. 272 ff.), im Beispiel des verhungernden Erfinders an der mangelnden Initiative des Kapitals, das dem produktiven Kopf nicht rechtzeitig beispringt, um seine Arbeiten (etwa durch Kaufangebote oder Kredite) auch rentabel zu machen.

Natürlich kann Rentabilität ohne Produktivität meist nicht von langer Dauer sein. So erklärt es sich, daß viele Autoren, die den Zweckstufengedanken nicht verwerten, die Produktivität als nachhaltige Ergiebigkeit der Wirtschaft definieren. Eine klare Unterscheidung von Rentabilität und Produktivität wird aber m. E. dadurch nicht erreicht. Auch die Produktivität ist ja meist von geringer Dauer, also nicht „nachhaltig", wenn ihr die Rentabilität fehlt.

Weitere häufige Beispiele mangelnder Rentabilität produktiver Wirtschaftsgestaltungen bieten alle die Fälle, bei denen die Ergiebigkeit unmittelbar so weitgehend nur im übergeordneten (volkswirtschaftlichen) Bereich liegt, daß das Ertragsstreben der Einzelwirtschaften auf sie nicht genügend anspricht. Während die Schuhe als Erzeugnis der vorerwähnten Schuhfabrik zunächst und unmittelbar von Nutzen für die Einzelwirtschaften sind, die sie kaufen, ist der Nutzen z. B. einer Straße, einer Grünanlage oder von Verteidigungsanlagen wie etwa einer nur strategisch wichtigen Gebirgsbahn ganz überwiegend volkswirtschaftlicher Natur. Er entspricht einem Kollektivbedürfnis (S. 50) und kommt der Einzelwirtschaft meist nur mittelbar auf dem Umwege über diesen Gemeinnutzen zugute. Daher kann in der Regel kein Privatunternehmer auf eine Rentabilität von Herstellung und Betrieb solcher Einrichtungen hoffen. Ihre Produktivität jedoch liegt auf der Hand.

Eine Ergiebigkeitssteigerung durch technische oder organisatorische Mittel, die auf Grund theoretischer Einsichten angewandt werden, ist das Ziel der Rationalisierung.

§ 6 Die Wirtschaftszweige

Wie wir (S. 58) schon betonten, ist die Erzielung eines Mittelbeschaffungserfolges (Ertrages) nicht gebunden an eine Veränderung der physischen (technischen) Eigenschaften des Produkts. Der Transport von Wasser vom Flußufer in die Wüste z. B., sahen wir, ist Mittelbeschaffung (Produktion). Denn obwohl das Wasser physisch das gleiche

(H_2O) bleibt, wird doch sein Wert als Mittel erhöht. Diejenige Mittelbeschaffung jedoch, die ihr Produkt durch eine technisch-physische bzw. psychische Veränderung von Mitteln erzielt, nennen wir Produktion i. e. S. Sie zerfällt in die Produktion (Herstellung und Wiederherstellung) von Sachgütern einschließlich technischer Energie (z. B. Elektrizität) sowie die von uns sog. „biologisch-organische“ Produktion. Diese „biologisch-organische“ Produktion vollzieht sich, wie sogleich zu zeigen, als Hervorbringung, Erhaltung und Wiederherstellung persönlicher Leistungsfähigkeiten (Arbeitsfähigkeiten) im menschlichen Organismus.

Die **Sachgüterproduktion** wird häufig eingeteilt in:

1. Urproduktion: Meist stärker naturgebunden als die übrigen Wirtschaftszweige, umfaßt sie die Rohstoffhervorbringung aus dem Boden, nämlich:

   a) die Landwirtschaft als diejenige Produktion, die durch Bodennutzung pflanzliche und tierische Rohstoffe zu erzeugen sucht. Dieser weiteste Begriff der Landwirtschaft deckt also den Ackerbau, die Wiesen- und Weidewirtschaft, den Obst-, Wein- und Gartenbau, die Viehhaltung, Tierzucht, Fischereiwirtschaft, Bienenzucht, Seidenraupenzucht, Forstwirtschaft usw. Ein engerer Begriff der Landwirtschaft will nur die auf Bodenbearbeitung (Boden anbau) und Viehhaltung beruhende Produktion pflanzlicher und tierischer Rohstoffe als „Landwirtschaft“ herausheben. Ein weiterer Zweig der Urproduktion ist

   b) der Bergbau, der durch Boden abbau mineralische Rohstoffe zu gewinnen sucht, den Boden also nicht nur benutzt, sondern erschöpft. — Neben die Urproduktion tritt ferner

2. das Gewerbe, d. i. die auf Rohstoffveredelung gerichtete Erwerbstätigkeit, insbesondere das Handwerk als meist arbeitsintensives Kleingewerbe mit geregeltem Ausbildungsgang, ferner die Fabrikindustrie und die Heimarbeit, deren beider Wesen wir sogleich (S. 76) noch kennenlernen werden. Ein weiterer Begriff des Gewerbes deckt alle Produktion, die nicht Urproduktion und nicht „biologisch-organische“ Produktion ist, also z. B. auch Handel und Verkehr. Der weiteste, aber kaum noch zweckmäßige Begriff des Gewerbes umfaßt sogar auch die Urproduktion.

Die **biologisch-organische Produktion** ergab sich uns als die Beschaffung, Förderung, Wiederherstellung und Erhaltung persönlicher Leistungsfähigkeiten, und zwar körperlicher wie auch geistiger Arbeitskräfte. Technische Grundlage dieses Produktionszweiges ist der menschliche Körper, und zwar sowohl in seinen physischen als auch in seinen psychischen Lebensfunktionen, man könnte diese physisch-psychische Produktion insofern auch als anthropologische Produktion bezeichnen. Sie tritt für die hier vertretene teleologisch-organische Grundauffassung der reinen Wirtschaftstheorie auf eine Höhe neben die übrigen Produktionszweige. Empirisch (d. h. in der Wirklichkeit) überwiegt im Bewußtsein der Handelnden zwar gerade hier besonders oft die außerwirtschaftliche Seite, die Auffassung als Selbstzweck, also z. B. die Sport-, Kunst- oder Wissenschaftsbegeisterung oder die Freude am vitalen Genuß. Der mehr beschreibend eingestellten wirtschaftstheoretischen Betrachtung erscheinen diese Akte daher meist nur als Verbrauch (Konsum) und damit nicht als Fortsetzung und Weiterführung, sondern als Ende und Erfüllung des wirtschaftlichen Kreislaufs (s. S. 66). Dies ist der Grund für die bisherige Vernachlässigung dieser Produktionszweige durch eine Wirtschaftstheorie, die sich des Unterschiedes von reiner Theorie und Beschreibung nicht genügend bewußt war. Die Tätigkeiten der biologisch-organischen Produktion sind aber, wie schon Adam Müller für einige von ihnen betonte, deswegen wirtschaftlich (d. h. für die Mittelbeschaffung) nicht weniger wichtig als die Zweige der Sachgüterproduktion. Dies gilt nicht nur für die (meist leicht als wirtschaftswichtig erkennbare) Folge ihrer Rentabilität, sondern vor allem auch für ihre Produktivität. Auch diese wird sofort klar, wenn man sich die wirtschaftliche Seite vergegenwärtigt, mit der auch diese menschlichen Tätigkeiten die Beschaffung von Mitteln bedeuten. Wollte man die Beschaffung und Pflege von Arbeitskräften in der reinen Theorie nicht zur Produktion rechnen, so müßte man einer großen Zahl wirtschaftswichtiger Berufe die Produktivität absprechen[1].

Zu dieser biologisch-organischen (anthropologischen) Produktion gehört ja die Hervorbringung, Vermehrung, Wiederherstellung und Erhaltung menschlicher Leistungsfähigkeiten (Arbeitsfähigkeiten)

1. auf vorwiegend körperlichem (physischem) Gebiet. Hierher gehören mit ihrer wirtschaftlichen Seite insbesondere
   a) die Geburtentätigkeit als Quelle des Arbeitsfaktors und ihre Beeinflussung durch die Bevölkerungspolitik,

[1] Immerhin sagt auch schon G. Cassel (Theoretische Sozialökonomie, 1932[5], S. 18): „Jede menschliche Tätigkeit, die auf Befriedigung menschlicher Bedürfnisse zielt, hat ihre wirtschaftliche Seite und liegt infolgedessen innerhalb der Domäne der Wirtschaftswissenschaft". Statt „Tätigkeit, die" würde ich hier nur sagen: „Tätigkeit, insofern sie"; die Lehre vom Identitätsprinzip der Objektsbestimmung (S. 16) erfordert das ja unmittelbar. Ferner zählte Allan G. Fisher (Economic Progress and Social Security, London 1943, deutsch: Bern 1947) auch die Leistungen im Dienste der Vergnügungen, Erziehung sowie schöpferische Kunst und Philosophie zur sogenannten tertiary production. Diese stellt er als drittes Produktionsgebiet neben die Urproduktion (primary production) und die Weiterverarbeitung (secondary production); näheres s. unten S. 71).

b) die Nahrungsaufnahme und der sonstige Existenzgüterverbrauch zur Entwicklung, Erhaltung und Reproduktion des Arbeitsfaktors. Die Familienwirtschaft z. B. vollbringt als Haushalt hier in der Verbrauchswirtschaft eine wichtige produktive Leistung der biologisch-organischen Produktion: Aus Sachprodukten werden hier produktive Kräfte. Auch das Gaststätten- und Beherbergungsgewerbe sowie das Wohnungswesen gehören hierher,

c) Leibesübungen und Sport als Ausbildung und Übung körperlicher Leistungsfähigkeiten,

d) die Heiltätigkeit der Ärzte sowie der Heil- und Pflegeanstalten, der Arbeits- und Gesundheitsschutz der Sozialpolitik, die Pflegeberufe, die Gesundheitsfürsorge und Hygienepolitik zur Wiederherstellung und Erhaltung des Arbeitsfaktors,

e) die Körperpflege-, Verschönerungs- und ähnliche sog. „Leistungsgewerbe", die man bisher unter den Begriff des (als Rohstoffveredlung bestimmten) Gewerbes zu bringen suchte;

2. auf vorwiegend geistigem (psychischem) Gebiet. Hierher gehören — immer nur mit ihrer wirtschaftlichen Seite, also als Mittelbeschaffung —:

a) die Hervorbringung von Kenntnissen als von geistigen Mitteln, z. B. die Forschung im Dienste der Wirtschaft, die Tätigkeit der Erfinder und Entdecker, die Schaffung von Ordnungswissen in der Setzung und Findung des Wirtschaftsrechts durch Gesetzgeber, Richter und Anwälte,

b) die Vermittlung und Verbreitung solcher Kenntnisse durch die Lehrtätigkeit und Ausbildung,

c) die Erziehungstätigkeit als Entwicklung charakterlicher Fähigkeiten von oft großer wirtschaftlicher Bedeutung,

d) die Kunstausübung. Sie ist rentabel, insofern die Kunst „nach Brot geht", produktiv aber nicht nur als Schaffung wertvoller Kunstgegenstände (so die bildende Kunst und das Kunstgewerbe), sondern auch als Erholung und Entspannung von Arbeitskräften (z. B. Musikvorträge, Theater, Tanz),

e) die Entspannungs- und Erholungsgewerbe, z. B. die Schaustellungsgewerbe, die Vergnügungsindustrie, die Touristik usw.,

f) schließlich ist, wie sogleich noch zu zeigen, auch die Versicherung insofern ein Faktor biologisch-organischer Produktion, als sie die Arbeitskräfte von lähmender Sorge befreit.

Wie man sieht, fällt die Tätigkeit der Lehrer und Forscher, fast aller Beamten und der sog. „freien Berufe" unter die biologisch-organische (anthropologische) Produktion. Niemand bezweifelt heute deren Produktivität auch für die Ziele der Wirtschaft, aber die Folgerung, diese ihre wirtschaftlichen Leistungen auch unter den Begriff wirtschaftlicher Produktion wenigstens in einem weiteren Sinn dieses Ausdrucks zu bringen, hat man daraus nicht gezogen. Der Grund dafür liegt, wie gesagt, in der nicht genügenden Berücksichtigung des Unterschiedes von Theorie und Deskription bei der Grundlegung der Wirtschaftswissenschaft.

Auch der ganze Verbrauch, wie man ihn als sog. Konsumtion der Produktion gegenübergestellt (vgl. S. 23), ist nach allem mit seiner spezifisch wirtschaftlichen Seite, ist also für die „reine" Wirtschaftstheorie biologisch-organische (anthropologische) Produktion. Insofern bedeutet die Konsumtion keineswegs, wie oft behauptet wird, Ende und Abschluß der Wirtschaft. Auch durch sie geht vielmehr der produktive Kreislauf der Wirtschaft hindurch, der, anders betrachtet, ja auch kein echter Kreislauf, sondern nur ein Austausch, also ein Hin und Her zwischen Produzenten und Konsumenten wäre. Erst für viele Zwecke einer schon deskriptiveren Wirtschaftsbetrachtung von konkreten Einzelvorgängen der Wirtschaft allerdings ist die Vorstellung unentbehrlich, daß die Wirtschaft die Güter, und zwar vor allem die Sachgüter, ihrer Konsumreife zuführe, so daß der Güterverbrauch das Endziel solcher wirtschaftlichen Tätigkeit bedeute und der „Kreislauf" der wirtschaftlichen Werte, vermittelt durch die Märkte, sich zwischen den Unternehmungen der Produzenten einerseits und den Haushaltungen der Konsumenten andererseits abspiele[2] (vgl. unten S. 158).

[2] Wenn die heute herrschende Theorie hier trotz Nichtanerkennung der biologisch-organischen Produktion von einem Kreislauf spricht, so begründet sie das damit, daß die produzierten Konsumgüter im Haushalt zwar verbraucht würden, ihre Tauschäquivalente aber erhalten blieben. So könne man doch von einem „Kreislauf der Güterwerte" sprechen. Ob und inwieweit die Tauschäquivalente der im Haushalt (und allen anderen Produktionsstätten der biologisch-organischen Produktion) verbrauchten „Konsumgüter" erhalten bleiben, ist eine wichtige Produktivitätsfrage, die bei solcher rein verteilungstheoretischen Betrachtung einfach unter den Tisch fällt. Mitunter erzwingt aber auch hier die einfache Logik der Tatsachen einmal unversehens fast die Anerkennung der biologisch-organischen Produktion, so wenn z. B. E. Böhler (Nationalökonomie 1957[3]) schreibt: „Diese beiden Wirtschaftseinheiten (die Unternehmungen und die Haushaltungen) bilden die Pole ... des Wirtschaftsprozesses, weil sie in einem wechselseitigen Verhältnis der Reproduktion stehen ... Der Verbrauch der Produkte bildet die Voraussetzung für die Reproduktion und Entwicklung der Produktionselemente (Arbeit, Kapital und Unternehmertätigkeit)." Oder wenn Zimmermann (Geschichte der theoretischen Volkswirtschaftslehre, 1954, S. 245) bei seiner Darlegung der Input-output-Analyse schreibt: „Die Arbeit wird also gedacht als ‚Produkt', als output der Konsumentenhaushaltungen", wobei er gleich darauf allerdings anmerkt: „Obwohl also der Produktionsfaktor Arbeit als ‚Produkt' der Konsumentenhaushalte betrachtet wird, werden diese Haushalte trotzdem anschließend an den allgemeinen Sprachgebrauch nicht zu den Produktionssektoren gerechnet". Immerhin setzt auch Bilimovic in sein „synthetisches Kreislaufschema" (Ztschr. f. Nationalök., Wien 1944) bei seiner Berechnung des Gesamtvermögens der Volkswirtschaft auch die Arbeitskraft des Volkes als einen Teil des wirtschaftlichen Vermögens ein. Dabei bewertet er sie, indem er das Einkommen, das sie abwirft, mit dem landesüblichen Zinsfuß kapitalisiert.

Eine mehr beschreibende Betrachtung des Wirtschaftslebens muß nämlich der schon erwähnten Tatsache Rechnung tragen, daß die Erzeugung von Arbeitsfähigkeiten im Bewußtsein des einzelnen Menschen überwiegend nicht als Mittel zum Zweck, sondern als endgültige Befriedigung von Bedürfnissen und damit als Verwirklichung von Selbstzwecken (Idealen oder vitalen Trieben) erfolgt. Andernfalls fände diese mehr beschreibende Betrachtung im konkreten Einzelfall ja kein Ende des Ablaufs der Wirtschaft, sie sähe kein Ziel bzw. keine Erfüllung des Wirtschaftsprozesses.

So ist es auch verständlich, daß trotz aller Ablehnung einer Identifizierung der Wirtschaft mit „Sachgüterbeschaffung" durch die Theorie im weniger theoriebewußten, mehr beschreibend eingestellten Schrifttum der Nationalökonomie immer wieder die Auffassung vorherrscht, das eigentliche Forschungsgebiet der Wirtschaftswissenschaft sei die Versorgung des Menschen mit Sachgütern, sei die materielle Wohlfahrt des Menschen. Für eine solche mehr beschreibende Betrachtung ist dann der Verbrauch (die Verwertung) von Sachgütern mit Recht Ziel und Ende des Wirtschaftsablaufs. Für die reine Wirtschaftstheorie aber, die, wie wir sahen, neben der Deskription ihre besonderen Aufgaben der generalisierenden Systematisierung eines Wissens von möglichst hohem Erklärungswert hat, haben alle menschlichen Handlungen, auch die des Verbrauchs, ihre spezifisch wirtschaftliche Seite, die in ihrer Ergiebigkeit für den Mittelbeschaffungszweck zum Ausdruck kommt. Wenn z. B. in der Verbrauchswirtschaft die Hausfrau mit den Mitteln des von ihr geführten Familienhaushaltes die zweckdienliche Ernährung, die reinliche Bekleidung und gepflegte Behausung, die Körperpflege, Entspannung und Erholung der Familienmitglieder ermöglicht und bewirkt, so erschöpft sich diese ihre wirtschaftliche Leistung keineswegs darin, daß sie einer Reihe von Sachgütern (z. B. durch Zubereiten von Speisen) die letzte Konsumreife verleiht. Eine Betrachtung, die bei dieser Feststellung stehen bleiben wollte, wäre so beschränkt, wie wenn man die produktive Wirtschaftsleistung eines Zuschneiders nur im Zuschneiden von Stoffen erblicken und bestreiten wollte, daß er (zusammen mit anderen) Kleider produziert. Jede reintheoretische und daher teleologisch auf das wichtigste Ziel und Ergebnis des wirtschaftlichen Handelns (die Mittelbeschaffung) ausgerichtete Betrachtung wird der Hausfrau ihren vollen Anteil an der Wiederherstellung, Pflege und Erhaltung der körperlichen und geistigen Arbeitsfähigkeiten und Kräfte der Familienmitglieder (und damit auch ihren mittelbaren Verdienst an deren produktiven Leistungen) nicht abzusprechen brauchen. Die (heute so oft gering geachtete) Arbeit der Hausfrau wird insofern in unserem Beispiel als ein wichtiger Faktor der biologisch-organischen (anthropologischen) Produktion erkennbar.

Die Vernachlässigung dieses Produktionsgebietes der biologisch-organischen Produktion durch die bisherige Wirtschaftstheorie beruht somit letzten Endes auf einer von vornherein mehr beschreibenden Einstellung, die in vielen Fällen überhaupt nur die Sachgüterbeschaffung zum Erkenntnisobjekt der Wirtschaftswissenschaften nehmen wollte (S. 22). Das Identitätsprinzip der Wirtschaftstheorie, der Mittelbeschaffungszweck (S. 16), war damit verlassen. Erst die dargelegte Auffassung aber läßt auch solche Erkenntnisse der Wirtschaftstheorie, die (wie der Gossensche Satz) bisher nur als Verbrauchsgesetze galten, als zur Ertragstheorie (Produktivitätstheorie) gehörig erkennen und ermöglicht dadurch deren geschlossene Systematik (vgl. § 9 unter I). Darüber hinaus hat die Vernachlässigung der biologisch-organischen (anthropologischen) Produktion durch die Wirtschaftstheorie auch schwerwiegende praktische Folgen gehabt, denn z. B. die ganze Periode des Frühkapitalismus trieb unbekümmert Raubbau an menschlicher Arbeitskraft. Erst die Sozialreform erhob dann im 19. Jahrhundert den Ruf nach „Menschenökonomie" (R. Goldscheid). Wahrscheinlich hätte aber ein rechtzeitiger Hinweis der Wirtschaftstheorie auf die Produktivität einer schonenden Behandlung der Arbeitnehmerschaft auf viele Unternehmer überzeugender gewirkt als alle Menschlichkeitspredigten.

Unsere bisherige Einteilung der Mittelbeschaffung in Urproduktion, Gewerbe und biologisch-organische Produktion kann man der oben erwähnten Dreiteilung der Produktionsfaktoren in Boden, Kapital und Arbeit in etwa an die Seite setzen. Neben Sachgüterproduktion und biologisch-organische Produktion treten jedoch noch diejenigen Mittelbeschaffungsgebiete, die ohne eine Veränderung der physisch-technischen (oder psychischen) Eigenschaften ihrer Produkte einen Mittelbeschaffungserfolg zu erzielen streben. Man kann sie als die Gebiete der **immateriellen Produktion** bezeichnen. Dazu gehört vor allem:

Der **Handel.** Im weitesten Sinne seines Begriffs ist Handel jeder ertragstrebige interpersonelle Austausch von Gütern und Leistungen überhaupt, jede Tätigkeit also, die einen Ertrag durch Austausch von Gütern von Person zu Person zu erzielen sucht. In einem engeren Sinn versteht man unter Handel nur die Erwerbstätigkeit, die derartige Umsätze von Waren oder Leistungen zu vermitteln oder durch Einkauf und gewinnbringenden Weiterverkauf von Waren zustande zu bringen sucht. Die Ergiebigkeit des Handels als Produktivität beruht zunächst auf der Brauchbarkeitserhöhung, die die ausgetauschten Güter durch ihre Übertragung in die Hand des dringenderen Bedarfs erfahren, während er seine Rentabilität meist aus dem Unterschied von Ein- und Verkaufspreis oder aus Umsatzentgelten (Vermittlerprovisionen u. dgl.) bezieht. Der Handel bewirkt so den Umsatz der Waren auf ihrem Wege vom Produzenten zum Konsumenten und oft auch bereits zwischen den Produktionsstufen, also auf dem Wege vom Rohprodukt zum Fertigfabrikat. Als Vermittler zwischen Angebot und Nachfrage ermöglicht er den Austausch von Überschüssen und damit die Arbeitsteilung in der freien Marktwirtschaft, zugleich ist er der Vater des freien Wettbewerbs. So kombiniert und reguliert er die Kräfte der Marktwirtschaft (S. 163). Erst die zentral geleitete Planwirtschaft nimmt dem Händler diese Aufgabe ab, so daß er dann mehr oder weniger zum bloßen Verteiler rationierter bzw. kontingentierter Waren wird. Den Detailhandel (an den Konsumenten) kann man sich gleichsam als letztes Stadium der Produktion (Roscher) vorstellen, das dem Produkt die Konsumreife verleiht.

Beim spekulativen Handel tritt der zeitliche Ausgleich von Mitteln und Bedarf als die (über Mißbräuchen oft verkannte) spezifische Ergiebigkeit der Spekulation hinzu. Diese dient der zeitgerechten Versorgung der Wirtschaft mit Gütern. In der Marktwirtschaft erkennt sie vorausschauend eine kommende Veränderung des Verhältnisses von Angebot und Nachfrage, nimmt deren Wirkung auf die Preise zum Teil vorweg, verstetigt so die Preisentwicklung und vermindert damit das Risiko der übrigen Produktion (vgl. S. 187). Erst in der gelenkten Volkswirtschaft und vollends in der Planwirtschaft (§ 18) wird die einzelwirtschaftliche Spekulation in mancher Hinsicht überflüssig. Stabilisiert die Spekulation das Preisgefälle im zeitlichen Nacheinander, so wird sie im örtlichen Nebeneinander durch die Arbitrage ergänzt: Diese gleicht das Preisgefälle zweier Märkte aus, indem sie auf dem Markte des niedrigeren Preisstandes kauft und gleichzeitig auf dem Markte des höheren Preisstandes verkauft. So dient sie der Vereinheitlichung der Märkte, deren Ausgleichswirkung sie dadurch ausdehnt.

Neben dem Handel mit Sachgütern (Waren und Grundstückshandel) fällt auch der Handel mit Arbeitsleistungen bzw. Arbeitskräften — z. B. als Stellenvermittlung oder früher als Sklavenhandel — unter den von der Theorie zugrunde zu legenden weitesten Begriff des Handels. Ein Hilfsgewerbe des Handels ist die Lagerhaltung. Mit ihren Konservierungsmethoden (Silos, Kühlverfahren usw.) ermöglicht sie die Vorratsbildung großen Stils und damit eine gleichmäßige Versorgung auch mit solchen Produkten, die (wie z. B. Lebensmittel) nur stoßweise anfallen. Auch die Werbung (Reklame), die das Angebot der Nachfrage bekannt macht und so den Bedarf für neuartige Waren oft erst weckt, steht dem Handel zur Seite.

Auch das **Bankgewerbe** ist gleichsam Handel, nämlich Handel mit Geldkapitalien, deren Nutzung die Bank überträgt. Im Wege des Kredits (S. 307) saugt die Bank diese Kapitalien von der anlagesuchenden Kundschaft an und überführt sie in die Hand des dringenderen Bedarfs, wo sie, konzentriert in der Hand etwa des Unternehmers oder des Staates, eine produktivere Verwendung finden können als beim einzelnen Sparer.

Das **Verkehrswesen** (Transportwesen) seinerseits sucht den Mittelbeschaffungserfolg durch Raumüberwindung zu erzielen. Es bekämpft die örtliche Knappheit der Güter, bringt also die Güter an den Ort des dringenderen Bedarfs und erhöht dadurch ihren wirtschaftlichen Wert. „Der Verkehr verändert den Ort, der Handel den Eigentümer der Waren.“ Was räumlich entfernt ist, rückt der Verkehr in wirtschaftliche Nähe[3]. Hauptsächlich der Handel und Verkehr bewirken die Verteilung (Distribution) der Güter in der arbeitsteiligen Sozialwirtschaft (vgl. S. 24). Dabei überbrückt der Verkehr die Entfernungen zwischen Angebot und Nachfrage. Er ermöglicht die Erweiterung der Märkte und das arbeitsteilige Zusammenwirken bzw. Ineinandergreifen immer größerer Gruppen von Menschen und Völkern (vgl. auch S. 81). Zum Verkehr gehört auch das Nachrichtenwesen als Raumüberwindung des Wissens. Ein Hilfsgewerbe des Verkehrs ist das Speditionsgewerbe. Der Spediteur besorgt für den Versender von Sachgütern deren Transport durch den Transporteur, den sogenannten Frachtführer. Die meisten Spediteure sind auch Frachtführer zum mindesten im Zubringungsverkehr (zur Eisenbahn u. dgl.). Im Personenverkehr stehen die sog. Reisebüros ähnlich zwischen Transportunternehmen und Publikum.

Die **Versicherung** ist ein weiteres Gebiet dieser immateriellen Produktion. Sie erreicht ihren Mittelbeschaffungserfolg durch die Atomisierung von Schadensfolgen, die sie im Wege der Erhebung von Beiträgen auf eine Vielheit von Versicherten verteilt. Die Versicherung verfolgt ja den Zweck, „im Wege gegenseitiger Beitragsleistung einer Vielheit von Wirtschaften einen zufälligen Bedarf zu decken, der sie alle in schätzbarer Gesamthöhe bedroht, aber nur einen Teil von ihnen wirklich trifft“[4]. Die Verluste z. B. eines Brandes würden, wenn sie konzentriert wirken könnten, den unmittelbar Betroffenen unverhältnismäßig stark belasten, ja u. U. wirtschaftlich vernichten. Die Versicherung macht sie durch ihre Verteilung der Schadensfolgen auf viele Schultern relativ unschädlich, da die vorhersehbar regelmäßige Belastung in der Form zahlreicher kleiner Versicherungsprämien unverhältnismäßig weniger Schaden verursacht. Insofern wird der Mittelverlust durch die verteilte Aufbringung der Deckung gemindert, der Mittelbeschaffungserfolg der Wirtschaft also erhöht. Die Versicherung macht viele Unternehmen und Wirtschaftsvorhaben erst möglich, die sonst für die Mittel des Wirtschaftenden ein zu großes Wagnis (Risiko) bedeuten würden. So ermöglicht sie auch dem Nichtbesitzenden die

---

[3] Man spricht hier auch von „Verkehr i. e. S.“, während die Wirtschaftswissenschaft unter Verkehr i. w. S. (z. B. in dem Worte „Verkehrswirtschaft“) die Gesamtheit der den Austausch von Waren und Dienstleistungen in einer Sozialwirtschaft vermittelnden interpersonellen Beziehungen versteht.

[4] Vgl. W. Weddigen, Der Versicherungsbegriff der Wirtschaftswissenschaft, Ztschr. f. d. ges. Versicherungswissenschaft 1931, und Ders., Die Produktivität der Versicherung, ebendort.

Teilnahme am freien Wettbewerb (vgl. unten S. 188) und hält ihn frei von zehrender Sorge, die seine Leistungsfähigkeit lähmen würde. Auch viele Kreditgeschäfte z. B. wären ohne die Versicherung des kreditierten Objekts als zu riskant unmöglich. Gilt das Gesagte vor allem für die Individualversicherung, so liegt in der Sozialpolitik eine entsprechende Produktivitätsbedeutung auch der Sozialversicherung für Schutz, Pflege und Erhaltung der Arbeitskraft (also für die biologisch-organische Produktion) auf der Hand. Allerdings wird der (mehr individualistische) Versicherungsgedanke hier in der Sozialversicherung meist nur in weitgehender Verbindung mit dem (mehr kollektivistischen) Versorgungsgedanken verwirklicht.

Im **Geldwesen** endlich vermittelt das Geld als Mittel des Umsatzes, der Wertmessung und Wertaufbewahrung heute das arbeitsteilige Ineinandergreifen aller Akte des Mittelbeschaffungsvorganges der Sozialwirtschaft. Das gilt vor allem für den Austausch der Waren und Leistungen, der das Zusammenwirken aller arbeitsteilig verschiedenen Glieder des marktwirtschaftlichen „Organismus" ermöglicht. Aber auch die neuzeitlichen Planwirtschaften (z. B. Sowjetrußlands) haben das Geld nicht dauernd abgeschafft (weiteres s. §§ 20 bis 22).

Neben diese augenfälligsten Gebiete der immateriellen Produktion tritt dann die Arbeit des Wirtschaftspolitikers, d. h. die Handhabung aller jener **wirtschaftspolitischen Mittel und Einrichtungen,** die im volkswirtschaftlichen Bereich organisierend, rechtsgestaltend, ordnend und lenkend der Wirtschaft dienen. Die Produktivität dieser geistigen Zentren der Wirtschaftspolitik ist nicht mit Händen zu greifen, ihre erfolgreiche Betätigung ist aber in unzähligen Fernwirkungen mitbeteiligt an allen Erträgen der Volkswirtschaft. Die Setzung und Durchsetzung des Wirtschaftsrechts, die Raumordnung (S. 120) und die Vornahme aller übrigen volkswirtschaftspolitischen Planungen, auch die rahmengebende Gestaltung der wirtschaftlichen Beziehungen zum Ausland (etwa durch Handelsverträge) gehören z. B. hierher. Auch die Tätigkeit des Wirtschaftspolitikers gehört somit zum Produktionsapparat einer Volkswirtschaft.

Im ganzen Bereich der Produktion hat A. G. Fisher (a.a.O.) nach dem Grade der Verfeinerung des Produkts unterschieden die primäre Produktion der Urproduktion (Landwirtschaft und Bergbau), die sekundäre Produktion der gewerblichen Massenherstellung von Stapelproduktion und die tertiäre Produktion individueller Qualitätserzeugnisse sowie persönlicher Dienstleistungen. Zu dieser tertiären Produktion rechnet er außer dem Qualitätshandwerk und Kunsthandwerk, wie schon angemerkt, vor allem die Wirtschaftszweige, die wir unter dem Namen der biologisch-organischen (anthropologischen) sowie der immateriellen Produktion zusammenfaßten. In jeder fortschrittlich sich entwickelnden Wirtschaft wandern, meint Allan G. Fisher, Kapital und Arbeit aus den wesentlich primären Zweigen der Urproduktion bald mehr in die sekundäre Produktion (die Industrie) und schließlich noch mehr in die tertiären Zweige der Produktion.

Die vorstehende Einteilung der Wirtschaft in Produktionszweige folgt der Art, wie diese Mittelbeschaffungszweige ihre produktive Leistung technisch bewirken. Außerdem kann man eine solche Einteilung auch auf die Bedarfszwecke ausrichten, denen die Produktion dient. Man erhält dann Wirtschaftszweige wie Ernährungswirtschaft, Bekleidungswirtschaft, Wohnungswirtschaft, Wehrwirtschaft, Energiewirtschaft. Beide Einteilungen überschneiden sich vielfach. So dient z.B. die Land- und Forstwirtschaft nicht nur der Ernährung, sondern (als Rohstofflieferant) auch der Bekleidung und Wohnung usw.

Schließlich kann man die Wirtschaftszweige auch nach den Gütern unterscheiden, um deren Beschaffung es sich bei ihnen vor allem handelt. So erhält man die Einteilung z. B. in Kohlewirtschaft, Bauwirtschaft, Getreidewirtschaft, Fischereiwirtschaft usw.

§ 7 Die Wirtschaftsstufen

I. Der Stufengedanke in logischer Anwendung: Jeder Zweck ist seinen Mitteln logisch übergeordnet, und seine Erreichung kann selbst wieder als Durchgangsstufe (Vorzweck) das Mittel eines weiteren Zweckes werden. So dienen z. B. der Schuster, seine Werkstatt und sein Werkzeug, also das Einzelwirtschaftsgebilde „Schustereibetrieb“, dem Zwecke „Schuherzeugung“. Diese Erzeugung als Ertrag des Schustereibetriebes dient wiederum (in arbeitsteiliger Zusammenarbeit mit der Erzeugung anderer Einzelwirtschaften) dem Zweck der nationalen Produktion, sie vermehrt das „Nationalprodukt“ der Volkswirtschaft. Das Wirtschaftsgebilde „Volkswirtschaft“ wiederum stellt (zusammen mit anderen Volkswirtschaften) seine Ausfuhr der weltwirtschaftlichen Arbeitsteilung zur Verfügung. Insofern ergibt sich eine Stufenfolge von Wirtschaftsgebilden: Über der Einzelwirtschaft steht hier die Volkswirtschaft, über dieser wieder die Weltwirtschaft. Dabei umfaßt das höherstufige Wirtschaftsgebilde immer das Wirtschaftsgebilde der niedrigeren Stufe, das (mit anderen) in es eingegliedert ist. Ganz ähnlich weist auch der Organismus jedes höher entwickelten Lebewesens eine Stufenfolge seiner Glieder auf: Das Blutgefäß z. B. dient dem Muskel, der Muskel dem Arm, der Arm

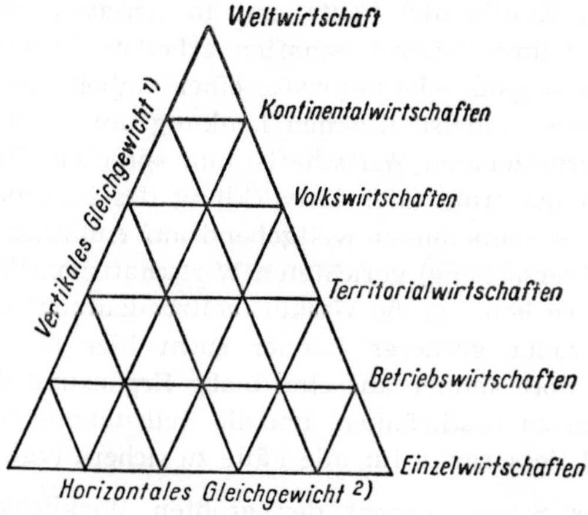

[1] Vgl. S. 143, 148, 201. [2] Vgl. S. 92, 143.

dem ganzen Körper. In der Wirtschaft ist, um die obige Stufenfolge noch etwas zu verfeinern, die Einzelwirtschaft i. e. S. (z. B. des Arbeiters) eingegliedert in die Betriebswirtschaft (etwa der Fabrik), diese gegebenenfalls wieder in die Regional- oder Territorialwirtschaft (im Bereich etwa eines Stammes oder Gliedstaates), diese wieder in die Volkswirtschaft (im Bereich einer Volksgemeinschaft), diese vielleicht noch wieder in eine Kontinental- oder Großraumwirtschaft (im Bereich etwa einer Völkergemeinschaft) und schließlich in die Zusammenhänge der Weltwirtschaft als der wirtschaftlichen Zusammenarbeit im arbeitsteiligen Austausch aller Völker der Erde. Diese Reihenfolge: Einzel-, Betriebs-, Territorial-, Volks-, Kontinental-, Großraum- und Weltwirtschaft kann man sich somit als Stufenfolge einer Pyramide vorstellen: An deren breiter Basis stehen in größter Zahl die Einzelwirtschaften, die Gebilde der diese umfassenden Mittelstufen nehmen an Zahl nach aufwärts hin ab und an ihrer Spitze steht allumfassend die Weltwirtschaft.

Die Annahme solcher Stufenfolgen ist ein logisch zweckmäßiges Denkmittel der teleologischen Wirtschaftstheorie, sie bedeutet aber bei uns keinerlei Bewertung, keine Rangfolge der Zwecke, die diese Stufenfolge bilden. Auch ist die Wirklichkeitsbedeutung dieser Wirtschaftsstufen immerhin noch sehr verschieden: So hat z. B. in der obigen Reihe die Territorialwirtschaft (etwa der Gliedstaaten in Bundesstaaten) seit der Niederlegung der Binnenzollschranken, dem Ausbau des Verkehrswesens und der politischen Einigung der Stämme in den neuzeitlichen Volkswirtschaften kaum noch Wirklichkeitsbedeutung. Oberhalb der Volkswirtschaft andererseits zeichnet sich die Kontinental- oder Großraumwirtschaft (z. B. des europäischen oder des amerikanischen Kontinents) heute erst in Ansätzen ab. Erst wenn mehrere Völker ihre Volkswirtschaften arbeitsteilig aufeinander abstimmen und sich ganz oder teilweise einer einheitlichen wirtschafts- und insbesondere handelspolitischen Lenkung unterstellen, kann man von einem übernationalen Wirtschaftsraum sprechen. Die Weltwirtschaft vollends hat trotz aller Entwicklung des internationalen Verkehrs infolge der noch immer weitgehend auf Autarkie (Selbstgenugsamkeit, Selbstversorgung) gerichteten Wirtschaftspolitik vieler Volkswirtschaften noch keine große Wirklichkeitsbedeutung: Die Volkswirtschaftspolitik vieler größerer Länder sucht hier die internationale Arbeitsteilung noch immer auf eine bloße Ergänzung der nationalen Produktivkräfte zu beschränken, um die Selbständigkeit der eigenen Wehrkraft und Versorgung für alle Fälle zu sichern (vgl. S. 148).

Liegt so das Schwergewicht der größten Wirklichkeitsbedeutung in unserer Stufenfolge heute noch immer bei der **Volkswirtschaft,** so wird deren Wesen doch nur im Rahmen dieser Stufenfolge voll verständlich: Als Sozialwirtschaft eines Volkes dient die Volkswirtschaft — einerseits — den Zwecken der Volksgemeinschaft. Dabei stellt aber — andererseits — diese Volksgemeinschaft gleichsam einen Organismus dar, der stufenabwärts aus Einzelpersönlichkeiten und deren Gruppen als seinen Gliedern besteht, und der selbst (nach der grundsätzlich heute noch immer überwiegend anerkannten humanitären Ethik) sich stufenaufwärts in die größeren Ganzheiten einer weltwirtschaftlichen Zusammenarbeit der Völker der Erde möglichst einzugliedern hat. Neben das völkisch-nationale Ideal der Volksgemeinschaft tritt insofern in der Berücksichtigung des Einzelmenschen (des Individuums) und seiner Grundrechte wie auch der Menschheitsgemeinschaft als der Gemeinschaft alles dessen, „was Menschenantlitz trägt", grundsätzlich das humanitäre Ideal (individualistischer wie universalistischer Ausprägung) als regulative Idee der neuzeitlichen Volkswirtschaft. Wenn auch das nationale Eigeninteresse, wie soeben schon angedeutet, die Wirtschaftspolitik der Völker heute meist überwiegend bestimmt, so sind doch alle Versuche des nationalen Gedankens, als Nationalismus auf Kosten des humanitären Ideals eine gleichsam dämonisch-absolute Geltung zu erlangen („Recht ist, was dem Volke nützt!"), seit dem Aufkommen des Christentums bisher noch immer wieder überwunden worden.

II. Der Stufengedanke in historischer Anwendung: Der Wirklichkeitsbedeutung der einzelnen Stufen, die wir bisher nur logisch und theoretisch übereinanderreihten, trägt die historische Anwendung Rechnung, die der Stufengedanke in den sog. **„Wirtschaftsstufentheorien"** gefunden hat. Hier handelt es sich um ein geschichtliches Aufeinanderfolgen von Wirtschaftsabschnitten mit bestimmten typischen Merkmalen, der sog. Wirschaftsstufen, um idealtypische „Querschnitte des geschichtlichen Wirtschaftslebens" (Spiethoff) im griechisch-europäischen Kulturkreis. Jede dieser Wirtschaftsstufentheorien benutzt dabei einen anderen Einteilungsmaßstab, um so die Wirtschaftsentwicklung idealtypisch (d. h. durch Hervorhebung nur bestimmter typischer Merkmale) vereinfacht darzustellen. Ein knapper, systematischer und teilweise ergänzter Überblick über diese Theorien sei hier dem Lehrzweck zuliebe in den Fortgang unserer ertragstheoretischen Untersuchungen eingeschaltet.

I. So unterschied Karl Bücher († 1930) in seinem Werke: Die Entstehung der Volkswirtschaft (1920[15]) nach der „Länge des Weges, welchen die Güter vom Produzenten bis zum Konsumenten zurücklegen" (also, wie wir auch sagen können, nach dem Umkreis des arbeitsteiligen Austausches der Güter), als typisch für die Wirtschaftsentwicklung des Abendlandes:

1. Geschlossene Hauswirtschaft: Sie ist „reine Eigenproduktion im Haus fürs Haus aus selbsterzeugten Rohstoffen" (Hauswerk), „Haushalt und Erwerb sind eins". Die geschlossene Hauswirtschaft stellt also eine im wesentlichen tauschlose Wirtschaft dar. Sie produziert nach dem Prinzip der Deckung nur des eigenen Bedarfs (Gegensatz: Erwerbsprinzip) ohne eine über den Bereich der Familie hinausgehende Arbeitsteilung. Nur gelegentliche Überschüsse dieser häuslichen Eigenproduktion werden mit Nachbarn getauscht (sog. Hausfleiß). Erweiterte Formen solcher Eigenwirtschaft sind die Sklavenwirtschaften (Oikenwirtschaften) der Antike und die Fronhofswirtschaften des Mittelalters. Die geschlossene Hauswirtschaft reicht nach Bücher von den Anfängen der Kultur bis in das Mittelalter etwa zum Beginn des zweiten Jahrtausends.

2. Stadtwirtschaft: Die mittelalterlichen Städte suchen auf Selbstversorgung beruhende (autarke) Wirtschaftskörper zu werden: Die Grundlage dazu bietet der durch den Markt vermittelte „direkte Austausch" handwerklicher Erzeugnisse der Zünfte mit den Landwirtschaftsprodukten der Umgebung (Bannmeile), die nach dem „Bannrecht" kein Handwerk betreiben darf. So hat sich der Umkreis des arbeitsteiligen Austausches der Güter hier geweitet.
Die üblichste Gewerbeform dieser Stufe ist die „Kundenproduktion" für den lokal begrenzten Markt, nämlich das „Preiswerk" mit eigenen Rohstoffen und Betriebsmitteln des Handwerkers. Daneben steht das „Lohnwerk", bei dem der Kunde die Rohstoffe liefert. Nicht selbst herstellbare Ware (z. B. Gewürze, Salz) sichert sich die Stadtwirtschaft durch „Straßenrecht" und „Stapelzwang", d. i ein Umgehungsverbot und Feilhaltungsgebot für durchreisende Händler.

3. Volkswirtschaft: Gefördert durch die politische Zentralisation in Territorial- und später in den nationalen Einheitsstaaten, verbindet der aufkommende Großhandel die Stadtwirtschaften auf dem Gebiet der Volksgemeinschaft zu einem arbeitsteiligen nationalen Ganzen. Der Merkantilismus, das „System der landesfürstlichen Wohlstandspolizei", als Bahnbrecher der Volkswirtschaft im 17. und 18. Jahrhundert sucht die Handelsbilanz (S. 261) durch Ausfuhrförderung

(Schutzzölle, Konzessionen usw.) für gewerbliche und Ausfuhrbeschränkungen für landwirtschaftliche Produkte aktiv zu machen. Er überträgt insofern die Autarkiegrundsätze der Stadtwirtschaft auf die Volkswirtschaft.

Gewerbeformen dieser Stufe (deren Kennzeichnung bei Bücher wir hier noch etwas ergänzen) sind zunächst:

a) der Verlag (Hausindustrie): Zur Herstellung oder Bearbeitung von Massenwaren beschäftigt der Verleger Heimarbeiter. Deren Erzeugnisse, die mit handwerklicher Technik vom Heimarbeiter in dessen eigenem Heim oder selbstgewählter Werkstatt auf sein eigenes Produktionsrisiko hergestellt und dem Verleger überlassen werden, vertreibt der Verleger vermöge seiner Marktkenntnis und Kapitalkraft (Verleger = Vorleger, nämlich von Kapital). Das Erwerbskapital bemächtigt sich so erstmalig des Absatzes, es organisiert im Verlag einen „dezentralisierten Großbetrieb". Der Verleger ist damit Wirtschaftsführer, Unternehmer, aber noch ohne Betriebsführer zu sein (vgl. S. 24, 341). Der Verlag erscheint als Kaufsystem, wenn der Heimarbeiter als sog. Hausgewerbetreibender selbst die Rohstoffe beschafft und dem Verleger seine Erzeugnisse verkauft, später auch als Lohnsystem, bei dem der Verleger auch die Rohstoffe (und mitunter sogar auch die Werkzeuge) liefert.

b) Die Manufaktur: Das Kapital bemächtigt sich im 18. Jahrhundert auch der Produktion, indem es die Arbeiter in besonderen Räumen des Unternehmens vereinigt, aber noch ohne ausgiebige Maschinenverwendung und innerbetriebliche Arbeitsteilung. Die Manufaktur ist, wie schon ihr Name sagt, der im wesentlichen noch handwerklich arbeitende Großbetrieb. — Endlich

c) das Fabriksystem: Es ist zu kennzeichnen als „zentralisierte Warenproduktion" mit großem stehendem Kapital, als kapitalintensive, wirtschaftlich und räumlich zentralisierte maschinelle Großerzeugung für einen überlokalen Markt. Diese großgewerbliche Produktion (Industrie) entwickelt sich etwa seit dem 3. Jahrzehnt des 19. Jahrhunderts vor allem durch die Verwendung der Kraftmaschine als Antrieb der Werkzeugmaschine. Sie arbeitet dabei nicht nur für den Binnenmarkt der Volkswirtschaft, sondern auch für eine steigende Ausfuhr, die den Übergang zur weltwirtschaftlichen Arbeitsteilung einleitet.

Man hat gegen Bücher eingewandt, wirklich geschlossene autarke Hauswirtschaften habe es nie gegeben, und auch im deutschen Mittelalter sei ein bedeutender, oft verlegerischer Fernhandel betrieben worden. Dieser habe im Hoch- und Spätmittelalter Europa weitgehend wirtschaftlich geeinigt. Erst im späteren 16. Jahrhundert sei dieser arbeitsteilige europäische Wirtschaftsraum durch die Bildung der modernen Nationalstaaten zerstückelt worden.

Die Einordnung insbesondere des gesamten Altertums und frühen Mittelalters unter die „Hauswirtschaft" ist zweifellos zu summarisch, und auch die Stadtwirtschaft ist in den meisten kleineren Städten des Mittelalters schon infolge des nicht vollzähligen Vorhandenseins aller notwendigen Gewerbe nicht zur vollen Ausbildung gekommen. Auch die europäische Bedeutung des mittelalterlichen Fernhandels ist unbestritten. Das beseitigt aber doch nicht den Wert einer stilisierenden Stufenbildung, die uns die früher viel größere Isolierung der Einzel- bzw. Stadtwirtschaften vor Augen führt. Diese wurden durch die Verbesserung der Verkehrverhältnisse und des Warenaustausches erst allmählich zur Volkswirtschaft im heutigen Sinne zusammengeschmolzen. Und diese heutige Volkswirtschaft ist jedenfalls in viel höherem Grade integriert (d. h. gesamtempfindlich) und arbeitsteilig differenziert (d. h. durchgegliedert), als sie es in den Zeiten der Haus- und Stadtwirtschaft im Sinne Büchers war. Mehr als das Vorherrschen einer bestimmten Art des Wirtschaftens in jeder seiner Wirtschaftsstufen hat Bücher nicht behauptet.

G. Schmoller hebt die Bedeutung der politischen Organisation für die wirtschaftliche Entwicklung hervor. So unterscheidet er nach der Organisation der politischen Zentrale Dorf-, Stadt-, Territorial- und Volkswirtschaft.

II. Der deutsche Nationalökonom Friedrich List (Das nationale System der politischen Ökonomie, 1843) unterschied nach der „nationalen Ausbildung", genauer können wir sagen: Technik, der Gütergewinnung (Produktion) folgende: „Hauptentwicklungsgrade der Nationen", die wir hier kurz noch etwas erläutern:

1. „Wilder Zustand": Sammeln von Früchten, Wurzeln u. dgl., Jagd und Fischerei als die Stufe bloßer Okkupation von Naturerzeugnissen.
2. „Hirtenstand": Die Zähmung bisher gejagter Tiere führt zur Viehzucht, wobei die extensive Wirtschaftsweise (ständiger Weidewechsel) das Nomadentum der Hirtenvölker bedingt. Das Nutzvieh erleichtert als Zugvieh und durch seinen Dünger den Übergang zum
3. „Agrikulturstand": Geregelter Ackerbau einer seßhaften Bevölkerung, die über die Zwischenform der Umteilungsgemeinde allmählich auch zum Privateigentum übergeht.
4. „Agrikultur-Manufakturstand": Neben den Ackerbau tritt besonders in der gemäßigten Zone das rohstoffveredelnde Gewerbe mit Arbeitsteilung innerhalb des Landes, die der Binnenhandel ermöglicht. Es müsse durch Erziehungszölle gegen den Wettbewerb der schon entwickelten Nationen geschützt werden.
5. „Agrikultur-Manufaktur-Handelsstand": Hier gliedert der Außenhandel die Volkswirtschaft in die weltwirtschaftliche (internationale) Arbeitsteilung ein, der im wesentlichen nur der Freihandel angemessen sei.

Als zeitliche Abfolge ist die Theorie, mit der List den Abstand zwischen Deutschlands und Englands Wirtschaft (Stufe 4 und 5) kennzeichnen wollte, bekanntlich nicht ausnahmslos zutreffend. Die Phönizier und die Holländer z. B. übersprangen die Periode zu 4. Dem „Hirtenstand" ging mitunter der Ackerbau (in der extensiven Form des Hackbaus) voraus. Aber Lists Forderung, jede Volkswirtschaft bis zur letzten seiner 5 Stufen zu entwickeln, war von großer volkswirtschaftlicher Bedeutung.

III. Der (bei der historischen Schule schon erwähnte) Bruno Hildebrand unterschied (in Conrads Jahrbüchern f. Nat. u. Stat., 2. Jahrg., 1864) nach den vorherrschenden Mitteln des Umsatzes:

1. Naturalwirtschaft: Naturaltausch und Naturallohn herrscht vor (z. B. in Deutschland die frühmittelalterliche Agrarwirtschaft bis etwa zum Jahre 1000). Merkmale sind

wirtschaftlich: Einem trägen, örtlich begrenzten und unregelmäßigen Güterumlauf wesentlich von Bodenprodukten und Dienstleistungen entspricht eine geringe Wirtschaftsintensität, eine unentwickelte Arbeitsteilung und Technik, ein Leben von der Hand in den Mund in starker Naturabhängigkeit (häufige Hungersnöte),
politisch: Wo nicht eine „bäuerliche Demokratie“ auf der Basis der Grundbesitzgleichheit herrscht, begründet die Vormachtstellung des Grundbesitzes und die Belohnung auch öffentlicher (insbes. militärischer) Dienste durch Landverleihungen den Feudalstaat auf der Basis der Grundherrschaft; Ritterheere, gestellt vom Grundbesitz, sind die Grundlage der politischen Macht.

2. Geldwirtschaft: Kauf und Verkauf der Waren gegen Geld wird allgemein. Auch der Lohn wird vorwiegend in Geld gezahlt. Merkmale sind
wirtschaftlich: Sparen und Ansammlung von Überschüssen werden möglich und führen zur Bildung von Kapital; die Arbeitsteilung innerhalb der Volkswirtschaft kommt auf, Produktion und Absatz werden regelmäßiger und technisch intensiver, die Preisbildung wird gleichmäßiger, Geldsteuern werden üblich, die Arbeitskräfte werden freizügig;
politisch: Der Geldlohn ermöglicht die Ausbildung des freien Arbeitsverhältnisses, ein besitzendes Bürgertum entsteht neben Arbeitern und Grundherren. Zwischen den befreiten Klassen entstehen politische und soziale Gegensätze. Soldheer und bezahltes Beamtentum ermöglichen den absoluten Staat.

3. Kreditwirtschaft: Der Umsatz wird hier weitgehend vermittelt durch Kredit (Banknoten, Wechsel, Aufrechnungs- und Giralverkehr, Effekten und dgl.). Merkmale sind:
wirtschaftlich: Der Kredit „verallgemeinert die Kapitalkraft der Nation“, er vereinigt die Sparkapitalien, fördert Großbetrieb (Form der Aktiengesellschaft) und internationale Arbeitsteilung. Der Personalkredit „gibt nicht nur einen Kredit für den, der etwas hat, sondern auch für den, der etwas ist“. Er ermöglicht auch dem fähigen Besitzlosen die Konkurrenz, steigert die Produktion, Löhne und Wohlstand. Voraussetzung ist ein hoher Stand der öffentlichen Moral; Börsenspiel und unsolide Spekulationen kommen zwar vor, sind aber ihrem Wesen nach nur Auswüchse der Geldwirtschaft.
politisch: Die Kreditwirtschaft „verbindet die Menschen wieder durch geistige und sittliche Bande“. Der Lockerung der patriarchalichen Abhängigkeitsverhältnisse und der Chance, die auch der Nichtbesitzende durch den Personalkredit erhält, entspricht nach H. eine grundsätzliche Gleichberechtigung der Besitzenden und Besitzlosen.

Die Stufenfolge ist rein logisch nicht einwandfrei: Es gab auch Naturalkredit, z. B. Getreidedarlehen. Überhaupt bildet die Kreditwirtschaft zur Geldwirtschaft nicht entsprechend einen Gegensatz wie die Geld- zur Naturalwirtschaft (vgl. etwa die Barzahlung mit Kreditgeld, z. B. Banknoten). Auch rein zeitlich trifft die behauptete Reihenfolge nicht immer zu. So verkümmerte die Kreditwirtschaft eines ausgedehnten Bankwesens im ptolemäischen Ägypten (i. 3. Jhrdt. vor Chr.) sowie des römischen Bankwesens (im 2. und 1. Jhrdt. vor Chr.) in den folgenden Jahrhunderten, und die spätere römische Kaiserzeit brachte durch Inflationen sogar einen Rückfall von der Geld- in die Naturalwirtschaft. Auch haben viele Völker die

Stufe der „Kreditwirtschaft" niemals erreicht, und selbst zur Stufe der „Geldwirtschaft" sind nicht alle Völker vor ihrem Absterben gelangt. Oft haben Geldwirtschaft in den Zentren und Naturalwirtschaft in den Randgebieten der Volkswirtschaften lange Zeit nebeneinander bestanden. Aber wichtige idealtypische Unterschiede des Wirtschaftslebens sind auch hier erfaßt. Zur Unterscheidung von der tauschlosen Naturalwirtschaft (etwa im Rahmen der Hauswirtschaft unter I 1) würde man übrigens hier zu 1 statt „Naturalwirtschaft" (wie W. Eucken betonte) genauer „Naturaltauschwirtschaft" zu sagen haben.

IV. Werner Sombart (Die Ordnung des Wirtschaftslebens, in Enzyklopädie der Rechts- und Staatswissenschaften, 1925) bedeutet mit seiner systematischen Einbeziehung auch des Psychischen einen Fortschritt gegenüber den „Stufentheorien", und gelangte so zur Unterscheidung von „Wirtschaftssystemen". Er unterscheidet nach Wirtschaftsgesinnung, Wirtschaftsorganisation und Technik:

1. Die vorkapitalistischen (nicht-kapitalistischen) Wirtschaftssysteme (z. B. die Oikenwirtschaften der Antike, die Fronhofswirtschaften des Mittelalters, die Zunftverfassung des mittelalterlichen Handwerks):
   Die Wirtschaftsgesinnung ist hier gekennzeichnet durch das Vorherrschen einer traditionalistischen Bedarfsdeckungswirtschaft, also durch das Fehlen jenes rationalen „Profitstrebens", das den Kapitalismus beherrscht. Vorherrschend ist die „Idee des standesgemäßen Unterhalts (vgl. auch Sombart, Der moderne Kapitalismus I, 1916[2]).
   Die Organisation des Wirtschaftssystems beruht auf weitgehender Bindung durch Recht und Konvention.
   Die Technik beruht auf persönlicher Überlieferung und ist im wesentlichen stationär.

2. Den Kapitalismus:
   Die Wirtschaftsgesinnung ist bestimmt durch das „Erwerbsprinzip". Sie begründet die neuzeitliche, auf Geldvermehrung abzielende Erwerbswirtschaft mit Unternehmergeist und Profitstreben (vgl. Der moderne Kapitalismus II und III, 1917 und 1927).
   Die Organisation beruht auf der grundsätzlichen Freiheit der einzelwirtschaftlichen Initiative; dem entspricht die arbeitsteilige Marktwirtschaft auf der Grundlage der freien Konkurrenz und in ihr eine aristokratische Machtstellung des Unternehmers durch Fähigkeiten wie auch durch Kapitalbesitz.
   Die Technik beruht auf wissenschaftlicher Forschung und ist revolutionär.

Nach der Ausprägungsreinheit dieser Merkmale des Kapitalismus, die allmählich wieder kollektivistischen Bindungen weichen, unterscheidet Sombart den Frühkapitalismus (Mitte des 15. bis Mitte des 18. Jahrhunderts), den Hochkapitalismus (von da bis zum ersten Weltkrieg) und den Spätkapitalismus (seit dem ersten Weltkrieg).

Das Fehlen des Profitstrebens, das Sombart für die vorkapitalistischen Wirtschaftssysteme behauptet, wird man freilich mindestens für die Sklavenwirtschaften der Antike nicht uneingeschränkt zugeben können. Die Äußerungen dieses Profitstrebens den Sklaven gegenüber in den Bergwerken und Plantagen waren z. T. furchtbar (vgl. W. Weddigen, Sozialpolitik, 1933, S. 132). Der Ausdruck „Sklavenkapitalismus“ trifft insofern völlig zu. Auch im europäischen Mittelalter war mindestens der schon erwähnte verlegerische Fernhandel nicht und das Handwerk nur sehr zum Teil vom Bedarfsdeckungsprinzip beherrscht. Unter Hinweis auf E. Keller hat F. Lütge[1] wohl mit Recht betont, daß nicht die Selbstbescheidung eines Festhaltens am „Nahrungsprinzip“, sondern das Bewußtsein der Notwendigkeit einer funktional-ständischen Ordnung auch des Wirtschaftslebens kennzeichnend sei für jene Zeit, die aus dieser Überzeugung heraus in den größeren Städten „eine hohe Kunst der politischen Überwachung der Wirtschaft“, auch der Erwerbswirtschaft und des Erwerbsstrebens, ausgebildet habe. Immerhin sind die von Sombart ins Auge gefaßten Unterschiede der Wirtschaftsgesinnung, wenn auch von Sombart zum Teil verzeichnet, grundsätzlich von großer wirtschaftlicher Bedeutung (vgl. S. 175). Ihre Hervorhebung neben der Wirtschafts**organisation** macht die Unterscheidungen Sombarts relativ wirklichkeitsnahe, und man hat die Verbindung einer bestimmten Wirtschaftsgesinnung und Lebensanschauung mit einer bestimmten Wirtschaftsorganisation in Parallele zu den Kunststilen geradezu zum Merkmal der Unterscheidung von sog. Wirtschaftsstilen erhoben; wobei man es nicht auf die zeitliche Folge der Stufen, sondern vor allem darauf abstellte, „die Verschiedenheiten des Wirtschaftslebens an sich einzufangen“ (Spiethoff) oder die Wirtschaftssysteme als Teilerscheinung des Lebensstils ihrer Zeit in deren „geamten kulturhistorischen Zusammenhang“ (Ritschl) hineinzustellen (s. auch Bechtel, Wirtschaftsstil des deutschen Spätmittelalters).

V. Waldemar Mitscherlich (Skizze einer Wirtschaftsstufentheorie) unterscheidet nach dem Vorherrschen von Individualismus und Universalismus, d. h. von einzelwirtschaftlicher Freiheit und gemeinwirtschaftlicher Gebundenheit, folgende Wirtschaftsstufen:

1. Stufe der einfachen Gemeinwirtschaft: Sie ist gekennzeichnet durch die Vorherrschaft des wirtschaftlichen Universalismus, vor allem der gemeinwirtschaftlich betriebenen Haus- und Fronhofswirtschaft bis etwa Ende des 8. Jahrhundert.

2. Stufe der korporativ gebundenen Wirtschaft auf gemeinwirtschaftlicher Grundlage: Universalismus und Individualismus sind hier im Gleichgewicht. Vor allem die korporative Organisation der Zünfte im Rahmen der städtischen Gemeinschaftswirtschaft (etwa bis gegen Ende des 18. Jahrhunderts) veranschaulicht dieses Gleichgewicht in einer ständischen Gliederung.

3. Stufe der freien Einzelwirtschaft: Sie ist gekennzeichnet durch die Vorherrschaft des wirtschaftlichen Individualismus, den das Laissez-faire des Liberalismus (bis etwa Ende des vorigen Jahrhunderts) verwirklichte.

4. Stufe der korporativ gebundenen Wirtschaft auf einzelwirtschaftlicher Grundlage: Sie ist gekennzeichnet durch das Wiedervordringen universalistischer Bindungen, das in der Ausbreitung der Trusts, Kartelle, Gewerkschaften usw. in der heutigen Wirtschaft zu erblicken ist.

---

[1] Vgl. Fr. Lütge, Deutsche Sozial- und Wirtschaftsgeschichte 1952, S. 126, 130.

Jede dieser historischen Wirtschaftsstufentheorien hebt wichtige typische Merkmale abstrahierend hervor, die in der bisherigen Wirtschaftsentwicklung zu erkennen sind, obwohl keine von ihnen allein ein volles Bild der geschichtlichen Wirklichkeit gibt oder auch nur den Rückschlägen Rechnung trägt, die die angeführten Stufenfolgen oft unterbrochen haben. Vor allem Max Weber wies darauf hin, daß die Wirtschaftsstufen nur als „Idealtypen" zu gebrauchen seien. Der „idealtypische Begriff" sei nicht eine Darstellung der vollen (oder auch nur einer durchschnittlichen) Wirklichkeit; er wolle der Darstellung nur durch eine einseitige Steigerung bestimmter, in einer Fülle von Einzelerscheinungen mehr oder weniger vorhandener Merkmale eindeutige Ausdrucksmittel verleihen. In jedem einzelnen Fall bleibe festzustellen, wie nahe oder wie fern die Wirklichkeit jenem Idealbild stehe. Denkwerkzeuge für die reine Wirtschafts*theorie*, das ist mancher neueren Kritik gegenüber hervorzuheben, wollen und können diese Begriffsbildungen nach der ganzen historischen Forschungseinstellung ihrer Urheber (und auch Max Webers) nicht sein. Daß sie die viel abstrakteren (und in diesem Sinn, wenn man mit Husserl will, stärker „pointierenden") Begriffsbildungen jener reinen Wirtschaftstheorie weder ersetzen noch ausschließen können, bedarf für jeden, der sich über die nur polar-*graduelle* Unterschiedenheit von Theorie und Deskription im klaren ist, keiner Hervorhebung.

Allgemeingültig ist immerhin festzustellen, daß die politische Befriedung wachsender Räume und die Entwicklung von Handel und Verkehr vor allem dazu beigetragen haben, solche Wirtschaftseinheiten, die bisher isoliert nebeneinander standen, zu größeren Wirtschaftsganzheiten zusammenzuschließen, ihnen so die Vorteile erweiterter Arbeitsteilung (S. 114, 142) zu sichern und eine neue „Wirtschaftsstufe" zu bilden. Stets behielten dabei aber auch die Wirtschaftseinheiten der überwundenen Stufen als Glieder in der erreichten höheren Wirtschaftsstufe noch ein gewisses Eigenleben. Das zeigen z. B. die bäuerlichen Hauswirtschaften in den heutigen agrarischen Volkswirtschaften besonders deutlich. Diese können vor allem in Krisenzeiten noch sehr wirksam auf ihre frühere wirtschaftliche Selbstgenugsamkeit (Autarkie) zurückgreifen. In der Verbrauchswirtschaft stellt die Familienwirtschaft noch heute als Haushalt die wichtigste produktive Einheit dar (vgl. S. 67).

Diese Tatsache des Fortlebens der niedrigerstufigen Unterganzen im höherstufigen Wirtschaftsgebilde leitet zur obigen *logischen* Anwendung des Stufengedankens (zu I) zurück. Diese ist für die Fortführung unserer ertragstheoretischen Untersuchungen, wie wir sehen werden, von besonderer Bedeutung.

§ 8 Das allgemeine Ertragsgesetz (Produktivitätsgesetz)

Problemstellung und Begriffe: Die Ertragstheorie sieht, wie (S. 25) schon angedeutet, als reine Theorie der Wirtschaft von dem Geldschleier zunächst ab, durch den wir in der heutigen Geld- und Kreditwirtschaft alle Wirtschaftsvorgänge sehen. Als Theorie der Mittelbeschaffung betrachtet sie nur die Mittel in ihren Verrichtungen, ihrem Zusammenwirken und ihrer Ergiebigkeit. Wie sich ihr diese Mittel zu Produktionskomplexen (Wirtschaftsgebilden, Wirtschaftsganzheiten) und diese wieder zur Stufenfolge eines pyramidenartigen Aufbaus von der Einzel- bis zur Weltwirtschaft ordnen, sahen wir oben (S. 52, 72). Hier erfaßt das Produktivitätsgesetz als allgemeines Gesetz der Ertragsgestaltung die Größengestaltung des Ertrages in ihrer Abhängigkeit von dem Wirkungsverhältnis (der Kombination) der zusammenwirkenden (komplementären) Produktionsmittel.

Denken wir uns in einem solchen Produktionskomplex (gleichgültig welcher Stufe) den Aufwand nur eines (oder einer Gruppe) seiner Produktionsmittel (Unterkomplexe) als variabel (d. h. als veränderlich) gesteigert, den restlichen Aufwand dagegen als mengenmäßig gleichbleibend, als quantitativ konstant. Damit erfassen wir grundsätzlich die in der Empirik vorherrschenden Verhältnisse, denn daß alle Produktionsfaktoren gleichmäßig gesteigert werden könnten, kommt in der Wirklichkeit fast nicht vor. Fast stets ist mindestens ein Faktor unbeeinflußbar, der dann als konstanter Faktor den variablen Faktoren gegenübersteht. Dann bedeutet nach unserer oben (S. 59) gegebenen Begriffsbestimmung „Produktivität" des variablen Aufwands hier sein durch die Steigerungen jeweils erzieltes Verhältnis zum Rohertrag. Der Rohertrag ist ja, vom Unterkomplex „variabler Aufwand" her gesehen, der Ertrag des „übergeordneten Wirtschaftsgebildes". Vermehre ich z. B. in einem Gutsbetrieb den Aufwand an Dünger, in einer Textilfabrik die Zahl der Webstühle, oder in einer Volkswirtschaft deren Ausrüstung mit Kapitel, so muß ich also, um die Produktivität dieses gesteigerten Aufwandes zu beurteilen, dessen Wert mit dem Werte des Gesamtrohertrages vergleichen, der von dem Gutsbetrieb bzw. der Textilfabrik bzw. der Volkswirtschaft mit ihren Aufwandssteigerungen erzielt wird[1]: Erzielen die fortgesetzten gleich-

[1] Diese Relation ergibt sich unmittelbar aus jener unserer Bestimmung des Produktivitätsbegriffs, weil der Rohertrag, vom Unterkomplex „variabler Aufwand" aus gesehen, der Ertrag des „übergeordneten Produktionskomplexes" ist. — Übrigens wird der Ausdruck „variabler Aufwand" hier stets in einem weiteren Sinne gebraucht als von der Betriebswirtschaftslehre. Diese bezeichnet als variabel (veränderlich) meist nur diejenigen Kosten, die sich in Abhängigkeit vom Beschäftigungsgrad

mäßigen Vermehrungen jenes variablen Aufwandes jeweils zunehmende Vermehrungen dieses Gesamtrohertrages, also steigende Rohertragszuwächse, so spricht man von zunehmender, nimmt hingegen der dabei jeweils erzielte Rohertragszuwachs ab, so spricht man von abnehmender Produktivität der Aufwandssteigerung. Zu- oder abnehmende Produktivität des gesteigerten Aufwandes bedeutet also einen Rohertrag, der relativ, d. h. im Verhältnis zu dieser Aufwandssteigerung, zu- bzw. abnimmt: Bei zunehmender Produktivität steigt der Rohertrag schneller, bei abnehmender Produktivität steigt er langsamer als der variable Aufwand.

Die Elastizität (Umgruppierungs-, Umstellungs-, Umgliederungsfähigkeit) dieses Produktionskomplexes bedeutet dann, wie oben (S. 54) schon dargelegt, die Fähigkeit seiner komplementären Mittel, für ein Zuwenig, das durch die quantitativen Veränderungen des variablen Aufwandes irgendwo entsteht oder trotzdem noch offen bleibt, mit einem Teil ihrer Leistung selbsttätig einzutreten, sich insofern also qualitativ umzustellen, um ihr bestmögliches Wirkungsverhältnis tunlichst wiederherzustellen und so gleichsam selbst das Beste aus der neuen Kombination der Produktionsmittel zu machen. Die Beispiele, die wir zur Erklärung des Produktivitätsgesetzes zu geben haben werden, werden das sogleich noch klarer machen. Schon hier sei nur betont, daß diese qualitative Umstellung der elastischen Produktionsfaktoren nicht etwa — wie man eingewandt hat[2] — dem quantitativen Gleichbleiben des Aufwandes dieser Faktoren, das wir soeben unterstellten, widerspricht: Denn diese qualitative Umstellung jener Faktoren, wie sie auf der insoweit vorhandenen Substituierbarkeit aller Faktoren beruht, vollzieht sich ja selbsttätig, also automatisch ohne Zutun des Wirtschaftenden, der den Aufwand macht.

Als „Nutzschwelle" (Produktionsminimum) und „Nutzgrenze" (Produktionsmaximum) ferner bezeichnen wir den Punkt, von dem ab bzw. bis zu dem eine Steigerung des variablen Aufwandes überhaupt einen Rohertrag erzielt. So wird in dem von Kali ausgehungerten Boden eines Gutsbetriebes oder in einer ganz von Kapital entblößten Volkswirtschaft eine Kali- bzw. eine Kapitalvermehrung erst von einer gewissen Mindestgröße an den Rohertrag des Landgutes bzw. das Nationalprodukt der Volkswirtschaft erstmalig etwas steigern und so die „Nutzschwelle" der Aufwandsvermehrung überschreiten. Bei fortgesetzter Weitersteigerung dieser Aufwandsvermehrung ande-

---

des Betriebes ändern. Für uns ist hier „variabel", bzw. „veränderlich" jeder Aufwand, der in einem Wirtschaftsgebilde (Produktionskomplex) einseitig, d. h. unter Gleichbleiben des übrigen Aufwandes, verändert wird.

[2] So Hero Moeller in seiner Besprechung meiner „Allgemeinen Finanzwissenschaft", Finanzarchiv 1949.

rerseits wird schließlich ein Punkt der Sättigung erreicht werden, von dem ab kein weiterer Aufwand mehr eine Vermehrung des Rohertrages zu bewirken vermag: die „Nutzgrenze“. Sehen wir dann von etwaigen Wertänderungen der Kostengüter- und Produkteinheiten ab, die ihre Wurzeln außerhalb unseres Problems haben, so ergibt sich folgender

Wortlaut des Produktivitätsgesetzes: Bei genügender Elastizität des Wirtschaftsgebildes ist eine einseitige Steigerung des Aufwandes eines (oder einer Gruppe) seiner Produktionsmittel von dessen Nutzschwelle zu dessen Nutzgrenze anfangs von steigender, dann von kulminierender und schließlich von abnehmender Produktivität. Das Gesetz behauptet also ganz grundsätzlich für alle Wirtschaftsgebilde, die auf die gedachte Aufwandsteigerung mit einer genügenden inneren Anpassungsfähigkeit (durch Umgruppierung ihrer Produktionsmittel) antworten, eine anfangs aufsteigende, dann kulminierende und schließlich absteigende Kurve der Produktivität: Bei Annäherung des einseitig gesteigerten Aufwandes an das bestmögliche Wirkungsverhältnis der Produktionselemente steigt der Rohertrag schneller, bei dessen Überschreitung steigt er langsamer als der gesteigerte Aufwand, um schließlich (bei Überschreitung der Nutzgrenze) sogar absolut abzunehmen.

In dem nachstehenden Diagramm stellt O die Nutzschwelle und P_3 die Nutzgrenze dar. Q bezeichnet das Produktionsoptimum, nämlich den Schnittpunkt der Produktivitätskurve OKP_3 mit der Durchschnittsertragskurve. W bezeichnet den Wendepunkt und M den Kulminationspunkt der Rohertragskurve. Den Rohertragszuwachs, den eine als unendlich klein angenommene Steigerung des variablen Aufwandes hervorbringt, bezeichnet man als Grenzertrag. In K bzw. W ist der Grenzertrag maximal, in P_3 bzw. M ist er gleich Null, bei Weitersteigerung des variabeln Aufwandes über P_3 hinaus wird der Grenzertrag negativ. Die Produktivitätskurve OKP_3 heißt daher auch Grenzertragskurve (s. S. 85).

Jede der drei Ertragskurven hat ein Maximum. Das Maximum der Produktivitäts- bzw. Grenzertragskurve K wird zuerst erreicht, es entspricht dem Wendepunkt der Rohertragskurve W. Es folgt das Maximum der Durchschnittsertragskurve Q, die in diesem Punkt die Grenzertragskurve schneidet. Die Rohertragskurve erreicht ihr Maximum M zuletzt, und zwar senkrecht oberhalb des Punktes P_3, in dem die Grenzertragskurve die Abszisse OP_3 schneidet. Die Grenzertragskurve von O bis K kennzeichnet den Bereich der zunehmenden, von K bis P_3 den der abnehmenden Produktivität. Der Verlauf der Rohertragskurve läßt erkennen, daß bei gleichmäßiger Steigerung des variablen Aufwandes der Gesamtertrag zuerst schneller (progressiv, überproportional) und dann langsamer (degressiv, unterproportional) ansteigt als der variable Aufwand, um nach dem Erreichen des Maximums M absolut abzunehmen.

Das folgende Zahlenbeispiel, das der Grundrichtung der Kurven des nachstehenden Diagramms in etwa entspricht, mag hier zur Erläuterung dienen:

Variabler Aufwand	Gesamtertrag (Rohertrag)	Rohertragszuwachs (Grenzertrag)	Durchschnittsertrag des variablen Aufwands
0	0	0	0
1	12	12	12
2	34	22	17
3	64	30	21,3
4	100	36	25
5	140	40	28
6	182	42	30,3
7 (K bzw. W)	222	40	31,7
8 (Q bzw. P_2)	258	36	32,3
9	288	30	32
10	310	22	31
11 (M bzw. P_3)	322	12	29,3
12	310	—12	25,8

Werden in der Marktwirtschaft Aufwendungen wie Rohertrag als Preise in die Ertragsrechnung eingesetzt, von deren Veränderungen je Einheit der Kostengüter bzw. der Produkte man absieht, so kann man gleichbedeutend auch vom Gesetz der erst abnehmenden und dann zunehmenden variablen Kosten sprechen[3]. An die Stelle des Grenzertrages treten dann die Grenzkosten.

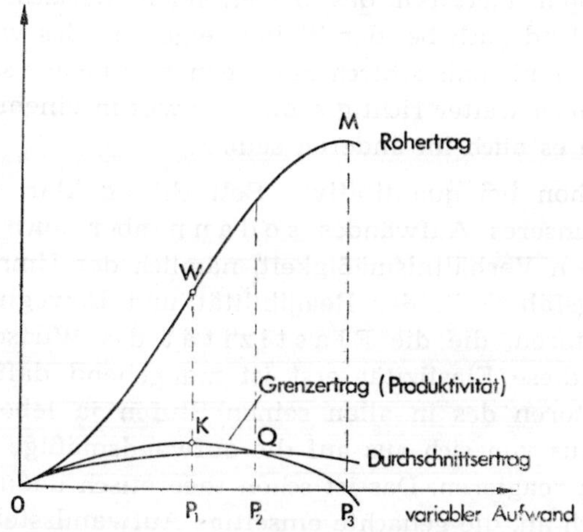

[3] Die Literatur spricht hier häufig schlechthin vom Kostengesetz, wobei aber die Problemstellung des Produktivitätsgesetzes und des Massenproduktions- bzw. Rentabilitätsgesetzes (s. § 10) oft nicht auseinandergehalten werden.

Hierbei nämlich gibt die sog. Kostenfunktion das Verhältnis zwischen der produzierten Menge und deren Produktionskosten an. Trägt man auf der Abszisse eines Koordinatensystems die erzeugten Mengen und auf dessen Ordinate die Erzeugungskosten ab, so ergeben die Schnittpunkte der darauf errichteten Senkrechten die Kostenkurve. Steigert man die erzeugten Mengen um einen (als unendlich klein anzunehmenden) Betrag, so nennt man den dadurch bewirkten Kostenzuwachs die Grenzkosten. Zunehmende Grenzerträge bedeuten abnehmende Grenzkosten, deren Kurven also den Grenzertragskurven spiegelbildlich entsprechen. Die Veränderung der Grenzkosten ergibt die Kurve der Stückkosten, die zunächst ab- und nach Erreichung des Kulminationspunktes K der Grenzertragskurve ansteigt.

Nach diesem Grundgesetz der Ertragstheorie hängt die Produktivität jedes Wirtschaftsaufwandes ab einmal von der quantitativen Verhältnismäßigkeit, der Proportionalität der Produktionsmittel, die diese Aufwandsveränderung im Wirtschaftsgebilde vorfindet. Hier handelt es sich also darum, ob bzw. inwieweit der durch den Aufwand steigende Faktor im Verhältnis zu den übrigen Produktionsfaktoren des Komplexes quantitativ im Unterschuß, im Bestverhältnis oder im Überschuß vorhanden ist. Niemals, um welche Wirtschaftsstufe es sich auch handeln mag, kann man daher die Ergiebigkeit eines Wirtschaftsaufwandes beurteilen ohne Rücksicht auf das Mengenverhältnis, in dem der durch den Aufwand zu ändernde Faktor mit allen übrigen Faktoren des betreffenden Wirtschaftskomplexes kombiniert ist. Und auch bei der Weitersteigerung des variablen Aufwandes kann man niemals schlechthin sagen, was bisher sich als richtig erwies, werde auch weiter richtig sein, oder was in einem Lande nützlich war, müsse es auch im anderen sein.

Wird dies schon bei quantitativer Betrachtung klar, so hängt die Produktivität unseres Aufwandes sodann aber auch ab von der qualitativen Verhältnismäßigkeit, nämlich der Umgruppierungs- und Anpassungsfähigkeit, der Reagibilität und Beweglichkeit dieser Produktionsfaktoren, die die Elastizität des Wirtschaftsgebildes bedingt. Denn diese Elastizität erst ist maßgebend dafür, wie diese Produktionsfaktoren des in allen seinen Stufen ja lebendigen Wirtschaftsorganismus von sich aus auf die aufwandsmäßige Veränderung eines von ihnen reagieren. Das ist schon theoretisch deduzierbar. Nehmen wir nämlich an, die gedachte einseitige Aufwandssteigerung ginge vom quantitativen Bestverhältnis der Produktionsfaktoren aus, so müßte sie, da sie doch das Bestverhältnis verändert, eine sofortige absolute Abnahme des Rohertrages bewirken, wenn wir eine unelastische, also eine starr-mechanische Wesenheit dieser Faktoren annehmen wollten. Ähnlich würde z. B. ein Uhrwerksmechanismus sein Funktionieren (also gleichsam seine Ertragsleistung) sofort einstellen, wenn man eines seiner Zahnrädchen über das „Bestverhältnis" hinaus vergrößern würde. In Wahrheit aber verhält es sich in der Wirtschaft, die ja, wie gesagt, von lebendigen Menschen gemacht wird, meist ganz anders: Hier zeigen unzählige Beispiele aus allen Wirtschaftsgebieten, daß der Rohertrag (nach anfänglich überproportionaler Zunahme) bei Weitersteigerung des Aufwandes über das Reinertragsoptimum hinaus, anstatt sofort abzunehmen, anfangs noch absolut zunimmt (wenn auch nicht mehr so schnell wie der Aufwand). Das ist nur dadurch zu erklären, daß unter dem Einfluß der quantitativen Aufwandsveränderung eine entsprechende qualitative Veränderung (Umstellung, Umgruppierung) aller Produktionsfaktoren stattfindet: Die Überschußfaktoren treten selbsttätig mit einem Teil ihrer Leistung für die Unterschußfaktoren ein, um das erreichbar Beste aus der neuen Lage zu machen, indem sie das bei dieser Lage bestmögliche Wirkungsverhältnis aller Produktionsmittel laufend wiederherstellen.

Erhoben wir diese Umstellungs-, Anpassungs-, Umgruppierungsfähigkeit oder Elastizität des Produktionskomplexes zur Voraussetzung der Aussage, die sich auf die Beobachtung der erwähnten unzähligen Beispiele gründen ließ, so wurde aus der empirischen Beobachtung ein exaktes, d. h. ein streng allgemeingültiges Gesetz. Der Elastizitätsbegriff, den wir bei der Entwicklung des Produktivitätsgesetzes daher in die Problemstellung äußerlich ähnlicher, aber noch ganz mechanisch-quantitativer Feststellungen einfügten[4], trägt also der Tatsache Rechnung, daß die Wirtschaftsgebilde über ein Eigenleben mit selbständiger Anpassungsfähigkeit verfügen. Er hebt damit unser Gesetz über den Bereich kausal-mechanischer hinaus in das Reich teleologisch-organizistischer Betrachtung: Wie die Heilwirkung oder Giftigkeit eines und desselben Medikaments von seiner Dosierung und von der Selbstheilkraft des biologischen Organismus abhängt, so stellt unser Produktivitätsgesetz ganz entsprechende quantitative und qualitative Bedingtheiten für den Erfolg von Aufwendungen auch bei den wirtschaftlichen „Organismen" fest.

Als teleologisch-organisches Grundgesetz der Ertragstheorie liefert das Produktivitätsgesetz, wie dieses Buch zu zeigen haben wird, den Angelpunkt für die gesamte Wirtschaftstheorie. Es gilt, wie schon angedeutet, als allgemeines Ertragsgesetz für die Wirtschaftsgebilde (Wirtschaftskomplexe) aller Stufen, der Einzel-, der Volks- wie gegebenenfalls auch der Weltwirtschaft. Einige

---

[4] In: Theorie des Ertrages, Jena 1927, S. 223.

Anwendungsfälle des Gesetzes, die wir für unseren theoretischen Zweck künstlich vereinfachen, mögen das näher dartun. Betrachten wir zunächst:

1. auf der Stufe der Einzelwirtschaft (a) den Betrieb einer Fabrik und (b) den Haushalt eines Arbeiters:

a) Es sei z. B. in einer Textilfabrik im Sinne unserer theoretischen Problemstellung der Aufwand an Webstühlen als variabel, der übrige Aufwand (z. B. an Arbeitskräften) als konstant gedacht. Steigert dann diese Textilfabrik einseitig die Anzahl ihrer Webstühle von der Nutzschwelle zur Nutzgrenze, so wird sie dadurch dann (und nur dann) einen erst zunehmenden und schließlich abnehmenden Mehrertrag erzielen, wenn sich ihre (an Zahl und Leistungsanstrengung gleichbleibenden) Arbeitskräfte stets entsprechend umgruppieren, um die Maschinen alle bestmöglich zu besetzen. Gegebenenfalls müssen dabei also z. B. auch Bürokräfte an die Maschinen, was im Sinne unserer Problemstellung eine besonders augenfällige qualitative Umstellung der Produktionsfaktoren als Ausdruck der Elastizität (der Umgruppierungsfähigkeit) des Wirtschaftskomplexes „Textilfabrik" bedeutet. Fehlt dagegen diese Elastizität, würde also die alte Arbeitergruppierung trotz steigender Maschinenzahl starr aufrechterhalten, so würde der Ertrag der Fabrik sofort absolut sinken, die erst auf- und dann absteigende Kurve des Produktivitätsgesetzes würde also gar nicht erst in Kraft treten[5].

b) Im Haushalt eines Arbeiters ferner erzielt z. B. eine Lohnsteigerung nur insoweit ein Mehr an Leistungsfähigkeit des Arbeiters, als die übrigen Mittel dieser „biologisch-organischen Produktion" (z. B. Körperkonstitution, Verbrauchsgewohnheiten und Bildung des Arbeiters) die entsprechende quantitative Verhältnismäßigkeit und (qualitative) Umstellungsfähigkeit aufweisen. Die Umstellungsfähigkeit des Arbeiterhaushalts insbesondere muß es ermöglichen, daß das gestiegene Arbeitseinkommen zweckmäßig so auf alle Sparten des Konsums verteilt wird, daß die Leistungsfähigkeit des Arbeiters dadurch eine Förderung erfährt. Fehlt diese genügende Elastizität, wie sie vor allem durch den Bildungsstand des Arbeiters ermöglicht wird, so wird die Lohnsteigerung sofort zur absoluten Leistungsabnahme führen. So wäre heute z. B. der Kuli meist nicht fähig, seine Verbrauchseinteilung einer Steigerung seines Arbeitslohns auf denjenigen etwa des englischen Arbeiters durch entsprechende Umstellung anzupassen: Statt seine Ernährung, Wohnung usw. entsprechend zu verbessern, würde er das Mehreinkommen nur in Opium umsetzen und damit als Arbeitskraft sehr bald ausfallen.

2. Zwei weitere Beispiele aus der Volkswirtschaft mögen unser Gesetz noch weiter erläutern. Hier sieht sich praktisch vor allem

---

[5] Vgl. auch die Diskussion über dieses Webstuhlbeispiel bei Ulrich Kühn, Betrachtungen zur Theorie des Kostenverlaufs und des Ertragsgesetzes, in: Betriebswirtschaftliche Forschung und Praxis, 1956, S. 403; Herbert Jacob, Zur neueren Diskussion um das Ertragsgesetz, Ztschr. für handelswiss. Forschung, 1957, S. 610; W. Weddigen, Die Ertragstheorie in der Betriebswirtschaftslehre. Zeitschr. für Betriebswirtschaft, 30. Jg. 1960, S. 8.

der Volkswirtschaftspolitiker häufig vor die Frage gestellt, wie eine einseitige Einwirkung auf einen bestimmten Teil des volkswirtschaftlichen Aufwandes die wirtschaftliche Ergiebigkeit des volkswirtschaftlichen Ganzen beeinflussen werde. Aber auch Ereignisse, die vom Willen des Volkswirtschaftspolitikers unabhängig sind, können bestimmte Produktivkräfte der Volkswirtschaft in der gedachten Weise einseitig verändern. Wichtig ist dabei, wie wir in der Verteilungstheorie noch genauer sehen werden, besonders das Verhältnis der Gesamtheit der Arbeitskräfte zur Gesamtheit des Kapitalaufwandes, das Verhältnis also des Arbeitsfaktors zum Kapitalfaktor, oder genauer: die Kombinierung (Ausrüstung) der Arbeitskräfte mit Sachkapital, wie es z. B. in Form von Werkzeugen, Maschinen oder Gebäuden in Erscheinung tritt.

a) Denken wir uns hier den Arbeitsfaktor der Volkswirtschaft als aufwandsmäßig konstant, den Kapitalfaktor dagegen als variabel gesteigert, so gilt: Auch bei einem Zuviel des Arbeitsfaktors und einem Zuwenig des Kapitalfaktors, wenn also quantitativ alles in Ordnung ist, wird eine Steigerung des Kapitalfaktors durch Investierungen und Rationalisierung doch nur dann ein Mehr an Nationalprodukt erzielen, wenn die erforderliche Elastizität der Wirtschaft gegeben ist, d. h. wenn sich die Arbeitskräfte rechtzeitig auf diese Änderung des Kapitalaufwands qualitativ umstellen können. Alle Vermehrungen der Ausrüstung einer Wirtschaft mit Kapital nützen ja nichts, wenn der Arbeitsfaktor den veränderten Aufgaben nicht gerecht zu werden vermag, die die neue Ausrüstung (mit Maschinen, Transportmitteln usw.) an ihn stellt. Viele Ausfallerscheinungen der forcierten Industrialisierung unter dem ersten russischen Fünfjahresplan z. B. hatten ihren Grund darin, daß der russische Arbeiter mit den eingeführten Maschinen zunächst nicht fertig werden konnte.

b) Denken wir uns umgekehrt den Arbeitsaufwand der Volkswirtschaft als variabel und ihren Kapitalaufwand als konstant. Auch wenn die Leistungsfähigkeit einer zu gering entlohnten Arbeiterschaft weit im Zuwenig steht, kann in diesem Falle eine Erhöhung des volkswirtschaftlichen Arbeitsaufwandes, eine Lohnsteigerung etwa, die diese Leistungsfähigkeit erhöht, nur dann das Nationalprodukt (und damit dauernd auch den Reallohn) steigern, wenn der Kapitalfaktor sich (durch Rationalisierung usw.) auf jene Lohnsteigerung umstellen kann. Fehlt es an dieser Wirtschaftselastizität, bleibt also die qualitative Umstellung des Kapitals (etwa wegen „Unternehmermüdigkeit" oder dgl.) aus, so hilft die Lohnsteigerung auch der Arbeiterschaft nichts, weil mit dem Nationalprodukt auch deren „Dividende" sinken muß. So würde in diesem Fall die gedachte Erhöhung des Nominallohns sehr bald auf dem Wege über eine allgemeine Preissteigerung eine Senkung der Kaufkraft der Arbeiter und damit eine Verminderung ihres Reallohns (S. 292) zur Folge haben.

3. Um schließlich noch ein Beispiel im Querschnitt durch alle Wirtschaftsstufen zu geben: Für die Produktionsgebilde aller Stufen gilt das Produktivitätsgesetz auch dann, wenn man die

Größe des Gebildes als variablen Aufwand gesteigert denkt: Was die Einzelwirtschaften anlangt, so wird hier das Problem der optimalen Betriebsgröße durch das Gesetz allgemeingültig gelöst: Jeder Betrieb hat eine optimale Größe, bei der er, volle Absatzmöglichkeit seiner Produkte vorausgesetzt, ein Höchstmaß von Produktivität zu entfalten vermag. Wie wohl zuerst Turgot, später vor allem Marshall und Vogelstein, betonten, steigt der Ertrag bei Annäherung der Betriebsgröße an dies quantitative Bestverhältnis und sinkt er bei Überschreitung dieses Größenoptimums. Wo diese Größe, wo also das Betriebsgrößenoptimum im Einzelfall liegt, ist eine Frage der Arbeitsteilung und Technik, Verwaltung und Organisation des Betriebes sowie seiner Absatz-, Finanzierungs- und Umstellungsmöglichkeiten. Der Schwerpunkt des Vorkommens der Großbetriebe liegt in der sekundären, derjenige der Kleinbetriebe in der tertiären Produktion (S. 71). Jede Übersteigerung des (im Einzelfall also verschiedenen) Betriebsoptimums aber führt zu Mindererträgen, mag es sich dabei um eine Anhäufung von Boden (z. B. Areal eines Landgutes) oder von Kapital (z. B. im industriellen Großbetrieb) handeln. Oft vermag eine Dezentralisierung, mag sie nur durch räumliche Trennung die Einheit des Betriebs oder mag sie auch wirtschaftlich die Einheit der Unternehmung aufteilen, die Produktivität sehr wirksam zu steigern. Aber auch für die Volkswirtschaften ergibt sich eine wirtschaftlich optimale Größe. Unterhalb derselben können sie die Vorteile z. B. der Massenproduktion nur bei entsprechenden Ausfuhrmöglichkeiten ausnützen, und oberhalb derselben beginnt die Ausdehnung, Weitläufigkeit und geographische Unterschiedlichkeit des Ganzen die Ergiebigkeit zu beeinträchtigen. Die neuzeitliche Entwicklung des Verkehrs- und Nachrichtenwesens freilich hat diese Obergrenze heute sehr weit hinausgeschoben. Auch für weltwirtschaftliche Gebilde endlich wie früher z. B. das Britische Imperium ist das Größenproblem in dem hier gedachten Sinne von wesentlicher Bedeutung.

4. Nur andeuten können wir hier die Fragen, die sich ergeben, wenn im Rahmen der statischen Problemstellung unseres Produktivitätsgesetzes die komplementären geistigen Produktionsmittel, d. h. die in einem Produktionsprozeß mitwirkenden Produktionskenntnisse, einseitig verändert werden. Es kann sich dabei um die Erkenntnis der physisch-technischen Zusammenhänge wie auch der organisatorisch-technischen Anordnung der übrigen Produktionselemente, aber auch um reine Unternehmerfähigkeiten der Wirtschaftsführung (s. S. 149, 340) handeln. Diese Verbesserungen der angewandten Produktionstechnik oder Wirtschaftsführung müssen im Rahmen unserer Problemstellung als Steigerung der komplementären

geistigen Arbeitsfähigkeiten quantifiziert (also mengenmäßig) vorgestellt werden. Man kann sich dies etwa am Beispiel steigender Aufwendungen verdeutlichen, die eine Aktiengesellschaft macht, um bessere leitende Köpfe für ihr Unternehmen zu gewinnen. Auch als Verlängerung der produktiven Produktionsumwege (im Sinne Böhm-Bawerks, vgl. unten S. 312) bzw. der Produktionsdauer (v. Stakkelberg) hat man den technischen Fortschritt zu quantifizieren versucht, der eine zunehmende Kapitalverwendung bedingt. Die so erreichten Verbesserungen der Produktionstechnik, der Organisation und Wirtschaftsführung steigern die erzielten Roherträge oft sprunghaft, wobei sie die Anordnung (Kombination) der übrigen Produktionselemente ständig verändern. Auch hier aber ist ein Kulminationspunkt der Produktivitätssteigerung stets denkbar, jenseits dessen die erzielbaren Mehrerträge abnehmen, und schließlich wird ein Punkt der Sättigung des Produktionsprozesses mit technischem und organisatorischem Wissen bzw. mit Wirtschaftsführungsfähigkeiten erreicht sein. Das Beispiel optimal durchkonstruierter Maschinen (wie heute wohl des Fahrrades) als Parallelerscheinung aus der Mechanik kann das verdeutlichen. Die Umgruppierungsfähigkeit der übrigen Produktionselemente, d. h. hier ihre Manipulierbarkeit, ist für die Gestalt der Produktivitätskurve dabei besonders deutlich maßgebend: In der Landwirtschaft z. B. mit ihren weitgehend naturgegebenen organischen und insoweit festliegenden Produktionsbedingungen werden die hier sich bietenden Möglichkeiten einer Produktivitätssteigerung stets weit geringer sein als etwa in der Industrie, die viel weitgehender mit künstlich zu schaffenden mechanischen und insoweit manipulierbaren Werkzeugen arbeitet. Jedenfalls gilt das Produktivitätsgesetz auch hier, und die Weiterverfolgung dieses Gedankenganges wird uns (im § 14) zum ertragstheoretischen Grundgesetz der Konjunkturtheorie führen.

Sinn und Bedeutung des Produktivitätsgesetzes dürften an diesen Beispielen klar geworden sein. Das Ertragsproblem wird hier zu einem Problem der Verhältnismäßigkeit in der Kombination der Produktionsfaktoren, die in ihrem Zusammenwirken den Ertrag gestalten. Jede mengenmäßige (quantitative) Veränderung eines Produktionsfaktors in diesem Wirkungsverhältnis der produktiven Kräfte ruft im Ausmaß der vorhandenen Elastizität des Wirtschaftsgebildes eine artmäßige (qualitative) Umstellung aller Produktionsfaktoren in der Richtung auf das Optimum (d. h. mit dem Ziel der Wiederherstellung des bei der neuen Lage bestmöglichen Wirkungsverhältnisses, des erreichbaren Gleichgewichts der Produktivkräfte) hervor (Optimumgesetz). Die erst auf- und dann absteigende Ertragskurve des Produktivitätsgesetzes ist nur mit diesem

Aufeinanderangelegtsein aller Produktionsfaktoren zu erklären. So ist das allseitige quantitative und qualitative Aufeinanderabgestimmtsein, die gegenseitige Entsprechung der Produktionsfaktoren maßgebend für ihre Ergiebigkeit. Die Ertragsgestaltung ist daher immer in erster Linie eine Frage des funktionalen Gleichgewichts der produktiven Kräfte, mag es sich um die Kombination von Boden, Kapital und Arbeit in der Einzel- und Betriebswirtschaft oder um jene „nationalwirtschaftliche Harmonie" der Produktionskräfte handeln, die schon Friedr. List für die Volkswirtschaft forderte. Ja, selbst für die wirtschaftliche Ergiebigkeit von Kontinental- und Großraumwirtschaften in ihrer Abhängigkeit von dem arbeitsteiligen Aufeinanderabgestimmtsein der in ihnen zusammenarbeitenden Volkswirtschaften würde unser Gesetz Geltung haben, und mit der Ergiebigkeit der Weltwirtschaft, wie sie durch das arbeitsteilige Ineinandergreifen ihrer volks- und großraumwirtschaftlichen Gliedgebilde zustande kommt, ist es nicht anders. Stets handelt es sich dabei um das Zusammenwirken gleichstufiger produktiver Kräfte, um ein Gleichgewicht im Nebeneinander der Produktionselemente also. Denken wir dabei an unsere obige Pyramide (S. 73), in der die komplementären (d. h. die an der Erzielung je eines Ertrages zusammenwirkenden) Produktivkräfte (Produktionsgebilde) überall nebeneinander die Basis jedes Dreiecks bilden, so können wir daher unser Produktivitätsproblem — im Hinblick auf eine später (S. 92, 143, 200) sich ergebende Gegenüberstellung — als Problem des horizontalen Gleichgewichts bezeichnen.

Wir werden unsere weiteren wirtschaftstheoretischen Untersuchungen immer wieder an diesem Grundgedanken der Ertragstheorie zu orientieren haben. Eine wichtige Schlußfolgerung für das Problem der Produktivität sei aber schon hier aus unserem Gesetz gezogen: Immer wieder nämlich hat die Wirtschaftstheorie versucht, nur einem der drei Produktionsfaktoren Boden, Kapital und Arbeit die alleinige Produktivität und Wertbestimmung zuzusprechen. Besonders der Arbeitsfaktor, früher auch einmal der Boden, wurde, wie wir noch näher sehen werden, dieser Ehre gewürdigt. Bei der Arbeitswertlehre Ricardos (s. S. 196) lag nur ein scheinbar geringfügiger theoretischer Denkfehler vor, von dem niemand ahnte, daß er später ungezählten Millionen von Menschen das Leben kosten würde. Meist aber hatten diese Theorien auch den praktischen Pferdefuß, daß sie die betreffenden Stände (also die Arbeiterschaft bzw. die Landwirtschaft) einer ausschließlichen oder doch besonderen Berücksichtigung durch die Wirtschaftspolitik empfehlen wollten. Demgegenüber stellt unser Produktivitätsgesetz von vornherein die grundsätzliche Gleichwertigkeit der Produktionsfaktoren hinsichtlich ihrer

Produktivität fest. Die Produktivität eines Produktionsfaktors hängt danach ausschließlich von der (quantitativen und qualitativen) Verhältnismäßigkeit aller Produktionsfaktoren zueinander ab. Jeder einzelne Faktor kann in dieser Kombination die Rolle des Unterschußelements (des „Engpasses“ oder „Flaschenhalses“), die Rolle also des „Minimumfaktors“ annehmen, dessen Steigerung dann die größte Produktivität verbürgt. Und jeder einzelne Faktor auch hängt damit von der Leistungsfähigkeit aller anderen Faktoren ab, deren jeder ja, wenn übermäßig geschwächt, als „Minimumfaktor“ den gemeinsamen Ertrag, die Produktivität des Ganzen, begrenzen würde. So zeigt das Produktivitätsgesetz hier das Aufeinanderangewiesensein und die gegenseitige Verbundenheit (Solidarität) aller Glieder des Wirtschaftsorganismus. Das zentrale Gesetz der Ertragstheorie mündet somit in das bekannte Grundgesetz allen organischen Lebens überhaupt.

Dies Gesetz der wirtschaftlichen Solidarität als Folgerung aus dem Produktivitätsgesetz gilt nicht nur für die Produktionsfaktoren Boden, Kapital und Arbeit, die als einander ergänzende Produktionselemente in einem Wirtschaftsgebilde vereinigt sind. Es gilt vielmehr auch für alle Wirtschaftsgebilde, die selbst wieder als Glieder eines arbeitsteilig differenzierten Wirtschaftsorganismus gleichsam höherer Stufe zum gemeinsamen Nutzen zusammenarbeiten. So hat auch jeder Wirtschaftszweig, jeder Berufsstand oder jede Regionalwirtschaft einer Volkswirtschaft auf dem Wege über die Produktivität des Ganzen, die ja jedem von ihnen zugute kommt, ein Eigeninteresse am wirtschaftlichen Gedeihen aller anderen Wirtschaftszweige, Berufsstände oder Regionalwirtschaften dieser Volkswirtschaft. Und jede Volkswirtschaft hat ganz ebenso als Glied der weltwirtschaftlichen Verflochtenheit ein Interesse am Wohlstand auch aller anderen Volkswirtschaften, die hier im Handelsaustausch einer arbeitsteiligen internationalen Zusammenarbeit den Wohlstand aller Völker der Erde gemeinsam mehren. Jede Beraubung, jede Ausbeutung oder wirtschaftliche Bedrückung eines dieser Gliedgebilde durch das andere schlägt insofern nicht nur auf die sittliche Gesundheit des Räubers oder Ausbeuters, sondern sehr bald auch auf das wirtschaftliche Wohl jener Bedrücker zurück. Für die Glieder der Volkswirtschaft untereinander ist das heute ohne weiteres klar. Hinsichtlich der Weltwirtschaft bestehen zwar, wie wir (S. 147) noch sehen werden, für die Teilnahme der Volkswirtschaften an der weltwirtschaftlichen Arbeitsteilung heute noch bestimmte Hemmungen und Grenzen. Aber so isoliert ist auch heute schon keine Kulturnation mehr, als daß ihr eine Verletzung dieser wirtschaftlichen Solidarität aller Kulturvölker der Erde nicht auf die Dauer auch selbst schwere wirtschaftliche Nachteile brächte.

Zur Geschichte des Gesetzes: Die erst auf- und dann absteigende Ertragskurve wurde zuerst im 18. Jhdt. von Turgot (Observations sur le memoire de M. de Saint Pevary) in der Landwirtschaft beobachtet[6]. Von hier aus gelangte auch Ghino Valenti zur Aufstellung eines „Gesetzes der bestimmten Proportionen" („legge delle proporzioni definite"), wonach zur Erreichung eines gegebenen Produktionsergebnisses die Produktionsfaktoren stets in einem ganz bestimmten Verhältnis zueinander stehen müßten (Principi di scienca economica, Firenze, 1906). In der angelsächsischen Literatur betonte z. B. Carver (The Distribution of Wealth, New York 1904, und Principles of National Economy, Boston 1921) ein „Gesetz der variablen Proportionen" und auch Turner (Introduktion into Economics, London 1919, S. 354) ein Gesetz „der Verhältnismäßigkeit", ähnlich schon Davenport (Proportions of Faktors, Advantage and Size, Quart. Journal of Econom. Bd. 22, 1907/08 und Bd. 23, 1909). M. A. Kirkaldy (Wealth, its Productions and Distribution, London 1920) entwickelte im „Gesetz der Vertretbarkeit" eine „reine Produktivitätstheorie der Verteilung" (Suranyi-Unger). Von Bedeutung ist auch Edgeworth, The laws of increasing and diminishing returns, Economic Journal, 1913, sowie Bulloc, The variation of Productive forces, Quart. Journal Bd. 16, 1902. Ferner Pigou, Increasing Returns and Economic Progress, ebendort, 1928, sowie ders., The Laws of Diminishing and Increasing Cost, Econ. Journal 1927. Bulloc (a.a.O., S. 487), Carver (The Distributions of Wealth, S. 91) und Davenport (a.a.O., Bd. 23, S. 611 ff.) versuchen eine Abtrennung des (oben unter 3 umrissenen) Betriebsgrößenproblems. In Belgien behauptete der Chemiker Errara (L'optimum, Revue de l'Université belge, 1895/96) ein Gesetz des erst proportionalen und dann abnehmenden Ertrages für alle Lebenserscheinungen. In Frankreich erkannte z. B. Landry (Manuel d'economique, 1908, S. 202) die erst auf- und dann absteigende Ertragskurve. Auch Pareto (Cours d'Economie politique, Paris 1897) tritt für ein allgemeines Ertragsgesetz ein. Vgl. ferner in der französischen Literatur die ertragstheoretischen Erörterungen bei Camille Perreau, Lecons d'Economie Politique, Financiere et Sociale, Paris 1924, Charles Bodin, Principes de Science économique, Paris 1926, S. 548 ff. (gegen allgemeines Ertragsgesetz), Henry Truchy, Précis élementaire d'économie politique, Paris 1926 (für allgemeines Gesetz des abnehmenden Ertrages), Maurice Bye, Les lois des Rendements non proportionels etc., Paris 1928.

In Deutschland vgl. vor allem Vogelstein (Das Ertragsgesetz der Industrie, Archiv f. Sozialw. und Sozialpol., Bd. 34), ferner meinen Lehrer O. v. Zwiedineck-Südenhorst (Allgemeine Volkswirtschaftslehre, 1932, S. 128), der auch die Einfügung der Elastizitätsvoraussetzung in das Gesetz (s. meine Theorie des Ertrages, 1927, S. 223, 200) aufnahm. Diese Einfügung jener Voraussetzung machte aus dem bisher mechanisch-quantitativen „Proportionalitätsgesetz" der deutschen Literatur das organische „Produktivitätsgesetz", aus dem angeblich technischen Naturgesetz das exakte (d. h. ausnahmslos zutreffende, wenn auch funktionale) Wirtschaftsgesetz. Später übernahm E. H. Vogel die Komplementaritätserscheinung und ihre Bedeutung für eine organische Leistungstheorie der

---

[6] Vgl. Anne Robert Jaques Turgot, Leben und Bedeutung des Finanzministers Ludwigs XVI. unter Abdruck seiner noch heute wichtigen Schriften. Biographie, Würdigung und Textwahl v. W. Weddigen, Bamberg, 1950, S. 27 ff. und 121 ff.

Wirtschaft, Schmollers Jhrb., 1943, 67. Jahrg., S. 53) den Elastizitätsbegriff in seine „Leistungstheorie", die sich im Ergebnis wesentlich mit der von mir entwickelten Ertragstheorie deckt. Auch bei Ad. Weber findet sich der ertragstheoretische Elastizitätsbegriff in der letzten Auflage seiner Allgemeinen Volkswirtschaftslehre 1956, S. 162, 207, 504 und 533 (das Sachregister allerdings verzeichnet auch in dieser Auflage jenes Werkes wieder nur den üblichen preistheoretischen Elastizitätsbegriff der Verteilungstheorie). J. Wolf (Nationalökonomie als exakte Wissenschaft, 1908) und v. Stakkelberg (Grundzüge der theor. Volkswirtschaftslehre, 1943) behandelten das (oben unter 4 angedeutete) Problem der durch Veränderungen der Produktionstechnik bedingten Ertragsgestaltung. E. Böhler, Nationalökonomie 1957[3], behandelt ausführlich das Ertragsgesetz unter dem Namen „Gesetz des abnehmenden Ertrages" im Kapitel „Gesetzmäßigkeiten der Preisbildung" (S. 197) bei der Darlegung des Kostenverlaufs, anscheinend aber ohne von der ertragstheoretischen Elastizitätsvoraussetzung Kenntnis erlangt zu haben. — Vgl. auch Eick, Das Ertragsgesetz, Schmollers Jhrb. (69 I) 1949, — G. Dlugos, Kritische Analyse der ertragsgesetzlichen Kostenaussage, Berlin 1961 — E. A. Mitscherlich, Die Ertragsgesetze, Deutsche Akademie der Wissenschaften zu Berlin, Heft 31, Berlin 1948.

Die „moderne" Wirtschaftstheorie leitet, wie angedeutet, in der sog. Kostentheorie vor allem die Gesetze der Kostengestaltung im Betriebe aus dem allgemeinen Ertragsgesetz ab, wobei in der Betriebswirtschaftslehre erstmalig Ulrich Kühn in seiner Abhandlung „Betrachtungen zur Theorie des Kostenverlaufs und des Ertragsgesetzes" (in Betriebswirtschaftliche Forschung und Praxis, 1956 S. 389 ff.) auf die Elastizitätsvoraussetzung meines „Produktivitätsgesetzes" hinwies. Als ältere Vertreter dieser Kostentheorie seien genannt Cournot, Untersuchungen über die mathematischen Grundlagen der Theorie des Reichtums, Jena 1924, sowie Pareto, Barone, Pigou und Piero Scraffa, ferner v. Stackelberg, Grundlagen einer reinen Kostentheorie, Wien 1932, und Erich Schneider, Theorie der Produktion, Wien 1934. Auch Erich Gutenberg stellte (in seinen Grundlagen der Betriebswirtschaftslehre 1955[2] S. 215, Anm. 1 und 2) fest, das Allgemeine Ertragsgesetz müsse, wenn es überhaupt gelten solle, voraussetzen, „daß der jeweilige konstante Faktor sein Verhalten ändert, wenn die Einsatzmengen eines andern Faktors variiert werden", insofern setze das Ertragsgesetz „Substitutionalität der Faktoren" voraus (vgl. dazu meine Abhandlung „Die Ertragstheorie in der Betriebswirtschaftslehre" in Ztschr. f. Betriebswirtschaft 30. Jhrg. 1960 S. 1—14, insbesondere S. 3 und 4). Hier liegt die Nahtstelle, in der sich die Theoretiker der Volkswirtschaft und der Betriebswirtschaft noch mehr als bisher zu gemeinsamer Arbeit auf dem Gebiet der in ihrem ertragstheoretischen Kern „reinen" Wirtschaftstheorie vereinigen sollten (vgl. oben S. 28).

Grenzen des Erkenntniswertes des allgemeingültigen und systematisch grundlegenden, aber auch äußerst abstrakten Produktivitätsgesetzes sind freilich nicht zu leugnen: Das Produktivitätsgesetz ist ein Gesetz „mit nicht eindeutig bestimmender Behauptung"; denn exakte Gesetze mit „eindeutig bestimmender Behauptung" (z. B. das Fallgesetz) behalten nur in den mechanischen Wissenschaften eine genügende Wirklichkeitsnähe (vgl. meine „Theorie des Ertrages" S, 30, 44). Diese Grenzen liegen vor allem in der Unbestimmtheit des Anfangs-, Höhe-

und Endpunktes der Produktivitätskurve: Es fehlt eine Antwort auf die Frage, bei einer wie großen Aufwandsteigerung die Nutzschwelle, der Kulminationspunkt der Produktivität und die Nutzgrenze im Einzelfall jeweils tatsächlich liegt. Die Feststellung dieser Punkte erfordert im Einzelfall technische Untersuchungen. Die Dosen der Steigerung des variablen Aufwandes können daher in der wirklichen Wirtschaft auch so groß gewählt werden, daß der aufsteigende Ast der Ertragskurve praktisch nicht erst in die Erscheinung tritt. Der Erkenntniswert unseres Gesetzes wird ferner begrenzt durch die Unbestimmtheit des Begriffes der „genügenden" Elastizität, jener Voraussetzung, die die Ertragskurve des Gesetzes überhaupt erst erklärbar macht: Ob und wann ein Wirtschaftsgebilde über die genügende Anpassungsfähigkeit (Umgruppierungsfähigkeit) seiner Mittel verfügt, die jene Kurve ermöglicht, ist eine Tatsachenfrage und läßt sich allgemeingültig nicht feststellen. Gerade von diesen beiden Momenten aber, von der in der Praxis vorherrschende Dosierung des gesteigerten Aufwandes und von der Anpassungsfähigkeit der Wirtschaftsgebilde bei der Aufnahme dieses Aufwandes, hängt es vor allem ab, ob der auf- oder der absteigende Teil der Produktivitätskurve die wirklichen Ertragsverhältnisse der Praxis bescherrscht[7].

Daher ist eine Ergänzung des Produktivitätsgesetzes durch mehr wirtschaftsbeschreibende Feststellungen erforderlich. Ohne Anspruch auf strenge Allgemeingültigkeit zu erheben, erfassen diese doch die auf den einzelnen Produktionsgebieten empirisch vorherrschenden, in diesem Sinne regelmäßigen Ertragsverhältnisse, sollen uns also Auskunft darüber geben, ob die Produktion in den einzelnen Zweigen der wirklichen Wirtschaft vorwiegend im Zeichen zunehmender oder abnehmender Produktivität steht[8].

---

[7] K. Diehl fragte in seiner Theoretischen Nationalökonomie (IV. Bd. S. 33), was denn meine reine Ertragstheorie nützen solle, da sie bei solcher Ergänzungsbedürftigkeit doch nicht praktisch anwendbar sei. Darauf sei die Antwort wiederholt, die bereits der „Grundriß der Wirtschaftstheorie" (1933, S. 38) gab: Die reine Ertragstheorie liefert den systemtragenden Kern, das Rückgrat der systematisierend-theoretischen Wirtschaftswissenschaft (vgl. unten S. 25, 30). Sie erst vermittelt mit ihrem Hinweis auf das quantitative und qualitative Gleichgewicht der Produktionsfaktoren das letzte Verständnis alles Wirtschaftsgeschehens. Zugleich bildet sie gleichsam den Rücken, der die Blätter des wirtschaftstheoretischen Buches übersichtlich geordnet zusammenhält. Wenn diese nicht mehr, wie heute noch so vielfach, durcheinander flattern, wird das auch ihrer praktischen Anwendung — einer Aufgabe der praktischen Wirtschaftswissenschaft übrigens — sehr dienlich sein. Diese Anwort gilt auch für den Einwand der Inhaltsleere, den der Wirtschaftstheoretiker Clapham (On Empty Economic Boxes, Economic Journal, 32. Bd., 1922) gegen die Ertragsgesetze (bei Pigou und Marshall) erhob. Vgl. dazu auch O. Morgenstern, Offene Probleme der Kosten- und Ertragstheorie, Zeitschr. f. Nationalökonomie, 1930/31.

[8] Dabei ist also einmal zu beachten, daß das Produktivitätsgesetz, wie dargelegt, nicht nur den vom Kulminationspunkt ab absteigenden, sondern

§ 9 Die Ertragstendenzen

Um das exakte, aber auch abstrakte und insofern wirklichkeitsferne Produktivitätsgesetz, das Rückgrat des ertragstheoretischen Systems, gruppiert sich daher ein Kranz von mehr wirtschaftsbeschreibenden Regeln, die von uns sog. Ertragstendenzen: Für alle drei Produktionsfaktoren, für Boden, Kapital und Arbeit, lassen sich solche Regeln der Ertragsgestaltung aufstellen. Obwohl Wirtschaftstendenzen im eigentlichen Sinne dieses Wortes, enthalten sie doch, wie das der Übergang zur Wirtschaftsbeschreibung so oft bedingt, einen gewissen technischen Einschlag (vgl. S. 20).

I. Die Tendenz des abnehmenden Bodenertrages besagt: Bei gleichbleibendem Wert der Kostengüter und Produkte erzielen steigende Aufwendungen in den Betrieben der Bodenproduktion regelmäßig nur einen abnehmenden Ertragszuwachs. Mit anderen Worten: Die Vermehrung der Roherträge hat hier die Tendenz, hinter solchen Mehraufwendungen (von Kapital und Arbeit) zurückzubleiben.

Die Tendenz, meist ungenau oder irrtümlich als „Gesetz" vom abnehmenden Bodenertrag bezeichnet[1], gilt sowohl für die Betriebe der landwirtschaftlichen als auch der Bergwerksproduktion. So kann man die „Tendenz des abnehmenden Ertrages der Landwirtschaftsbetriebe" und die „Tendenz des abnehmenden Bergbaubetriebsertrages" als ihre Unterfälle bezeichnen. Die Tendenz erklärt sich daraus, daß die stark naturgebundene, organisch-elastische Bodenproduktion im Unterschiede zur Industrie menschlicher Handhabung nur schwer zugänglich ist. Unentbehrliche mitwirkende Produktionselemente der Landwirtschaft wie

---

auch den bis dahin anfänglich aufsteigenden Teil der Produktivitätskurve zum Gegenstand seiner Aussage macht, ferner auch das oben (S. 18 ff.) dargelegte Verhältnis der Deskription zur Theorie. Auf beides dürfen wir Herbert Jacob hinweisen, wenn er von der Tendenz des zunehmenden Industrieertrages, wie ich sie in der Abhandlung: Das Ertragsgesetz in der Betriebswirtschaftslehre, Ztschr. f. Betriebswirtschaft, 30. Jhrg. 1960, S. 9 (und auch hier S. 100) vertrete, in seiner Abhandlung: Die Ertragstheorie in der industriellen Produktion (ebendort, S. 409, Anm. 19) behauptet, diese Tendenz habe „mit dem Ertragsgesetz selbst" nichts zu tun, denn dies Gesetz gelte nur „im Rahmen eines bestimmten Produktionsverfahrens". Schon dies ist nicht richtig, denn Fortschritte der Technik bedeuten in der Problemstellung dieses Produktivitätsgesetzes durchaus Änderungen im Wirkungsverhältnis der Produktionsfaktoren. Zudem aber verläßt die Wirtschaftsbeschreibung mit ihren Tendenzen (alias Regeln) ja gerade die strengen Voraussetzungen einer exakten Wirtschaftstheorie und fragt, welche Bedeutung die von den exakten Gesetzen abstrakt festgestellten Relationen in der Wirklichkeit, der Empirik, im großen Durchschnitt der Fälle haben. Gerade Gesetze mit erst auf- und dann absteigenden Kurven erhalten erst durch diese schon mehr beschreibenden Ergänzungen ihren vollen Erkenntniswert.

[1] Diese Bezeichnung ist jedenfalls irrtümlich, wenn man, wie es hier geschieht, unter „Gesetz" eine exakte (d. h. ausnahmslos zutreffende) Aussage versteht.

Sonnenlicht, Wärme und Beregnung entziehen sich bei den heutigen Knappheitsverhältnissen der Agrarprodukte im wesentlichen einer Einflußnahme der Wirtschaft. Die Natur schreibt den Turnus der Bodenproduktion von der Aussaat bis zur Ernte fest vor und macht es unmöglich, in der Landwirtschaft ähnlich wie in der Industrie „das zeitliche Nacheinander fabrikmäßig in ein räumliches Nebeneinander zu verwandeln“ (A d o l f W e b e r). Die Unbeweglichkeit und, technisch-quantitativ gesehen, die meist weitgehende Unvermehrbarkeit des Bodenareals kommt hinzu. So findet hier die Technik nur selten neue „Zuwenigs“ (Produktionsminima) von solcher Bedeutung auf, daß von ihnen aus der aufsteigende Ast der Kurve des Produktivitätsgesetzes immer wieder verwirklicht werden könnte.

Wo allerdings Änderungen der Agrartechnik die Auffindung eines solchen neuen „relativen Minimums“ bedeuten, da stellen sie die Tendenz praktisch auf eine neue Basis. Die Auffassung, die im Gesetz des abnehmenden Bodenertrages irrtümlich ein exaktes Naturgesetz erblickt, muß hier von einer Aufhebung desselben, von den sog. „Suspensionen des Bodengesetzes“ sprechen. So haben z. B. J u s t u s v. L i e b i g s (1803—1873) agrikulturtechnische Erfindungen über die künstliche Düngung usw. die Ergiebigkeit der deutschen Landwirtschaft sprungartig gesteigert, obwohl seine theoretischen Ergebnisse (Lehre von der Bodenstatik bzw. vom Raubbau, Gesetz vom Minimum) z. T. angreifbar sind[2]. Auch die Erfindung des Mähdreschers z. B., der zugleich mäht, drischt und Stroh bindet, ermöglichte in Kanada mit dessen hohen Löhnen überhaupt erst den Weizenbau auf den halbtrockenen Böden und brachte so der dortigen Landwirtschaft gewaltige Ertragszunahmen. Der Traktor als motorgetriebene Zugmaschine wirkte in gleichem Sinn. Praktisch traten insofern von der Bodenertragstendenz, wenn man sie auf die Verhältnisse der Weltagrarproduktion als Ganzes anwendet, in letzter Zeit fast mehr die „Suspensionen“ hervor, und wenn wir die Bodenertragsgestaltung im ganz langfristigen historischen Überblick vom Früchte- und Wurzelsammeln des Höhlenbewohners über den ersten Holzpflug des beginnenden Ackerbaus bis zum Kunstdünger und Maschinenpark der heutigen Land-

[2] Näheres s. Theorie des Ertrages, S. 186 ff. Das L i e b i g sche „Gesetz des Minimums“ formulierte W o l l n y dahin, daß die Ernteerträge in Quantität und Qualität von derjenigen Vegetationsbedingung beherrscht werden, welche in geringster und zugleich unzureichender Intensität oder in schädlichem Übermaß vorhanden ist. Darüber hinaus kann man aber ganz allgemein sagen, daß beim Zusammenwirken verschiedener Produktionselemente dasjenige den Ertrag begrenzt, das in relativ geringster Menge zur Verfügung steht. Wie oben (S. 93) schon angedeutet, spricht man in der Wirtschaftspolitik zur Bezeichnung dieses „Minimumfaktors“ oft von „Engpaß“ oder „Flaschenhals“, um auszudrücken, daß eine Kette nicht stärker ist, als ihr schwächstes Glied.

wirtschaft ins Auge fassen, so steigt die Produktivitätskurve der Bodenbewirtschaftung in the long run doch langsam an. Betrachten wir aber die Unzahl von Aufwandsteigerungen, die im Alltag der landwirtschaftlichen Betriebe der Kulturländer ohne grundlegende Fortschritte der Agrartechnik gleichsam in den Intervallzonen zwischen jenen durch epochemachende technische Erfindungen ermöglichten seltenen Aufwärtssprüngen immer wieder vorgenommen werden, so bestätigen auch hier jene Ausnahmen die Regel relativ abnehmender Betriebserträge[3].

Zur Geschichte der Tendenz: Nach Andeutungen bei Antonio Serra (1613), Simmaria Ortes und James Steuart findet sich die erste klare Formulierung der Bodenertragstendenz bei Turgot (s. oben S. 94). Schon James Anderson (Drei Schriften über die Korngesetze und Grundrente, 1777, deutsch 1893) entwickelte dann die Grundrente als Differenzialrente, da das „Gesetz" vom abnehmenden Bodenertrag die Anbaukosten der Grenzböden und damit die Agrarpreise auch für die günstigeren Böden steigere, die somit eine Rente erzielen. Robert Malthus (Essay on the Principle of Population, 1803) legte seiner pessimistischen Bevölkerungstheorie die relative Abnahme des Bodenertrages zugrunde (vgl. unten S. 108). Sir Edward West (Essay on the Application of Capital to Land, 1815) folgerte das „Gesetz" aus der Tatsache der Inanspruchnahme neuer Böden. Der technische Fortschritt könne die Wirkung des Gesetzes aufheben. Ricardo vertrat in seinem „Essay on the influence of a low price of corn and the profits of stock" wesentlich die gleichen Auffassungen wie Anderson und West. v. Thünen (Der isolierte Staat usw., 1826[1], 1842[2]) wies die Tendenz 1826 an den Ertragsverhältnissen seines Gutes Tellow nach und setzte sie bei seiner Theorie der Intensitätskreise voraus. Rossi (Cours d'Economie politique, 1843) stellte „von einer gewissen Grenze ab" abnehmende, bis dahin steigende Erträge der Landwirtschaft fest. Die Weiterentwicklung (John Stuart Mill, A. Schäffle) nähert die Tendenz durch statische Voraussetzungen (gleichbleibende Technik, einseitige Aufwandssteigerung) im Ergebnis der Problemstellung des Produktivitätsgesetzes an, ohne dabei aber auch dessen aufsteigenden Kurventeil festzustellen. Zugleich greift die Auffassung der Ertragstendenz als eines exakten Naturgesetzes (v. Liebig, Jos. Esslen) um sich. Dagegen suchte der Verfasser (in Theorie des Ertrages, S. 205 ff.) das sog. „Bodengesetz" als eine wirtschaftswissenschaftliche Regel (mit agrikulturtechnischem Einschlag) nachzuweisen, die als beschreibende Ergänzung neben das allgemeine Ertragsgesetz (Produktivitätsgesetz) zu treten hat. — Vgl. auch Hans Neisser, Das Gesetz vom abnehmenden Bodenertrag und die wirtschaftliche Entwicklung. Archiv f. Sozialwiss. und Sozialpol. (49) 1922. — E. A. Mitscherlich, Das Gesetz vom abnehmenden Bodenertrag und was darunter zu verstehen ist. Deutsche Akademie der Wissenschaften zu Berlin, Heft 43, Berlin 1952. — G. Dlugos, a.a.O., S. 13—51.

II. Für die gewerbliche Produktion gelten **zwei Tendenzen des gewerblichen Ertrages,** je nachdem dabei an die meist kapital-

[3] Näheres hierüber bei W. Weddigen, Die Ertragstheorie in der Betriebswirtschaftslehre, Ztschr. f. Betriebswirtschaft, 30. Jg., 1960, S. 11.

intensive Fabrikindustrie oder an das meist arbeitsintensive Handwerk gedacht wird:

1. **Die Tendenz des zunehmenden Ertrages der neuzeitlichen Industrie** besagt: Bei gleichbleibendem Wert der Kostengüter und Produkte erzielen steigende Aufwendungen in der neuzeitlichen Industrie auf längere Sicht regelmäßig einen zunehmenden Ertragszuwachs.

Die Tendenz erklärt sich aus der im Vergleich zur Bodenproduktion viel größeren Manipulierbarkeit der Produktionsbedingungen in der Industrie. Hier herrscht von den beiden stofflichen Produktionsfaktoren (Kapital und Boden) das Sachkapital, d. s. die beweglichen sachlichen Produktivgüter (S. 125), durchaus vor, der von der Technik nur begrenzt zu ändernde unbewegliche Produktionsfaktor hingegen, der Boden, tritt relativ zurück. Diese Beweglichkeit des vorherrschenden stofflichen Produktionsfaktors ermöglicht der fortschrittlichen Technik der kapitalmäßigen Industrie (S. 128) das Auffinden immer neuer „Zuwenigs“ (Produktionsminima). Das Unternehmertum, gestützt auf ein risikofreudiges Erwerbskapital, setzt die Erfindungen dieser Technik in wirtschaftliche Wirklichkeit um und erreicht so mit fortschreitender Nutzbarmachung der Naturkräfte immer wieder die Verwirklichung des aufsteigenden Teiles der Ertragskurve des Produktivitätsgesetzes. Auf die Kraftumwandlung der Mechanik folgte die Stoffumwandlung der Chemie; organische Produktionsmittel wurden zunehmend durch anorganische Stoffe und Kräfte von größerer Leistungsfähigkeit (z. B. Holz durch Metalle, menschliche und tierische Kräfte durch Dampf und Elektrizität) ersetzt, und die kapitalmäßige Industrie der neuzeitlichen Marktwirtschaft sprang so gleichsam von Optimum zu Optimum (vgl. auch S. 114).

Ähnliches wird man von der Industrie einer organisch gelenkten Wirtschaft erhoffen können, die die Fortschrittsfreudigkeit des gewerblichen Unternehmertums nicht lähmt, sondern ihr durch geeignete Regelungen (z. B. des Erfinderrechts, des betrieblichen Vorschlagwesens, Brechung fortschrittsfeindlicher Monopole, Förderung der Forschung) vermehrt die Wege frei macht. Anders ist es vermutlich mit der Industrie eines kollektivistisch gebundenen Wirtschaftssystems. Die Technik der stark kollektivistischen Ständeverfassung Spät-Roms z. B. war rückläufig, die des gleichfalls im Übermaß ständisch gebundenen Handwerks des späten Mittelalters wesentlich stationär. Eine einwandfreie Probe der selbständigen Fortschrittskraft verstaatlichter Industrien fehlt bisher noch. Denn diese Industrien empfingen bisher stets starke Anregungen und Hilfen von seiten des privaten Gewerbes, mit dem sie auch meist entweder schon im eigenen Land oder doch wenigstens international zu wetteifern haben. Letzteres gilt auch für die zweifellos stark fortschrittliche Entwicklung der industriellen Produktion in den Sowjetländern, die zudem bisher auch stark auf Kosten der Konsumenten, insbesondere der Bauern, in diesen Ländern durchgesetzt wurde und den Patentschutz westlicher Erfindungen nicht anerkannte.

Von seiten der Betriebswirtschaftslehre hat man gegenüber der Tendenz des zunehmenden Industrieertrages auf die Tatsache verwiesen, daß die Betriebsstatistiken meist einen proportionalen, nicht einen überproportionalen Verlauf der betrieblichen Kostenkurven, also eine gleichbleibende, nicht eine steigende Produktivität, aufweisen. Diese Parallelität von Kosten und Erträgen in den Intervallzonen der durch die Industrieertragstendenz auf längere Sicht festgestellten häufigen und steilen Aufwärtssprünge der industriellen Manipulierbarkeit der in der Industrie meist gegebenen Produktionsbedingungen: Kaum ein industrieller Unternehmer wird z. B., wie das der Landwirt mit seinem Boden ständig tun muß, dazu bereit sein müssen, aus seinen Maschinen durch Überlastung (d. h. im Zeichen schon abnehmender Produktivität) das Allerletzte herauszuholen, er wird vielmehr dann einfach die Zahl dieser Maschinen vermehren. Und kaum ein solcher Unternehmer hat es nötig, sich beim Start seines Unternehmens zur bestmöglichen Kombination seiner Produktionsmittel erst mühsam im Zeichen des aufsteigenden Astes der Produktivitätskurve durchzukämpfen: Die Technik sagt und ermöglicht ihm ja von vornherein die für die betreffende Intervallzone optimale Wahl und Kombinierung dieser genügend beweglichen und meist leicht substituierbaren Mittel. Insofern herrscht im Alltag der Industrieproduktion, in den Intervallzonen zwischen den Aufwärtssprüngen technischer wie organisatorischer Verbesserungen also, ein paralleler Kostenverlauf im Industriebetrieb durchaus vor, so daß wir (in: Die Ertragstheorie in der Betriebswirtschaftslehre a. a. O., S. 10) geradezu von einer „Tendenz des proportionalen Industriebetriebsertrages“ sprechen konnten.

Zur Geschichte der Tendenz: Die meisten soeben (S. 99) genannten Autoren stellen den zunehmenden Industrieertrag dem abnehmenden Bodenertrag gegenüber. Dabei sieht De Tracy (Traité d'Economie Politique, Paris 1823) deutlich die Zeitbedingtheit der Tendenz, wenn er feststellt, die Industrie sei lange Zeit von steigendem Ertrag, wie es die Landwirtschaft in der Zeit ihrer ersten Entwicklung ebenfalls gewesen sei. Erst wenn alle Aufwendungsmöglichkeiten gesättigt seien, werde die Industrie stationär. Die Behauptung abnehmender Mehrerträge zunehmender Kapitalverwendung, die Böhm-Bawerk (Kapital und Kapitalzins, 1921[4], 1. Bd., S. 120, 2. Bd., S. 88) als Regel glaubte feststellen zu können, geht deutlich fehl. Die Verallgemeinerung eines Gesetzes relativ abnehmender Erträge, das für zunehmende Aufwendungen auch vom Kapital gelte, bei J. B. Clark (The Distribution of Wealth, 1899[1]) beruht auf einer Vermischung des Produktivitäts- und des Wertproblems (s. auch unten S. 285).

Vgl. dazu auch J. M. Clark, Encycl. of the Sozial Sciences, Art. Diminishing returns, New York 1932). Über die Forschungen Vogelsteins und Schumpeters, v. Zwiedinecks und K. Diehls s. Theorie des Ertrages, S. 217 ff. — Vgl. auch Herbert Jacob, Das Ertragsgesetz in der industriellen Produktion. Ztschr. f. Betriebswirtschaft (30), 1960, S. 455 bis 409.

2. Beim Handwerk wird man anders als in der Industrie meist von einer **Tendenz des gleichbleibenden Handwerksertrages** sprechen müssen. Denn wenn man von der produktivierenden Wirkung der neuzeitlichen Kleinmaschinen absieht, so bedingt das Vorherrschen der manuellen Arbeitskraft in der handwerklichen Produktion dort eine überwiegend stationäre Technik (S. 79), deren Bedingungen viel weniger manipulierbar sind als die Produktionsbedingungen der kapitalmäßigen Industrie.

Das nachstehende Diagramm möge gestrichelt die langfristig beschreibenden Produktivitätskurven der Industrie, der Landwirtschaft und des Handwerks in ihrer Unterschiedlichkeit als Tendenzen ungefähr stilisierend verdeutlichen. Dabei zeigen die Intervallzonen im Durchschnitt der Aufwendungen in den einzelnen Betrieben der Industrie, wie dargelegt, meist horizontale Produktivitätskurven, während sie in denen der Landwirtschaft bei Aufwandssteigerungen, wie gesagt, regelmäßig degressive (d. h. also im Gesamtbild jener langfristig deskriptiv gesehenen Bodenertragskurve regressive) Produktivitätskurven aufweisen. Die Kurve der Tendenz des „gleichbleibenden Handwerksertrages“ verläuft — abgesehen von wenigen Aufwärtssprüngen durch Ausstattung mit Kleinmaschinen — auch langfristig horizontal.

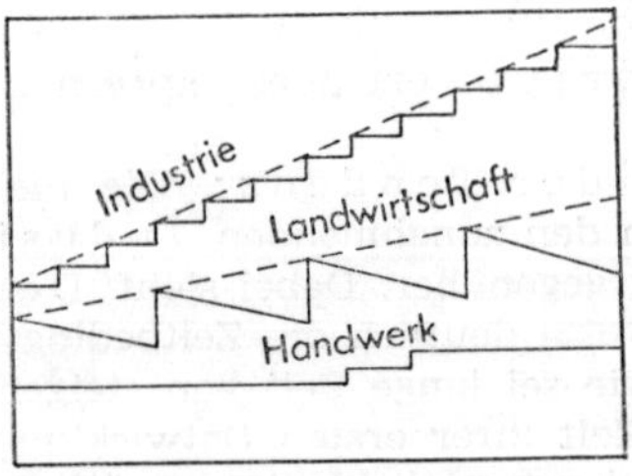

III. Die Tendenz des abnehmenden Ertrages der biologisch-organischen Produktion (menschlicher Leistungsfähigkeiten): Auf den Gebieten dieser biologisch-organischen Produktion, also der Beschaffung, Förderung und Erhaltung von Arbeitskräften (S. 63) sind steigende

Aufwendungen in der Regel von relativ abnehmendem Erfolg. Sie umfaßt als wichtigste Unterfälle drei speziellere Tendenzen:

1. Im Bereich der durch Sachgüter bewirkten empfindungsmäßig-psychischen Nutzenerzielung gilt die **Tendenz des abnehmenden Nutzens,** die besagt: Bei gleichbleibendem Genußziel bewirken zunehmende Aufwendungen regelmäßig nur einen in abnehmendem Verhältnis zu diesen Aufwendungen steigenden („also relativ abnehmenden“) Nutzen. Also um ein Beispiel zu geben: Der erste Schluck eines Glases Wasser vermittelt dem Durstigen zumeist die größte, jeder weitere gleich große Schluck eine immer kleinere Stillung seines Durstes, die, ertragstheoretisch gesehen, hier die Herstellung bzw. Erhaltung seiner Leistungsfähigkeit bedeutet.

Die Tendenz erklärt sich aus der weitgehenden Elastizität (Anpassungsfähigkeit) dieses Gebietes der biologisch-organischen Produktion, deren Schauplatz ja der menschliche Organismus selbst ist. Diese Elastizität füllt die quantitativen „Zuwenigs“ vielfach zum Teil schon selbsttätig auf, beugt also der Entstehung allzu tiefer Minima oft bereits von sich aus vor. So wandelt z. B. bei fettloser Kost der Körper Kohlehydrate in Fett um. Auch brauchen diese Minima sowie die Art und Menge des zweckmäßigen Aufwandes hier nicht erst durch wissenschaftlich-technische Forschungen festgestellt zu werden. Sie werden dem Menschen vielmehr sogleich durch seinen Empfindungsapparat (z. B. Hunger-, Durst- usw. -gefühle) vorbeugend angezeigt. Unser Durstiger z. B. braucht nicht erst durch häufiges Nippen kleinster Quantitäten den aufsteigenden Ast der Genußzunahme durchzuproben, er kennt durch Instinkt und Erfahrung den Schluck, der ihm das Genußoptimum vermittelt. So wählt er sogleich mindestens die optimale Menge, deren Steigerung ihm dann also nur noch einen abnehmenden Genußzuwachs vermitteln kann. Nur in seltenen Fällen versagt dieser Anzeiger (z. B. beim beinahe Verhungerten, der Schmerzen und Tod durch übermäßige Nahrungsaufnahme herbeiführt). Infolgedessen hat hier fast nur der absteigende Teil der Ertragskurve des Produktivitätsgesetzes Wirklichkeitsbedeutung. Der auch bei dieser (stark auf den Bereich des Psychischen eingeschränkten) Ertragstendenz vorhandene technische Einschlag ist biologisch-physiologischer Natur. Er begründet die Verwandtschaft der Tendenz mit der analogen Aussage des Weber-Fechnerschen Gesetzes der Reizempfindlichkeit. Jedoch zeigt demgegenüber die Nutzentendenz ihren spezifisch wirtschaftswissenschaftlichen (über die Psychologie hinausführenden) Gehalt sofort, wenn man sie unter dem Gesichtspunkt des Mittelbeschaffungserfolges (Ertrags) als eine Regel auffaßt, die für die Entspannung und Reproduktion geistiger Arbeitskräfte Geltung hat.

Bezeichnen wir den Nutzen, den die beim Verbrauch eines Gütervorrats zuletzt verzehrte Teilmenge noch stiftet (mit Menger s. u.), als „Grenznutzen" so gilt als deskriptive Regel der Satz, daß der Grenznutzen steigender Sachgütermengen sinkt. Das Tempo dieser Nutzenabnahme, die Schnelligkeit also, mit der die Sättigung eintritt, ist bei den Existenzgütern (S. 48) des lebensnotwendigen Bedarfs insgesamt meist größer als bei den Kulturgütern. Das erklärt die Beobachtung des Statistikers Engel, daß bei steigendem Einkommen ein desto kleinerer Teil davon für den Nahrungsbedarf ausgegeben wird (sog. Engelsches Gesetz). Das gleiche gilt für die Wohnungsausgaben (sog. Schwabesches Gesetz). Über die Preisempfindlichkeit dieses lebensnotwendigen Bedarfs, der meist als uniformer Massenbedarf auftritt, s. S. 176.

Zur Geschichte der Tendenz: Die wohl ersten Beobachtungen veröffentlichte hier H. H. Gossen (Entwicklung der Gesetze des menschlichen Verkehrs, 1854) durch Aufstellung eines „Gesetzes" des abnehmenden Genusses: „Die Größe ein und desselben Genusses nimmt, wenn wir mit der Bereitung des Genusses ununterbrochen fortfahren, fortwährend ab, bis zuletzt Sättigung eintritt." Nach Wiederauffindung dieses lange verschollenen Buches (durch Jevons in London) formulierte v. Wieser (1889): „Innerhalb einer jeden Bedürfnisbefriedigungsperiode wird jeder hinzukommende Akt der Befriedigung minder hoch anschlagen als ein vorangehender, der mit einer Gütermenge von gleicher Art und Größe vorgenommen ist." Dies geschehe, bis der Sättigungspunkt erreicht sei. „Darüber hinaus schlägt das Begehren in Widerwillen um." Der Fehler des Gossenschen „Sättigungsgesetzes" liegt darin, daß Gossen sein angebliches Gesetz nicht als bloße Regel (Tendenz) erkannte. Den anfangs relativ zunehmenden Nutzen, der dem aufsteigenden Kurventeil des Produktivitätsgesetzes auch hier entspricht, ferner die Nichtgeltung des angeblichen Gesetzes für die nicht rein physiologisch durch Empfindungen, sondern durch Wahrnehmungen (z. B. Betrachtung von Bildern, Erfüllung von Geltungsbedürfnis) vermittelte Nutzenstiftung hat er übersehen. Aber noch Aftalion (Les trois notions de la productivité et les revenues, Revue d'Economie politique, Bd. XXV, 1911) z. B. stellte dem Ertragsgesetz der Produktion ein Gesetz nur „des abnehmenden Nutzens" für den Wert der Konsumgüter als „Konsumtionsgesetz" gegenüber. Demgegenüber stellten wir (in Theorie der Ertrages, S. 126 ff.) die Geltung der auf- und absteigenden Ertragskurve des Produktivitätsgesetzes für dies subjektiv-psychische Gebiet der biologisch-organischen Produktion (vgl. S. 67) in der Form des „Nutzengesetzes" fest. Ähnliches, obwohl mit anderen Schlußfolgerungen, behauptete übrigens schon Antonio Graziadei in einer kleinen Schrift „Intorno alle legge del godimento decrescente ed al principio del grado finale di utilita"[4].

---

[4] Valparaiso 1901: Diese bei Suranyi-Unger, Die Entwicklung der theoretischen Volkswirtschaftslehre, 1927, beschriebene Arbeit war mir bisher nicht zugänglich.

Gossen sagte ferner, bei fortschreitender Güterzufuhr würden nicht einzelne Bedürfnisse völlig und andere gar nicht befriedigt. Es werde vielmehr die Befriedigung aller Bedürfnisse bei einem bestimmten Punkte so abgebrochen, daß bei allen ein gleicher Sättigungsgrad erzielt werde (von Lexis sog. „Zweites Gossensches Gesetz" oder „Gesetz des Genußausgleichs"). So wird nach einem heißen Sommertag der Wanderer im Wirtshaus zunächst seinen Durst so lange stillen, bis der Nutzen des Weitertrinkens für ihn so weit gesunken ist, daß nunmehr die Stillung des Hungers das dringendere Bedürfnis darstellt, und danach wird er etwa ans Rauchen denken. Reicht seine knappe Barschaft nicht aus, um alle drei Bedürfnisse voll zu befriedigen, so wird er bei jedem von ihnen ein möglichst gleiches Maß teilweiser Befriedigung anstreben. Das Gesetz ergibt sich aus dem Rationalprinzip und dem Sättigungsgesetz, für dessen Geltungsumfang es zutrifft. Denn nur bei einem solchen Verfahren ist dann die Summe aller Nutzen, also die Gesamtbefriedigung, die der Wirtschafter in allen verschiedenen Zweigen seiner Bedarfsdeckung erreicht, am größten. Nur so also wird „mit gegebenen Mitteln der größte Erfolg" erreicht (S. 22), wobei, ertragstheoretisch gesehen, der Erfolg hier mit der Herstellung bzw. Erhaltung der Leistungsfähigkeit unseres Wanderers im Sinne der biologisch-organischen (anthropologischen) Produktion (S. 63 f.) erzielt wird. Das Gesetz gilt auf allen Stufen der Wirtschaft, also nicht nur für das Handeln des Einzelwirtschaftlers, wie obiges Beispiel es zeigt, sondern auch für dasjenige des Wirtschaftspolitikers in der Volks-, Kontinental- und Weltwirtschaft. Vgl. auch die Substitutionslehre unten S. 286.

Die Grenznutzenschule: Ausgehend von der Gossenschen Feststellung erklärte v. Wieser, die Befriedigung, den die zuletzt verzehrte Teilmenge noch stifte, der (erst von Menger sog.) „Grenznutzen", sei maßgebend für den Wert des ganzen Gütervorrates. Wo immer in dem (als homogen gedachten) Gesamtvorrat diese (als relativ klein angenommene) Teilmenge ausfalle, immer werde dadurch jener „Grenznutzen" verlorengehen. Damit tritt eine subjektive, psychologische Theorie des Gebrauchswertes der objektiven Kostenwerttheorie der „Klassiker" (vgl. S. 196) gegenüber. Der Tauschwert, den die „Klassiker" vor allem betrachtet hatten, wurde auf den Gebrauchswert zurückgeführt und damit auch die Produktionskostentheorie, insbesondere die Arbeitswertlehre der Klassiker (S. 196) in ihrer kausalen Einseitigkeit entkräftet. Nicht nur die zur Herstellung eines Gutes erforderliche Arbeit ist bestimmend für dessen Wert, sondern auch sein (hier als Gebrauchsnutzen aufgefaßter) Wert bestimmt die Menge der Produktionsgüter bzw. der Arbeit, die zu ihrer Herstellung aufgewandt werden kann. Dabei will v. Wieser zur Bildung des „Gesamtnutzens" eines Gütervorrats den Grenznutzen mit der Zahl der Teilmengen des Vorrats multipliziert, Böhm-Bawerk, dem auch Jevons, Walras und Pareto beitraten, will die Grenznutzen aller Teilmengen addiert wissen.

Für die rein-theoretische Betrachtung liegt in der Vernachlässigung des aufsteigenden Teils der Ertragskurve ein schwerwiegender Fehler dieser Wertlehre. Denn wenn der Grenznutzen nicht der kleinste in der Reihe der gestifteten Nutzen ist, so werden viele Schlüsse der Lehre unhaltbar. Auch abgesehen davon blieb die Weiterentwicklung der Lehre (Anwendung auf die Wertschätzung der Produktivgüter, Versuch einer Erklärung der Preisbildung) ziemlich unfruchtbar (vgl. S. 171). Die oft geradezu psychologische Untersuchung der Überlegungen des rational wirtschaftenden Individuums durch die Grenznutzenschule hat für die wirtschaftstheoretische Erklärung der Zusammenhänge und des Funktionierens der Wirtschaftsgebilde im ganzen doch nicht soviel geleistet, wie man anfangs annahm. Sombarts Bemerkung, auch die Grenznutzentheorie habe ihren „Grenznutzen", war am Platze.

Ausgehend von der Geltung der Kurve des Produktivitätsgesetzes auch für die Wertschätzung der sachlichen Kostengüter („Kostengesetz") stellten wir (in Theorie des Ertrages, S. 135 ff.) der Tendenz des abnehmenden Nutzens die „Tendenz der steigenden Kosten" und dem Grenznutzengesetz ein „Grenzkostengesetz" gegenüber.

Die Indifferenzlehre: Sie betrifft die Nutzenschätzungen bzw. Erträge verschiedener Mengenkombinationen der gleichen Güter. Bieten solche Kombinationen z. B. zweier Güter den gleichen Nutzen, bedeuten also z. B. 800 g Brot und 100 g Fleisch einem Wirtschafter ebensoviel Nutzen wie 400 g Brot und 200 g Fleisch, und trägt man diese Mengen von Brot und Fleisch auf Abszisse und Ordinate eines rechtwinkligen Koordinatensystems ab, so verbindet die „Indifferenzkurve" die Schnittpunkte der über den Abtragungspunkten errichteten Senkrechten. Diese Indifferenzkurve zeigt damit also alle die Mengenkombinationen jener Güter an, die für den Wirtschafter substituierbar (auswechselbar) sind, weil er ihnen (in der Konsumtion infolge der Gleichheit ihres für ihn sich ergebenden Nutzens bzw. in der Produktion infolge der Gleichheit ihres Produktionsertrages) indifferent gegenübersteht. Setzt man an die Stelle der beiden Güter des obigen Beispiels verschiedene Sortiments einer größeren Zahl von Verbrauchsgütern, so entspricht jede der dafür gebildeten Indifferenzkurven einem (höheren oder niedrigeren) „Versorgungsniveau" (v. Stackelberg).

Der Erkenntniswert aller mit diesen Überlegungen erzielbaren Ergebnisse[5] wird dadurch sehr eingeschränkt, daß der Wirtschafter sich meist unter dem Einfluß von Tradition und Herdentrieb nicht so rechenhaft rationell verhält, wie es die Theorie voraussetzt. Ein exaktes Rechnen mit Nutz-

---

[5] Man denke hier für die Nutzenschätzung des Konsumenten etwa an das „Gesetz der abnehmenden Grenzrate der Substitution" (bei J. R. Hicks, v. Stackelberg und E. Schneider). Danach nimmt die Menge eines Gutes a_1, deren Abgang den Zugang einer Mengeneinheit des Gutes a_2 im Indifferenzkurvensystem gerade ausgleicht (d. h. also die letzte Teilquantität des einen Gutes, die den gleichen Nutzen stiftet wie die letzte Teilquantität des anderen Gutes, die sog. „Grenzrate der Substitution"), bei fortgesetzter Substitution von a_1 durch a_2 ab.

Im weiteren entwickelten hier Pareto, Edgeworth und J. R. Hicks für die Konsumtion und E. Schneider für die Produktion eine Theorie der Wahlakte. Hier ging man der Problematik einer Bemessung von Nutzengrößen in der Weise aus dem Wege, daß man nur bestimmte Kombinationen von Gütermengen auf ihre Gleichsetzung oder Bevorzugung durch den Wirtschafter verglich, und zwar auf Grund der festgestellten Preise und nachgefragten Mengen der einzelnen Güter. Sodann suchten hier der Mathematiker Jos. v. Neumann und der Nationalökonom O. Morgenstern in der Spieltheorie eine allgemeingültige mathematische Grundlegung zu geben. Dabei untersuchten sie das bei Spielern wie auch Wirtschaftssubjekten gleichartige rationell-zweckmäßige Verhalten bei verschiedener Personenzahl und verschiedener Anzahl möglicher Kampfstrategien (insbesondere Koalitionsmöglichkeiten).

mengen ist ohnehin schwierig. Auch sind die Fälle von Substituierbarkeit, die die Theorie ins Auge faßt, in der Wirklichkeit der psychischen Nutzenerzielung des Konsumentenhaushalts doch sehr selten. Für die Erklärung der Preisbildung aus den Nutzenschätzungen der Konsumenten leistet die Indifferenzlehre nichts, weil sie die Preisbildung voraussetzt. Vgl. aber für die Produktion das Substitutionsprinzip unten S. 286.

2. Im Bereich der Pflege des Arbeitsfaktors (etwa durch den Arbeitgeber oder den Sozialpolitiker) gilt die **Tendenz des abnehmenden Lohnertrages:** Sie besagt: Unter den Verhältnissen der hoch- und spätkapitalistischen Wirtschaft (S. 79) erzielen Erhöhungen des Arbeitseinkommens oder sonstige Aufwendungen zur Verbesserung der Arbeitsbedingungen in der Regel nur eine im abnehmenden Verhältnis zu diesen Mehrausgaben steigende Leistungsfähigkeit der Arbeitnehmerschaft.

Die Tendenz erklärt sich daraus, daß die gestiegene Lebenshaltung der Massen, die der entwickelte Kapitalismus (im Sinne Sombarts) in Mittel- und Westeuropa sowie in den USA ermöglichte, den Kulminationspunkt der Ertragskurve des Produktivitätsgesetzes meist bereits überschritten hat: Erhöhungen des Arbeitseinkommens z. B., die die oft halbverhungerte Arbeiterschaft wirtschaftlich unentwickelter Länder erst zur vollen Leistungsfähigkeit bringen würden, rufen bei den Arbeitenden des Hoch- und Spätkapitalismus keine entsprechende Leistungssteigerung mehr hervor. Gleichwohl kann die absolute Steigerung der Leistungsfähigkeit, die auch hier meist noch erzielt wird, auch wirtschaftlich von großer Bedeutung sein (vgl. auch S. 116). Im übrigen kommen die Weitersteigerungen des Aufwandes, den der Arbeitgeber oder der Sozialpolitiker hier macht, u. U. der Hebung des Kulturstandes zugute. Der Punkt der „Nutzgrenze", von dem ab weitere Steigerungen des Arbeitseinkommens die Leistungsfähigkeit mindern, wird dadurch hinausgeschoben, denn die „Lohnkapazität" der Arbeitnehmerschaft hängt wesentlich von ihrer Bildung ab (vgl. S. 88) zu b). Jedenfalls hat hier derjenige Teil der Ertragskurve, der zwar noch eine absolute Zunahme, aber doch keine relative Steigerung der Leistungsfähigkeit mehr anzeigt, eine überwiegende Wirklichkeitsbedeutung. Nur in wirtschaftlich unentwickelten Ländern (besonders der Tropen) mit sehr bedürfnisloser, dem Bedarfsdeckungsprinzip folgender Bevölkerung steht der aufsteigende Teil der Ertragskurve hier empirisch so im Vordergrund, daß man mit einer Verminderung des Arbeitseinkommens (etwa durch Erhebung von Kopfsteuern) mitunter eine Leistungssteigerung der Bevölkerung zu erzwingen suchte.

Zur Geschichte der Tendenz: Adam Smith betonte (im 1. Bd. seines Werkes über „Natur und Ursachen des Nationalreichtums" von 1776) eine

Parallelität von Lohn und Leistung, nachdem vorher in der Literatur Leistungsrückgänge als Folgen von Lohnverkürzungen behauptet worden waren. Sodann ist vor allem auf die Feststellungen Lord Brasseys und Brentanos (Arbeitergilden der Gegenwart, 1871, und Über das Verhältnis von Arbeitslohn und Arbeitszeit zur Arbeitsleistung, 1893[2]) sowie auf W. Hasbach (in Schmollers Jhrb. 1903) zu verweisen. Formulierungen der Tendenz folgten bei Adolf Weber (Der Kampf zwischen Kapital und Arbeit) und in meiner Abhandlung Lohn und Leistung, Jhrb. f. Nation u. Staat, Jg. 1922, S. 236, sowie in Theorie des Ertrages, S. 237. Vgl. ferner zur Frage der Ertragswirkung von Arbeitszeitverkürzungen, die insofern oft Lohnerhöhungen gleichzusetzen sind: Bernhard, Höhere Arbeitsintensität bei kürzerer Arbeitszeit, 1909; Diehl, Arbeitsintensität und Achtstundentag; Hauck, Arbeitszeitproblem und Industriekostenwirtschaft, 1929; Herkner, Art. Arbeitszeit, Hdwb. d. Staatswiss. 1923[4]; Lippmann, Arbeitszeitproblem 1926[2]; Zimmermann, Art. Arbeitszeit, Hdwb. für Arbeitswissensch. 1930.

3. Auf dem Gebiet der Zusammenhänge zwischen Wirtschaft und Volkszahl gilt die **Tendenz der abnehmenden Bevölkerungszunahme.** Sie besagt: Unter den Verhältnissen der hoch- und spätkapitalistischen Wirtschaft sind Steigerungen des Standes der Lebenshaltung, die ein Kulturvolk durch Produktivierung seiner Wirtschaft erreicht, in der Regel gefolgt von einer nur in abnehmendem Verhältnis steigenden Bevölkerungszahl. Der Geburtenüberschuß im Deutschen Reich z. B. betrug trotz sinkender Sterblichkeitsziffern 1876—1880 = 13,1 ‰, 1912 = 12,7 ‰, 1925 = 8,8 ‰, 1926 = 7,9 ‰, 1927 = 6,4 ‰, obwohl in diesem Zeitraum (abgesehen vom ersten Weltkrieg) eine ständige Verbesserung der Lebenshaltung erfolgte. Es gibt zwar Grade wirtschaftlicher Not, wo der Mangel an Existenzgütern die Aufzucht von Kindern verhindert und die Todesfälle steigert, so daß jede Milderung solcher Not die Bevölkerungszahl dann proportional oder überproportional steigen läßt. Aber abgesehen von unmittelbaren Kriegsfolgen sind solche Zustände in den Ländern des Hoch- und Spätkapitalismus längst überwunden. Hier beherrscht der absteigende Teil der Produktivitätskurve die empirische Entwicklung durchaus: Verbesserungen des Lebensstandards ermöglichen hier meist nicht eine im gleichen Verhältnis steigende Zunahme der Bevölkerung, wenn auch vor allem die sinkenden Sterbeziffern (besonders der Säuglingssterblichkeit) einen absoluten Rückgang der Bevölkerungszahl meist noch verhindern.

Die Tendenz erklärt sich vor allem aus der Steigerung der Rationalität einer materialistischen Zukunftsfürsorge, die steigendem Wohlstand bei steigender intellektueller Bildung sehr leicht entspricht. Kennzeichnend dafür sind die in neuerer Zeit in den alten Kulturländern zahlreichen Selbstmorde wegen Vermögensverlust. So neigt man dazu, auf Kinder zu verzichten, wenn man sich und ihnen das erstrebte Wohlleben nicht glaubt sichern zu können: Es fehlt am Willen zum Kinde. Dies im Verein mit steigenden Bedürfnissen führt zu Fruchtbarkeitsbeschränkungen (später Eheschließung, Einschränkungen in der Ehe), zumal beim Steigen von Wohlstand und Bildung sich auch die Kenntnis der Geburtenverhütungsmittel ausbreitet. Hinzu kommt, daß die Familie gerade in den reicheren Kulturländern mehr und mehr ihrer wirtschaftlichen Aufgaben und Selbstverantwortlichkeit beraubt wird: Die berufliche Arbeitsgemeinschaft der Familienmitglieder spielt dort fast nur noch in der bäuerlichen Wirtschaft eine beschränkte Rolle, und für Lebensabend und Krankheitszeiten sorgt die Sozialversicherung, die Pensionsfähigkeit oder das Bankkonto. Eine große Kinderschar bedeutet daher wirtschaftlich nur eine Last, und wenn die Steuergesetzgebung sowie die Lohngestaltung dieser Mehrbelastung der kinderreichen Familien nicht genügend Rechnung trägt, so führt auch dies Hindurchregieren durch die Familie, das in den neuzeitlichen Kulturländern vorherrscht, nach dem biologischen Gesetz von der Verkümmerung nicht gebrauchter Organe zur Schrumpfung der Familie, dieses Fortpflanzungsorgans aller Gebilde der menschlichen Gesellschaft. In manchen Kulturländern wäre unsere Tendenz bereits in eine absolute Abnahme der Bevölkerungszahl umgeschlagen, wenn dem nicht, wie gesagt, die Fortschritte der Heilkunst und Heilversorgung mit einer Verminderung der Sterblichkeit entgegengewirkt hätten, so daß die Verminderung der Bevölkerung dort noch eine Weile durch ihre Überalterung hintangehalten wird. — Außerwirtschaftliche Gründe können die Tendenz verstärken (z. B. das Erlahmen der Sexualethik besonders in den Städten, der Rückgang der Religiosität) oder ihr entgegenwirken (z. B. Geburtenpropaganda). Die bekannteste Ausnahme von unserer Regel liegt in der Bevölkerungsentwicklung der USA seit dem zweiten Weltkrieg.

Im Vordergrunde der Geschichte dieses Problems eines Zusammenhangs von Wirtschaft und Bevölkerungsvermehrung steht der bekannte wirtschaftstheoretische Streit des Malthus gegen Carey. Dabei handelte es sich allerdings vor allem um die Wirkungen, die umgekehrt von der Bevölkerungsvermehrung auf die Ergiebigkeit der Wirtschaft, also auf die Lebenshaltung der Bevölkerung ausgehen. Auch der Zusammenhang zwischen Bevölkerung und Wirtschaft beruht ja, wie alle Zusammenhänge organischen Lebens, auf der wechselseitigen Beeinflussung im Rahmen funktionaler Entsprechung, so daß kausale Tendenzen in beiden Richtungen des Zusammenhangs möglich sind:

Robert Malthus (anglikanischer Geistlicher, später Professor, 1766 bis 1834) entwickelte in: Essay on the Principle of Population, 1798, 1803[2], seine Bevölkerungslehre: Da sich die Bevölkerung in geometrischer Progression (durch Multiplikation: 1, 2, 4, 8, 16 usw.), die Nahrungsmittel aber infolge des Gesetzes des abnehmenden Bodenertrages nur in arithmetischer Progression (durch Addition: 1, 2, 3, 4, 5 usw.) zu vermehren streben, so sei die Volksvermehrung durch die Nahrungsmittelmenge begrenzt. Ein ständiger Druck der Volksvermehrung gegen den Nahrungsmittelspielraum sei die Folge. Die Vermehrung der Bevölkerung unterliege daher Hemmnissen (checks). Diese kommen teils vorbeugend (präventiv) zur Geltung durch Verringerung der Geburtenziffer im Wege der Enthaltung von Ehe und Kindererzeugung sowie moralische Zurückhaltung (moral restraint) überhaupt, teils nachträglich durch Erhöhung der Sterbeziffern als Folge von Laster und Elend (auch in Kriegen und bei Seuchen). Malthus empfahl daher neben Ausdehnung der Bodenbebauung sittliche Enthaltsamkeit sowie auch Begünstigung der übrigen „preventive checks", insbesondere später Eheschließung, durch die Bevölkerungspolitik. Die geldliche Armenunterstützung sei einzuschränken, da sie nur die Lebensmittelpreise verteuere. Die sog. Neomalthusianer übertrieben das später zur Forderung künstlicher Fruchtbarkeitsbeschränkung und von Eheverboten, wie sie z. B. in Bayern erlassen wurden.

Henry Charles Carey (Amerikaner, 1793—1879) stellte dem in seinem Lehrbuch der Volkswirtschaft und Sozialwissenschaft (übersetzt von Adler, Wien 1870[6]) das „Gesetz der verhältnismäßigen Zunahme der Nahrung und Bevölkerung" gegenüber: Die Vermehrungskraft der Bevölkerung sei nicht gleichbleibend, sondern stehe im umgekehrten Verhältnis zur Entwicklungsstufe. Die technischen Fortschritte besonders des Kapitals, aber auch der Landwirtschaft, ferner die durch wachsende Volksdichte bei verbilligten Verkehrsmitteln ermöglichte Arbeitsteilung erhöhe die Kraft der Menschheit zur Vermehrung der Nahrungsmittel, so daß die Bevölkerungszunahme durch diese Nahrungsmittelvermehrung immer wieder überkompensiert werde (ähnlich argumentierten der Bodenreformer Henry George, Eugen Dühring und Franz Oppenheimer, der dem, wie er es nannte, „Bevölkerungsgeschwätz" des Malthus scharf entgegentrat; gegen Oppenheimer vor allem Adolph Wagner und Dietzel).

Die systematische Lösung dieses Widerspruchs von Pessimismus und Optimismus liefert das Produktivitätsgesetz, das, wie gezeigt, auch unserer obigen Tendenz der abnehmenden Bevölkerungszunahme (s. S. 108) als rein-theoretische Feststellung zugrundeliegt. Carey fand im noch menschenleeren Einwanderungsland Nordamerika den Arbeitsfaktor im „relativen Minimum", im Unterschuß. Hier beseitigte jede Vermehrung der Bevölkerung einen fühlbaren Mangel, einen deutlichen Engpaß der Wirtschaft. Erst die wachsende Dichte der Bevölkerung ermöglichte die zunehmende Verwendung des durch die technischen Erfindungen ständig verbesserten Produktivkapitals, das ja auf eine arbeitsteilig geschulte Arbeiterschaft sowie auf Massenabsatz angewiesen ist. So sah Carey in der Wirkung jeder Bevölkerungsvermehrung auf die Ergiebigkeit der Volkswirtschaft nur den aufsteigenden Ast der Ertragskurve des Produktivitätsgesetzes. Malthus dagegen lebte in England, dessen damalige Übervölkerung erst allmählich durch den technischen Fortschritt des Kapitalismus überkompensiert wurde. Das 18. Jahrhundert hatte ja die Einwohnerzahl Englands verdoppelt. Er sah daher nur den absteigenden Ast der Ertragskurve des Produktivitätsgesetzes in seiner Anwendung auf die biologisch-organische Produktion. Empirisch, in der Wirklichkeit also, würde Malthus erst recht bekommen, wenn eine kollektivistische Erstarrung des kapitalmäßigen Wirtschaftssystems bzw. eine Erschöpfung seiner wissenschaftlichen Kräfte (vgl. S. 101) den technischen Fortschritt weitgehend lähmen und so den Kapitalfaktor ins „Zuwenig“ bringen würde. In Ländern, die wie China, Rußland oder Ostindien von diesen Fortschritten der individualistischen Technik weitgehend ausgeschlossen blieben, hat die auch dort eingetretene starke Bevölkerungsvermehrung im 18. und 19. Jahrhundert die wirtschaftliche Not nur vermehrt. Dadurch wurde, wie Ad. Weber feststelle, die pessimistische Auffassung des Malthus in Gebietsteilen bestätigt, die mehr als die Hälfte aller lebenden Menschen umfassen[6]. Im ganzen und technisch gesehen aber hat die Erde heute vor allem in Afrika, Südamerika, Sibirien und der Mongolei sowie Australien noch so große Reserven dünn besiedelten fruchtbaren Bodens, daß sie bei entsprechender Bebauungsintensität das Dreifache der heutigen Erdbevölkerung ernähren könnte, wenn unser agrikulturtechnisches Wissen auch nur in seinem heutigen Entwicklungsgrad überall angewendet würde.

§ 10 Das Rentabilitäts- oder Massenproduktionsgesetz

Problemstellung und Begriffe: Wir drückten oben (S. 82) die Produktivität aus durch das Verhältnis nur der variablen (veränderlichen) Kosten zum Rohertrag und betrachteten demgemäß mit unserem Produktivitätsgesetz nur die Wirkung, die von den einseitigen Veränderungen dieses variablen Teils der Gesamtkosten auf den erzielten Rohertrag ausging. Der Rest des Aufwands wurde als kostenmäßig gleichbleibend (konstant) unterstellt. So setzte diese unsere Produktivitätsbetrachtung z. B. in der Landwirtschaft nur den einseitig gesteigerten Aufwand etwa von Dünger ins Verhältnis zum Gesamtwert der Ernte (S. 83), oder wir untersuchten in der Industrie nur die einseitig gesteigerte Zahl aufgestellter Webstühle in ihrer Wirkung auf den Rohertrag der Textilfabrik (S. 88). Demgegenüber bedeutet Rentabilität nach unserer obigen Begriffsbestimmung (S. 59) das Verhältnis der gesamten (der variablen und konstanten) Kosten zum Rohertrag. Hier werden also in der Landwirtschaft außer jenem Aufwand an Düngung auch alle übrigen Aufwendungen z. B. für Boden-

---

[6] Adolf Weber: Die neue Weltwirtschaft, 1947, S. 25.

bearbeitung usw., in der Industrie außer jenem Aufwand an Maschinen auch alle sonstigen Aufwendungen z. B. für Rohstoffe, Gebäude, Arbeitslöhne usw. mit dem Rohertrag verglichen. Es handelt sich mit anderen Worten bei der Rentabilität um die Quote der Gesamtkosten, die auf die Produkteinheit entfällt. Diese Quote besagt also, ob ein Betrieb „teuer" oder „billig" produziert.

Als Intensität der Produktion bezeichnen wir das Verhältnis der variablen zu den konstanten Kosten, also das Verhältnis der veränderlichen Kosten zum Einmalaufwand etwa des Anlagekapitals. Wachsende Intensität bedeutet uns also eine steigende Ausnutzung des Einmalaufwandes durch gesteigerte Aufwendungen bei den veränderlichen Kosten. Das geschieht z. B. in der Landwirtschaft durch einen Mehraufwand von Sachkapital (z. B. Maschinen, Dünger) und oder Arbeit auf den gleichen Boden; bei Mehraufwand von Kapital spricht man hier von kapitalintensiven, bei Mehraufwand von Arbeit hingegen von arbeitsintensiven Betrieben. In der Industrie bedeutet steigende Intensität eines Betriebes entsprechend einen Mehraufwand von Rohstoffen (Bodenprodukten) und oder Arbeit bei gleichbleibender Kapitalausrüstung, wie er z. B. durch den Übergang zur Massenproduktion in einer bisher nicht voll ausgenutzten Fabrikanlage verwirklicht wird. Das betrifft z. B. den häufigen Fall, daß eine Fabrik, die bis dahin wegen Absatzmangels zum Teil stillag, bei verbesserter Konjunktur „auf volle Touren" kommt und damit ihren Produktionsapparat erst voll ausnutzt. In der Landwirtschaft stellt also der Boden, in der Industrie das Anlagekapital (z. B. Maschinen, Gebäude) hier den Einmalaufwand dar, und Intensität bedeutet den Ausnutzungsgrad dieses Einmalaufwandes. Im Verkehrswesen ferner z. B. bedeutet wachsende Intensität des Verkehrsbetriebes eine Zunahme der Zahl oder Entfernung der mit der gleichen Verkehrsanlage bewirkten Beförderungen. Denn die Zunahme dieser Beförderungen steigert nur die variablen Kosten (z. B. Kohleverbrauch, Löhne des Begleitpersonals bei der Eisenbahn), während die konstanten Kosten des Anlagekapitals (z. B. der Schienenanlage und Bahnhöfe) als Einmalaufwand gleichbleiben. Auch hier handelt es sich also um eine gesteigterte Ausnutzung des Einmalaufwandes, wie er in der Form z. B. der Schienen und Bahnhöfe in der Verkehrslage investiert wurde.

Unterstellen wir nun das bisher (in § 8 und § 9) erörterte Verhältnis des variablen Aufwandes zum Rohertrag, d. h. also die Produktivität des Produktionsaktes, als gleichbleibend, gehen wir also von der Voraussetzung aus, daß jede Steigerung des variablen Aufwandes, also z. B. jede Vermehrung des Aufwandes an Rohstoffen und Arbeitsstunden, proportionale Vermehrungen des Produkts ergibt. Damit legen wir also die Veränderungen dieser Produktivitätsrelation, die sich in der Wirklichkeit nach Maßgabe der oben (S. 85) dargestellten Ertragskurve des Produktivitätsgesetzes fast ständig vollziehen, vorerst für unsere theoretischen Untersuchungen künstlich still, um das Rentabilitätsproblem ungestörter untersuchen zu können. Dann wird jede verstärkte Ausnutzung eines einmal gemachten konstanten Aufwandes (z. B. einer Maschinenanlage), die durch eine Steigerung des variablen Aufwandes (z. B. der Rohstoffe und Arbeitszeit) bewirkt wird, es wird mit anderen Worten also jede steigende Intensität der Produktion eine Verbilligung der Produktion, also eine Steigerung der Rentabilität des Produktionsprozesses bewirken. Denn in diesem Falle kann der Produzent den konstanten Einmalaufwand (der Maschinenanlage) ja auf eine Produktzahl umlegen, die proportional dem variablen Aufwand steigt. Im Beispiel: Wenn eine Zigarettenfabrik, die bis dahin z. T. stillag, dazu übergeht, durch Vollausnutzung ihrer Maschinenanlage ein Mehrfaches an Zigaretten herzustellen wie bisher (wachsende Intensität der Produktion), ohne daß dadurch — etwa infolge Überlastung der Maschinenanlagen oder ihres Personals — die Quantität der in der Zeiteinheit hergestellten Zigaretten (oder ihre Qualität) leidet (gleichbleibende Produktivität), so wird die einzelne Zigarette mit geringeren Kosten hergestellt, d. h. die Produktion wird billiger (Kostenabnahme, sog. Kostendegression). Diese Produktionsverbilligung unterliegt dem **Rentabilitätsgesetz:** Bei gleichbleibender Produktivität bewirkt steigende Intensität eines Produktionsprozesses eine in abnehmendem Verhältnis steigende Rentabilität.

Das Gesetz erklärt sich folgendermaßen: Die Rentabilitätsberechnung hat, wie wir sahen, die Kosten der Produkteinheit — sie seien k genannt — zu errechnen. Dazu muß sie außer den variablen Kosten stets auch die konstanten Kosten (c) auf die Gesamtzahl der Produkteinheiten (m) umlegen. Infolge unserer Voraussetzung gleichbleibender Produktivität bewirkt steigender Aufwand der variablen Kosten stets eine entsprechende Vermehrung der Produktzahl, also ein proportional steigendes m. Infolgedessen entfällt auf jede zusätzliche Einheit des Rohertrages, also auf das mte Produkt, eine sinkende Quote der konstanten Kosten $\left(\frac{c}{m}\right)$, während der Anteil an den variablen Kosten je Produkteinheit stets gleich bleibt. Bezeichnen wir diesen Anteil als v, so ergibt sich: $k = v + \frac{c}{m}$. Dabei fällt mit steigender Produktzahl (also wachsendem m) die durch die sinkende Quote der konstanten Kosten $\frac{c}{m}$ bewirkte Verbilligung gegenüber dem gleichbleibenden Anteil an den variablen Kosten (v) immer weniger ins Gewicht. Somit verlangsamt sich die Verbilligung dauernd, mit anderen Worten: die Rentabilität steigt nur im abnehmenden Verhältnis zur Steigerung der variablen Kosten, d. h. im abnehmenden Verhältnis zur Intensitätszunahme. Er ist also nur die verbilligende Wirkung der Umlegung eines Einmalaufwandes auf eine wachsende Produktzahl und das Tempo dieser Verbilligung, die unser Gesetz zum Gegenstand seiner Feststellung der Stückkostendegression macht.

In der **empirischen Ertragsgestaltung** der verschiedenen Produktionsgebiete findet sich jene künstliche Stillegung der Produktivitätsrelation, die wir unserer bisherigen rein-theoretischen Betrachtung des Rentabilitätsproblems zugrunde legten, naturgemäß nur selten verwirklicht. Hier wirken sich vielmehr Produktivitätsgesetz und Rentabilitätsgesetz stets miteinander aus: Die verbilligende Wirkung der Umlegung konstanter Kosten auf eine wachsende Produktzahl, die das Rentabilitätsgesetz ausspricht, kann vom Produktivitätsgesetz her gesteigert, aber auch verlangsamt oder sogar kompensiert oder überkompensiert werden, je nachdem das Verhältnis der variablen Kosten zum Rohertrag, das vom Produktivitätsgesetz allein betrachtet wird, im Zeichen des aufsteigenden oder des absteigenden Astes der Ertragskurve dieses Produktivitätsgesetzes steht. Verfolgen wir das an einer Reihe konkreter Fragestellungen:

Ganz allgemein erlaubt z. B. die Arbeitsteilung durch den Übergang zur Massenfertigung, den sie dem Spezialisten ermöglicht, die Umlegung konstanter Kosten (z. B. schon des „Einrichtens" und der Anlaufszeit der Werkzeuge, die jeder Produktionsakt irgendwie erfordert) auf eine steigende Produktzahl. Insofern erklärt unser Rentabilitätsgesetz die ertragssteigernde Wirkung der Arbeitsteilung. Diese durch Arbeitsteilung erreichbare Rentabilitätssteigerung (Kostendegression) war für die Wirtschaftsentwicklung bisher von so gewaltiger Bedeutung, weil sie den Zusammenschluß zu immer größeren Wirtschaftsgemeinschaften förderte, der ja erst den nötigen Massenabsatz für die vergrößerte Zahl der arbeitsteilig erzeugten Produkte sichern konnte (vgl. S. 81). Dennoch ist von dieser Rentabilitätsbetrachtung der Arbeitsteilung die Frage ihrer Produktivität wohl zu sondern. Diese ist zwar meist auch positiv (z. B. größere Übung des Massenherstellers), mitunter aber auch negativ zu beurteilen (z. B. zu geringer Überblick des Spezialisten, Leistungsrückgang infolge der Eintönigkeit der Massenherstellung usw., vgl. S. 142).

In der Industrie hat das Rentabilitätsgesetz für die großgewerbliche Massenproduktion besondere Wirklichkeitsbedeutung. Hier verwirklicht ja eine steigende Ausnützung des großen Einmalaufwandes mechanischer Produktionsanlagen die Voraussetzung gleichbleibender Produktivität in besonders weitem Rahmen. Die verbilligende Wirkung der Umlegung konstanter Kosten auf eine steigende Produktzahl setzte alle technischen Erfindungen wirtschaftlich durch. Denken wir an die Spinnmaschine, den mechanischen Webstuhl, die Dampfmaschine, überall handelte es sich um einen Einmalaufwand von großer Produktivität, der, umgelegt auf die hohen Stückzahlen der Massenproduktion, eine außerordentliche Verbilligung der Produktion bewirkte und die Überlegenheit der Großindustrie gegenüber dem Kleingewerbe (Handwerk und Heimarbeit) begründete. Erst bei Überlastung des Produktionsapparates beginnt sich eine verteuernde Wirkung von der Seite der Produktivitätsrelation her geltend zu machen. So kann z. B. die Überlastung von Webstühlen oder Druckerpressen und ihrer Arbeitskräfte die Qualität der Produkte herabdrücken, so daß damit das Verhältnis der variablen Kosten zum Rohertrag ungünstiger wird. Durch Mehraufstellung oder Verbesserung der Maschinen läßt sich aber auch in diesem Falle, wie wir sahen, die absinkende Produktivität meist doch wieder in eine steigende verwandeln (Tendenz des zunehmenden Industrieertrages, s. S. 100). So wird hier die verbilligende Wirkung der Umlegung konstanter Kosten, die das Rentabilitätsgesetz ausspricht, von der Seite des Produktivitätsgesetzes her meist noch potenziert. Erst wenn z. B. eine allzu große Ausdehnung des Industriebetriebes dessen Übersicht und Kontrolle durch die Leitung zu sehr erschwert, wird die Produktivität des variablen Aufwandes abnehmen, bis zu solchen Grenzen aber kann sich jene Verbilligung voll auswirken. Diese Verbilligung der Produkte ermöglicht deren Massenabsatz und umgekehrt („großer Umsatz, kleiner Nutzen"). Sie tritt daher in der Industrie besonders augenfällig in Erscheinung, und nicht zufällig beobachtete Karl Bücher unser Gesetz gerade hier als „Gesetz der Massenproduktion", wobei er auch die obige mathematische Ableitung anwandte. Schon Friedrich List aber stellte fest: „Ein jeder weiß, daß die Produktionskosten in einer Manufaktur stark von der erzeugten Menge abhängen." Heute spricht man mitunter auch vom „Gesetz der Kostendegression".

In der Landwirtschaft hat die verbilligende Wirkung des Rentabilitätsgesetzes, wie sie als Folge steigender Intensität der Bodenbearbeitung auftritt, meist mit der verteuernden Wirkung der Tendenz des abnehmenden Bodenertrages (S. 97) zu kämpfen. Immerhin steigt die Rentabilität vermehrter Aufwendungen von Kapital und Arbeit auf den gleichen Boden meist auch dann noch eine Zeitlang an, wenn die Tendenz des abnehmenden Bodenertrages bereits in Kraft getreten ist; solange nämlich, als die verbilligende Wirkung des Rentabilitätsgesetzes (d. h. die Verbilligung, erzielt durch die Umlegung der konstanten Kosten auf die absolut ja immer noch zunehmende Zahl der geernteten Produkte) die verteuernde Wirkung jener Bodenertragstendenz überwiegt. Mit anderen Worten: Obwohl der variable Aufwand (z. B. der Dünger) den Rohertrag der Landwirtschaft nicht mehr im Verhältnis seiner Steigerung erhöht, so kann die absolute Zunahme des Rohertrages, die von jener Steigerung des variablen Aufwandes (des Düngers) noch bewirkt wird, das Verhältnis des gesamten Aufwandes zum Rohertrag (d. h. die Rentabilität) der Landwirtschaft immer noch verbessern. Schon Turgot hat das gesehen. Anders wäre es ja nicht zu erklären, daß die Landwirtschaft auch unter der regelmäßigen Wirkung der Bodenertragstendenz und ohne steigende Produktpreise ganz allgemein noch immer Intensitätssteigerungen vornimmt. Steigen die Produktpreise, so vermehrt das in dieser Rechnung das Gewicht der (wenn auch nur absoluten) Zunahme des Rohertrages. Dadurch wird jene Grenze der mit steigendem variablen Aufwand (z. B. von Dünger) erreichbaren Rentabilitätssteigerung weiter hinausgeschoben: Steigende Preise der Agrarprodukte ermöglichen steigende, sinkende Agrarpreise erzwingen abnehmende Intensität der landwirtschaftlichen Produktion.

Auf dem Gebiete der biologisch-organischen Produktion (von Arbeitsfähigkeiten) liegen die Dinge entsprechend. Hier kämpft z. B. die Verbilligung, die das Rentabilitätsgesetz aussagt, ähnlich mit der Verteuerung, die durch die Tendenz des abnehmenden Lohnertrages (S. 107) bedingt ist. So wird z. B. eine Verdoppelung der Ausgaben eines Arbeitgebers für gesündere Wohnungen seiner Arbeiter deren Leistungsfähigkeit heute meist nicht auch verdoppeln, sondern nur, einmal angenommen, um zehn Prozent erhöhen. Gleichwohl kann diese Mehrausgabe nicht nur produktiv, sondern auch sehr rentabel sein, weil die Umlegung der Zeitlöhne (und des übrigen konstanten Aufwandes) auf die infolge jener Leistungssteigerung gestiegene Produktzahl eine Verbilligung der Einheit des Produkts ergibt. Dabei macht z. B. ein Unternehmer, der die Spannkraft seiner Arbeitnehmer durch hygienische oder dergleichen Einrichtungen erhöhen will, solche Aufwendungen oft eher für hochbezahlte als für niedrig entlohnte Arbeitnehmer. Denn bei den hochbezahlten Kräften verbilligt die Umlegung hoher konstanter Kosten (der Gehälter nämlich) auf die gestiegene Leistung ihm die Leistungseinheit besonders stark. So findet man in abgelegenen Fabriken mitunter Kasinos usw. für die Angestellten, während ähnliche Einrichtungen für die Arbeiterschaft oft fehlen.

Im Verkehrswesen tritt das Rentabilitätsgesetz besonders deutlich in Erscheinung. Denn erst eine hohe Verkehrsintensität (Beanspruchung der Verkehrsanlage) kann den hohen Einmalaufwand der modernen Verkehrsanlagen auf eine genügende Zahl bzw. Ausdehnung von Beförderungsakten umlegen. Die Abwärtsstaffelung vieler Eisenbahntarife bei zunehmender Beförderungsstrecke ist hier mit unserem Gesetz zu erklären: Die Gestehungskosten je Kilometer sinken, wenn die konstanten Kosten der Beförderung (hier insbesondere auch die Aus- und Einladekosten) auf eine größere Zahl von Kilometern umgelegt werden können. Besonders langgestreckte Länder benutzen solche degressiven Verkehrstarife, um ihre abgelegenen Gebiete verkehrsnäher zu machen.

In der hier entwickelten Form des Rentabilitätsgesetzes gilt das Massenproduktionsgesetz dann auch nicht nur für Betriebe, sondern für die Wirtschaftsgebilde auch aller andern Stufen. Dabei wäre z. B. im Fall der Volkswirtschaft an die steigende Ausnutzung einer vorhandenen Kapitalausrüstung (etwa Industriekapazität) durch die steigende Zufuhr unentbehrlicher Rohstoffe oder durch eine steigende Ausfuhr zu denken. Für die planwirtschaftlich organisierte zentral geleitete Volkswirtschaft ist das durch die Analogie zum Betriebe ohne weiteres klar, aber auch für die Marktwirtschaft wird man den Begriff der Rentabilität einer Volkswirtschaft in dem oben (S. 59) entwickelten Sinn benutzen können.

Zur Geschichte des Gesetzes: Zuerst von Sax in der Theorie des Verkehrswesens betont, wurde die Gesetzmäßigkeit von Karl Bücher als „Gesetz der Massenproduktion“ auch in den Rentabilitätsverhältnissen der Industrie beobachtet. Meine „Theorie des Ertrages“ (S. 16 ff.) nahm die Voraussetzung gleichbleibender Produktivität in den Tenor der von Karl Bücher festgestellten Gesetzmäßigkeit auf und wies die Allgemeingültigkeit des von ihr sog. „Rentabilitätsgesetzes“ für alle Produktionsgebiete nach. — W. Meinhold (Grundzüge der Allgemeinen Volkswirtschaftslehre, 1945, S. 216) stellt unser Rentabilitätsgesetz dem Bücherschen Massenproduktionsgesetz nur in dem Sinne einer Feststellung der relativen Abnahme der Rentabilität gegenüber. Diese Feststellung trifft aber auch bereits Karl Bücher. Die Formel $k = v + \frac{c}{m}$ stammt von ihm. — Adolf Weber, Allgemeine Volkswirtschaftslehre 1953[6], S. 216, vermag im Massenproduktionsgesetz die Feststellung nur von „Regelmäßigkeiten innerhalb des einzelnen Betriebes“ zu erblicken, weil er die Voraussetzung gleichbleibender Produktivität außer acht läßt, die von Bücher allerdings nicht ausdrücklich genannt wurde. — Vgl. auch B. M. Goebel, Die Rentabilität der Produktivitätssteigerung, Wien 1952.

Ein **Rückblick** auf die Ausführungen der §§ 8 bis 10 zeigt uns bereits ein ganzes System ertragstheoretischer Gesetze und Tendenzen: Im Mittelpunkt stehen als rein-theoretische Gesetze das Produktivitätsgesetz und das Rentabilitätsgesetz. Sie gelten für die Wirtschaft aller Zeiten, aller Stufen und für alle Produktionsgebiete ausnahmslos (exakt). Um sie herum gruppiert sich ein Kranz von schon mehr wirtschaftsbeschreibenden Tendenzen (Regeln). Nicht mehr exakt, dafür aber wirklichkeitsnäher, ergänzen sie den Erkenntniswert der rein-theoretischen Gesetze, die wiederum ihnen Halt und Verankerung im System gewähren. Entsprechend der Dreiteilung der Produktionsfaktoren in Boden, Kapital und Arbeit zerfallen auch diese Ertragstendenzen in drei Gruppen: 1. Die Bodenertragstendenz mit ihren beiden Folgesätzen bezüglich der Ertragsgestaltung a) in den Betrieben der Landwirtschaft und b) in denen des Bergbaus. 2. Die beiden (langfristiger gesehenen) Tendenzen des gewerblichen Ertrages, nämlich a) die Industrieertragstendenz als Tendenz des zunehmenden Ertrages der kapitalmäßigen Industrie und b) die Tendenz des gleichbleibenden Handwerksertrages. 3. Die Tendenz des abnehmenden Ertrages der biologisch-organischen Produktion mit ihren vier Folgesätzen; diese erfassen die regelmäßige Ertragsgestaltung im Bereich a) des Bevölkerungsproblems, b) des Problems von Lohn und Leistung, c) der psychischen Nutzen und Kosten eines Aufwandes von Sachgütern und d) des Arbeitskostenproblems (S. 137). Die nachstehende Skizze verdeutliche dies:

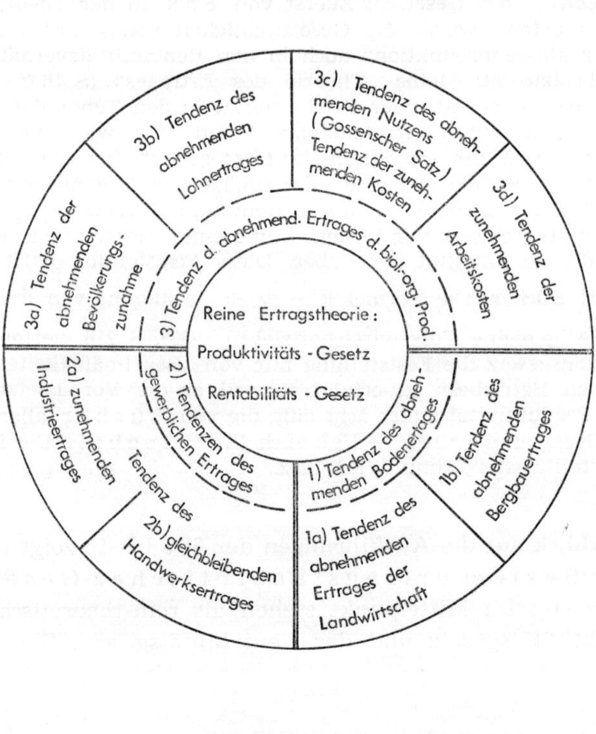

§ 11 Der Produktionsfaktor „Boden“

In der stilisierenden, aber doch schon weitgehend deskriptiven Dreiteilung der Produktionsfaktoren in „Boden, Kapital und Arbeit“ gruppiert man die Produktionselemente einerseits nach gewissen naturwissenschaftlich-technischen Merkmalen, andererseits und vor allem doch auch so, wie sie wirtschaftstheoretisch, d. h. unter dem Gesichtspunkt der ihnen eigentümlichen Ergiebigkeitsverhältnisse, zusammengehören. So faßt hier der **Begriff des Bodens** alle naturgegebenen unbeweglichen Stoffe und standortgebundenen unpersönlichen Kräfte (also auch die Kräfte des Wassers, der Sonne und der Luft) unter dem Namen ihrer hauptsächlichsten Erscheinungsform zusammen: Es ist also im wesentlichen die standortgebundene „Natur“, die hier der menschlichen Arbeitskraft und ihrer beweglichen Ausrüstung (s. § 12) gegenübergestellt wird, und wir sahen bereits bei Erörterung der Bodenertragstendenz (§ 9), wie gerade die Natur- und Standortgebundenheit der Bodenproduktion deren typische Ertragsverhältnisse einheitlich beeinflußt.

Im Unterschiede zu den Produktionsfaktoren „Kapital“ und „Arbeit“ spricht man oft von der **Unvermehrbarkeit des Bodens.** Diese ist aber doch nur sehr bedingt zuzugeben:

Der Produktionsfaktor „Boden“ ist nämlich quantitativ unvermehrbar nur in den neuzeitlichen Kulturstaaten und auch dort nur, wenn man von den noch bestehenden kolonisatorischen Möglichkeiten (Landgewinnung durch Eindeichungen und Moorkultivierungen, Investierungen in Übersee) absieht. In den kulturjüngeren Ländern sowie im Rahmen der Weltwirtschaft als Ganzem ist eine Vermehrung des wirtschaftlich genutzten Bodens stets noch möglich. Der Mensch hat sich erst etwa ein Drittel der festen Erde als Acker- und Weideland oder Nutzwald dienstbar gemacht.

Qualitativ ist der Boden aller Länder noch vermehrbar durch intensiveren Anbau, also bessere Ausnutzung. Die Tendenz des abnehmenden Bodenertrages setzt allerdings hier gewisse wirtschaftliche Grenzen und macht insoweit die Bodenprodukte zu monopolartigen (d. h. zu nur mit steigenden Kosten vermehrbaren) Gütern. Dennoch hat der Boden bisher noch keines Landes seinen absoluten physisch-technischen Höchstertrag erreicht. Alle Bodenverbesserungen (Meliorationen), ferner auch der Schutz des Bodens gegen Zerstörungen seiner Fruchtbarkeit (durch Erosion), und die Fortschritte der Saat-, Pflanzen- und Nutztierzucht sowie der Schädlingsbekämpfung vermögen diesen technischen Rohertrag des Bodens zu vermehren bzw. zu erhalten. Endlich kann auch ein verbesserter Schutz der Bodenprodukte gegen

Verderb, der ja insbesondere die Nahrungsmittel bedroht, die Ergiebigkeit des Bodens im Ergebnis steigern.

Die wirtschaftliche Bedeutung des Produktionsfaktors „Boden“ liegt zunächst in seiner Eigenschaft als **Rohstoff- und Energiequelle.** So liefert sein Anbau durch die Land-, Forst- und Gärtnereiwirtschaft Nahrungsmittel und Rohmaterialien. Sein Abbau durch den Bergbau liefert Heizstoffe, Metalle, Salze und dgl. Der Anbau benutzt, der Abbau erschöpft den Boden. Der Bau von Talsperren, Wasserkraftwerken, Wind- und Wassermühlen und Turbinen, Kanälen und Flußregulierungen stellt seine Kräfte in den Dienst des Menschen.

Daneben steht die Bedeutung des Bodens als **Standort** der Produktion: Hier stellt der Boden die unbewegliche räumliche Grundlage jeder Produktion, nicht nur der Landwirtschaft, dar. Die Standortvorteile, die er bietet, bedeuten oft eine monopolistische Vorzugsstellung des Grundeigentümers, denn im Hinblick auf seine Lagequalität ist der Boden ja in der Tat „unvermehrbar“. Verschieden nach Lage, Klima, Höhe, Bodenart, Flächengestalt, Verkehrs- und Wasserverhältnissen, Kraftquellen, rechtlichen Verhältnissen usw., ist hier der Boden bei der Begründung von Produktionsstätten einerseits Gegenstand einzelwirtschaftlicher Überlegungen, soweit nicht, wie meist in Landwirtschaft und Bergbau, die Standortwahl schon rein technisch vorgeschrieben ist. Der Einzelwirtschafter läßt sich dabei teils von rein wirtschaftlich-rationalen Zwecken, insbesondere von der Rücksicht auf Kostenvorteile in Produktion oder Absatz, teils auch von außerwirtschaftlichen Gesichtspunkten (z. B. Heimatliebe) beeinflussen.

Die Standortswahl sucht andererseits heute auch der Volkswirtschaftspolitiker oft in Wahrnehmung gemeinwirtschaftlicher Zweckgesichtspunkte zu beeinflussen, um eine bestmögliche Gesamtnutzung des Raumes zu erreichen. Auch hier kommen wirtschaftliche wie außerwirtschaftliche Rücksichten der Standortspolitik in Betracht. Die rein wirtschaftliche Standortsbeeinflussung denkt hier z. B. daran, eine lokale Arbeitsteilung zu wahren, die durch eine möglichst vielseitige Verankerung der Produktion deren Krisenfestigkeit erhöht (E. Egner). Die außerwirtschaftlichen Gesichtspunkte der Standortspolitik ergeben sich z. B. aus sozialen oder strategischen Rücksichten. Auf Grund der Raumforschung, die die natürlichen und persönlichen Bedingungen des Wirtschaftsraumes ermittelt, obliegt der Raumordnung dessen Gestaltung nach den Weisungen der wirtschaftspolitischen Führung. Besiedlung und Nutzung des Wirtschaftsraumes, also z. B. die Verteilung von Siedlungen, die Wasserversorgung, die Planung von Verkehrsmitteln, die Dezentralisierung der Industrie, ihre Umsiedlung oder Neubegründung in strategisch gesicherten Gegenden oder die Mischung von Produktivgüterindustrien mit weniger krisenempfindlichen Konsumtivgüterindustrien, die Lage der Arbeiterwohnstätten gehört hier zum Aufgabenbereich der sog. Landesplanung (regional planning) und ist nach den Gesichtspunkten einer organischen Wirtschaftspolitik (s. S. 229) lenkend zu beeinflussen.

Die ältere Standortstheorie behandelt vor allem die Standortsfragen der Einzelwirtschaften in der freien Marktwirtschaft:

Ein hervorragender Standortstheoretiker ist Johann Heinrich v. Thünen. Sein Buch „Der isolierte Staat in Beziehung auf Landwirtschaft und Nationalökonomie“ (1826[1]) untersucht den Einfluß des Standorts auf die freie Wirtschaft in der Landwirtschaft. Es ist ein Meisterwerk isolierend-theoretischer Forschung.

Dort geht Thünen von der Beobachtung aus, daß ceteris paribus die höheren Transportkosten in der Landwirtschaft nur einen extensiveren Anbau zulassen und umgekehrt. Unter der Voraussetzung eines Wirtschaftsgebietes von überall gleicher Bodenqualität mit einem einzigen Markt im Mittelpunkt und überall gleichen Verkehrsbedingungen ergab sich ihm dann bei rationaler statischer Wirtschaft eine Intensitätsabstufung der Produktion nach Kreisen, die konzentrisch um diesen einzigen Markt herumliegen (sog. Thünensche Kreise). So folgt auf einen innersten Gürtel hochintensiver freier Wirtschaft (Spatenkultur z. B. in Schrebergärten usw.) u. a.[1] ein Getreidebaugürtel mit Fruchtwechsel- und (weiter auswärts) Dreifelder- und intensiver Feldgraswirtschaft. Um ihn legt sich ein Gürtel der Weidewirtschaft, der schließlich in die extensivste Form der Bodennutzung, die Jagdwirtschaft, übergeht. Die höheren Transportkosten, die hier infolge der Tendenz des abnehmenden Bodenertrages eine größere Extensität der äußeren Kreise bedingen, beruhen dabei auf dem längeren Absatzweg vom Betrieb zum Markt. Daneben kann aber nach Thünen auch innerhalb des landwirtschaftlichen Betriebes die größere Entfernung der Felder vom Hofe ganz entsprechende Intensitätsabstufungen bewirken.

Auch in der Kontinental- und Weltwirtschaft lassen sich, obwohl verzerrt durch Wegsamkeits- und Fruchtbarkeitsunterschiede des Bodens, entsprechende ringförmige Intensitätsabstufungen beobachten. So lagen in Europa bis zum ersten Weltkrieg die Gebiete einer intensiven landwirtschaftlichen Veredlungsproduktion und Spatenkultur in Dänemark, Holland, Belgien, am Rhein und in Oberitalien in der Nähe der industriellen Bevölkerungszentren. Von da nahm die Intensität der Landwirtschaft nach Norden, Osten, Südosten und Süden ab, um in die extensiven Anbaugebiete Rußlands, des Balkans und der Mittelmeerinseln sowie schließlich in die Waldgebiete Skandinaviens, Finnlands und Rußlands auszulaufen. Erst seit etwa dem letzten Jahrzehnt vor dem zweiten Weltkrieg bilden sich in Rußland neue große Industriezentren mit entsprechender Massierung der Bevölkerung.

---

[1] Zwischen dem hochintensiven innersten Gürtel und dem Getreidebaugürtel liegt nach Thünen noch ein forstwirtschaftlicher Gürtel des Nutzholzbaus, der auf den zu Thünens Zeiten sehr hohen Transportkosten des Nutzholzabsatzes beruht.

Unter den neueren Standortstheoretikern ist vor allem Alfred Weber (Über den Standort der Industrie, 1909) von Bedeutung. Ein vereinfachender Überblick über seine „reine“, deduktive Theorie des Industriestandorts ergibt etwa folgendes Bild:

Jede Produktion wählt ihren Standort einerseits

1. nach den Produktionsbedingungen. Je hochwertiger das Produkt und je vollkommener die Transportmöglichkeiten, desto vorherrschender ist diese Produktionsorientierung. Sie kann sein eine Orientierung

   a) nach dem Materialort. Insbesondere wenn der sog. Materialindex, d. h. das Verhältnis des Gewichtes der Rohmaterialien zu dem des Produktes, größer als 1 ist, wenn also die Rohmaterialien insgesamt schwerer sind als das Produkt, herrscht diese Orientierung häufig vor. So bedingt vor allem in der Schwerindustrie die Be- und Verarbeitung der Roh- und Heizstoffe einen starken Verlust des Gewichts, mit dem sie in das Produkt eingehen. Dabei sind auch das Gewicht und der Rauminhalt (die Sperrigkeit) dieser Materialien nebst den Beförderungstarifen und Verpackungskosten hier als Transportorientierung von Bedeutung.

   b) nach dem Arbeitsort. Hier sind die örtlichen Unterschiede in der Leistungsfähigkeit der Arbeiter (z. B. erhöhte Intelligenz der Großstadtarbeiter, Fingerspitzengefühl der Arbeiterinnen in der englischen Baumwollindustrie) und in der Höhe der Löhne maßgebend. — Andererseits orientiert sich der Standpunkt der Produktion

2. nach der Absatzgelegenheit: Diese Konsumorientierung bleibt maßgebend bei den Produkten des individuellen Lebensbedarfs, die eine Anpassung an persönliche Tatsachen (z. B. nationale Moden) erfordern, sowie bei den nicht oder nur schwer transportablen (z. B. leicht verderblichen oder sperrigen) Produkten. Sie herrscht oft vor bei Gewerbezweigen, die überall vorkommende Rohstoffe („Ubiquitäten“) verarbeiten.

Standortsfaktoren sind idealtypisch abgegrenzte Kostenvorteile, die einer wirtschaftlichen Tätigkeit aus der Wahl eines Standorts bestimmter Art erwachsen, die also die Industrien hierher oder dorthin ziehen. Zu unterscheiden sind nach Alfred Weber: generelle Standortsfaktoren, die für jede Industrie gelten (z. B. Transportkosten, Arbeitskosten und Grundrente) und spezielle Standortsfaktoren, die nur für diese oder jene Industrie in Betracht kommen (z. B. Verderblichkeit der Rohstoffe und Produkte, Abhängigkeit von fließendem Wasser u. ä.). Ferner unterscheidet Weber Regionalfaktoren, die die Industrien rein geographisch regional verteilen und so ein erstes „Grundnetz der Industrieorientierung“ schaffen, und Agglomerativfaktoren, die für die Anhäufung bestimmter Industrien in einer bestimmten Masse um die Knotenpunkte dieses Netzes maßgebend sind (z. B. Bijouteriewaren in und um Offenbach). Die Unterstellung überall gleicher Preise der Rohstoffe und übrigen Produktionsmittel, die Alfred Weber machen muß, mindert die Wirklichkeitsnähe seiner Theorie, die er allerdings noch durch eine „realistische“ Theorie des Standorts ergänzt wissen will.

Auch die einzelwirtschaftlichen Rücksichten der Standortswahl, auf deren Untersuchung sich seine Ausführungen isolierend beschränken, lassen sich freilich noch ergänzen. So bestimmt mitunter auch das Meinungsmonopol (v. Zwiedineck) einer bestimmten Herkunftsbezeichnung den Standort (z. B. Bielefelder Leinen, Solinger Klingen usw.). In der weltwirtschaftlichen Verteilung der Standorte können Unterschiede der Darlehns- und Wechselzinsen von Bedeutung sein, und auch in ein und derselben Volkswirtschaft können Unterschiede der Grundrente, der Soziallasten und der Besteuerung die Standortwahl beeinflussen. Ferner ist die räumliche Beweglichkeit und Substituierbarkeit von Kapital und Arbeit (Predöhl) wichtig. Auch persönliche Verhältnisse der Unternehmerschaft (z. B. Beziehungen zu Banken) können die Standortswahl hier beeinflussen. Bei allen Standortsfaktoren ist nicht nur ihre bereits vorhandene, sondern auch ihre vom Unternehmer erwartete Gestaltung von Bedeutung. Eine mehr beschreibende Annäherung der Standortstheorie an die Wirklichkeit zeigt endlich, daß Standorte oft auch nur geschichtlich bedingt sind. Standortsverlegungen sind ja wegen des stehenden Kapitals meist schwierig (z. B. Porzellanmanufakturen bei den Residenzen, Kleineisenindustrie des Thüringer Waldes bei längst erschöpften Erzvorkommen usw.).

Unabhängiger vom Standort wird jede Produktion, wie schon angedeutet, durch eine Senkung der Transportkosten. Das gilt auch für die Konsumorientierung. So dehnt jede Verbilligung der Beförderungskosten für produzierte Waren deren Absatz aus nach dem Satz: Werden im Mittelpunkt eines überall gleich zugänglichen Wirtschaftsgebietes von gleicher Kaufkraft aller Einwohner Konsumgüter in beliebig vermehrbarer Menge erzeugt, so wächst ceteris paribus das Absatzgebiet im umgekehrten Verhältnis zum Quadrate der Frachtsätze (vgl. auch S. 329).

Zur neueren Standortstheorie ist u. a. auf die Untersuchungen von H. Ritschl (Reine und historische Dynamik des Standorts der Erzeugungszweige, Schmollers Jhrb. 1927, Aufgabe und Methode der Standortslehre, Weltwirtschaftl. Archiv 1941), A. Lösch (Die räumliche Ordnung der Wirtschaft, 1944[2]), A. Predöhl (Das Standortproblem in der Wirtschaftstheorie, Weltw. Archiv, 21. Bd., 1925 sowie Teil I seiner „Außenwirtschaft", 1949) und E. Egner (Möglichkeiten und Grenzen industrieller Standortspolitik, Archiv f. Raumforschung usw., 1948) zu verweisen. Bei Ritschl und Lösch zielt die Standortslehre auf eine Theorie der Raumwirtschaft überhaupt. Dabei betont Lösch die „Interdependenz aller Standorte", die untereinander wie auch mit Preisen und Nachfragen in Wechselwirkung ständen. Der Standort des größten Gewinns sei nicht theoretisch, sondern nur durch ausprobierendes Abwägen der verschiedenen Möglichkeiten zu bestimmen. Unter der Voraussetzung gleichmäßiger Rohstoffverteilung und Besiedlung eines Raumes ergeben nach Lösch Entfernung, Konkurrenz und Massenproduktion ein System gleichmäßig-sechseckiger Marktnetze, die von ihm sog. Wirtschaftslandschaft. Predöhl wandte, wie schon angedeutet, die Casselsche Substitutionslehre (S. 286) auf das Standortsproblem an. Der Schwede Ohlin will die Standortstheorie im größeren Rahmen einer Theorie des interregionalen und interlokalen Handels überhaupt in der Weise lösen, daß er die moderne Gleichgewichtslehre auf eine Mehrzahl von Märkten anwendet. Dabei entstehen ihm die Standortsprobleme da, wo in einem Gebiet die Produktionsfaktoren und Produkte in einem bestimmten Ausmaß unbeweglich sind.

Die alleinige **Produktivität des Bodens** behaupteten die Physiokraten, die, abgesehen von wenigen Einzelgängern[2], um die Mitte des 18. Jahrhunderts in Frankreich auf der Grundlage einer individualistischen Naturlehre (S. 180 ff.) als erste Schule ein theoretisches System der Nationalökonomie entwickelten. Sie erblickten mit dieser Behauptung den Wirtschaftsertrag aber nicht im Erfolg der Mittelbeschaffung, wie er auch in bloßer Brauchbarkeitserhöhung eines Mittels für seine Zwecke liegen kann (S. 58). Zu einer konsequent teleologischen (zweckbezogenen) Wirtschafts- und Ertragsauffassung war die physiokratische Schule noch nicht gelangt. Ganz mechanisch quantitativ erblickte sie den Ertrag vielmehr in Produktenmengen, insoweit sie nämlich die Menge der zu ihrer Herstellung aufgewendeten Güter übersteigen. Solche Mengenüberschüsse, wie sie z. B. Quesnays Hinweis auf die „tausendfältige Frucht des Weizens“ betont, werden zwar in Wahrheit durch das „Gesetz von der Erhaltung der Materie“ ausgeschlossen, treten aber scheinbar in der Landwirtschaft besonders sinnfällig in Erscheinung. Daher die physiokratische Auffassung von der alleinigen Produktivität der Landwirtschaft: Repräsentiert im wesentlichen durch den Pächterstand, bringe diese als „classe produktive“ dank der Naturkräfte des Bodens allein einen wirklichen Überschuß („produit net“) hervor. Handel und Gewerbe dagegen geben als „classes steriles“ das, was sie im Kreislauf der Wirtschaft als Rohstoffe u. dgl. von der Landwirtschaft bzw. den Grundeigentümern (der „classe disponible“) erhalten, nur umgeformt weiter (so Quesnay im Tableau economique, 1758, ähnlich auch Turgot).

Erst die englische sog. klassische Schule (Adam Smith, David Ricardo) stellte die Gewerbezweige der Sachgüterproduktion hinsichtlich ihrer Produktivität grundsätzlich nebeneinander. Durch ihre Arbeitswertlehre arbeitete sie dabei freilich ungewollt jener sozialistischen Auffassung vor, die wiederum die alleinige Produktivität nur der Arbeit behauptete (weiteres hierüber s. S. 196). Jede Ansicht aber, die nur einem der Produktionsfaktoren, sei es dem Boden oder dem Kapital oder der Arbeit, die alleinige Produktivität zusprechen möchte, ist grundsätzlich irrig. Unsere Ausführungen über das Produktivitätsgesetz zeigten das bereits (S. 92). In der Rolle des einseitig gesteigerten (variablen) Aufwandes, dessen Produktivität dort betrachtet wird, kann, sahen wir, jeder der Produktionsfaktoren

---

[2] Vor ihnen entwickelte ein solches System, wie Tautscher zeigte, der deutsche Merkantilist Ernst Ludwig Carl in seinem Buche „Traité de la richesse des princes et de leurs états“, das 1722 und 1723 in Paris erschien. Auch der Ire R. Cantillon schuf 1725 bereits ein selbständiges theoretisches System der Nationalökonomie.

auftreten, die ja stets miteinander kombiniert sind. Immer ist es dabei der im Zuwenig (im „relativen Minimum") befindliche Faktor, dessen Steigerung die größte Produktivität gewährleistet, gleichgültig, ob es sich dabei um Boden, Kapital oder Arbeit handelt. Daß die Arbeit als einzig lebender, aktiver (wirtschaftsführender) Produktionsfaktor g e n e t i s c h (d. h. als Entstehungsgrund) den Vorrang vor den beiden toten Sachgüterfaktoren (Kapital und Boden) hat, steht auf einem anderen Brett (vgl. S. 135).

§ 12 Der Produktionsfaktor „Kapital"

A) **Der Begriff „Kapital"** ist sehr umstritten. Es handelt sich aber bei ihm um eine mehr beschreibende (deskriptivere) Kategorie, nicht um einen Grundbegriff der reinen Wirtschaftstheorie. Nun sahen wir (S. 20), daß nur die r e i n e Wirtschaftstheorie ihr Erkenntnisobjekt exakt erfaßt, während die schon mehr b e s c h r e i b e n d eingestellte Wirtschaftsforschung plastischere, aber auch unschärfere Bilder liefert, die graduell auch auf benachbarte Erkenntnisgebiete übergreifen. Daher weisen, wie wir bereits feststellten, die Begriffe (im Unterschied zu den Grundbegriffen) der Wirtschaftstheorie oft einen naturwissenschaftlich-technischen bzw. psychologischen oder einen soziologischen Einschlag auf. Das erklärt die Vieldeutigkeit im heutigen Gebrauch des Kapitalbegriffs: Es sind m e h r e r e Abgrenzungen des Kapitalbegriffs nebeneinander möglich, je nachdem der Kapitalbegriff mehr in die Übergangsgebiete zur naturwissenschaftlich-technischen, zur deskriptiv-erwerbswirtschaftlichen oder zur soziologischen Betrachtung verlegt wird (vgl. den Eingang des § 5):

I. Im Rahmen der mehr **naturwissenschaftlich-technischen** Dreiteilung der Produktionsfaktoren in „Boden, Kapital und Arbeit" erscheint das Kapital als die Ausrüstung der menschlichen Arbeitskraft mit allen denjenigen Produktionsgütern, die nicht zum Begriff des Bodens und seiner standortgebundenen natürlichen Kräfte gehören. So wird hier der Kapitalbegriff u. E. zweckmäßig den immobilen sachlichen Produktivkräften des Bodens und den mobilen persönlichen Produktivkräften der Arbeit gegenübergestellt als I n b e g r i f f der ursprünglich m o b i l e n s a c h l i c h e n (und daher manipulierbaren) P r o d u k t i o n s m i t t e l. Alle Werkzeuge, Maschinen, Verkehrsmittel, Gebäude und dgl., ferner alle vom Boden gelösten Roh-, Heiz- und Treibstoffe, alle Halbfabrikate und sonstigen Zwischenprodukte gehören hierher, auch wenn sie nachträglich, wie manche Maschinen und fast alle Gebäude, vom Menschen fest mit dem Boden verbunden worden sind. Man kann im Sinne dieser unserer Abgrenzung genauer auch von „Sachkapital", Realkapital oder „Produktivkapital" sprechen.

Der Pflug in der Hand des Bauern, der seinen Acker bearbeitet, die Maschine in der Hand des Unternehmers bieten ein sinnfälliges Beispiel für die produktivierende Bedeutung des Kapitals im Rahmen einer Dreiteilung der Produktionsmittel, die ungeachtet ihres naturwissenschaftlich-technischen Einschlags primär ertragstheoretisch gesehen ist, und die Tendenz des zunehmenden Industrieertrages zeigte uns, wie sehr die Beweglichkeit und Manipulierbarkeit des Kapitals, die wir zu dessen Begriffsmerkmal erhoben[1], dessen typische Ergiebigkeitsverhältnisse beeinflußt.

Schon Turgot kennzeichnet das Kapital als „angehäufte bewegliche Güter", die der Produktion dienen. Böhm-Bawerks verbreitete Abgrenzung: „Kapital sind produzierte Produktionsmittel" kommt den Erfordernissen der erwähnten Dreiteilung nahe, weil die ursprünglich beweglichen Produktivgüter meist irgendwie „produziert" sind. Sie wird ihr aber doch nicht ganz gerecht, weil danach etwa auch meliorierte Urwald- oder Wüstenboden und Dränagegräben, also auch ursprünglich standortgebundene Produktivmittel, als „produzierte Produktionsmittel" Kapital wären. Jeder aus Urwald gerodete Acker ist ja, wirtschaftlich gesehen, „produziert". Auf die Beweglichkeit des Kapitalfaktors, die dessen technische Manipulierbarkeit begründet, aber kommt es im Rahmen der erwähnten Dreiteilung der Produktionsfaktoren in Boden, Kapital und Arbeit an. Sie allein begründet den Unterschied der spezifischen Ertragsleistung des Sachkapitals von derjenigen des Bodens. Die Tendenz des zunehmenden Industrieertrages als Kapitalertragstendenz tritt ja, wie gesagt, der Tendenz des abnehmenden Bodenertrages hier deutlich gegenüber (S. 100). Nicht kausalgenetisch auf die Entstehung, sondern teleologisch, nämlich ertragstheoretisch auf die Leistung des Sachkapitals ist dessen Begriffsbestimmung von der Wirtschaftstheorie zweckmäßig zunächst abzustellen. Die Verteilungstheorie kann dann mit Recht betonen, daß die beweglichen, als Produktivmittel dienenden Sachgüter zumeist erst ad hoc produziert werden müssen und damit ein Opfer an Zeit und Kraft bzw. die Rückstellung von Einkommensteilen erfordern. In diesem Sinne sagt Adolf Weber treffend: „Kapital ist erspartes Realeinkommen, das bereit ist, der Produktion zu dienen" (vgl. auch S. 309).

Die Anwendung des Stufengedankens auf diese Kategorie des Realkapitals führt dann zu der wichtigen Unterscheidung des einzelwirtschaftlichen (privatwirtschaftlichen), des volkswirtschaftlichen und des weltwirtschaftlichen Kapitals, je nachdem ob das Kapital als Mittel einzelwirtschaftlicher Ertragserzielung (Rentabilität) oder volkswirtschaftlicher Ertragserzielung oder weltwirtschaftlicher Ergiebigkeit betrachtet wird. So steckt z. B. in vielen staatlichen Einrichtungen und Instituten viel Sachkapital, dessen Einsatz nicht rentiert und doch von großer Produktivität ist. Man stellt hier oft die Begriffe „Privat-

[1] In „Der Kapitalbegriff der Wirtschaftswissenschaft", Schmollers Jhrb. f. Ges. u. Verw. 1931.

kapital“ und „Sozialkapital“ gegenüber[2]. Entsprechend kann auch in übernationalen Einrichtungen weltwirtschaftliches Sachkapital investiert sein, das mit seinen Erträgen der Zahlungsbilanz keines einzelnen Landes direkt zugute kommt, aber doch die Ergiebigkeit der weltwirtschaftlichen Zusammenarbeit sehr fördert.

Diese Beweglichkeit des Kapitalfaktors, die zusammen mit der Sachgütereigenschaft uns nach allem als wesentliches Merkmal dieses Kapitalbegriffs erscheint, ist in dieser Abgrenzung physisch-technisch gedacht, wie es schon den Verhältnissen der Naturalwirtschaft entspricht: Acker, Pflug und die Arbeitskraft des Landarbeiters stellen hier z. B. eine typische Kombination von Boden, „Kapital“ und Arbeit dar, ohne daß es dabei einer Dazwischenkunft des Geldes bedürfte. Bei Betrachtung der heutigen Geld- und Kreditwirtschaft dagegen ist die Beweglichkeit des Kapitals auch wirtschaftlich zu denken: Repräsentiert durch werbend angelegte Geldsummen, ist hier das Kapital „der Gestalt nach wandelbar und nur der Größe nach konstant“. Dies führt aber bereits hinüber zum

II. Kapitalbegriff als **deskriptiv-erwerbswirtschaftlicher** Kategorie. Er gehört der Geld- und Kreditwirtschaft an und steht hier vor allem auch im Mittelpunkt betriebswirtschaftlicher Überlegungen. In diesem Sinne bedeutet Kapital in Geld ausgedrückte Vermögenswerte, „die dem Erwerb von Einkommen gewidmet sind und in beständigem Umschlag die Erscheinung wechseln“ (v. Zwiedineck). Dies Geldkapital der neuzeitlichen Marktwirtschaft, entpersönlicht und beflügelt durch den Kredit, bedeutet „Geld für Investitionszwecke“ und insofern „objektiviertes Erwerbsvermögen, das unbegrenzten Zwecken dient“ (E. Böhler). Es verkörpert sich in den Kapitalgütern, die mit seiner Hilfe beschafft, in die es also „investiert“ (d. h. eingekleidet) wird. Insofern bedeuten diese geldlichen Vermögenswerte, soweit eine entsprechende Kaufkraft hinter ihnen steht, die Verfügung über diejenigen Mittel der Wirtschaft, die als Ergebnisse „vorgetaner Arbeit“ zur Beschaffung von Sachkapital vom laufenden Konsum zurückgestellt werden können. Die Form dieser Kapitalgüter nehmen diese Geldwerte an, um sie, wiedergewonnen aus dem Ertrag (Erlös) der Produktion, baldmöglichst wieder zu verlassen und in die Geldform zurückzukehren. Zu diesen Kapitalgütern gehört in der freien Marktwirtschaft auch der Boden, der ja ebenso wie die beweglichen Produktionsgüter mit seinem Preise in der Wirtschaftsrechnung

---

[2] Die Keynesanhänger stellen in einem ähnlichen Sinn die „induzierten“ Investitionen, die im Vergleich von Kosten- und Ertragserwägungen geplant werden, den „autonomen“ Investitionen gegenüber, die nicht auf Ertragserzielung und Kapazitätseffekte eingestellt seien, z. B. Straßen, Schulen, Verwaltungsbauten.

erscheint. So tritt an die Stelle der primär ertragstheoretischen, mehr naturwissenschaftlich-technischen Dreiteilung: „Boden, Kapital und Arbeit“ hier eine Gegenüberstellung nur von Kapital und Arbeit, die primär verteilungstheoretisch, nämlich preis- und einkommenstheoretisch gesehen ist. Dies Kapital, in Geld gebildet aus Rücklagen (insbesondere Ersparnissen), ermöglicht dabei also eine Ausrüstung der Arbeit mit Kapitalgütern (einschl. des Bodens), die die Ergiebigkeit der Arbeit und insofern das Einkommen des Arbeitenden durch Einschlagung ergiebigerer „Produktionsumwege“ (S. 132) erhöht.

Gefährlich ist es aber, wenn manche Vertreter der Keynesschule dies Geldkapital ohne weiteres mit dem Produktivkapital gleichsetzen, in dem es investiert wird, ohne die allgemeine Kaufkraft des Geldes und die Knappheit bzw. die Preise der Kapitalgüter entsprechend zu berücksichtigen, und ohne an das Wirkungsverhältnis zu denken, in dem sich das Produktivkapital mit den andern Produktionsfaktoren kombiniert.

Die Auffassung des Kapitals als werbender Geldsummen, als „Geld für Investitionszwecke“ findet sich in verschiedenen Variationen (aber freilich ohne die hier betonte Einschränkung auf die deskriptivere Betrachtung des heutigen Erwerbswirtschaftssystems) bei Karl Menger, G. Schmoller, O. von Zwiedineck-Südenhorst u. a., ähnlich auch bei Alfred Amonn. Wir werden diese Kategorie des Kapitals im folgenden als „Geldkapital“ oder „Erwerbskapital“ bezeichnen. Gerade die (von Zwiedineck hervorgehobene) Umschlagsfunktion des Kapitals ist außerordentlich typisch für die heutige erwerbswirtschaftlich organisierte Marktwirtschaft, die wir insofern als eine kapitalmäßige Wirtschaft bezeichnen können.

Nach dem Eigentumsverhältnis unterscheidet man beim Geld- oder Erwerbskapital das selbstverwendete und das Leihkapital: Das selbstverwendete oder eigene Kapital erbringt seinem Eigentümer die sog. Kapitalrente i. e. S. (S. 305). Das Leihkapital oder fremde Kapital erbringt dem Ausleiher (Darlehnsgeber) den Kapitalzins.

Nach der Rolle im Produktionsprozeß unterscheidet man beim Erwerbskapital stehendes und umlaufendes Kapital. Auch die Unterscheidung von Anlage- und Betriebskapital hat den gleichen Sinn. Das stehende oder Anlagekapital ist in Kapitalgütern investiert, die im Produktionsprozeß längere Zeit benutzt, gebraucht werden, die also die einzelne Produktionsperiode überdauern (z. B. Fabrikgebäude, Maschinen). Das stehende oder Anlagekapital geht also in jeder Produktionsperiode in den Wert der Produkte nur mit einer relativ geringen Abnutzungsquote über, die aus deren Erlös wieder erzielt wird (und zwar buchführungstechnisch in der Form von „Abschreibungen", die als Amortisationsquoten vom stehenden Kapital gemacht werden). Das umlaufende oder Betriebskapital dagegen bindet sich nur relativ kurzfristig in Kapitalgütern, die, wie z. B. Rohstoffe, zu verarbeitende Halbfabrikate, Heizmaterialien oder ähnliche Betriebsmittel, in einer Produktionsperiode vernutzt, verbraucht werden. Es kehrt dann schon nach Ablauf dieser einen Umschlagsperiode in dem für die Produkte erzielten Erlös in die Geldform zurück, um von neuem in der gleichen Weise eingesetzt zu werden. Aber auch die zur Lohnzahlung erforderlichen Geldbeträge gehören hierher. Bezeichnen wir den Neueinsatz von Kapital (die Nettoinvestition) vermehrt um den Ersatz des verbrauchten Kapitals (die Reinvestition) als Bruttoinvestition, so hat also beim Betriebskapital die Reinvestition einen viel höheren Anteil an der Bruttoinvestition als beim Anlagekapital.

Beim Geldkapital wird auch die Gegenüberstellung von Produktiv- und Konsumtivkapital gebraucht, je nachdem es als Mittel zu produktiven Zwecken (z. B. Erzeugung bzw. Erhaltung von Maschinen, Fabrikationsgebäuden oder auch Arbeitskräften) oder als Mittel zu unmittelbarem Verbrauch des Konsumenten in Betracht kommt. Sachkapital (Realkapital) im obigen Sinne hingegen ist schon ex definitione Produktivkapital.

Karl Marx (Das Kapital, 3 Bde. 1867/86/94) unterschied: Variables Kapital, nämlich Lohnzahlungskapital, das die Quelle der Mehrwerterzeugung darstelle (S. 139 f.) und konstantes Kapital, nämlich das übrige Kapital (z. B. Maschinen, Fabrikgebäude, Rohstoffe), das nicht werterhöhend wirke, sondern sich nur reproduziere. Im Konkurrenzkampf miteinander verwenden nach Marx die Unternehmer den Mehrwert in immer höherem Ausmaß zur Vermehrung des konstanten Kapitals, immer weniger zur Vermehrung des variablen Kapitals. Die Folge sei eine „Akkumulation von Kapital" („Konzentrationstheorie"), die zur Freisetzung immer größerer Arbeitermassen (der sog. industriellen Reservearmee) und damit zu einer „Akkumulation von Elend" führe („Verelendelungstheorie"). Auch die Konzentration des konstanten Kapitals jedoch hat, wie das Produktivitätsgesetz uns (S. 89) bereits zeigte, ihr wirtschaftliches Optimum, das die Unternehmer nicht überschreiten können (vgl. dazu die marxistische Krisentheorie, S. 368). Die freie Marktwirtschaft hat neben vielen Großbetrieben doch vor allem in Handwerk, Handel und Landwirtschaft auch eine breite Mittelschicht selbständiger Existenzen bestehen lassen und entwickelt. Sozial freilich legte die Konzentrationstheorie dem Kapitalismus den Finger auf die Wunde. Denn in der Entwicklung der großbetrieblichen Massenproduktion stellt das stehende Kapital nicht nur infolge seiner illiquiden Form wirtschaftlich ein wesentliches Starrheitsmoment dar, es kann auch soziologisch die kapitalmäßige Wirtschaft zu einer kapitalistischen werden lassen, wenn seine privaten Besitzer eine monopolistische Machtstellung zur Ausbeutung der nichtbesitzenden Volksschichten mißbrauchen (vgl. S. 131, 190, 196, 299).

III. Der Kapitalbegriff als **deskriptiv-soziologische Kategorie** endlich führt uns auf das Gebiet gesellschaftlicher Machtkämpfe, auf dem der Sprachgebrauch z. B. das Wort vom „Kampf zwischen Kapital und Arbeit" geprägt hat. In dieser Bedeutung grenzten wir ihn (ähnlich schon Ertragstheorie und Verteilungstheorie, Jhrb. f. Nat. u. Stat. 1928) folgendermaßen ab: Kapital ist Verfügungsgewalt über Produktivgüter als Grundlage wirtschaftlicher Macht. Kaum etwas ist so bedeutungsvoll für die Machtverteilung in einer Sozialwirtschaft wie der Besitz oder die Kontrolle der Produktionsmittel. Die wirtschaftliche Macht (die sich durchsetzt durch Gewährleistung oder Entziehung von Mitteln) tritt dabei der politischen Macht (die letztlich auf Gewalt beruht) sowie der geistigen Macht gegenüber (die sich auf Ideale beruft). Sitz dieser wirtschaftlichen Macht ist in der freien Marktwirtschaft vor allem der Großbetrieb und das Monopol, letzteres in der Form des Angebotsmonopols (z. B. der Kartelle oder Trusts) besonders auf dem Markt der Sachgüter und Geldkapitalien, in der Form des Nachfragemonopols (z. B. von Arbeitgeberverbänden) besonders auf dem Arbeitsmarkt (vgl. § 17 unter 4). Großbetrieb und Monopole sind denn auch die Hochburgen „des Kapitals" in dieser soziologischen Bedeutung des Wortes. Dem Produktiv- und dem Erwerbskapital tritt so das Monopolkapital gegenüber.

Von hier aus wird man auch dem Begriff des **Kapitalismus** gerecht. Oft haßbetont, spielt dieser Begriff in wirtschaftssoziologischen und wirtschaftspolitischen Erörterungen eine große Rolle, war aber mit den bisherigen Kapitaldefinitionen nicht in Einklang zu bringen. Sprachen wir soeben (unter II) nur von einer „kapitalmäßigen" Wirtschaft, so ergibt der soziologische Kapitalbegriff (zu III) als kapitalistisch ein Wirtschaftssystem, in dem die Verfügungsgewalt über Produktivgüter als Grundlage wirtschaftlicher Macht das Organisationsprinzip darstellt: Diese Verfügungsgewalt, zusammengeballt im Großbetrieb und im Monopol, verleiht ihrem Inhaber, dem Kapitalisten, eine wirtschaftliche Vormachtstellung, vermöge derer er die Kommandohöhen insbesondere der formell „freien" Marktwirtschaft beherrscht und mit der er oft auch auf die politische Sphäre der nicht nur wirtschaftlichen Leitung des Gemeinwesens übergreift. Diese Vormachtstellung des Kapitalbesitzers, nicht schon, wie manche Sozialisten glauben, das Produzieren für privaten Profit, kennzeichnet das Wirtschaftssystem des Kapitalismus. Diese Unterscheidung ist auch von großer praktischer Bedeutung: Die kapitalistische Wirtschaft als „Herrschaft des Kapitals über das Leben der Völker" lehnt man heute allgemein ab. Die kapitalmäßige Wirtschaft dagegen als ein Wirtschaftssystem, das die Fortschrittskräfte des privaten Erwerbskapitals in den

Dienst des volkswirtschaftlichen Produktionsziels stellt, erkennt man außerhalb des Sozialismus und des Kommunismus (S. 198) heute grundsätzlich an. Gerade die entwickelsten Formen der mit viel Kapital arbeitenden und insofern kapitalmäßig organisierten Volkswirtschaft sind unter dem Einfluß der Sozialpolitik heute meist sehr wenig „kapitalistisch" in dem Sinne, daß in ihnen krasse Gegensätze von arm und reich und eine Vorherrschaft des Kapitals beständen. Sie bilden vielmehr meist einen zufriedenen, auch politisch einflußreichen Mittelstand von Angestellten und gehobener Arbeiterschaft aus, der zwischen Kapital und Arbeit vermittelt.

Als Arten des Kapitalismus kann man unterscheiden:

1. Den individualistischen Kapitalismus (Privatkapitalismus). Er stellt die westliche Regelform des Kapitalismus dar. Für ihn ist wesentlich, daß die machtverleihenden Kapitalgüter sich in der Hand der Einzelwirtschaften befinden: Er ist gekennzeichnet durch eine individualistische Freiheit des Einzelnen, die dem Verwertungsstreben des Kapitals eine erhebliche wirtschaftliche Bewegungsmöglichkeit und Machtstellung beläßt. Die Wahrung des Privateigentums und der freien Konkurrenz (Vertragsfreiheit) am freien Markt dient der Aufrechterhaltung der grundsätzlich individualistischen Struktur dieses Kapitalismus.

a) Der moderne Kapitalismus wurde ermöglicht von der Entwicklung der neuzeitlichen Technik hin zum Großbetrieb und heraufgeführt vom ökonomischen Liberalismus des Manchestertums. Hier handelt es sich wesentlich um Sachgüter und Geldkapitalien, die durch ihren Einsatz als Produktionsmittel dem Einzelnen die wirtschaftliche Machtstellung verbürgen: „Kapitalismus ist die Beherrschung der Volkswirtschaft durch das Geldinteresse des Kapitals" definierte hier z. B. H. Pesch (a.a.O. Bd. 2, S. 230), und E. Heimann[3] bestimmte diesen Kapitalismus als eine freie Marktwirtschaft, „in der die Arbeiter Eigentümer ihrer Arbeit, zugleich aber vom Sacheigentum und Einkommen daraus getrennt sind". So gibt das private Erwerbskapital im neuzeitlichen Kapitalismus durchaus den Ton an. Die Arbeitskräfte allerdings wurden bald weitgehend sozialpolitisch geschützt. Überhaupt wurde die individualistische Wesenheit des neuzeitlichen Kapitalismus bald stark gemäßigt durch die kollektiven Bindungen einer autoritären Sozialpolitik einerseits und einer gewissen Selbstorganisierung (in Kartellen, Gewerkschaften usw.) andererseits. Im Spätkapitalismus (S. 79) tritt die Machtfunktion des Kapitals (ad III) schon mehr gegen seine Umschlagsfunktion (ad II) zurück.

---

[3] Eduard Heimann, Kapitalismus und Sozialismus, 1931, S. 6.

b) Früher kamen auch **persönliche** Güter (Arbeitskräfte) für die Vermittlung der gedachten einzelwirtschaftlichen Machtstellungen in Betracht: Der **Sklavenkapitalismus** der Antike gehört hierhier. Denn **Sombarts** Ansicht, daß diesem antiken Wirtschaftssystem das Profitstreben gefehlt habe, lehnten wir oben (S. 79) bereits ab. Dieser antike Skalvenkapitalismus blieb technisch auf der Stufe der Manufaktur stehen. Aber der Einsatz von Sklavenarbeit etwa in den Schildmanufakturen, den Getreideplantagen oder den Silbergruben rentierte sich z. B. im 5. und 4. Jahrhundert v. Chr. mit etwa dem Doppelten des landesüblichen Zinsfußes von damals ungefähr 12 %[4].

2. Der **Staatskapitalismus** kommt im Falle **kollektivistischer** Wirtschaftsverstaatlichung dann in Frage, wenn die großbetriebliche Produktionsweise im Vordergrund steht: Der Staat als einziger Arbeitgeber spannt hier die Arbeitenden vermöge der wirtschaftlichen Macht, die ihm der Besitz der Produktionsmittel verleiht, in den Dienst seiner Ziele ein, ohne auf die individuelle Freiheitssphäre der Arbeitenden genügend Rücksicht zu nehmen und ihre Meinung über diese Ziele zu Worte kommen zu lassen. Die politische Macht (Gewalt), deren sich der Staat auf der Grundlage der Gesetzgebung regelmäßig bedient, geht freilich damit Hand in Hand. So ist an die Stelle der privaten Monopole hier ein nur um so mächtigeres Staatsmonopol getreten, die Kapitalisten sind durch eine Bürokratie beamteter Betriebsleiter, Manager und Direktoren ersetzt, die Arbeitnehmer haben nur ihren Herrn gewechselt. Über die Frage der Wirtschaftsverstaatlichung überhaupt wird unten (§ 18) noch zu reden sein, aber in jedem Fall gehört zu den Merkmalen dieses Staatskapitalismus das Fehlen einer auf wirkliche individuelle Freiheit (z. B. der Wahlen, der Meinungsäußerung sowie der Informationen) gegründeten Mitbestimmung und Mitverantwortung der Arbeitnehmerschaft in allen dazu geeigneten Fragen der Produktions- und Sozialgestaltung.

Welchen der drei Kapitalbegriffe zu I bis III der Forscher benutzt, ist eine Frage wissenschaftlicher Zweckmäßigkeit, richtet sich also nach dem Zweck, den seine Untersuchungen verfolgen. Nur sollte stets ausdrücklich oder aus dem Zusammenhang ersichtlich sein, welche der drei Begriffsbestimmungen er mit dem Kapitalbegriff im Auge hat, ob er also das Sachkapital, das Geldkapital oder das Kapital als Grundlage wirtschaftlicher Macht, das Monopolkapital, meint.

B) Die **Produktivität des Kapitals:** Durch die Zuhilfenahme von Sachkapital steigert sich die Ergiebigkeit der menschlichen Arbeit

---

[4] Näheres s. bei W. **Weddigen**, Sozialpolitik, 1933, S. 125 und **Ders.**, Grundzüge der Sozialpolitik und Wohlfahrtspflege, 1957, S. 66.

meist außerordentlich. Denn mit Hilfe des Werkzeugs, der Maschinen und aller anderen manipulierbaren Betriebsmittel zwingt der Mensch die Naturkräfte in seinen Dienst. Die Tendenz des zunehmenden Industrieertrages (S. 100) als typische Kapitalertragstendenz zeigte das deutlich. Daher verzichtet man häufig auf gegenwärtige Konsumgüter, um zunächst Kapital zu bilden, schlägt also mit der Produktion zunächst von Werkzeugen den „produktiven Produktionsumweg“ zu späterer ergiebigerer Konsumgüterproduktion ein (S. 312). Dies kann direkt, d. h. in natura, geschehen (z. B. ein Bauer baut sich aus eigenem Holz eine Leiter), jedoch überwiegt heute der Umweg über das Geld.

Freiwillig erfolgt solche Kapitalbildung durch Sparen insbesondere bei Sparkassen, Banken, Versicherungsunternehmungen u. dgl., sowie durch Selbstfinanzierung (d. h. durch Nichtausschüttung von Gewinnen, sog. Gewinnsparen) der Unternehmungen. Sparer und Investor fallen im Fall der Selbstfinanzierung zusammen, während der Sparer sonst die Auswahl und das Gläubigerrisiko der Investition meist weitgehend den Kreditinstituten überläßt, denen er sein Geld anvertraut. Erzwungen wird die Kapitalbildung oft durch Besteuerung oder Einhebung von Sozialversicherungsbeiträgen etwa der Alters- und Invalidenversicherung. Denn nicht nur die Einzelwirtschaften, auch die höherstufigen Wirtschaftsgebilde benötigen Kapital, und die Staatswirtschaft bildet es meist aus Finanzabgaben ihrer Mitglieder, die sie investiert. Auch das sog. geldpolitische Zwangssparen, auf das wir unten (S. 273) noch zurückkommen werden, ist ein Fall erzwungener Kapitalbildung, soweit eine Kreditschöpfung, die hier durch ihre inflatorischen Preissteigerungen die Konsumeinschränkung der Rentner und Festbesoldeten erzwingt, beim Unternehmer Investitionen ermöglicht.

Die Kapitalbildung erfordert in allen Fällen Nichtausübung gegenwärtigen Konsums, also Konsumverzicht der privaten Haushaltungen. Sie ist daher um so leichter, je höher das Realeinkommen (S. 169) der Bevölkerung den bloßen Existenzbedarf übersteigt. Hohe Spitzeneinkommen sind daher an der Kapitalbildung meist verhältnismäßig stark beteiligt. Die Kapitalbildung muß auch die ständige Abnutzung des eingesetzten Sachkapitals immer wieder ersetzen.

Der „produktive Produktionsumweg“, der mit dem Einsatz von Kapital eingeschlagen wird, erfordert stets Zeit. Daher birgt jeder Kapitaleinsatz (jede Investition) ein Risiko in sich. Diese Verlustgefahr kann, abgesehen vom technischen Mißlingen der Produktion, vor allem in einer Verschlechterung der Absatzmöglichkeit für das Produkt sowie in einer Erschwerung der Beschaffung komplementärer Produktionsmittel liegen. Die Beschleunigung des Kapitalumschlags,

d. h. die Abkürzung der Produktionsperioden (Fertigungsdauer des Produktes) durch technischen oder organisatorischen Fortschritt, steigert die Ergiebigkeit und senkt das Risiko des Kapitaleinsatzes.

Über Kapitallenkung s. S. 320 ff.

Die Leugnung der Produktivität des Kapitals hat man auf den Hinweis gestützt, auch als Kapital sei nichts als „vorgetane Arbeit“. Diese, die Arbeit, sei allein wertschaffend, produktiv. Jedoch benötigt man zur Produktion auch von Kapital außer Arbeitsfähigkeiten stets noch Sachgüter, nämlich Boden und Kapital, und so fort. Insofern verschiebt jener Hinweis das Problem nur nach rückwärts. Niemals kann daher Kapital allein auf Arbeitsquantitäten zurückgeführt werden, wenn auch der Hinweis zutrifft, daß man Kapital ohne Arbeit nicht bilden kann. Über die grundsätzliche Gleichwertigkeit aller Produktionsfaktoren gab uns das Produktivitätsgesetz bereits Auskunft (S. 92).

Ein ähnlicher Einwand greift die Dreiteilung der Produktionsfaktoren in Boden, Kapital und Arbeit selbst an. Er behauptet, Kapital sei kein „elementarer Produktionsfaktor“, sondern ein Produkt aus Arbeit und Stoffen der Natur bzw. des Bodens. Der Einwand verkennt die wirtschafts-wissenschaftliche Natur jener Dreiteilung. Ungeachtet des naturwissenschaftlich-technischen Einschlags, den sie als schon deskriptivere Begriffsbildung der Wirtschaftstheorie hat (S. 19, 46), kommt es dieser Dreiteilung nicht auf die naturwissenschaftliche Qualität der Substanz des Sachkapitals, sondern auf dessen spezifische wirtschaftliche Leistung, d. h. auf seine Ertragswirkung, an. Diese Ertragsleistung ist aber bei den beweglichen sachlichen Produktivgütern von derjenigen der unbeweglichen sachlichen Produktivgüter (also des Bodens), wie bereits (S. 126) gezeigt, im ganzen durchaus verschieden.

Die Kapitalbildung in der Marktwirtschaft als Voraussetzung der Investitionen führt in der neueren Theorie vor allem hin zu den Problemen des „Multiplikatoreffekts“, des „Akzeleratoreffekts“ und des Wachstums der Wirtschaft (s. unten § 25 D).

§ 13 Der Produktionsfaktor „Arbeit“

Der Begriff: „Arbeit“ als Grundbegriff der Wirtschaftstheorie ist, wie oben im § 5 schon erwähnt, zu bestimmen als die Leistung der persönlichen Produktivgüter. Diese persönlichen Produktivgüter (Produktivkräfte) sind menschliche Leistungsfähigkeiten, insofern sie der Mittelbeschaffung dienen (S. 48 f.). So ist Arbeit hier die persönliche Leistung des Menschen im Dienste der Mittelbeschaffung.

Wie alle Grundbegriffe bezeichnet auch dieser Grundbegriff nur die vom Identitätsprinzip (dem Mittelbeschaffungszweck) bezeichnete Seite der Wirklichkeit (S. 16). Daraus ergibt sich die bisher vergeblich versuchte begriffliche Abgrenzung der Arbeit vom Sport ganz zwanglos: Sport ist körperliche Leistung des Menschen als Selbstzweck, wenn auch die Freude an der Höchstleistung dabei oft (aber nicht notwendig) die Form eines Wetteifers mit ähnlichen Leistungen annimmt. Auch Sport ist Arbeit, insofern seine Leistung (nicht Selbstzweck, sondern) für Mittelbeschaffungszwecke erheblich ist. Der Gang des Bergführers im Hochgebirge z. B. kann als Arbeit oder Sport betrachtet werden. Ob den Bergführer im einzelnen Fall mehr der wirtschaftliche Zweck (die Mittelbeschaffung, also hier der Gelderwerb) oder mehr der Selbstzweck (die Sportfreude) beseelt, ist eine Tatbestandsfrage der Wirtschaftsbeschreibung. Die relativ ergiebigste und dabei subjektiv leichteste körperliche Arbeit ist immer diejenige, die dem Arbeitenden zum Selbstzweck, d. h. gleichsam zum Sport wird.

Betrachtet die *reine* Wirtschaftstheorie den „Arbeitsfaktor" nur als ein Mittel, so unterscheidet sich der **Produktionsfaktor Arbeit** empirisch doch von den anderen Produktionsfaktoren: Im Rahmen der humanitären Ethik, die sich seit dem Aufkommen des Christentums immer mehr durchgesetzt hat, verbietet es sich, Menschen, wo immer es sei, nur als Mittel zu benutzen, wie dies z. B. in der Sklaverei grundsätzlich geschah. Für diese Auffassung stellt die Arbeit als lebendiger Produktionsfaktor nicht nur das wichtigste Mittel, sondern zugleich auch das alleinige Ziel aller Wirtschaft dar. Der Mensch als Träger aller Bedürfnisse, für die die Wirtschaft die Mittel beschafft, ist das Maß auch aller wirtschaftlichen Dinge. Dabei denkt eine mehr beschreibende sozialpolitische Einstellung bei dem Worte „Arbeitsfaktor" heute in erster Linie an die Masse der unselbständigen „Arbeitnehmer", also der Arbeiter und Angestellten. Aber auch den oft schwer ringenden Bauernstand sollte man in diesen sozialen Sinn des Wortes einbeziehen. Beide, Arbeitnehmer und Bauern, sind vornehmlich die Schützlinge der neuzeitlichen Wirtschafts- und Sozialpolitik.

Arten der Arbeit: Der Arbeitsfaktor weist unendlich viele verschiedenartige persönliche Kräfte auf. Ihre Zusammenfassung unter dem Namen nur eines Produktionsfaktors ist daher mehr noch als bei den anderen Produktionsfaktoren ein unzureichender Notbehelf. Kein Markt ist denn auch bei freier Wirtschaft so zersplittert wie der Arbeitsmarkt. Man unterscheidet:

Nach der *physischen Beschaffenheit* der die Leistungsfähigkeiten vorwiegend vermittelnden Organe *geistige und Handarbeit*. Die Unterscheidung ist also graduell. Die geistige Arbeit ist, genetisch gesehen, da von besonderer wirtschaftlicher Bedeutung, wo sie als Wirtschaftsführung (sei es des Unternehmers in der privaten, sei es des Wirtschaftspolitikers in der Gemeinwirtschaft) die übrigen

Produktionselemente leitet und kombiniert. Der Sozialist Rodbertus vertrat die Ansicht, die geistige Arbeit sei nicht wirtschaftlich produktiv. Nur die materiellen Verrichtungen brächten, „wirtschaftlich genommen“, die Güter hervor[1]. Damit verkannte er die dauernde wirtschaftliche Nutzwirkung gerade der geistigen Arbeitskraft, die zu den gemeinbrauchlichen Gütern (S. 48 f.) gehört. Das Patentrecht sowie andere Ausschließungsrechte (Muster-, Marken-, Firmenschutz u. a.) dienen hier dem Grundsatz des Privateigentums am Arbeitsprodukt. Ein möglichst ungehinderter Zugang aller Begabten zu den Ausbildungsmöglichkeiten der geistigen Arbeitskraft, insbesondere die Brechung des „Bildungsmonopols“ (S. 188 f.), kann die Produktivität der Arbeit eines Volkes entscheidend heben. Aber auch die Handarbeit (manuelle Arbeit) ist in ihrer Produktivitätswirkung allen anderen Produktionsfaktoren grundsätzlich gleichwertig. Wir stellten das von den komplementären Mitteln jeder Art bereits fest.

Die besonders im Gewerbe fortschreitende Technisierung und Rationalisierung der Produktion verschiebt das Schwergewicht der Arbeitsleistungen immer mehr hin zur geistigen Arbeit: Der Mensch arbeitet mehr und mehr als Herr und Wärter der Maschine. In den Lücken der Technisierung bleibt die Handarbeit (dort dann allerdings meist als „ungelernte“ Arbeit, s. u.) bestehen.

Die Arbeit der Berufe, an deren Leistungen ein unmittelbares Gemeinschaftsinteresse besteht, wird in der Form der Verbeamtung auch da frühzeitig dem Kollektivgrundsatz unterstellt, wo sonst Wirtschaftsfreiheit vorherrscht (z. B. Richterstand, Verwaltungsbeamtentum). Den Berufsbeamten kennzeichnet in den europäischen Marktwirtschaften regelmäßig Unkündbarkeit seiner Anstellung und Pensionsfähigkeit. Zwischenformen zum Individualgedanken sind die Organisierung und Beaufsichtigung grundsätzlich noch freier Berufe in öffentlichen bzw. berufsständischen Körperschaften (z. B. Ärztestand, Rechtsanwaltschaft). Oft bindet auch ein besonderes Standesethos (z. B. der Ärzte) solche Berufsstände besonders eng an die Gemeinschaft. Manche kulturwichtigen geistigen Berufe sind einer kollektiven Normierung rein technisch kaum zugänglich. Ein amtlich vorgeschriebener Achtstundentag z. B. des Forschers, Dichters oder Malers ist ein Unding.

Nach der Funktion in der Betriebswirtschaft hat man drei Arten von Arbeit unterschieden: für die leitende Arbeit des

[1] Vgl. Rodbertus-Jagetzow, Soziale Briefe an v. Kirchmann, 3. Brief. Berlin 1851, S. 27 ff. Ders., Zur Erklärung und Abhülfe der Kreditnot des Grundbesitzes. Bd. II, S. 109, Anm. 31. Eine ähnliche Auffassung von der wirtschaftlichen Bedeutung der geistigen Arbeit findet sich bei der englischen sog. klassischen Schule.

Unternehmers ist kennzeichnend die Durchsetzung neuer Kombinationen in der Wirtschaft auf eignes Risiko (weiteres s. § 27). Aber auch alle anderen Leistungen der Wirtschaftsführung wird man zur leitenden Arbeit zu rechnen haben. Sie plant, organisiert und beaufsichtigt die übrige Arbeit. Diese stellt man ihr als die mehr verwaltende (sog. dispositive) Arbeit der meisten Angestellten, die über Weisungsberechtigung verfügen, und als ausführende Arbeit der Arbeiterschaft gegenüber. Innerlich unterscheiden sich die Angestellten von der Arbeiterschaft durch ein gewisses besonderes Standesgefühl, das freilich oft mit materiellen Bedrängnissen und Notlagen („Stehkragenproletarier“ lautet hier ein bitteres Wort) zu kämpfen hat, äußerlich durch ihren meist monatlichen Gehaltsbezug, da die Arbeiter meist allwöchentlich entlohnt werden. Die Ergiebigkeit der ausführenden Arbeit hängt vor allem von der Kenntnis des Produktionsverfahrens und dem technischen Können des Arbeiters ab.

Nach der Vorbildung unterscheidet man bei der Arbeiterschaft gelernte, angelernte und ungelernte Arbeit. Die gelernte Arbeit ist gekennzeichnet durch eine längere handwerkliche Ausbildung (Lehrzeit, Gesellenzeit usw.), wie sie hier durch eine verhältnismäßig starke Mitwirkung der geistigen Leistungsfähigkeit des Arbeiters bedingt wird. Diese Ausbildung des gelernten Arbeiters wird meist durch eine Prüfung abgeschlossen. Die angelernte Arbeit setzt nur eine kürzere Ausbildung im Betriebe selbst voraus. Eine solche genügt meist, um die Handarbeiter mit der Bedienung von Spezialmaschinen und dgl. genügend vertraut zu machen. Dabei verschiebt die fortschreitende Technisierung das Schwergewicht der manuellen Arbeit oft von der gelernten hin zur angelernten und mitunter sogar zur ungelernten Arbeit. Diese hat dann gleichsam die Lücken der Technisierung auszufüllen. Allgemein ist die ungelernte Arbeit (z. B. der Transportarbeiter) gekennzeichnet durch die meist geringere Mitwirkung spezieller geistiger Fähigkeiten, die eine besondere Ausbildung des Arbeiters erübrigt.

Die wirtschaftliche **Ergiebigkeit der Arbeit** wird bestimmt durch ihren Ertrag. Dieser entspricht auch hier dem Verhältnis von Nutzen und Kosten. Für die psychischen Kosten der Arbeit, d. h. für den Aufwand von Arbeitsmühe (Arbeitsleid), der die Arbeit beschwerlich macht, gilt rein theoretisch das Gesetz der erst ab- und dann zunehmenden Arbeitskosten: Steigender Aufwand persönlicher Güter, also steigende Arbeitsleistung, bedingt eine anfänglich relativ steigende, dann relativ und bald auch absolut abnehmende Arbeitsfreude und schließlich relativ steigende Arbeitslast. So bedeutet z. B. für den lange untätig Gefangenen jede Arbeit anfangs eine steigende Erfrischung. Erst im Fortschreiten der Arbeit stellt sich zunehmende Ermüdung ein, die die Arbeitsfreude mindert und schließlich in zunehmendes Arbeitsleid (wachsende Arbeitsmühe) verwandelt. Mit diesem Gesetz stellten wir (Theorie des Ertrages, S. 148 ff.) die Geltung der Ertragskurve des Produktivitätsgesetzes, die das „Kostengesetz“ (s. oben S. 106) für die sachlichen Kostengüter ausspricht, auch für die Arbeitskosten fest.

Die schon mehr wirtschafts*beschreibende* Einstellung muß auch hier das exakte Gesetz der reinen Theorie durch Feststellung von Regelmäßigkeiten ergänzen. Hier gilt *Otto Efferts* „*Gesetz des abnehmenden Arbeitsertrages*“[2] bzw. *Liefmanns* „*Gesetz der steigenden Arbeitskosten*“ freilich nur als *Tendenz*, als Regel für die meiste, besonders die manuelle Arbeit: Bei ihr spielt der ansteigende Ast der Arbeitskostenkurve empirisch eine besonders große Rolle, sie muß praktisch von vornherein mit steigender Arbeits*mühe* rechnen. Immerhin löst die gleiche Arbeit bei verschiedenen Menschen oft ganz verschiedene Grade von Arbeitsfreude und -mühe aus, so daß eine *exakte* Feststellung hier unmöglich ist. Der erhöhten Arbeitsmühe von Überstunden trägt aber deren heute übliche Höherbezahlung allgemein Rechnung.

Von einem bestimmten, durch die steigende Ermüdung bedingten Punkte ab sinkt mit zunehmender Dauer der Arbeit auch die Leistungsintensität, d. h. die Leistung in der Zeiteinheit, wie sie beruht auf der Leistungswilligkeit und Leistungsfähigkeit des arbeitenden Menschen (v. *Zwiedineck*). Hier ist nicht nur die tägliche Gesamtdauer der Arbeit von Bedeutung, sondern auch die Zahl und Verteilung der Arbeitspausen. Jedenfalls leistet der Arbeiter in einer der ersten Arbeitsstunden des Tages durchschnittlich mehr als etwa in der neunten, und auch die Unfallgefahr nimmt meist mit steigender Ermüdung zu. So ergibt hier der *Produktivitäts*gesichtspunkt für jede Arbeit eine wirtschaftliche optimale Arbeitszeit, bei deren Überschreitung die Intensität der Leistung abnimmt. Das *Rentabilitäts*optimum der Arbeitszeit, die Arbeitsdauer also, die dem Arbeitenden das höchste Arbeitseinkommen (z. B. Tages- oder Wochenverdienst) ergibt, wird (ähnlich wie z. B. auch bei der Benutzung des Bodens, S. 115, 116) meist über diesem Produktivitätsoptimum liegen. Meist über diesem Rentabilitätsoptimum wiederum liegt jenes physische *Maximum* der Arbeitszeit, dessen Überschreitung eine laufende Reproduktion der Leistungsfähigkeit durch Arbeitspausen, Freizeit und Nachtruhe unmöglich macht, so daß sie insofern Raubbau an der menschlichen Arbeitskraft bedeutet.

[2] Vgl. Maurice *Bye*, Les Lois des Rendements non proportionals, leur évolution et leurs formes modernes, Paris 1928, S. 121.

Neben der wirtschaftlich optimalen ist die e t h i s c h oder k u l t u r e l l o p t i m a l e A r b e i t s z e i t zu unterscheiden. Sie hängt auch vom Bildungsstand des Arbeiters ab, denn dieser ist maßgebend dafür, wie der Arbeiter seine Freizeit verwendet. Dies ethische oder kulturelle Optimum der Arbeitszeit ist mit den Mitteln der Wirtschaftswissenschaft allein nicht zu beurteilen. Der Christ als Anhänger tätiger Nächstenliebe z. B. wird die ethisch optimale Arbeitszeit näher an deren wirtschaftliches Optimum heranrücken als der Buddhist als Freund von Meditationen, die zum Nirwana führen sollen. Für die Wirtschaftstheorie bedeutet jede Arbeitsruhe, wie wir sahen, biologisch-organische Produktion von Arbeitsfähigkeiten. Aber schon etwa das „ora et labora“ des Christentums macht es klar, daß hier, wo es nicht mehr um Mittelbeschaffung, sondern um die Endzwecke (Ideale) des Lebens geht, die ökonomische Betrachtung ihre Grenze hat. An ihr endet auch die Zuständigkeit der Wirtschaftstheorie (vgl. auch S. 231).

B e i f o r t s c h r e i t e n d e m Ü b e r g a n g z u r W i r t s c h a f t s b e s c h r e i b u n g endlich wird erkennbar, wie eng die Welt der S e l b s t z w e c k e gerade im Begriff der psychischen Arbeitskosten mit der Welt der M i t t e l b e s c h a f f u n g, d. h. der Wirtschaft, zusammenhängt. Jede Selbstzweckbetonung, die eine Arbeitstätigkeit, sei es von vitalen Selbstzwecken (z. B. Spieltrieb, Sportfreude), sei es von Idealen (z. B. Pflichtbewußtsein, Vaterlandsliebe, Forschungsideal) her erhält, nimmt ihr den Stachel der Fron, mindert also, wirtschaftlich gesehen, ihre psychischen Kosten. Hierin kann die Glückswirkung z. B. einer christlich-ethischen Weltanschauung oder der Liebe zum eigenen Volk wie auch jeder anderen Lehre liegen, die an die Stelle des Zwanges die Freiwilligkeit der Arbeit setzt und so den Arbeitenden zu innerer Freiheit führt. Das Gegenteil bewirkt jede Ausbeutungslehre, die im Widerspruch zu den wirtschaftlichen Möglichkeiten des Arbeitsverhältnisses nur eine demagogische Verhetzung des Arbeitenden bezweckt.

Empirisch hängt die Ergiebigkeit der Arbeit besonders weitgehend von ihrer Ausrüstung mit Sachkapital ab. Die Arbeitsproduktivität (S. 60) wird in den wirtschaftlich am meisten entwickelten, kapitalreichen Ländern heute auf etwa das Zehnfache dessen geschätzt, was in den Ländern einer noch mit wenig Kapital und primitiveren Methoden arbeitenden Wirtschaft erreicht wird.

Daß nur die Arbeit produktiv (im Sinne von „wertschaffend“) sei, behauptet aber vor allem der Marxismus: Da die übrigen Produktionsfaktoren insofern nur „vorgetane Arbeit“ darstellen, so schaffe allein die Arbeit den Wert (Tauschwert) des Produkts. Benutzen die Klassiker die Arbeit nur als Wertmaßstab, also als Vergleichsgrundlage im Tauschverkehr und bei der Bildung der Preisrelation der Waren, so wird die Arbeit (als „gesellschaftlich notwendige Arbeitszeit“) beim Marxismus zum kausalen Bestimmungsfaktor des Güterwertes. Diesen Wert des Produkts stecke der Unternehmer in die Tasche und eigne sich so, nachdem er den Arbeiter nach dem zur Reproduktion seiner Arbeitskraft erforderlichen Existenzminimum, den Gestehungskosten der Arbeit also, abgefunden habe, den vom Arbeiter darüber hinaus produzierten „Mehrwert“ des Produkts unrechtmäßig an (Ausbeutungstheorie). Diese Ausbeutung der Arbeiterschaft werde ein Ende finden durch eine Vergesellschaftung (Sozialisierung) aller Produktionsmittel, die, von der Arbeiterschaft im Klassenkampf errungen, deren Recht auf den vollen Arbeitsertrag verwirklichen werde. Zu dieser „Expropriierung der Expropriateure“ müsse die großbetriebliche Konzentration des Kapitals in den Händen immer wenigerer Kapitalisten (vgl. Konzentrationstheorie, S. 129) zwangsläufig hinführen, da „die Produktionsweise des materiellen Lebens“ auch „den sozialen, politischen und geistigen Lebensprozeß“ der Gesellschaft bedinge, den Marx nur als den „juristischen und politischen Überbau“ jener ihrer „ökonomischen Struktur“ auffaßt (sog. materialistische Geschichtsauffassung).

Diese Auffassung der sog. Mehrwerttheorie wurde von Karl Marx in seinem „Kapital“ mit gewissen Einschränkungen vertreten, jedoch unter Mitwirkung vor allem von Friedr. Engels im obigen Sinne popularisiert. Sie fußt auf der Arbeitswertlehre, wie sie noch mit Vorbehalten von Ricardo und unbedenklich von James Mill und MacCulloch vertreten wurde (zu deren Kritik vgl. S. 124, 196, 212, 213). Dabei wird hier von Marx die Konzentrationstendenz des Kapitals, wie wir schon (S. 129) sahen, übertrieben. Auch enthält der „Mehrwert“ in Wahrheit nicht nur das Unternehmereinkommen und das Entgelt für die Nutzung geliehenen Kapitals, sondern er muß auch die Ausgaben zur Erhaltung und Vermehrung der Kapitalausrüstung sowie für Verwaltungs- und Wohlfahrtsausgaben einer Nation decken. Die materialistische Geschichtsauffassung weist zwar zutreffend auf die Bedeutung hin, die auch dem Ökonomischen für den Verlauf der Geschichte zukommt, vereinseitigt aber doch das, was in Wahrheit ein organisches Miteinanderwachsen (oder -schrumpfen) des Geistigen und des Materiellen in ständiger gegenseitiger Beeinflussung ist, zu einer mechanisch-kausalen Verursachung des Geistigen durch das Materielle. Die Geschichte zeigt denn auch keine eindeutige Parallelität zwischen bestimmten Formen der Produktionstechnik und den sozialen, politischen und geistigen Verhältnissen der Gesellschaft.

Erkannten wir die Leistungsintensität der Arbeit abhängig von der Leistungswilligkeit und Leistungsfähigkeit des Arbeitenden, so geht hier auch von der Höhe des Arbeitseinkommens ein wesentlicher Einfluß aus. Insoweit er sich auf die Arbeitsfähigkeit erstreckt, sagte uns dies bereits die Tendenz des abnehmenden Lohnertrages (S. 107). Aber das Bewußtsein „gut zu verdienen", wird oft auch die Leistungswilligkeit des Arbeitenden günstig beeinflussen. Von besonderer Bedeutung ist hier, ob und inwieweit die Lohnbemessungsmethoden (S. 292) die Höhe des Lohns von der Leistungsintensität abhängig machen. Akkord- oder Prämiensysteme, die dies erreichen, sind ja nicht überall anwendbar. Weiterhin können Leistungswettbewerbe, die den Ehrgeiz des Arbeitenden anregen, sowie Kontrollen der Leistungsintensität, die das Ehrgefühl des Arbeitenden nicht verletzen, die Leistungsintensität steigern. Endlich ist auch das Arbeitsmilieu (die Arbeitsumwelt) von Einfluß auf die Arbeitswilligkeit und Arbeitsfähigkeit des Arbeiters. Wir rechnen dazu nicht nur die zweckmäßige Beschaffenheit der Werkräume und Betriebseinrichtungen, sondern vor allem auch den Gemeinschaftsgeist, der in den „human relations" Leitung und Belegschaft eines Betriebes zu einer Arbeitsgemeinschaft verbindet.

Die soeben erwähnte produktivierende Wirkung eines Wettbewerbs, der durch Auslösung sportlichen Wetteifers die Arbeitskraft belebt, wird in der Wirtschaft auch außerhalb der abhängigen Arbeit ganz allgemein benutzt. In der freien Marktwirtschaft bewirkt hier die Konkurrenz der Anbieter einer Ware oder Leistung die Auslese der preiswürdigsten Produktion. Anonymer Schiedsrichter in diesem Wettkampf ist die kaufkräftige Nachfrage, die die Produzenten in ihrer Eigenschaft als Konsumenten bei der Deckung ihres Bedarfs am freien Markt der arbeitsteiligen Sozialwirtschaft entwickeln. Aber auch die gebundene Wirtschaft organisiert Wettkämpfe, bei denen Einzelpersonen oder auch ganze Betriebe ihre produktiven Leistungen miteinander messen. Als Kampfpreis winken dabei dem Sieger öffentlich ehrende Auszeichnungen, eine Besserstellung in der Lebensmittelzuweisung oder ähnliche Belohnungen. Gleichsam in der Mitte zwischen freier Konkurrenz und staatlich organisiertem Wettkampf steht das sog. Prüfungswesen, wenn die Prüfungskommissionen die Leistungen mit einer fest abgestuften Skala von Noten bewerten, die den Wetteifer und den Ehrgeiz der Kandidaten anregt.

Die Produktivität des Arbeitsfaktors wird ferner, wie nach dem Vorgang des deutschen Merkantilisten E. L. Carl schon Adam Smith betonte, stark gehoben durch Arbeitsteilung: Beschränkt sich jedes Mitglied einer Sozialwirtschaft auf die Herstellung nur einer

Güterart und tauschen alle ihre nicht selbst benötigten Erzeugnisse aus, so bedeutet das bestimmte Vorteile für die Ergiebigkeit ihrer Arbeit: In den Wirtschaftsgebilden aller Stufen finden wir diese Teilung der Arbeit, so daß wir z. B. innerbetriebliche und zwischenbetriebliche, ferner nationale und internationale Arbeitsteilung zu unterscheiden haben. Die Arbeitsteilung kann kollektiv durch Befehl einer Zentralgewalt angeordnet werden (so im Betrieb oder in der zentral geregelten Volkswirtschaft) oder individuell durch Tauschakte sich herstellen (so in der freien Marktwirtschaft).

Betrachten wir hier zunächst die nationale Arbeitsteilung, mit anderen Worten also die **Arbeitsteilung im Rahmen der Volkswirtschaft,** so wird die Ergiebigkeit der Arbeit durch die größere Intensität und Geübtheit des Spezialisten, durch die Vereinfachung des Arbeitsganges sowie durch die Umlegung konstanter Kosten auf eine gestiegene Produktzahl (S. 113) gesteigert. Jede hauptberufliche Ausbildung besonderer Fähigkeiten und Gaben, und damit auch deren erleichterte Weitergabe von einer Generation an die andere setzt die Arbeitsteilung voraus, die andererseits auch den Einsatz von Maschinen und gering ausgebildeter Arbeitskräfte (z. B. angelernter und ungelernter Arbeiter) ermöglicht. Neben diese interpersonelle tritt die interlokale Arbeitsteilung, mit der die Produktion die naturgegebenen Vorteile der verschiedenen Standorte ausnutzt. Außer diesen beiden Arten einer gleichsam horizontalen Arbeitsteilung hat man auch die Aufteilung der Arbeit in Produktionsstufen, also die verschiedenen Produktionsphasen auf dem Wege vom Rohprodukt zum Fertigfabrikat und die spezialisierte Herstellung der Werkzeuge und Kapitalgüter dazu, als eine gleichsam vertikale Arbeitsteilung bezeichnet. Auch mit ihr werden die erwähnten Vorteile der Arbeitsteilung zumeist erreicht.

Daß freilich diesen Vorteilen der Arbeitsteilung auch Nachteile gegenüberstehen, deuteten wir oben bereits an. Der oft geringe Überblick des Spezialisten, die Eintönigkeit einer einseitigen Berufsarbeit, die oft den inneren Zusammenhang mit dem Ganzen verliert, mindert die Ergiebigkeit der Arbeit. Dabei steht die vollmechanische Arbeit, die wenigstens den Geist des Arbeiters freiläßt, noch nicht einmal am ungünstigsten da. Auch die Elastizität (die Umstellungsfähigkeit) der Wirtschaft wird durch die Arbeitsteilung in den meisten Fällen ungünstig beeinflußt. Die spezialisierten Arbeitskräfte einer stark arbeitsteilig gegliederten Marktwirtschaft sind meist zu schneller Umstellung auf eine andere Berufsarbeit kaum in der Lage, und ihre Notlage zieht dann weite Kreise in Mitleidenschaft. Daraus vor allem erklärt sich die im Vergleich zu den Industrieländern große Krisenfestigkeit der noch nicht so stark arbeitsteilig gegliederten Agrarländer. Jede arbeitsteilige Differenzierung (Verunterschiedlichung, Ausgliederung) eines Wirtschaftsgebildes bedingt eben auch dessen Integrierung, d. h. die Gesamtempfindlichkeit (Solidarität) seiner Glieder. Die Analogie zu den biologischen Organismen besteht auch hier.

Der Grad von arbeitsteiliger Spezialisierung, mit der sich ein Wirtschaftsgebilde ins größere höherstufige Ganze eines arbeitsteiligen Wirtschafts„organismus“ eingliedert, weist jedenfalls ein ökonomisches Optimum auf. Dieser zweckrichtige Grad von arbeitsteiliger Differenzierung bedeutet ein Gleichgewicht von eigenständiger Selbstversorgung (Autarkie) der Glieder und von deren Aufgehen im höherstufigen Gesamtzusammenhang der arbeitsteiligen Verflechtung, also gleichsam eine organische Synthese von individueller Selbständigkeit und kollektiver Abhängigkeit, von Freiheit des Einzelgebildes und seiner Gebundenheit im größeren Ganzen der höherstufigen Gesamtwirtschaft. Sie vermittelt dem Wirtschaftsganzen ein Höchstmaß von Produktivität. Zu dem Produktivitätsproblem des gleichsam h o r i z o n t a l e n Gleichgewichts zusammenwirkender Produktivkräfte eines Wirtschaftsgebildes, über das uns das Produktivitätsgesetz (im § 8) Auskunft gab, kommt hier also das Produktivitätsproblem eines gleichsam v e r t i k a l e n Gleichgewichts im Über- und Untereinander der verschiedenstufigen Gliedgebilde im Pyramidenbau des wirtschaftlichen „Organismus“ hinzu: Dem horizontalen Gleichgewicht der Produktionsfaktoren tritt das vertikale Gleichgewicht der Wirtschaftsstufen an die Seite. Angewendet auf das Verhältnis der Einzelwirtschaft zur Volkswirtschaft, ergibt dies Problem des vertikalen Gleichgewichts die Fragestellung von individueller Freiheit und kollektiver Bindung in der Volkswirtschaft (s. §§ 17, 18), angewendet auf das Verhältnis der Volkswirtschaft zur Weltwirtschaft ergibt es die Fragestellung von Autarkie und Freihandel (s. S. 146, 147).

Im ganzen allerdings überwiegen innerhalb einer Volkswirtschaft heute die Vorteile der Arbeitsteilung beträchtlich. Jene Gefahren der Existenzunsicherheit in marktwirtschaftlichen Konjunkturen insbesondere, die mit der Integrierung der arbeitsteiligen Volkswirtschaft für den einzelnen Spezialisten gegeben sind, können hier vermöge dieser Integrierung ja durch ein solidarisches Eintreten der Gesamtheit (z. B. mit der Arbeitslosenhilfe) auch wieder wettgemacht werden.

K. B ü c h e r (Die Entstehung der Volkswirtschaft) hat die Erscheinungen der A r b e i t s g l i e d e r u n g näher untersucht. Seine Ergebnisse seien (etwas umgestellt und erläutert) hier folgendermaßen in ein Schema gebracht. Er unterscheidet:

1. Arbeitsteilung: Eine Arbeitsleistung wird von einer Person, der sie bis dahin oblag, auf mehrere übertragen. Hier kommt in Frage:

a) Berufsbildung, d. i. die Trennung der Arbeit z. B. in Landwirtschaft, Gewerbe, Beamtentum, die Bildung der Handwerksarten usw.

b) Berufsteilung (oder Spezialisation), d. i. die Aufspaltung der Arbeit innerhalb eines Berufes (z. B. Spezialarzt). Diese Art der Arbeitsteilung, bei der jeder ein gebrauchsfähiges ganzes Stück herstellte, herrschte bis zum Ende des Mittelalters durchaus vor. Sie vermehrte die Zahl der selbständigen Existenzen.

c) Produktionsteilung, nämlich die Teilung eines ganzen Produktionsprozesses in mehrere zeitlich aufeinander folgende selbständige Abschnitte (z. B. Schafzüchter, Spinner, Weber, Färber). Dies wäre also die soeben (S. 142) schon erwähnte „vertikale“ Arbeitsteilung.

d) Arbeitszerlegung, nämlich die Auflösung eines Produktionsprozesses in mehrere zeitlich nebeneinander herlaufende, einfachere, aber für sich nicht selbständige (gleichsam parallele) Arbeitsverrichtungen (z. B. Hosenschneider, Westenschneider usw.). Diese neuzeitliche Art der Arbeitsteilung bedingte die Konzentration im Gewerbe und damit die Aufsaugung selbständiger Existenzen, besonders in den Großbetrieb, wenn wir z. B. an die Massenfabrikation von Einzelteilen im Großgewerbe denken.

e) Arbeitsverschiebung, nämlich die teilweise Verlegung der Arbeit in andere Produktionsstätten als Folge der Einführung von Maschinen (z. B. aus der Schneiderwerkstatt in die Nähmaschinenfabrik). Auch sie wäre zur vertikalen Arbeitsteilung im obigen Sinne zu rechnen.

2. Arbeitsgemeinschaft, d. i. die „gleichzeitige Verwendung mehrerer Arbeiter zur Bewältigung einer Arbeitsaufgabe“ (also „Vereinigung verschiedener Arbeiten im Objekt“). Sie soll die unzulängliche Einzelkraft in der erforderlichen Weise ergänzen. Hier unterscheidet Bücher:

a) gesellige Arbeit, z. B. in den „Spinnstuben“ der Bauernmädchen, in den „Gesellschaftshäusern“ der Wilden usw.

b) Arbeitshäufung, und zwar

aa) einfache (z. B. mehrere Schnitter),

bb) Arbeitsverkettung durch den Rhythmus, sei es im Gleichtakt (z. B. mehrere Rammer), oder sei es im Wechseltakt (z. B. mehrere Drescher).

c) Arbeitsverbindung in der Gruppenarbeit (z. B. des Schmiedes und seines Blasebalgziehers, der Arbeiter im Gruppenakkord).

3. Arbeitsvereinigung, d. i. die Zusammenfassung verschiedenartiger Arbeiten in einer Hand (also Vereinigung im Subjekt). Hier soll überschüssige Arbeitskraft nutzbringend

verwertet werden. Das geschieht insbesondere durch Ausübung eines Nebenberufs (z. B. Friseur und Kaufmann).

Der Taylorismus und der Fordismus suchen die wirtschaftlichen Vorteile der Arbeitsteilung aufs höchste auszunutzen und zu steigern:

Der amerikanische Ingenieur F. W. Taylor will eine Höchstleistung des Arbeiters im Wege einer wissenschaftlichen Betriebsführung erreichen: Eignungsprüfungen vor Anstellung des Arbeiters, genaue wissenschaftliche Erforschung jedes einzelnen Arbeitsganges auf größte Vereinfachung (Bewegungs- und Zeitstudien) sowie geeignete Gestaltung der Werkzeuge, entsprechender Drill des Arbeiters und genaue Kontrollen während der Arbeit sollen dieses Ziel erreichen. Auch die Lohnbemessungsmethode tritt in den Dienst dieses Ziels (vgl. S. 292 f.). Die Arbeiter kritisieren hier die Monotonie ihrer Arbeit und die Gefahr dauernder Überanstrengung ihrer Arbeitskraft.

Der amerikanische Automobilkönig Henry Ford (1864—1947) ging mehr von der Leistung des Unternehmers aus. Dieser müsse im Dienste des Allgemeinwohls durch billigste Produktion weiteste Absatzmöglichkeiten erschließen. Dazu sei insbesondere auch eine Beschränkung der Produktion auf möglichst wenige Modelle erforderlich. Die so ermöglichte industrielle Massenproduktion steht bei Ford im Zeichen eines bis ins einzelne gehenden Betriebsrationalisierung und -mechanisierung. Deren alles verbindendes Hauptmittel ist das „laufende Band“ (Fließband). Dieses schreibt der Arbeitergruppe Art und Tempo ihrer Leistung zwangsläufig vor. Dadurch entfalle viel „unproduktive“ Kontrollarbeit, wie auch die Notwendigkeit, den Arbeiter vom Lohnsystem her zu Höchstleistungen anzuspornen. Durch Einschaltung der Arbeitsgruppe soll dabei der Einzelne möglichste Freibeweglichkeit erhalten. Die Arbeitszeit sei möglichst herab-, die Löhne seien möglichst heraufzusetzen. Dennoch ist der Arbeiterwechsel in den Fordwerken trotz hoher Löhne sehr rege. — In Deutschland verfolgte bisher vor allem der Reichsausschuß für Arbeitsstudien (Refa) das Ziel einer Rationalisierung der Arbeitsleistung. Ähnlich wie Ford verfocht hier Robert Bosch das Fließbandsystem. Er führte den Achtstundentag 13 Jahre vor dessen gesetzlicher Begründung ein und zahlte seinen Arbeitern Löhne, die den Durchschnitt um ein Drittel überstiegen.

Die Vorteile einer erweiterten Arbeitsteilung zusammen mit der Verbesserung der Verkehrsmittel haben den Zusammenschluß der Menschen zu immer größeren politisch geeinten Wirtschaftsgebieten von der wirtschaftlichen Seite her begründet (vgl. S. 81). Gilt das heute bereits für den Zusammenschluß der früheren Regional- und Stammeswirtschaften zu Volkswirtschaften, so bestehen oberhalb der Volkswirtschaften die Austauschbeziehungen auch einer **internationalen Arbeitsteilung,** einer Arbeitsteilung im Rahmen der Weltwirtschaft also, im Welthandel der Völker. Hier steht die interlokale Arbeitsteilung im Vordergrund. Denn die Unterschiedlichkeit des Bodens und seiner Schätze sowie des Klimas bedingt in jedem Lande eine reichliche und relativ mühelose Versorgung mit den einen, aber

Mangel oder relativ hohe Gestehungskosten bei anderen Gütern. Ein Austausch der relativ billig herzustellenden Überschüsse von Land zu Land im Wege des Außenhandels dient daher dem Wohlstande aller Nationen, und insbesondere die Ausfuhr gewerblicher Produkte kann das Ausfuhrland von den Hemmungen der Bodenertragstendenz praktisch befreien. Daneben ist die interpersonelle Arbeitsteilung auch hier von Bedeutung. Gerade solche Nationen, denen besondere natürliche Reichtümer des Bodens fehlen, ersetzen diese oft durch spezifische (nur ihnen eigentümliche) Fähigkeiten und Begabungen. Deren Produkte tauschen sie gegen die Güter anderer Länder, die ihnen die Natur versagt hat.

Die Differenzierung, die mit dieser regionalen und personellen Unterschiedlichkeit der einzelnen Volkswirtschaften der internationalen Arbeitsteilung zugrunde liegt, kann dabei in dem Maße ausgebildet und gesteigert werden, in dem jede Nation im Vertrauen auf jenen internationalen Austausch der arbeitsteilig verschiedenen Produkte sich einseitig auf die Erzeugung derjenigen Güter spezialisiert, die sie vermöge ihrer Mittel und Fähigkeiten mit den geringsten Kosten herstellen kann. Die völlige Freiheit des Handelsaustauschs der Einzelwirtschaften auch über die Grenzen hinweg, das Prinzip des Freihandels also, muß grundsätzlich zu einer solchen aufs höchste ausgebildeten internationalen Arbeitsteilung führen, weil sie im freien Wettbewerb der Völker überall in der Welt der preiswertesten Ware den Markt erobert[3]. Die extreme Ausbildung dieser Arbeitsteilung der Völker würde nach Auffassung der Freihandelslehre die reichlichste Versorgung der Menschheit mit Sachgütern ermöglichen. Bei restloser Befolgung dieses Freihandelsprinzips dürfte es daher z. B. in Volkswirtschaften mit relativ unfruchtbarem Boden aber viel Kohlen, Erzen und Mineralien keinen Bauernstand, sondern nur Industrie, in Volkswirtschaften mit umgekehrter Bodenbeschaffen-

---

[3] Dabei kann es u. U. selbst für ein Land, das mehrere Güter mit geringeren Kosten herstellt als alle anderen Länder, vorteilhaft sein, sich auf die Produktion nur desjenigen dieser Güter zu spezialisieren, das es unter ihnen mit den vergleichsweise geringsten Kosten (am allerbilligsten also) herstellt, die Produktion auch der übrigen dieser mehreren Güter also dem Ausland zu überlassen und auch diese Güter mit dem Erlös zu erwerben, den es aus der Produktion jenes einzigen (am „allerbilligsten“ von ihm hergestellten) Gutes bezieht. Allgemeingültig behauptete dies in Verteidigung des Freihandelsprinzips die sog. Theorie der komparativen Kosten (Torrens). Aber ob und inwieweit dies zutrifft, hängt naturgemäß von der Größe der bestehenden Kostenunterschiede und den erzielbaren Preisen ab. Verfeinert wurde die Theorie der komparativen Kosten in neuerer Zeit von den Amerikanern F. W. Taussig, Viner und Graham, ferner in Deutschland auch von Franz Eulenburg.

Den gleichen Hinweis auf die komparativen Kosten benutzen übrigens Black, Haberler und A. Lösch zur Erklärung auch der interpersonalen Arbeitsteilung auf der volkswirtschaftlichen Stufe.

heit keine Industrie, sondern nur Landwirtschaft geben: ähnlich wie innerhalb Deutschlands z. B. im Kern des Ruhrgebiets wenig Bauernwirtschaften und auf den schweren Marschböden Nordwestdeutschlands oder im fruchtbaren Oberbayern wenig Industriebetriebe anzutreffen sind.

Dies Beispiel zeigt freilich schon die Bedenken, die einer restlosen Durchführung des Freihandelsgrundsatzes entgegenstehen. Die Nachteile, die wir soeben für die Arbeitsteilung innerhalb der Volkswirtschaft andeuteten, wiederholen sich nämlich hier auf der übernationalen Stufe. Wie die Einseitigkeit und Eintönigkeit einer stark spezialisierten Berufsarbeit die Leistungsfähigkeit des Einzelnen u. U. mindert, so verhindert die Monokultur nur eines oder weniger Erzeugnisse eine Nation an der vollen Entfaltung ihrer produktiven Kräfte, die ja stets mannigfaltig und unterschiedlich, aber auch im inneren Zusammenhang miteinander auf die verschiedenen Berufsstände und Gruppen des Volkes verteilt sind. Fehlt einem Lande z. B. der Bauer, so gebricht es ihm an einem wichtigen Faktor der Volksgesundheit und Volksvermehrung, der Heimatliebe und Naturverbundenheit seiner Bevölkerung; fehlt ihm jedes Großgewerbe, so entgeht ihm eine wichtige Schule der Disziplin und Gewissenhaftigkeit, der technischen Geschicklichkeit und Arbeitsexaktheit seines Volkes sowie viel Anregung für eine Vervollkommnung seiner Ausrüstung mit Produktionskapital. Größer noch sind die Gefahren, mit denen der Rückgang der Krisenfestigkeit als Folge einer allzu weitgehenden internationalen Verflochtenheit die Volkswirtschaft bedroht. Die Monokultur nur eines Produkts, wie etwa des Kaffees in Brasilien, des Weizens in Argentinien, der Baumwolle in Ägypten oder der Wolle in Australien, würde alles wirtschaftliche Gedeihen des ganzen Landes auf eine Karte setzen.

Ein gewisses, sogar beträchtliches Maß von Eingliederung eines Landes in die weltwirtschaftliche Arbeitsteilung, ein erheblicher Anteil seiner Aus- und Einfuhr an seiner Gesamtproduktion und -konsumtion also, kann die Krisenfestigkeit der Volkswirtschaft durchaus erhöhen. Diese erhält dadurch die Möglichkeit, im Falle wirtschaftlicher Fehlschläge (z. B. bei Mißernten) oder im Falle von Absatzstockungen im eigenen Land auf die Überschüsse bzw. auf die Nachfrage anderer Länder, mit denen es im Handelsverkehr steht, zurückzugreifen. Bei völligem Aufgehen eines Landes in der weltwirtschaftlichen Arbeitsteilung jedoch wäre es anders: Hier würde z. B. eine Mißernte in einem Lande der Monokultur, das mit der allein von ihm produzierten Ware die ganze Welt versorgt, den Mangel dieser Ware für alle anderen Länder und zugleich den Zusammenbruch der eigenen Volkswirtschaft bedeuten. Bei so weitgehender weltwirtschaftlicher Verflochtenheit einer Volkswirtschaft wäre sie auch gegen konjunkturale Depressionen völlig machtlos, wie sie z. B. als allgemeiner Preisverfall u. U. die ganze Weltwirtschaft ergreifen. Sie leidet dann um so mehr, je empfindlicher der Konsum des einzigen oder der wenigen von ihr erzeugten Produkte auf die Einkommensrückgänge reagiert, die durch die Depression in den Absatzländern bedingt sind (s. S. 177).

Das Produktivitätsproblem des vertikalen Gleichgewichts, das wir soeben für die volkswirtschaftliche (die nationale) Arbeitsteilung erkannten, kehrt also folgerichtig auch hier im weltwirtschaftlichen (im übernationalen) Rahmen wieder: Wie innerhalb jeder Volkswirtschaft eine zweckmäßige (zielrichtige) Verteilung wirtschaftlicher Führungsgewalten und Verantwortlichkeiten zwischen Einzelwirtschaften, mittelstufigen Wirtschaftsverbänden und staatlicher Spitze, so muß auch im übernationalen Raum eine zweckentsprechende Auswägung von wirtschaftlicher Selbständigkeit (Selbstversorgung, Autarkie) einerseits und von Eingliederung (Verflochtenheit) der Volkswirtschaften ins weltwirtschaftliche Ganze andrerseits dies vertikale Gleichgewicht der Pyramidenstufen verwirklichen. Dabei bedeutet allerdings ein nationaler Individualismus der Volkswirtschaften im übernationalen Raum (also Autarkie der Volkswirtschaft) meist verstärkten Kollektivismus innerhalb jeder einzelnen der beteiligten Volkswirtschaften, weil eine solche Selbstversorgungsmöglichkeit und Eigenständigkeit einer Volkswirtschaft nach außen nicht erreichbar wäre ohne kollektive Bindungen ihrer Einzelwirtschaften im Innern (wie etwa Ein- und Ausfuhrverbote, Devisenzwangswirtschaft u. dgl.). Und Kollektivismus im übernationalen Raum (d. h. enge arbeitsteilige Eingliederung und Verflechtung der Volkswirtschaften in die Weltwirtschaft) bedeutet umgekehrt meist Individualismus innerhalb der einzelnen Volkswirtschaft, nämlich Freihandel für ihre Individuen.

Gleichwohl wäre eine ganz wesentliche Steigerung des heute verwirklichten Grades weltwirtschaftlicher Arbeitsteilung mit ganz bedeutenden Verbesserungen für Güterversorgung und Wohlstand aller Völker der ganzen Welt noch möglich. Dazu müßte freilich jenes solidarische Füreinandereintreten aller Mitglieder der Gesamtheit, das auf der volkswirtschaftlichen Stufe, wie wir am Beispiel der Arbeitslosenhilfe sahen, die Gefahren vollkommener Arbeitsteilung weitgehend überwindet, auch für die Weltwirtschaft (oder doch wenigstens zunächst für kontinental- oder großraumwirtschaftliche Bereiche derselben) sichergestellt werden. Ein Versuch dazu, der nach dem ersten Weltkrieg in der Form einer internationalen Katastrophenversicherung gemacht wurde, blieb jedoch im Ansatz stecken. In der Tat setzt jeder Erfolg in dieser Richtung das Bestehen einer militärisch wie wirtschaftlich mächtigen und schlagkräftigen Organisation mindestens aller größeren Völker der Erde voraus. Den Mehrheitsbeschlüssen dieser Organisation hätten sich alle Mitgliedstaaten verbindlich zu unterwerfen, so daß sie die Wahrung des Friedens und die Innehaltung eingegangener Verpflichtungen durch alle Völker jederzeit zu erzwingen vermag. Entsprechend würde ja auch in einer Volkswirtschaft ohne Polizei und Gerichtsvollzieher der Güteraustausch einer optimalen Arbeitsteilung nicht möglich sein.

Solange jedenfalls, wie die Länder mit der Möglichkeit rechnen müssen, durch Ausbruch von Kriegen von allen ausländischen Hilfsquellen abgeschnitten zu werden, werden sie zumeist darauf bedacht bleiben, mindestens für den Notfall die Möglichkeit nationaler Selbstversorgung, die Möglichkeit wirtschaftlicher Autarkie also, zu behalten. Daher streben seit dem ersten Weltkrieg die Agrarländer nach einer Entwicklung ihrer Industrie und die Industrieländer nach einer Stärkung ihrer Landwirtschaft, und zwar mehr, als das durch unsere obigen Überlegungen rein wirtschaftlich gerechtfertigt wäre. Insoweit wird unser vertikales Stufengleichgewicht von Selbständigkeit und Eingliederung nicht erreicht, das auch hier ein Höchstmaß von Produktivität eines auch in seinen übernationalen Stufen endgültig befriedeten weltwirtschaftlichen „Organismus“ verwirklichen könnte. Das übermäßige Autarkiestreben der Völker bedeutet gleichsam ein Bedarfsdeckungsprinzip auf der Ebene der Nationen und hemmt die Ergiebigkeit der Weltwirtschaft. So hängen von der Schaffung der gedachten internationalen Organisation der Völker nicht nur Friede und politische Sicherheit, sondern schon im Frieden weitgehend auch der Wohlstand aller Völker der Erde ab.

Über Arbeitslenkung s. S. 304, über Arbeitslosigkeit S. 228.

§ 14 Das Grundgesetz der Wechsellagentheorie

Problemstellung: Für die ertragstheoretische Auffassung des Gutes als des Mittels schlechthin enthält jedes Wirtschaftsgebilde neben allen anderen Gütern auch komplementäre geistige Produktivgüter. Als führende Wirtschaftskenntnisse und -fähigkeiten bringen diese geistigen Produktivkräfte die übrigen Produktionsmittel ihres Wirtschaftsgebildes in dem von ihnen bestimmten Wirkungsverhältnis zusammen. Sie ermöglichen und beeinflussen so maßgebend den Ertrag (Erfolg) ihres Wirtschaftsgebildes durch entsprechende Kombinierung der übrigen Produktivkräfte (vgl. S. 90 zu 4). Diese Grundauffassung und ihr Elastizitätsbegriff ermöglichen der Ertragstheorie eine Sinndeutung der wirtschaftlichen Wechsellagen (Konjunkturen), die allgemeingültig ist, die also für die Wirtschaftsgebilde aller Stufen, auch für die Einzelwirtschaft sowie für alle Wirtschaftsordnungen zutrifft. Beziehen wir nämlich in die statische Problemstellung des Produktivitätsgesetzes — aufwandsmäßige Variation nur eines Gutes oder einer Gruppe von Gütern aus einem Komplex komplementärer Produktivgüter — auch diese geistigen Produktivgüter ein, so erhalten wir eine im Ausgangspunkt wirtschaftstheoretische (nicht nur volkswirtschaftstheoretische) Theorie der Wechsellagen.

Wie schon das Produktivitätsgesetz uns zeigte, ruft in jedem elastischen Wirtschaftsgebilde jede Gleichgewichtsstörung seiner Produktivmittel eine qualitative Umgruppierung (Umgliederung) aller Produktivmittel in der Richtung einer Angleichung an das Produktionsoptimum hervor. Die Produktionsmittel des Wirtschaftsgebildes, deren quantitatives Bestverhältnis gestört wurde, suchen sich qualitativ so einzustellen, daß sie ihr bei der neuen Lage erreichbares günstigstes Wirkungsverhältnis nach Möglichkeit wiederherstellen, so daß also die Überschußelemente die fehlenden Produktionsmittel dann teilweise ersetzen (Optimumgesetz S. 91)[1]. So stellten sich in unserem obigen Beispiel einer Textilfabrik, die die Zahl ihrer Webmaschinen einseitig (d. h. bei Gleichbleiben alles übrigen Aufwandes an Gebäuden, Personal usw.) steigerte, die Arbeitskräfte auf die gestiegene Anzahl jener Maschinen um, um das Beste aus der neuen Lage zu machen. Oder in unserem Beispiel der Volkswirtschaft, deren Kapitalfaktor eine einseitige Vermehrung erfährt, stellte sich der Arbeitsfaktor entsprechend um, soweit er über genügend Anpassungsfähigkeit (und damit die Volkswirtschaft über genügend Elastizität) verfügte (s. S. 89). Mit einem solchen selbsttätigen Anpassungsvorgang antwortet, wie wir sehen, jedes elastische Wirtschaftsgebilde auf jede Veränderung eines Produktionsoptimums, mag diese Gleichgewichtsverlagerung wie in diesen Beispielen von einer Veränderung seiner komplementären Mittel oder von einer Veränderung seines Produktionsziels herrühren.

Diese Anpassung der Produktivkräfte an die neue Lage ist dabei jedoch nicht immer sofort treffsicher, sie tastet sich (pendelt sich) vielmehr oft erst unter Schwankungen (Wellenbewegungen) von Zuviel und Zuwenig in das erreichbare neue Gleichgewicht hinein. Die Umgruppierungen, die die Anpassungen vermitteln, stellen dann nicht sogleich das „richtige“, d. h. das zweckmäßige Wirkungsverhältnis der produktiven Kräfte her, sondern das durch die Störung bedingte Miß-

[1] Hierzu und zum folgenden vgl. Weddigen, Ertragstheorie und Verteilungstheorie, Jhrb. f. Nat. u. Stat., III. F. 73 Bd., 1928, S. 1 ff.

verhältnis derselben, ein Nebeneinander von Zuviel und Zuwenig also, schlägt zunächst in ein neues, wenn auch schwächeres Mißverhältnis mit entgegengesetzten Vorzeichen von Zuviel und Zuwenig um und so fort, bis zuletzt der Ausgleich auf das nach der neuen Lage bestmögliche Wirkungsverhältnis (auf die optimale Kombination) der produktiven Kräfte eintritt. Das gilt, wie wir sehen werden, unter den hier gemachten statischen Voraussetzungen für die Wirtschaftsgebilde aller Stufen, von der Einzel- und Betriebswirtschaft bis zur Volks- und Weltwirtschaft. In der zentral geleiteten Wirtschaft, also insbesondere in der Einzel- und Betriebs- sowie in der Gemeinwirtschaft, werden diese Schwankungen hin zum Bestverhältnis, wie sogleich zu zeigen, durch das „Ausprobieren", in der freien Marktwirtschaft werden sie durch den Pendelmechanismus der Preisbildung verwirklicht. Wir bezeichnen diesen Schwankungszustand des Leistungsniveaus komplementärer Produktivmittel, bzw. genauer: die Neigung dazu, als „Labilität" des Wirtschaftsgebildes, die Schwankungen selbst (mit einem von Spiethoff für die Konjunkturen der Volkswirtschaft gebrauchten Ausdruck) als Wechsellagen. Fragen wir uns nach dem Grunde dieser Labilität, so gilt folgender

Wortlaut des Labilitätsgesetzes als des rein-theoretischen Grundgesetzes der Wechsellagentheorie: Eine Änderung des Bestverhältnisses elastischer komplementärer Produktivmittel, die die komplementären Fähigkeiten der Wirtschaftsführung unter das Bestverhältnis sinken läßt, führt zur Labilität des Produktionsgebildes. Oder kürzer: Die Wechsellagen eines elastischen Wirtschaftsgebildes beruhen auf einer Gleichgewichtsverlagerung seiner Mittel, die die komplementären Fähigkeiten der Wirtschaftsführung ins Zuwenig bringt. Eine Gleichgewichtsstörung des Wirtschaftsgebildes also stellt hier Anforderungen an dessen Wirtschaftsführung, denen diese nicht gewachsen ist. Ein Mangel an jenen komplementären Kenntnissen und Fähigkeiten der Wirtschaftsführung, die für die zweckmäßige Kombination der übrigen Produktivkräfte des Wirtschaftsgebildes bestimmend sind, stellt den letzten Grund aller Wechsellagen der Einzel-, der Volks- und der Weltwirtschaft dar: Ein Mißverhältnis in der Kombination der Produktivkräfte, zu dessen sofort treffsicherer Beseitigung Überblick und Fähigkeiten der Wirtschaftsführung nicht ausreichen, findet seinen Ausgleich in Schwankungen von Zuviel und Zuwenig im Leistungsstande dieser Kräfte. Diese schwingen tendenziell auf die optimale (die harmonische, zweckmäßige) Kombination aus, womit sie dann die mangelnden Kräfte der Wirtschaftsführung ersetzt haben, ähnlich wie überall in den elastischen Wirtschaftsgebilden die Herstellung des bestmöglichen Wirkungsverhältnisses der komplementären Kräfte durch deren Füreinandereintreten angestrebt wird (vgl. S. 87, 91). Jener Mangel in den Fähigkeiten bzw. Möglichkeiten der Wirtschaftsführung findet so seinen Ausgleich unter Schwankungen des Leistungsniveaus, die man vielleicht am ehesten mit gewissen Schüttelkrämpfen des biologischen Organismus vergleichen kann.

Diese ertragstheoretische Feststellung des eigentlichen Wesens der Wechsellagen in aller Wirtschaft wird uns den Schlüssel zur Beurteilung auch der verteilungstheoretischen Krisentheorien (§ 28) geben. Denn eine andere a l l g e m e i n g ü l t i g - theoretische Sinndeutung der Krisen gibt es, wie hier vorweg festgestellt sei, nicht. Alle Versuche der Preis- und Verteilungstheorie, eine solche zu geben, werden durch das Labilitätsgesetz auf ihre wahre Bedeutung zurückgeführt werden müssen. Den Sinn dieses zentralen Gesetzes der reinen Wechsellagentheorie mögen einige

Anwendungsfälle des Gesetzes für die Einzel-, die Volks- und die Weltwirtschaft näher erläutern:

1. In der E i n z e l w i r t s c h a f t : Wir erinnern wieder an unser obiges künstlich vereinfachtes Beispiel der Textilfabrik, die die Anzahl ihrer Webmaschinen bei Gleichbleiben aller übrigen Produktionsaufwendungen steigerte (S. 88). Die fortgesetzte Vermehrung der Maschinen bedingte dort eine ständige entsprechende Umgruppierung der Arbeitskräfte. Nehmen wir nun einmal an, der Produktionsleiter wüßte nicht, wie er seine gleichgebliebenen Arbeitskräfte neu auf die gestiegene Maschinenzahl verteilen soll, der Stand seines Wissens wäre der eintretenden Veränderung nicht gewachsen. In diesem Falle hätte die Steigerung der Maschinenzahl (als Änderung der Mittel) das komplementäre g e i s t i g e Produktivmittel des Produktionskomplexes (das technisch-organisatorische Wissen der Wirtschaftsführung also) ins Zuwenig gebracht. Da unsere statische Problemstellung (nämlich das Gleichbleiben aller übrigen Aufwendungen) eine Belehrung des Produktionsleiters von außen her ausschließt, so kann er dann das richtige Verteilungsverhältnis seiner Mittel nur a u s p r o b i e r e n , indem er zuerst zuviel, dann zuwenig Arbeiter an die Maschinen stellt, um sich schließlich durch Nachprüfung des jeweiligen Produktionsergebnisses in die optimale, d. h. die zweckmäßige Kombination (den Gleichgewichtszustand) seiner Mittel gleichsam erst hineinzutasten, ähnlich wie etwa die Artillerie ihre Salven erst vor und dann hinter das Ziel legt, um sich schließlich auf die richtige Entfernung „einzuschießen", indem sie die Entfernungseinstellung ihrer Geschütze an der beobachteten Lage der Geschoßeinschläge korrigiert.

Wir beobachten also in diesem künstlich vereinfachten Fall des „Ausprobierens" ein s c h w a n k e n d e s L e i s t u n g s n i v e a u der Produktivkräfte (nämlich der einzelnen Fabrikabteilungen), eine Labilität des Wirtschaftsgebildes also, das aber schließlich auf das Optimum ausschwingt: Das Wirtschaftsgebilde geht fortgesetzt von einer Übertreibung zur gegenteiligen über, diese wechselnden Übertreibungen werden aber immer geringer, bis der Ausgleichszustand der bestmöglichen Kombination der Produktivkräfte erreicht ist. Rührt die Gleichgewichtsstörung nicht von den Mitteln her (Maschinenzahlsteigerung), sondern ergibt sie sich aus einer Änderung des Produktionsziels (z. B. Umstellung einer Fabrik auf andere Produkte), so gilt grundsätzlich das gleiche. Auch hier liegt ja eine „Änderung des Bestverhältnisses", eine Gleichgewichtsverlagerung der Mittel, vor. Übersteigt die dadurch erforderlich werdende Umgruppierung der Produktivkräfte das technisch-organisatorische Wissen des Produktionsleiters, so stellt sie ihn auch hier vor die Notwendigkeit eines tastenden Ausprobierens von Zuviel und Zuwenig, das nach einigem Schwanken schließlich in den neuen Gleichgewichtszustand, d. h. in die bei der neuen Lage zweckmäßige Kräftegruppierung, ausmündet. Ganz Entsprechendes gilt für die zentral geleiteten Wirtschaftsgebilde auch höherer Stufen, z. B. für die verstaatlichte Volkswirtschaft, wo dann der Volkswirtschaftspolitiker das „Ausprobieren" übernimmt.

2. Auch in der Volkswirtschaft kann ja die Umgruppierung ihrer Produktivkräfte entweder durch eine Änderung ihrer Mittel (z. B. eine umwälzende Erfindung) oder durch eine Änderung ihrer Ziele (z. B. Aufkommen einer Mode) notwendig werden. Sie wird in der als freie Marktwirtschaft organisierten Geldwirtschaft dann nicht durch einen zentralen Produktionsleiter (Volkswirtschaftspolitiker), sondern grundsätzlich durch den Preismechanismus des Marktes bewirkt, dem hier ja die Koordinierung der Einzelwirtschaften obliegt: Dieser zieht die Produktivkräfte durch Unter- bzw. Überdotierung weg vom Orte des Zuviels und hin zum Orte des Zuwenigs, ähnlich wie wenn unser Fabrikleiter zu 1 die Umgruppierung seiner Arbeitskräfte nicht zentralistisch durch Befehle, sondern durch höhere und geringere Lohnbemessung in den verschiedenen Fabrikabteilungen bewirken würde. Dabei bedarf die Umgruppierung hier in der Volkswirtschaft aber nach dem Labilitätsgesetz besonders häufig erst eines Ausschwingens des Leistungsniveaus auf das Gleichgewicht der zweckmäßigen Kombination: Der Fall mangelnder Fähigkeiten der Wirtschaftsführung, den wir auf der Stufe der Einzelwirtschaft um der Analogie willen soeben hypothetisch konstruierten, wird in der freien Marktwirtschaft zur Regel. Der größere Umfang, die Kompliziertheit und Unübersichtlichkeit der neuzeitlichen Marktwirtschaft, die durch eine fortschreitende Arbeitsteilung und Produktionstechnik

bedingt sind, stellen ja besonders hohe Anforderungen an die komplementären Fähigkeiten der Wirtschaftsführung, zumal diese Führung hier nicht zentral, sondern als Selbststeuerung des freien Marktes erfolgt und somit bei einer Vielzahl von Produzenten und Konsumenten liegt, die meist ohne den genügenden Überblick über den Markt und immer ohne einen gemeinsamen Plan handeln. Wie diese Schwankungen in der Marktwirtschaft zustande kommen, wird die Verteilungstheorie (im § 28) zu zeigen haben.

Diese Schwankungen im Leistungsstande der verschiedenen Produktionsgebiete nennt man hier in der Marktwirtschaft Konjunkturen. Spiethoff gab ihnen den Namen Wechsellagen, den wir aber soeben als umfassenderen Begriff auch für die dargestellten grundsätzlich ganz entsprechenden Schwankungen im Leistungsniveau der Einzelwirtschaften wie auch aller höherstufigen zentral geleiteten Wirtschaftsgebilde beanspruchten. Ist der Einbruch in die Ertragsverhältnisse, der in der freien Marktwirtschaft den Umschwung vom Wellenberg zum Wellental, von der Hausse zur Depression darstellt, von verlustreichen Umsatzstockungen begleitet, so spricht man von einer zyklisch bedingten Krise. Stellen wir uns, wie es der teleologischen (zweckbezogenen) Wirtschaftstheorie entspricht, auch hier die Volkswirtschaft als ein einziges Wirtschaftssubjekt, als eine wirtschaftende Persönlichkeit also vor, so wird der Sinn dieser Wechsellagen durch die Analogie zum obigen „Ausprobieren" des Einzelwirtschafters besonders klar: Diese Wechsellagen, Krisen und Depressionen der kapitalmäßigen Volkswirtschaft sind Tastversuche der Selbstregulierung, mit denen diese Wirtschaft das erreichbare Bestverhältnis ihrer Mittel gleichsam ausprobierend wiederherzustellen sucht. Sie sind insofern selbsttätige Heilungsprozesse, gleichsam Fiebererscheinungen des Wirtschaftsorganismus, und ihre Schwere und Dauer hängt eng mit der Elastizität (Umstellungsfähigkeit) der Sozialwirtschaft zusammen (weiteres S. 352 ff.).

Die schweren Erschütterungen und Verluste, denen die freie Marktwirtschaft durch diese Krisen in der Form von Arbeitslosigkeit und Konkursen ausgesetzt ist, legen es nahe, diesen Auspendelungsvorgang durch eine zentrale, gesamtheitliche (kollektive) Leitung (z. B. nach einem Fünfjahresplan) zu ersetzen. Dies kann aber nach dem Labilitätsgesetz nur zweckmäßig sein, wenn die komplementären Fähigkeiten einer solchen Gesamtleitung, d. h. also der organisatorische Überblick, die Führungserkenntnis und die Einflußmöglichkeit eines zentralen Wirtschaftspolitikers bei den auftretenden Gleichgewichtsverlagerungen zur rechtzeitigen Durchführung der Umgruppierungen noch ausreichen oder doch wenigstens besser ausreichen als die Selbststeuerung durch den freien Markt. Dies ist in kleinen und primitiven

Sozialwirtschaften, z. B. in Stammeswirtschaften oder Klosterwirtschaften zumeist, in größeren oder komplizierteren Wirtschaftsgebilden wie den heutigen Volkswirtschaften dagegen viel weniger der Fall (vgl. § 18). Das ausprobierende Hin und Her, das die Produktionspolitik einer kollektivistischen Planwirtschaft dann unter Umständen zeigt — man denke nur z. B. an den „Schweinemord" und das Wiederansetzen von Schweinen in der deutschen Kriegswirtschaft — verwirklicht in solchen Fällen, wie schon angedeutet, jene Schwankungen und Gleichgewichtsstörungen, die das Labilitätsgesetz auf den Mangel zureichender Fähigkeiten der Wirtschaftsführung zurückführt.

3. Auch im Bereich der W e l t w i r t s c h a f t , d. h. also im internationalen arbeitsteiligen Ineinandergreifen der einzelnen Volkswirtschaften, sind solche Wechsellagen denkbar. Sie suchen dann den Ausgleich einer unzweckmäßigen Eingliederung ganzer Volkswirtschaften in die weltwirtschaftliche Zusammenarbeit zu bewirken. Die soeben behandelten v o l k s wirtschaftlichen Krisen sind meist partielle Krisen (Teilkrisen), die nur einen Teil der Mittelbeschaffungsgebiete einer Volkswirtschaft treffen. Nur die monetären Krisen (die durch Erkrankungen des Geldwesens begründet sind) weisen auch innerhalb einer Volkswirtschaft meist Totalcharakter auf. Demgegenüber ziehen diese w e l t wirtschaftlichen Wechsellagen als Schwankungen des höher- (bzw. höchst-)stufigen Wirtschaftsgebildes oft auch ganze Volkswirtschaften in ihr Wellental hinab. Auch die Dauer solcher Weltwirtschaftskrisen ist meist erheblich, denn die Umgruppierungen im Bereich der Weltwirtschaft werden besonders weitgehend durch Starrheitsmomente eines weltwirtschaftlichen Elastizitätsmangels wie Schutzzölle, Wanderungsverbote, politische Leitung des Leihkapitals usw. erschwert. Da das arbeitsteilige Gefüge der Weltwirtschaft noch sehr lose ist, so können sich aber die Volkswirtschaften der Einwirkung weltwirtschaftlicher Wechsellagen dadurch z. T. entziehen, daß sie sich (ähnlich wie die Bauern bei volkswirtschaftlichen Krisen in den gleichfalls noch weniger integrierten Agrarländern) auf sich selbst zurückziehen. Dem Vorteil einer solchen autarken Isolierung stehen dabei die Nachteile einer Schrumpfung ihres Außenhandels u. dgl. gegenüber, die der Nation aus der Zersetzung der Weltwirtschaft, aus der Auflösung der internationalen Arbeitsteilung und Zusammenarbeit also, erwachsen. — Weiteres über die Wechsellagen der Sozialwirtschaften s. § 28.

Eine Besprechung Karl D i e h l s wies dem Labilitätsgesetz gegenüber auf den begrenzten Erklärungswert eines Gesetzes hin, das als Ursache der Krisen die Unzulänglichkeit der Wirtschaftsführung angebe. Die Möglichkeiten und die Absicht dieses Gesetzes, das auf der organischen Entsprechung (bzw., um mit dem biologischen Grundgesetz zu reden, auf der

Solidarität) der Produktionsfaktoren beruht, liegen aber gar nicht in der Richtung einer ursächlichen Erklärung. Was die Regeln der bisherigen Konjunkturtheorie (ungeachtet ihres Mangels an Exaktheit) in dieser Hinsicht leisten können, bleibt nach wie vor ein unentbehrlicher Bestandteil der Wechsellagentheorie (vgl. S. 41). Aber wenn es die Aufgabe der reinen Wirtschaftstheorie ist, die mannigfaltigen Erscheinungen einer chaotischen Empirik mit der Übersichtlichkeit einer umfassenden Systematik auf grundlegende Sätze von strenger Allgemeingültigkeit zurückzuführen, dann ist ein Gesetz nicht überflüssig, das das „Ausprobieren" der zentralgeleiteten Einzel- und Gemeinwirtschaft mit den Konjunkturen der Marktwirtschaft auf einen Nenner bringt, und das damit den systematischen Angelpunkt nicht nur für die bisherige volkswirtschaftliche Konjunkturtheorie der Markt- und Gemeinwirtschaft, sondern auch für eine (freilich erst noch zu schaffende) Umstellungstheorie der Betriebswirtschaftslehre liefert. Daß die Allgemeingültigkeit und systematische Bedeutung von Erkenntnissen der Sozialwissenschaften mit deren „Inhaltsleere", d. h. mit Armut an kausalem Erklärungswert, bezahlt werden muß, ist eine alte Einsicht der Erkenntnistheorie.

Mit dem Labilitätsgesetz ging die Ertragstheorie aus ihrer statischen Problemstellung heraus zur dynamischen Betrachtung, zur Erfassung der Bewegungsvorgänge der Wirtschaft also, über. Damit ist der Übergang auch zur Verteilungstheorie gegeben, denn diese faßt bei ihrer (stets schon mehr beschreibenden) Untersuchung der Einkommensbildung in erster Linie die Preisbewegungen der modernen arbeitsteiligen Sozialwirtschaften ins Auge. Hatte die Ertragstheorie den Geldschleier von den Produktivitätszusammenhängen der Wirtschaft weggezogen, so führt die Verteilungstheorie mit ihrer Betrachtung der Preisbildung das Geld- und Preismoment wieder ein. Wir werden aber im folgenden Abschnitt über die Verteilungstheorie doch immer wieder bemerken müssen, daß sie das nur mit Vorteil tun kann, wenn sie die Ergebnisse der Ertragstheorie als richtunggebend im Auge behält.

III. Die Verteilungstheorie

§ 15 Problemstellung und Begriffe

Über die Aufgabe der Verteilungstheorie stellten wir oben S. 25 bereits das Wichtigste fest. Dem sei hier noch einiges hinzugefügt. Wir betrachteten im vorigen Abschnitt mit der Ertragstheorie die Produktion, also die Beschaffung der Mittel in aller Wirtschaft. Die Sozialwirtschaften nun erzielen ihr Produkt durch das arbeitsteilige Zusammenwirken (Ineinandergreifen) einer Vielheit von Einzelwirtschaften: Der Einzelne produziert hier in der Regel nicht vielerlei unmittelbar für seine eigenen vielfältigen Bedürfnisse, sondern er erzeugt spezialisiert nur ein oder wenige Güter für den Bedarf einer Wirtschaftsgemeinschaft, aus deren Erzeugnissen er dafür die Mittel zur Deckung seiner eigenen Bedürfnisse erhält (S. 141). So wird hier neben der Beschaffung die Frage der Verteilung (Distribution) des gemeinsam erzielten Produkts, des sog. Sozialprodukts, unter die Einzelnen wichtig.

In den kleineren, zentral geleiteten Sozialwirtschaften wird diese Verteilungsfrage meist autoritativ gelöst: Der Familienvater etwa in der patriarchalischen Hauswirtschaft, der Grundherr in der Hofwirtschaft, ja zum Teil auch noch der Häuptling in gewissen primitiven, weitgehend kommunistischen Stammeswirtschaften bestimmt das Produktionsziel und teilt dem Einzelnen seinen Anteil am gemeinsam erzielten Produkt nach Brauch und Herkommen zu. Für den Wirtschaftsbereich isolierter Klostergemeinschaften gilt ähnliches noch heute. In der Mehrzahl der neuzeitlichen Volkswirtschaften jedoch hat sich eine solche rein kollektivistisch-autoritative Verteilung des gemeinsam erzielten Produkts bisher nicht auf die Dauer durchsetzen können. Die Verteilung des Nationalprodukts unter die an seiner Herstellung beteiligten Einzelwirtschaften wird hier vielmehr mehr oder weniger individualistisch, nämlich durch die Bildung der Preise bewirkt, die der Einzelne für die von ihm beigestellten Mittel, seien es Waren oder Arbeitskräfte, am Markte erzielt. Insoweit wird die Erzeugungswirtschaft des Einzelnen hier zur Erwerbswirtschaft (H. Schumacher), und die Preisbildung eines mehr oder weniger freien Marktes bestimmt grundsätzlich die Einkommen der Einzelnen.

Diese Einkommensbildung kommt in der freien Marktwirtschaft gleichsam blind und automatisch durch die Preisbildung nach dem Verhältnis von Angebot und Nachfrage des Marktes zustande. Diese Preisbildung bestimmt hier die Waren und Leistungen, die im Rahmen der herrschenden Arbeitsteilung produziert bzw. angeboten werden, und regelt zugleich deren Verteilung auf die einzelnen produzierenden Mitglieder dieser arbeitsteiligen Zusammenarbeit: Jeder Produzent finanziert mit den Erlösen, die er als Anbieter erzielt, seine Nachfrage nach den Produkten, die er als Konsument begehrt. Im Zustande eines statischen Gleichgewichts der Marktwirtschaft muß das Gesamtangebot gleich der Gesamtnachfrage sein, denn die Produzenten kaufen ja gegenseitig die Produkte und Leistungen, die sie auf den Markt bringen. Sehen wir von den heute meist nicht mehr sehr zahlreichen Gütern und Leistungen ab, die (etwa in den Haushaltungen bei Entnahmen aus eignem Betrieb) ohne den Weg über den Markt verteilt werden, so besteht, vermittelt durch das Geld, in einer solchen ausgeglichenen Marktwirtschaft ein ständiger Umlauf von Gütern und Leistungen, den die nachstehende Zeichnung im Wichtigsten ungefähr verdeutlicht: Ein als Kreislauf geschlossener Strom von (sachlichen und persönlichen) Gütern fließt in der Richtung von den Unternehmungen der Urproduktion und des Produktionsgewerbes (A) über den Handel, das Bank-, das Speditions- und das Transportwesen (B) hin zu den Haushaltungen des Verbrauchs, den Gaststätten und Beherbergungsbetrieben usw. sowie, dort und mit Hilfe der übrigen biologisch-organischen (anthropologischen) Produktion (der freien Berufe, des Erziehungs- und Unterrichtswesens, der Heil- und Pflegeberufe und dgl., D) umgesetzt in Arbeitskräfte bzw. persönliche Leistungen, weiter im Kreislauf zu jenen Unternehmungen von Urproduktion und Produktionsgewerben zurück. Diesem Kreislaufstrom der Güter und Leistungen entgegen fließt der Strom des Geldes als des Vermittlers aller Umsätze, die jenen Strom der Güter und Leistungen zustandebringen[1].

Die Preis- bzw. Einkommensbildung, die sich aus diesem Automatismus eines freien Spiels von Angebot und Nachfrage in der freien Marktwirtschaft ergibt, ist Gegenstand heftiger Angriffe durch die Beteiligten und bald auch Gegenstand lebhaften wissenschaftlichen Interesses geworden. Vor allem das Bestehen arbeitsloser Einkommen einerseits und die wirtschaftlich gedrückte, unsichere Lage breiter Schichten der Arbeiter und Angestellten andererseits forderte die Kri-

---

[1] Schon bei Quesnay, später in anderer Ausrichtung bei Sismondi und Karl Marx, finden sich ähnliche Kreislaufgedanken, wie sie heute im Zusammenhang mit der „volkswirtschaftlichen Gesamtrechnung“ (S. 57) wieder stärker betont werden.

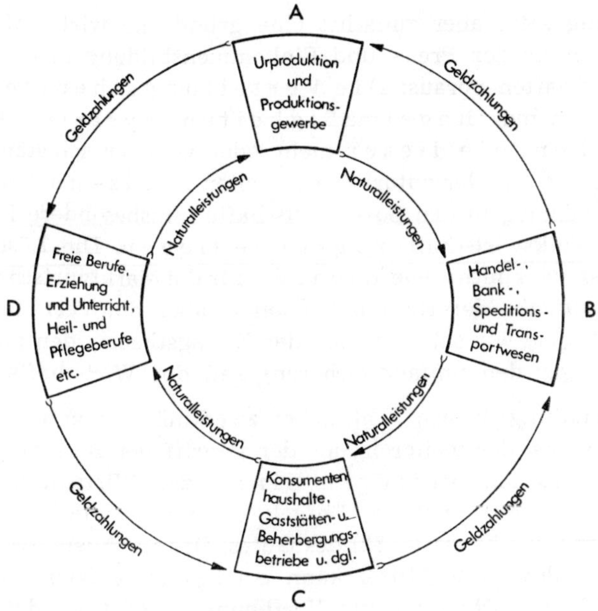

tik an ihr heraus. Zur Lösung der „sozialen Frage“ forderte man Eingriffe der Obrigkeit in diese Preisbildung, d. h. also eine kollektivistisch-autoritäre Einkommensbeeinflussung grundsätzlich nach Art unseres obigen Familienvaters oder Häuptlings. Sie sollte diese Verteilung des Nationalprodukts „gerechter“ gestalten, wofür z. B. der marxistische Sozialismus heute eine Entlohnung der Arbeit „nach ihrer Leistung“ fordert. Dies sei im Wege einer „Diktatur des Proletariats“ durch Sozialisierung (Vergesellschaftlichung, insbesondere Verstaatlichung) der Produktionsmittel zu erreichen, bis schließlich mit dem Absterben des Staates jener kommunistische Idealzustand einer „klassenlosen Gesellschaft“ verwirklicht werde, für dessen Verteilung die alte kommunistische Forderung gelten werde: „Jeder gebe nach seinen Fähigkeiten und empfange nach seinen Bedürfnissen“ (vgl. auch S. 198 f.).

Aber die Verteilung der Mittel hat unmittelbare Bedeutung auch für ihre Beschaffung: Die Distribution ermöglicht nicht nur die Konsumtion, sondern steuert auch die Produktion der Güter. Jede Konsumtion ist, sahen wir, zugleich auch „biologisch-organische Produktion“ von Leistungsfähigkeiten, und die Verteilung des Nationalprodukts erhält nicht nur, sondern sie kombiniert und reguliert, wie noch zu zeigen ist, auch weitgehend die Produktivkräfte. Die Frage, ob, wie und inwieweit die Kollektivgewalt ohne gleichzeitige Lähmung der Produktion in die Verteilung eingreifen kann, wurde daher zur brennendsten wirtschafts- und sozialpolitischen Frage der Gegenwart. Auch ihre Lösung setzt aber zunächst eine gründliche wirtschaftstheoretische Erkenntnis der Preis- und Einkommensbildung in den heutigen Sozialwirtschaften voraus: Die Verteilungstheorie hat die Gesetze und Regelmäßigkeiten systematisch zu erforschen, die dieser mehr oder weniger selbständigen, die also der freien wie der autoritär geregelten Preis- und Einkommensbildung in den Sozialwirtschaften, insbesondere in der neuzeitlichen Volkswirtschaft, zugrunde liegen. Die Lösung dieser Aufgabe ist zwar nicht, wie Ricardo für die Marktwirtschaft meinte, die Hauptaufgabe der Nationalökonomie, aber die Verteilungstheorie bildet doch, wie wir sahen, neben der Ertragstheorie den andern (und übrigens sogar den umfangreicheren) Teil der Wirtschaftstheorie.

Die Verteilungstheorie geht dabei zweckmäßig von einem **Begriff des Preises** aus, der weiter ist als der Begriff der Rechtswissenschaft. Dieser Preis im weiteren Sinne der Wirtschaftstheorie ist das im Austausch erzielbare Entgelt eines Gutes (Mittels). Er entspricht dem Tauschwert (S. 52) des Gutes. Das im Austausch für dieses Entgelt gewährleistete Mittel kann endgültig oder auch nur zu zeitweiliger Nutzung zur Verfügung gestellt werden. Es kann sich dabei um Sachgüter oder um persönliche Mittel (Arbeitsfähigkeiten) handeln. Daher umfaßt unser Begriff des Preises im weiteren Sinn:

1. Den Preis im engeren (juristischen) Sinn, nämlich den geldlichen Gegenwert von Sachgütern beim Kauf. Er ist ihr Tauschwert, ausgedrückt in Geld. Der Kauf, der diesen Preis i. e. S. bedingt, bedeutet wirtschaftlich die endgültige Überlassung von Sachgütern.

2. Den Zins als Preis der zeitweiligen Überlassung (Nutzung)
   a) kreditierter Geldkapitalien und anderer verbrauchlicher Güter. Der Darlehnszins, Wechseldiskont usw. von Geldkrediten ist die heute vorherrschende Form. Die Naturalzinsen z. B. der „Getreideleihe" gehören der Naturaltauschwirtschaft an,
   b) von dauerhaften Sachgütern: Mietzins, Pachtzins usw. Endlich

3. Den Lohn als Preis der Arbeit. Hier handelt es sich heute meist nur um die Zurverfügungstellung der Arbeitskraft in bestimmt begrenztem Umfang und zu zeitweiliger Nutzung. Früher kam im Falle des Sklavenkaufpreises auch eine unbeschränkte und endgültige Überantwortung von Arbeitskräften, also ein Preis wie zu 1, häufig vor. Die Zahl der in Afrika und Asien lebenden Sklaven wurde 1948 in einem der UNO erstatteten Bericht auf noch 10 Millionen geschätzt.

Als **Arten des Preises** unterscheidet man zweckmäßig frei gebildete und gebundene Preise:

1. Freie Preise bilden sich durch freie Vereinbarung auf der Grundlage der Vertragsfreiheit, bei der der Einzelne den Inhalt der Verträge, die er abschließen will, selbst bestimmt. Diese freie Preisbildung erfolgt auf Grund

   a) außerwirtschaftlicher Bestimmungsgründe: Politische, soziale, religiöse, karitative, traditionelle oder dergl. Rücksichten beeinflussen hier den Preis. Der Kauf dient hier nicht nur der Mittelbeschaffung (Wirtschaft), sondern irgendwelchen Idealen, ist also irgendwie selbstzweckbetont. So zahlt der Patriot dem Volksgenossen u. U. höhere Preise, als dessen ausländische Konkurrenz sie verlangt; der Passant überzahlt Blumen und Streichhölzer, um dem armen Straßenhändler ein Almosen zu geben; der sozial oder religiös denkende Verleger zahlt dem Heimarbeiter mehr als den Hungerlohn, den dieser nach Lage des „Arbeitsmarktes" durchsetzen könnte usw. In Höhe der Überzahlung liegt dann, wirtschaftstheoretisch gesehen, eine Verwendung der hingegebenen Mittel im Dienste von Selbstzwecken (Idealen), ein Konsumakt also, vor. — Oder die Preisbildung erfolgt auf Grund

   b) wirtschaftlicher Bestimmungsgründe, d. h. allein unter dem Gesichtspunkt ertragsstrebiger Mittelbeschaffung für ein weiteres Ziel. Dabei braucht dies spätere Ziel keinesfalls egoistischer Natur zu sein, wie der Wirtschaftsbetrieb jeder gemeinnützigen Stiftung zeigt. Der homo oeconomicus (S. 36), von dem die „klassische" Theorie der freien Preisbildung ausging, kann also durchaus auch ein homo ethicus sein. — Neben den freien unterscheiden wir die

2. gebundenen Preise. Sie bilden sich durch hoheitlich-autoritative (z. B. staatliche) oder unter kollektivvertraglicher (z. B. kartell- oder tarifvertraglicher) Festsetzung. Das Risiko etwa einer kriminellen oder vertragswidrigen Verletzung solcher Preisvorschriften erhöht dann, wirtschaftlich betrachtet, die Gestehungskosten des verbotenen Handels. Der „Schleichhändler" z. B. sucht das Risiko der Strafe auf die Preise aufzuschlagen. Im einzelnen unterscheidet man:

a) Grenzpreise, nämlich

   α) Höchstpreise: Sie spielen z. B. in der Kriegswirtschaft eine Rolle, um übermäßige Verteuerungen, vor allem lebenswichtiger Güter und Leistungen, zu verhindern. Sie liegen fast stets unter dem Wettbewerbspreis der freien Marktwirtschaft und erfordern bei größeren Spannungen eine Regelung der Nachfrage durch Rationierung mit Lebensmittelmarken, Bezugscheinen u. dgl. (vgl. S. 254).

β) Mindestpreise: Kartellpreis- sowie Mindestlohnvorschriften z. B. setzen solche untere Preisgrenzen fest. Sie liegen regelmäßig über dem Wettbewerbspreis der freien Wirtschaft (sog. echte Mindestpreise) und bewirken dann besonders bei Gütern mit preisempfindlicher Nachfrage leicht ein Schrumpfen des Absatzes (vgl. S. 175). Bei größeren Spannungen erfordern sie eine Regelung (Kontingentierung) des Angebots.

γ) Rahmenpreise mit einer oberen und unteren Begrenzung.

b) Taxen sind autoritative Entgeltfestsetzungen, also Festpreise. Hierher gehören z. B. die Preise der kommunalen Gas- oder Wasserversorgung. Als sog. echte Taxen werden sie außerhalb (also über- oder unterhalb) der Konkurrenzpreise festgesetzt (Gegensatz: Ordnungstaxen nur gegen Preisschwankungen im Wettbewerb).

c) Richtpreise bedeuten nicht eine Zwangs-, sondern eine nur anempfehlende Sollvorschrift. Die Handhabung des Wucherrechtes kann sie praktisch zu Höchstpreisen machen.

Eine verbundene Wert- und Preisbildung besteht für „Kuppelprodukte" bzw. für Produkte mit ihren Nebenprodukten. So bilden sich die sog. konnexen Preise z. B. für Gas und Koks, Korn und Stroh, weil eines nur mit dem anderen erzeugt werden kann. Hier muß die Summe der erzielbaren Preise die Summe der Gestehungskosten des Produzenten dekken, wenn die Produktion möglich bleiben soll. Die Preise der einzelnen Produkte vermögen deren Produktionsmengen nur zu beeinflussen, wenn das Mengenverhältnis, in dem die Kuppelprodukte zueinander erzeugt werden, verschiebbar ist (z. B. Schafzucht mehr auf Fleisch oder mehr auf Wolle). — Von der Seite der Nachfrage her besteht eine Verbundenheit der Preise von Gütern, die im Verbrauch einander ergänzen (z. B. Ölöfen und Brennöl) oder weitgehend ersetzen (z. B. Speisefett und Margarine). Verbunden (konnex) sind auch die Preise, die eine Firma bei Belieferung getrennter Märkte von verschieden kaufkräftiger Nachfrage mit ein und derselben Warenart, also bei einer Spaltung des Marktes (S. 170, 288), oder im sog. Dumpingexport erzielen kann, bei dem oft der inländische Konsument die kostenmäßig zu niedrigen Auslandspreise mitbezahlt, damit ein dringender Devisenbedarf der Volkswirtschaft durch Export gedeckt werden kann.

Den Ort regelmäßiger, massenhafter Preisbildung eines Gutes nennt man dessen **Markt.** Hier treffen sich Angebot und Nachfrage. Regelmäßig kommen heute fünf Sechstel der Erzeugnisse einer im wesentlichen individualistisch-freien Volkswirtschaft auf den Markt. Auch schon die bloße gedankliche Einheit solcher Preisbildung, also die Gesamtheit der Absatzmöglichkeiten eines Gutes, wird als ein „Markt“ bezeichnet. So sprechen wir im letzten, nicht örtlich und zeitlich fixierten, sondern abstrakten Sinne z. B. vom Grundstücksmarkt, Effektenmarkt, Arbeitsmarkt, Getreidemarkt usw. Der Stufengedanke in seiner logischen Anwendung (§ 7 zu 1) verdeutlicht dabei die Ausdehnung der Märkte: z. B. Provinzgetreidemarkt, nationaler Getreidemarkt, kontinentaler und Weltgetreidemarkt.

Organisierte Großmärkte, an denen Wertpapiere oder abwesende vertretbare Waren (diese nach feststehenden Typen oder anwesenden Mustern) gehandelt werden, nennt man B ö r s e n (Wertpapier- alias Fondsbörsen bzw. Waren- alias Produktenbörsen).

Der „f r e i e“ M a r k t ist gekennzeichnet durch den autoritär (z. B. staatlich) nicht beeinflußten Wettbewerb auf der Grundlage des Privateigentums und der Vertragsfreiheit. Den Preis, der hier auf Grund eines solchen autoritär nicht beeinflußten beiderseitigen Wettbewerbs von Angebot und Nachfrage zustande kommt, nennt man Wettbewerbs- oder Konkurrenzpreis. Nicht jeder freie Preis im obigen Sinne ist also ein Konkurrenzpreis, er kann auch auf natürlichem Monopol (s. u.) beruhen. Freier Markt bedeutet insofern noch nicht freier Wettbewerb im Sinne vollkommener Konkurrenz (s. S. 164). Jeder freie Markt bedingt die Bildung wesentlich e i n h e i t l i c h e r Preise in seinem Bereich, denn soweit die Übersichtlichkeit des Marktes reicht, will niemand ungünstiger abschließen als alle anderen. Die Preise des Marktes im abstrakten, nicht nur örtlichen Sinn (z. B. die Preise des Weltgetreidemarktes) werden dabei allerdings abgestuft durch die Unterschiede der Transportkosten und sonstige Handelshemmnisse (Zölle, Kontingentierungen u. dgl.).

Denn auf dem Markt führt der H a n d e l die Tausch- oder Kaufparteien zusammen. So erst werden die Einzelwirtschaften als Glieder in die arbeitsteilige Volks- oder Weltwirtschaft eingefügt: Einbezogen in den Marktverkehr, zersplittert sich die Kraft des Einzelnen nicht mehr in der Produktion unmittelbar für seinen vielgestaltigen Eigenbedarf, sondern er produziert nur e i n e Art von Gütern für den Markt, durch dessen Vermittlung er, wie wir sahen, im Wege des Austausches sein Einkommen bezieht (vgl. S. 157).

Beim T a u s c h handel sind **Angebot und Nachfrage** begrifflich noch auswechselbar. Bedient sich aber der Handel, wie heute fast stets, als K a u f handel der Vermittlung des G e l d e s, so zerfällt jeder Naturaltausch grundsätzlich in zwei Kaufakte: Der Verkäufer nimmt für seine Ware vorläufig das Geld als „Zwischentauschgut" (S. 232) und kauft dann mit diesem erhaltenen Gelde das, was er endgültig benötigt. Mit Hilfe des Geldes als Generalnenners der Bewertung objektiviert die Preisbildung die subjektiven Wertschätzungen von Anbietern und Nachfragern und richtet die Einzelwirtschaftspläne der Marktbesucher auf diesen kollektiv-objektiven Marktwert aus. Bei jedem dieser Kaufakte stehen Angebot und Nachfrage sich auf dem Markt gesondert gegenüber: Die Gesamtheit der zum Verkauf drängenden Güter, das *Angebot*, trifft auf die Gesamtheit des Güterbegehrs, die *Nachfrage*. Die *Preisbildung* bringt beides zum Ausgleich, wobei häufig ein Teil des Angebots oder der Nachfrage unbefriedigt bleibt, d. h. beim Kauf und Verkauf nicht zum Zuge kommt (vgl. S. 171). Den Preis, zu dem Angebot wie Nachfrage voll abgesetzt bzw. gedeckt werden, nennt man Gleichgewichtspreis. Ist beim Angebot und bei der Nachfrage ein Zuzug noch weiterer Anbieter bzw. Nachfrager mit unbeschränkten Mengen erlaubt, so spricht man von „offenem" Angebot und „offener" Nachfrage, ist dagegen dieser Zuzug durch Verbote rechtlicher oder sittlicher Art wirksam gesperrt, so sind Angebot und Nachfrage „geschlossen". Entsprechend spricht man von offenen und geschlossenen Märkten. Jede autoritäre Schließung von Märkten fördert die Entstehung privater Monopole.

Ein bei preistheoretischen Untersuchungen leicht unterlaufender Fehler liegt darin, unter Angebot und Nachfrage nur das zum Zuge gekommene Verkaufs- bzw. Kaufbegehren zu verstehen. Solche Abgrenzung macht diese Begriffe für preistheoretische Untersuchungen unbrauchbar, denn schon das „Gesetz" von Angebot und Nachfrage (S. 172) wird dadurch zu einem bloßen mathematischen Wortspiel.

Als *freien Wettbewerb* (vollkommene Konkurrenz, pure competition) bezeichnen wir nach allem die weder autoritär noch durch Monopole (s. u.) beschränkte Konkurrenz der Anbieter, die einander zu unterbieten, und der Nachfrager, die einander zu überbieten trachten. Die „moderne" Preistheorie versteht darunter meist eine rein atomistische Konkurrenz: Kein Anbieter und kein Nachfrager kann dann hoffen, allein durch seine Käufe bzw. Verkäufe oder deren Zurückhaltung den Preis wesentlich beeinflussen zu können, er muß mit dem Preise als Marktdatum rechnen und kann nur die von ihm angebotene bzw. nachgefragte Menge diesem Preise anpassen, oder, wie es die mathematisch ausgerichtete Wirtschaftstheorie heute auch ausdrückt, nur die Menge der Ware, nicht auch ihr Preis, ist sein „Aktionsparameter" (Verhaltensweise des sog. Mengenanpassers)[2]. Für den Anbieter liegt hier das einzige Mittel, seinen Gewinnsatz zu vergrößern, in der Senkung seiner Gestehungskosten. Diese Problemstellung der „modernen" Preistheorie endet aber dann zumeist sehr bald in einer deskriptiven Marktformenbetrachtung und Verhaltensforschung, die, obwohl empirisch wichtig, nicht viel Erklärungswert hat.

Einen freien Markt mit freiem Wettbewerb bezeichnet man auch als vollkommenen Markt. Die freie Konkurrenz auf einem solchen vollkommenen Markt fügt dem Gegensatz der Anbieter und Nachfrager, die als Parteien des Kaufvertrages sich möglichst teuer bzw. möglichst billig zu einigen trachten, den Gegensatz der Anbieter unter sich und der Nachfrager unter sich hinzu und macht so das Erwerbsstreben jedes dieser Marktbesucher zu einem „Zweifrontenkrieg" (Liefmann): Zum Kampf der Kontrahenten, die einander gegenüberstehen, kommt auf beiden Seiten der Gegensatz der Konkurrenten untereinander hinzu, die nebeneinander das gleiche Ziel eines möglichst günstigen Absatzes bzw. Einkaufs verfolgen. Dieser freie Wettbewerb setzt, wie wir im § 17 sehen werden, unter bestimmten Voraussetzungen Angebot und Nachfrage ins zweckmäßige Verhältnis und verhindert Überforderungen. Er spornt dann alle Konkurrenten zur höchsten Anspannung ihrer Kräfte im Sinne möglichster Kostensenkung an, schließt dabei allerdings auch alle zu Schwachen oder zu Untüchtigen rücksichtslos vom Markte aus und verallgemeinert leicht auch solche Verbilligungen des Angebots, die nur durch soziale Mißbräuche (z. B. Hungerlöhne) möglich wurden. Weiteres über die Vor- und Nachteile des freien Wettbewerbs s. S. 206 ff.

Nach Verhältnis, Aufbau und innerem Gefüge von Angebot und Nachfrage unterscheidet man folgende „Marktformen":

Ist das Angebot oder die Nachfrage einer Ware oder Leistung in nur einer Hand vereinigt, die somit keinen preisdrückenden bzw. überbietenden Wettbewerb zu fürchten hat, so spricht man von einem Monopol. Der Inhaber eines Angebotsmonopols kann den Preis diktieren, indem er nur so viel von seiner Ware anbietet, als sich zu diesem Preis absetzen läßt. Entsprechend kann auch der Inhaber eines Nachfragemonopols den Preis drücken, soweit auf der Angebotsseite ein Zwang zum Absatz vorliegt (man denke z. B. an das Angebot von Arbeitsleistungen auf dem Arbeitsmarkt). So hat der Monopolist stets eine wirtschaftliche Machtposition inne, und in einem weiteren Sinn bezeichnet man als Monopol auch jede auf Seltenheit bzw. Schließung eines Angebots oder einer Nachfrage beruhende wirtschaftliche Machtposition zur Beeinflussung des Marktes.

[2] Die Verhaltensforschung (s. u.) spricht bei solchen Anpassungserscheinungen von konjekturaler (d. h. die erwarteten Reaktionen anderer Marktbesucher berücksichtigender) Anpassung, wenn die Absatzmenge an den „vermuteten" Preis oder der Preis an die erwartete Absatzmenge angepaßt wird. Den Gegensatz bildet die sog. autonome Aktion, mit der z. B. der Anbieter zwar die Größe der verschiedenen im Augenblick am Markt verwirklichten Aktionsparameter berücksichtigt, dabei aber so vorgeht, als ob eine kleine Änderung seiner eignen Parameter keine Änderung der Parameter der andern Anbieter hervorrufen würde. Als „Aktionsparameter" (im Gegensatz zu „Daten") bezeichnet man Marktgrößen, die der Wirtschafter nach eignem Ermessen setzen kann.

Teilen sich mehrere selbständige Anbieter oder Nachfrager in eine solche auf Seltenheit beruhende wirtschaftliche Machtstellung, so spricht man von einem Oligopol bzw. bei nur zwei solchen Anbietern oder Nachfragern von einem Dyopol. Stehen neben einem Monopolisten oder neben Oligopolisten nur noch einige viel „kleinere" Anbieter bzw. Nachfrager, die keine selbständige Marktpolitik treiben, sondern die Preise der „Großen" einfach übernehmen, so spricht man von einem Teilmonopol bzw. Teiloligopol (W. Eucken). Trifft ein Angebotsmonopol auf ein Nachfragemonopol, so spricht man von einem bilateralen (zweiseitigen) Monopol. Erreichen mehrere durch Zusammenschluß eine Monopolstellung, so spricht man von einem Kollektivmonopol (im Unterschied zum Einzelmonopol). Weiteres s. unten S. 167.

Nach der Dauer der Monopolstellung unterscheidet man lang- und kurzfristige Monopole, nach der Intensität der Marktbeherrschung absolute und (z. B. bei monopoloiden Gütern) relative Monopole (S. 190). Genau betrachtet sind fast alle Monopolstellungen nur relativ: Monopol und vollkommene Konkurrenz bilden ja als selten vorkommende extreme Grenzfälle die Pole einer Spannungsreihe, auf der sich die wirklichen Marktverhältnisse als graduelle Übergänge vom einem zum anderen Extrem einordnen lassen.

Weitere Unterscheidungen von Marktformen kann man (mit Boulding und v. Zwiedineck) daher als Zwischenformen von Monopol und Konkurrenz aus dem Grade der Homogenität herleiten, der die einzelnen gehandelten Waren als mehr oder weniger gleichartig bzw. substituierbar erscheinen läßt. Auch der Marktbegriff, abgestellt auf massenhafte Preisbildung „eines Gutes" (S. 163), ist ja ein Idealtyp, der rein fast nie in der Wirklichkeit anzutreffen ist. Irgendwelche sachliche, persönliche, räumliche oder zeitliche Unterschiede, insbesondere im Angebot, werden fast stets entsprechende Bevorzugungen (sog. Präferenzen) auf der Gegenseite, also vor allem auf der Seite der Nachfrage, begründen und so die Homogenität des Angebots und damit den Wettbewerb unvollständig machen (sog. heterogener Wettbewerb).

Mit den unterschiedlich motivierten, verschieden schnell sich vollziehenden Reaktionen der Marktbesucher auf Änderungen der Marktlage (den sog. Verhaltensweisen), also nicht nur mit den economics der „klassischen" Theorie, beschäftigt sich die neuere sog. Verhaltensforschung. Ihre Verhaltensanalysen bedeuten dabei eine schon mehr empirisch-deskriptiv eingestelle Marktforschung mit entsprechend größerer Wirklichkeitsnähe, aber auch verringertem Erklärungswert. Von einigen Arten der Mengenanpassung sprachen wir soeben bereits. Um weitere Beispiele für diese Betrachtungsweise zu nennen, so spricht man hier von monopolistischer Verhaltensweise eines Anbieters, wenn er seine Konkurrenzbeziehungen nicht berücksichtigt, von oligopolistischer Verhaltensweise, wenn einer von wenigen Anbietern damit rechnet, daß die übrigen Anbieter auf die Änderung seines eignen „Parameters" irgendwie reagieren werden. Polypolist wiederum ist ein Anbieter, der im Bewußtsein, daß sein Absatz auch von den Aktionsparametern anderer Anbieter abhängt, dennoch annimmt, daß diese Anbieter auf Änderungen seiner Aktionsparameter nicht mit Änderungen der ihrigen reagieren werden. Die sog. polypolistische (alias: heterogene) Konkurrenz ist bedingt durch das Verhalten eines Anbieters, der auf einem durch zeitliche, sachliche, räumliche oder persönliche Differenzierungen des Angebots unvollkommenen Markte in einem latenten Wettbewerb steht, der infolge dieser Unvollkommenheit des Marktes nicht voll wirksam wird. Wenn ein solcher Anbieter dennoch den Preis diktiert (sog. polypolistischer Preisfixierer), so weiß er doch nie, wieweit ihn der Mangel an Homogenität des Angebots dabei schützt. Die Ergebnisse derartiger Betrachtungen werden dann von der „modernen" Wirtschaftstheorie in mathematischen Formeln und graphischen Diagrammen dargestellt, deren eng gestellte Voraussetzungen der deskriptiven Problemstellung oft nicht entsprechen und ihrem Erkenntniswert dann kaum förderlich sind. Gleichwohl ist der Hinweis von Bedeutung, daß die Verhaltensweisen der Marktbesucher der objektiven Marktlage (also den „Marktformen") nicht immer zu entsprechen brauchen und dann oft wichtiger für das Marktgeschehen sind als diese.

Die sog. natürlichen Monopole beruhen auf naturgegebener Seltenheit. Alle Altertümer, bei denen Neuentdeckungen nicht mehr in Frage kommen, ferner angeborene Leistungsfähigkeiten (etwa Starbegabungen), auch manche Bodenschätze bilden hier Beispiele für absolute Monopole. Auch Standortvorteile können solche Monopole bedingen. Übergangsformen zur Konkurrenz kommen hier als relative Monopole bei den seltenen, nur mit steigenden Kosten vermehrbaren sog. monopoloiden Gütern in Frage.

Das sog. künstliche Monopol sucht demgegenüber wirtschaftliche Machtstellungen dadurch zu begründen, daß man die Seltenheit mit Vorbedacht erst herbeiführt. Der Käuferstreik (Boykott) auf dem Warenmarkt, der Arbeitgeberzusammenschluß auf dem Arbeitsmarkt kann hier eine Zurückhaltung der Nachfrage zum Zweck der Preissenkung verabreden. Am häufigsten aber tritt das künstliche Monopol als Angebotsmonopol auf. Die Seltenheit des Angebots wird hier herbeigeführt im Falle des

a) vertraglichen oder Vereinbarungsmonopols, also eines Kollektivmonopols im obigen Sinn, durch Vereinbarung einer Angebotsbeschränkung. So halten z. B. die Diamantenproduzenten in Südafrika durch eine solche Vereinbarung sowie durch planmäßigen Aufkauf der (daran nicht beteiligten) Außenseiterproduktion die Preise der Diamanten erheblich über ihrem natürlichen Wert. Allgemein suchen die Kartelle häufig den Preis ihrer Produkte hochzuhalten. Als Vereinigungen selbständig bleibender Unternehmungen eines Wirtschaftszweiges zwecks monopolistischer Beeinflussung des Marktes suchen sie oft die Einhaltung vereinbarter Mindestpreise durch planmäßige Beschränkung des Angebots ihrer Mitglieder zu sichern. Aber auch z. B. die Gewerkschaften suchen, wie wir sahen, den Lohnstand ihrer Mitglieder hochzuhalten, wobei die vereinbarte Zurückhaltung des Angebots von Arbeitskräften im Streik zum Mittel des Lohnkampfes wird. Auch viele Fach- und Berufsverbände kommen hier als Beispiele vertraglicher Monopole in Betracht. Auch die sog. gentlemen-agreements als meist formlose und geheim gehaltene Verabredungen gehören oft hierher. Im Falle ferner des

b) Meinungsmonopols (v. Zwiedineck) wird die Seltenheit des Angebots durch qualitative Bewährung, durch Agitation, Reklame und andere Werbemittel so erreicht, daß die betreffende Ware in der Meinung der Kundschaft qualitativ aus der Menge ähnlichen Angebots herausgehoben wird. Der Sicherung des Meinungsmonopols dient vor allem der Markenschutz. — Im Falle ferner des

c) rechtlichen Monopols beschränkt die öffentliche Hand als Gesetzgeber usw. das Angebot. Die Tabakregie als Finanzmonopol der Erzeugung von und des Handels mit Tabakprodukten, der Postzwang, der die Nachrichtenübermittlung weitgehend der staatlichen Post vorbehält, können hier als Beispiele dienen. Auch alle Patente, Urheberrechte usw. als rechtliche Monopole des geistigen Eigentums gehören hierher. Rechtliche Monopole sind ihrem Begriff gemäß nur auf geschlossenen Märkten (S. 164) möglich.

d) Das großbetriebliche Monopol endlich entsteht dadurch, daß ein Betrieb mit seinem Angebot den Markt durch Verdrängung von Mitanbietern ganz oder doch sehr weitgehend erobert. Dabei wird der neuzeitliche Großbetrieb durch die Größe seines Einmalaufwandes (der meist schon technisch bedingten „fixen Kosten") oft gegen das Aufkommen von Mitanbieterkonkurrenz weitgehend geschützt.

Die vorstehend behandelten Marktkonstellationen der freien Konkurrenz und des Monopols mit ihrer Fülle von Zwischenformen ergeben sich entweder selbsttätig aus den Beziehungen der privaten Marktbesucher oder sie werden (z. B. vorstehend ad a) bewußt von ihnen geschaffen. Man bezeichnet sie, wie wir sahen, als Marktformen. Erst durch autoritäre Eingriffe der Wirtschaftspolitik (z. B. ad c) kommt es dabei zur Marktregulierung. Beides, Marktformen und Marktregulierung, ergibt die Marktordnung (v. Mühlenfels). Monopole finden sich in den Industrieländern vor allem auf den Gebieten der Produktion von Rohstoffen und Halbfabrikaten. — Weiteres über Monopole in der Marktwirtschaft s. S. 189 ff.

In der arbeitsteiligen Marktwirtschaft bedingt die Preisbildung das **Einkommen** des Einzelnen. Dabei verstehen wir unter „Einkommen" schlechthin die Gesamtheit der von einer Wirtschaft in bestimmter Zeitspanne erzielten Reinerträge. Dabei zieht allerdings der Sprachgebrauch die zur Reproduktion der Arbeitskraft des Einkommenserzielers erforderlichen Lebenskosten nicht von den Roherträgen ab. Insofern kann man das Einkommen auch als denjenigen Teil der in einer bestimmten Zeitspanne erzielten Roherträge bestimmen, der vom Einkommensempfänger ohne Minderung seiner Vermögenssubstanz verbraucht werden kann. Denjenigen Teil des Einkommens, der dem Einkommensbezieher nach Deckung seines lebensnotwendigen Bedarfs (an Existenzgütern, S. 48) noch (für Kulturgüter u. dgl.) übrig bleibt, bezeichnet man als sein freies Einkommen.

Der Einkommensbegriff umfaßt das Einzelwirtschaftseinkommen (meist auch schlechthin „Einkommen" genannt) und das

Volkseinkommen. Das so definierte Volkseinkommen eines Jahres ist gleich dem jährlichen Netto-Nationalprodukt (S. 56) zuzüglich etwaiger Abgaben aus dem Ausland und abzüglich etwaiger Abgaben an das Ausland. Sehen wir von diesen Abgaben aus dem und an das Ausland ab, unterstellen wir also eine sog. geschlossene Volkswirtschaft, so deckt das Volkseinkommen, wie es in der Form von Löhnen und Gewinnen bezogen wird, den Konsum und die Investitionen in einer Volkswirtschaft, wobei also die Investitionen (als Kapitalgüterbildung) vor allem auf den Ersparnissen der Bevölkerung beruhen. Im einzelnen freilich sind alle diese Begriffe höchst problematisch, und die Bedeutung von Volksvermögen und Volkseinkommen für den Volkswohlstand hängt auch noch sehr davon ab, wie diese Größen unter der Bevölkerung verteilt sind.

Diesem Einkommensbegriff der Wirtschaftstheorie entspricht der steuertechnische Einkommensbegriff nicht ganz, da er für seinen andersgearteten Zweck auch anders gebildet werden muß. Besonders das Erfordernis der Regelmäßigkeit der aus einer Quelle fließenden Erträge wurde hier (von Hermann und Fuisting gegen Schanz) betont.

Die Einzelwirtschaftserträge sind heute meist Geldeinkommen. Auch die wenigen nicht in Geld erfließenden sog. Naturaleinkommen, die es heute in den Kulturländern noch gibt, werden zumeist am Maßstab der Preisbildung, d. h. mit ihrem Geldwert, veranschlagt (vgl. das Deputat des Landarbeiters, die Dienstwohnung der Beamten). Insofern unterliegt die Preis- und Einkommensbildung außer den ihr selbst innewohnenden Veränderungen stets auch noch den Einflüssen, die etwa von Veränderungen des Geldwesens her auf sie ausgeübt werden. Doch sei von diesen Einflüssen der Geldseite hier zunächst abgesehen, sie sollen erst in den §§ 20 bis 22 betrachtet werden. In jedem Fall haben die Geldeinkommen je nach der Kaufkraft des Geldes, d. h. nach dem Gesamtstande aller Preise, eine unterschiedliche Bedeutung für den, der sie erzielt. Im Hinblick auf diese Kaufkraft nennt man sie Realeinkommen, im Hinblick nur auf die Ziffer ihres Geldbetrages hingegen Nominaleinkommen.

Wie die Preise (S. 161) können auch die Einkommen auf Grund wirtschaftlicher oder außerwirtschaftlicher Bestimmungsgründe gebildet werden. Die außerwirtschaftlich bedingten Einkommen, wie sie etwa auf Grund von Raub oder Betrug, durch Wohltätigkeit oder Geschenke u. dgl. zustandekommen, seien aber im folgenden als wirtschaftstheoretisch uninteressant außer Betracht gelassen.

Die sog. reinen Arbeitseinkommen als Nominaleinkommen der Lohnarbeiter im weitesten Sinne sind selbst Preise, denn den Lohn erkannten wir soeben als den Preis der Arbeit. Ihnen treten die Überschußeinkommen der selbständigen Erwerbswirtschafter gegenüber. Sie ergeben sich aus der Preisdifferenz von Kostengütern und Produkten, also aus einer Gewinn- und Verlustrechnung. Auch diese Einkommen sind also aus Preisen zusammengesetzt. Volkswirtschaftlich gesehen, kann die reine Wirtschaftstheorie das hier betrachtete Einkommen daher als den Gesamtpreis der einzelwirtschaftlichen Leistung einer Person auffassen. Von hier aus ergibt sich die Problematik der sog. personellen Einkommensverteilung, der Unterschied von „Arm und Reich". Die mehr wirtschaftsbeschreibende Betrachtung freilich wird meist den Zusammenhang mit demjenigen Produktionsfaktor herstellen, aus dem das Einkommen seiner technischen Herkunft nach vorzugsweise erfließt. Sie spricht dann von Bodeneinkommen, Kapitaleinkommen oder Arbeitseinkommen. Hier erscheint die Einkommensbildung als Preisbildung der Produktionsfaktoren, als ein Problem der sog. funktionellen Einkommensverteilung. Die Frage, wie sich hier das Nationalprodukt auf die spezifischen Einkommensträger verteilt, die als Grundbesitzer, Kapitaleigentümer und Arbeitnehmer hinter den drei Produktionsfaktoren stehen, hat die Verteilungstheorie von jeher besonders beschäftigt.

Das Einkommen im Hinblick auf denjenigen Produktionsfaktor, aus dem es so vorzugsweise erfließt, heißt auch Rente. Man spricht in diesem Sinne bei den genannten drei Einkommensarten auch von Grundrente, von Kapitalrente und Arbeitsrente. In dieser lediglich funktionellen Bedeutung werden wir das Wort „Rente", wo nichts anderes gesagt wird, gebrauchen.

In einer anderen Bedeutung bezeichnet man als „Rente" auch jedes Vorzugseinkommen, das also einen bestimmten, als Regel oder Durchschnitt angenommenen Betrag übersteigt. So ist z. B. die Differenzialrente Ricardos der Mehrertrag, den die besseren Böden über den Ertrag der schlechtesten zur Deckung des Bedarfs noch nötigen Böden, der sog. „Grenzböden" hinaus abwerfen. Allgemein bezeichnet man die wertmäßige Spannung zwischen dem erzielten Preis und den Gestehungskosten des Erzeugers als Produzentenrente, die Wertspanne zwischen dem gezahlten Preis und der Wertschätzung des Verbrauchers als Konsumentenrente (Konsumertrag, vgl. S. 288). In einem sprachüblichen aber wirtschaftstheoretisch kaum noch zweckmäßigen Sinne versteht man unter „Rente" (im Gegensatz zum sog. unfundierten oder Arbeitseinkommen) das sog. fundierte oder Besitzeinkommen, und zwar entweder das Einkommen aus Grundbesitz (so Ricardo, vgl. auch S. 327 zu 2 a) oder auch das reine Kapitaleinkommen (nämlich des „Rentners") oder endlich auch ganz allgemein laufende Zahlungen zur Unterhaltsgewährung.

§ 16 Die Preisbildung der Marktwirtschaft

Wie wir sahen, beruht die Einkommensbildung und damit die gesamte Verteilung des Sozialproduktes in der Marktwirtschaft auf der Bildung von Preisen. Die Preisbildung, soweit sie unter wirtschaftlichen Gesichtspunkten am freien Markt erfolgt, wird, wie schon bemerkt, vom Ertragsstreben (Mittelbeschaffungsstreben) geleitet. Ein Kauf kommt daher bei solcher freier Preisbildung nur dann zustande, wenn der Verkäufer das Preisgut höher schätzt als seine Ware, und wenn umgekehrt der Käufer die Ware höher schätzt als das von ihm zu zahlende Preisgut, mit anderen Worten, wenn beide Marktparteien die erforderliche „Tauschfähigkeit" besitzen. Sonst wäre der Vorteil des Geschäfts ja nicht gegenseitig.

Oft geht das Angebot und die Nachfrage auf viel größere Mengen von Preisgütern und Waren, als auf dem Markt tatsächlich zum Umsatz gelangen. Aber die Tatsache, daß für jedes Preisgut soviel an Ware und für jede Ware soviel an Preisgut hingegeben werden muß, daß der Umtausch auch dem anderen Teil noch vorteilhaft erscheint, läßt dann einen Teil dieses Angebots und dieser Nachfrage wegen mangelnder Tauschfähigkeit der Partner nicht mehr zum Umsatz zu. So beschränkt der Preis den Absatz knapper Waren auf die kaufkräftigste Nachfrage und das leistungsfähigste Angebot. Er stimmt auf diese Weise das Angebot der Produzenten und die Nachfrage der Konsumenten — beide Gruppen sind ja im ganzen personengleich — tendenziell aufeinander ab und stellt, wenn er beides zur Deckung bringt, das Gleichgewicht (die Ausgeglichenheit) des Marktes her.

Es gibt dabei stets ein Paar von Tauschpartnern, die gerade eben noch, und ein Paar von Partnern, die gerade eben nicht mehr zum Zuge kommen. Die Grenznutzenschule hat diese beiden Partnerpaare als „Grenzpaare" bezeichnet, aber das sog. Gesetz der Grenzpaare, das sie diesbezüglich aufgestellt hat, ist weiter nichts, als eine etwas schwerer verständliche Umschreibung des vorstehend dargelegten Sachverhalts. Es lautet: „Der Preis bildet sich innerhalb eines Spielraums, der nach oben begrenzt wird durch die Wertschätzung des letzten noch zum Tausch kommenden Käufers und des tauschfähigsten unter den vom Tausche bereits ausgeschlossenen Verkäufern, und nach unten durch die Wertschätzung des mindest tauschfähigen, noch zum Tausche kommenden Verkäufers und des tauschfähigsten der vom Tausche bereits ausgeschlossenen Kauflustigen" (Menger, Böhm-Bawerk, Philippovich). Die Angebotsmenge, die ja von der Intensität der „Wertschätzungen" selbst wieder stark abhängt, bleibt dabei ebenso unerklärt wie die subjektiven Bewertungen des „letzten" Käufers und Verkäufers, die immer erst im nachhinein feststellbar sind. Das „Gesetz" gibt also keine inhaltliche Behauptung oder Auskunft, geschweige denn einen Beweis. Es wird hier nur eine psychologische Umschreibung des Rationalprinzips und daneben allenfalls ein Hinweis auf den Zusammenhang erreicht, der zwischen dem Verhältnis von Menge und Bedarf, also der Seltenheit (Knappheit) eines Gutes, einerseits und seinem Preis anderseits besteht.

Dieser Zusammenhang von Seltenheit und Preis ist sicherlich bedeutungsvoll. Er erklärt es z. B., warum lebensnotwendige Waren, also unentbehrliche Existenzgüter wie etwa Brot oder Kleidung, dennoch oft weit geringere Preise erzielen als entbehrliche Luxusgüter, die nur viel seltener sind als jene. Jedoch finden wir auf diesem Gebiet des Zusammenhanges von Seltenheit und Preis bereits das sog. **Gesetz von Angebot und Nachfrage** vor, das die englische sog. klassische Schule (Adam Smith, Ricardo) in den Mittelpunkt ihrer Lehre stellte. Es besagt, das Verhältnis von Angebot und Nachfrage bestimme ceteris paribus die Höhe des Preises: Steigendes Angebot senke den Preis, steigende Nachfrage erhöhe ihn, sinkendes Angebot bzw. sinkende Nachfrage wirke umgekehrt, vorausgesetzt, daß alles übrige sich nicht verändere. Bedeutet A das Angebot, N die Nachfrage und P den Preis, so wäre danach also $\frac{N}{A} = P$. Dabei wird (nach Brentano) das Angebot bestimmt durch die Wertschätzung des Geldes sowie der Ware durch den Verkäufer und durch die Konkurrenz (Zahl) der Käufer, die Nachfrage entsprechend durch die Wertschätzung des Geldes sowie der Ware durch den Käufer und die Konkurrenz (Zahl) der Verkäufer.

Aber auch dies sog. „Gesetz" von Angebot und Nachfrage stellt nicht mit Recht eine Kausalwirkung fest, die von seiten des Angebots und der Nachfrage auf die Höhe des Preises stets ausgeübt werden müßte. Exakt läßt sich hier nur ein Funktionalzusammenhang gegenseitigen Aufeinanderangelegtseins beider Größen, des Verhältnisses von Angebot und Nachfrage auf der einen und des Preises auf der anderen Seite, feststellen. Denn es beeinflussen Angebot und Nachfrage ja nicht nur den Preis, sondern sie werden auch selbst vom Preise beeinflußt: Die Höhe des Preises bestimmt ja die Rentabilität der Produktion, die das Angebot ermöglicht, und den „Konsumertrag" (S. 170, 288) des Verbrauchers, der die Nachfrage zum Markt zieht. Zugleich bedingt gemäß dem Produktivitätsgesetz jede Veränderung des Angebots wie der Nachfrage als Veränderung des volkswirtschaftlichen Aufwands eine Veränderung in der Kombination auch aller übrigen Produktivkräfte, die ja nach Maßgabe der vorhandenen Wirtschaftselastizität mit einer qualitativen Umgruppierung auf diese Veränderung antworten (S. 87).

Dieser Entsprechungszusammenhang aller Produktivkräfte geht Hand in Hand mit einer Veränderung aller Preise, die also auch ihrerseits in einem Verhältnis gegenseitiger Entsprechung (Funktionalität) zueinander stehen. Auch die lediglich preistheoretische Überlegung kommt (ohne alle Ertragstheorie) hier zu dem gleichen Ergebnis. Denn wenn ein Marktbesucher von gegebener Zahlungsfähigkeit bei irgendeiner Ware eine Preisveränderung bewilligt oder durchsetzt, so bedingt das eine Veränderung seiner Zahlungsfähigkeit (Tauschfähigkeit) gegenüber allen anderen Waren. Jede Veränderung eines Preises hat demnach eine Veränderung auch aller übrigen Preise im Gefolge (sog. Interdependenz aller Preise). Insofern wird das „ceteris paribus", die Voraussetzung also des Gleichbleibens aller übrigen Umstände, die jeder rein-theoretischen Auffassung des sog. Gesetzes von Angebot und Nachfrage zugrunde liegt, hier zu einer unzweckmäßigen, ja irreführenden Abstraktion. Will man das Ineinandergreifen z. B. eines komplizierten Räderwerkes erklären, so kann man ja nicht zweckmäßig davon absehen, daß ein Rad ins andere greift. Das Preisproblem ist stets eine Frage des Gleichgewichts aller produktiven Kräfte, der Preis der Ausdruck ihrer quantitativen und qualitativen Verhältnismäßigkeit, ihrer organischen Entsprechung, und als solcher rein-theoretisch nicht kausalmechanisch zu erklären. Dabei besteht diese Interdependenz aller Preise sowohl auf jeder Produktionsstufe (sog. horizontale Interdependenz, z. B. der Rohstoffe oder der Halbfabrikate oder der Verbrauchsgüter) als auch zwischen den Produktionsstufen (sog. vertikale Interdependenz der Preise, z. B. der Rohstoffe und der damit hergestellten Produkte). Sie besteht ferner sowohl auf jedem einzelnen Markt als auch (vermittelt z. B. durch die Arbitrage) zwischen den Preisniveaus verschiedener Märkte.

Die somit vorhandene all- und gegenseitige Entsprechung aller Preise haben, wie schon angedeutet, die Lausanner Schule (Walras und Pareto) sowie, von ihr beeinflußt, die Skandinavier Wicksell und Cassel durch einen Kranz von Funktionalgleichungen zum Ausdruck gebracht. Diese Feststellungen dürfen aber ungeachtet ihrer mathematischen Form hinsichtlich ihres Erkenntniswerts nicht überschätzt werden. Sie sind auch viel weniger anschaulich und allgemeinverständlich als die Entwicklung dieser Zusammenhänge aus den Grundgedanken der Ertragstheorie, wie wir sie hier mit erläuternden Hinweisen auf gewisse, bei den biologischen Organismen bestehende Analogie zu geben suchen. Die Preisbildung im Blickfeld der reinen Wirtschaftstheorie ist ein Problem der Entsprechung, des organischen Gleichgewichts. Darüber können auch mathematische Formulierungen des Entsprechungsgedankens nicht hinausführen. — Mehr auf dem Gebiet der schon deskriptiveren genetisch-kausalen Ergänzungen, die daneben, wie wir (S. 42) sahen, nötig bleiben, arbeitete vor allem die anglo-amerikanische Richtung der mathematischen Wirtschaftstheorie, wie sie von Jevons, Marshall und Clark vertreten wird.

Die oben dargelegte Beurteilung ändert sich ja, sobald sich die Preistheorie bewußt mehr beschreibend einstellt: Hier nämlich erfaßt das angebliche „Gesetz" von Angebot und Nachfrage als Regel, d. h. als nicht exakte Feststellung einer schon mehr wirtschaftsbeschreibend eingestellten Theorie, einen wichtigen Einfluß, den eine Veränderung des Verhältnisses von Angebot und Nachfrage zu allermeist als erste Anstoßwirkung auf die Preise ausübt. Ähnlich kann auch die Medizin neben der Feststellung, daß eine Verletzung stets alle Glieder des Organismus (nicht nur die unmittelbar betroffenen) beeinflußt, sagen, daß als erste Wirkung einer solchen Verletzung in der Regel an der getroffenen Stelle ein Bluterguß oder dgl. auftritt. Es kann also z. B. einmal sein, daß eine Erhöhung der Nachfrage, die stärker ist als das Steigen des Angebots, dennoch infolge der verbilligenden Wirkung der Massenproduktion (§ 10) den Preis alsbald senkt[1]. Regelmäßig aber wird eine im Verhältnis zum Angebot steigende Nachfrage den Preis zunächst einmal steigern. Es kann auch z. B. einmal sein, daß ein Angebot, das schneller steigt als die Nachfrage, dennoch den Preis steigert, weil eine Tendenz zunehmenden Ertrages (S. 100) die Brauchbarkeit der vergrößerten Angebotsmenge überproportional steigert[2], regelmäßig aber wird steigendes Angebot den Preis zunächst einmal senken. Bei solcher Verweisung des angeblichen Gesetzes von Angebot und Nachfrage aus der reinen in die schon mehr beschreibend eingestellte Wirtschaftstheorie kann auf das irreführende ceteris paribus verzichtet und doch noch viel Wirklichkeitserkenntnis vermittelt werden: Die „Regel von Angebot und Nachfrage", die wir damit an die Stelle des bisherigen Preis„gesetzes" setzen, ist bescheidener in ihrer Behauptung, verstößt dafür aber auch nicht gegen den Sinn der organischen Zusammenhänge, die den Preisbildungsvorgang beherrschen. — Dabei ist die Wirkung von Angebots- und Nachfrageveränderungen auf die Preise in ihrer Stärke auch sehr verschieden: Eine Angebotsverringerung unentbehrlicher Lebensmittel z. B. steigert den Preis meist stärker als eine Angebotsverknappung entbehrlicher Luxusgüter. So behauptete z. B. die Kingsche Regel die progressive Wirkung eines Ernteausfalls auf die Getreidepreise, so daß also hier eine gestiegene Ernte der Landwirtschaft einen sinkenden Gesamterlös erbringen könne.

---

[1] Angenommen also z. B., die Nachfrage sei gleich dem Angebot, infolge der hohen Gestehungskosten (geringen Tauschfähigkeit des Angebots) komme aber nur ein Viertel des Angebots und der Nachfrage zum Zuge. Nun vervierfachte sich die Nachfrage und das Angebot verdreifachte sich, wobei aber die Gestehungskosten der ihm nunmehr möglich gewordenen Massenproduktion auf ein Zehntel sinken. Dann wird der neue Preis trotz relativ gestiegener Nachfrage gesunken sein. Voraussetzung ist hier freilich eine Begriffsbestimmung von Angebot und Nachfrage, die unserem Hinweis im kleingedruckten Absatz von S. 164 Rechnung trägt.

[2] Angenommen z. B., es seien 15 Nägel nachgefragt, von denen der Nachfragende 5 zur Herstellung eines Stuhles und 10 zur Herstellung eines Bettes benötigt, das ihm dreimal so viel wert ist wie der Stuhl. Dann wird eine Steigerung des Angebots von 5 auf 10 Nägel bei gleichbleibender Nachfrage den erzielbaren Preis nicht senken, sondern steigern.

Diese Fähigkeit der Preise, auf Veränderungen des Verhältnisses von Angebot und Nachfrage zu reagieren, bezeichnet man als **Reagibilität der Preise.** Auch von Angebotsempfindlichkeit bzw. Nachfrageempfindlichkeit eines Preises kann man zweckmäßig sprechen, während der in diesem Zusammenhang häufig gebrachte Ausdruck „Elastizität der Preise" weniger eindeutig erscheint: Er läßt eine Verwechslung mit dem Elastizitätsbegriff der Ertragstheorie (S. 86) befürchten.

Auch die **Umkehrung des „Gesetzes"** von Angebot und Nachfrage, also der Satz: „Steigender Preis steigert das Angebot und senkt die Nachfrage, sinkender Preis wirkt umgekehrt", bezeichnet eine solche regelmäßige Anstoßwirkung, hat also den gleichen Wert als mehr wirtschaftsbeschreibende Regel einer ersten Anstoßwirkung der Preisveränderung. Auch hier sind Ausnahmen durchaus denkbar. Man bezeichnet sie als antikonjunkturelles Verhalten oder auch als inverse Anpassung. So hat z. B. eine Peiserhöhung für Rohgummi das Angebot eingeborener malaiischer Pflanzer nicht gesteigert, sondern gesenkt, da diese vom Bedarfsdeckungsprinzip (S. 79 unter IV, 1) ausgingen: Sie waren froh, mit weniger Arbeit ihren Unterhalt decken zu können. Die bedeutende Senkung der Preise des Weltagrarmarktes gegen Ende der 20er Jahre veranlaßte viele bäuerliche Produzenten zu einer Steigerung ihres Angebots, da sie den je Einheit ihres Produkts gesunkenen Preis durch eine Vermehrung ihrer Produktion wieder hereinbringen wollten. Ferner kann z. B. die Senkung eines Lohnsatzes statt einer Verminderung eine Verstärkung des Angebots an Arbeitsleistungen bewirken, wenn sie andernfalls das Einkommen der Arbeiterschaft unter das Existenzminimum herabdrücken würde (s. auch S. 300). Endlich kann auch ein sinkender Zins einen Sparer, der für sein Lebensende ein Kapital als Quelle eines bestimmten Zinseinkommens ansparen will, zu erhöhter Spartätigkeit veranlassen, anstatt seinen Sparsinn zu lähmen, und umgekehrt. Jedes Zwecksparen wird (im Unterschied zum sog. Erwerbssparen) diese Einstellung des Sparers nahelegen. Alle derartigen Fälle antikonjunkturellen Verhaltens bedeuten die Gefahr der Gleichgewichtslosigkeit für den betreffenden Markt.

Auch hier bei der Umkehrung unserer Regel von Angebot und Nachfrage wird die wirtschaftsbeschreibende Wesenheit der Feststellung noch dadurch besonders deutlich, daß Angebot und Nachfrage bei den einzelnen Gütern auf die Veränderungen des Preises sehr verschieden stark antworten. Bei Luxusgütern z. B. bedingt ein Anziehen des Preises meist einen starken Rückgang der Nachfrage, weil der Verbrauch auf diese Güter leichter verzichten kann. So ist hier zu dem gestiegenen Preise nur eine viel geringere Menge Waren absetzbar. Die Nachfrage zeigt also in diesem Falle, wie man sagt, eine große **Preisempfindlichkeit.** Bei den Gegenständen des lebensnotwendigen Bedarfs dagegen wird auch ein Anziehen der Preise eine solche Nachfrageschrumpfung oft nicht oder doch viel weniger zur Folge haben. Denn da die Käufer auf solche Waren nicht wohl verzichten können, werden sie sich möglichst anderweitig einschränken, um den gestiegenen Preis dieser Existenzgüter doch noch aufbringen zu können. Soweit ihnen das gelingt — und je höher das Realeinkommen (S. 169) der Bevölkerung ist, desto weitgehender wird ihnen das gelingen —, wird die absetzbare Menge der Waren trotz der Preissteigerung keine Verminderung erfahren. Die Nachfrage ist also bei den Existenzgütern viel weniger preisempfindlich als bei den Luxusgütern. Im übrigen ist naturgemäß in den oberen Regionen der Preisentwicklung die Widerstandsfähigkeit der Nachfrage gegen weitere Preiserhöhungen ceteris paribus geringer als in den niedrigeren Preislagen, ebenso wie auch Preisermäßigungen die Nachfrage desto schneller steigern, je mehr der Preis in den Kaufkraftbereich immer breiterer Einkommensschichten hinabsinkt. Entsprechend antwortet auch das Angebot auf Preisveränderungen stärker oder schwächer, schneller oder langsamer, je nachdem eine Produktionsausdehnung oder -einschränkung leicht möglich oder erschwert bzw. mit steigenden Kosten verbunden ist. Hier spielt neben den technischen Möglichkeiten einer Ausdehnung bzw. Einschränkung der Produktion auch das bisherige Ausmaß von Gewinnspannen und Beschäftigungsgrad eine Rolle. Das Angebot ferner an monopoloiden Gütern (S. 190) wird sich Preiserhöhungen gegenüber meist relativ unempfindlich, also starr, verhalten, und von Gütern, die mit hohem konstanten Kapital hergestellt werden (industrielle Massenproduktion), gilt das gleiche jeder Preisänderung gegenüber. Ebenso erschwert eine erhebliche Länge der Umschlagsperioden (also Langwierigkeit) einer Produktion deren Anpassung an veränderte Preise. Das Nachhinken, mit dem das Angebot auf Preisveränderungen daher meist nur reagiert (sog. lag), bedingt im weiteren Pendelbewegungen der Preise und Angebotsmengen, die vor allem von U. Ricci, H. Schulz und J. Tinbergen näher untersucht wurden (Spinnwebstheorie, so genannt nach der Form der dabei sich ergebenden graphischen Darstellungen). Dies Nachhinken des Reagierens auf Preisänderungen beträgt beim Angebot von Mastschweinen oft bis zu $1^1/_4$ Jahren. Auch die Möglichkeit eines Ausweichens in die Ersatzgüterproduktion spielt für die Preisempfindlichkeit von Angebot und Nachfrage stets eine erhebliche Rolle. Auch wird sich diese Preisempfindlichkeit oft erst nach einiger Zeit voll zeigen, da jede Reaktion auf Preisänderungen eine gewisse Zeit benötigt.

Bei Gütern, die einander ergänzen müssen oder ersetzen können, also bei komplementären bzw. substituierbaren Gütern, wird eine Preisempfindlichkeit von Angebot und Nachfrage insoweit auch über Kreuz, also von der Preisänderung beim einen auf Angebot und Nachfrage beim andern Gut ausgehend, sich zeigen (sog. Kreuz-Preisempfindlichkeit).

Den Ausdruck „Preiselastizität“ der Nachfrage oder des Angebots, den man im Sinne von „Preisempfindlichkeit“ auch gebraucht, vermeiden wir lieber, und zwar auch hier, um einer Verwechslung mit dem noch wichtigeren Elastizitätsbegriff der Ertragstheorie (s. S. 54) vorzubeugen. Auch von „Nachgiebigkeit“ oder „Reagibilität“ des preisempfindlichen Bedarfs bzw. Angebots kann man sprechen. Die Elastizität (Selbststeuerungsfähigkeit, Umgruppierungsfähigkeit) der modernen Marktwirtschaft beruht freilich, wie wir sehen werden, sehr weitgehend auf der Preisempfindlichkeit von Angebot und Nachfrage.

Mathematisch ausgedrückt, ist Preisempfindlichkeit der Quotient aus der prozentualen Änderung der nachgefragten oder verbrauchten Menge eines Gutes und der prozentualen Änderung des Preises, die jene Nachfrage- oder Verbrauchsänderung hervorgerufen hat (v. Stackelberg). Ist die Preisempfindlichkeit glei 1, so ruft also z. B. eine Verdoppelung des Preises eine Halbierung der zum Zuge kommenden Nachfrage hervor. Der Preisempfindlichkeitskoeffizient der Nachfrage besagt dann, um wieviel Prozent sich die Nachfrage nach einem Gute ändert, wenn sich sein Preis um 1 % ändert.

Dem Ausdruck „Preisempfindlichkeit der Nachfrage“ läßt sich der Ausdruck „Einkommensempfindlichkeit der Nachfrage“ an die Seite setzen (wobei man auch hier herkömmlich von „Einkommenselastizität“ spricht). Denn die Nachfrage reagiert auch bei gleichbleibendem Preis der Ware stärker oder schwächer auf Erhöhungen oder Rückgänge des Realeinkommens der Käufer, je nachdem es sich um Luxusgüter oder um Existenzgüter handelt. Die Einkommensempfindlichkeit der Nachfrage nach einem Gut ist dann „der Quotient, dessen Nenner die prozentuale Einkommensänderung und dessen Zähler die durch diese Einkommensänderung bewirkte prozentuale Änderung des Verbrauchs in diesem Gut oder der Ausgaben für dieses Gut ist“ (v. Stackelberg). Hier stellten die Statistiker Engel und Schwabe ihre Regeln über die Einkommensempfindlichkeit der Nachfrage nach den Gütern des Nahrungs- bzw. des Wohnbedarfs auf (s. S. 104).

Verstärken wir den wirtschaftsbeschreibenden Gehalt unserer preistheoretischen Betrachtungen noch mehr, so wird alsbald klar, daß neben dem Verhältnis von Angebot und Nachfrage, also der Seltenheit eines Gutes, auch traditionelle Momente von erheblicher Bedeutung sind. Besonders die Preisvorstellungen der Kaufparteien, wie sie durch den „Preis von gestern“ meist bestimmt werden, begründen ganz allgemein sehr oft ein gewisses Trägheitsmoment der Preisbildung (v. Zwiedineck). Dieses ist z. B. auf dem Gemüsemarkt einer kleinen Stadt meist größer als an der Börse, wo sich ein berufs- und gewerbsmäßiger Handel eines eingespielten Apparats zu regelmäßiger Ermittlung der Kurse bedient. Auch vergleicht der Unternehmer bei seinen Dispositionen die gegenwärtigen Preise seiner Kostengüter mit den von ihm erwarteten künftigen Preisen der Produkte, die er herstellen will. Dabei können Veränderungen der gegenwärtigen Preise dieser Produkte die von ihm erwarteten Preise in seiner Vorstellung überproportional oder unterproportional ändern (sog. Elastizität der Preiserwartungen). Daneben ist in der Gegenwart des Marktgeschehens die Energie und Umsicht des „Handelns“ von Bedeutung für die Höhe des Preises. Sie ist beim Produzenten oder Händler, der das Markten gewerbsmäßig betreibt, meist größer als beim Konsumenten. Endlich spielen alle jene „außerwirtschaftlichen“ Bestimmungsgründe der Preisbildung, die die reine Theorie aus ihrer Betrachtung ausschalten muß (S. 161), in der Wirklichkeit eine Rolle. Obwohl sie von der Theorie nicht allgemeingültig erfaßt werden können, sind sie in der Wirklichkeit nicht weniger wichtig. Die Vorstellung vom „gerechten Preis“, an sich aus der mehr gebundenen Wirtschaft des Mittelalters stammend, hat hier auch in der freien Marktwirtschaft ihre Bedeutung oft nicht ganz verloren[3].

Durch alle diese preistheoretischen Feststellungen auf der Grundlage der Regel von Angebot und Nachfrage haben wir freilich für unser eigentliches verteilungstheoretisches Problem noch nicht sehr viel erreicht. Die **Aufgabe** erblickten wir hier in der grundsätzlichen Erfassung der Gesetze und Regelmäßigkeiten, die der Einkommensbildung in der Volkswirtschaft zugrunde liegen. Die Verteilung des Nationalprodukts auf die Einzelwirtschaften ist hier, sahen wir, zu untersuchen. Dafür kann nur eine Betrachtung der Realeinkommen nützlich sein. Die bloß ziffernmäßige Höhe der das Nominaleinkommen darstellenden Geldbeträge spiegelt die Verteilung des Nationalprodukts ja dann nur unvollkommen wider, wenn die Kaufkraft des Geldes, also die Gesamtheit der Preise, sich ändert. Nun sagte unsere Feststellung des gegenseitigen Entsprechungszusammenhanges (der „Interdependenz“) aller Preise, daß jede Veränderung eines Preises die Veränderung aller übrigen Preise im Gefolge hat. Infolgedessen kann eine Theorie der Preisbildung auf der Grundlage der Regel von Angebot und Nachfrage für die Lösung unseres Verteilungsproblems immer nur begrenzte Bedeutung haben. Sie kann zwar die Nominaleinkommen, niemals aber die Realeinkommen erfassen. Jene „Veränderung aller übrigen Preise“, von der das „Gesetz“ von Angebot und Nachfrage mit seinem „ceteris paribus“ in unzulässiger Weise absieht, und über die es auch als „Regel“ nichts

[3] s. darüber W. *Weddigen*, Wirtschaftsethik, System humanitärer Wirtschaftsmoral. Berlin 1951, Kap. VIII, 1.

Näheres aussagen kann, bedingt ja gerade die Kaufkraft der Einkommen, d. h. die Realeinkommen der Bevölkerung. So kann diese Preistheorie auch dann, wenn wir sie auf ihren schon mehr deskriptiven Gehalt zurückführen, und auch wenn wir die von der englischen Schule weiterhin daraus entwickelten Preisgesetze (s. S. 191 u. 195) berücksichtigen, allein die Antwort auf die Frage der Einkommensbildung nicht geben. Mit ihrer isolierenden Betrachtung eng begrenzter Ausschnitte aus der Preisbildung freier Marktwirtschaften kann sie das volle Verständnis der Einkommensbildung im volkswirtschaftlichen Organismus niemals vermitteln.

Wir müssen daher auf die Produktivität der Volkswirtschaft zurückgehen, die allein die **Größe des zu verteilenden Nationalprodukts** bedingt. Was verteilt werden soll, muß ja zuerst geschaffen werden. Die Größe des Ganzen ist in allererster Linie maßgebend für die Größe der auszuschüttenden Portionen. Daneben erst wird der Verteilungsschlüssel für die Größe der Portionen wichtig. Diese Größe des Nationalprodukts hängt nun ab:

1. von den Mitteln der Volkswirtschaft, also von der Menge und Leistungsfähigkeit der verfügbaren Produktionsfaktoren. Ein Teil dieser Faktoren ist für jedes Land weitgehend fest gegeben, wie die Fruchtbarkeit und die Mineralvorkommen seines Bodens, die Zahl und angeborene Begabung seiner Bevölkerung, das bereits investierte Realkapital u. dgl. Ein großer Teil dieser Mittel ist aber auch veränderlich. So können z. B. durch Entdeckungen oder Erfindungen die Mittel vermehrt, durch Mißernten können sie vermindert werden. Auch das Ausmaß der Kapitalbildung hängt von der jeweiligen Energie des Sparens oder auch von wechselnden Bedingungen der Besteuerung ab, und auch der Gewinn oder Verlust im internationalen Austausch, der das Realeinkommen eines Volkes gleichfalls mit bedingt, kann sich schnell ändern. Durch Zieländerungen (z. B. neue Moden) können Mittel entwertet, andere Mittel in ihrer Brauchbarkeit gesteigert werden. Alle diese Veränderungen können von der Wirtschaftstheorie nicht allgemeingültig erfaßt werden. Was über den Wirkungsgrad der Mittel wirtschaftstheoretisch erfaßbar ist, besagt die Ertragstheorie, wie wir sie in Teil I dargelegt haben. — Die Größe des Nationalprodukts hängt weiter ab:

2. von der Reibungslosigkeit und Schnelligkeit, mit der bei Gleichgewichtsstörungen, wie sie als Folge von Änderungen in Mitteln oder Zielen der Wirtschaft auftreten, die bei der neuen Lage zweckentsprechende Kombination der Produktionsfaktoren, also das neue bestmögliche Wirkungsverhältnis der Produktiv-

kräfte, hergestellt wird. Bei „freier" Marktwirtschaft geschieht dies grundsätzlich im Wege des oben (S. 55) bereits angedeuteten Vorgangs einer selbsttätigen Umgruppierung der Produktivmittel. So hängt hier die Größe des Nationalprodukts von der Elastizität (also der automatischen Anpassungsfähigkeit, der Selbststeuerungsfähigkeit) der Volkswirtschaft ab.

Erst bei Punkt 2 wird für die Frage der freien Einkommensbildung jener Preisbildungsvorgang unmittelbar bedeutsam, der die bisherige Verteilungstheorie in erster Linie beschäftigte. Jene Schwankungen des Leistungsniveaus nämlich, mit denen die genügend elastische freie Marktwirtschaft nach dem Labilitätsgesetz die jeweilige Bestkombination ihrer Mittel ausprobierend wiederherstellt, werden ihr, wie schon angedeutet und sogleich noch näher zu zeigen, durch den Preisbildungsmechanismus vermittelt. Wird durch eine Veränderung der Wirtschaftsmittel oder -ziele das Gleichgewicht in der Kombination der Produktivmittel der Volkswirtschaft gestört, so bewirkt in der genügend elastischen freien Volkswirtschaft die Preisbildung im Wege der freien Konkurrenz tendenziell eine Umgruppierung (Umgliederung) dieser Produktivkräfte, die der eingetretenen Veränderung der Wirtschaftsmittel oder Wirtschaftsziele entspricht, indem sie das nunmehr bestmögliche Wirkungsverhältnis der Produktivmittel herstellt.

Die individualistische Nationalökonomie der Physiokraten (Quesnay, Turgot) und der englischen sog. klassischen Schule (Adam Smith, Ricardo) hat das Verdienst, in ihrem Kampf gegen die übertriebenen Wirtschaftsbindungen des Mittelalters und des Merkantilismus auf die Möglichkeiten einer solchen Selbststeuerung der freien Marktwirtschaft hingewiesen zu haben. Sie forderte dabei eine weitgehende Nichteinmischung des Staates in die Angelegenheiten der Wirtschaft (Laissez faire, laissez passer, le monde va de lui même!). Errungenschaften wie die Gewerbefreiheit, die Freiheit der Berufswahl, die Vertragsfreiheit und die Freizügigkeit der Arbeit haben die wirtschaftlichen Fortschritte erst ermöglicht, auf denen unsere heutige Zivilisation beruht. Aber die **liberalistische Harmonielehre** vom selbsttätigen Ausgleich aller einzelwirtschaftlichen Kräfte in der freien Marktwirtschaft, wie sie aus dem „laissez faire" der Physiokraten und der Preislehre der englischen Schule unter epigonenhafter Übertreibung dieser Lehren vor allem durch Bastiat[4] und die Manchesterschule entwickelt wurde[5], hat das tatsächliche

---

[4] Bastiat, Harmonies economiques, 1850.

[5] Führer der Manchesterschule war Richard Cobden (1804—65). Auch Prince-Smith (1809—74), und der „Volkswirtschaftliche Kongreß" (1858 in Gotha) wirkten in gleicher Richtung.

Vorhandensein solcher Elastizität (Selbststeuerungsfähigkeit) der freien Volkswirtschaft weitaus überschätzt. So steigerte der ökonomische Liberalismus des Manchestertums hier die Forderung nach tunlichster Nichteinmischung des Staates bis zur Mißachtung offenbarer sozialpolitischer Notwendigkeiten, und während die Entwicklung der Technik zum Großbetrieb den Gegensatz zwischen Kapital und Arbeit ständig verschärfte, sah man lange Zeit nur die Lichtseiten, nicht auch die Schattenseiten des freien Wettbewerbs. Die Überbetonung der Einzelpersönlichkeit, die den Individualismus allgemein kennzeichnet, zeigte sich auch hier. Sehen wir jedoch zunächst einmal zu, wie sich nach den Gedankengängen der liberalistischen Wirtschaftstheorie die selbsttätige Umgruppierung (Umstellung) der Produktivkräfte einer freien, ideal elastischen Volkswirtschaft im Falle einer Gleichgewichtsstörung vollziehen würde:

In diesem Idealbild einer freien, genügend elastischen Volkswirtschaft besteht bei ausgeglichenem (statischem) Zustande der Wirtschaft, im Zustande des Gleichgewichts aller ihrer Kräfte also, die optimale Kombination, d. h. das bestmögliche Wirkungsverhältnis, der Produktionsmittel: Sachgüter wie Arbeitsfähigkeiten sind auf allen Produktionsgebieten zweckmäßig verteilt, jedes Angebot hat seine Nachfrage. Dem entspricht ein Ausgleich der Einzelwirtschaftserträge aller Produzenten und der Konsumerträge (S. 288) aller Konsumenten, d. h. gleiche Rentabilität in allen Produktionszweigen. Die Nachfrage der Konsumenten, auf deren Befriedigung hier die Produktion sich ausrichtet, ist dabei ausgestattet mit der und begrenzt durch die Kaufkraft der Erlöse, die die Konsumenten als Produzenten (nach Maßgabe ihres Wettbewerbs untereinander) am freien Markt erzielen. So vermittelt dessen Preisbildung hier den restlosen Austausch der arbeitsteilig erzeugten Waren und Leistungen gegeneinander: Jeder erhält soviel, wie er auch gibt (Phase I).

Nehmen wir nun an, dieser Zustand eines harmonischen Gleichgewichts, der sog. Statik der Marktwirtschaft, werde durch eine (günstige oder ungünstige) Änderung der Wirtschafts mittel (z. B. eine technische Erfindung, eine Mißernte) oder der Wirtschafts ziele (z. B. Auftauchen einer Mode, Ausbruch eines Krieges) gestört. Dann treten dadurch an die Stelle der optimalen Ausgeglichenheit, also des bestmöglichen Wirkungsverhältnisses, aller Produktivkräfte Gebiete des „Zuwenig“ und des „Zuviel“ dieser Produktivmittel: wo vorher die Produktionsmittel zweckmäßig so verteilt waren, daß Angebot und Nachfrage sich deckten, da herrscht jetzt Mangel (bzw. überwiegende Nachfrage) an den einen und Überschuß (bzw. Überangebot) an den andern Stellen des Marktes (Phase II).

Dies „Zuviel“ an Produktivkräften auf den einen, ihr „Zuwenig“ auf den anderen Produktionsgebieten wird aber alsbald die Rentabilität beeinflussen, es wird bei ihren Produkten Preissenkungen bzw. Preissteigerungen durchsetzen. Dem „Zuwenig“ an Produktivmitteln entspricht dann ein überoptimaler, dem „Zuviel“ an Produktivmitteln ein unteroptimaler Stand der Rentabilität. Den Übergewinnen der Produzenten an den Stellen der überwiegenden Nachfrage stehen Verluste und Unterbilanzen derselben an den Stellen des Überangebots gegenüber, und bei den Konsumenten, die hier „zu billig“ und dort „zu teuer“ einkaufen, ist es umgekehrt. Nur die Spekulation einiger Marktbesucher (Produzenten und Konsumenten) auf die voraussichtliche Weiterentwicklung schwächt das Ausmaß dieser Rentabilitätsverunterschiedlichung ab (Phase III).

Im nächsten Stadium dieser Entwicklung des Marktes werden dann die relativ guten Verdienste auf den Gebieten des überoptimalen Preis- bzw. Rentabilitätsniveaus Produzenten anziehen bzw. deren Produktivkräfte steigern, Konsumenten dagegen abstoßen bzw. deren Konsummöglichkeiten einschränken. Die Gebiete des unteroptimalen Preis- bzw. Rentabilitätsstandes werden umgekehrt Produzenten bzw. Produktivkräfte verlieren, den Konsum dagegen anlocken. Infolge eines Mangels an Überblick und spekulativem Weitblick eines Teils der Konsumenten und Produzenten fassen allerdings unter dem Einfluß des Herdentriebs meist zu viele Marktbesucher gleichzeitig den gleichen Entschluß zur Umstellung. Infolge dieser „runs“ und Paniken schwingt die Welle der Produktionsmittelkurve zunächst noch durch die Horizontale des zweckmäßigen Ausgleichs hindurch (Phase IV).

Auch die dadurch wieder entstehenden neuen (schwächeren) Zuviels und Zuwenigs in der Kombination der Produktivkräfte setzen durch ihren Einfluß auf die Preise auf dem Markt wieder unter- bzw. überoptimale Rentabilitätsgestaltungen durch. Auch bei dieser Schwankung wird aber infolge einer teilweisen spekulativen Vorwegnahme der voraussichtlichen Weiterentwicklung des Marktes wieder nicht mehr die gleiche Wellenhöhe und -tiefe erreicht wie bei den Produktionsmitteln (Phase V).

Nach gegebenenfalls noch einigen weiteren solchen immer schwächer werdenden, sich auspendelnden Schwankungen ist die Umgliederung der Wirtschaft (d. h. die Umgruppierung ihrer Produktivmittel in der Richtung auf das neue Optimum) vollzogen: Das Zuwenig an Produktivmitteln, das durch die Ziel- oder Mitteländerung bedingt war, ist ausgefüllt, das Zuviel ist abgebaut. Das neue bestmögliche Wirkungsverhältnis der Produktivkräfte hat sich auf der neuen Basis wieder durchgesetzt. Das bei der neuen Lage erreichbare Produktionshöchstmaß ist also wiederhergestellt, mag es (im Fall eines Wirtschaftsfortschritts) größer, oder mag es (im Fall einer eingetretenen Wirtschaftsschrumpfung) kleiner sein als dasjenige vor der Gleichgewichtsstörung. Auch die Rentabilitätsverhältnisse, also die Gewinne bei den Produzenten und die Konsumerträge bei den Konsumenten, sind wieder ausgeglichen (Phase VI).

Sehen wir einmal davon ab, daß in der freien Marktwirtschaft die genügend kaufkräftige Nachfrage, die die Produzenten in ihrer Eigenschaft als Konsumenten am Markt entfalten, das Ziel der Produktion bestimmt, so daß Änderungen in der Ebene der Produktivmittel stets auch Änderungen der Ziele bedeuten, die in diesem selbstgesteuerten Wirtschaftsorganismus die Marschrichtung angeben. Dann können wir die soeben beschriebenen sechs Phasen des Umgruppierungs-(Ausgleichs-)vorgangs dieser freien Marktwirtschaft gleichsam als Momentbilder eines kinematographisch aufgenommenen Bewegungsvorgangs schematisch darstellen:

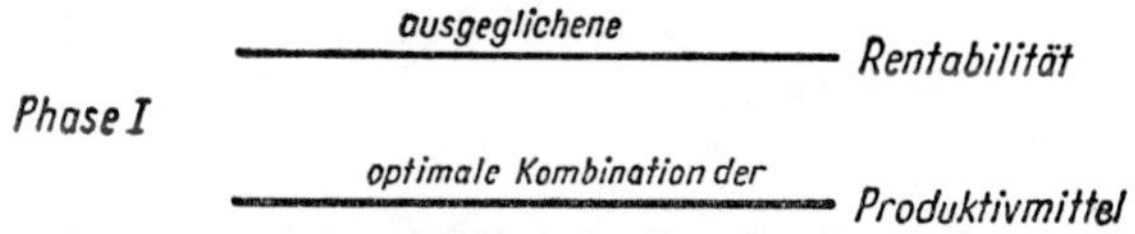

Ausgeglichener (statischer) Zustand der Marktwirtschaft: bestmögliche (optimale) Kombination der Produktivmittel (Sachgüter und Arbeitsfähigkeiten) auf allen Produktionsgebieten, dargestellt durch die untere Horizontale. Dementsprechend Ausgleich aller Einzelwirtschaftserträge, d. h. gleiche Rentabilität in allen Produktionszweigen, dargestellt durch die obere Horizontale.

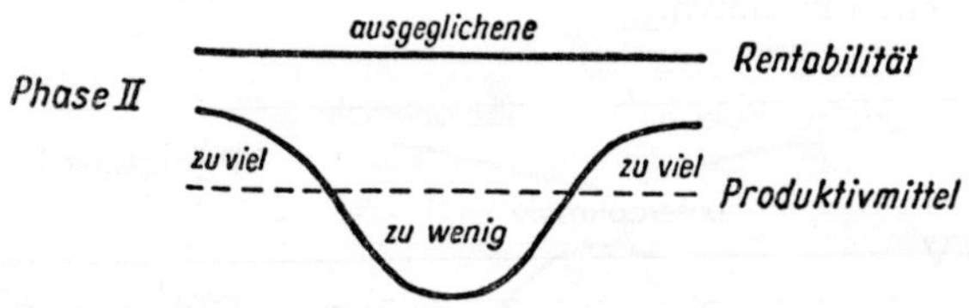

Durch eine Änderung in Mitteln oder Zielen der Wirtschaft ist die optimale Kombination der Produktivmittel gestört: An die Stelle ihrer optimalen (harmonischen) Ausgeglichenheit sind Gebiete des Zuwenig und des Zuviel getreten. Der Markt hat jedoch (z. B. infolge eines Mangels an Überblick und Wendigkeit der Anbieter und Nachfrager) noch nicht mit Preisänderungen, d. h. mit Änderungen der bisher ausgeglichenen Rentabilitätsverhältnisse, auf diese Störung geantwortet.

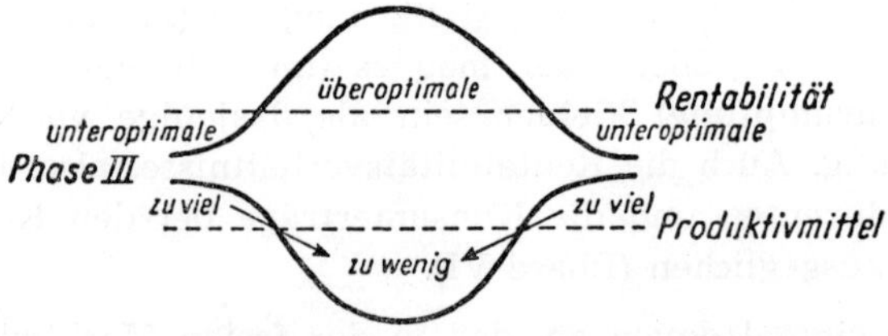

Das Zuviel auf den einen, das Zuwenig auf den andern Produktionsgebieten hat nun auf den Märkten ihrer Produkte Preissenkungen bzw. Preissteigerungen durchgesetzt. Dem Zuwenig an Produktivmitteln entspricht daher ein überoptimaler, dem Zuviel an Produktionsmitteln ein unteroptimaler Stand der Rentabilität. Nur die Spekulation einiger Marktbesucher (Produzenten und Konsumenten) auf die voraussichtliche Weiterentwicklung (Phase IV) schwächt das Ausmaß dieser Rentabilitätsverunterschiedlichung ab.

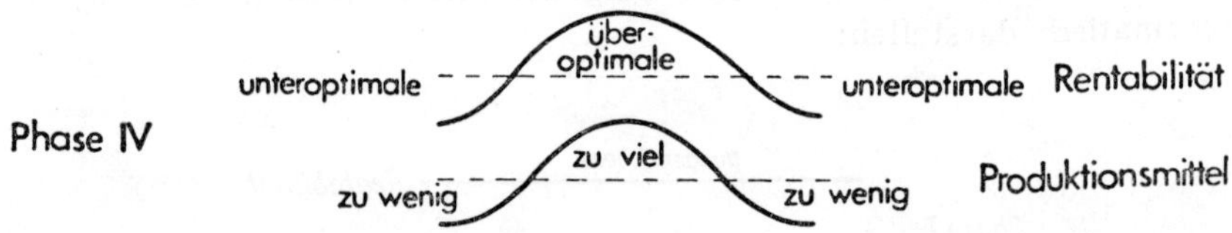

Die Gebiete des überoptimalen Preis- und Rentabilitätsniveaus haben Produzenten angezogen bzw. ihre Produktivkräfte gesteigert, Konsumenten dagegen abgestoßen bzw. deren Konsummöglichkeiten eingeschränkt. Die Gebiete des unteroptimalen Preis- bzw. Rentabilitätsstandes haben Produzenten bzw. Produktivkräfte verloren, den Konsum dagegen angelockt (also Bewegung in der Richtung der Pfeile in Phase III). Infolge eines Mangels an Überblick und spekulativem Weitblick eines Teils der Produzenten und Konsumenten fassen aber meist zu viele Marktbesucher gleichzeitig den gleichen Entschluß zur Umstellung. Infolge dieser „runs" schwingt die Welle der Produktionsmittelkurve zunächst durch die Horizontale des zweckmäßigen Ausgleichs hindurch.

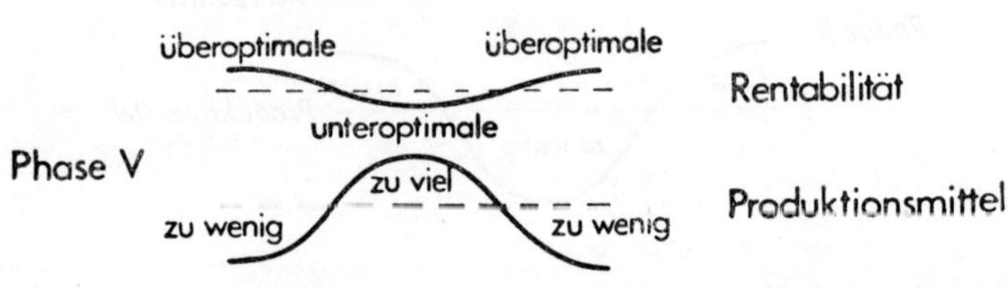

Auch diese neuen (schwächeren) Zuviels und Zuwenigs in der Kombination der Produktivmittel setzen auf dem Markt unter- bzw. überoptimale Rentabilitätsgestaltungen durch. Auch bei dieser Schwankung wird aber infolge einer teilweisen spekulativen Vorwegnahme der voraussichtlichen Weiterentwicklung des Marktes nicht mehr die gleiche Wellenhöhe und -tiefe erreicht wie bei den Produktionsmitteln.

Phase VI — ausgeglichene Rentabilität — optimale Kombination der Produktivmittel

Nach gegebenenfalls noch einigen weiteren solchen immer schwächer werdenden Schwankungen ist die Umgliederung der Wirtschaft (d. h. die Umgruppierung ihrer Produktivmittel) vollzogen: Das Zuwenig an Produktivmitteln, das durch die Gleichgewichtsstörung (s. Phase II) bedingt war, ist aufgefüllt, das Zuviel eingeebnet. Die neue bestmögliche Kombination der Produktivkräfte hat sich durchgesetzt, das bei der neuen Lage erreichbare Produktionshöchstmaß ist also hergestellt. Auch die Rentabilitätsverhältnisse sind wieder ausgeglichen.

So hätte also die Preisbildung des freien Marktes durch den freien Wettbewerb in diesem Idealbilde einer genügend elastischen Volkswirtschaft jene koordinierende Umgruppierung hin zum Bestverhältnis aller Kräfte und Einkommen in Produktion wie Verteilung der Volkswirtschaft vermittelt, die in den kleineren Wirtschaftsbereichen meist durch eine zentrale Leitung bewirkt wird (siehe S. 157, 287). Die Richtung der Produktion wie auch die Zusammensetzung (das Wirkungsverhältnis) der Produktionsfaktoren, von denen die teureren oft gegen billigere (z. B. teure Arbeitskräfte gegen billigere Maschinen) ausgewechselt werden, wird hier von der Preisbildung des freien Marktes „zielrichtig", d. h. im Sinne größtmöglicher Produktivität, gesteuert. Dabei hat der Zwang des freien Wettbewerbs die Einzelwirtschaften ständig zur Entfaltung aller ihrer Kräfte angehalten. Den Grundgedanken einer „prästabilierten Harmonie" der vom Staat sich selbst überlassenen freien Marktwirtschaft, die der ökonomische Liberalismus aus dieser Leistung des freien Wettbewerbs folgerte, finden wir schon im „ordre naturel" der *Physiokraten*, jenem Naturzustand der von natürlichen Gesetzen geleiteten freien Volkswirtschaft, dem gegenüber die vom Staate durchzuführende Wirtschaftsordnung (der sog. „ordre positiv") nur die Wirtschaftsfreiheit des Einzelnen zu gewährleisten habe. In Wirklichkeit aber kann jene produktivierende Umgruppierung sich, wie schon angedeutet, nur im Ausmaß der der Volkswirtschaft innewohnenden Elastizität (Selbststeuerungsfähigkeit) durchsetzen. Diese ist bestimmend für das Gelingen der Umgruppierungen und für die Tiefe und Dauer der Schwankungen, die — gleichsam als Geburtswehen des wirtschaftlichen Fortschritts oder als Anpassungskrämpfe einer Wirtschaftsschrumpfung — die auspendelnde Wiederherstellung des produktiven Ausgleichs auf der neuen Basis ermöglichen.

Für die Einkommensbildung hat alles das zweierlei Bedeutung: *Einmal* hängt, wie schon bemerkt, die *Größe* des zu verteilenden

Nationalprodukts nicht nur von der Menge und Leistungsfähigkeit der jeweils in einer Volkswirtschaft vorhandenen Produktionsfaktoren, sondern auch von der Reibungslosigkeit und Schnelligkeit ab, mit der deren bestmögliches Wirkungsverhältnis nach Störungen wiederhergestellt wird. Insofern bedingt also die Tiefe und Dauer der erwähnten wellenförmigen Marktschwankungen, die jene Wiederherstellung der Bestkombination vermitteln, die Größe des Nationalprodukts, das als Einkommen unter die Einzelnen verteilt werden kann. Jedes Abweichen vom Bestverhältnis der Produktionsfaktoren, jede Hausse und jede Baisse der Preisentwicklung auf einem Teilgebiet der Volkswirtschaft, bedeutet ja eine Kombinationsverzerrung und damit einen Produktivitätsverlust für die Gesamtheit. S o d a n n aber bestimmen die erwähnten Schwankungen auch den S c h l ü s s e l, nach dem dies Nationalprodukt unter die Einzelwirtschaften verteilt wird. Denn danach, ob diese Einzelwirtschaften sich im Wellental oder auf dem Wellenberg jener Marktschwankungen, also in der Baisse oder der Hausse der Preisentwicklung, befinden, richtet sich jeweils ihre Rentabilität, d. h. ihr Einkommen.

Es ist insofern eine der vornehmsten Aufgaben der Verteilungstheorie, die Voraussetzungen zu untersuchen, von denen Vorhandensein und Ausmaß dieser Elastizität (Selbststeuerungsfähigkeit) der freien Marktwirtschaft abhängt. Diese Aufgabe der Verteilungstheorie, die, wie gesagt, von der Harmonielehre eines selbsttätigen Ausgleichs der freien Wirtschaft stark vernachlässigt wurde, ist auch wirtschaftspolitisch bedeutungsvoll. Denn von dem Ausmaß der Elastizität als der selbsttätigen Naturheilkraft der Volkswirtschaft hängt, wie wir sehen werden, die faktische Geltung dieser liberalistischen Harmonielehre und ihrer Forderung nach Nichteinmischung des Staates in die Wirtschaft ab. Jeder Mangel dieser Elastizität würde daher grundsätzlich für die wirtschaftliche Zweckmäßigkeit aller jener Maßnahmen und Gestaltungen sprechen, mit denen die Wirtschafts- und Sozialpolitik heute die Volkswirtschaft ordnen und lenken will.

§ 17 Die Selbststeuerungsfähigkeit der Volkswirtschaft

Untersuchen wir demgemäß die rein tatsächlichen Umstände und Gegebenheiten, von deren Vorhandensein die Elastizität, d. h. also die selbsttätige Umgruppierungsfähigkeit (Anpassungsfähigkeit, Selbststeuerungsfähigkeit) der freien Marktwirtschaft maßgebend bedingt wird, so sind als solche E l a s t i z i t ä t s v o r a u s s e t z u n g e n d e r f r e i e n W i r t s c h a f t vor allem zu nennen[1]:

[1] Wir erweitern im folgenden einige Ausführungen unserer „Sozialpolitik" (Jena 1933, S. 50 ff.).

1. Ein hoher Stand der einzelwirtschaftlichen Intelligenz und Tatkraft, Bildung und Wendigkeit, Initiative und spekulativen Befähigung der Bevölkerung. Zweckmäßigkeit und Weitsicht der einzelwirtschaftlichen Maßnahmen hängen von diesen Fähigkeiten ab. Ohne diese Eigenschaften erfolgt das umgruppierende, preisausgleichende Zu- und Abströmen der Produzenten und Konsumenten (vgl. S. 184, Phase III) nicht rechtzeitig und nur ruckweise. Die „runs" und Paniken, die dieses Zu- und Abströmen, diese Umgruppierungen von Produktion und Konsum, jeweils übertreiben (s. S. 184, Phase IV), sind dann stärker, die Schwankungen entsprechend tiefer und langdauernder. Diese wirtschaftlichen Fähigkeiten der Völker sind sehr unterschiedlich verteilt. Sie können gefördert werden durch Einrichtungen des wirtschaftswissenschaftlichen Bildungs- und Forschungswesens, der Marktbeobachtung und Marktstatistik, der Marktpolizei, der Messen und Börsen.

Die kulturälteren Völker sind den kulturjüngeren in Hinsicht dieser Fähigkeiten meist überlegen. Auch konnte z. B. in der Anfangszeit des Merkantilismus in Deutschland nur eine obrigkeitliche Pflege und Gängelung der Wirtschaft, nicht eine freie Wirtschaft in Frage kommen. Denn die wenigen „Unternehmer" jener Zeit waren Abenteurer, die die Höfe des Absolutismus für ihre Projekte zu gewinnen trachteten. Auch in Ländern mit einem hohen Prozentsatz von Analphabeten kommt schon aus diesem Grund eine weitgehende Orientierung am Gedanken der Wirtschaftsfreiheit nicht als zweckmäßig in Frage. Allgemein ist ein genügend intensives Ertragsstreben der Marktbesucher Voraussetzung für jede Selbstregulierung einer freien Marktwirtschaft (vgl. S. 175, 316). Endlich kann auch in ein und derselben Volkswirtschaft diese wirtschaftliche Wendigkeit bei den verschiedenen Gruppen der Bevölkerung verschieden gegeben sein, wie andererseits auch die verschiedenen Berufe sehr verschiedene Anforderungen an die Wendigkeit stellen (vgl. Landwirtschaft und Handel).

2. Eine genügende Transparenz (Durchsichtigkeit) der Märkte. Hier ist wichtig

a) Ein ausgebildetes Verkehrs- und Nachrichtenwesen. Erst das Verkehrs- und Nachrichtenwesen stellt die Marktverbundenheit und Marktübersicht der Einzelwirtschaften, die Markttransparenz also, her, die die geschilderten Umgliederungsvorgänge der arbeitsteiligen Volkswirtschaft ermöglicht. Die Marktbeobachtung, die dadurch den Marktparteien möglich wird, kürzt die konjunkturalen Schwankungen ab und gleicht sie aus, weil sie eine spekulative Voraussicht der Marktgestaltung auf längere Sicht ermöglicht (vgl. S. 184, Phase IV u. V). Je umfangreicher und gegliederter (differenzierter) ein Wirtschaftsgebilde ist, desto wichtiger ist diese Voraussetzung seiner Anpassungsfähigkeit.

b) Die Qualität der auf den Markt gelangenden Waren und Leistungen muß für den Marktbesucher technisch einsehbar und genügend kontrollierbar sein.

3. Ein entwickeltes Kredit- und Individualversicherungswesen. Beides ermöglicht auch dem Besitzlosen die Konkurrenz und damit die Teilnahme am Umgliederungsprozeß: Der Personalkredit verschafft ihm die Mittel dazu und die Individualversicherung ermöglicht ihm die Verteilung des sonst für ihn erdrückenden Risikos auf eine größere Anzahl von Schultern (S. 70).

4. Eine nicht zu große Höhe des im Einzelfall erforderlichen Produktionsaufwandes. Ein Mangel dieser technischen Voraussetzung reibungsloser und rechtzeitiger Umgruppierungen der freien Marktwirtschaft lähmt deren Selbststeuerungsfähigkeit besonders wirksam. In der Hinsicht eines gleichzeitigen Nebeneinanders kann hier vor allem

a) die Höhe des Einmalaufwandes (der sog. fixen Kosten) dem selbsttätigen Ausgleich entgegenstehen. Hier bedeutet vor allem die Entwicklung zum Großbetrieb, obwohl begrenzt durch das Produktivitätsgesetz (S. 90), ein wesentliches Starrheitsmoment (s. S. 168 zu d). Sie erschwert einerseits dem Nichtbesitzenden die Konkurrenz, so daß er an der Umgruppierung trotz lockender Rentabilität nicht teilnehmen kann. Wie hier Abhilfe durch Personalkreditwesen und Versicherungswesen geschaffen werden kann, sahen wir soeben. Andererseits zwingt die Höhe der fixen Kosten den kapitalintensiven Großbetrieb, auch bei nicht ausreichender Rentabilität noch lange weiterzuproduzieren. Denn auch eine Betriebsstillegung könnte die relativ hohen Verzinsungskosten des stehenden Kapitals (S. 128) hier nicht vermeiden, und die Ersparnis an Arbeiterlöhnen, die mit der Stillegung erreichbar wäre, fiele demgegenüber zu wenig ins Gewicht. Das veranlaßt den Unternehmer, der nicht gleich sein ganzes stehendes Kapital opfern will, noch lange im Wellental der Depression auszuharren, also sein Produkt unter seinen Gestehungskosten anzubieten, und wirkt so dem Ausgleich der Produktivkräfte entgegen. Wie man feinen Sand in einer Schüssel leichter durch Schütteln einebnet als eine Schüssel Kieselsteine, so erschwert auch das Vorhandensein vieler Großbetriebe (als gleichsam grobkörnige Struktur der Sozialwirtschaft) den selbsttätigen Ausgleich der Wirtschaft. Nicht zufällig finden wir heute Betriebe mit sehr hohen fixen Kosten (z. B. Eisenbahn, Werke der Gas- oder Wasserversorgung) selbst in sonst sehr freien Marktwirtschaften in Staats- oder Kommunalbesitz. Daneben verhindern auch die hohen Ausbildungskosten vieler Berufe den Vermögenslosen am freien Wettbewerb (sog. Bildungsmonopol). — Im zeitlichen Nacheinander wirkt hier

b) die Länge der Produktions- bzw. Reproduktionsperioden der Produktivmittel oft ausgleichshemmend. Eine im Gang befindliche Produktion kann ja nur mit Verlusten abgebrochen werden, und der Neubeginn einer langwierigen Produktion erfordert erheblichen Aufwand. Auch wirkt sich die Übertreibung einer langwierigen Produktion erst nach Beendigung der Produktionsperiode auf die Preise aus, so daß z. B. eine Überproduktion hier lange latent bleibt, um dann mit doppelter Heftigkeit auszubrechen. Besonders aber eine Ungleichheit der bei zwei Marktparteien in dieser Hinsicht gegebenen Verhältnisse verzögert auch hier den produktivierenden Ausgleich durch Schaffung starrer wirtschaftlicher Machtpositionen. Insbesondere auf dem Arbeitsmarkte steht hier die lange Produktionsperiode (Ausbildungsdauer) vor allem der qualifizierten Arbeitskräfte einer (ungeachtet 4 a) viel größeren Umstellungsfähigkeit vieler Unternehmer gegenüber (vgl. auch S. 299).

5. Auch sonst ist ein nicht zu großer Einfluß natürlicher und künstlicher Monopolstellungen als eine der wichtigsten Elastizitätsvoraussetzungen zu nennen. Die Hemmungen und Hindernisse, die das Monopol der produktivierenden und preisausgleichenden Umgruppierung der freien Marktwirtschaft entgegensetzt, sind meist besonders weithin sichtbar und auch von der „klassischen" Wirtschaftstheorie schon z. T. erkannt worden. Sie haben dem modernen Kapitalismus geradezu die Bezeichnung „Monopolkapitalismus" eingetragen.

Die Bedeutung des **Monopols in der Marktwirtschaft** sei daher etwas näher betrachtet.

Wir gingen bei unserer Darstellung des Umgruppierungsvorganges von der Annahme einer ausgeglichenen Marktwirtschaft aus. Alle Produktivkräfte waren im zweckmäßigen Verhältnis miteinander kombiniert, und da kein Gut seltener war als das andere, so waren auch alle Preise und Einkommen ausgeglichen. Diese denkbare Harmonie, dieses optimale Gleichgewicht aller Wirtschaftsmittel besteht aber in der Wirklichkeit so gut wie nie. Abzusehen ist davon, daß alle Güter in ihrer Gesamtheit stets knapp sind (S. 50). Aber es wird fast stets Wirtschaftsmittel geben, an denen es auch dann fehlt, wenn es sich nur darum handelt, wenigstens die übrigen vorhandenen Produktionsmittel optimal auszunützen, Güter also, die hinter dem Bestverhältnis aller Produktivkräfte zurückbleiben. Da diese Güter somit seltener sind als die übrigen, erzielt ihr Inhaber eine höhere Rentabilität. Er hat eine wirtschaftliche Machtstellung inne, die ihm ein Vorzugseinkommen verschafft, mag er als Monopolist das ganze Angebot in seiner Hand vereinigen oder mögen sich mehrere als Oligopolisten in diese Machtstellung teilen (vgl. S. 166). Während bei vollkommener Konkurrenz der Preis jedem einzelnen Konkurrenten als ein Datum erscheint, das er allein nicht zu ändern vermag, kann der Monopolist die Preise mehr oder weniger zu seinen Gunsten beeinflussen und so eine Vorzugsrente für sich erzielen.

Gewiß sucht diese Vorzugsrente des Monopolisten, die sog. Monopolrente, grundsätzlich auch hier das Angebot zu vermehren, die Konkurrenz mitwerbender Produzenten also auf den Plan zu rufen, die Rentabilität herabzudrücken und den Ausgleich herzustellen. Bei den sog. natürlichen Monopolen (die auf naturgegebener Seltenheit beruhen) gelingt ihr das aber nicht. Allerdings sind solche natürliche Monopole nicht so häufig, wie es den Anschein haben könnte. Einmal ist die Ersatzgüterproduktion oft von Bedeutung. Sodann lassen selbst Starbegabungen z. B. sich durch Ausbildungsarbeit steigern, sie sind durch erhöhte Aufmerksamkeit der Kunstverständigen in größerer Zahl aufzufinden usw. Auch viele seltene Mineralien (z. B. Radium) wären, wenn auch nur mit steigenden Kosten, noch sehr wohl vermehrbar. Andererseits bilden gerade diese nicht beliebig, d. h. nur mit steigenden Kosten vermehrbaren Güter den Übergang zum natürlichen Monopol. Wir bezeichneten sie daher als monopolartige (monopoloide) Güter. Ein völlig freier Wettbewerb ist jedenfalls nur dann gegeben, wenn die Güter bis zur optimalen Menge beliebig, d. h. mit gleichbleibenden Kosten, vermehrbar sind. Das ist nicht oft der Fall, wie unsere Ertragstendenzen (vgl. § 9) zeigen. Konkurrenz und Monopol, in reiner Verwirklichung polar entgegengesetzt, sind ja, wie oben schon dargelegt, extreme Grenzfälle und dulden zahllose Misch- und Übergangsformen zwischen sich. Aber besonders viele Rohstoffmonopole und viele Starbegabungen sind durch natürliche Seltenheit weitgehend geschützt.

So gibt es in der „freien" Marktwirtschaft stets eine ganze Anzahl von Vorzugseinkommen, von Monopolrenten also, die der Ausgleichstendenz der Marktwirtschaft Widerstand leisten. Dabei ist auf den Warenmärkten eine monopolistische Machtstellung des Angebots häufiger als ein Monopol der Nachfrage, weil die Anbieter von Waren meist noch eher rechtzeitig mit ihrer Produktion zurückhalten können als die Nachfrage mit ihrem Bedarf. Auf den Arbeitsmärkten hingegen hat seit der kapitalistischen Entwicklung zum Großbetrieb der Unternehmer bei freier Wirtschaft oft ein Nachfragemonopol: Der moderne Großbetrieb, der Tausende von Arbeitern einstellt (oder „aussperren" kann), besitzt hier eine monopolistische Vormachtstellung gegenüber der zersplitterten Arbeiterschaft, die mit ihrer „Ware“ Arbeit nicht so leicht zurückhalten kann. Erst als die Arbeiterschaft einem doktrinären ökonomischen Liberalismus das Recht zum Zusammenschluß (das sog. Koalitionsrecht) abgezwungen hatte, konnte sie durch Bildung von Gewerkschaften diesem Nachfragemonopol in vielen Fällen ein Paroli bieten (vgl. aber S. 301).

Das Vorzugseinkommen des Monopolisten wird im Fall des Angebotsmonopols nach oben durch die Tauschfähigkeit (S. 171) der Verbraucherschaft begrenzt: Bei zu hohem Preis wird das Schrumpfen des Absatzes die Rente beeinträchtigen. Der Monopolist wird somit rationell den Produktionsumfang und denjenigen Preis ermitteln, bei dem er den größten Gesamtgewinn erzielt (sog. Cournotscher Punkt) bzw. auf die Dauer zu erzielen hofft. Die Preisempfindlichkeit der Nachfrage (S. 176) ist dabei von maßgebender Bedeutung. Nur selten wird es dem Monopolisten gelingen, die Einheitlichkeit der Preisbildung gleichsam zu spalten und die gleiche Ware an die hinsichtlich ihrer Tauschfähigkeit verschiedenen Käuferschichten zu einem entsprechend verschiedenen Preis abzusetzen, um dadurch auch jene „Konsumentenrente“ noch für sich zu beanspruchen, die die Tauschfähigeren gegenüber dem mindesttauschfähigen sog. „Grenzkonsumenten“ genießen (S. 288). Diese „Teilung des Marktes“ durch Preisdifferenzierung ist noch am ehesten im zeitlichen Nacheinander, seltener im örtlichen Nebeneinander möglich. Im ersten Falle verkauft ein Monopolist das seltene Gut (z. B. eine patentierte Neuheit) zunächst zu einem hohen Preis an die zahlungsfähigste Abnehmerschicht, um nach deren Befriedigung sich mit herabgesetztem Preis an die weniger kaufkräftigen Kreise zu wenden. Ein Beispiel für den zweiten Fall (des örtlichen Nebeneinander) ist die Handelsfirma, die in ihren Cityfilialen zu teuren, in ihren Vorstadtzweiggeschäften zu billigen Preisen verkauft, oder ein Kartell, das den Teil seiner Produktion, den es im Inland zum Monopolpreis nicht absetzen kann, zu geringerem Preis im Ausland verkauft (sog. Dumpingausfuhr). Eine Spaltung des Marktes durch rechtliches Monopol liegt z. B. vor, wenn der Staat nur bestimmten Bevölkerungsschichten (etwa den Arbeitern) Bezugsrechte auf Existenzgüter zu den niedrigen Höchstpreisen der Verbrauchsrationierung gibt, während der Rest des Bedarfs zu den erhöhten Preisen des „freien Marktes“ eingekauft werden muß (vgl. die sog. „freien Läden“ der Sowjetunion).

Die Höhe der Rente (d. h. hier des vom Monopolisten erzielten Vorzugseinkommens) im Ganzen entspricht der Größe des Nationalprodukts (S. 179) einerseits und dem Grade der Seltenheit des betreffenden Monopolguts oder monopolartigen Guts andererseits. Nur hinsichtlich der Höhenabstufung der Renten, die von den Produzenten ein und desselben monopolartigen Guts erzielt werden, ist hier das sog. **Gesetz der Rentenpreise** oder Grenzkostengesetz von Bedeutung. Schon in Ricardos Grundrententheorie enthalten, besagt dieses Gesetz: Bei nicht beliebig, d. h. nur mit steigenden Herstellungskosten vermehrbaren Gütern stellt sich auf die Dauer der Preis auf die höchsten Herstellungskosten ein, d. h. auf die Herstellungskosten des unter den ungünstigsten Bedingungen arbeitenden Erzeugers, der noch zur Deckung des Bedarfs herangezogen werden muß. Diese sog. Grenzkosten des teuersten noch nötigen Erzeugers, des sog. Grenzproduzenten, bilden bei freier Preisbildung in der

Tat die untere Grenze für den Preis der Produkte auch der leistungsfähigeren Produzenten. Denn diese sehen im Bewußtsein ihrer Unentbehrlichkeit keinen Grund, weniger zu fordern als der „Grenzproduzent". Die jeweilige Spanne ihrer niedrigeren Gestehungskosten zum erzielten Preis beeinflußt insofern das Größen*verhältnis*, die *Staffelung* der Renten, die die einzelnen Produzenten eines monopolartigen Gutes erzielen. Die modernere technische Ausrüstung (z. B. durch Patente) in der Industrie, die Vorzüge der Bodenqualität oder der Lage in der Landwirtschaft bedeuten besonders häufig Kostenvorteile, die solche Mehreinkommen gegenüber den Grenzproduzenten als sog. Differentialrenten bedingen. Über die Höhe der Renten an sich allerdings besagt das Gesetz gar nichts. Denn auch abgesehen von der Größe des zu verteilenden Nationalprodukts: Die Gestehungskosten selbst sind nur die Preise der (sachlichen und persönlichen) Produktivgüter, diese Produktivgüterpreise stehen in gegenseitiger Beeinflussung (Interdependenz) mit den Produktenpreisen, und die Verteilungstheorie kann nicht den einen Preis durch den anderen, das Einkommen durch die Gestehungskosten bestimmen.

Das *künstliche Monopol* dient als Kollektivmonopol (z. B. als Kartell S. 167) besonders häufig dem Zweck, sich des unbequemen Drucks der freien Konkurrenz zu entledigen. Es setzt der Ausgleichstendenz des freien Marktes allerdings meist einen geringeren Widerstand entgegen als das natürliche Monopol. Denn neben der Gefahr der Absatzschrumpfung (S. 191) bedroht hier auch die Konkurrenz von Außenseitern bzw. die Spaltungsgefahr den Bestand eines Zusammenschlusses, der seine Machtstellung zur Übersteigerung des Preises benutzt: Die erhöhte Verdienstspanne veranlaßt den Außenseiter zu dem Versuch, den Absatz der Verbandsmitglieder durch Unterbietung an sich zu bringen. Insoweit steht das künstliche Monopol „nicht außerhalb, sondern innerhalb der freien Konkurrenz" (*Adolf Weber*), auch bleibt die Konkurrenz von Ersatzgütern (Surrogaten) häufig zu fürchten. Neben dem Zweck bloßer Hochhaltung der Preise führte übrigens oft auch das Bedürfnis, den Ausgleichsvorgang durch Vermeidung von Umgruppierungsverlusten des freien Wettbewerbs reibungsloser zu gestalten, zu solchen kollektiv-monopolistischen Zusammenschlüssen (vgl. z. B. die Fertigungskartelle, S. 322). Zweifellos hat aber die Bildung riesiger Konzerne und mächtiger Verbände vor allem der Unternehmer, aber auch der Arbeiterschaft den selbsttätigen Ausgleich der freien Marktwirtschaft auch ihrerseits weitgehend illusorisch gemacht. Der Zusammenschluß insbesondere der Industrie in Trusts, Dachgesellschaften (Holding-companies) und Kartellen bedeutete eine Art *privater Selbstorganisierung* der kapitalmäßigen Wirtschaft, der aber die Ausrichtung auf die gemeinsame Spitze der weltwirtschaftlichen Pyramide häufig fehlte. Daher führte das Bestreben, durch künstliche Angebotsbeschränkungen die Preise hochzuhalten und so den echten Leistungswettbewerb auszuschalten, hier nicht selten zu Stillegungen und Abfindungen ganzer Betriebe (Quotenkauf!), Maßnahmen, die dem Gemeinwohl ins Gesicht schlugen. Darüber hinaus wird hier oft die Machtposition des Monopols dadurch noch verbreitert, daß es die Verbände von Abnehmern oder Lieferanten vertraglich zum ausschließlichen Geschäftsverkehr nur mit ihm selbst verpflichtet, so daß neu auftauchende Konkurrenten dann keinen Absatz bzw. keine Rohstoffe bekommen können. So erklären sich Gegenmaßnahmen wie die Antitrustgesetzgebung z. B. der Vereinigten Staaten, das (wenn auch durch Ausnahmen durchlöcherte) Kartellverbot in der BRD und die heute fast überall verbreitete Kartellkontrolle, die demgegenüber dem freien Wettbewerb und der Rücksicht auf das Allgemeininteresse zu ihrem Recht verhelfen wollen.

Überblicken wir die hemmende Kraft, mit der sich das Monopol der Ausgleichstendenz der Marktwirtschaft widersetzt, so dürfen wir seine elastizitätsmindernde Wirkung weder über- noch unterschätzen. Bei weitem unterschätzt wurde das Seltenheitsmoment, das, wie gezeigt, dem Monopol stets zugrunde liegt, von der liberalistischen Wirtschaftstheorie. Schon in Ricardos Wert- und Preislehre spielt die Seltenheit nur eine nebensächliche Rolle, und die Epigonen übertrieben diesen Fehler noch. Erst Thünens Grenzgedanke und nach ihm die Grenznutzenschule mit ihren psychologischen Betrachtungen stellten die Seltenheit in den Vordergrund. Wichtig für die Beurteilung des Monopols ist andererseits, daß der Erwerber der Vorzugsstellung (z. B. eines bisher Renten tragenden Landguts) keine Vorzugseinkommen mehr genießt. Der hohe Kaufpreis, in dem das Vorzugseinkommen zum landesüblichen Zinsfuß kapitalisiert wurde (S. 52), bringt die Vorzugsrente bei ihm zum Erlöschen, und der Verkäufer, nicht mehr im sichern Sachwertbesitz seiner Monopolstellung, verliert oft sein Geld. So kann man von einem rentennivellierenden Einfluß des Geldkapitals sprechen.

Eine wichtige und bisher systematisch-theoretisch noch wenig erfaßte Voraussetzung der Elastizität (Umgruppierungsfähigkeit) der Wirtschaft ist bei den vorstehend aufgeführten Elastizitätsvoraussetzungen verschiedentlich von Bedeutung. Sie betrifft die Verbundenheit der Produktionsfaktoren miteinander, oder besser, ihre technische Loslösbarkeit aus dieser Verbundenheit. Insoweit nämlich eine Umgruppierung nach Tiefe und Plötzlichkeit der sie vermittelnden Wellenbewegung die Lostrennung eines Produktionsfaktors von andern erfordert, darf die Tatsache dieser Loslösung die Leistungsfähigkeit des herausgelösten Faktors nicht schon von vornherein so weit vernichten, daß es schon rein technisch unmöglich ist, ihn an neuer Stelle mit einem entsprechenden Leistungswert wiedereinzugliedern. Der Faktor kann sonst die Umgruppierung nicht überstehen. In diesem Sinne ist die Lostrennbarkeit eines Produktionsfaktors ohne dauernde Minderung seiner Leistungsfähigkeit, seine technische Eignung zur Umgruppierung, die wichtigste Voraussetzung dafür, daß eine im

Produktivitätsinteresse notwendige Umgruppierung durchführbar ist. Bei den Anlagegütern des „stehenden Kapitals“, wo z. B. die Maschine (wenn wir etwa von Mehrzweckmaschinen absehen) die Umgruppierung meist nur als Schrott überlebt, begründet dieser Gesichtspunkt praktisch das oben (unter 4 a) behandelte Starrheitsmoment der großbetrieblichen Wirtschaft. Wir werden aber unten (S. 333) noch erkennen, welche große Bedeutung diese Elastizitätsvoraussetzung heute auch da besitzt, wo sie die Verbundenheit des Arbeitsfaktors mit dem Boden betrifft.

Wir haben nun die fünf wichtigsten Voraussetzungen der Elastizität, der Selbststeuerungsfähigkeit und Naturheilkraft der freien Marktwirtschaft kennengelernt. Vor allem das Fehlen der Voraussetzungen zu 4 und 5, insbesondere die Entwicklung zum Großbetrieb mit hohem stehenden Kapital (Erfindungen) und zum (vertraglichen) Monopol, hat diese Elastizität der Volkswirtschaft in der Neuzeit entscheidend gemindert: Die Konzentration des Kapitals in Betrieben mit Hunderten und Tausenden von Arbeitern und Angestellten, in Trusts, Kartellen u. dgl. sowie der soziale Druck, der besonders anfangs von den entsprechenden wirtschaftlichen Machtpositionen in der Hand dieses monopolistischen Großkapitals auf die Arbeiterschaft ausging, rief die **Kritik an der freien Wirtschaft** auf den Plan. Die liberalistische Ausgleichslehre manchesterlicher Prägung wandte die Harmonielehre der Klassiker auf eine Wirtschaft an, in der das Monopolkapital und die Selbstbindungen des Unternehmertums den freien Leistungswettbewerb bereits weitgehend lahmgelegt hatten. Der Liberalismus konnte das tun, weil diese Harmonielehre den Begriff der Wirtschaftselastizität, von dem aus erst die Wirklichkeitsbedeutung des theoretischen Ausgleichsgedankens beurteilt werden kann, nicht genügend berücksichtigte. Vom homo oeconomicus, dem nur wirtschaftlich handelnden Menschen, ausgehend, unterschätzte sie die Kluft, die zwischen der theoretischen Harmonie und dem wirklichen Ablauf des Wirtschaftslebens besteht. Mit einer „Auf-die-Dauer“-Betrachtung, die ihren Blick über diese Kluft hinweg auf den Zustand einer „prästabilierten Harmonie“ gerichtet hielt, den die freie Wirtschaft „auf lange Sicht“ stets erreiche, gelangte sie zu einer reinen Theorie vom Ausgleich der Preise (s. unten). Infolgedessen hat das System der liberalistischen Theorie z. B. auch keinen logischen Ort für eine Theorie der Sozialpolitik, obwohl es an praktischen Hinweisen auf die Notwendigkeit einer solchen auch bei den „Klassikern“ nicht ganz fehlt. Erst die Untersuchung der Wirtschaftselastizität als der Selbststeuerungsfähigkeit der freien Wirtschaft und ihrer Voraussetzungen schlägt die Brücke vom homo oeconomicus zum lebendigen Menschen. Sie faßt das näher ins Auge, was die klassische Lehre in den „Friktionen", den Reibungserscheinungen und Übergangsschwierigkeiten des Wirtschaftslebens, unerklärt ließ.

Jene Tendenz zur Einkommensnivellierung, die wir oben (S. 113) darstellten, fand seit der englischen sog. klassischen Schule im sog. **Produktionskostengesetz** einen vielfach überschätzten Ausdruck. Man ging dabei von einem privatwirtschaftlichen Ausgangspunkt, den Rentabilitätskalkulationen der Einzelwirtschaften, aus und suchte die Preis- und Einkommensbildung von den Gestehungskosten des Produzenten her zu erklären. Die „ausgeglichene Rentabilität" im Sinne unserer obigen Erklärung des selbsttätigen Umgruppierungsvorganges der freien Wirtschaft (Phase VI) ist hier der „ortsübliche Gewinn". Der Gedankengang ist folgender: Steigt der Preis einer beliebig (d. h. mit gleichbleibenden Kosten) vermehrbaren Ware oder Leistung über die Gestehungskosten einschließlich des ortsüblichen Gewinns, so werden die Produzenten, angereizt durch den gestiegenen Gewinn, dort (teils durch Zuströmen, teils durch Ausdehnung ihrer Produktion) das Angebot verstärken und damit den Preis wieder auf (bzw. bei Übertreibung dieser Angebotsverstärkung vorübergehend sogar unter) diese Gestehungskosten herabdrücken. Unter diesen Gestehungskosten andererseits vermag der Preis auf die Dauer sich auch nicht zu halten. Denn dann wenden die Produzenten sich rentableren Produktionszweigen zu und schränken jedenfalls das Angebot so lange ein, bis der Preis jene Gestehungskosten wieder erreicht (oder bei Übertreibung auch dieser Bewegung sie vorübergehend sogar überschreitet). Ein entsprechender Einfluß geht von den Konsumenten aus, die dabei auf die Unter- bzw. Übersteigerung ihrer „Konsumentenrente" (S. 288) mit Verringerungen bzw. Verstärkungen der Nachfrage reagieren. So stellte man ein Pendeln der Preise um die Gestehungskosten fest und gelangte zu dem Gesetz: Bei beliebig (d. h. mit gleichbleibenden Kosten) vermehrbaren Gütern stellt sich auf die Dauer im freien Spiel von Angebot und Nachfrage der Preis auf die Herstellungskosten ein. Diese Herstellungskosten stellen nach der englischen Schule (Smith, Ricardo) den „natürlichen Preis" dar, um den der tatsächliche, der „Marktpreis" pendelt[2]. Dabei unterschätzte man die Bedeutung unserer soeben dargestellten Elastizitätsvoraussetzungen erheblich, zumal die große Masse der Güter durchaus nicht, wie Ricardo wollte, zu den „mit gleichbleibenden Kosten vermehrbaren" Gütern gehört, so daß das Grenzkostengesetz (S. 191) dem Produktionskostengesetz überall seine Bedeutung streitig macht. Vor allem aber hatte man auch die Preisbildung nur durch sich selbst erklärt, denn die „Herstellungskosten" erkannten wir bereits als die Preise der Produktivgüter, und die Interdependenz aller Preise (S. 173) besteht auch zwischen Kostengütern und Produkten. Daher wirken oft auch die Preise der Produkte auf die Preise ihrer Kostengüter zurück, und die Beeinflussung ist auch hier gegenseitig.

Infolge dieser Unzulänglichkeit einer Erklärung der Preise durch sich selbst suchte man nach einer objektiven Grundlage, nach einem Punkt

---

[2] Übrigens muß hier bei der Kuppelproduktion die Summe der erzielbaren Preise die Summe der Gestehungskosten des Produzenten decken, wenn die Produktion möglich bleiben soll. Die Preise der einzelnen Produkte vermögen deren Produktionsmengen nur zu beeinflussen, wenn das Mengenverhältnis, in dem die Kuppelprodukte zueinander erzeugt werden, verschiebbar ist (z. B. Schafzucht mehr auf Fleisch oder mehr auf Wolle).

außerhalb des Preisproblems, um in ihm Wert- und Preisproblem — beides fiel bei den „Klassikern" wesentlich zusammen — kausal-mechanisch zu verankern. So ist die sog. objektive **Wertlehre der „Klassiker"** zu erklären, die sich vor allem mit den Austauschverhältnissen der Güter am Markte befaßt, da sie den Gebrauchswert gegenüber dem Tauschwert vernachlässigt. Adam Smith ging dabei (ähnlich wie schon Petty und andeutungsweise auch die Physiokraten) auf die Menge der Arbeit zurück, die zur Herstellung eines Gutes erforderlich sei. In primitiver Volkswirtschaft sei diese Arbeitsmenge allein Grundlage des Wertes (und Preises) beim Austausch der Güter. Wenn also ein Biber doppelt so mühsam zu erlegen sei als ein Hirsch, so würden beide im Verhältnis 1 : 2 getauscht. In der entwickelteren Volkswirtschaft träten noch die Grundrenten und der Kapitalzins als wertbestimmend bzw. als maßgebend für ihre Preisrelation hinzu. Ricardo sucht diese beiden letztgenannten Produktionsfaktoren auszuschalten. Er erkannte für den Boden jenes „Gesetz der Rentenpreise", dessen Geltung für alle monopolartigen Güter wir oben (S. 191) darlegten, und folgerte daraus, die Grundrente sei nicht Faktor, sondern Folge der Preisbildung (S. 330). Das Kapital aber sei selbst nur vorgetane Arbeit. So erhob er allein die Arbeit zum Maßstab des Wertes (und Preises), wobei er allerdings gewisse Einschränkungen, besonders für den Wert der seltenen, also nicht beliebig vermehrbaren Güter, machte. Die Epigonen der Schule (Mac Culloch, James Mill) ließen auch diese Bedenklichkeit noch fallen. Die reine Arbeitswertlehre, die so entstand, widerlegten wir bereits (S. 124). Eine Preistheorie, die Wert und Preis nicht genügend auseinanderhielt, die die subjektive Komponente der Wert- und Preisbildung völlig vernachlässigte (vgl. S. 105) und die ihre Kernfrage nicht als bloßes Entsprechungsproblem eines organischen Gleichgewichts erkannte, war der Ausgangspunkt dieses Irrwegs (vgl. S. 91). Letztlich ermöglichte so der Mangel einer konsequent verfolgten reintheoretischen teleologischen Grundlegung der Wirtschaftswissenschaft hier einen Denkfehler, der, als der Marxismus ihn später theoretisch und praktisch auswertete (S. 139), Leiden und Sterben für ungezählte Millionen von Menschen bedeutet hat.

§ 18 Die Lenkung der Volkswirtschaft

Bisher betrachteten wir das Bild einer wesentlich freien individualistischen Marktwirtschaft. Unsere Untersuchung der Voraussetzungen, von der ihre Selbststeuerungsfähigkeit abhängt, zog den Produktivitätsaussichten dieser Wirtschaftsfreiheit bestimmte Grenzen. Diesem Bilde der individualistisch freien Wirtschaft setzen wir nunmehr die generalisierende Betrachtung jener wirtschafts- und sozialpolitischen Maßnahmen an die Seite, die seit dem Hochkapitalismus Verteilung wie Produktion von der Gesamtheit, vom Kollektivgedanken, her beeinflussen und regeln wollen.

Der Ruf nach solchen Maßnahmen einer zentralen Regelung und planmäßigen Bindung der Wirtschaft erhob sich desto dringlicher, je mehr die Entwicklung zum Großbetrieb und Monopol die Übermacht des Kapitalbesitzes gegenüber der Arbeiterschaft hervortreten ließ.

Den Arbeitern hatte ja der ökonomische Liberalismus des Manchestertums zwar formalrechtlich die Freiheit, tatsächlich aber ein Leben in drückender aussichtsloser Abhängigkeit als „Lohnarbeiter auf Lebenszeit“ und in ständiger Unsicherheit und Furcht vor dem Elend der Arbeitslosigkeit gebracht. Zudem nutzten die Unternehmer des Frühkapitalismus diese Lage weitgehend zu Übersteigerungen der täglichen Arbeitszeit, zu Lohndrückerei und zu rücksichtsloser Verwertung der Frauen- und Kinderarbeit aus. So forderten anfangs warmherzige Menschenfreunde bürgerlicher Herkunft und bald auch die Massen des „Proletariats“ selbst wirksame Maßnahmen zum Schutze der Arbeiterschaft. Es ist Sache der wirtschafts- und sozialpolitischen Disziplin, dieser Entwicklung weiter nachzugehen. Hier interessiert sie nur im Hinblick auf den systematischen Gehalt und die wirtschaftstheoretische Bedeutung, die die dabei geforderten und z. T. verwirklichten wirtschafts- und sozialpolitischen Maßnahmen (man denke nur an die Lohn- und Schlichtungspolitik und die Sozialversicherung) für das Verteilungsproblem haben. Auch das Handeln des Wirtschafts- und Sozialpolitikers ist ja wirtschaftliches Handeln und gehört damit zum Gegenstand der systematischen Untersuchungen der Wirtschaftstheorie.

Solange man mit diesen Maßnahmen der Wirtschafts- und Sozialpolitik nur an Eingriffe zur Korrektur der individualistischen Marktwirtschaft dachte, paßte für sie der Sammelname **„Interventionismus“**. In Deutschland bedeutete vor allem der sog. Kathedersozialismus — bei allen seinen humanitären Verdiensten um die Sozialpolitik — im Grundsätzlichen doch nur den Versuch, die ärgsten sozialen Mängel des Individualismus durch mehr oder weniger planlose Kompromisse mit dessen Gegenteil, dem Kollektivismus, zu heilen. Die Gemeinschaft sollte danach den wirtschaftlich Schwächeren gegen die Übermacht des Stärkeren, also vor allem die Arbeitnehmer gegen das Kapital, schützen, aber dabei die individuelle Freiheit und das Selbstverantwortungsgefühl des Einzelnen doch möglichst wahren. Die Vorkämpfer der Sozialreform, die sich so entwickelte, bahnten in mutigen Kämpfen den Weg der neuzeitlichen Sozialpolitik. Eine systematisch-theoretische Unterbauung freilich wußten sie ihrem Streben nicht zu geben. Von Fall zu Fall kam es so zu immer neuen gemeinwirtschaftlichen Einbauten der Sozialpolitik in ein Wirtschaftssystem, das sein individualistisches Wesen in allem übrigen durchaus beibehielt. Rein wirtschaftspolitisch bedeutete in Deutschland auch die Verstaatlichung des Eisenbahnwesens sowie die Kommunalisierung der sog. Versorgungsbetriebe (Gas, Wasser, Elektrizität) und der Straßenbahnen weitere gemeinwirtschaftliche Einbrüche in die freie Marktwirtschaft, ohne daß auch sie den individualistischen Charakter dieser Wirtschaft grundsätzlich änderten.

Als eigentliches Gegenteil tritt dem Individualismus einer liberalistisch freien Marktwirtschaft, wie gesagt, erst der **Kollektivismus** gegenüber. Wie die „Ismen" so oft die mißbilligte Übersteigerung eines bei maßvoller Anwendung gebilligten Grundsatzes bezeichnen — man denke an „Nationalismus", „Liberalismus" usw. —, so bedeutet auch „Kollektivismus" die Übersteigerung des Kollektivgedankens. Wir verstehen daher unter Kollektivismus die Übertreibung jener Wirtschaftsbindung, bei der die Sozialreform des Kathedersozialismus unorganische Anleihen machte. Um nur die Form kurz zu kennzeichnen, die in der Volkswirtschaft meist eine solche Übertreibung bedeuten wird, so sucht hier eine zentralistische Planwirtschaft (Verwaltungswirtschaft) unter Abschaffung des Privateigentums an den Produktionsmitteln alle Einzelwirtschafter gleichsam zu Beamten zu machen. Ohne der privaten Initiative und Selbstverantwortlichkeit des Einzelnen den zweckmäßigen Spielraum zu lassen, will der Kollektivismus in der Volkswirtschaft auf diese Weise alle Produktion total und auf die Dauer von der staatlichen Zentrale geplant und geleitet wissen. Ohne Rücksicht auf das Gegebensein der tatsächlichen Voraussetzungen für eine so weitgehende Orientierung am Kollektivgedanken (s. unten) fordert er die Vergesellschaftung (Sozialisierung, nämlich Verstaatlichung oder mindestens Kommunalisierung) aller Produktionsmittel und überträgt auf diese Weise gleichsam die Grundsätze der Einzelwirtschaftsführung (Betriebsführung) auf den größeren Bereich der Volkswirtschaft bzw. der Gemeindewirtschaft, die er damit einer zentralistischen Leitung unterstellt.

Die Sozialisierung der Produktionsmittel erstrebt heute grundsätzlich der marxistische Sozialismus, wobei der Bolschewismus auch noch deren Überführung in die Hand staatlich gelenkter Zwangsgenossenschaften mit Pflichten bzgl. der Ablieferung ihrer Produktion (z. B. der landwirtschaftlichen Kolchosen) als Sozialisierung gelten läßt. Erst nach Erreichung einer klassenlosen Gesellschaft soll hier der Staat absterben. In der sog. kriegskommunistischen Periode des russischen Bolschewismus (1918 bis 1921) und etwa zehn Jahre später noch einmal in den Jahren vor dem Einsetzen der „Neonep" Stalins fand die Verstaatlichung der Produktionsmittel ihre bisher wohl weitestgehende Verwirklichung. Liegt hier die Gefahr einer kollektivistischen Übertreibung zentralistischer Wirtschaftsbindungen, wie angedeutet, schon recht nahe, so geht der Kommunismus — wir benutzen die von Karl Diehl vorgeschlagene Terminologie ohne politische Bedeutung — noch wesentlich weiter. Er will das Privateigentum nicht nur an den

Produktions-, sondern auch an den Konsumtionsmitteln beseitigen und so auch den Güterverbrauch zentraler Regelung (Verbrauchsrationierung) unterstellen. In den extremen Formen dieser kommunistischen Wirtschaft ist es den Einzelwirtschaften dann nicht einmal gestattet, die ihnen von der Zentrale zugewiesenen Konsumgüter untereinander zu tauschen.

Der Individual- und der Kollektivgedanke, die Grundsätze von Wirtschaftsfreiheit und Wirtschaftsbindung, die sich damit gegenübertreten, sind als Grenzgedanken, als extreme, niemals rein in Erscheinung tretende Pole einer Spannungsreihe von Zwischenformen (Mischformen) der Wirtschaftsverfassung zu verstehen, die mit zunehmender Ausrichtung am einen und gleichzeitig abnehmender Ausrichtung am anderen Pol von einem zum anderen Extrem hinüberführen. Die Skala von Farbtönen z. B., die durch die verschiedenen Mischungen zweier Farben im Übergang von einer zur anderen entsteht, weist überall beide Farben, nur in verschiedenem Mischungsverhältnis, auf. Ähnlich stehen, niemals rein verwirklicht, die anarchisch freie, völlig ungeregelte Wirtschaft als individualistisches Extrem am einen, die in Produktion und Konsumtion zentralistisch völlig gebundene Wirtschaft als kollektivistisches Extrem am anderen äußersten Flügel jener Spannungsreihe, und von ihnen flankiert werden jene übrigen Gestaltungen der Wirtschafts- und Sozialverfassung, die als Mischformen beider Grundsätze entweder dem einen oder anderen Pole näherstehen: Keine Marktwirtschaft kann ganz ohne jede zentrale Regelung, keine kommunistische Befehlswirtschaft ganz ohne jede Selbständigkeit und Freibeweglichkeit des Einzelnen bestehen. Die Gegenüberstellung von Individual- und Kollektivgrundsatz, von Persönlichkeit und Gemeinschaft in der Wirtschaft betrifft so das Maß von Selbstverantwortlichkeit und ungehindertem Leistungsspielraum einerseits und von Leitung, Anregung und Beschränkung durch die oberste Führung andererseits, das die Wirtschaftspolitik den Einzelwirtschaften und Gruppen zweckmäßig glaubt belassen bzw. geben zu müssen. Wie diese beiden antithetischen Grundsätze sich in den Gestaltungsmöglichkeiten der Wirtschafts- und Sozialpolitik wie auch der Finanzwirtschaft auswirken, suchten wir in anderen Arbeiten eingehend zu zeigen[1]. Die Behauptung mancher Neoliberaler, marktkonforme

[1] Vgl. „Sozialpolitik“, 1933, § 7 u. §§ 21 u. 25; ferner insbesondere für die Sozialversicherung, wo beide Grundsätze einander als Versicherungs- und Versorgungsgrundsatz gegenübertreten, „Grundfragen der Sozialversicherungsreform“, 1931, IV u. V sowie den Beitrag „Sozialversicherung“ (I) Theorie im Hdwb. der Sozialwiss. Bd. 9, 1956, S. 594 ff., für die Lohn- und Schlichtungspolitik „Einigungs- und Schiedsgrundsatz“, 179 Bd. d. Schriften des Vereins für Sozialpolitik 1930. Für die Finanzwirtschaft vgl. „Allgemeine Finanzwissenschaft“, Berlin 1964⁴, § 18.

und planwirtschaftliche Methoden der Wirtschaftspolitik seien unvereinbar, ist jedenfalls abwegig.

Gleichwohl genügt der Gedanke der abgestuft verschiedenen Mischung dieser beiden Grenzgedanken, wie wir ihn soeben am Beispiel der Skala von Farbenmischungen veranschaulichten, allein noch nicht zur Kennzeichnung der Art und Weise, in der die organische **Wirtschaftslenkung** (Wirtschaftssteuerung) zwischen diesen beiden Polen steht. Hier nämlich kommt ein Unterschied im strukturellen Aufbau, gleichsam im Gefüge, des Wirtschaftssystems hinzu. Erreichte die kathedersozialistische Sozialpolitik, wie angedeutet, im Rahmen einer grundsätzlich individualistischen Wirtschaftsverfassung mit allen ihren Anleihen beim kollektivistischen Gegenpol doch nur Kompromißlösungen eines „Einerseits-Andererseits", eben gleichsam einer mechanistischen Mischung beider Pole, so erstrebt die organische Wirtschaftslenkung eine Synthese dieser beiden Pole von Freibeweglichkeit und Bindung, von Persönlichkeit und Gemeinschaft, die über alle mechanistischen Kompromisse einer nur interventionistischen Wirtschafts- und Sozialpolitik hinausgeht. Der organische Zweckstufengedanke, den wir (§ 7, I) bereits darlegten, liefert auch hier eine treffende Analogie. Er überträgt den Ausgleich der beiden Pole gleichsam in eine neue Ebene, in eine dritte Dimension: Im Gliederbau des biologischen Organismus verbürgt nur das gespannte Gleichgewicht von eigenen Wachstumskräften der Zellen und Organe an der Basis der Pyramide und ihrer Anregung, Regelung und Beschränkung seitens der höherstufigen Zentren (etwa der Drüsen- sowie Nervenzentren in der Mittelstufe und des Gehirns an der Spitze) die Leistungsfähigkeit des Ganzen. Ähnlich findet jene Synthese von Freibeweglichkeit und Bindung auch im wirtschaftlichen „Organismus" ihre Verwirklichung durch eine zweckentsprechende Verteilung der wirtschaftlichen Führungsgewalten und Verantwortlichkeiten zwischen Einzelwirtschaften, mittelstufigen Gruppen und Staat, der an der Spitze des Aufbaus die Oberaufsicht stets behält. Es ist nur das alte Produktivitätsproblem des vertikalen Stufengleichgewichts, wie wir es oben (im § 13) für die Fragen der arbeitsteiligen Eingliederung entwickelten, das sich uns hier in seiner Bedeutung auch für die Frage der zweckmäßigen Wirtschaftsordnung ergibt. Wenn man behauptet hat, es fehle dem ökonomischen Individualismus (Liberalismus) im Unterschied zum Kollektivismus (Sozialismus) die Zugkraft einer positiven Idee, so kann vielleicht dieser Gedanke des vertikalen organischen Zweckstufengleichgewichts die Idee liefern für die Synthese von Persönlichkeit und Gemeinschaft, die die gelenkte (gesteuerte) Sozialwirtschaft in allen ihren (je nach den Umständen verschiedenen) Erscheinungsformen stets zu verwirklichen strebt. Hinter diesem Gedanken steht unmittelbar weder eine ethische noch eine politische Begeisterungsfähigkeit, sondern nur die Überzeugungskraft systematisch begreifbarer Wahrheit. Aber ist das nichts?

Der pyramidenartige Stufenbau einer organisch gegliederten Volkswirtschaft, der so entsteht, bleibt ausgerichtet auf die Absichten und Weisungen der wirtschaftspolitischen Führung an der Spitze, achtet und benutzt aber dabei die Freiheitsrechte, die Initiative und Selbstverantwortlichkeit der Einzelnen an der Basis und die Selbstverwaltung der Gruppen in den Mittelstufen der Pyramide. Organisatorisch bedingt das meist eine Zwischenschaltung mittelstufiger Verbände, Kammern oder Körperschaften zwischen Basis und Spitze dieses Aufbaus. Sie federn die Einwirkungen der staatlichen Spitze auf die Einzelwirtschaften ab, deren Verkehr untereinander sich zumeist in den marktwirtschaftlichen Formen eines geordneten Wettbewerbs abspielt, bringen aber den Einzelwirtschaften diese staatliche Führung auch näher, wobei sie ihre besonderen fachlichen und Lokalkenntnisse in den Dienst beider Aufgaben stellen. So erhält die Wirtschaftslenkung eine Fülle von Möglichkeiten mittelbarer Einwirkungen, die ihre Kennzeichnung als mittelbare Wirtschaftsführung rechtfertigt.

Ob diese Verbände der Mittelstufe lockerer (in Form etwa halbautonomer wirtschaftsdemokratischer oder genossenschaftlicher Verbände oder von Wirtschaftskammern oder sozialpolitischen Verbänden) oder gebundener (in Form etwa wirtschaftsständischer Korporationen) organisiert sind, ist wieder eine Frage der zweckmäßigen Mischung von Freibeweglichkeit und Bindung in unserer Synthese. Sie ist damit, wie wir sehen werden, eine Frage der jeweils vorliegenden tatsächlichen Voraussetzungen und duldet insbesondere auch keinerlei Festlegung etwa auf mittelalterliche Vorbilder. Die praktische Gestaltung wird oft auch von politischen, insbesondere für die Willensbildung in den Verbänden maßgebenden Gesichtspunkten mitbestimmt werden, die für unsere rein wirtschaftswissenschaftliche Betrachtung auszuscheiden haben. Sowohl die Entwürfe der Wissel-Moellendorfschen „Planwirtschaft" sowie der „Wirtschaftsdemokratie" der deutschen freien Gewerkschaften als auch die Vorschläge von seiten der katholischen Kirche sahen ja mittelstufige Organisationen der Wirtschaft vor. Jedenfalls aber benötigen auch diese Organisationen der Mittelstufe im Produktivitätsinteresse einen gewissen Spielraum ihrer Selbstverwaltung und Selbstverantwortung, wobei die Oberaufsicht der staatlichen Spitze jeden eigensüchtigen Gruppenindividualismus bei ihnen tunlichst zu verhindern hat. An der Basis des Aufbaus bleibt das Privateigentum des Einzelnen zumeist in dem Rahmen erhalten, der seinem

Gebrauch durch die Belange einer Volksgemeinschaft gezogen ist, die sich ihrer Pflichten gegenüber den Einzelnen wie gegenüber der Menschheit in gleicher Weise bewußt ist (weiteres S. 214 ff.).

Auch das angespannte, gewogene Gleichgewicht von Einzelinitiative und staatlicher Führung im Stufenbau dieser organisch gelenkten (gesteuerten) Volkswirtschaft freilich steht zwischen den beiden Polen von Freibeweglichkeit und Bindung, von Persönlichkeit und Gemeinschaft in der Wirtschaft: Die graduelle Spannungsreihe, die diese beiden Pole, den Individual- und den Kollektivgedanken, miteinander verbindet, geht grundsätzlich auch durch die praktischen Gestaltungsmöglichkeiten dieses vertikalen Gleichgewichts hindurch. Über dem Unterschied des Aufbaus, des Gefüges, der die spezifisch organische Wesenheit der gelenkten Wirtschaft gegenüber der liberalistisch-individualistischen wie gegenüber der kollektivistischen Wirtschaft hervorhebt, darf also die Tatsache der Mischung jener beiden Grundgedanken, die Abstufung von Freiheit und Bindung, nicht vergessen werden. Die Frage nach dem jeweils zweckmäßigen Einschmelzungsverhältnis der beiden Poleinflüsse in dieser Synthese von Freibeweglichkeit und Bindung der Wirtschaft ist die praktische Kernfrage jeder Wirtschaftslenkung.

Untersuchten wir bisher in den §§ 16 und 17 die freie Marktwirtschaft, also den Individualgedanken, im Hinblick auf die Einkommensbildung, so muß dies mit dem autoritären Element der Wirtschaftslenkung, dem Kollektivgedanken, daher nunmehr gleichfalls geschehen. Auch dabei wird es sich einmal um die Produktivitätsaussichten des Kollektivgedankens handeln, die die Größe des zu verteilenden Nationalprodukts beeinflussen, sodann (im § 19) um die etwa mögliche autoritäre Einwirkung der Kollektivgewalt auf den Schlüssel dieser Verteilung.

Zunächst sei die erste Frage nach der **Produktivität des Kollektivgedankens,** also der Wirtschaftsbindung, hier kurz erörtert. Wichtig ist dabei, daß diese Bindung der Einzelwirtschaften nicht etwa ohne weiteres mit „Zwang" gleichgesetzt werden darf. Sie kann durchaus auf der inneren Gebundenheit eines freiwilligen Gehorchens beruhen, wenn sich nur die Weisungen der Wirtschaftsführung bei den Einzelwirtschaften durchsetzen. Eine solche autoritäre Wirtschaftsführung hat dann mindestens schon einmal in dem Maße Aussichten auf Produktivität, in dem die Wirtschaftselastizität als Naturheilkraft und Selbststeuerungsfähigkeit der freien Markwirtschaft nicht ausreicht, um die durch Datenänderungen jeweils erforderlich werdenden Umgruppierungen (Umgliederungen) des Wirtschaftsorganismus selbsttätig genügend schnell und reibungslos zu bewirken. Die tatsächlichen Voraussetzungen dieser Wirtschaftselastizität legten wir im vorigen Paragraphen (S. 186 ff.) dar und erkannten ihr weitgehendes Fehlen in der heutigen Wirtschaft. Dieses ihr Fehlen muß freilich mit dem Vorhandensein anderer tatsächlicher Voraussetzungen zusammengehen, die ihrerseits die Möglichkeit autoritärer Wirtschaftsbeeinflussung positiv bestimmen. Die wichtigsten dieser **Voraussetzungen,** die also im Ausmaß und für die Dauer ihres Gegebenseins eine verstärkte Ausrichtung der Wirtschaftslenkung am Kollektivgedanken ermöglichen, können wir etwa folgendermaßen kurz zusammenstellen:

1. Ein hoher Stand des Gemeinsinns, des Opferwillens und der Disziplin des Einzelnen läßt dem Starken die Beschränkungen seiner Freiheit durch Wirtschaftsbindungen nicht so schwer zum Bewußtsein kommen. Er hält die Verweichlichung des von der kollektivistischen Wirtschafts- und Sozialpolitik etwa geschützten Schwächeren (Versorgungsideal) hintan und läßt die Sucht des Begehrlichen zur Ausnutzung des sozialen Schutzes nicht so leicht aufkommen. Nur diese sozialethischen Eigenschaften können das Kollektiveigentum vor Veruntreuung und Vernachlässigung schützen. Nur sie können den Beamten der staatlichen oder Verbandswirtschaften am sachlichen Erfolg seiner Arbeit auch dann genügend interessieren, wenn mit diesem Erfolg kein Vorteil an Geld, Macht oder Prestige oder womöglich gar ein persönliches Risiko für ihn verbunden ist. Die noch zu geringe Entwicklung dieser Eigenschaften erklärt z. B. die schlechten Erfahrungen, die man in China, solange dort der Gemeinsinn meist noch nicht über den Bereich der Familie hinausging, mit dem staatlichen Industriebetrieb gemacht hat[2]. Zwar vermindern sozialethische Eigenschaften der Marktbesucher manche Reibungen auch der individualistisch freien Marktwirtschaft; aber gerade im entscheidenden Punkt, in der Frage der Selbststeuerungsfähigkeit dieser Marktwirtschaft, können sie dort sehr wenig nützen, weil auch der größte soziale Edelmut dem Einzelnen ja keinen Marktüberblick und keine Kenntnis des überindividuell Notwendigen verleihen kann. So ist es klar, daß die kollektive Wirtschaftsbindung viel größere Ansprüche an die Sozialethik und Disziplin der Bevölkerung stellt als die individualistisch-freie Marktwirtschaft.

Diese sozialethischen Eigenschaften der Bevölkerung müssen auch im Verhältnis zu dem Bedürfnis nach individueller Freiheit und

[2] John Earl Baker, Die Industrialisierung der guten Erde. (Ztschr. Fortuna 1946) schreibt z. B.: „Die unter Staatskontrolle stehenden Hangyang-Stahlwerke erwiesen sich . . . als ein Fehlschlag, während Stahlwerke in Privatbesitz sich sehr gut entwickelten." An der Spitze eines Industrialisierungsprogramms für China, das B. dort wiedergibt, steht die Forderung: „Privatunternehmen."

Selbständigkeit betrachtet werden, das den Völkern in oft sehr verschiedenem Ausmaß eignet. Sie lassen sich beleben durch die Begeisterungs- und Überzeugungskraft der politischen Führung, die die Lenkungsreife jeder Wirtschaftsgemeinschaft wesentlich zu heben vermögen. Sie verstärken sich meist in Zeiten gemeinsamer Not (Kriegswirtschaft). Nur selten und dann fast immer nur auf kurze Zeit dagegen läßt sich dies sozialethische Wollen ersetzen durch die bloße Zwangsgewalt der politischen Macht. Je mehr sich die Bindung der Wirtschaft auf äußeren Zwang stützen muß, desto mehr produktive Kräfte werden ja absorbiert durch den Machtapparat, den dieser Zwang erfordert und durch den Widerstand, den er hervorruft; von der lähmenden Wirkung ganz zu schweigen, die durch die Freudlosigkeit einer Arbeitshausatmosphäre als Folge allgemeiner Anwendung von Zwang notwendig bedingt wird.

Die hier maßgebenden Eigenschaften des Gemeinsinns und der sozialethischen Disziplin scheinen in den nördlichen (z. B. angelsächsischen und germanischen) Ländern eine relativ große Ausdauer aufzuweisen. Jedenfalls haben Wirtschaftslenkungsversuche unter sonst ähnlichen Verhältnissen in den meisten südlicheren Ländern viel früher ihre Zugkraft und Wirksamkeit verloren als z. B. in Deutschland, Skandinavien oder Großbritannien.

2. Ein nicht zu großer Umfang und ein noch nicht zu differenzierter Wirtschaftsapparat des zu leitenden Gemeinschaftsgebildes. Dieser darf nicht zu verwickelt und muß von der Zentrale aus genügend übersehbar und kontrollierbar sein, da sonst die Größe der Entfernungen sowie die Vielfältigkeit der Bedürfnisse und ihrer Deckungsmittel der zentralen Leitung zu große Schwierigkeiten entgegensetzen (vgl. die weitgehend kommunistische Regelung von Produktion und Verbrauch mancher Klostergemeinschaften sowie den Kommunismus primitiver Stammeswirtschaften einerseits, und die Unmöglichkeit restloser Verstaatlichung selbst in der anfangs noch verhältnismäßig unentwickelten russischen Volkswirtschaft andererseits). Insbesondere die Schwierigkeit einer den Produktionszielen entsprechend „richtigen" Bewertung aller Produktionsmittel und damit einer zuverlässigen Wirtschaftsrechnung steigt mit der Größe und Vielfalt der Wirtschaftsgebilde schnell an. Je mehr die Bindung der Wirtschaft sich beim Fehlen der Voraussetzungen zu 1 auf Zwangsregelungen stützen muß, desto wichtiger wird die technische Übersehbarkeit und Kontrollierbarkeit der zu lenkenden Wirtschaftsgebilde. Sie ist z. B. in der Landwirtschaft viel größer als etwa im Handel oder in vielen sog. freien Berufen.

3. Ein hochgebildetes, organisatorisch begabtes, tüchtiges und unbestechliches Fachbeamtentum.

Nur zu oft sind kollektivistische Regelungen vor allem an der Verantwortungsscheu, Schwerfälligkeit und Korruption ihrer Beamten gescheitert. Der Apparat einer zentralistischen Wirtschaftsführung bringt in seinen Knotenpunkten oft gewaltige Machtpositionen zur Entstehung. Diese sind um so unkontrollierbarer, je illegitimer sie sind, und bedeuten eine große Versuchung für die Inhaber solcher Gewalt, was Machtmißbrauch und Bestechlichkeit anbelangt. Diese Versuchung vervielfältigt sich da, wo die gebundene Wirtschaft, wie so häufig, durch eine drückende Mangellage bedingt ist.

4. Das Vorhandensein von Verkehrs- und Nachrichtenmitteln, die eine schnelle Einwirkung der Zentralgewalt auf die Peripherie der Sozialwirtschaft ermöglichen (vgl. das Radio im Dienste der Sowjetregierung). Auch ein fein ausgebildeter statistischer Apparat gehört zu diesen technischen Voraussetzungen der zentral geregelten Verwaltungswirtschaft.

Die mehr technischen Voraussetzungen zu 2 bis 4 sind heute in den meisten Kulturländern bereits mehr oder weniger erfüllt. Insofern liegt das Schwergewicht dort jetzt durchaus bei den sozialethischen Voraussetzungen: Die sittliche Unvollkommenheit des Menschen in dieser Hinsicht ist das Haupthindernis restloser Wirtschaftsverstaatlichung. Der häufig gegen den Sozialismus erhobene Einwand: „Ja, wenn alle Menschen Engel wären . . .!“ zeigt deutlich diese Bedeutung der sozialethischen Voraussetzung.

Nach allem überblicken wir nunmehr zwei Gruppen von Voraussetzungen: Die Voraussetzungen, die eine Ausrichtung der Wirtschaftslenkung mehr am Individualgedanken (Freiheitsgedanken) als wirtschaftlich erfolgreich erscheinen lassen, stellten wir im § 17 zusammen. Die entsprechenden Voraussetzungen einer Ausrichtung mehr am Kollektivgedanken (Bindungsgedanken) andererseits zeigt uns die vorstehende Übersicht. Die sorgfältige Berücksichtigung dieser beiderseitigen tatsächlichen Voraussetzungen jeder Wirtschafts- und Sozialpolitik ist von großer wirtschaftlicher Wichtigkeit. Mit beiden Grundsätzen, dem Individual- wie dem Kollektivgedanken, verbinden sich ja, wirtschaftlich gesehen[3], bestimmte Vor- und Nachteile, die die Größe des zu verteilenden Sozialprodukts sehr wirksam beeinflussen. Sobald eine Orientierung der Wirtschaftspolitik mehr am einen oder mehr am anderen Pol dem verhältnismäßigen Gegebensein jener

[3] Inwieweit diese lediglich wirtschaftlichen Gesichtspunkte einer reinen Produktivitätsbetrachtung gegenüber den ideellen Momenten Anspruch auf Berücksichtigung haben, legten wir an anderer Stelle (Sozialpolitik, § 6) eingehend dar. Auf die Dauer ist auch der Wirtschafts- und Sozialpolitik nur ein „produktiver Konsum“ möglich. Vgl. auch meine „Grundzüge der Sozialpolitik und Wohlfahrtspflege“, 1957, S. 60.

beiderseitigen tatsächlichen Voraussetzungen nicht genügend Rechnung trägt, überwiegen die spezifischen Nachteile dieser Orientierung die damit erreichbaren Vorteile.

Zunächst seien im dargelegten Sinn hier die wichtigsten wirtschaftlichen **Vor- und Nachteile des Individualgedankens,** also des Grundsatzes der Wirtschaftsfreiheit, in teilweiser Erweiterung ähnlicher Untersuchungen unserer Sozialpolitik[4] zu einem knappen Schema vereinigt. Im Ausmaß und für die Dauer des Vorhandenseins der oben (S. 186 ff.) genannten Elastizitätsvoraussetzungen überwiegen folgende

I. **Produktivitätsvorteile genügender Wirtschaftsfreiheit:**

1. Die Wirtschaftsfreiheit erzielt eine sehr feine Marktfühligkeit und Reagibilität der Volkswirtschaft im Hinblick besonders auf den einzelwirtschaftlichen Bedarf. Jedes auftretende Konsumziel, jede Änderung der Mittel auch an entferntester Stelle der Volkswirtschaft wirkt sich unmittelbar selbsttätig in Nachfrage und Angebot eines freien Marktes aus, braucht also nicht erst statistisch für eine Zentrale erfaßt und den peripheren Stellen wieder zugeleitet zu werden.

2. Die Preisbildung des freien Marktes für Produktiv- und Konsummittel (Sachgüter, Arbeitskräfte und Geldkapitalien) ermöglicht eine rationelle Wirtschaftsrechnung (vergleichende Geldrechnung), und zwar auch in den noch nicht marktfreien Stadien der Produktion. Insofern werden alle Wirtschaftsakte der arbeitsteiligen Verkehrswirtschaft durch das Rentabilitätsstreben der Einzelwirtschaften selbsttätig auf ein Produktivitätsziel ausgerichtet, wie es sich aus den Bedarfswünschen der Marktbesucher ergibt. Rentabilität und Produktivität kommen so durch die freie Preisbildung automatisch zur Deckung.

3. Die Konkurrenz in der freien Marktwirtschaft belebt und stärkt die Initiative, die Arbeitsenergie und das Selbstverantwortlichkeitsgefühl der Einzelnen, weil jede einzelwirtschaftliche Sonderleistung alsbald in einer Rentabilitätssteigerung eine Belohnung, jede Minderleistung in einer Rentabilitätssenkung oder -vernichtung eine Benachteiligung erfährt. Insofern wird der Antrieb des einzelwirtschaftlichen Eigennutzes und Freiheitsdranges in den Dienst des Ganzen gestellt, gleichsam zentripetal gerichtet. Der Fortschritt der Menschheit auf allen Kulturgebieten, der hier in den Gehirnen von Millionen ertragsstrebiger Unternehmer eine denkbar breite Basis hat, hängt wesentlich von diesem Antrieb ab. Insbesondere auch die Durchsetzung des technischen Fortschritts in der Wirtschaft liegt meist zweckmäßiger in den Händen selbstverantwortlicher Unternehmer als in denen der Ministerialräte. Ganze Kulturen (wie die des römischen Weltreichs und des mittelalterlichen Spanien) sind an seiner Vernachlässigung zugrunde gegangen. Die unzweifelhafte Produktivität der kapitalmäßigen Marktwirtschaft, die die Reallöhne der Arbeiter in den großen Industrieländern bei Verzehnfachung der Industrieproduktion und Verfünffachung der Agrarproduktion trotz emporschnellender Bevölkerungsziffern mehr als verdreifachte[5], hat hier ihre Hauptwurzel. Dabei hat die Prämie des erhöhten Profits meist eine un-

---

[4] S. Sozialpolitik. Eine Einführung in ihre Theorie und Praxis, 1933, S. 53, 54, sowie auch Grundzüge der Sozialpolitik und Wohlfahrtspflege, 1957, § 9.

verhältnismäßige Breitenwirkung, ohne doch die Einkommenshöhen zu stark zu differenzieren. Denn sie winkt zwar allen, wird aber doch nur wenigen Höchstleistungen im Wettkampf der freien Konkurrenz schließlich bezahlt.

4. Die individualistische Wirtschaft bestimmt insofern das Einkommen aller Konsumenten nach der Bedeutung, die sie als Produzenten für die Gesamtwirtschaft haben: Die Erlöse der Produzenten sind maßgebend für deren Kaufkraft als Konsumenten.

5. Der Zins als Entgelt „vorgetaner Arbeit" ermöglicht u. U. dem Kapitalbesitzer die Vornahme oder Unterstützung auch solcher Arbeiten, deren Wert vorerst kaum jemand erkennt, so daß sie einen Preis bzw. Lohn weder am freien Markt noch bei der öffentlichen Hand erzielen. Das bedeutet ein wesentliches Auflockerungs- und Fortschrittsmoment jeder kulturellen, technischen und wirtschaftlichen Entwicklung.

Im Ausmaß des Fehlens der oben genannten Elastizitätsvoraussetzungen wiederum treten folgende

II. **Produktivitätsnachteile übertriebener Wirtschaftsfreiheit** als überwiegend hervor:

1. Die Anpassung der freien Wirtschaft an veränderte Daten in Mitteln und Zielen gelingt dann häufig nur unter langanhaltenden Schwankungen, die sich im Wechsel von Run und Panik der Einzelwirtschaften nur ruckweise durchsetzen und deren Wellentäler bei entsprechendem Ausmaß als verlustreiche Wirtschaftskrisen wirken (vgl. S. 183). Der Hinweis des manchesterlichen Liberalismus, der Preisbildungsmechanismus des freien Marktes müsse „auf die Dauer" stets zur Harmonie führen, kann dadurch für lange Zeit platonisch werden. Dies vor allem auch dann, wenn der Krisengrund nicht im Bereich der Volkswirtschaft, sondern in dem der Weltwirtschaft liegt, in der die individualistische Ausgleichswirkung durch Verkehrserschwerungen natürlicher Art (Entfernungen) und meist politisch bedingter künstlicher Art (Schutzzölle und Handelskontingente, Wanderungsverbote) heute noch besonders stark gehemmt ist. In diesem Falle können ganze Volkswirtschaften auf verhältnismäßig lange Zeit in ein Wellental der weltwirtschaftlichen Konjunktur geraten (vgl. die Weltwirtschaftskrise nach 1930, die durch das Mitwirken kreditärer und monetärer Krisengründe fast das Aussehen einer Totaldepression annahm). Im Rahmen der einzelnen Volkswirtschaften können ganze lebenswichtige Wirtschaftszweige durch solche Wirtschaftsdepressionen dem Untergange nahekommen (vgl. die Lage des deutschen Bauernstandes unter dem Druck der Weltagrarkrise um 1930). Die Massenarbeitslosigkeit als Folge solcher Krisen verletzt in dem „Recht auf Arbeit" einen heute allgemein anerkannten sittlichen Anspruch des Volkes. Der Mangel an Sicherheit, der hier vor allem die besitzlosen Volksschichten bedroht, kann den sozialen Zusammenhalt der Volksgemeinschaft gefährden. Insofern muß der Staat besonders beim drohenden Zusammenbruch von Großbetrieben oft mit öffentlichen Mitteln einspringen, und es kommt dann zur „Sozialisierung (nur) der Verluste". — Auf der anderen Seite wirft der Konjunkturgewinn auch Leuten, die nichts dazu getan haben, Zufallsgewinne in den Schoß, und besonders oft fallen dem Grund- und Kapitalbesitz solche „Liebesgaben" der freien Wirtschaft in der Form unverdienter Wertsteigerungen zu.

[5] Adolf Weber, Wohin steuert die Wirtschaft? 1946, S. 111.

2. Der Konkurrenzkampf der freien Einzelwirtschaften selbst verursacht der Volkswirtschaft nicht unerhebliche Kosten (vgl. z. B. die Kosten der modernen, über die bloße Information des Kunden weit hinausgehenden Reklame oder die Kapitalvernichtung bei der Niederkonkurrierung von Großbetrieben im Fall der sog. „ruinösen Konkurrenz"). Solche volkswirtschaftlichen Kosten des freien Wettbewerbs werden insbesondere oft durch das Bestreben der Produzenten bedingt, erzielte technische oder organisatorische Fortschritte vor ihren Konkurrenten geheim zu halten oder sie sich durch Patente, Musterschutz und dgl. selbst vorzubehalten. Denn das bedeutet häufig eine wesentliche Frontverengung im Vordringen des wirtschaftlichen Fortschritts, der sich dann erst auf dem Umweg über die Niederkonkurrierung der übrigen rückständig gebliebenen Betriebe allgemein durchsetzen kann. Allgemein bedingt der freie Wettbewerb im Verein mit der Vertragsfreiheit und dem Erbrecht oft auch eine Zersplitterung der Unternehmungen, die dem technischen Optimum der Betriebsgröße nicht entspricht. Die Selbstorganisierung der freien Wirtschaft in der Form des vertraglichen Kollektivmonopols (z. B. der Kartelle) vermag diese Unkosten oft nur vorübergehend zu verringern.

3. Der starke Einfluß des kaufkräftigsten (zahlungsfähigsten) einzelwirtschaftlichen Bedarfs auf Angebot und Preisbildung des freien Marktes erschwert oder vereitelt besonders bei Mangellagen und plötzlich notwendigen Umstellungen die genügende und genügend schnelle Ausrichtung der Produktion auf den Bedarf und unmittelbaren Nutzen der Gemeinschaft, zumal die Zahlungsfähigkeit (Kaufkraft) der Einzelwirtschaften nicht nur von ihren gegenwärtigen Leistungen, sondern auch von der geschichtlich gewordenen Besitz- und Einkommensverteilung abhängt. Für alle Gesichtspunkte des unmittelbaren Gemeinnutzens ist die Selbststeuerung des freien Marktes ja nur insoweit nicht blind, als die öffentliche Hand selbst in den Reihen der Nachfrage den Kollektivbedarf geltend macht. So wird u. U. Luxusbedarf für vermögende Nichtstuer (s. zu 4) und gleichzeitig nicht genügend Brot und Kleidung für unterbezahlte Arbeiter hergestellt (der Umfang der Luxusproduktion in der freien Wirtschaft wird allerdings leicht überschätzt). Auf manche Schäden, die das einzelwirtschaftliche Handeln für die Gemeinschaft hat, spricht das private Rentabilitätsstreben nicht genügend an. Auch z. B. gemeinschaftswichtige, aber unrentable Verkehrsanlagen, Siedlungsvorhaben oder Kulturnotwendigkeiten bleiben bei freier Wirtschaft leicht unberücksichtigt. Ferner kann z. B. ein Staat, der plötzlich angegriffen wird, nicht warten, bis seine gesteigerte Nachfrage nach Kampfflugzeugen, Kanonen usw. (auf dem Wege über entsprechende Preissteigerungen) am freien Markt eine Umstellung der Produktion auf diesen Kollektivbedarf durchgesetzt hat.

4. Die Begründung des individualistischen Systems auf dem Rentabilitätsstreben der Einzelwirtschaften bedingt eine grundsätzliche Wahrung des Privateigentums und bis zu einem gewissen Grade auch des Vererbungsrechts. Beides kann besonders bei Vorliegen natürlicher Monopolstellungen oder unverdienter Konjunkturgewinne vorübergehend ein arbeitsloses Einkommen des Müßiggängers ermöglichen, insoweit also den oben unter I, 3—5 erwähnten Vorteil in sein Gegenteil verkehren und zu sozialer Unzufriedenheit Anlaß geben. Die Inhaber natürlicher wie künstlicher Monopolstellungen neigen dazu, ihr Angebot zum Schaden der Allgemeinheit einzuschränken, um die für sie (nach Preishöhe wie Absatzmöglichkeit) günstigsten Preise diktieren zu können

(vgl. S. 113). Wirtschaftliche Machtpositionen des privaten Erwerbskapitals in den Händen untüchtiger und unsozialer Eigentümer können so, besonders auch bei Umsetzung in politische Macht, der Allgemeinheit schaden und beim Arbeiter das Gefühl der Ausbeutung hervorrufen. Hier vor allem liegt der berechtigte Kern der dem „Monopolkapitalismus" gemachten Vorwürfe.

5. Die Ausbildung fähiger Köpfe kann ohne Rücksicht auf private Einkommensverhältnisse leichter von der Gemeinschaft gewährleistet werden (Beseitigung des Bildungsmonopols).

Diesen spezifischen Vor- und Nachteilen des Individualgedankens treten spezifische wirtschaftliche **Vor- und Nachteile des Kollektivgedankens,** also der zentralistischen Wirtschaftsbindung, gegenüber (vgl. meine früheren Arbeiten[6]). Insoweit und insolange nämlich die oben (S. 203 ff.) dargelegten tatsächlichen Voraussetzungen der Orientierung am Bindungsgedanken vorliegen, kommen folgende

I. **Produktivitätsvorteile genügender Wirtschaftsbindung** als überwiegend in Betracht:

1. An Stelle der zahllosen einzelwirtschaftlichen Entschließungen der freien Wirtschaft kann der Leitung der Produktion ein einheitlicher, von der höheren Warte einer Zentralstelle entworfener Plan zugrunde gelegt werden, der zu seiner Verwirklichung nicht mit den einzelwirtschaftlichen Bedürfnissen am Markt zu konkurrieren braucht. Das gibt dem Wirtschaftskörper ein hohes Maß von Lenkbarkeit, Schlagfertigkeit und Bereitschaft, die besonders für plötzlich auftretende Bedarfsfälle (etwa in Kriegszeiten, Naturkatastrophen und dgl.) von großer Bedeutung sind. Auch lassen sich manche Wirtschaftsgestaltungen schon rein technisch erst durch solche zentrale Planung einwandfrei durchführen, so das Geld-, Post- und Rundfunkwesen sowie die meisten Verkehrsmittel in der Volks-, die Bauplanung, Kanalisation, Beleuchtung, die Versorgung mit Gas, Wasser und Elektrizität sowie die Straßenbahnen und andere Versorgungsbetriebe in der städtischen Wirtschaft, ferner der Schutz von Gemeinschaften gegen Naturgefahren (z. B. Gesundheitsschutz, manche Schädlingsbekämpfung, Deichbauten) oder gegen Raubbau der Einzelwirtschaften, endlich auch die organisatorischen Mittel der Wirtschaftspolitik (S. 71). Technische Fortschritte können durch zentrale Anordnung schnell überall eingeführt werden. Allgemein sind alle Wirtschaftsaufgaben, deren Wahrnehmung bei oft großer Produktivität keine Rentabilität erzielt (S. 62), nur gemeinwirtschaftlich zu erfüllen, und die Selbststeuerung der freien Marktwirtschaft muß allen Gütern gegenüber versagen, die, wie viele Gegenstände des Kollektivbedarfs, marktverkehrsunfähig sind, also nicht als Waren in Betracht kommen. Im einzelnen kann

2. in Durchführung des Plans jede der Zentrale nicht erwünschte Produktion (z. B. Luxusgewerbe) von der Zentrale gedrosselt, Produktionszweige dagegen, die nach Auffassung der Zentrale den

[6] So insbesondere: Sozialpolitik. Eine Einführung in ihre Theorie und Praxis, 1933, S. 55; ferner: Grundzüge der Sozialpolitik und Wohlfahrtspflege, 1957, S. 61, 62; sowie: Zur Theorie der Wirtschaftslenkung und Sozialisierung, in: Untersuchungen zur sozialen Gestaltung der Wirtschaftsordnung, Schriften des Vereins für Socialpolitik, N. F., Bd. 2, 1950, S. 60 ff.

Belangen der Volksgemeinschaft dienen (vgl. z. B. die Industrie des Merkantilismus oder in Sowjetrußland), können unterstützt werden. Das Auftreten offener Arbeitslosigkeit läßt sich meist schnell und wirksam bekämpfen. So findet der Gemeinschaftsbedarf hier besonders nachdrücklich eine unmittelbare Berücksichtigung, und wo wenige Ziele des Gemeinschaftsbedarfs von überragender Dringlichkeit relativ schnell befriedigt werden müssen, bietet eine verstärkte Wirtschaftsbindung oft den geeignetsten Weg. So greift man insbesondere auch überall da, wo man eine Sozialwirtschaft durch Autarkisierung unabhängig vom Ausland machen will, zu verstärkter Bindung der Wirtschaft, während der freie einzelwirtschaftliche Austausch und Verkehr mehr zur Ignorierung der Wirtschaftsgrenzen neigt. Jede Verselbständigung einer Gruppe in einem größeren Ganzen, mag sie nur ein Gliedwerden der Gruppe in diesem Ganzen oder (bei Weitersteigerung solcher Autarkisierung) eine Ausgliederung aus ihm bedeuten, erfordert eine Zunahme ihrer inneren Bindungen.

3. Mit Hilfe des ausgedehnten Beamtenapparates der zentralistischen Wirtschaft kann im Falle des Auftretens dringlicher, unmittelbarer Konsumziele der Gemeinschaft (z. B. Kriegsausbruch) leicht auch eine Zwangsbestimmung des einzelwirtschaftlichen Konsums erfolgen (vgl. den kollektiven Einschlag der Kriegswirtschaften in allen Ländern, die Konsumrationierung im bolschewistischen Rußland). Auch Krisen, die auf Kapitalmangel beruhen, können durch eine Zwangsbeschränkung des Konsums entspannt, Fehlinvestitionen können dadurch verhältnismäßig schnell wieder eingespart werden.

4. Die Vorteile zu 2 und 3 geben der gebundenen Wirtschaft eine besondere Eignung zum Durchstehen plötzlich auftretender verschärfter Mangellagen, mag dieser Mangel nun durch einen Ausfall von Mitteln (z. B. Naturkatastrophen, Blockaden) oder durch Auftauchen neuer Ziele (z. B. forcierte Aufrüstung) entstanden sein. Hier, wo jede Versorgungsschwankung gleich die Existenzfrage aufwirft, kann man sich weniger als je auf ein selbsttätiges Auspendeln der freien Wirtschaft verlassen. Auch ist gerade der dringlichste Bedarf, auf dessen Deckung man sich hier beschränken muß, meist verhältnismäßig uniform und konstant, so daß die Schwierigkeiten der Wirtschaftsrechnung, mit der die gebundene Wirtschaft meist zu kämpfen hat (s. II. 3), hier weniger ins Gewicht fallen. So ist die rechtzeitige Anwendung ausreichender Wirtschaftsbindungen oft ein Kind der Not, aber oft auch ein Retter in der Not, und sie gibt den Massen ein gesteigertes Maß von Sicherheit gegen Elend und Erwerbslosigkeit krisenhafter Wirtschaftsschwankungen. Das Vordringen kollektiver Bindungen sowohl in den Kriegswirtschaften der beiden Weltkriege als auch in den Bewirtschaftungsmaßnahmen der Weltwirtschaftskrise vom Anfang der 30er Jahre in zahlreichen europäischen Ländern bezweckte die Bekämpfung von Mangellagen. Nicht zufällig erzwang auch der verengte Nahrungsspielraum in den überbevölkerten Industrieländern Westeuropas viel eher weitgehende Eingriffe und Bindungen der Wirtschaft durch die Sozialpolitik als z. B. in den Vereinigten Staaten von Nordamerika, die im Verhältnis zu ihrer Bevölkerungszahl über einen viel größeren Reichtum an Fruchtbarkeit und Mineralschätzen ihres Bodens verfügen.

Diesen spezifischen Vorteilen genügender Wirtschaftsbindung treten im Umfange des Fehlens der (S. 203 ff.) dargelegten tatsächlichen Voraussetzungen folgende

I. Produktivitätsnachteile übertriebener Wirtschaftsbindung als überwiegend gegenüber:

1. An die Stelle der spekulativen Initiative, der Arbeitsenergie und Verantwortungsfreudigkeit der freien, ertragsstrebigen Einzelwirtschaft tritt die Schwerfälligkeit, die Verantwortungsscheu, das politische Strebertum und u. U. die Bestechlichkeit des sozialbürokratischen Apparates. In den Übergangsformen zum extremen Kollektivismus lähmen Risiko und Lasten häufiger Zwangseingriffe, Unternehmer- und Erfindermüdigkeit sowie das Sicherheitsbedürfnis eines bloßen Bedarfsdeckungswillens den wirtschaftlichen und technischen Fortschritt (vgl. die bürokratische Lähmung von Wirtschaft und Technik einer erstarrten Zunftverfassung im Spätrom der Antike).

2. Die Triebkraft des wirtschaftlichen Eigennutzes, die in der maßvoll freien Wirtschaft als zentripetale Kraft weitgehend dem Wirtschaftsgedeihen der Gesamtheit zugute kommt, richtet sich hier vor allem auf die Ausnutzung der Schwächen des bürokratischen Systems, wirkt also insofern zentrifugal. Aus Ertragsstreben wird Begehrlichkeit, aus Unternehmungsgeist Unternehmermüdigkeit, Rentensucht und Versorgungsbedürfnis (vgl. z. B. die Mißbräuche in der Zwangssozialversicherung aller Länder). In den Winkeln des Kollektivismus blüht die Untüchtigkeit. Die Kontrolle und der Zwang, die allein diese ewig wichtige Triebkraft des Eigennutzes zentripetal richten könnten, lähmen sie meist zugleich und bedingen auch ihrerseits große Kosten.

3. Die Ausschaltung der freien Preisbildung (bzw. Zinsbildung) beraubt die kollektivistische Wirtschaft eines wichtigen Vergleichsmaßstabes für die wirtschaftliche Bedeutung, die den einzelnen Produktionsfaktoren für die Deckung des nachgefragten Bedarfs zukommt. Das erschwert jede wirtschaftlich zweckmäßige Planung für die Gemeinwirtschaft und vereitelt jede rationale Wirtschaftsrechnung in den einzelnen Betrieben besonders bei den Produkten des einzelwirtschaftlichen Bedarfs. Insbesondere wird das technisch Mögliche nur zu leicht für das wirtschaftlich Zweckmäßige gehalten. Bei den Produkten geht die Qualitätskontrolle des Konsumenten mit dem Verzicht auf die freie Preisbildung (vgl. unter 6.) weitgehend verloren. Jede Datenänderung der Wirtschaft muß diese ökonomische Verwirrung steigern. Je mannigfaltiger, ausgedehnter und arbeitsteilig-komplizierter dabei der Wirtschaftsapparat einer Sozialwirtschaft ist, und je länger die Ausschaltung der freien Preisbildung dauert, desto größer sind, wie schon angedeutet, die Produktivitätsgefahren, die sich hieraus ergeben. Der Vorschlag einiger Sozialisten, einen gleichsam fingiert freien Markt in der verstaatlichten Sozialwirtschaft bestehen zu lassen, an dem dann die Staatsbetriebe miteinander (als formell getrennte Marktparteien) konkurrieren sollen, und auf dem sich auch ein Zins als Preis des Kredits bilden könne, wäre nicht mit der Planmäßigkeit zu vereinbaren, die, wie soeben (unter I) gezeigt, den wichtigsten Vorteil der verstaatlichten Volkswirtschaft darstellt. Ein solcher „Konkurrenzsozialismus" würde die Nachteile der Konkurrenz mit denen des Sozialismus verbinden. (Je uniformer und konstanter allerdings der zu deckende Bedarf in einer Sozialwirtschaft ist — man denke an extreme Mangellagen, S. 210 —, desto eher ist es möglich, die Verteilung der Produktionsmittel nach Art der Einzelwirtschaft im planmäßigen Überblick von einer Zentrale aus zu berechnen. Auch das Vorherrschen von Großbetrieben erleichtert die Planung.)

4. An die Stelle der elastischen freien Kapitalbildung, die das Kapital von dort aufnimmt, wo es dem Sparer entbehrlich erscheint, und es ihm zurückgibt, wenn diese Entbehrlichkeit aufhört, tritt die starre Kapitalbildung durch Besteuerung oder inflationistisches Zwangssparen. Diese Methoden der Kapitalbildung erfassen das Kapital meist ohne genügend Rücksicht auf die einzelwirtschaftlichen Produktivitätsmöglichkeiten und Rücklagenotwendigkeiten nach allgemeiner Norm, zumal der zwangsbestimmte Zins hier nicht als selbsttätiger Anzeiger der Dringlichkeit von Kapitalbildung oder Verbrauch zu wirken vermag.

5. Bei Freilassung des Konsums (sozialistische Wirtschaft) ist eine rechtzeitige statistische Erfassung von Änderungen der einzelwirtschaftlichen Konsumziele und eine genügend schnelle entsprechende Umstellung des Produktionsapparates fast stets unmöglich. Die Anpassung der Gemeinwirtschaft an solche Veränderungen der Konsumgegebenheiten, wie sie vor allem z. B. bei Modeartikeln und Kulturgütern in Frage kommen, wird infolge der Schwerfälligkeit des behördlichen Instanzenapparates (vgl. ad 1) fast immer hinter diesen Datenänderungen herhinken.

6. Insofern wird die (vom Kommunismus vorgesehene) Zwangsbestimmung des Konsums (auch für die sozialistische Wirtschaft) meist bald notwendig (Uniformierung und Rationalisierung des Verbrauches durch Lebensmittel- und Kleiderkarten, Wohnungszwangswirtschaft usw.) und oft auch dann zur Dauererscheinung, wenn nicht schon der Mangel sie bedingt. Konsumfreiheit setzt auf die Dauer ein gewisses Maß von Unternehmerfreiheit voraus. Die Rationierung erfordert von bestimmter Größe der Wirtschaftsgemeinschaft ab einen besonderen Beamtenapparat sowie große Kosten an Zeit („Schlangestehen") und Geld. Sie verleitet die gebundene Wirtschaft besonders von Diktaturen leicht dazu, die Versorgung des unmittelbaren einzelwirtschaftlichen Konsums mehr als zweckmäßig ins Hintertreffen geraten zu lassen (z. B. Prunkbauten statt Butter).

7. Da der Maßstab der freien Preisbildung bei der Bewertung der Produktionsfaktoren fehlt (vgl. oben bei 3), so ist insbesondere auch eine wirtschaftliche Bewertung der verschiedenen Arbeitskräfte sehr erschwert. Eine dennoch versuchte Differenzierung der Lohnbemessung wie auch die Auslese der Wirtschaftsführer wird zudem sehr leicht von wirtschaftsfremden (insbesondere politischen) Gesichtspunkten mitbestimmt werden. Politische und fachlich-berufliche Befähigung decken sich oft nicht. Der nivellierte Lohn trägt (objektiv) der Leistung und Verantwortlichkeit sowie (subjektiv) der Schwere der Arbeit nicht Rechnung. Das dann typisch einsetzende Hin- und Herfluten der Arbeitskräfte auf der Suche nach der relativ günstigsten Arbeitsstelle kann nur durch eine sozial schwer erträgliche Zwangsbewirtschaftung auch des Arbeitsfaktors (Arbeitszwang, Aufhebung der Freiheit der Berufswahl, der Freizügigkeit und der Vertragsfreiheit des Arbeiters) verhindert werden. Auf die Sozialisierung des Eigentums folgt so notwendig die „Sozialisierung der Arbeit". Das knebelt nicht nur jene persönliche Freiheit der Betätigung, die vielen Menschen das Leben erst lebenswert macht, es erweckt auch insbesondere beim Arbeiter leicht den Eindruck der Knechtung durch eine übermächtige unpersönliche Bürokratie und tötet dann oft jede Arbeitsfreude. Die starken und schwer kontrollierbaren Machtpositionen, die so entstehen, begünstigen eine Ausbeutung der Arbeiterschaft um so mehr, als dem Bürokraten jenes Eigeninteresse des Besitzers fehlt, das selbst den privaten Sklavenhalter davon abhält, seine Sklaven bis zur Vernichtung auszunutzen.

8. Durch eine solche autoritäre Einkommensgestaltung (und vollends durch eine diktatorische Einkommensnivellierung) wird die spezifische Unternehmerleistung als Träger des wirtschaftlichen Fortschritts im Ergebnis ausgeschaltet. Das Beamtentum kann die Initiative, den Wagemut, die Zähigkeit und Findigkeit des ertragstrebigen, selbstverantwortlichen Unternehmers meist nicht ersetzen.

9. Der mangelhafte Antrieb des Gewinnstrebens muß in jedem Fall bei den leitenden Kräften durch besonders schwere Strafandrohungen gegen Pflichtversäumnisse ersetzt werden. Über die Frage der Pflichtverletzung entscheiden dann oft Bürokraten und Politiker, und das bedingt auch für den Tüchtigen eine Unsicherheit, die der konjunkturellen Unsicherheit der freien Wirtschaft nichts nachgibt. Dies erhebliche Strafrisiko aber wiederum muß, will man tüchtige Leute für diese gefahrvollen Posten gewinnen, dann doch durch erhöhte Gehälter, Tantiemen und materielle Bevorzugungen dieser Spezialisten ausgeglichen werden. So zeitigt der Kollektivismus leicht größere Einkommensunterschiede als der Privatkapitalismus. Dadurch schlägt das Ziel, das ursprünglich die Forderung vieler Sozialisten nach Sozialisierung der Produktionsmittel motivierte („Recht auf den vollen Arbeitsertrag", S. 139 f.), schließlich in sein Gegenteil um: Die Abzüge vom Produktionsergebnis, die sich der Handarbeiter zugunsten der Leitung und Kapitalausrüstung der Betriebe gefallen lassen muß, werden dann im Staatskapitalismus größer, nicht kleiner als im Privatkapitalismus.

10. Die für eine solche Zwangsbewirtschaftung schon rein technisch nicht erfaßbaren Berufe (z. B. Forschung und Künste) müßten davon ausgenommen werden. Die Praxis der Entscheidungen über die Zugehörigkeit zu ihnen würde hier leicht jeden kulturellen und technischen Fortschritt lähmen (Mises). Die straffe Leitung „von oben", der autoritäre Zentralismus, ohne den stärkere Bindungen der Volkswirtschaft nicht durchführbar sind, wird auf die Dauer meist auch die politische und weltanschauliche Einstellung der Spitze überall nach unten hin durchsetzen. Weitgehende Machtvollkommenheiten frei gewählter mehrheitsdemokratischer Volksvertretungen würden die Wirtschaftsverwaltung der Zentralgewalt und ihrer Bürokratie zu leicht stören können. Eine politische Opposition ist bei der allgemeinen wirtschaftlichen Abhängigkeit von der Staatsleitung schwer vorstellbar. So neigt der Kollektivismus dazu, durch Ausschaltung freier Kritik und Beschränkung der Informationen die Kompaßnadel an den Mast seines Schiffes zu binden, und dessen Kurs hängt dann allein von der Qualität eines Mannes, des Diktators, ab. Das kann schwere Rückschläge auch für die Wirtschaft im Gefolge haben. Wirtschaftliche und politische Diktatur gehen jedenfalls Hand in Hand.

11. Jede bürokratische Nachlässigkeit oder Entschlußlosigkeit, jede Fehlspekulation oder -kalkulation und jeder statistische Irrtum in der Zentrale vertausendfacht seine Wirkung an der Peripherie der kollektivistischen Volkswirtschaft, ist dort mangels automatischer Gegenkräfte nicht rechtzeitig zu korrigieren, verursacht daher große Verluste und erregt als „Mißwirtschaft von oben" leicht soziale Unzufriedenheit. Die Zentralisierung der Leitung verstärkt mit der Integrierung der Volkswirtschaft auch deren Verwundbarkeit durch fremde Eingriffe (z. B. Invasionen) und Katastrophen. Je stärker die Gängelung „von oben", desto hilfloser sind die Gegängelten, wenn sie einmal wegfällt oder versagt. So wurde z. B. das Inkareich die leichte Beute einer Handvoll von Eroberern, nachdem sie sich seiner Spitze bemächtigt hatten (vgl. auch S. 348, 365).

12. Die übertriebene Bindung der Einzelwirtschaft im Innern der Volkswirtschaften duldet auch nicht deren Freibeweglichkeit in der Außenwirtschaft. Mit der Zwangsregelung des Außenhandels durch Devisenbewirtschaftung oder Außenhandelsmonopol, zu der es dann meist kommt, vereitelt der Kollektivismus sehr leicht das zweckmäßige vertikale Stufengleichgewicht einer produktiven Arbeitsteilung der Völker (S. 147). Der Sozialismus, einst international gedacht, schlägt insofern leicht in einen autarkiegläubigen Nationalismus um.

So stehen sich wirtschaftliche Vor- und Nachteile auf beiden Seiten unserer polaren Spannungsreihe vom Individual- zum Kollektivgedanken gegenüber. Beide in ihrem Ausmaß abhängig von den für sie dargelegten tatsächlichen Voraussetzungen, beeinflussen sie die Produktivität der Wirtschaftslenkung. Die Frage des wirtschaftlich zweckmäßigen Einschmelzungsverhältnisses der beiden polaren Grundsätze in der organischen Synthese des Individual- und des Kollektivgedankens, von Freiheit und Bindung, wird so zu einer Frage des Vergleichs zweier Differenzen von Vor- und Nachteilen auf beiden Seiten. Dabei können wir die wichtigsten Voraussetzungen, die, wie dargelegt, bei jedem der beiden Grundsätze die wirtschaftlichen Vorteile zum Überwiegen bringen, in folgender praktischen **Schlußfolgerung** kurz zusammenfassen: Je entwickelter der Stand der wirtschaftlichen Bildung, Initiative, Marktübersicht und Wendigkeit genügend beweglicher — d. h. vor allem auch genügend monopolfreier — Einzelwirtschaften in einem Volke, desto stärker kann der Individualgedanke, je höher entwickelt dagegen sein Gemeinsinn, sein sozialethischer Opferwille und seine Gemeinschaftsdisziplin ist, desto stärker kann der Kollektivgedanke in seiner Wirtschafts- und Sozialpolitik betont werden. In diesem Sinne bestimmt letztlich stets das Verhältnis von Einzelwirtschaftskönnen und Gemeinschaftswollen der Bevölkerung den wirtschaftlich zweckmäßigen Ausgleich des Persönlichkeits- und des Gemeinschaftsideals in der Wirtschafts- und Sozialpolitik der Völker. Jede Wirtschaftsverfassung, die auf diese Gegebenheiten nicht Rücksicht nimmt, ist von übertriebener Bindung her mit der Erstarrung und von übertriebener Freiheit her mit der Zersetzung ihrer produktiven Kräfte bedroht.

Abgewandelt wird die sich so ergebende Grundorientierung der Wirtschaftsordnung dann durch die verschiedene spezifische Eignung der beiderseitigen Organisationsprinzipien für verschiedene Aufgaben: Die große Fortschrittskraft und Marktfühligkeit als Vorteil genügender Wirtschaftsfreiheit gibt ihr den Vorzug für Zeiten, in denen eine von außen ungestörte Entwicklung der Volkswirtschaft die Entfaltung der Kräfte und Anlagen des Einzelnen und die relativ weitgehende Befriedigung seiner Bedürfnisse begünstigt. Die erhöhte

Schlagfertigkeit und Bereitschaft des Wirtschaftsganzen sowie die größere Fähigkeit zum Durchstehen verschärfter Mangellagen, die wir als spezifische Vorzüge genügender Wirtschaftsbindung erkannten, läßt diese als geeigneter erscheinen für Zeiten gemeiner Not und Gefahr.

Das so erreichbare Gleichgewicht einer Synthese von Individual- und Kollektivgrundsatz, von Persönlichkeit und Gemeinschaft, wird immer ein **labiles Gleichgewicht** sein: Änderungen in den dargestellten tatsächlichen Voraussetzungen ebenso wie Änderungen der jeweiligen Aufgaben, insbesondere Änderungen in Ausmaß und Plötzlichkeit der jeweils notwendig werdenden Umgruppierungen und Umstellungen der Volkswirtschaft sowie auftretende Mangellagen größeren Umfangs, können das zweckentsprechende Mischungsverhältnis des freiheitlichen und des Bindungselements einer Wirtschaftsverfassung in der organischen Synthese beider Pole sehr schnell ändern. Oft z. B. können Datenänderungen als Folge einer Naturkatastrophe oder eines Kriegsausbruchs die einzelne Volkswirtschaft vor die Notwendigkeit von Umgruppierungen stellen, die für deren Elastizität, also für ihre selbsttätige Umstellungsfähigkeit, eine zu große Belastungsprobe darstellen. Dann ist der Fall des Mangels der im § 17 dargestellten Elastizitätsvoraussetzungen gegeben, und andererseits pflegen auch Disziplin und Gemeinsinn als wichtigste Bindungsvoraussetzungen (S. 202) in solchen Zeiten gemeinsamer Not zunächst zu wachsen. Insoweit wird eine verstärkte Ausrichtung am Kollektivgedanken das Höchstmaß erreichbarer Produktivität verwirklichen. Sobald die Belastungsprobe überwunden ist, können die Dinge aber wieder ganz anders liegen. Niemals also kann nur das äußere Bild einer Wirtschaftsordnung entscheidend dafür sein, ob hier noch organische Wirtschaftslenkung oder bereits Kollektivismus vorliegt, stets sind die Aufgaben der Wirtschaft und die Lage der jeweiligen tatsächlichen Voraussetzungen maßgebend. Ähnlich läßt auch im biologischen Organismus die extreme Kontraktion eines Muskels als Augenblickserscheinung auf höchste Anspannung eines gesunden, als Dauerzustand jedoch auf krampfhafte Erstarrung eines kranken Organismus schließen. Und nicht nur zu verschiedenen Zeiten, auch in den verschiedenen Ländern und in den verschiedenen Wirtschaftszweigen und Berufen ein und desselben Landes liegen diese maßgebenden Voraussetzungen oft sehr verschieden.

So erklärten wir die Wirtschaftsbindungen z. B. des Merkantilismus bereits mit dem damals weitgehenden Fehlen des Unternehmertums, und auch eine wirtschaftswissenschaftliche (also unpolitische) Beurteilung z. B. der Wirtschaftspolitik des bolschewistischen Rußland wird an die außerordentliche Aufgabe denken müssen, die dort unter ungewöhnlichen Umständen zu bewältigen war: Die Umstellung eines gewaltigen Agrarlandes von kontinentaler Ausdehnung und zum Teil primitivster wirtschaftlicher Entwicklung auf einen Industriestaat mit großenteils verlagerten gewerblichen

Schwerpunkten innerhalb noch nicht eines Vierteljahrhunderts, im zweiten Weltkrieg als lebensnotwendig erwiesen, wäre im Wege der freien Wirtschaft niemals durchführbar gewesen. Auch inwieweit das M a ß der dabei angewandten Wirtschaftsbindungen (zweifellos) übertrieben war, ist eine Frage der dort gegebenen tatsächlichen Voraussetzungen. Überhaupt bedeutet das jeweils wirtschaftlich „richtige" Ausmaß einer Ausrichtung der Wirtschafts- und Sozialpolitik eines Landes mehr am Freibeweglichkeits- oder Bindungsgedanken niemals eine grundsätzliche, sondern stets eine reine Zweckmäßigkeitsfrage. Sie muß in jedem Fall auch vom Fingerspitzengefühl des praktischen Wirtschaftspolitikers, meist auch durch ausprobierendes Vortasten zunächst mit Einzelmaßnahmen, entschieden werden. Auch der Vergleich mit dem Organismus, den wir (S. 200) zugrunde legten, kann hier nur als eine Arbeitshypothese zur Verständlichmachung der praktischen Gestaltungen von Bedeutung sein. Letztlich können nur die Zweckgesichtspunkte der Gemeinschaft, wie sie freilich ohne Förderung und genügende Freiheit der Einzelpersönlichkeit nicht denkbar ist, hier maßgebend sein, wenn man die Geltung christlicher Ethik (der Nächstenliebe) unterstellt.

In jedem Falle zu beachten ist dabei das a u t o m a t i s c h e Ü b e r g e w i c h t, das in der gelenkten Wirtschaft der eine oder andere der beiden Grundsätze leicht annimmt. Für den Individualgrundsatz liefern die Interessentenkreise der privaten Wirtschaft, für den Kollektivgrundsatz liefert das Ausdehnungsstreben und die Bevorzugung bequemer und erfolgsicherer Regierungsmethoden, die das Berufsbeamtentum oft an den Tag legt, hier die bewegenden Kräfte. In mehrheitsdemokratisch regierten Ländern wird die Volkswirtschaftspolitik meist eher auf die erste, in autoritär regierten Ländern wird sie meist eher auf die zweite Gefahr eines unversehenen Abgleitens ins Extrem zu achten haben (vgl. auch die Homogenitätstendenz unten S. 335).

Im einzelnen sind technische Momente für die **Kollektivierungsreife** wirtschaftlicher Einrichtungen oft von Bedeutung (vgl. S. 209, I, 1). So kann allein schon der technische Fortschritt in seiner Auswirkung auf Produktion oder Bedarf Wirtschaftsgebiete wie z. B. Eisenbahn, Elektrizitätsversorgung, Wasserwirtschaft, Kohlenwirtschaft oder Rundfunk sozialisierungsreif machen. Im ganzen freilich wird die Wirtschaftslenkung die formelle Verstaatlichung von Produktionsmitteln meist erst als l e t z t e s Mittel ihrer Ausrichtung am Kollektivgedanken in Betracht ziehen. Denn mit einer Beschränkung, Kontrolle und (z. B. steuerlichen) Belastung des Privateigentums erreicht sie praktisch zumeist annähernd die gleichen Vorteile für die Allgemeinheit, ohne die verwaltungstechnischen Nachteile der Verstaatlichung (Risiko und Verantwortung der Eigenregie, Schwierigkeit späterer Wiederauflockerung nach einmal durchgeführter Verstaatlichung usw.) in Kauf nehmen zu müssen. Allgemein wird die wirtschaftspolitische Bedeutung der formellen Entziehung des Privateigentums heute m. E. insbesondere von der Ideologie des Sozialismus noch bei weitem überschätzt. Entscheidend für die Wirtschaftsordnung ist, wer die Produktivmittel lenkt und einsetzt, nicht wer sie besitzt.

Immerhin ist eine Annäherung an den Gedanken der Wirtschaftslenkung als einer mittelbaren Wirtschaftsführung nicht nur vom Boden der Wirtschaftsfreiheit, sondern auch vom Boden der verstaatlichten Wirtschaft aus denkbar. So finden wir in einem (anscheinend autorisierten) Aufsatz des b o l s c h e w i s t i s c h e n Wirtschaftspolitikers B. S u c h a r e w s k y, Die Hauptaufgabe des neuen Fünfjahrplans (in der Ztschr. Neue Welt, Berlin,

Jg. 1946, H. 3, S. 19) folgende Ausführungen: „Während des Krieges, als die Aufgabe darin bestand, alle Mittel in erster Linie ein und demselben Zweck dienen zu lassen, also zur Befriedigung der Bedürfnisse der Front, und da die Ausmaße der materiellen Ressourcen äußerst beschränkt waren, war eine besonders scharfe Zentralisierung der Planierung (Planung) und Verteilung unumgänglich erforderlich. Heute, da der Kreislauf der öffentlichen Erzeugung immer mehr wieder aufgebaut wird, da die Ressourcen in vielen Richtungen für verschiedenartigste Bedürfnisse und Wirtschaftszweige eingesetzt werden müssen, kann die direkte zentralisierte Planierung und Verteilung immer mehr durch die steigende Rolle des Geldes und der Preise, durch die Ausnutzung der indirekten Hebel der Wirtschaftslenkung (gesperrt von mir, W.) kompensiert werden."

Bei der systematischen **Gliederung der wirtschaftspolitischen Lenkungsmaßnahmen** hat die Wirtschaftstheorie zuerst der dargelegten Wesensbestimmung der Wirtschaftslenkung Rechnung zu tragen[7]. Danach unterscheidet vor allem die Einschaltung relativ selbständiger und selbstverantwortlicher mittelstufiger Verbände oder Kammern die organische Wirtschaftslenkung regelmäßig von der allein auf Selbststeuerung ungebundener Einzelwirtschaften abzielenden individualistischen, und der ebenso einseitig auf zentralistische Bewirtschaftung der Sachgüter und Arbeitskräfte durch den Staat abgestellten kollektivistischen Wirtschaftspolitik. Wirtschaftslenkung ist insofern, wie schon bemerkt, mittelbare Wirtschaftsführung. In der gleichen Richtung einer möglichst marktkonformen, indirekten Einflußnahme sodann liegt das Bestreben der Wirtschaftslenkung, auf der einzelwirtschaftlichen Ebene das Ertragsstreben eines geordneten Leistungswettbewerbes der Einzelwirtschaften möglichst ungehindert zum Zuge kommen zu lassen und diesen Leistungswettbewerb gegen jede monopolistische Vermachtung zu schützen.

Die Einbeziehung mittelstufiger Verbände (z. B. von Gewerkschaften, Arbeitgeberverbänden, berufsständischen Organisationen) oder Kammern in den Vollzug der Wirtschafts- und Sozialpolitik, die die Einwirkung der wirtschaftlichen Spitze auf die Einzelnen gleichzeitig abfedert und erleichtert, entspricht hier etwa der Zwischenschaltung jener elastischen Zügelführung zwischen Pferd und Kutscher, ohne die auch die Lenkung z. B eines Pferdewagens nicht denkbar ist. Dabei kann der Wagenlenker gelegentlich auch unmittelbar auf die Pferde einwirken, wenn er sie etwa im Notfall einmal am Trensenring führt. So sind in der gelenkten Wirtschaft außer der Einschaltung der Mittelstufe auch unmittelbare Einwirkungen der staatlichen Spitze auf die einzelwirtschaftliche Basis der Volkswirtschaftspyramide denkbar, wenn sie nur im Gesamtsystem aller wirtschaftspolitischen Maß-

[7] Näheres zum folgenden siehe bei Weddigen, Wesen und Systematik der Wirtschaftslenkung. Zeitschr. f. d. gesamte Staatswissenschaft, 103. Bd. 1942, S. 102 ff.

nahmen der dargelegten organischen Synthese von Freiheit und Bindung mit ihrem vertikalen Gleichgewicht der Wirtschaftsstufen entsprechen.

Insofern gliedern sich die Maßnahmen der Wirtschaftslenkung zu allererst in die Maßnahmen einer mittelbaren und einer unmittelbaren wirtschaftspolitischen Einflußnahme und Gestaltung. Die mittelbaren Maßnahmen der Wirtschaftslenkung geben nur Rahmenanweisungen an die Verbände der Mittelstufe und überlassen deren Durchführung in der einzelwirtschaftlichen Ebene der fachlichen und regionalen Sachkunde der mittelstufigen Stellen. Diese haben ihrerseits die erforderlichen Weisungen oder Anregungen an die Einzelwirtschaften so zu geben, wie sie es im Rahmen ihres Auftrages für richtig halten und verantworten können.

Mit den unmittelbaren Maßnahmen der Wirtschaftslenkung dagegen wendet diese sich an die Einzelwirtschaften selbst. Auch bei dieser Einflußnahme kommen noch erhebliche Abstufungen in der Unmittelbarkeit der staatlichen Einwirkung auf den Einzelnen in Frage. Besonders häufig wird die Wirtschaftslenkung ohne unmittelbare Ge- oder Verbote nur indirekt durch Schaffung bestimmter Anreize auf das private Erwerbsstreben zu wirken suchen. Die Setzung steuerlicher, fracht- oder zollpolitischer Vor- oder Nachteile sowie viele Maßnahmen der Monopolkontrolle bieten hier Beispiele für das marktkonforme Vorgehen einer Wirtschaftslenkung, die auf die äußeren Gegebenheiten des Marktes einwirkt, um die „freie" Konkurrenz der Marktbesucher als echten Leistungswettbewerb und Auslese der Tüchtigsten bestehen lassen zu können (s. auch S. 222). Im Sinne des gleichen Ziels kann sich der Staat auch selbst mit öffentlichen Erwerbswirtschaften als Konkurrenz am freien Markt betätigen, etwa um private Monopolstellungen zu verhindern, oder er kann durch Interventionsverkäufe oder -käufe eigner Warenbestände die Preise beeinflussen. Daneben stehen die gleichfalls mittelbaren Maßnahmen der Geld- und Kreditpolitik (§§ 20 bis 22). Auch die Beeinflussung des Güterverbrauchs kann als mittelbare Einwirkung einen direkten Zwang gegenüber den Konsumenten vermeiden, wenn etwa Beimischungs- oder sonstige Qualitätsvorschriften die Art des Angebots regeln oder eine geschickte Konsumpropaganda („by British"!) die Nachfrage lenkt. Gerade auch diese Art der Mittelbarkeit staatlicher Einflußnahme rechtfertigt die Kennzeichnung der Wirtschaftslenkung als einer mittelbaren Wirtschaftsführung besonders häufig.

Daneben steht die mehr unmittelbare Normierung des einzelwirtschaftlichen Verhaltens. Dabei kann es sich entweder um den Erlaß bestimmter Normen und Vorschriften für das Tun oder Lassen der Einzelwirtschaft oder nur um Rahmenanweisungen und subsidiäre Vorschriften handeln, mit denen die Wirtschaftslenkung dem Einzelnen noch freien Raum läßt für eigene Initiative und eigene Verantwortung.

Statt einer täglichen kann etwa, um ein Beispiel für eine schon engere Rahmenbeziehung zu geben, der Wirtschafts- und Sozialpolitiker eine wöchentliche Höchstarbeitszeit vorschreiben; ja selbst eine so einschneidende Maßnahme wie die Rationierung von Verbrauchsgütern kann, wie das Punktsystem der deutschen Kleiderkarte im zweiten Weltkriege zeigte, dem einzelnen noch eine gewisse Entscheidungs- und Bewegungsfreiheit lassen. Solche bloßen Rahmenanweisungen können oft noch viel an Freibeweglichkeit und organischem Eigenleben für die einzelwirtschaftliche Ebene retten, ohne den erforderlichen Einfluß der Wirtschaftslenkung in Frage zu stellen. Ganze Wirtschaftszweige und Berufe erhalten den besonderen Reiz, den sie auf die in ihnen Tätigen ausüben, von dieser relativen Freibeweglichkeit, die sie der Einzelpersönlichkeit belassen. So hängt, um nur ein Beispiel aus dem Bereich der körperlichen Arbeit zu geben, der Heimarbeiter auch trotz Hunger und Elend an seinem Beruf, weil er in ihm Herr über die Einteilung seiner Arbeitszeit bleibt. Gegenüber vielen sozialen Nachteilen der dezentralisierten verlegerischen Produktionsform bedeutet dies deren hauptsächlichste Lichtseite und einen großen sozialen Vorzug gegenüber dem Industriebetrieb, der seine Arbeiter meist bis in die letzten Handgriffe hinein binden muß. Allgemein allerdings ist festzuhalten, daß die unmittelbaren Lenkungsmaßnahmen keineswegs immer mehr Zwang enthalten müssen gegenüber der mittelbaren Wirtschaftslenkung. Kann doch die unmittelbare Wirtschaftslenkung sich auch z. B. auf rein propagandistische Mittel beschränken, deren Weisungen freiwillig von den Einzelwirtschaften befolgt werden. Wo immer im Rahmen organischer Wirtschaftslenkung die Preise eines Wirtschaftsfaktors geplant werden müssen, wird diese Planung die Relationen etwa entsprechender frei gebildeter Preise tunlichst nachzuzeichnen suchen.

Die Rücksicht auf die Synthese von Persönlichkeit und Gemeinschaft als Kennzeichen der organischen Wirtschaftslenkung ergibt somit die folgende Gliederung der Lenkungsmaßnahmen:

1. Mittelbare Wirtschaftslenkung: Sie schaltet die Selbstverwaltung mittelstufiger Gruppen und Verbände in ihren Vollzug ein, beeinflußt also z. B. die Wirtschaftspolitik der Gemeinden und Provinzen, der Arbeitgeber- und -nehmerverbände, der Kartelle und Konzerne, der Genossenschaften usw.

2. Unmittelbare Wirtschaftslenkung: Sie wendet sich direkt an die Einzelwirtschaften. Sie kann bestehen in:

   a) der Schaffung von Anreizen für das private Erwerbsstreben, z. B. durch Preis-, Tarif- und Zollpolitik, Beeinflussung des Geld- und Kreditwesens, der Berufsausbildung, Erteilung öffentlicher Aufträge, Förderung wirtschaftlicher Informationen, Propaganda usw.

   b) Ge- und Verboten für das einzelwirtschaftliche Handeln, und zwar in

      α) bloßen Rahmen- und subsidiären Anweisungen, die der Einzelwirtschaft noch Spielraum lassen, z. B. Genehmigungszwang der Konsumrationierung oder Rohstoff- bzw. Produktionskontingentierung,

β) bestimmten Weisungen, die ihr keinen Spielraum lassen, z. B. Dienstverpflichtungen, Anbaupläne für die Landwirtschaft, Produktionsauflagen für die Industrie usw.

§ 19 Regelungen der Verteilung

Wir untersuchten im vorigen Paragraphen die Produktivität der Wirtschaftslenkung im allgemeinen, d. h. ihre Wirkung auf die Größe des zu verteilenden Nationalprodukts. Dabei gehen diejenigen Maßnahmen der Wirtschaftslenkung die Verteilungstheorie besonders nahe an, die durch **Änderung des Verteilungsschlüssels** produktiv in die Verteilung eingreifen wollen. Bei derartigen Regelungen der Einkommensbildung werden grundsätzlich zwei Fälle zu untersuchen sein, je nachdem die organische Synthese von Freibeweglichkeit und Bindung der Wirtschaft nach Lage der tatsächlichen Voraussetzungen (s. S. 186 ff., 202 ff.) eine verstärkte Betonung des Individual- oder des Kollektivgedankens bedingt:

1. Die Wirtschaftslenkung, weitgehend **ausgerichtet am Kollektivgrundsatz,** muß nach Lage jener tatsächlichen Voraussetzungen im wesentlichen darauf verzichten, die Preis- und Einkommensbildung freier Märkte als Faktor einer Selbststeuerung der Wirtschaft zu benutzen. Sie setzt daher die Preise, Zinsen und Löhne autoritär fest oder begrenzt sie durch Vorschreiben von Höchst- oder Mindestgrenzen. In Berücksichtigung der verschiedenen Wirtschaftsziele wird sie bei dieser Preisregelung einen Maßstab in Anwendung bringen, der unmittelbar nicht von den Bedarfsregungen der Einzelwirtschaften, sondern von Gesichtspunkten der Gemeinschaft bestimmt ist. Im Rahmen der sich hieraus ergebenden Kräfteverteilung wird sie die Produktivkräfte der von ihr gelenkten Wirtschaft dann in erster Linie und jedenfalls so mit Einkommen versehen müssen, daß die Leistungsfähigkeit dieser Wirtschaftskräfte aus diesem Einkommen laufend erhalten werden kann. Die Land- und Schwerarbeiterrationen der deutschen Kriegs- und Nachkriegszeiten bieten hier ein besonders deutliches Beispiel. In den Fällen, in denen Freizügigkeit der Arbeit und freie Berufswahl besteht — und für die gelenkte Wirtschaft wird das, abgesehen von Kriegszeiten, die Regel sein —, wird außerdem die autoritäre Abstufung der Einkommen darauf Rücksicht zu nehmen haben, einen genügenden Anreiz für den Nachwuchs und sonstigen Zustrom zu den verschiedenen Berufen und Leistungen und für eine höchstmögliche Entfaltung aller dieser Leistungen im Rahmen des Ganzen zu schaffen. Über die Lenkung der drei Einkommensarten, des

Arbeitseinkommens, des Kapitaleinkommens und des Einkommens aus Grund und Boden wird unter diesen Gesichtspunkten unten (§§ 24 bis 26) noch zu sprechen sein. Die Schwierigkeiten solcher autoritärer Regelung der Einkommensbildung deuteten wir oben (S. 211) bereits an. Sie kommen schon darin zum Ausdruck, daß auch bei umfangreicher Verstärkung der kollektiven Bindungen einer Volkswirtschaft deren autoritäre Lohn- und Preisstaffelung meist noch viele Jahre lang auf der Grundlage eines autoritären Preisstops von den Reminiszenzen des letzten freien Marktes lebt.

2. Die Wirtschaftslenkung, weitgehend **ausgerichtet am Individualgedanken,** benützt nach Lage der erwähnten tatsächlichen Voraussetzungen (s. S. 186 ff., 201 ff.) zweckmäßig die Möglichkeiten der Selbststeuerung und selbsttätigen Auslese, die die Freiheit der Preis- und Einkommensbildung offener Märkte in sich birgt. Sie beschränkt sich daher darauf, diese Selbststeuerung da zu korrigieren, wo sie für die Bedürfnisse der Gemeinschaft nicht ausreicht. Wir haben hier den Fall der sozial gelenkten Marktwirtschaft. Dabei kann diese Korrektur der freien Preisbildung ansetzen

a) bei den Ursachen dieses Versagens der freien Preis- und Einkommensbildung. Hier wird es sich zumeist vor allem darum handeln, den echten Leistungswettbewerb gegenüber monopolistischen Einflüssen irgendwelcher Art zur Wirksamkeit zu bringen: Der freie Wettbewerb wird hier möglichst nur in jener Form des Leistungskampfes chancengleicher Wirtschaftseinheiten zugelassen, der eine wirkliche Auslese der im Wettbewerb stehenden Kräfte nach ihrer Leistung gewährleistet. Mit „marktkonformen" Steuerungsmaßnahmen sucht man hier nur die Daten und Bedingungen des Tauschprozesses, nicht auch unmittelbar dessen Ergebnisse zu beeinflussen und erstrebt so eine „organisiert-freie" Marktwirtschaft. Dazu wird vor allem jedes Bildungsmonopol Wohlhabender zu verhindern und das Erbrecht so zu gestalten sein, daß arbeitsloses Einkommen bei voll ausgebildeten, arbeitsfähigen Personen im Erbgang möglichst wenig entstehen kann. Ein sorgfältig entwickeltes Marktrecht setzt und sichert die Spielregeln des freien Marktverkehrs, die Währungsgesetzgebung regelt das Geldwesen.

Dabei wird die organische Wirtschaftslenkung grundsätzlich darauf zu achten haben, daß nur Wirtschaftsgebilde gleicher Stufe der Wirtschaftspyramide miteinander in Wettbewerb treten. Nur dieser Wettbewerb, der sich auf ein und derselben Wirtschaftsstufe vollzieht, entspricht dem natürlichen Gefüge der organisch gegliederten Volkswirtschaft. Wenn z. B. ein Kartell, ein Konzern oder ein Großbetrieb mit Tausenden von Arbeitern einzelne Handwerker aus dem Markte drängt, so geht dieser Wettbewerb von höherstufigen Wirtschaftsgebilden gegen Wirtschaftseinheiten einer niedrigeren Stufe der Wirtschaftspyramide. Die organische Volkswirtschaftslenkung, und zwar insbesondere die beiden Parteien übergeordnete mittelstufige Organisation oder Kammer, wird dann zur Herstellung des vertikalen Gleichgewichts der Wirtschaftsstufen (s. oben S. 73) zunächst versuchen, durch Bildung entsprechender Zusammenschlüsse der niedrigstufigeren Wirtschaftseinheiten (in unserem Beispiel etwa durch Bildung von Handwerkerlieferungsgenossenschaften) den ungleichstufigen Wettbewerb in einen gleichstufigen Wettbewerb gleicher Chance zu verwandeln. Auch die Förderung von Konsumgenossenschaften kann die Übermacht mancher Produzenten über die Konsumenten u. U. wirksam beschränken, und für die Gewerkschaften als freiwillige Koalitionen der Arbeiterschaft gilt das gleiche auf dem Arbeitsmarkt im Verhältnis der Arbeiter zu den Arbeitgebern besonders der Großbetriebe. Daneben kommen auch Beschränkungen und Verbote der höherstufigen monopolistischen Verbände (z. B. Kartellkontrolle) in Frage. Alle staatlichen Maßnahmen, die wie z. B. Schutzzölle, Kontingentierungen und Konzessionierungen die Monopolbildung begünstigen, werden unter diesem Gesichtspunkt zu überprüfen sein. Auch Staatsbetriebe öffentlicher Erwerbswirtschaften (z. B. Industriebetriebe in Staatshand) können durchaus dazu angehalten werden, sich den Spielregeln des freien Wettbewerbs zu fügen, und dies kann ihrer Produktivität u. U. sehr dienlich sein[1].

In Fällen echter, nicht nur stufenmäßig bedingter Unterlegenheit einer der Konkurrentengruppen andererseits wird die Wirtschaftspolitik — zunächst wohl die beiden Gruppen unmittelbar übergeordnete Organisation der Mittelstufe — darüber zu entscheiden haben, ob und inwieweit die Ausschaltung der unterlegenen Gruppe bzw. ihr Wiedereinsatz an anderer Stelle der Volkswirtschaft für den Volkswohlstand erforderlich ist. Die Preis- bzw. Lohnkämpfe auch der gleichstufigen Verbände wird die höher- oder höchststufige wirtschaftspolitische Instanz stets soweit zu beaufsichtigen und nötigenfalls auch autoritär zu schlichten haben, daß das Gemeinwohl (z. B. durch Streiks, Aussperrungen, Boykotts usw.) nicht unverhältnismäßig unter ihnen leidet. Der unmittelbare Schaden einer freien Austragung des Gruppenkampfes muß hier abgewogen werden gegen den Nutzen, den die Selbstverantwortlichkeit freier Einzelner und Gruppen mittelbar auch für die Gemeinschaft stets hat. Ohne innere Spannungen gibt es ja auch im biologischen Organismus keine Angespanntheit nach außen: Der lebengebärende „Kampf der Gegensätzlichkeit in der Einheit" ist auch hier erforderlich, um eine lähmende Erstarrung des

---

[1] Näheres dazu s. W. Weddigen, Allgemeine Finanzwissenschaft, Berlin 1964[4], 6. Kap.

Ganzen zu verhüten. Jedenfalls kommt ein grundsätzliches Verbot schlechthin aller Arbeitskämpfe, wie es für die planwirtschaftliche Diktatur jedes Einparteienstaats eine Selbstverständlichkeit ist, für die sozial gelenkte Marktwirtschaft wohl kaum jemals in Frage.

Neben dieser organisatorischen Korrektur einer grundsätzlich freien Preis- und Einkommensbildung kann die Wirtschaftslenkung auch Einfluß auf die Verdienstspannen der Einkommensbildung nehmen. Hier kann sie deren Größe (als Fest-, Höchst-, Mindest- oder Rahmenspannen) oder auch — wesentlich elastischer — nur die Grundsätze ihrer Errechnung, also die Kalkulationsmethoden, insbesondere der Selbstkostenberechnung, vorschreiben.

Im weiteren kann die Regelung der Einkommensbildung auch Einfluß auf das Verhältnis von Angebot und Nachfrage auf den Märkten nehmen, die für die zu korrigierende Einkommensbildung maßgebend sind. Die Bildung besonderer Interventionsfonds aus öffentlichen Mitteln zur Durchführung von Stützungskäufen, mit denen die öffentliche Hand Waren „aus dem Markt nimmt", um so durch Verstärkung der Nachfrage ein Absinken des Preises zu verhindern, ferner auch die Tätigung regulierender Verkäufe am Binnenmarkte ist hier häufig. Sie hat aber nur Aussicht auf Erfolg, wenn es gelingt, dem Einfluß auch der Auslandskonkurrenz zu begegnen. Weitere Maßnahmen einer solchen mittelbaren Preispolitik sind Vorschriften, die einen Zwang zu Verwendungen bestimmter Produkte begründen (z. B. Alkoholbeimischungszwang für Benzin). Dem entsprechen umgekehrt auch Verwendungsverbote für Waren, an denen Mangel herrscht.

Endlich kann auch eine Einflußnahme auf das Verhältnis von Geld- und Warenseite im Sinne der geldtheoretischen Verkehrsgleichung (S. 250) in den Dienst der Einkommensbeeinflussung gestellt werden. Roosevelts Versuch im Jahre 1933, die Notlage der stark verschuldeten Landwirtschaft in USA durch eine manipulierte Inflation zu mildern, gehört hierher. Daß bei einer so breit angesetzten Einwirkung viele ungewollte Nebenwirkungen in den Kauf zu nehmen sind, wird unten (S. 278 f.) noch darzulegen sein.

Die Gangbarkeit aller dieser verschiedenen Wege der Wirtschaftslenkung, von denen wir nur die wichtigsten nannten, ist durch die allgemeine Volkswirtschaftspolitik zu untersuchen. Neben den Korrekturen einer grundsätzlich freien Preis- und Einkommensbildung, die die Gründe der Mängel zu beheben suchen, kann deren Korrektur sodann auch ansetzen

b) bei den Ergebnissen der freien Einkommensbildung, d. h. unmittelbar bei dem Einkommen selbst. Hier handelt es sich darum, den Schlüssel der Verteilung des Nationalprodukts gleichsam erst nachträglich dadurch zu ändern, daß man aus den Einkommen der einen Gruppe, die man z. B. besteuert oder mit Gebühren belegt, die anderen Gruppen in irgendeiner Form subventioniert oder unterstützt (sog. Umverteilung alias Redistribution).

Die Frage, ob diese und ähnliche Eingriffe der Wirtschaftspolitik unmittelbar in die Verteilung des Nationalprodukts gegenüber den „ewigen Gesetzen“ der Wirtschaft überhaupt Aussicht auf Erfolg hätten, wurde unter dem Schlagwort „Macht oder ökonomisches Gesetz?“ zum Gegenstand wiederholter Erörterungen der Wirtschaftswissenschaft. In Konsequenz der liberalistischen Harmonielehre mußte diese Frage verneint werden. Denn wenn im freien Spiel von Angebot und Nachfrage der Ausgleich der Gewinne zugleich mit dem bestmöglichen Wirkungsverhältnis der Produktionsfaktoren sich selbsttätig herstellt, so kann hier jeder laufend fortgesetzte Eingriff in die Verteilung nur störend wirken: Der Ausgleich der Einkommen wird sich unter dem Einfluß des freien Wettbewerbs dann trotzdem automatisch herstellen, aber auf der Grundlage nicht mehr des bestmöglichen, sondern eines durch den fortdauernden Eingriff verzerrten Wirkungsverhältnisses der produktiven Kräfte, so daß nunmehr alle weniger erhalten. Sehen wir zu, ob die ertragstheoretischen Gesichtspunkte, an denen wir auch unsere Verteilungstheorie orientieren, hier zu anderen Ergebnissen führen.

Die Maßnahmen des Wirtschaftspolitikers, die solche Eingriffe unmittelbar in die Verteilung anstreben, sind den Maßnahmen eines Arztes vergleichbar, der, einmal angenommen, dem einen Glied des menschlichen Körpers Blut entzieht, um es einem anderen Glied zuzuleiten, das er gleichsam für unterstützungsbedürftig hält. So greifen auch die gedachten wirtschaftspolitischen Maßnahmen in den Blutkreislauf der Volkswirtschaft, den ständigen Umlauf der Einkommen, ein, etwa um mit Einkommensteilen (z. B. Steuern) der stärkeren Gesellschaftsgruppen die schwächeren zu unterstützen. Im Falle des Arztes bewirkt die viel größere Elastizität (Umgruppierungsfähigkeit) des menschlichen Organismus den fast sofortigen Ausgleich der gedachten Blutumleitung. Insofern hinkt unser Vergleich: Kein Arzt wird auf den Gedanken eines solchen Heilversuchs verfallen. Bei der viel geringeren Elastizität des volkswirtschaftlichen Organismus hingegen denkt die Praxis heute oft zu wenig an die entsprechende Ausgleichsmöglichkeit. Aber sehen wir hier erst näher zu.

Wie unser Beispiel der Blutumleitung zeigt, zerfällt das Problem unseres Eingriffs in die Verteilung in zwei Unterfragen: die Frage der Mittelentziehung und ihrer volkswirtschaftlichen Fortwirkung auf der einen, und die Frage der Wiederzuleitung dieser dem Kreislauf der Volkswirtschaft entzogenen Mittel und deren Fortwirkung auf der anderen Seite. Die erste Unterfrage nach der Mittelentziehung stellt das Problem vor allem der sog. Steuerwälzung (Fort-, Rück- und Abwälzung der Abgaben), obwohl die Belastung bestimmter Bevölkerungsgruppen zugunsten anderer naturgemäß auch viele andere, mehr mittelbare Formen (z. B. von Schutzzöllen, Preisbeschränkungen usw.) annehmen kann. Schalten wir dies Mittelentziehungsproblem vorerst dadurch aus, daß wir annehmen, die Belastung durch Besteuerung usw., träfe alle Volksteile völlig gleichmäßig. Dann ist also der Einfluß zu untersuchen, der von der Wiederzuleitung der so der Volkswirtschaft entzogenen Mittel an eine bestimmte zu unterstützende Bevölkerungsgruppe auf den Schlüssel der Einkommensverteilung letztlich ausgeübt wird.

α) Sind hier bei genügender Ausgleichsfähigkeit (Elastizität) des Marktes die zu unterstützenden Wirtschaftskräfte im bestmöglichen Wirkungsverhältnis mit den übrigen kombiniert, so würde jede Unterstützung derselben ein Schlag ins Wasser sein. Sie könnte die Kombination der produktiven Kräfte nur stören, wobei der Zustrom der Produzenten zu den unterstützten Berufen auch die beabsichtigte Differenzierung der Einkommen alsbald wieder ausgleichen würde. Am Ende würde trotz Weiterunterstützung der Verteilungsschlüssel der gleiche sein, aber das zu verteilende Nationalprodukt hätte sich vermindert, da das ursprüngliche Bestverhältnis der Produktivkräfte nicht mehr besteht. So würden nunmehr alle Einkommensbezieher weniger erhalten. Dies ist der Fall, der soeben als Konsequenz der liberalistischen Theorie andeutungsweise schon behandelt wurde. Das gleiche in noch höherem Grade muß der Fall sein, wenn die vom Wirtschaftspolitiker zusätzlich dotierten Produktivkräfte sich von vornherein im „Zuviel" befanden, d. h. mit den übrigen Produktionsfaktoren in überoptimaler Menge kombiniert waren. Auch wenn dementsprechend das Einkommen dieser überschüssig vorhandenen Gruppe noch so niedrig ist, kann hier auf die Dauer der Hebel zweckmäßig nur durch Vermehrung der übrigen, fehlenden Faktoren angesetzt werden. So kann man in diesem Fall, wenn z. B. der Arbeitsfaktor überschüssig vorhanden ist, die Ausrüstung der Wirtschaft mit Kapital vermehren oder neues Land zu gewinnen trachten; bei zuviel Land kann man durch Förderung der Einwanderung den Arbeitsfaktor oder durch Heraufsetzen des Diskonts den Kapitalfaktor zu vermehren suchen usw. Eine unmittelbare Unterstützung der betreffenden Bevölkerungsgruppe durch Zuleitung von Einkommen aber wird unter wirtschaftlichen Gesichtspunkten nicht zweckmäßig sein.

β) Bei nicht genügender Ausgleichsfähigkeit (Elastizität) des Marktes hingegen — dem vermutlichen Regelfall — sind vor allem zwei Fälle in Betracht zu ziehen, in denen die Stützung bestimmter Produktivkräfte Aussicht auf wirtschaftlichen Erfolg bietet. Wenn nämlich die Leistungen der zu unterstützenden Bevölkerungsgruppe sich im „Zuwenig", im Unterschuß also, befinden und sich, etwa infolge irgendwelcher monopolistischer oder traditioneller Hemmungen, ein entsprechend hoher Stand ihres Einkommens auf dem freien Markt noch nicht hat durchsetzen können, dann ändert eine zusätzliche Dotierung dieser Gruppe durch die Wirtschafts- und Sozialpolitik nicht nur den Schlüssel der Verteilung. Jene Einkommenserhöhung wird vielmehr im weiteren durch den Zustrom von Produzenten und die Leistungssteigerung, die sie hervorruft, auf eine Verstärkung des gedachten Unterschußfaktors, damit auf die Herstellung der Bestkombination aller produktiven Kräfte und auf die Vergrößerung des zu verteilenden Nationalprodukts selbst hinwirken. Auf diese Weise kommt die einkommenspolitische Förderung einer Bevölkerungsgruppe sehr bald allen anderen Gruppen zugute. Gerade bei der Bevölkerungsgruppe, die der Wirtschafts- und Sozialpolitik am häufigsten Anlaß zu Schutzmaßnahmen bietet, bei der Arbeitnehmerschaft, tritt dieser Fall häufig ein. Denn gerade der Arbeitsmarkt läßt es hier ohne das Nachhelfen des Sozialpolitikers leicht an Reagibilität und Elastizität fehlen (vgl. S. 299). So erzwang z. B. die Verknappung des Arbeitsfaktors, wie sie im römischen Kaiserreich durch das Versiegen der Sklavenzufuhren unter der pax romana sowie bald auch durch den Bevölkerungsrückgang bedingt wurde, dort eine Sozialpolitik, die bei folgerichtiger Weiterführung den Untergang des Weltreichs wohl noch lange hätte aufhalten können (vgl. Weddigen, Sozialpolitik, 1933, S. 133). Auch in der Entwicklung des Hochkapitalismus hat die starke potentielle und quantitative Vermehrung des Kapitalfaktors, die das Aufkommen des Kapitalismus zu Anfang des vorigen Jahrhunderts kennzeichnete, ungeachtet ihrer im Einzelfall arbeitsparenden Wirkung den manuellen Arbeitsfaktor (obwohl auch der sich ständig vermehrte) per saldo schließlich mehr ins relative Minimum gesetzt. So konnte der sozialpolitische Lohn- und Einkommensschutz jener Zeit jahrzehntelang von augenscheinlicher Produktivität begleitet sein. Die Umwälzungen des Frühkapitalismus, die dieser Entwicklung als Folge der technischen Fortschritte vorangingen, zeigen uns dabei ein Beispiel für die andere Möglichkeit produktiver Eingriffe in die Verteilung der grundsätzlich freien Marktwirtschaft:

In dieser Hinsicht nämlich kommen die häufigen Fälle in Betracht, in denen die plötzliche Steigerung e i n e s Produktionsfaktors die anderen zu einer verlustreichen Umgruppierung (Umgliederung) zwingt. Eine solche Steigerung kann quantitativer oder auch qualitativer Natur sein (man denke an Erfindungen u. dgl.). Auch an andere plötzliche Umstellungen der Wirtschaft (etwa durch Kriegsausbruch) ist hier zu denken. Die dann plötzlich notwendig werdende Umgruppierung der produktiven Kräfte vollzieht sich nur bei großer Elastizität des betreffenden Wirtschaftsgebildes selbsttätig ohne schwere Reibungsverluste. Gewöhnlich zerfällt dieser Umgruppierungsvorgang in zwei Teilvorgänge: den Vorgang der A u s g l i e d e r u n g der umzugruppierenden Produktivkräfte aus der Produktion, der (je nach dem Maß der Elastizität) einen größeren oder geringeren Teil der freigesetzten und umzugliedernden Produktivmittel (bzw. Arbeitskräfte) durch den ausgeübten Druck auf die Preise (Löhne) und die Folgen der Beschäftigungslosigkeit vernichtet; und den Vorgang der W i e d e r a u f s a u g u n g desjenigen Teils der ausgegliederten Produktivkräfte an anderer Stelle, der diesen Ausgliederungsvorgang überstehen konnte. Insofern bleibt bei fast jeder Umgruppierung ein Teil der umzugruppierenden Produktivkräfte auf der Strecke. Hierbei kann nun ein Eingreifen des Wirtschafts- und Sozialpolitikers, das diese Verluste der Umgruppierung durch eine Stützung des Einkommens der umzugruppierenden Kräfte möglichst beschränkt, außerordentlich produktiv sein. Erhält sie doch der Volkswirtschaft Produktivkräfte, die nach ihrer Wiederaufsaugung an anderer Stelle u. U. dringend von ihr gebraucht werden.

Diese B e s c h r ä n k u n g d e r U m g r u p p i e r u n g s v e r l u s t e durch Verteilungskorrekturen der Wirtschafts- und Sozialpolitik kann grundsätzlich alle Produktionsfaktoren betreffen. So sind diese Verluste bei der Umgruppierung von Kapitalgütern des stehenden K a p i t a l s, wie wir sahen, besonders hoch, da z. B. abmontierte Maschinen meist nur den Schrottwert erzielen. Die Kapitalvernichtung etwa durch umwälzende Erfindungen kann hier gemindert werden z. B. durch vorübergehende Subventionierung umzustellender Betriebe, bis diese sich haben rationalisieren können, oder durch Förderung von Kartellen oder sonstigen Verbänden, die diese Betriebe für die Dauer der Umstellung gegen überstarke Konkurrenz zu schützen vermögen. Aber auch die A r b e i t e r massen, die durch solche technische Umwälzungen ausgegliedert und dem Elend der Arbeitslosigkeit ausgeliefert werden, können hier (durch Arbeitslosenhilfe) über Wasser gehalten werden, bis ihre Wiederaufsaugung in den Wirtschaftsprozeß an anderer Stelle möglich ist.

Gerade dieser letzte Sonderfall, die Hilfestellung also, die die Wirtschafts- und Sozialpolitik bei der durch technische Fortschritte oder dgl. erzwungenen Umgruppierung des Arbeitsfaktors leisten kann, ist von besonderer Bedeutung[2]. Denn ohne das Eingreifen des Sozialpolitikers träte hier ja der paradoxe Erfolg ein, daß eine Steigerung der technischen Kenntnisse etwa durch Erfindungen, die auf die Dauer zu den größten Fortschritten des Gesamtwohlstandes führen soll und führt, zunächst einmal, wenn nicht eine vorübergehende Produktivitätsminderung des Ganzen, so doch jedenfalls das ärgste Elend der durch sie freigesetzten Arbeiterschaft bedingt.

Allerdings ist hinsichtlich des Ausmaßes der Einkommensstützung, mit der die Wirtschaftspolitik in allen diesen Fällen der Umgruppierung produktive Hilfestellung geben kann, eine wichtige Einschränkung zu machen. Der Druck auf die Preise und Löhne bedroht zwar die Produktivkräfte in ihrer Umgliederung im Falle nicht genügender Wirtschaftselastizität mit der Vernichtung, er hat aber in der hier betrachteten grundsätzlich freien Wirtschaft zugleich auch die Aufgabe zu erfüllen, diese Produktivkräfte zur Ausgliederung aus der Produktion zu zwingen und so ihre Wiederaufsaugung an anderer Stelle der Produktion zu ermöglichen. Hebt die Einkommensstützung, anstatt die umzugliedernden Produktivkräfte nur eben noch über Wasser zu halten, diese natürliche Wirkung des Preisdrucks (Lohndrucks) völlig auf, so wird sie die Elastizität (Umgruppierungsfähigkeit) der Wirtschaft nicht korrigieren, sondern lähmen und somit die Produktivität verringern. Eine Kartellförderung oder Subventionierung also z. B., die die zu schützenden Betriebe gegen die Konkurrenz technischer Neuerungen völlig sichert, eine Arbeitslosenhilfe, die die wirtschaftlichen Nachteile der Arbeitslosigkeit völlig aufhebt, würde hier zur Lähmung jedes Fortschritts, zu allgemeiner Trägheit und Wirtschaftserstarrung führen. Sie würde so mit dem Nationalprodukt auch die Quote verringern, die als Einkommen auf den Einzelnen entfällt. Eine Volkswirtschaftspolitik, die auf den Individualgedanken, auf die Initiative und Selbstverantwortlichkeit der Einzelwirtschaft, nach Lage der Umstände nicht glaubt verzichten zu sollen, wird das berücksichtigen.

Wir haben damit nur die beiden wichtigsten Fälle theoretisch gekennzeichnet, in denen eine Volkswirtschaftspolitik, die sich nach Lage der Umstände auf die Korrektur einer vorhandenen Selbststeuerungsfähigkeit der freien Wirtschaft glaubt beschränken zu können, zweckmäßig durch Änderung des Verteilungsschlüssels unmittelbar in die Verteilung des Nationalprodukts eingreift. Kompliziert

[2] Näheres hierzu s. Sozialpolitik, S. 75, 76.

werden diese Überlegungen immer noch durch das Problem der Mittelentziehung, das wir oben (S. 225) durch die Annahme einer gleichmäßigen Belastungsverteilung ja nur theoretisch ausschalten konnten[3]. Zu diesen und den weiter oben behandelten mehr mittelbaren Maßnahmen der Verteilungsregelung treten ferner alle die Fälle hinzu, in denen die Volkswirtschaftspolitik bei ungenügender Wirtschaftselastizität auch durch unmittelbare Produktionstätigkeit (also ohne den Umweg über die Verteilung) die Unterschußfaktoren der Wirtschaft verstärken, die Überschußfaktoren beschränken kann. Aber die Wirtschaftstheorie als Teil der systematisierend-theoretischen Wirtschaftswissenschaft, wie wir sie hier behandeln, muß es der angewandten Wirtschaftstheorie überlassen, allen diesen Fragen in der Praktischen Volkswirtschaftslehre und der Finanzwissenschaft (Steuerwälzungslehre) weiter nachzugehen (vgl. S. 26—32). Hier konnte nur versucht werden, die theoretischen Grundlagen für die Lösung auch dieser Fragen einer Produktivität wirtschaftspolitischer Verteilungsregelungen in systematischer Betrachtung zu geben.

Schon hier aber ermöglicht nach allem insbesondere der ertragstheoretische Elastizitätsbegriff in Verbindung mit der organischen Analogie auch eine grundsätzliche Beantwortung jener Frage nach dem Verhältnis von **Macht und Ökonomischem Gesetz,** die sich uns oben ergab. Nicht die „machtfreie“ Wirtschaft ist der „natürliche“ Zustand: Eine Volkswirtschaft ohne wirtschaftspolitische Führung ist ein Organismus ohne Kopf. Nur im Zusammenspiel der vom Gehirn ausgehenden Innervierungen mit den relativ selbständigen Kräften der mittelstufigen Organe sowie der Zellen an der Basis des biologischen Organismus wird dieser das höchste Maß von Leistungsfähigkeit erreichen. Die Macht des Kopfes, des Gehirns, über die Glieder und Organe des Körpers findet freilich ihre Grenzen in den naturgesetzlichen Erfordernissen ihrer Leistungsfähigkeit. Jede vom Gehirn diktierte Überbeanspruchung eines Gliedes oder Organs z. B. wird hier zu dessen Verkrampfung oder sonstigen Erkrankung führen und so die Leistungsfähigkeit des Ganzen und aller seiner Glieder schwächen. Ganz entsprechend findet auch die Macht der Wirtschaftsführung ihre Grenzen in den Gesetzen, die für die Spannkraft und Leistungsfähigkeit der Einzelwirtschaften und Gruppen maßgebend sind. Auch hier ist eine wirtschaftspolitische Einflußnahme auf die Verteilung des Nationalprodukts zwar mit der nötigen Gewalt jederzeit durchführbar. Jede wirtschaftspolitische Maßnahme jedoch, die als Belastung oder Entlastung einer Gruppe deren Leistungsmöglichkeiten in ihrer Kom-

[3] Vgl. hierüber Weddigen, Allgemeine Finanzwissenschaft (Finanztheorie). 4. Aufl. 1964, § 32.

bination mit den übrigen Produktionsfaktoren nicht Rechnung trägt, wird sehr bald die Produktivität des Ganzen mindern. Sie wird insoweit auch den privilegierten Schichten des Volkes schaden und schließlich jedenfalls durch die Verweichlichung der Ausbeuter und die Schwächung der Ausgebeuteten zu Entartung und Untergang des Volkes und seiner Wirtschaft führen. So vereint sich das ökonomische Gesetz der Produktivität mit dem biologisch-soziologischen Gesetz der Solidarität aller Glieder eines „Organismus", um den willkürlichen Gebrauch der Macht in der Wirtschaftspolitik zuletzt doch immer zu vereiteln.

Im ganzen wird daher die sozial gelenkte Marktwirtschaft auch bei Eingriffen in die Verteilung das freiheitliche Wirtschaftselement, die genügende Freibeweglichkeit und Selbstverantwortung des Einzelnen, als eine wichtige Bedingung der einzelwirtschaftlichen Leistungsfähigkeit und als bewegende Kraft des wirtschaftlichen „Organismus" zweckmäßig schonen, fördern und benutzen. Das Ausmaß solcher zweckmäßigen Freibeweglichkeit der Einzelwirtschaften und Gruppen ist, wie wir sahen, bestimmt durch das Ausmaß der Elastizität, d. h. der Selbststeuerungs- und Anpassungsfähigkeit des Wirtschaftsgebildes einerseits und durch den Grad seiner „Lenkungsreife" andererseits. Jene Selbststeuerungsfähigkeit der Volkswirtschaft wird der Wirtschaftspolitiker benutzen wie der kluge Arzt die Naturheilkraft des biologischen Organismus. Darüber hinaus freilich wird die organische Wirtschaftslenkung die Einzelwirtschaften und Gruppen niemals vergessen lassen, daß sie sich als Glieder des volkswirtschaftlichen Ganzen — nicht zuletzt zu ihrem eigenen Besten — in dessen Gesamtverband einzufügen haben: wie die Forderung maximaler Leistungsfähigkeit des Ganzen und seiner Glieder die Grenze bildet für die Machtausübung der wirtschaftspolitischen Spitze, so bildet sie auch die Grenze für die Freibeweglichkeit der Einzelwirtschaften und Gruppen im Gesamtorganismus der Volkswirtschaft (vgl. auch S. 289).

Man könnte nun allerdings diese N o r m m a x i m a l e r L e i s t u n g s f ä h i g k e i t (Produktivität) der Volkswirtschaft selbst in Frage stellen und einwenden, der Wirtschaftspolitiker sei dann in der Wahl des Wirtschaftssystems (d. h. in der Dosierung von Freibeweglichkeit und Bindung) in der gleichen Weise frei oder unfrei, wie etwa ein Gärtner bei der Wahl von Schaufel oder Spaten: Für jede bestimmte Erdarbeit sei zwar nur e i n e s dieser beiden Werkzeuge das ergiebigste. Dennoch könne der Gärtner, wenn ihm gerade dieses Werkzeug (aus irgendeinem außerwirtschaftlichen Grunde) grundsätzlich nicht behage, das andere Werkzeug wählen, wenn er nur bereit sei, die dadurch bedingte Mehrarbeit in den Kauf zu nehmen. Mit diesem Gedankengang hat z. B. der Sozialismus gelegentlich die größere Produktivität eines auf dem Privateigentum an den Produktionsmitteln beruhenden Wirtschaftssystems unterstellt, dennoch aber unter Hinweis auf die „Freiheit und Würde der Arbeit" als humanitäres Ziel die verstaatlichte Wirtschaft gefordert. Umgekehrt könnte auch der Anhänger des ökonomischen Liberalismus argumentieren, selbst wenn man die freie Wirtschaft nicht als die produktivste anerkenne, so wolle er doch lieber weniger verdienen und in Selbstverantwortlichkeit und in Freiheit „sein eigner Herr" sein[4]. Beide Einwendungen wären wissenschaftlich nicht zu widerlegen, wenn es sich bei den Wirtschaftsgebilden, um deren Verfassung es dabei geht, um tote Mechanismen (wie bei Spaten oder Schaufel des obigen Vergleichs) handelte. Die Volkswirtschaft aber wird von lebenden Wesen, von Menschen, gebildet. Hier besagt ein soziologisches Gesetz, das sich durch die Analogie zum biologischen Organismus am besten erläutern läßt, daß gesellschaftliche Gebilde auch in ihren Gliedern nur intakt („gesund") sind, wenn sie als Ganzes ihre volle Leistungsfähigkeit (Ergiebigkeit, Produktivität) entfalten. Dieser Zusammenhang kam soeben bereits zum Ausdruck. Er gilt auch für die Wirtschaft als Mittelbeschaffung. Voraussetzung dabei ist freilich, daß sie Mittelbeschaffung, also Dienerin menschlicher Ziele, bleibt und nicht als schrankenloser Materialismus zum Selbstzweck unbegrenzter Wirtschaftswut wird. Solche Dämonisierung der Wirtschaft, mit der sich die Wirtschaft da zum Herrn aufschwingt, wo sie zu dienen hätte, kann aber jede Wirtschafts- und Sozialpolitik unter jeder Wirtschaftsverfassung für die abhängige Arbeit verhindern durch eine genügende Beschränkung von Dauer und Schwere der Arbeit, so daß dem Arbeitenden genügend Zeit und Spannkraft bleibt zur unmittelbaren Beschäftigung mit den Zielen seines Lebens. In dem Rahmen, den diese grundsätzliche Forderung nach der kulturell optimalen Arbeitszeit (S. 139) jeder Wirtschaftsverfassung zieht, bedeutet aber auch in der Wirtschaft Leben Leisten und umgekehrt auch nur volle Leistung die volle Lebenskraft (Vitalität) des Ganzen und aller seiner Glieder. Wo allerdings diese volle Aktivität und Vitalität nicht als geltendes Ziel anerkannt wird — man denke etwa an das Nirwana des Buddhismus — da endet die Zuständigkeit jeder Wissenschaft.

In diesem Abschnitt über die Verteilungstheorie untersuchten wir bisher die Preis- und Einkommensbildung der freien wie der gebundenen Wirtschaft, indem wir dabei von allen Einflüssen absahen, die von den Veränderungen des Geldwesens auf die Gestaltung der Preise und Einkommen ausgehen können. Nunmehr ist es an der Zeit, diese Abstraktion fallen zu lassen. Wesen und Leistung des Geldes in der Verteilung seien daher in den folgenden §§ 20 bis 22 untersucht, obwohl dies hier nur in großen Umrissen möglich ist[5].

---

[4] Ähnlich argumentierten in der letzten großen Absatzkrise viele deutsche Heimarbeiter, die lieber als Heimarbeiter hungerten, als daß sie durch Annahme der ihnen angebotenen Fabrikarbeit ihre „Freiheit" aufgaben.

[5] Von neueren geldtheoretischen Zusammenfassungen, die Näheres bieten, seien genannt: S. Budge, Lehre vom Gelde, 2 Bde., 1931 — J. Dobretsberger, Das Geld im Wandel der Wirtschaft, Bern 1946 — A. Forstmann, Volkswirtschaftliche Theorie des Geldes, Bd. I, 1943 — G. Halm, Geld, Kredit, Banken, I. Bd. 1935 — Fr. Lütge, Einführung in die Lehre vom Gelde, 1948 — E. Lukas, Aufgaben des Geldes, 1937 — H. Möller, Die Lehre vom Gelde, 1924 — G. Schmölders, Geld und Kredit, 1937 — Adolf Weber, Geld, Bank, Börsen, 1939.

§ 20 Wesen und Produktivität des Geldes

Der Geldbegriff: Der Preisbildungsmechanismus, wie wir ihn in den §§ 16 und 17 untersuchten, ist stets schon das Ergebnis einer langen Entwicklung von der Natural- zur Geldwirtschaft (S. 77 f.): Die primitive Wirtschaft ist beherrscht vom direkten Naturaltausch. Wenn A etwas hat, was er nicht braucht, sucht er sich einen Tauschpartner B, der gerade dieses braucht und zugleich etwas anbieten kann, was A be-tungsgebiet von allen in Zahlung genommen werden, weil sie stets wieder in Zahlung gegeben werden können. So tauscht man hier nicht mehr Ware gegen Ware, sondern nimmt den Umweg über das Geld, zerlegt also den Naturaltausch in Verkauf und Kauf. Diese beiden Geschäfte können nicht nur nach Raum und Zeit, sondern auch hinsichtlich ihrer Stückelung unabhängig voneinander vorgenommen werden, so daß auch die Schwierigkeit des Spitzenausgleichs hier entfällt.

Das Geld, das auf diese Weise entsteht, ist und bleibt dabei nur Tauschmittel: Als sog. Tauschgut hat es seine Bestimmung nicht in der Konsumtion, sondern nur in der Zirkulation (dem Umlauf). Die Zahlungsmittel, die so den Umsatz der Waren und Dienstleistungen vermitteln, werden sehr bald auch zum Wertaufbewahrungsmittel, da sie den Vorteil der Unverderblichkeit bieten, ferner zum Zahlungsmittel bei einseitigen Wertübertragungen (z. B. Schenkungen, Erbschaftsübergängen, Steuerzahlungen u. dgl.). Sie werden vor allem meist auch zum Rechenmittel und Wertmaßstab, mit dem alle Güter beim Umschlag in der Produktion nach ihren Preisen auf einen einheitlichen Wertnenner gebracht werden: Man drückt ihren Wert als ein Vielfaches der Geldeinheit aus. So wird die Geldeinheit zur Recheneinheit. Nur wenn der Wert des Geldes nicht stabil erscheint, greift der Vernötigt. Dazu muß er oft recht lange suchen. Der regere Tauschverkehr der arbeitsteiligen Marktwirtschaft kann nicht immer in dieser Weise direkt tauschen. Hier werden oft Wertdinge in Tausch genommen, die man nicht selbst braucht, für die man aber das, was man braucht, auf dem Markte hofft eintauschen zu können. Man tauscht dann also gleichsam „um die Ecke". Die arbeitsteilige Marktwirtschaft benötigt daher — anfangs vor allem zum Spitzenausgleich beim direkten Naturaltausch — ein allgemeines Tausch- und Wertaufbewahrungsmittel als „Mittelsgut" beim Tausch, als Z w i s c h e n t a u s c h g u t. Dazu braucht man Wertgegenstände allgemeiner Geltung, die im Gelkehr u. U. zu anderen Wertmaßstäben. Sehen wir aber von diesem Fall eines mangelhaft funktionierenden Geldes ab, so können wir sagen: G e l d im wirtschaftlichen Sinne sind alle W e r t g e g e n s t ä n d e, d i e a u f G r u n d i h r e r A l l g e m e i n g e l t u n g a l s

Zahlungs-, Wertausdrucks- und Wertaufbewahrungsmittel den Güteraustausch und -umschlag einer arbeitsteiligen Sozialwirtschaft vermitteln. Vermöge dieser seiner sozialwirtschaftlichen Funktion ist das Geld für seinen Besitzer Träger von Kaufkraft, Kaufkraftdokument.

Als **Arten des Geldes** unterscheiden wir:

1. Natürliches alias freies Geld: Es ist das Geld der freien Marktwirtschaft, des Individualismus. Seine Allgemeingeltung beruht auf der freiwilligen Wertschätzung, die es bei den Einzelwirtschaften genießt (fakultatives Geld). Diese Wertschätzung kann beruhen

a) auf dem Stoffwert des Geldes, d. h. auf der allgemeinen Wertschätzung des Stoffes, aus dem das Geld gemacht ist: Stoffwertes Geld. Geldfunktion und Warenfunktion sind hier noch vereinigt, neben seiner zirkulatorischen Aufgabe kann das Geld wahlweise auch als Konsumgut dienen. Daher spricht man hier auch vom Warenwert des Geldes. Er ist typisch für das primitive Privatgeld.

Die Güter, die so in der frühesten Zeit zu Geld wurden durch die „Massengewohnheit ihrer Annahme" (v. Wieser), hatten mehr oder weniger folgende Eigenschaften des idealen Geldstoffes: Allgemeine Brauchbarkeit (z. B. für Schmuck- oder Kultzwecke), Wertbeständigkeit und Dauerhaftigkeit, leicht erkennbare Qualität, Teilbarkeit und Vereinigungsfähigkeit ohne Wertminderung, Vertretbarkeit der einzelnen Stücke, Versendbarkeit (gegeben besonders bei hohem spezifischem Wert).

Als solche **Geldgüter** dienten Salztafeln, Stoffe, Vieh[1], auch Tierfelle, Teeziegel, Kaurimuscheln, Elfenbein, Messingstäbe (bei den Aschantis), Zinn (bei Phöniziern, Chinesen, Malaien), Kupfer und Bronze (in Altrom). Silber und Gold dienten als Geld schon bei den Azteken, Assyrern, Babyloniern und Ägyptern. Diese Edelmetalle sind überall für Schmuck- und industrielle Zwecke verwendbar, andererseits auch als Münzen jederzeit leicht einschmelzbar und in andern Währungen wieder ausprägbar und ermöglichen so die Schaffung eines stoffwerten Geldes von internationaler Geltung. Die größere Wertstabilität des Goldes verschaffte diesem schließlich den Vorrang gegenüber dem Silber. Zuerst ging England 1798 zur Goldwährung über. Über Bimetallismus (Doppelwährung), Duometallismus (Parallelwährung) und Symmetallismus s. S. 278.

b) Auf der Sitte oder Konvention, die die jederzeitige Weiterbegebbarkeit des Geldes im Wirtschaftsverkehr sicherstellt: Konventionsgeld. Hier löst sich also die spezifische Geldeigenschaft, die Funktion der Tauschvermittlung, von der Wareneigenschaft des

[1] Wie in Altrom „pecunia" von „pecus", so kommt noch heute die indische Bezeichnung „Rupie" vom Sanscritworte „rupa", das „Vieh" bedeutet.

allgemeinen Zwischentauschgutes los: Sonst unbrauchbare Dinge laufen als Geld um, weil man sicher ist, sie jederzeit für andere Güter weitergeben zu können. Das Geld hat nur noch Tauschwert, keinen unmittelbaren Gebrauchswert, keinen „Substanzwert" mehr, sein Wert ist zum bloßen Funktionswert geworden. Als solche bloße „Wertsymbole" dienten z. B. Tuchstücke von sonst unbrauchbarer Form und Gewebeart, bloße Kümmerformen von Waffen, auch Hautstücke (als pars pro toto ganzer Felle). — Das Konventionsgeld bildet als stoffwertloses Geld schon den Übergang zum

2. künstlichen oder Zwangsgeld: Seine Allgemeingeltung beruht auf dem Geltungsgebot der politischen Macht, die es grundsätzlich zum gesetzlichen Zahlungsmittel erhebt. Es ist also stoffwertloses, autoritäres Geld im politisch einheitlich beherrschten Raum, das Geld der gebundenen Wirtschaft. Solche gesetzlichen Geltungsverbote wurden bisher stets im Anschluß an stoffwerte Währungen für deren eingeführte Geldzeichen (z. B. für Banknoten, die bis dahin in Gold einlösbar waren) erlassen. Sie stellen insofern zunächst nur „deklaratorisch" die bereits vorhandene Geltung des Geldes autoritativ fest. Einmal begründet, können solche Gebote aber in ihrem Machtbereich auch ohne das Vertrauen und den Willen der Einzelnen die Geldqualität des betreffenden Umlaufmittels aufrechterhalten. Bei vielen Papierwährungen beweist dies der zwangsweise erreichte Ausschluß aller anderen Zahlungsmittel aus dem Inlandverkehr durch die Devisenordnungen. Die heutige Hauptform des Zwangsgeldes ist das ungedeckte Papiergeld.

Erkennen wir somit das Zwangsgeld als das Geld der gebundenen Wirtschaft, so kommt allerdings Geld für den äußersten Grad kollektivistischer Wirtschaftsbindung nicht in Betracht. Ein solcher extremer Kollektivismus wird mit der Beseitigung des Marktes in der Volkswirtschaft auch das Geld durch staatliche Anweisungen auf das Nationalprodukt ersetzen. In den Übergangsstadien dazu übernehmen die Marken und Gutscheine der Konsumrationierung u. U. diese Funktion (vgl. S. 254). Auch jede zentral geregelte Volkswirtschaft freilich, die Konsumfreiheit des Einzelnen gewähren will, benötigt dazu das Geld, ohne das man ja abstrakte, vielseitig verwendbare Kaufkraft nicht übertragen kann.

Das stoffwertlose Geld, also das Konventions- und das Zwangsgeld, fassen wir unter dem Begriff des Zeichengeldes zusammen, über das sogleich noch zu sprechen sein wird.

Geld im juristischen Sinne ist nur das zum gesetzlichen Zahlungsmittel erhobene Tauschmittel: Der gesetzliche Zwangskurs (legal tender) bestimmt den Annahmezwang zum Nennwert. So muß also z. B., wenn die Papiermark gesetzliches Zahlungsmittel ist, zur Begleichung einer auf „100 M" lautenden Schuld die Summe von 100 Papiermark in solchen Noten ohne Forderung eines „Aufgeldes" (d. h. eines Zuschlags zum Parikurs) vom

Schuldner angenommen werden. Auch jedes „Disagio" (als Abschlag vom Parikurs) ist durch den gesetzlichen Annahmezwang verboten. Sind also z. B. bei Goldwährung Goldmünzen gesetzliches Zahlungsmittel, so darf der Schuldner für Zahlung in solchem Geld keinen Abzug von der Schuldsumme machen. Dies Geld im juristischen Sinne zerfällt in

a) Kurantgeld: Der Annahmezwang, die gesetzliche Zahlkraft also, ist unbegrenzt. Dies Kurantgeld kann sein: a) einlösbar, meist durch die Zentralnotenbank, oder b) definitives oder Währungsgeld, wenn keine Einlösbarkeit besteht.

b) Scheidegeld: Der Annahmezwang gilt hier nur in bestimmter Höhe. Das Scheidegeld ist stets aus unterwertigem Stoff (z. B. Kupfer) und wird meist nur zur Zahlung geringerer Beträge benutzt.

c) Kassengeld: Zu dessen Annahme gezwungen sind nur die (oder bestimmte) öffentliche Kassen; ein Beispiel seines (freilich seltenen) Vorkommens boten die Rentenmarkscheine im Deutschen Reich.

Die **Form des Geldes** wurde zuerst beim stoffwerten Metallgeld geregelt. Um die jedesmalige Prüfung des Metallgeldes auf Gewicht und Feinheit zu sparen, beglaubigten erst Private, später der Staat beides durch Abstempelung bestimmter Stücke, **Münzen** genannt. So brauchten die Goldstücke nicht mehr gewogen, sie konnten gezählt („bezahlt") werden. Damit war freilich die Gefahr der „Münzverschlechterung" gegeben, wenn der Staat sich an das Versprechen des Stempels nicht hielt. Schon die Antike übte, und schon Thomas v. Aquino bekämpfte sie.

Heute liegt nicht nur das Recht zur obrigkeitlichen Reglung des gesamten Geld- und Münzwesens (die sog. Münzhoheit), sondern auch das ausschließliche Recht zu bestimmen, wer Münzen prägen darf (das sog. Münzregal), regelmäßig in der Hand des souveränen Staats. Dieser bestimmt die Währungseinheit (die sog. valutarische Norm). So setzte das Deutsche Reich durch das Reichsmünzgesetz von 1924 die Reichsmark als den 2790ten Teil eines Kilogramms Feingold fest und bestimmte damit den sog. Münzfuß als Quote des sog. Münzgrundgewichts. Auch die äußersten Grenzen der technischen Fehler, die als Abweichungen (nach oben wie nach unten) von dieser Norm bei der Ausbringung der Münzen noch unbeanstandet zu bleiben haben (das sog. Remedium), ferner auch das Maß der im Verkehr noch zuzulassenden Abnutzung der Münzen (das sog. Passiergewicht) werden gesetzlich festgelegt. Das für die Ausprägung der Münzen zu zahlende Entgelt (der sog. Schlagschatz) wird heute meist nicht als fiskalische Einnahmequelle benutzt, sondern im wesentlichen auf den Ersatz der Prägungsunkosten beschränkt. Heute entspricht die (nur fiktive) Goldparität der DM 0,211588 g Gold.

Als Arten der Münzen unterscheidet man Kurantmünzen und Scheidemünzen, je nachdem es sich der gesetzlichen Regelung nach um Kurantgeld oder Scheidegeld handelt. Daneben kommen viel seltener sog. Kassenmünzen (mit Annahmezwang nur für öffentliche Kassen), endlich sog. Handelsmünzen vor. Handelsmünzen werden ohne gesetzliche Zahlkraft für Auslandsgebiete hergestellt, wo der Wille des Verkehrs sie als Geld anerkennt. Sie sind also freies (fakultatives) Geld (z. B. der Maria-Theresien-Thaler, in Österreich für den Orient geprägt).

Eine weitere Erscheinungsform des Geldes stellt das sog. **Kreditgeld** dar. Im weitesten Sinne des Begriffs verstehen wir darunter alle Geldzeichen und Girobuchungen, in denen Ansprüche auf Geld ihre Beurkundung finden, also z. B. einlösbare Banknoten, ferner Wechsel sowie alle zu Zahlungszwecken verwendeten Geldforderungen, d. s. alle Guthaben, durch deren Abtretung (Überschreibung, Girierung) an Dritte man Zahlungen leistet. Werden diese Geldforderungen von ihrem Schuldner eingelöst, so verschwindet damit dies Kreditgeld bzw. Giralgeld vom Markte. Die kreditären Zahlungsmittel vertreten im Umlauf häufig die Stelle anderen Geldes, auf das sie lauten und das dann evtl. als Deckungsreserve ihre Einlösung sicherstellt. Die Urkunden- oder Buchkredite, die in dieser Weise den Umlauf konkreter geldlicher Zahlungsmittel ersetzen, sind oft Formen des sog. zirkulatorischen Kredits (s. u.).

Voll gedecktes Kreditgeld ist praktisch zunächst von der gleichen Wesenheit wie die Geldbeträge der Deckung, deren Repräsentant dies Kreditgeld dann gleichsam nur ist. Banknoten z. B., die voll in Gold gedeckt und jederzeit einlösbar sind, sind natürliches alias freies Geld. Oft freilich kommt es vor, daß solche Geldzeichen sich gleichsam selbständig machen, indem sie als Geld ausgegeben werden bzw. ihre Geldfunktion behalten, ohne daß der Anspruch auf Geld, den sie beurkunden, verwirklicht werden könnte, ohne daß also Geld als Deckung wirklich hinter ihnen steht. Wenn diese Geldzeichen somit nicht in endgültiges Geld umgetauscht werden können, so daß ihnen die Einlösbarkeit fehlt, so sind sie zu stoffwertlosem Zeichengeld geworden, nämlich zu Konventionsgeld, wenn die Konvention ihre Geltung bewirkt, oder zu Zwangsgeld, wenn der Gesetzesbefehl diese Geltung durchsetzt und sie damit zu definitivem Geld (alias Währungsgeld) erhebt. Über die Schaffung zusätzlicher Kaufkraft durch die Verselbständigung des Kreditgeldes vgl. S. 269 ff., 309.

Die Entwicklung der „Kreditwirtschaft" (S. 78) hat die Form des Kreditgeldes stark in den Vordergrund gestellt. An der Stelle der „pensatorischen" Zahlung (durch Abwägen von Metall usw.) beherrscht heute die „chartale" und die „girale" Zahlung den Verkehr:

Die chartale Zahlung durch Übergabe von „gezeichneten Stücken", denen von der Rechtsordnung autoritativ eine bestimmte Geltung beigelegt ist" (Knapp), bedient sich heute vor allem des sog. Bankgeldes. Als solches kommen Banknoten in Betracht, die bei vorgesehener Einlösbarkeit Zahlungsversprechen der ausgebenden Notenbank darstellen, ferner waren z. B. im Deutschen Reich Rentenbankscheine und (seit 1940) Reichskreditkassenscheine im Umlauf. Die Banknoten werden bekanntlich von Notenbanken geschaffen, die ihre

Herstellung durch eine Druckerei veranlassen. Die Notenbank gibt die Noten entweder beim Ankauf von Gold oder Silber in Zahlung, oder sie gibt mit ihnen Kredit, sei es, daß sie damit Schuldverschreibungen des Staates erwirbt oder daß sie mit ihnen (im sog. Wechseldiskontgeschäft) Wechsel kauft oder Wertpapiere beleiht (Lombardgeschäft) oder ankauft (Offenmarktgeschäft). Auch der Staat selbst setzt auf ähnliche Weise mit Ausgabe von Staatsnoten, Schatzwechseln, Kassenscheinen usw. solches chartales Geld in Umlauf. Auch sog. Geldsurrogate wie Wechsel, Schecks, fällige Zinskupons u. dgl. kursieren als Kreditgeld. Die Noten (Banknoten und Staatsnoten) stellt man zusammen mit den Münzen dem übrigen Kreditgeld als Bargeld oder Stückgeld gegenüber.

Die girale Zahlung andererseits erfolgt durch rechnungsmäßige Übertragung (Umschreibung) von Guthaben bei Dritten. Hier fehlt also die Verbriefung des Geldanspruchs in einer besonderen umlaufenden Urkunde, wir haben hier die abstrakteste Form des Geldes überhaupt. Der Anspruch wird nur in den Büchern ersichtlich gemacht. Aber die Guthaben (Einlagen) der Bankkundschaft (die sog. Depositen) vermitteln im Wege ihrer Überschreibung (Girierung) von Konto zu Konto ebensogut die Umsätze von Waren wie die Zahlung mit Bargeld, Schecks oder Wechseln. Man spricht daher bei dieser Funktion der Giroguthaben auch von Buchgeld oder Giralgeld. Es beruht auf der Einzahlung bei einer oder Krediteinräumung seitens einer Bank und kann daher auch als Kreditgeld im engeren Sinne bezeichnet werden. So ist z. B. in Deutschland die Überweisung auf ein Bankgiro-, Spargiro- oder Postscheckkonto und im internationalen Zahlungsverkehr die telegraphische Auszahlung (Kabeltransfer) heute besonders häufig. Auch die Aufrechnung fälliger Forderungen (clearing) gehört hierher. An der Schaffung von Buchgeld sind in den Marktwirtschaften neben der Zentralbank vor allem auch die privaten Geschäftsbanken (Kreditbanken) mit ihren Sichtdepositen beteiligt. Diese Methoden einer bargeldlosen Zahlung bewältigen heute den weitaus größten Teil der Umsätze, und zwar besonders im Bereich der Großproduktion und im kaufmännischen Verkehr, während vor allem die Löhne und Mieten sowie die Einkäufe beim Kleinhandel meist in barem Geld (als sog. Konsumentengeld) gezahlt werden (weiteres siehe S. 270 ff.).

Wenn die Geldversorgung eines Landes in dieser Weise auf Zentralbankgeld und dem Giralgeld der Geschäftsbanken beruht, spricht man von einem Mischgeldsystem. Steht dabei die Notenbank als alleinige Zentralbank den Geschäftsbanken gegenüber (so in England und Frankreich), so ist das Mischgeldsystem einstufig, hat die

Zentralbank als alleinige Notenbank noch territoriale Zentralbanken unter sich, über die sie ihre Noten in Verkehr bringt, so spricht man von einem zweistufigen Mischgeldsystem (so in USA).

Das Kreditgeld herrscht heute in den **Währungen** der Kulturländer durchaus vor. „Währung" bedeutet i. w. S. die Geldverfassung (z. B. Metallwährung, Frankenwährung), i. e. S. die gesetzlich mit endgültiger Zahlkraft (d. h. mit Annahmezwang und Uneinlöslichkeit) ausgestattete Geldart eines Landes.

Als **Arten der Währung** unterscheidet man nach der Art der Begrenzung (Knapphaltung) des Geldumlaufs, die, wie wir im § 21 sehen werden, für die Stabilität des Geldwertes sehr wichtig ist:

1. Metallgebundene Währungen: Das Geld ist durch gesetzliche Vorschriften in einem bestimmten Verhältnis an ein Edelmetall gebunden, dessen natürliche Knappheit die Umlaufsbegrenzung selbsttätig (aber mitunter auch zu starr) bewirkt.
   Dies Verhältnis der Bindung an das Edelmetall kann sein
   a) das Legierungsverhältnis (Feingehalt) der Metallmünzen im Fall der Metallumlaufswährungen. So die Goldumlaufswährung als reinste Form der Goldwährung: Goldmünzen sind als Kurantgeld im Verkehr bei unbeschränkter Noteneinlösungspflicht der Notenbank sowie Prägemöglichkeit und Goldausfuhrfreiheit auch für Private. Darf die Notenbank die Noten außer gegen Gold auch gegen Devisen (S. 259) von Goldwährungsländern einlösen, so spricht man von Golddevisenwährung. Diese unmittelbar wirksame Bindung der Zahlungsmittelmenge an die natürliche Knappheit des Edelmetalls entspricht den Auffassungen des ökonomischen Liberalismus, insofern sie den Einfluß des Staates grundsätzlich ausschaltet;
   b) das Deckungsverhältnis des Notengeldes im Fall der meisten Metallkernwährungen mit Papiergeldumlauf. So die Goldkernwährung (Goldrandwährung): Im Inlandsverkehr sind nur Papiergeld und Scheidemünzen bei vorgeschriebener Golddeckung und Goldankaufspflicht der Notenbank. Zum Spitzenausgleich im Auslandsverkehr gibt die Notenbank Gold ab, die hier den gesamten monetären Goldbestand verwaltet. Für den nicht mit Gold gedeckten Teil des Notenumlaufs wird meist „bankmäßige" Deckung (durch bestimmt qualifizierte Handelswechsel) vorgeschrieben (vgl. S. 369). Das Verhältnis, in dem die Noten durch Gold gedeckt sind, kann sein:
      α) starr; so in England gemäß der Peelschen Bankakte von 1844 stets 100 % (abgesehen von einem ungedeckten Notenkontingent der Bank von England in Höhe von ursprünglich 18,5 Mill. Pfd. St.), vgl. S. 369;
      β) variabel: der Prozentsatz der Deckungspflicht bestimmt sich nach der Höhe des Notenumlaufs;
      γ) elastisch durch Erhebung einer Notensteuer: Unterschreitung eines bestimmten Deckungsverhältnisses (z. B. der auf dem europäischen Kontinent lange üblichen Dritteldeckung) macht notensteuerpflichtig (so die Deutsche Reichsbank bis 1931);

c) gleitend bestimmt im Fall der sog. manipulierten Währungen; hier ist die Gefahr einer zu starren Bindung an verfügbare Edelmetallmengen beseitigt, indem der Zahlungsmittelumlauf unter Zugrundelegung eines Kaufkraftindex reguliert wird. So die (von Irving Fisher und Keynes geforderten) Indexwährungen (weiteres über diese S. 279).

2. Staatlich frei geregelte Währungen, kurz „freie Währungen" genannt: Der Staat kann an Geld prägen und drucken, was und soviel er will, er allein bestimmt den Währungsgeldumlauf. Der Tauschwert des Geldes kann bei diesen freien Währungen höher sein als der Warenwert des Geldstoffs. Dann ist das Ausprägerecht der Privaten gesperrt oder beschränkt. So alle Papierwährungen. Diese Überantwortung der Umlaufsbegrenzung an den Willen der Regierung entspricht grundsätzlich den Auffassungen des ökonomischen Kollektivismus (Sozialismus und Kommunismus).

Über die **Wesensgrundlage des Geldes** stritten sich die metallistische und die nominalistische Theorie. Nachdem seit Aristoteles lange Zeit die Auffassung geherrscht hatte, Wesen und Wert des Geldes beruhe auf der Übereinkunft der Menschen, die sich dies allgemeine Umsatzmittel geschaffen hätten (Konventionstheorie), machten erst das Einströmen von Edelmetall aus dem neuentdeckten Amerika sowie die gleichzeitigen Münzverschlechterungen mit ihren Folgen der Geldentwertung die Geldtheoretiker auf den Stoffwert (Warenwert) des Geldes aufmerksam: Für den **Metallismus** oder die Stoffwerttheorie beruhen Wesen und Wert des Geldes auf dem Geldstoff, auch der Geldwert ist hier letztlich ein Warenwert (so noch B. Hildebrand, Roscher, Knies, Adolph Wagner, Landsburgh u. a.).

Gegen diese metallistische Auffassung sprach dann die Ausbreitung der Papierwährungen, denn bei diesen erfüllten Zahlungsmittel ohne jeden Stoffwert die Aufgaben des Geldes. So erklärte der **Nominalismus** das Geld dieser Zeit für „ein Geschöpf der Rechtsordnung" (Knapp). Wesen und Wert des Geldes beruhen nach ihm allein auf dem staatlichen Befehl, der seine Geltung ausspricht. Das Geld ist nur eine „Ausweiskarte", eine „Anweisung" auf Waren und Dienste. Ähnliches findet sich schon bei Plato und Aristoteles, später bei den Italienern Beccaria und Davanzati, bei James Stuart, Adam Müller. Die schärfste Formulierung des Gedankens findet sich in Knapps „Staatlicher Theorie des Geldes", 1905, der unter „Geld" allerdings nur „die wichtigste Art der jetzt noch gebräuchlichen Zahlungsmittel" versteht und praktisch eine Goldkernwährung billigte. Neuere Vertreter des Nominalismus waren auch Bendixen, Karl Elster, Simmel u. a.

Der Streit erweist sich sofort als müßig, wenn wir den Stufengedanken in seiner logischen Anwendung (vgl. § 7 zu I) auch in die Geldtheorie einführen und damit eine **Stufentheorie**

des Geldes an die Stelle der nominalistischen wie der metallistischen Theorie setzen:

Je nach der Wirtschaftsstufe nämlich, deren Tauschverkehr das Geld vermittelt, unterscheiden wir regionalwirtschaftliches Geld (vgl. das Notgeld der Gemeinden, das bei starker Deflation oder fortgeschrittener Inflation mitunter zur Ausgabe kam), volkswirtschaftliches Geld und weltwirtschaftliches Geld. In dem pyramidenartigen Aufbau, den diese drei Wirtschaftsstufen, die Regional-, die Volks- und die Weltwirtschaft bilden, ist, wie Spann es ausgedrückt hat, jede Stufe in der nächsthöheren „befaßt", d. h. sie ist in ihr durch arbeitsteilige Verflechtung und Eingliederung als Gliedgebilde enthalten, wie jedes Glied im nächsthöheren Ganzen auch eines biologischen Organismus enthalten ist. Ganz ebenso ist auch in unserer obigen Zweckstufenfolge das Geldwesen der niedrigeren Wirtschaftsstufe im Geldwesen der nächsthöheren Wirtschaftsstufe „befaßt". Wie aber die Regionalwirtschaften in ihrer Volkswirtschaft, die Volkswirtschaften in der Weltwirtschaft sich ein mehr oder weniger starkes Eigenleben wahren können, so kann auch das Geld einer jeden dieser Stufen gegenüber dem Geldwesen der ihr übergeordneten nächsthöheren Stufe eine größere oder geringere Selbständigkeit seines Wesens aufweisen. Je stärker der Wirtschaftsbereich der niedrigeren Stufe sich durch Autarkie und Selbstversorgung auf sich selbst stellt und damit auf die Vorteile arbeitsteiliger Eingliederung glaubt verzichten zu müssen, desto weniger braucht sein Geldwesen auf dasjenige des Wirtschaftsbereiches der höheren Stufe Rücksicht zu nehmen. Je mehr dagegen der niedrigerstufige Wirtschaftskomplex im höherstufigen aufgeht, indem er (mit Aus- und Einfuhr usw.) an dessen Arbeitsteilung teilnimmt, desto mehr wird er auch sein Geldwesen nach demjenigen dieses umfassenderen Wirtschaftsbereichs richten müssen.

So entspricht es nur der heute sehr weitgehenden Eingliederung und Einordnung der Einzel- und Regionalwirtschaften in die Volkswirtschaft, wenn auch in größeren Gemeinden ein eigenes Geld regelmäßig nicht besteht und nicht geduldet wird. Wo einmal die Gemeinden Notgeld ausgeben konnten, hatten sie dafür zu sorgen, daß es (durch entsprechende Deckung mit Kurantgeld) fest in dem Geldwesen der höheren Stufe, dem volkswirtschaftlichen Geld, verankert war. So beruhte das Wesen dieses regionalwirtschaftlichen Geldes ganz auf dem Wesen des volkswirtschaftlichen Geldes, in dessen Ergänzung und Stellvertretung es nur auftrat. Die Volkswirtschaften dagegen sind heute noch erst viel weniger eng und weitgehend in die weltwirtschaftliche Arbeitsteilung eingegliedert. Gerade in neuerer Zeit machte sich z. B. unter dem Druck der Weltwirtschaftskrise um 1930 bekanntlich eine wachsende Neigung zur Selbstgenugsamkeit (Autarkie), d. h. zur Ausgliederung der Volkswirtschaften aus der Weltwirtschaft, bemerkbar. Daher kann die Wesensgrundlage des volkswirtschaftlichen und die des weltwirtschaftlichen Geldes sehr wohl verschieden sein. Sehen wir hier etwas näher zu.

Um seine Mittlerrolle im Tauschverkehr eines Wirtschaftsbereiches erfüllen zu können, bedarf das Geld der Allgemeingeltung in diesem Wirtschaftsgebiet. Sein Wesen liegt in dieser seiner Geltung begründet. Unsere Bestimmung des Geldbegriffs (S. 232 f.) sagte uns das. Wie uns die Bestimmung der Geldarten zeigte, kann diese Geltung des Geldes beruhen auf der allgemeinen Wertschätzung des Geldstoffs, auf Sitte oder Konvention, endlich auf dem Geltungsgebot (Nennwertbefehl) der politischen Macht. Dieser letzte Geltungsgrund, das Geltungsgebot der politischen Macht, entspricht dem Wesen des volkswirtschaftlichen Geldes ganz und gar, dem des weltwirtschaftlichen Geldes dagegen ganz und gar nicht. Der Grund dafür liegt in der Verschiedenheit der politischen Organisierung dieser Wirtschaftsstufen. Die Volkswirtschaften sind heute politisch als Staaten organisiert, ihre Glieder, die Einzel- und Regionalwirtschaften, sind heute straff von der Staatsgewalt zusammengefaßt. So ist das Geltungsgebot der politischen Macht, d. h. hier der staatliche Nennwertbefehl, ihnen gegenüber leicht durchzusetzen. In der Volkswirtschaft stoffwertes Geld umlaufen zu lassen, wäre insofern (wenn wir hier von den Beziehungen zur Weltwirtschaft einmal absehen) überflüssiger Aufwand, wäre Stoffvergeudung. Eine so starke Stellung der Kollektivgewalt läßt das individualistische stoffwerte Geld insofern als überflüssig erscheinen. Tatsächlich ist denn auch das stoffwerte Metallgeld in den Volkswirtschaften heute im großen und ganzen desto mehr aus dem Verkehr gezogen und durch Zeichengeld (uneinlösliches Papiergeld) ersetzt worden, je mehr diese Volkswirtschaften unter erstarkender Zentralgewalt zu einheitlichen Wirtschaftskörpern wurden. F ü r d a s v o l k s w i r t s c h a f t l i c h e G e l d a l s s o l c h e s h a t t e i n s o f e r n d e r N o m i n a l i s m u s r e c h t.

Ganz anders steht es dagegen mit der W e l t wirtschaft. Deren Glieder, die Volkswirtschaften, stehen heute unter keiner gemeinsamen politischen Gewalt, ihnen gegenüber läßt sich kein Geltungsgebot durchsetzen. Daher muß es hier bei der anderen Geltungsgrundlage, der freiwilligen allgemeinen Wertschätzung des Geldstoffs, sein Bewenden haben. Alle Pläne einer vom Geldstoff (insbesondere vom Golde) losgelösten „Weltwährung" sind so lange utopisch, als die weltwirtschaftliche Zentralgewalt fehlt, die den Volkswirtschaften gegenüber den Geltungsbefehl für solch ein Zeichengeld durchsetzen könnte.

Solange die Gesellschaft der Völker auf dem Individualismus der Nationen beruht, verträgt sie kein kollektives Zeichengeld. Weltgeld ist daher auch heute noch das Metallgeld, insbesondere das Gold. Für das weltwirtschaftliche Geld hatte insofern der Metallismus recht.

Nun wirkt freilich die metallistische Wesenheit des weltwirtschaftlichen Geldes insofern auf das Wesen auch des volkswirtschaftlichen Geldes zurück, als dieses ja, wie wir sahen, im weltwirtschaftlichen Gelde „befaßt" ist. Das bedingt eine Einschränkung unseres obigen Zugeständnisses an den Nominalismus für das volkswirtschaftliche Geld. Diese Einschränkung geht genau so weit, wie die Verflechtung der betreffenden Volkswirtschaft in die Weltwirtschaft geht. Lockert sich diese Verflechtung, wird also die Eingliederung der Volkswirtschaft in die Weltwirtschaft weniger eng, so lockert sich auch diese Rückverbundenheit des volkswirtschaftlichen im weltwirtschaftlichen Gelde und damit der metallistische Einschlag im Wesen des volkswirtschaftlichen Geldes. Zersetzungen des höherstufigen Wirtschaftsorganismus bedingen immer eine gewisse Verselbständigung des Geldwesens der niedrigstufigen Wirtschaftsbereiche. So brachte die Zersetzung der Weltwirtschaft, die von der Blockadegefahr seit dem ersten Weltkrieg und weiterhin von der deflatorischen Weltwirtschaftskrise von 1930 bedingt wurde, den Nominalismus des ungedeckten Papiergeldes in vielen Geldsystemen zur Herrschaft, die Zersetzung der deutschen Volkswirtschaft als Folge der Zerrüttung ihres Geldwesens durch die Nachkriegsinflation von 1919 bis 1923 brachte regionales Papiergeld in den Gemeinden zum Entstehen usw. Ganz entsprechend aber wie damals die (kommunalen) Regionalwirtschaften ihr Notgeld mit volkswirtschaftlichem Geld zu decken suchten, so hält die Rücksicht auf ihre Weltwirtschaftsverflochtenheit auch heute die Volkswirtschaften doch grundsätzlich dazu an, ihr Geld möglichst in höherem oder geringerem Grade mit weltwirtschaftlichem Gelde (d. s. wesentlich Goldreserven) gedeckt zu halten.

Natürlich kann trotz alledem eine Volkswirtschaft auch als Glied der Weltwirtschaft auf die Tauschvermittlung des weltwirtschaftlichen Geldes, auf die Teilnahme am Geldwesen der Weltwirtschaft also, jederzeit verzichten. Auch die Einzel- und Regionalwirtschaften als Glieder der Volkswirtschaften könnten ja jederzeit zum Naturaltausch zurückkehren. Aber beide, Einzel- wie Volkswirtschaften, müssen dann alle die Vorteile opfern, die die Entwicklung von der Naturaltauschwirtschaft zur Geldwirtschaft der Wirtschaftsgesellschaft gebracht hat. Insbesondere auf die wichtigen Dienste, die das Geld als Zwischentauschgut für den mittelbaren Tausch (den Tausch gleichsam

„um die Ecke") sowie als Wertaufbewahrungsmittel leistet, muß dann verzichtet werden. An die Stelle des multilateralen (mehrseitigen) Handelsverkehrs, in dem jeder Staat die Passivität seiner Handelsbilanz gegenüber einigen Ländern durch eine entsprechende Aktivität derselben gegenüber anderen Ländern ausgleichen kann, tritt dann zwangsläufig der bilaterale (zweiseitige) Handelsverkehr mit seinen Verrechnungsabkommen und Einfuhrkontingentierungen (S. 264) als ein „Kurzschluß der Weltwirtschaft" (W. Röpke). Denn wie z. B. der Einzelne in der geldlosen Volkswirtschaft (Naturaltauschwirtschaft) meist von der Hand in den Mund lebt und die Wechselfälle seiner Wirtschaftslage dann nur mit dem Hungerriemen ausgleichen kann, so läßt sich ohne den Ballast ausreichender Goldreserven auch die Lage der Volkswirtschaft in den Konjunkturwellen der Weltwirtschaft nur durch ständige wirtschaftspolitische Eingriffe (Devisenordnungen, Einfuhrbeschränkungen, Verrechnungsverträge usw.) stabil erhalten. Solche Eingriffe schränken die internationale Arbeitsteilung stark ein. Als kollektivistische Bindungen der Wirtschaft enthalten sie eine gewisse Gefahr der Lähmung von Produktion und Verteilung um so mehr, als der Kollektivismus (der Zwangsgehalt) ihrer Eingriffe dann nicht willkürlich nach den oben (§ 18) aufgestellten Regeln dosiert werden kann, sondern vollkommen zwangsläufig durch die jeweilige Wirtschaftslage bedingt wird. Unsere Ausführungen zur Zahlungsbilanztheorie (S. 261 ff.) werden noch nähere Belege hierzu bringen. Alle Vorschläge, die die nationalen Währungen vom Golde unabhängig machen wollen, geraten an diesem Punkte in Bedrängnis. Insofern ist dem Nominalismus auch für das volkswirtschaftliche Geld praktisch nur hinsichtlich des Geldumlaufs, nicht auch hinsichtlich der Gelddeckung recht zu geben. Wesen und Wert des Geldes beruhen ja letztlich stets auf seiner Aufgabe bzw. Eignung, den Tauschverkehr der Güter zu vermitteln (Funktionstheorie des Geldes).

Die Goldreserven einer metallischen Notendeckung bedeuten dann praktisch gleichsam vorgetane Ausfuhrleistungen der Volkswirtschaft. Sie ermöglichen ihr insbesondere für Notzeiten meist einen Rückgriff auf Überschüsse anderer Nationen. Zur Deckung von Rüstungsbedarf im Kriegsfall sind auch Goldbestände allerdings nur bedingt brauchbar: Voraussetzung ihrer Verwendung zu diesem Zweck ist das Vorhandensein von Handelspartnern, die auch im Kriege gegen Gold zu liefern bereit sind, und die genügende Sicherung der Handelswege zu diesen Partnern.

Wir sind nunmehr schon zur Betrachtung der wirtschaftlichen Bedeutung, der **Produktivität des Geldes** übergegangen, wie sie in seinen Funktionen zum Ausdruck kommt. Das Geld, grundsätzlich ein Produktionselement wie alle übrigen Produktivmittel der Wirtschaft, zeigt in der Art seiner Produktivitätswirkung doch ganz besondere

Eigentümlichkeiten. Als Zahlungs-, Wertaufbewahrungs- und Wertausdrucksmittel vermittelt es, wie wir sahen, den Austausch aller Güter und Leistungen der arbeitsteiligen Marktwirtschaft von Person zu Person und in der Zeit. Es ist „das große Rad des Umlaufs" (Adam Smith). Dabei ermöglicht das Geld die Preisbildung des Marktes und damit erst eine erweiterte Arbeitsteilung und Kostenrechnung in der Produktion. In dieser Kostenrechnung, die Kostengüter und Produkte mit ihren Marktpreisen auf den Generalnenner des Geldes bringt, ermöglicht das Geld den Einzelwirtschaften den überindividuellen Wertvergleich von Nutzen- und Kostengütern, d. h. eine rationale Wirtschaftsrechnung (Rentabilitätsrechnung) mit aller ihrer Bedeutung für die Produktivität der Wirtschaft (S. 61). Diese Kostenrechnung der Einzelwirtschaften dient der (genügend elastischen) Marktwirtschaft als Produktivitätskontrolle in allen Reifestadien der Produktion. Insofern wirkt die Geldrechnung als die magnetische Kraft, die alle die unzähligen Atome der arbeitsteiligen Marktwirtschaft tendenziell (d. h. ungeachtet vorübergehender „Deklinationen") auf das gemeinsame Produktionsziel ausrichtet.

Diese Regulierungsfunktion des Geldes geht noch weiter. Vom Preisbildungsmechanismus und damit vom Geldwesen hängt, wie wir sahen, die Elastizität (Umgruppierungs-, Selbststeuerungsfähigkeit) der weitgehend freien Marktwirtschaft vor allem ab. Damit wird das Geld zu einem wichtigen Vermittler aller Wirtschaftselastizität, aller jener selbsttätigen Umgruppierungen also, mit denen die freie Marktwirtschaft das nach der jeweiligen Lage bestmögliche Wirkungsverhältnis ihrer produktiven Kräfte wiederherzustellen strebt. Insofern wirkt jeder Fehler der Geldpolitik auf das ganze Gefüge der Wirtschaft ein, dessen sämtliche Verhältnisse (Proportionen) er notwendig verzerrt. Das gilt durchaus auch für die gelenkte, und es gilt selbst für die Planwirtschaft, soweit sie sich des Geldes zur Umsatzvermittlung bedient. Das Produktivitätsgesetz zeigte uns die ausschlaggebende Bedeutung, die diesen Verhältnismäßigkeiten im Wirkungsverhältnis der Produktivmittel für die Ergiebigkeit (Produktivität) der Volkswirtschaft zukommt. Optimal in diesem Sinne ist dann jeweils diejenige Menge des Geldes, die die produktive Entfaltung der Wirtschaft am meisten fördert. Danach läßt sich der Umfang der Produktivitätslähmung beurteilen, die eine Störung im Geldwesen sehr bald bis in die letzten Glieder der Volkswirtschaft hinein ausüben muß.

Der Geldbedarf einer Sozialwirtschaft entspricht der Geldmenge, die nötig ist, um den Austausch (Umsatz) des Sozialprodukts (an Waren, Immobilien und Dienstleistungen) bei gegebenem Preisstande und gegebener Umlaufsgeschwindigkeit des Geldes zu vermitteln. Er ist je nach Größe, Bevölkerungszahl, Produktionstechnik und Ausnutzungsgrad einer Sozialwirtschaft, aber auch rein zeitlich (z. B. Lohnzahlungstermine, Weihnachtssaison) verschieden.

Als Wertaufbewahrungsmittel ermöglicht das Geld Sparen und Kapitalbildung. Dadurch erst werden der Wirtschaft weittragendere Unternehmungen mit konzentrierten, technisch voll ausgerüsteten Kräften möglich, sie lebt nicht mehr wie die Naturalwirtschaft nur „von der Hand in den Mund". Die Versammlung bestimmter Wirtschaftskräfte an bestimmten Punkten (in Großbetrieben u. dgl.), die das Geld so ermöglicht, ist neben der Preisbildung der Märkte eine weitere wichtige Voraussetzung erweiterter Arbeitsteilung. Durch die Möglichkeit der Thesaurierung wird das Warten auf günstige Kaufgelegenheiten möglich. Auch dem Kapitaltransport sowie dem Kapitalverkehr im Wege der Begründung von Kreditverhältnissen (S. 238) leistet das Geld als Kaufkraftträger wesentliche Dienste, und diese letztgenannte Funktion verdrängt in der Kreditwirtschaft bald mehr und mehr seinen Gebrauch als Wertaufbewahrungsmittel.

Das Geld in der Wirtschaft ist dem Öl in einer Maschine vergleichbar. Dieses hat selbst keine Triebkraft (wie auch Geld allein ohne Güter machtlos ist), aber es vermittelt das reibungslose Zusammenwirken aller Maschinenteile, und eine Störung seiner Funktion macht sich sofort in allen Teilen der Maschine unheilvoll bemerkbar. — Über den Einfluß des Geldes auf die Wirtschaftsentwicklung s. S. 77 unter III.

Unrichtig ist jedoch die Ansicht Silvio Gesells, das Geld schaffe den Zins, weil es im Unterschiede zu den Waren hervorragend absatzfähig und wertbeständig sei[2]. Das Geld ist immer nur Vermittler im Tauschverkehr. Ein Zins muß ja auch im Fall der Naturalleihe (z. B. der Getreideleihe), also ohne die Dazwischenkunft des Geldes, für jede Kapitalüberlassung gezahlt werden, denn Zins ist nichts weiter als der Preis zeitweiliger Überlassung von Kapitalgütern (S. 307). Abwegig ist daher auch Gesells Auffassung, man könne den Zins beseitigen durch Schaffung eines Geldes, das im Zeitablauf seinen Wert vermindere, des sog. **Schwundgeldes,** das nur durch periodisches Aufkleben käuflicher Marken (10 Pfg. je Woche auf einen Hundertmarkschein) seinen Wert behalten soll. Dieses Schwundgeld würde die Aufgabe des Geldes, als Wertaufbewahrungsmittel zu dienen, nicht erfüllen können. Die infolgedessen einsetzende Warenhamsterei würde schwere Produktivitätsverluste bedingen. Die Kapitalbildung durch Geldsparen würde aufhören, und die Banken würden auch kein Geld der Sparer mehr annehmen. Der Zins würde nicht verschwinden, sondern eher noch steigen. Der Umlauf des Geldes, der Pulsschlag der Wirtschaft, würde meist unnatürlich und immer unkontrollierbar beschleunigt werden, was die Wirtschaft auf die Dauer so wenig aushalten könnte wie der Mensch ständige Kampferinjektionen. Für eine „Redeflation" (S. 277) gibt es geeignetere Wege. Günstige Ergebnisse von Einzelanwendungen auf begrenzten Teilgebieten

[2] Silvio Gesell, Die natürliche Wirtschaftsordnung durch Freiland und Freigeld, 1919.

der Wirtschaft besagen daher nichts für eine Anwendung des Schwundgeldgedankens auf die Dauer und im großen. Sie gehen meist auf Kosten der übrigen Wirtschaftsgebiete, bei denen sich diese Anwendung im großen im Hinblick auf die Inflationsgefahr (S. 271) verbietet. Nach allem würde sich diese Zeitsteuer auf den Geldgebrauch — darauf kommt ja Gesells Forderung im Ergebnis hinaus — volkswirtschaftlich auf die Dauer als sehr wenig lohnend erweisen.

§ 21 Der Wert des Geldes

Unter „Wert" des Geldes versteht man einerseits die subjektive Wertschätzung, die der Einzelne für die Einheit des Geldes hat, über das er verfügt. Diese Wertschätzung ist beim Armen meist hoch, beim Reichen meist niedriger. Diesem individuellen, subjektiven Wert des Geldes tritt sein objektiver, gesellschaftlicher Wert als Marktwert des Geldes gegenüber. Er bedeutet, um einige **Begriffe** vorweg zu klären, seine Kaufkraft gegenüber den anderen Gütern (Sachgütern und Arbeitskräften). Diese Kaufkraft des Geldes hängt in der Regel[1] vom Preisstande der Güter und Leistungen ab: Je höher die Preise, desto geringer der Geldwert und umgekehrt. Der Geldwert ist insofern umgekehrt proportional dem durchschnittlichen Preisstande, dem Preisspiegel. Diesen und damit auch den Geldwert sucht man durch Aufstellung vergleichender Preisindizes wenigstens nach Möglichkeit zu messen. Der sog. Inlandswert des Geldes zieht dabei nur den inländischen Preisspiegel in Betracht. Der Auslands- oder Kurswert der Geldart (Währung, Valuta) eines Landes dagegen bestimmt sich durch deren Eintauschverhältnis gegenüber den ausländischen Währungen.

Die annähernde **Messung des Geldwertes** im Inland erreicht man mit den Indexziffern der Lebenshaltungskosten, den sog. Teuerungszahlen. Diese Meßzahlen setzten in Deutschland die jeweilige Höhe der Lebenskosten zunächst in Beziehung zu den gleich hundert gesetzten Lebenshaltungskosten der Jahre 1913/14. Dabei lag ein dem durchschnittlichen Vierwochenbedarf einer fünfköpfigen Arbeiterfamilie (2 Erwachsene, 1 Knabe von 12, 1 Mädchen von 7 und ein Kind von 1½ Jahren) entsprechendes Ausgabenbudget zugrunde, das durch statistische Erhebung einer Anzahl von Haushaltsrechnungen gewonnen war. Danach entfiel etwas mehr als die Hälfte der Gesamtausgaben eines solchen Haushalts auf Ernährung, etwa 1/10 auf Bekleidung und etwa 1/20 auf Heizung und Beleuchtung. Später wurden zunächst das Jahr 1938, danach das erste Quartal 1949, das Jahr 1950 und schließlich das Jahr 1958 zugrundegelegt. Auch wird heute vom Verbrauch einer nur vierköpfigen Familie ausgegangen, die ein Kind unter 14 Jahren und neben dem Haushaltsvorstand einen Mitverdiener aufweist. Seit 1925 berücksichtigt der deutsche Index auch die Ausgaben für Körperpflege, Reinigung, kulturelle Bedürfnisse und Verkehr. Der Lebenskostenindex ist

[1] Über die Unterscheidung von Gebrauchs- und Tauschwert des Geldes für den Fall von Höchstpreisen bei Verbrauchsrationierung s. S. 254. Wir sehen hier von diesem Fall des sog. Geldüberhanges zunächst ab.

durch diese Berücksichtigung der Verbrauchsmengen, die als sog. Wertigkeitszahlen das den einzelnen Preisen in der Haushaltsrechnung zukommende Gewicht ausdrücken, ein sog. gewogener Index.

Zu einer noch etwas genaueren Messung des inländischen Geldwertes wäre eine Berücksichtigung auch der Preise für Leistungen (der Löhne, Gehälter, Honorare usw.) sowie der Großhandels- und Börsenpreis erforderlich. Der Vergleich der so gemessenen Geldwerte verschiedener Länder oder Zeiten freilich ist insoweit nur beschränkt möglich, als der Verbrauch dann nach Art und Zusammensetzung oft nicht der gleiche ist. Letztlich bezieht sich jeder Index, wie schon Keynes feststellte, nur auf bestimmte Einkommensgruppen eines bestimmten Landes. So macht auch die Einkommensstatistik der BRD heute drei verschiedene Einkommensniveaus zum Gegenstand ihrer Untersuchungen.

Der Streit von Metallismus und Nominalismus ging nur um die Wesensgrundlagen des Geldes und seines Wertes (qualitativ-statisches Geldproblem). Demgegenüber betrachtet die **Theorie des Geldwertes,** wie sie uns hier beschäftigt, die Bestimmungsgründe, die für die jeweilige Höhe und die Bewegungen des Geldwertes maßgebend sind (quantitativ-dynamisches Geldproblem).

Diese Theorie des Geldwertes geht zweckmäßig von der Funktion (d. h. der Leistung) des Geldes **in der Marktwirtschaft** aus. Diese Funktion, die Produktivitätsaufgabe des Geldes, erkannten wir vor allem darin, daß es die Preisbildung und damit die Umgruppierungen vermittelt, mit denen die elastische Sozialwirtschaft der Bestkombination (dem bestmöglichen Wirkungsverhältnis) ihrer Produktivmittel zustrebt. Das Wesen des Vermittlers liegt in der strengen Beschränkung auf seine Vermittlungsaufgabe. So ist die Luft ein guter Vermittler optischer Eindrücke, weil sie selbst auf die entstehenden Bilder nicht einwirkt; das Wasser dagegen ist dafür ein viel schlechteres Medium, weil es dem Hindurchblickenden die Bilder von sich selbst aus verschiebt und verzerrt. Daher leistet auch das Geldwesen seine Vermittlung der Preisbildung nur dann vollkommen, wenn von ihm selbst keinerlei Einfluß auf die Höhe der Preise ausgeht, wenn es sich also der Preisbildung gegenüber selbst völlig neutral verhält. Das Geld „darf nicht selbst Preise machen, sondern sie nur ausdrücken" (Ad. Weber). Ein im Durchschnitt konstantes allgemeines Preisniveau, zu deutsch ein gleichbleibender Preisspiegel, d. h. also ein im Ganzen unveränderlicher Geldwert, bedeutet insofern ein ideales Funktionieren des Geldes, wenn wir dabei zunächst an eine freie, isolierte Volkswirtschaft denken.

Das Produktivitätsgesetz als ertragstheoretisches Grundgesetz aller Wirtschaftstheorie sagt uns, daß alle Produktionsfaktoren nach Quantität und Qualität in einem bestimmten bestmöglichen Wirkungsverhältnis mit den übrigen Faktoren kombiniert sein müssen, wenn sie ihren produktiven Beitrag zum Ertrage des Wirtschaftskomplexes maximal leisten sollen. Das gilt auch für den Produktionsfaktor „Geld". Auch das Geld muß nach Quantität, also rein mengenmäßig, wie auch nach Qualität, also nach seiner Leistungsfähigkeit als Umsatzvermittler, mit den übrigen Produktionsfaktoren in einem Bestverhältnis stehen, wenn es seinen „produktiven Beitrag", die bloße Vermittlung der Preisbildung, die reine Mediumsfunktion, bestmöglich leisten soll. Dieses Bestverhältnis betrifft freilich nicht schlechthin die Nennwertbezeichnung der Geldmenge. An und für sich ist es völlig gleichgültig, ob die Geldmenge, die die Umsätze vermittelt, mit einer sehr hohen oder niedrigen Zahl bezeichnet wird. Das Volksvermögen entspricht ja nicht schlechthin der in der Volkswirtschaft vorhandenen Geldmenge, sondern es besteht allein aus den in ihr verfügbaren Gütern. Ist aber der Geldfaktor den übrigen Produktionsfaktoren einmal in einem bestimmten Mengenverhältnis gegenübergetreten, so hat er dadurch deren durchschnittlichen Preisstand (den Preisspiegel) bestimmt und somit seinen Wert (d. i. seine Kaufkraft gegenüber jenen Faktoren) erhalten. Denn wenn eine bestimmte Menge Geldes eine bestimmte Menge verschiedener Waren und Leistungen kauft, so muß die Summe der Preise dieser Waren und Leistungen gleich jener Summe Geldes sein, und die Kaufkraft der Geldmenge ist also gleich der Menge der Waren und Leistungen, multipliziert mit deren durchschnittlichem Preis. Jenes Mengenverhältnis des Geldfaktors zu den übrigen Produktionsfaktoren, das insofern den Wert des Geldes bestimmt, muß dann — eine gleichbleibende Umlaufsgeschwindigkeit des Geldes sei unterstellt — auch in der Folge gewahrt bleiben, wenn das Geld seine bloße Mediumsfunktion (Vermittlungsaufgabe) restlos erfüllen soll. Die in diesem Sinne optimale Geldmenge ändert sich also, wenn die anderen Produktionsfaktoren ihre Menge ändern. Wird dieses Entsprechungsverhältnis zwischen den nicht geldlichen und dem geldlichen Produktionsmittel — oder einfacher, obzwar ungenauer: zwischen der „Warenseite" und der „Geldseite" — einer Sozialwirtschaft gestört, so übt das Geld einen Einfluß auf den Preisspiegel aus, der über den Rahmen seiner bloßen Vermittlungsaufgabe hinausgeht und den Geldwert verändert. Dieser Einfluß sei hier zunächst etwas näher betrachtet.

Der Einfluß, der von einer Veränderung der bloßen Menge (Quantität) des Geldes auf den allgemeinen Preisstand, also auf den Geldwert, ausgehen kann, ist schon sehr früh bemerkt worden. An der Sage von König Midas zeigt schon Aristoteles, wie das Gold durch eine Vermehrung seiner Menge entwertet wird. Nach ähnlichen Hinweisen auch bei Nicolaus Oresmius (Bischof von Paris im 14. Jahrhundert) führte der französische Staatsmann Jean Bodin (im 16. Jahrhundert) aus, das Einströmen von Silber aus dem entdeckten Amerika wirke preissteigernd, da es die Nachfrage steigere, zumal dafür Waren aus dem Lande gingen. So senke die Vermehrung des Geldes dessen Wert. Die Auffassung der älteren, sog. naiven Quantitätstheorie besagte im ganzen, der Geldwert ändere sich im umgekehrten Verhältnis zur Geldmenge.

Aber wie ein fleißiger Arbeiter ein anderer Produktionsfaktor ist als ein träger, so spielt auch die Aktivität des Umsatzvermittlers „Geld" als reine Qualität neben seiner Quantität in dem Entsprechungsverhältnis des Geldes zur „Warenseite" eine Rolle. Der fünfmalige Umlauf einer kleinen Menge Geldes bewältigt ebensoviel Umsätze von Waren oder Leistungen wie der einmalige Umlauf einer fünffachen Menge Geldes. Diese Aktivität des Geldes, d. h. also die Fähigkeit der Geldeinheit, Umsätze zu vermitteln, wurde als sog. Umlaufsgeschwindigkeit des Geldes sehr bald auch von der Quantitätstheorie neben der bloßen Menge des Geldes berücksichtigt: Vergrößerte Umlaufgeschwindigkeit wirkt ebenso wie vergrößerte Geldmenge. Schon bei John Locke (1632 bis 1704), später bei David Hume (1711 bis 1776) und Cantillon finden sich Hinweise darauf.

In der Tat ist diese Umlaufsgeschwindigkeit des Geldes sehr bedeutsam für die umsatzvermittelnde Leistung des Geldes. Sie besagt, wie oft eine bestimmte Geldmenge in einem bestimmten Zeitraum den Eigentümer wechselt und damit den Umsatz von Waren oder Dienstleistungen vermittelt. Diese Leistungsintensität des Geldes ist z. B. bei Horten gleich Null, bei Spargeldern meist gering, bei Bankdepositen und Kassenbeständen (je nach der „Kassenhaltung") meist groß. Dabei kommt es also nicht nur auf die Größe der Depositen oder Kassenbestände, sondern auch auf die Dauer ihres Liegenbleibens an. Je größer der Anteil der beständigen Güter (S. 49) an der Produktion ist, desto geringer ist (ceteris paribus) die Umlaufsgeschwindigkeit des Geldes. Auch von den Zahlungssitten sowie allgemein von der Differenziertheit und Durchgliederung einer Sozialwirtschaft hängt die Umlaufsgeschwindigkeit ab, und Keynes ging bei seiner Vollbeschäftigungstheorie bekanntlich von dem Liquiditätsbedürfnis aus, das den Sparer zum Horten seiner Ersparnisse veranlasse (S. 312, 370). Beim Glauben der Bevölkerung an steigende Preise bzw. an Inflationsgefahr (Flucht in die Sachwerte) läuft das Geld schneller um als bei Aussicht auf sinkende Preise oder bei Befürchtung von Bankzusammenbrüchen. Auch eine kurzfristige Zahlung der Gehälter und Löhne beschleunigt den Geldumlauf, weil sie das Liegenbleiben des Geldes in Haushaltskassen der Beamten, Angestellten und Arbeiter abkürzt. Allgemein bringt der Kredit die Geldmenge zu vielfacher Wirksamkeit, weil er das Geld aus den Händen derer, die es im Augenblick nicht benötigen, in die Hände derer überführt, die es benötigen und daher sogleich zum Umsatz bringen. Maßgebend für den Geldwert ist insofern die durchschnittliche Umlaufsgeschwindigkeit des Geldes. Ihre Zunahme wirkt, wie gesagt, ebenso wie eine vergrößerte Geldmenge. Im ganzen ist die Summe des umlaufenden Geldes meist noch nicht gleich einem Zehntel des Marktwertes aller Gütervorräte.

Die Quantitätstheorie wurde auch sonst allmählich verfeinert. Vor allem setzte z. B. schon Malthus die Geldmenge ins Verhältnis zur Menge der von ihr gekauften Waren. Danach bleibt also z. B. trotz steigender Geldmenge der Geldwert dann ungesenkt, wenn auch die „Warenseite" ihr Volumen entsprechend vergrößert. Auch die Umsatzhäufigkeit der Waren, die z. B. bei großer Lagerhaltung geringer ist, hat hier Bedeutung und hängt eng mit der Umlaufsgeschwindigkeit des Geldes zusammen. Durch diese Hinweise erst wurde die Frage des Geldwertes als Entsprechungsproblem, als eine Frage des Gleichgewichts von „Geldseite" und „Warenseite" nämlich (s. unten), erkannt. Was die Geldmenge selbst anlangt, so berücksichtigte man bald neben dem baren Geld auch die Menge der Geldsurrogate und des unbaren Kreditgeldes (Bank- und Giralgeldes), das freilich nur insoweit zusätzliche Kaufkraft schafft, als es sich vom Geldzeichen zum Zeichengeld verselbständigt (S. 236). So gelangte die neuere Quantitätstheorie (Simon Newcomb, Irving Fisher, Keynes, Cassel) zur mathematischen Formulierung folgender sog. Verkehrsgleichung:

$$P \cdot H = (G + G_1) \cdot U$$

d. h.: Der durchschnittliche Preisstand (P) mal dem Handelsvolumen (H, d. i. die Summe der Umsätze von Gütern und Leistungen) ist gleich der Summe des umlaufenden Bar- und Kreditgeldes ($G + G_1$) mal der Geldumlaufsgeschwindigkeit (U, d. i. die Zahl der Umsätze dieser Geldmenge in der gleichen Zeit). Verfeinerungen der Formel haben noch die verschiedenen Umlaufsgeschwindigkeiten des Bar- und Kreditgeldes unterschieden. Auf beiden Seiten dieser Gleichung, auf der Warenseite [$P \cdot H$] wie auf der Geldseite [$(G + G_1) \cdot U$], wird letztlich dasselbe festgestellt, nämlich wieviel Geld in der Zeiteinheit zum Umsatz von Gütern und Dienstleistungen den Besitzer gewechselt hat. Da es sich aber um eine Funktionalgleichung, also um die Verdeutlichung eines Gleichgewichts, handelt, bei dem es auf die Verschiebung der einzelnen Größen gegeneinander ankommt, steht dies dem Erkenntniswert der Gleichung grundsätzlich nicht entgegen.

Freilich darf die mathematische Form der Feststellung auch nicht zur Überschätzung dieses Erkenntniswertes führen. Nur die Veränderungen von P und G, also des Preisspiegels und des Bargeldes, können praktisch annähernd festgestellt werden. Alle übrigen Glieder der Gleichung aber sind weitgehend unbekannt und von der Seite der Umsätze her untereinander abhängig. Auch steigert die Vergrößerung der Nachfrage, die durch eine Vergrößerung der Menge und oder der Umlaufsgeschwindigkeit des Geldes bedingt wird, die Preise oft nur sehr ungleichmäßig, je nachdem ob z. B. eine solche Geldvermehrung zunächst in die Erzeugung oder in den Konsum einströmt. Auch die Großhandelspreise reagieren hier schneller und stärker als die Kleinhandelspreise, um nur ein weiteres Beispiel zu nennen. Das Einströmen der zusätzlichen Geldmenge ändert dann nicht nur den durchschnittlichen Stand der Preise, sondern auch die bestehenden Preisrelationen, also das Gefüge der Preise[2]. Der Preisspiegel P ist dann also u. U. ein sehr untypischer Mittelwert, was zwar nicht die Richtigkeit, wohl aber den Erkenntniswert der Verkehrsgleichung stark beeinträchtigt. Erst nach Maßgabe der Elastizität der betreffenden Sozialwirtschaft wird die Nivellierungstendenz des Marktes diese inneren Unterschiede im Preisstande ausgleichen. Sodann aber sind die Einströmungskanäle, die über die Einsetzung des Geldes in den Tauschverkehr entscheiden, wichtig auch dafür, was das Geld an Umsatzvermittlung zu leisten hat. Ganz allgemein hängt die umzusetzende Menge von Gütern und Leistungen, also das Handelsvolumen H, selbst auch von der P r o d u k t i v i t ä t der Geldmengenveränderung ab. Eine zusätzliche Geldschöpfung z. B. wird also dann nicht zu einer (inflationistischen, S. 268) Preissteigerung führen, wenn und solange sie der Volkswirtschaft die Aufsaugung brachliegender Produktivkräfte (etwa von Arbeitslosen) oder bisher nicht absetzbarer Lagervorräte in den Produktionsprozeß ermöglicht. Denn in diesem Fall hält das Anwachsen des umzusetzenden Handelsvolumens (H) mit dem Ansteigen der Geldmenge ($G + G_1$) Schritt, so daß — bei Gleichbleiben von U — der Preisspiegel (P) in unserer Gleichung nicht zu steigen braucht[3]. Umgekehrt können auch die Verzerrungen des Preis-

---

[2] Hier entwickelten Otto v. Z w i e d i n e c k - S ü d e n h o r s t, Einkommen als Geldwertbestimmungsgrund, Jhrb. f. Ges., Verw. u. Volksw., Bd. 33, 1909, S. 131 ff. und F. v. W i e s e r, Schr. d. Vereins f. Socialpolitik, Bd. 132, 1910, ihre Einkommenstheorie des Geldwerts und Othmar S p a n n eine Theorie der Ausströmungswege der Geldvermehrung. Vgl. auch unten S. 253.

[3] Dieser richtige Gedanke liegt der irrtümlichen Behauptung mancher Geldverbesserer zugrunde, eine Geldvermehrung werde dann nicht preissteigernd wirken, wenn sie nur „neue Werte schaffe", eine Notenausgabe also z. B. bedeute schon dann keine Inflation, wenn mit ihr Häuser gebaut würden. Nicht bloße Mengen, sondern Potenzen stehen sich aber auf der Geld- und Warenseite nach der Verkehrsgleichung gegenüber. Eine zusätz-

gefüges, die die Geldvermehrung, wie wir sahen, sehr oft im Gefolge hat, durch ihre Störung des Leistungswettbewerbs lähmend auf die Produktivität der Wirtschaft wirken. In diesem Fall wird dem Ansteigen der Geldmenge ($G + G_1$) eine Verringerung des Handelsvolumens (H) gegenüberstehen, was das inflationistische Steigen des Preisspiegels (P) — bei Gleichbleiben von U — noch verstärken muß. Nicht gleichgültig ist auch die Art der Güter, deren Produktion durch die Vermehrung des Zahlungsmittelumlaufs ermöglicht wird. Denn wenn dabei z. B. Rüstungsgüter, die in vertikal zusammengeschlossenen Staatsbetrieben erzeugt sind, ohne Berührung des Marktes sogleich ihrer Verwendung zugeführt werden, so beschäftigen sie nur relativ wenig zusätzliches Geld mit der Vermittlung von Umsätzen. Bei alledem ist auch noch das Trägheitsmoment der Preisbildung (S. 177) gebührend zu berücksichtigen. Immerhin zeigt die Verkehrsgleichung die Frage des Geldwertes deutlich als eine Frage des Gleichgewichts zwischen „Geldseite" — $(G + G_1) \cdot U$ — und „Warenseite" — $P \cdot H$ —. Sie kennzeichnet in knappster Form die Faktoren, die auf beiden Seiten wirksam sind.

Nach allem ist die obige quantitätstheoretische Gleichung jedenfalls nur als Funktionsgleichung einer gegenseitigen Entsprechung, nicht aber etwa als Ausdruck einseitig mechanischer Kausalitäten brauchbar. Mit dieser Maßgabe vermag sie dann, ganz ähnlich wie die Funktionsgleichung des Preisgesetzes (vgl. S. 173), auch über die erste Anstoßwirkung von Veränderungen auf dieser oder jener Seite der Verkehrsgleichung eine als Regel zutreffende Auskunft zu geben. Und bezeichnen wir die Größe: Geldmenge mal Geldumlaufsgeschwindigkeit — $(G + G_1) \cdot U$ — als „Zahlungsmittelumlauf", so können wir in jedem Fall sagen: Eine Veränderung des Zahlungsmittelumlaufs in seinem Verhältnis zum Handelsvolumen wirkt proportional auf den Preisspiegel, also umgekehrt proportional auf den Geldwert.

Soll das Geld seine natürliche Aufgabe eines bloßen Umsatzvermittlers, eines völlig neutralen Mediums, bestmöglich erfüllen, so muß daher der Zahlungsmittelumlauf in einem gleichen Verhältnis zum

---

liche Geldschöpfung wirkt also erst dann nicht inflationistisch, wenn sie den Produktionskreislauf der Waren und Leistungen über seine bisherige Breite und Schnelligkeit hinaus steigert. Jede umlaufende Geldmenge ermöglicht Umsatz und damit u. U. Produktion, die Frage ist nur, ob dies durch die Vermehrung der Geldmenge zusätzlich geschieht. Es kommt also darauf an, daß Menge und Geschwindigkeit der Umsätze auf der „Warenseite" insgesamt und auf die Dauer nicht hinter der Menge mal Umlaufsgeschwindigkeit des Geldes zurückbleiben. Das kann nur aus deutlichen Deflationszeichen des ganzen Wirtschaftsgebildes (S. 274), nicht aus der Verwendung einer Geldschöpfung im Einzelfall, mit einiger Sicherheit geschlossen werden. Im Einzelfall wird die Zusätzlichkeit der durch die Geldvermehrung ermöglichten Produktionsakte, volkswirtschaftlich gesehen, sonst fast immer zweifelhaft sein.

Handelsvolumen bleiben. Nur wenn das geschieht, also nur wenn der Zahlungsmittelumlauf (nach Größe und Geschwindigkeit) sich stets mit der nötigen Elastizität dem Handelsvolumen anpaßt, bleibt der Preisspiegel von der Geldseite aus unbeeinflußt. Nur in diesem Falle ist der Produktionsfaktor „Geld“ mit den übrigen, nichtgeldlichen Produktionsfaktoren im Bestverhältnis kombiniert, kann er also seinen „produktiven Beitrag“ zum Sozialprodukt, die bloße Umsatz vermittlung, optimal leisten, wenn wir dabei immer zunächst an das idealtypische Bild einer freien, elastischen, von der Weltwirtschaft her unbeeinflußten Volkswirtschaft denken.

Die neuere Geldtheorie[4] hat dann die statischen Gegenüberstellungen der Quantitätstheorie durch eine „dynamische“ Theorie des Geldwertes zu ergänzen gesucht. Hier sucht man die Veränderungen der Größen, die in der quantitätstheoretischen Verkehrsgleichung auf nur einen Zeitpunkt bezogen sind, in ihrem zeitlichen Ablauf zu erklären, um in einer Einkommenstheorie des Geldwertes darzulegen, wie aus einer statischen Lage jeweils die nächstfolgende entsteht. Dabei spielen die zeitlichen Verschiebungen eine Rolle, wie sie schon Sismondi (s. unten S. 368), ferner auch v. Zwiedineck-Südenhorst mit seinem „Gesetz der zeitlichen Einkommensfolge“ (S. 357) hervorgehoben hatte (vgl. auch S. 251 Anm. 2). Der Aufwand mathematischer Formeln, den diese „dynamische“ Geldwertlehre hierbei macht, entspricht allerdings nicht ganz ihrem Erkenntniswert.

Was die Auswirkungen der von der Verkehrsgleichung dargestellten Zusammenhänge **in der gelenkten Volkswirtschaft** anlangt, so ist hier besonders der naheliegende Versuch der Wirtschaftspolitik systematisch von Bedeutung, die eingesetzte Geldmenge ($G + G_1$) zur Deckung dringender Staatsausgaben (z. B. eines Krieges) zu vermehren, dabei aber das Ansteigen des Preisspiegels (P) zu verhindern. Wenn hier der Geldvermehrung nicht ein entsprechendes Ansteigen des Handelsvolumens (H) gegenübertritt (was den Fall auf unsere obige Annahme der Gleichgewichtserhaltung zurückführen würde), so bleibt nur übrig, dem Ansteigen des Binnenpreisspiegels (P) durch Höchstpreisvorschriften entgegenzuwirken. Nur so läßt sich in diesem Falle der Ausbruch der offenen Inflation hintanhalten. Damit tritt dann freilich dem Handelsvolumen (H) mit der gestiegenen Geldmenge eine mit Geldmitteln ausgestattete Nachfrage gegenüber, die z. T. unbefriedigt bleiben muß, d. h. es entsteht bei den Privaten ein „Geldüberhang“, der keine Güter zu kaufen vermag. Dieser „Geldüberhang“ muß dann als „aufgeschobene Kauf-

[4] Vgl. z. B. A. Forstmann, Volkswirtschaftliche Theorie des Geldes, Berlin 1955. Bd. 2, S. 347 ff.

kraft“ der Privaten vorerst „auf Eis gelegt“ werden, soweit er nicht durch Wegsteuerung oder langfristige öffentliche Anleihen abgeschöpft und aus dem Verkehr gezogen werden kann. Staut sich dabei das Geld in den Kassen der Privaten, so bedeutet das ein Absinken der Umlaufsgeschwindigkeit (U) der vergrößerten Geldmenge, so daß insoweit eine Störung des Gleichgewichts zwischen Geld und Warenseite vermieden bleibt. Meist aber wird das Geld auf dem Wege über Banken und Sparkassen weiter umlaufen und jedenfalls zum Markte drängen, und wir haben dann den Fall der sog. versteckten (alias „gestauten“) Inflation. Um die dabei noch mögliche private Bedarfsdeckung nach den Zweckgesichtspunkten der wirtschaftspolitischen Führung zu lenken, auch dem Armen also den lebensnotwendigen Bedarf zu sichern und den „Geldüberhang“ der Wohlhabenderen insofern unschädlich zu machen, wird dann eine umfassende Verbrauchsrationierung, also eine Konsumkontingentierung durch Marken, Bezugscheine usw. erforderlich, ohne die übrigens auch die Höchstpreisvorschriften bei stärkeren Spannungen regelmäßig kaum durchsetzbar sein werden. Die Höchstpreise müssen nicht nur für die Fertigwaren, sondern sehr bald auch für die Zwischenprodukte und übrigen Kostengüter festgesetzt werden, wenn sie die Produktion nicht unterbinden sollen. So führt jede Einschränkung des freien Marktes durch Höchstpreise hier sehr bald zu einer umfangreichen Regelung von Produktion und Konsumtion durch den Staat.

Für die Anwendung der Verkehrsgleichung (S. 250) ist dann zu beachten, daß hier zwei verschiedene Geldarten entstanden sind: Das Geld, das ohne die Bezugsscheine und Bezugskarten der Verbrauchsrationierung am Markte erscheint, hat nur eine beschränkte Geltung. Von etwaigen illegalen, sog. „schwarzen“ Märkten abgesehen, ermöglicht es nur die Nachfrage nach rationierungsfreien Waren. Je mehr sich diese Rationierung ausbreitet, desto mehr besteht die eigentliche bevorrechtigte Geldart des Landes, die über die für Währungsgeld ja wesensnotwendige Allgemeingeltung (S. 232) verfügt, in der Kombination seiner ursprünglichen Währung mit den Berechtigungsscheinen seiner Verbrauchsrationierung. Die Verkehrsgleichung setzt aber eine Geldmenge von grundsätzlich gleicher Geltung voraus, müßte also auf beide Geldarten gesondert angewendet werden. Daher die Preissteigerungstendenz auf den noch „freien“ und den „schwarzen“ Märkten. Auch der im Schrifttum gemachte Vorschlag, hier Tauschwert und Gebrauchswert des Geldes zu unterscheiden, bei solchem Gelde von beschränkter Kaufkraft (dem „Geldüberhang“) also einen verringerten Gebrauchswert desselben anzunehmen, kann der gedachten Lage gerecht werden. Denn je mehr der „Geldüberhang“ ansteigt, desto mehr steigen nicht nur die Preise auf den illegalen „schwarzen“ Märkten, sondern es tritt auch auf den nicht rationierten, aber preisgebundenen Märkten eine zunehmende Rückkehr zum Naturaltausch hervor, die die Brauchbarkeit des „Geldüberhangs“ schließlich vernichtet (sog. Repudiation oder Zurückweisung des Geldes).

Kehren wir zum Bilde einer genügend elastischen freien Marktwirtschaft zurück, so sahen wir (S. 181 ff.), daß in ihr die Ausgleichswirkung des Marktes mit Hilfe der Preisbildung die Bestkombination der Produktionsfaktoren auspendelnd wiederherzustellen strebt. Dieser selbsttätige Ausgleichsvorgang vollzieht sich beim individualistischen, stoffwerten Geld grundsätzlich auf ganz die gleiche Weise. Auch der Geldumlauf wird hier in seinem Verhältnis zur „Warenseite" auf dem Wege über die Gestehungskosten des Geldstoffs (Edelmetalls) automatisch reguliert. So steigert z. B. im Fall einer Geldverknappung der steigende Wert des Goldgeldes (d. h. ein sinkender Preisspiegel) automatisch durch die Senkung der Gestehungskosten die Rentabilität der Goldminen, macht neue Goldvorkommen abbauwürdig und mehrt so die Goldproduktion der Welt. Zugleich zieht er Gold von seinem industriellen (kunstgewerblichen und zahntechnischen) Verbrauch ab und löst Horte auf. Beides, die vermehrte Produktion des Goldes und die Einschränkung seines industriellen Verbrauchs sowie seiner Hortung, verstärkt das Angebot an Gold, so daß dessen Wert und damit auch der Wert des Goldgeldes wieder auf die Gestehungskosten des Geldstoffs Gold sinkt. Bei einer (im Verhältnis zur „Warenseite") überreichlichen Geldmenge ist es umgekehrt. Insofern pendelt der Geldwert um die Gestehungskosten des Goldes. Daraus folgerte die **Produktionskostentheorie** des Geldes (Adam Smith, Senior), der Geldwert hänge ab von den Beschaffungskosten (Produktions- plus Transportkosten) des Geldstoffs.

Damit ist freilich, wie wir oben (S. 195) für den Produktionskostengedanken allgemein bereits nachwiesen, noch keine feste Grundlage für eine Bestimmung des Geldwertes gefunden. Über den Produktionskosten des Angebots an Edelmetall ist der Einfluß, den auch die Nachfrage nach Edelmetall (für Münz- und Industriebedarf) auf dessen Wert ausübt, ganz vernachlässigt. Der Wertsturz, den das Silber bei dessen Demonetisierung erfuhr, zeigte diesen Einfluß der Nachfrage deutlich. Immerhin würde der dargelegte Pendelvorgang die Goldmenge der Welt einschließlich der Golddevisen stets auf das Bestverhältnis ihrer Kombination mit der „Warenseite" der Welt zurückführen und damit die bloße „Mediumsfunktion" des Weltgeldes Gold sicherstellen, soweit die Voraussetzung genügender Elastizität (Anpassungsfähigkeit) gegeben ist, die dieser Ausgleichsvorgang auch hier erfordert.

In dieser Hinsicht sind nun allerdings starke Hemmungen festzustellen. Auch wenn wir vom stoffwertlosen Geld (Papiergeld) zunächst ganz absehen, mit dessen Druck die einzelnen Staaten die Ausgleichstendenz leicht durchkreuzen, kann dieser Vorgang des selbsttätigen Ausgleichs zwischen Geld- und Warenseite nämlich nur mit einer ziemlich geringen Reagibilität (Preisempfindlichkeit) der Goldproduktion rechnen. Als „monopolartiges" Gut (S. 190) ist das Gold nur beschränkt, d. h. nur mit steigenden Kosten vermehrbar, und die in vielen Jahrhunderten aufgehäufte Goldmenge der Welt ist sehr groß. Die Neigung der reichen Länder, angesammelte Goldreserven aufzulösen, ist meist nicht groß, zumal das meist eine Verstärkung ihrer Einfuhr bzw. eine Schwächung ihrer Exportkraft bedingt. Aus diesen Gründen vermag selbst eine verhältnismäßig erhebliche Steigerung der jährlichen Goldproduktion erst in längeren Zeiten eine entsprechende Vergrößerung der Gesamtgoldmenge hervorzurufen. So konnte z. B. die starke Vermehrung auf der Warenseite, wie die neuzeitlichen Erfindungen sie bewirkten, im Verein mit einer erheblichen Stillegung (Hortung) monetären Goldes durch die USA in den Jahren nach 1929 eine schwere und langdauernde Depression des Weltmarktpreisspiegels, also eine verhängnisvolle Weltdeflationskrise (S. 276), zur Folge haben.

Die Zersetzung der Weltwirtschaft als Folge dieser und freilich auch anderer Umstände führte damals dazu, daß große Volkswirtschaften ihre Währungen von ihrer Bindung an das Gold, vom sog. „Goldstandard" lösten und zu staatlich frei geregelten Währungen (Papierwährungen mit geringer Metalldeckung) übergingen. Infolge ihrer preishochhaltenden oder preissteigernden Wirkung lähmten diese Versuche einer nationalen Konjunktur- und Währungspolitik zur Streckung der Golddecke die erwähnte selbsttätige Tendenz zur Vermehrung des Goldkerns und reichten doch auf die Dauer nicht aus, um das Gleichgewicht zwischen Geld- und Warenseite der Welt wiederherzustellen. Als der über der schmalen Goldbasis errichtete Bau des Kreditgeldes im Jahre 1931 zusammenbrach, wurde der Deflationsdruck auf die Preise des Weltmarktes nur doppelt stark (vgl. S. 363 f.). Näheres über solche Funktionsstörungen des Geldwesens (Inflation und Deflation) wird im § 22 noch mitzuteilen sein.

Bezogen sich unsere bisherigen Betrachtungen auf den Geldwert im ganzen, so muß hier noch ein kurzer Blick insbesondere auf den **Auslandswert des Geldes,** seinen sog. intervalutarischen Wert, geworfen werden. Die Gliederung der Weltwirtschaft in Volkswirtschaften, die unter verschiedenen Produktionsbedingungen stehen, bedingt nämlich schon beim stoffwerten Gelde die Möglichkeit einer national verschiedenen Geldwerthöhe. Hier behauptet die **Nivellierungstheorie** mit den Argumenten der Quantitätstheorie eine selbständige Angleichung der national verschiedenen Geldwerthöhen der Goldwährungsländer. Relativ hoher Goldvorrat (d. h. niedriger Geldwert, hoher Preisspiegel) in einem Goldwährungsland erleichtere — Freihandel vorausgesetzt — die Einfuhr und erschwere die Ausfuhr von Waren, geringer Goldvorrat wirke umgekehrt. Da Ein- und Ausfuhr mit Gold bezahlt würden, so fließe auf diese Weise das Gold so lange zum Ort seiner höchsten Bewertung ab, bis der Ausgleich der national verschieden hohen Goldvorräte bzw. Preisspiegel vollzogen sei, so daß man dann also für Geldmengen gleichen Goldgehalts in allen Goldwährungsländern die gleiche Menge von Waren und Leistungen kaufen könne (David Hume, John Law, Ricardo).

Daß diese Theorie die sog. unsichtbare Ein- und Ausfuhr (S. 261) außer acht läßt, wenn sie zunächst nur die Handelsbilanz, nicht auch die übrigen Posten der Zahlungsbilanz in Betracht zieht, beeinträchtigt die Richtigkeit ihres Grundgedankens nicht. Grundsätzlich könnte das Gold infolge dieser selbsttätigen Ausgleichstendenz gleichsam eine einheitliche Weltwährung, ein „weltwirtschaftliches" Geld ermöglichen (S. 242). Nur darf die Nivellierungstheorie auch wieder nicht vergessen, daß sie eine genügende Beweglichkeit nicht nur der inländischen Preisbildung, sondern auch eine erhebliche Elastizität (Umgruppierungsfähigkeit) der Weltwirtschaft voraussetzt. Diese fehlt häufig infolge der Handelshemmnisse (Schutzzölle, Kontingentierungen, Devisenbewirtschaftungen usw.) weitgehend. Auch wird es im Verhältnis zweier Länder immer Güter geben, die für eine Aus- und Einfuhr rein technisch nicht in Betracht kommen und deren Preise daher nur indirekt (z. B. auf dem Umweg über dritte Volkswirtschaften oder über den Wanderungsverkehr) an der Nivellierung teilnehmen können. Vor allem aber pendeln die national verschiedenen Geldwerte (Preisspiegel) hier um ein Niveau, das selbst erst wieder durch das Entsprechungsverhältnis von Zahlungsmittelumlauf und Handelsvolumen der gesamten Welt bestimmt wird. Dieses Verhältnis korrespondiert mit den Gestehungskosten des Weltgeldes „Gold". Insofern tritt also die Produktionskostentheorie auch hier wieder in ihre Rechte.

In der Wirklichkeit haben das Fehlen des Freihandels wie auch die übrigen Gründe des weltwirtschaftlichen Elastizitätsmangels die Auswirkung der von der Nivellierungstheorie behaupteten natürlichen Ausgleichstendenz auch zwischen Goldwährungsländern vielfach weitgehend verhindert. Dabei ist nicht nur an Schutzzollmauern und Kontingentierungen der Einfuhr, sondern z. B. auch an den Versuch der nationalen Währungspolitik zu denken, dem inflationistischen Preisauftrieb eingeströmter Goldmengen durch deren Stillegung (Sterilisierung im Wege der Hortung durch Einlagerung) zu entgehen. Auch durch Kredite an das Ausland, also durch eine vorübergehende Wiederausfuhr des Goldes, ja durch unentgeltliche Unterstützungszahlungen etwa an unterentwickelte, politisch befreundete Länder suchen die Länder eines chronischen Zahlungsbilanzüberschusses den gleichen Erfolg zu erreichen, um ihre Vollbeschäftigung zu retten.

Sehen wir von allen diesen Hemmungen und vorübergehenden Verzerrungen ab, so zeigt die Nivellierungstheorie die ausgleichende Wirkung des Goldstandards, die die Aus- und Einfuhr der Goldwährungsländer durch entsprechende Beeinflussung ihrer Preisspiegel selbsttätig im Gleichgewicht und damit auch ihre Wechselkurse stabil zu halten strebt. Sie zeigt aber zugleich auch die blinde Abhängigkeit der Goldwährungsländer von der Weltwirtschaft. Da nämlich die stabilen Wechselkurse des Goldstandards dieser Goldwährungsländer nicht nachgeben, so kann bei gestörtem Gleichgewicht von Ein- und Ausfuhr ein Ausgleich der Inlandspreise erzwungen werden, wie der Zu- oder Abfluß des Goldes sie hervorbringt. Jeder Druck auf den Preisspiegel (durch Goldabfluß) bedeutet aber Wirtschaftsdepression und — bei der Starrheit des von den Gewerkschaften gegen Senkungen verteidigten Lohnniveaus — Arbeitslosigkeit für das betreffende Land. So kann es nicht wundernehmen, daß in der Weltdeflationskrise um 1930 (S. 363 f.), die vor allem durch die Ansammlung und Hortung eines großen Teils des monetären Goldbestandes der Welt in den USA verursacht war, die übrigen Länder auch ihrerseits die Spielregeln des Goldwährungsmechanismus nicht mehr einhalten wollten: Die schon erwähnte autonome Konjunktur- und Währungspolitik, zu der die meisten Länder daher seit 1931 übergingen, war entweder (zumeist) von einer Aufgabe des Goldstandards durch Absinkenlassen des Wechselkurses (bzw. Devalvation, S. 277) oder (z. B. in Deutschland) von Devisenbewirtschaftung mit entsprechender Regulierung der Zahlungsbilanz begleitet.

Daß die Nivellierungstheorie manche in den Grenzgebieten auftretende Vorgänge einer Preisangleichung zwischen zwei Ländern unberücksichtigt läßt, wies August Lösch (Die räumliche Ordnung der Wirtschaft, 1944[2]) nach, indem er die wirtschaftliche Bedeutung der politischen Grenzen näher untersuchte.

Gewisse Modifizierungen der gedachten Nivellierungswirkung sind in neuerer Zeit auch von den Vertretern der Theorie des Investitionsmultiplikators (S. 323) behauptet worden: Steigende Nachfrage des Auslands nach Inlandsprodukten der Exportindustrien eines Landes müsse deren Beschäftigung und Einkommen und dadurch vermöge des Multiplikatoreffekts auch die gesamte Beschäftigung und das Volkseinkommen dieses verstärkt exportierenden Landes steigern. Dadurch aber werde automatisch auch umgekehrt die Nachfrage dieses Landes nach Gütern des Auslands eine Belebung erfahren, so daß also auch schon ohne jede vorherige Änderung des Preisspiegels jene nivellierende Außenhandelsreaktion eintrete, die die Nivellierungstheorie von einer Steigerung des monetären Goldvorrats und des Preisspiegels des exportierenden Landes erwarte (so z. B. Joan Robinson und Meade). Unsere Kritik der Multiplikationstheorie ergibt die Grenzen für die Richtigkeit auch dieser „neuen Theorie des Außenhandels“.

Die Nivellierungstheorie gilt nur für stoffwertes Geld, also für das natürliche Metallgeld. Verwickelter wird die Lage dann, wenn die Volkswirtschaften ihr eignes volkswirtschaftliches Geld als stoffwertloses nominalistisches Zwangsgeld (Papiergeld) begründen und der metallistischen Rückverbundenheit dieser ihrer Geldarten (Währungen) mit dem Weltwirtschaftsgeld nur durch mehr oder minder große Reserven an Edelmetall Rechnung tragen (S. 242). Der staatliche Befehl, der hier den Inlandswert des Geldes zu sichern sucht, ist ja jenseits der politischen Grenzen des Landes machtlos: Bei Grenzüberschreitung wird das Inlandsgeld zur Ware. Sein Preis in fremder Währung ist dann der sog. Devisenkurs. Als Devisen bezeichnet man Wechsel, Schecks, Anweisungen und alle anderen Zahlungsverpflichtungen, die auf ausländische Plätze lauten und dort in der ausländischen Währung zahlbar sind. In einem weiteren Sinn sind Devisen alle ausländischen Zahlungsmittel überhaupt (also auch fremde Banknoten). In den Preisen (Kursen) dieser Devisen, die an den Börsen gehandelt werden, drückt sich der Wert der fremden Währungen und damit der Auslandswert der eigenen Währung eines Landes aus.

Für den Fall, daß in einem Lande neben den Goldmünzen Banknoten als Zahlungsmittel umlaufen, betonte Ricardo in folgerichtiger Anwendung seiner quantitätstheoretischen Auffassungen, die von der Nivellierungstheorie behauptete Selbstregulierung des in den Goldwährungsländern zirkulierenden stoffwerten Geldes werde bei einer solchen gemischten Zirkulation nicht ohne weiteres funktionieren. Im Zweifel werde dann nämlich die Notenbank die Menge der von ihr auszugebenden Banknoten nach ihrem Gutdünken bestimmen. Überschreite dabei die Menge der Zahlungsmittel (Goldmünzen plus Banknoten) den Geldbedarf der Volkswirtschaft, so würde im Sinne der Nivellierungstheorie nur das Edelmetallgeld als Bezahlung der im Ausland getätigten Käufe nach dort abfließen[5]. Werde es durch Ausgabe weiterer Banknoten ersetzt, so werde, da dies Papiergeld nicht auch ins Ausland abfließen könne, die von der Nivellierungstheorie angenommene Senkung des Inlandspreisspiegels nicht eintreten, jene Selbstregulierung also im Umfang der fortschreitenden Entgoldung des Inlandsverkehrs ausbleiben. Eine inflatorische Senkung des In-

[5] Allgemein sagt hier das sog. Greshamsche Gesetz, daß bei einem Nebeneinanderkursieren von Gold und unterwertigem Papiergeld das Gold für Auslandszahlungen und Thesaurierungs- sowie gewerbliche Zwecke verwendet würde: „Schlechtes Geld vertreibt gutes Geld, gutes kann schlechtes nicht vertreiben.“

landsgeldwertes und im weiteren ein entsprechendes Steigen der Devisenkurse müsse dann die Folge sein (weiteres s. S. 369).

Im weiteren hat die **Theorie der Kaufkraftparität** (Wicksell, Cassel u. a.) den alten Gedanken der Nivellierungstheorie auf die heutigen Währungszustände angewandt. Nach ihr verhalten sich die Kurswerte zweier Geldsorten auf die Dauer ebenso wie ihre Inlandskaufkraft, also umgekehrt wie die auf sie lautenden Preise. Damit tendieren die Wechselkurse auf die Dauer zur Kaufkraftparität, d. h. zu einem Austauschverhältnis der Währungen, bei dem man für den Betrag der fremden Währungen im fremden Lande durchschnittlich ebensoviel Waren erstehen kann wie mit dem entsprechenden Betrag eigener Währung im eigenen Lande. Diese Kaufkraftparität wäre also z. B. zwischen Deutschland und der Schweiz zur Zeit des Goldstandards in beiden Ländern dann gewahrt gewesen, wenn man in der Schweiz für 1 Frank ebensoviel hätte kaufen können wie in Deutschland für 81 Pfennig.

Auch der hier behaupteten Ausgleichstendenz können die schon erwähnten Hemmungen des internationalen Handels (durch Schutzzölle, Kontingentierungen usw.) entgegenstehen. Maßgebend ist ja auch hier der Preisstand der Exportgüter, und es kommt insofern auf den Umfang des beiderseitigen Außenhandels an. So war z. B. das Leben in der Schweiz ungeachtet des in beiden Ländern bestehenden Goldstandards damals stets teurer als in Deutschland, und Deutschland wieder war viel teurer als die Südoststaaten Europas. Insofern war die Schweizer Währung damals über-, die deutsche Währung im Verhältnis dazu unterbewertet usw. Immerhin können Veränderungen des Binnenpreisspiegels, die in einer ganzen Reihe von Ländern mit erheblicher Welthandelsbeteiligung im gleichen Sinne vor sich gehen, die übrigen Länder, wenn sie ihre Binnenpreisniveaus dem nicht anpassen wollen, zu ausgleichenden Veränderungen ihrer Wechselkursrelationen bzw. des Goldgehalts ihrer Währung, also zu Auf- bzw. Abwertungen dieser Währung, zwingen. Wie sich diese internationale Ausgleichstendenz im freien Spiel des Welthandels grundsätzlich durchsetzt, zeigt am besten die sog. **Zahlungsbilanztheorie.**

Die Zahlungsbilanz bildet hier den Ausgangspunkt. Sie muß unterschieden werden von der sog. Forderungsbilanz. Während die Forderungsbilanz alle Forderungen und Verpflichtungen eines Landes ohne Rücksicht auf Fälligkeit einander gegenüberstellt, konfrontiert die Zahlungsbilanz nur diejenigen internationalen Wertübertragungen (Ausgaben und Einnahmen), die sich während einer bestimmten Periode (meist eines Jahres) ergeben durch

1. die (sichtbare) Ein- und Ausfuhr von Waren. Ihre Gegenüberstellung ergibt die sog. Handelsbilanz (Warenaustauschbilanz), die also einen Teil der Zahlungsbilanz darstellt.
2. die sog. unsichtbare Ein- und Ausfuhr: Hierher gehören insbesondere die internationalen Kapital- und Zinsübertragungen aus Auslandskrediten und Effektengeschäften sowie einseitige Kapitalübertragungen (z. B. durch Tribute, Erbschaften) als sog. Kapitalbilanz. Diese wird mitunter aufgegliedert in die Kapitalertragsbilanz, die die Kapitalnutzungen (Zinsen, Dividenden usw.), und die Kapitalverkehrsbilanz, die die Kapitaltransaktionen (z. B. Anleihen, Kredite, einseitige Kapitalübertragungen usw.) betrifft. Ferner gehören hierher die Posten der sog. Dienstleistungsbilanz, insbesondere die Geldverschiebungen aus dem Wanderungs- und Fremdenverkehr, heimgesandte Ersparnisse der Saisonarbeiter, die Entgelte aus Transport- und Versicherungsleistungen, Kraftlieferungen, Patentlizenzen usw.

Mitunter faßt man auch die Warenaustausch-, die Dienstleistungs- und die Kapitalnutzungsbilanz unter dem Oberbegriff der Einkommensbilanz zusammen.

Bei aktiver Zahlungsbilanz überwiegen die Gesamteinnahmen, die der Volkswirtschaft aus den angeführten Posten einer sichtbaren und unsichtbaren Ausfuhr erwachsen, ihre Ausgaben aus der gegenüberstehenden Einfuhr. Dabei ist übrigens die Handelsbilanz (zu 1) gerade der reichsten Länder oft passiv, weil diese Länder mit ihren Überschüssen aus dem Kapitalverkehr (unter 2) eine zusätzliche Wareneinfuhr, also Fehlbeträge ihrer Handelsbilanz, decken können, wenn sie eine Goldanhäufung in ihren Kassen nicht beabsichtigen. Da die armen Länder ihre Schulden auf die Dauer nicht mit Gold, sondern nur mit Ausfuhrleistungen bezahlen können, so entspricht das nur den Erfordernissen der Weltwirtschaft. Bei passiver Zahlungsbilanz überwiegen umgekehrt die Gesamtausgaben, die der Volkswirtschaft aus den angeführten Posten einer sichtbaren und unsichtbaren Einfuhr entstehen, ihre Einnahmen aus der Ausfuhr.

Die Zahlungsbilanztheorie behauptet dann, bei passiver Zahlungsbilanz, d. h. bei Überwiegen der angeführten sichtbaren und unsichtbaren Einfuhr eines Landes, müsse auch auf dem Devisenmarkt die Nachfrage nach Devisen (also nach ausländischer Währung) das Angebot an Devisen übersteigen. Denn da Aus- und Einfuhr mit Devisen bezahlt würden, so rühre das Angebot an Devisen aus der Ausfuhr her, während die Nachfrage nach Devisen durch die Einfuhr bedingt sei. Infolgedessen müßten in diesem Falle überwiegender Einfuhr die Devisenkurse steigen, der Auslandswert der eigenen Währung also sinken. Bei aktiver Zahlungsbilanz, also bei überwiegender (sichtbarer und unsichtbarer) Ausfuhr, sei es umgekehrt: Hier überwiege das Angebot der Exporteure, die die bei der Ausfuhr erlösten Devisen zum Devisenmarkt bringen, die Nachfrage der Importeure, die die Devisen zur Bezahlung ihrer Einfuhr benötigen. So müsse bei aktiver Zahlungsbilanz der Kurs der Devisen sinken, der Wert der eignen Währung also steigen.

Wir können das nominalistische Geld, um das es sich hier handelt, als „Anweisungen" auf die Leistungen einer Volkswirtschaft ansehen. Dann wird durch die Analogie zur Einzelwirtschaft, die der Stufengedanke vermittelt, der Sinn der Theorie sofort klar: Wie die Wechsel eines Kaufmanns ihren Kurs auf die Dauer nur behalten, wenn er seine Ausgaben und Einnahmen mindestens im Gleichgewicht hält, so verliert auch das Geld einer Volkswirtschaft seinen Wert, wenn ihre Zahlungsbilanz nicht mindestens ausgeglichen ist (über die Wirkung einer Unausgeglichenheit der Zahlungsbilanz auf den Inlandsgeldwert s. S. 272 und S. 275).

In diesem Bilde liegt denn auch der richtige Kern der Theorie. Anders als die Nivellierungstheorie berücksichtigt die Zahlungsbilanztheorie aber nicht den Einfluß, den umgekehrt auch die Devisenkurse auf die Ein- und Ausfuhr ausüben können. Denn je billiger man das Geld eines Landes erwerben kann, desto billiger kann man und desto mehr wird man dort einkaufen; und je teurer man das Geld eines Landes bezahlen muß, desto teurer wird die Einfuhr von dort, die man daher dann möglichst einschränkt. So kann z. B. die sinkende Bewertung eines Wechsels auch unseren Kaufmann gerade in den Stand setzen, seinen Absatz wieder zu heben, den ihm seine Kunden mit den billig erworbenen Wechseln bezahlen können. Insofern wirkt also der Stand der Wechselkurse auf einen Ausgleich von Aus- und Einfuhr zweier Länder hin, und es liegt eine gegenseitige Beeinflussung (Entsprechung) beider Größen, des Auslandsgeldwertes und des Außenhandelsergebnisses, der Devisenkurse und der Zahlungsbilanz, vor.

Die Zahlungsbilanztheorie versagt auch für die Auslandsverschuldung eines Landes, da sie ja anders als die Forderungsbilanz (S. 260) stets nur eine einzige Bilanzperiode umfaßt. Bei der Ein- bzw. Ausfuhr von Leihkapitalien nämlich fallen Leistung und Gegenleistung auseinander: Der Ausfuhr des geliehenen Kapitals steht dann vorerst keine Einfuhr von Waren bzw. von Dienstleistungen des Auslands gegenüber. Daher wird das Gläubigerland zunächst, nämlich in der Bilanzperiode, in die die Kreditgewährung fällt, eine

Belastung durch die Ausfuhr des Kapitals, das Schuldnerland eine relative Entlastung seiner Devisenlage durch dessen Einfuhr spüren. Das Schuldnerland weist dann zunächst eine nur geborgt aktive Zahlungsbilanz auf, bzw. es kann insoweit Waren und Leistungen importieren, ohne dieser Wareneinfuhr zur Aufrechterhaltung des Gleichgewichts seiner Zahlungsbilanz sogleich eine entsprechende Warenausfuhr gegenüberstellen zu müssen. Erst bei der späteren Rückzahlung der Schuld, wenn also die Rückausfuhr des geliehenen Kapitals in einer späteren Bilanzperiode notwendig wird, kehrt sich das um. Daher konnte z. B. Deutschland nach dem ersten Weltkrieg mit Auslandskrediten in sieben Jahren etwa 10 Milliarden Mark an Reparationen bezahlen, die als einseitige Wertübertragungen seinen Währungsstand sogleich hätten ruinieren müssen. Erst 1931, als im Zuge der Weltkreditkrise ein großer Teil dieser Kredite vom Ausland zurückgefordert wurde, zeigte sich die wahre Devisenlage. So mußte sich Deutschland durch die Devisenbewirtschaftung und eine entsprechende Regulierung seiner Zahlungsbilanz damals dagegen schützen, daß seine Währung durch zu starke Goldabziehungen des Auslands entwertet wurde.

Endlich berücksichtigt die Zahlungsbilanztheorie auch nicht den Fall, daß von irgendeinem kreditschädigenden Ereignis ein unmittelbarer Einfluß auf die Devisenkurse, also auf den Auslandswert des Geldes, ausgeht. Denn selbst z. B. bei einer deutlich inflationistischen Maßnahme eines Landes nimmt dieser Einfluß seinen Weg nur z. T. über die Passivität seiner Zahlungsbilanz, die durch das Steigen seiner Inlandspreise bedingt wird. Vielfach wirkt sich der geldentwertende Einfluß gerade solcher inflationistischer Maßnahmen infolge der Devisenspekulation auf die Devisenkurse schon früher aus als auf die Inlandspreise. Entsprechend kann schon eine bloß kreditschädigende Handlung eines Kaufmanns den „Kurs" seiner Wechsel vernichten, ehe überhaupt noch eine Wirkung auf seine Bilanz eingetreten ist.

Sieht man freilich von diesen rein psychologisch-spekulativen Schwankungen ab, so erklärt die Zahlungsbilanztheorie in zutreffender Weise, wie es auch solchen Volkswirtschaften, die kaum noch über Edelmetallreserven verfügen, gelingen konnte, ihren Auslandsgeldwert durch eine Zwangsaktivierung ihrer Zahlungsbilanz im Wege von Einfuhrbeschränkungen, Kapitalfluchtgesetzen, Devisenordnungen usw. stabil zu erhalten (vgl. dazu S. 242). Die Beeinflussung der Zahlungsbilanz als heute wichtigstes Mittel der nationalen Währungspolitik tritt hier hervor. Ganz richtig hat man auch die Gestaltung der Devisenkurse mit der Bildung des Aktienkurses an der Börse verglichen. Im Einzelfall bildet sich dieser Kurs nach dem jeweiligen Verhältnis von Angebot und Nachfrage, das von Augenblicksstimmungen und Spekulationen beeinflußt sein kann, auf die Dauer aber wird dieser Kurs sich immer nach den Ertragschancen der Aktiengesellschaft, und das heißt im analogen Fall der Devisenkurse: nach der gesicherten Ausgeglichenheit der Zahlungsbilanz der betreffenden Volkswirtschaft richten.

In der **gelenkten Volkswirtschaft** kann bei stärkeren Graden autoritärer Wirtschaftsführung die **Devisenbewirtschaftung** in dieser Weise geradezu das Wesen einer dauernden Währungsform annehmen. Hier unterliegt der gesamte Zahlungsverkehr mit dem Ausland der staatlichen Regelung zu dem Zweck, durch einen Ausgleich der Zahlungsbilanz den Kurs der Währung zu beherrschen, ein Defizit der Zahlungsbilanz, das eine überwiegende Nachfrage nach Devisen auslösen und so dem Wert der eigenen Währung gefährlich werden könnte, also möglichst zu vermeiden. Dazu sieht das staatliche Devisenhandelsmonopol einen Zwangskurs der eignen Währung, eine Ablieferungspflicht für alle Devisen zu diesem Kurs und eine Genehmigungspflicht für alle Käufe und Verkäufe von Devisen vor. Diese Genehmigungspflicht wird meist sehr bald auch zur Handhabe einer planmäßigen Beeinflussung des Waren-, Dienstleistungs- und Kapitalverkehrs mit dem Ausland im Sinne der nationalen Wirtschaftspolitik überhaupt. Es kommt zu Kontingentierungen der Ein- und Ausfuhr, und um den Ausgleich der Zahlungsbilanz sicherzustellen, schließt man sog. Verrechnungsabkommen (Clearingverträge) mit dem Ausland. Danach geht der Zahlungsverkehr der Ein- und Ausfuhrländer nicht unmittelbar an deren private Handelspartner im Ausland, sondern ausschließlich über die Zentralnotenbanken des eigenen Landes. Diese rechnen alle Forderungen aus diesem Außenhandelsverkehr gegeneinander auf. Das bedeutet nicht nur starke Hemmungen des privaten Außenhandels, sondern auch eine Rückkehr zum zweiseitigen (bilateralen) Naturaltausch im internationalen Verkehr von Land zu Land mit allen seinen handelspolitischen Nachteilen.

In diesem bilateralen Handelsverkehr genügt nicht mehr der Ausgleich der Zahlungsbilanz eines Landes insgesamt, sondern es muß gegenüber jedem einzelnen Außenhandelspartner ein Passivsaldo vermieden werden. Die Währung eines seine Devisenbewirtschaftung so handhabenden Landes ist damit von einer allseitig verwendbaren, weil unbeschränkt umtauschbaren (konvertiblen), sog. harten Währung zu einer nur beschränkt verwendbaren sog. weichen Währung geworden. Zumeist wird daher die Wirtschaftslenkung nur im äußersten

Notfall zur Devisenbewirtschaftung greifen, so etwa wenn der andere Weg zur Abwendung eines von der Weltwirtschaft kommenden deflatorischen Preisdrucks, das Absinkenlassen des Kurses der eigenen Währung, aus irgendwelchen Gründen (vgl. z. B. S. 278 Anm.) als das größere Übel erscheint.

Durch Schaffung entsprechender zentraler Abrechnungsorganisationen (z. B. innerhalb von Großraumwirtschaften) läßt sich allerdings auch für Länder mit Devisenbewirtschaftung ein mehrseitiger Austausch ermöglichen, d. h. ein Austausch *mehrerer* Länder, die untereinander nötigenfalls auch gleichsam „um die Ecke" tauschen. Ein solcher *multilateraler* Abrechnungsverkehr beruht auf möglichst allseitiger Aufrechnung der Guthabensalden und erspart es jedem der angeschlossenen Länder, auf einen Ausgleich seiner Zahlungsbilanz mit jedem einzelnen der andern angeschlossenen Länder zu achten: Es genügt dann, daß die Summe seiner Verpflichtungen aus dem gesamten Zahlungsverkehr die Summe seiner sich daraus ergebenden Forderungen nicht übersteigt. Diese mehrseitige Verrechnung von Guthaben bedeutet dann gleichsam die Schaffung eines raumeigenen internationalen Giralgeldes höherer Stufe, wobei die arbeitsteilige Aufeinanderabstimmung der Partner dieses Abrechnungsverkehrs, die hierbei unumgänglich ist, auch ihrerseits dazu beiträgt, ein Wirtschaftsgebilde höherer Stufe (nämlich über den Nationalwirtschaften) entstehen zu lassen. Formal kann dabei entweder ein neues Giralgeld (also ein Abrechnungsgeld analog etwa der früheren „Mark Banko" auf der Stufe des noch ungeeinten deutschen Raumes) gewählt werden, oder die überwiegende Bedeutung der Währung des politisch führenden Landes macht diese zum allgemeinen Abrechnungsmittel, veranlaßt die übrigen Länder, Notendeckungsreserven in dieser Währung zu halten und führt so zur Bildung eines sog. Devisenkernsystems.

Auflockerungen einer Devisenbewirtschaftung liegen darin, daß man nur den (Devisen-) Ausländern den Umtausch ihrer durch ihre Exporte erworbenen Inlandguthaben in andere Währungen gestattet (sog. Ausländerkonvertibilität), oder daß man nur den (Devisen-) Inländern den Erwerb von Devisen mit Inlandsgeld zu Einfuhrzwecken erlaubt (sog. Inländerkonvertibilität).

Einen schwächeren Grad autoritärer Einflußnahme verwirklichen die Versuche der Länder mit mehr oder weniger metallgedeckten Währungen, durch Handhabung nur der **Diskontschraube** ihrer Notenbank den Wert ihres Geldes zu beeinflussen. Auch hier nimmt der beabsichtigte Einfluß seinen Weg insofern über die Zahlungsbilanz, als eine Heraufsetzung des Diskonts (Wechselzinses) ausländische Leihkapitalien ansaugen, eine Herabsetzung sie vertreiben soll. Im Verkehr zweier Länder mit Goldwährungen kann das eine Land A freilich auch durch eine Heraufsetzung seines Diskonts die Kurse der Devisen nicht unter denjenigen Punkt senken, unterhalb dessen es für das andere Land B trotz der Goldzahlungsunkosten[6] billiger wäre, seine Einfuhr aus dem Lande A durch Ausfuhr von Goldbarren nach dort statt mit Devisen zu bezahlen: Unterer Goldpunkt oder Goldeinfuhrpunkt. Und das Land A kann andererseits auch durch eine Herabsetzung seines Diskonts die Devisenkurse nur bis zu dem Punkte steigern, oberhalb dessen es für seine Kaufleute trotz jener Goldzahlungsspesen billiger wäre, die Einfuhr aus dem Lande B durch Ausfuhr von Goldbarren nach dort statt mit Devisen zu bezahlen: Oberer Goldpunkt oder Goldausfuhrpunkt. Diese Goldpunkte begrenzen somit die Schwankungen des Auslandsgeldwertes der Goldwährungsländer, der Länder also, deren Noten man jederzeit für Einfuhrzwecke in Gold einlösen kann. Die Goldpunkte liegen um den Betrag jener Goldzahlungsspesen unter bzw. über der sog. Goldparität (Münzparität), die durch den Goldgehalt (Feingehalt) der beiderseitigen Kurantmünzen gegeben ist (z. B. war vor den Weltkriegen 1 Schweizer Frank = 0,81 RM). Erst wenn die Währung ihre Bindung an das Gold (den sog. Goldstandard) verläßt, also die Einlösung ihrer Noten zum Preise der Goldparität einstellt, so daß die erwähnte Alternative der Bezahlung durch Goldübersendung den Importeuren nicht mehr freisteht, verlieren diese Goldpunkte naturgemäß ihre schwankungsbegrenzende Wirkung.

Die andere Absicht einer Geldwertbeeinflussung durch solche Diskontveränderungen betrifft den Inlandsgeldwert, also den Binnenpreisspiegel: Die Kreditverteuerung, die in einer Heraufsetzung des Wechselzinses der Notenbank liegt, soll den Kreis der inländischen Kreditnehmer einengen, das Volumen des unbaren Kreditgeldes G_1 zum Schrumpfen bringen und damit nach der Verkehrsgleichung (S. 250) den Inlandsgeldwert und die Ausfuhrkraft des Landes erhöhen; die Kreditverbilligung durch eine Herabsetzung des Wechselzinses der Notenbank soll den Kreis der inländischen Kreditnehmer erweitern, das Kreditgeldvolumen steigern und dadurch den Inlandsgeldwert senken, den Binnenpreisspiegel also erhöhen (weiteres hierüber siehe S. 314 ff.).

Vom Zweckgesichtspunkt einer optimalen weltwirtschaftlichen Arbeitsteilung aus wäre ein organisches vertikales Stufengleichgewicht von Individual- und Kollektivprinzip (S. 143, 148) auch für die Regelungsart und Handhabung des internationalen Zahlungsverkehrs zu fordern. Dies Stufengleichgewicht kann nämlich je nach den Umständen mehr individualistisch in der Form einer allge-

[6] Bei diesen Unkosten (Spesen) der Goldzahlung handelt es sich um die eventuellen Umprägungskosten des Metallgeldes, ferner um die Transport-, Provisions- und Versicherungsspesen und den Zinsentgang des Goldtransports.

meinen Austauschbarkeit absolut stabiler Goldwährungen im freien internationalen Zahlungsverkehr der Einzelwirtschaften verwirklicht werden, wie dies vor dem ersten Weltkrieg weitgehend der Fall war. Dies vertikale Stufengleichgewicht von Freibeweglichkeit der Einzelwirtschaften und deren Bindung an die Gemeinschaft kann aber u. U. auch und wird heute häufiger mit stärkerer Ausrichtung am Kollektivgedanken dadurch erreicht werden, daß mehrere in ihrer Produktion möglichst komplementäre Volkswirtschaften durch Leistung vereinbarter Beiträge einen übernationalen Währungsfonds bilden. Dieser soll dann den beitragenden Mitgliedern einer solchen Zahlungsunion einen multilateralen Abrechnungsverkehr bei tunlichster Lockerung oder Aufhebung ihrer Devisenbewirtschaftung und Beseitigung der internationalen Handelshemmnisse (also eine sog. „Liberalisierung" ihres zwischenstaatlichen Handels) ermöglichen, indem er mit Krediten einspringt, wenn eine Volkswirtschaft durch Defizite ihrer Zahlungsbilanz bzw. durch eine Massenarbeitslosigkeit sonst zu deflationistischen Maßnahmen oder zur Abwertung ihrer Währung gezwungen sein würde (vgl. den Internationalen Währungsfonds des Abkommens von Bretton Woods von 1947 und die Europäische Zahlungsunion von 1950). Der erstgenannte Weg zur Herstellung jenes vertikalen Stufengleichgewichts von Individual- und Kollektivorientierung verlegt das Schwergewicht seiner automatischen Geldwertregelung also ganz individualistisch in die einzelwirtschaftliche Basis der Wirtschaftspyramide und verzichtet auf eine autonome Konjunkturpolitik der nationalen Mittelstufe sowie vollends einer übernationalen kontinental- oder weltwirtschaftlichen Spitze jener Pyramide fast völlig. Der zweite Weg hingegen gibt den Volkswirtschaften in der Mittelstufe der weltwirtschaftlichen Pyramide doch die Möglichkeit, mit ihrer Währungspolitik ihren innerwirtschaftlichen Notwendigkeiten (Vollbeschäftigungspolitik!) in bestimmten, durch die Abrechnungsgemeinschaft gezogenen Grenzen Rechnung zu tragen, wobei die Vereinbarung dieser Grenzen dem übernationalen Gesichtspunkt produktiver weltwirtschaftlicher Zusammenarbeit nach Möglichkeit zu entsprechen hat. Ohne etwas Gemeinsinn — also etwas „Gemeinschaftswollen" (S. 214) — der einzelnen Beteiligten (in diesem Falle: der Nationen) ist freilich die verstärkte Hinwendung zum Kollektivgrundsatz, die in dem zweitgenannten Weg, die also in der Bildung von Abrechnungsgemeinschaften liegt, auch hier in der Weltwirtschaft nicht durchführbar. Unsere obigen Feststellungen über die Voraussetzungen, deren verhältnismäßiges Gegebensein das produktive Einschmelzungsverhältnis der Synthese von Individual- und Kollektivgrundsatz bestimmt, gelten eben nicht nur für die Volkswirtschaft, sondern für alle Stufen der Wirtschaftspyramide. Auch eine europäische Kontinentalwirtschaft insbesondere bzw. heute schon die Europäische Wirtschaftsgemeinschaft (EWG) von vorerst nur 6 europäischen Staaten wird ohne eine solche durch einen eignen Währungsfonds begründete Gemeinschaft auf die Dauer kaum auskommen.

§ 22 Erkrankungen des Geldwesens

Das Geld kann, wie wir sahen, seine Aufgabe bloßer Vermittlung der Preisbildung nur erfüllen, wenn es nach Menge und Umlaufsgeschwindigkeit in einem bestimmten Bestverhältnis zur Warenseite steht. Wird dies Entsprechungsverhältnis zwischen Geldseite und Warenseite, zwischen Zahlungsmittelumlauf und Handelsvolumen, verlassen, so überschreitet das Geld die Grenzen seiner bloßen Vermittlungsaufgabe und übt von sich selbst her einen verändernden Einfluß auf den Preisspiegel aus. Die reine Geldfunktion der bloßen Umsatzvermittlung ist dann also gestört, das Geldwesen ist gleichsam erkrankt. Eine solche Störung des Bestverhältnisses, des Gleichgewichts von Geldseite und Warenseite, kann sowohl von der Geldseite wie von der Warenseite ausgehen. Geht sie von der Geldseite aus, so nennen wir sie Inflation (Geldaufblähung), wenn sie die Geldseite übersteigert, den Preisspiegel dadurch erhöht und den Wert der Geldeinheit so herabdrückt, hingegen sprechen wir von Deflation (Geldschrumpfung), wenn eine solche Störung die Geldseite übermäßig zum Schrumpfen bringt, den Preisspiegel dadurch senkt und den Wert der Geldeinheit somit erhöht. Festzuhalten ist nur, daß ganz die gleichen Funktionsstörungen des Geldes mit allen hier zu betrachtenden Folgen auch dann sich einstellen, wenn die Störung dieses Entsprechungsverhältnisses von Geldseite und Warenseite umgekehrt von der Warenseite ausgeht. Eine plötzliche Steigerung des Handelsvolumens etwa durch technische Erfindungen und Rationalisierung ohne gleichzeitiges Mitwachsen der Geldseite führt also zu deflationsartigen Preissenkungen, ein plötzliches ebenso einseitiges Schrumpfen des Handelsvolumens führt (als echte Teuerung) zu inflationsartigen Preissteigerungen, beides ganz ebenso, wie wenn diese Entsprechungsstörungen (als echte Deflation oder Inflation) von der Geldseite ausgegangen wären.

Inflation bedeutet somit eine Geldentwertung, die auf einer Übersteigerung des Zahlungsmittelumlaufs gegenüber dem Handelsvolumen, auf einer Aufblähung des Geldes gegenüber den Gütern, beruht. Die Übersteigerung des Zahlungsmittelumlaufs kann dabei sowohl durch eine Geldvermehrung als durch eine Steigerung der Umlaufsgeschwindigkeit des Geldes (z. B. durch „Schwundgeld“ausgabe, S. 245) bewirkt werden.

Als **Arten** der Inflation (Geldaufblähung) können wir nach ihrer unmittelbaren Ursache unterscheiden:

1. Geldinflation. Sie entsteht am häufigsten als Folge einer übermäßigen Vermehrung des Umlaufs an uneinlösbaren Banknoten der Papierwährungen: Papierinflation. Zumeist geht sie auf ein Defizit in den öffentlichen Kassen zurück, das den Staat dazu veranlaßt, die Notenpresse zur Deckung seines Bedarfs in Anspruch zu nehmen. Mitunter aber kommt es auch zur Inflation durch überstarkes Einströmen stoffwerten Geldes, z. B. von Silber nach der Entdeckung Amerikas in Spanien, von Gold während des ersten Weltkrieges in Schweden: Silberinflation, Goldinflation. — Betrifft hier die Geldaufblähung nur das Stückgeld (Bargeld), so steht daneben die

2. Kreditinflation. Sie entsteht durch eine übermäßige Vermehrung des Umlaufs desjenigen Kreditgeldes, das im Mischgeldsystem (S. 237 f.) neben dem Bargeld noch den Güterumlauf vermittelt.

Wie schon Mac Loed (1821—1902) betonte, vermitteln nämlich die Banken nicht nur, sie schöpfen auch Kredit: Wenn z. B. eine Bank bei ihrer Kreditgewährung über den Betrag ihrer Einlagen (Depositen) hinaus Zahlungsversprechen (Wechsel, Schecks usw.) als Forderungen gegen sich in Umlauf setzt oder ihren Kunden sonst durch Gutschrift auf deren Girokonten Kredite einräumt, so dienen diese so geschaffenen Forderungen gegen die Bank neben dem Bargelde im kaufmännischen Verkehr als Zahlungsmittel. Bei der Erörterung des Buchgeldes (Giralgeldes) stellten wir dies (S. 237) bereits fest. Insoweit diese von der Bank neugeschaffenen kreditären Umlaufsmittel gedeckt sind durch Bargeldreserven der Bank, die (mit der Umlaufsgeschwindigkeit = O) das jederzeitige Bereitsein der Bank gegenüber ihren Verpflichtungen (d. h. ihre „Liquidität") sicherstellen, ja, insoweit diese im Wege des sog. zirkulatorischen Kredits geschaffenen neuen Umlaufsmittel auch nur eine Verminderung in der Umlaufsgeschwindigkeit des die Aktiven der Bank ausmachenden Bargeldes aus Liquiditätsrücksichten bedingen, sind sie nur die Vertreter des dadurch ganz oder teilweise stillgelegten Geldes. Insoweit gibt also die Bank nur Kaufkraft weiter, auf deren Ausübung die Sparer und sonstigen Einleger durch Konsumverzicht freiwillig verzichtet haben, sie vermittelt hier nur, wie man sich ausdrückt, „echten" Kredit. Insoweit eine solche Stillegung oder Umlaufsverlangsamung anderweitigen Geldes aber der Ausgabe dieser kreditären Zahlungsmittel der Banken nicht gegenübersteht, bedeuten diese Zahlungsmittel neue, zusätzliche Kaufkraft, vergrößern sie also den Zahlungsmittelumlauf $(G + G_1) \cdot U$ im Sinne der quantitätstheoretischen Verkehrsgleichung (S. 250) ähnlich wie etwa ungedeckte Banknoten der Notenbank. Hier handelt es sich daher nicht mehr um echten Kredit, den die Bank nur weitergibt, sondern um „zusätzliche“ Kredite, die die Bank aus dem Nichts geschöpft hat, denen also keinerlei Konsumverzicht von Sparern usw. gegenübersteht. Entsprechend ist auch jeder private Schuldner aus Wechseln, Schecks, Obligationen usw., insoweit er keine volle Deckung gegen seine Verpflichtungen hält, einer kleinen Notenbank gleichzuachten, denn er setzt mit jenen seinen „Privatnoten“ zusätzliches Kreditgeld in Umlauf.

Gleiches gilt auch für die Schaffung von Buchgeld in einem System von Kreditbanken (Geschäftsbanken) mit gemischtem Zahlungsverkehr (S. 237 f.), und zwar auch ohne entsprechende Absicht der einzelnen Kreditbanken. Ein Guthaben bei einer Bank z. B. kann, wie wir sahen, jederzeit durch Umschreibung (Girierung) als Zahlungsmittel dienen, schafft also insoweit neue, zusätzliche Kaufkraft, als die Bank sich nicht durch die Rücksicht auf ihre Liquidität zu einer entsprechenden Stillegung oder Umlaufsverlangsamung von Deckungsmitteln veranlaßt sieht. Da derartige Verpflichtungen und Forderungen der Banken meist in deren Verrechnungsverkehr untereinander ausgeglichen werden, so ist als „Barreserve“ meist nur ein Bruchteil, nämlich (je nach den Zahlungssitten des Landes) erfahrungsgemäß meist etwa 10 %, der Giroguthaben zur Sicherung der Liquidität der Banken erforderlich. Außerdem ist heute die Bank zumeist gesetzlich verpflichtet, einen bestimmten Prozentsatz (etwa 15 %, der Satz ist nach Einlagearten und Bankplätzen gestaffelt) ihrer Einlagen (Depositen) als „Mindestreserve“ bei der Zentralbank unverzinslich zu halten, wozu sie also z. B. Bargeld in solcher Höhe bei der Zentralbank einzahlt. Den Rest ihrer Depositen — man nennt ihn die „Überschußreserve“, und er beträgt also meist etwa 75 % der Einlagen — hat dann die Bank zu ihrer freien Verfügung. Sie benutzt ihn, um ihn nicht zinslos liegen zu lassen, meist zur Erteilung weiterer Kredite, die sie ihren Kunden z. B. durch Gutschriften auf deren Girokonten einräumt[1]. Werden diese Kredite von ihren Empfängern zur Errichtung weiterer Girokonten bei anderen Banken benutzt, so wird sich dieser Vorgang der Schöpfung zusätzlichen Kreditgeldes in der Regel wiederholen und so fort, so daß schließlich ein mehrfacher Betrag der ursprünglich bei der ersten Bank eingezahlten Einlagen in der Form von Giroguthaben als Buchgeld umläuft.

In allen diesen Fällen bedeutet der zirkulatorische Kredit zugleich auch zusätzlichen, nämlich geldschöpfenden Kredit, und wir finden in der neuzeitlichen Kreditwirtschaft über dem Volumen des Bargeldes

---

[1] Vgl. R. Stucken, Geld und Kredit, 1957², S. 59, der diesen Faktor als Geldschöpfungskoeffizienten bezeichnet.

stets noch einen meist erheblich größeren Überbau von unbarem Kreditgeld (Buchgeld, Giralgeld, Kreditgeld i. e. S.). Das Volumen dieses unbaren Kreditgeldes ist in seiner Menge und Umlaufsgeschwindigkeit sehr schwer zu erfassen, beträgt aber, je nach den in einem Lande vorherrschenden Zahlungssitten, ein Mehrfaches (heute meist etwa das Drei- bis Neunfache) des Bargeldumlaufs. Dieser Überbau von Giralgeld pflegt sich im Aufschwung der Konjunktur elastisch auszudehnen, wobei sich die Liquidität der Banken entsprechend verschlechtert: sog. Kreditexpansion (Gegensatz: Kreditkontraktion). Füllt die Vermehrung des Kreditgeldes dabei nur eine vielleicht bestehende deflatorische Lücke der Geldversorgung aus (sog. kompensatorischer Kredit[2]), so wird der Preisspiegel dadurch nicht gesteigert. Führt aber die Steigerung des unbaren Kreditgeldes nach Menge oder Umlaufsgeschwindigkeit zu einer Übersteigerung des gesamten Zahlungsmittelumlaufs gegenüber der „Warenseite", so sprechen wir von Kreditinflation. — Über offene und versteckte Inflation s. S. 254.

Die **Wege einer Inflationierung** können sehr verschiedene Formen zeigen. Der einfachste Weg, die Ausgabe von Staatsnoten (z. B. in England während des ersten Weltkrieges) ist nicht der häufigste. Besonders oft vermehrt der Staat den Zahlungsmittelumlauf durch Begebung von Schatzwechseln oder Schatzscheinen bei der Notenbank. Diese stellt ihm dann zusätzlich geschaffene Bargeldmengen zur Verfügung, die der Staat zur Deckung seiner Ausgaben in den Verkehr bringt (so im Deutschen Reich in und nach dem ersten Weltkriege). Auch die Aufnahme sonstiger Staatskredite bei der Notenbank, ja schon die bloße Ermöglichung von Kreditgewährungen dieser Bank an Dritte durch Bürgschaftsleistungen des Staates kann in der gleichen Richtung wirken. Eine noch mehr verdeckte Form der Inflationierung liegt ferner z. B. in der Auflegung von Staatsanleihen, deren Zeichnung den Zeichnern nur durch die Bestimmung ihrer Beleihbarkeit bei der Notenbank ermöglicht wird. Denn diese Zeichner stellen ja dem Staat nicht echte Ersparnisse aus dem bisherigen Geldumlauf zur Verfügung, sondern sie machen ihre Anleihestücke sofort bei der Notenbank wieder zu Geld. Diese ist damit auch hier die eigentliche Geldgeberin des Staates und vermehrt den Zahlungsmittelumlauf entsprechend (weiteres über diesen sog. geldschöpfenden

[2] Von kompensatorischer alias kompensierter Geldschöpfung spricht man mitunter auch dann, wenn die durch Einräumung zirkulatorischer Kredite bewirkte Geldschöpfung wett gemacht (kompensiert) wird durch eine Geldverminderung, die mit der Rückzahlung solcher Kredite oder durch eine Stillegung gesparten Geldes eintritt. Auf der anderen Seite muß auch die Geldvermehrung berücksichtigt werden, die entsteht, wenn ein Sparer stillgelegte Sparbeträge durch Wiederverwendung, also durch Entsparen oder richtiger: Enthorten, wieder in Gang setzt.

Kredit s. S. 309 ff.). Daneben kann die Kreditüberspannung, die durch eine Übersteigerung des Kreditgeldumlaufs zur Kreditinflation führt, wie schon angedeutet, die verschiedensten Wege nehmen. Sodann bringt auch der Ankauf von Wertpapieren durch die Zentralnotenbank im Wege der sog. Offenmarktpolitik den geldlichen Gegenwert dieser Papiere in den Verkehr. Er vermehrt so den Zahlungsmittelumlauf. Allerdings kommt dies Vorgehen der Notenbank schon wegen des Kursrisikos, das sie mit dem Besitz jener Wertpapiere läuft, meist nur ergänzend in Betracht. Endlich kann auch das Einströmen ausländischen Geldes bzw. von Devisen bei stark aktiver Zahlungsbilanz (Exportüberschüssen) eines Landes mit Goldwährung oder sonstiger fester Währung zu einer Inflation führen, wenn die zum Ankauf dieses Goldes bzw. dieser Devisen verpflichtete Zentralnotenbank mit deren Bezahlung zum festen Kurs den Zahlungsmittelumlauf des Landes entsprechend vermehrt, während gleichzeitig der Exportüberschuß das Warenangebot im Inland vermindert.

Die **Wirkungen der Inflation** lassen sich nicht streng allgemeingültig feststellen. Die Geldentwertung (Preissteigerung) als Folge der Inflation setzt sich nicht gleichmäßig durch. Einmal sind die Wege, auf denen die zusätzliche Kaufkraft in den Verkehr gelangt und die Nachfrage steigert, von Bedeutung für die Ausbreitung der Geldentwertung. Sodann trifft diese aber auch auf eine verschiedene Widerstandsfähigkeit der Preise. Die Beharrlichkeit der Preisbildung ihr gegenüber ist meist bei den Rohstoffen und Halbfabrikaten geringer als bei den Fertigwaren, die Preise des Großhandels steigen eher als die des Kleinhandels. Ebenso wie dieser letzte pflegt auch die Lohnbildung und vollends der Stand der Gehälter in höherem Grade traditionsgebunden zu sein. Besonders die Häufigkeit der Preisbildungsvorgänge, also die Zeitabstände der Neubewertung von Waren oder Arbeitskräften am Markte, ist wichtig für das Beharrungsvermögen der Preise gegenüber der inflationistischen Preissteigerung. Dieses Beharrungsvermögen ist daher z. B. bei täglich gehandelten Börsenwerten geringer, bei tarifvertraglichen Löhnen oder gar bei Beamtengehältern auch aus diesem Grunde größer. In jedem Falle lähmen die Verzerrungen eines Preisgefüges, das kein Ausdruck echten Leistungswettbewerbs mehr ist, die Produktivität der Wirtschaft (vgl. S. 251).

In der Regel sind in einer Volkswirtschaft mit Papierwährung (in der also kein oberer Goldpunkt die Geldentwertung begrenzt, S. 266) zwei Stadien einer fortgesetzten Inflationierung zu unterscheiden:

Inflationsstadium I: Der Inlandswert des Geldes sinkt, aber noch nicht so schnell wie sein Außenwert. Die durch die Vermehrung des

Zahlungsmittelumlaufs bewirkte Geldflüssigkeit (Zinsverbilligung) und das Steigen der Preise führt zu einer Belebung der Sachgüterproduktion (insbesondere von Gewerbe und Landwirtschaft). Diese profitiert an den ständig steigenden Preisen und kann das Ausland unterbieten, da ihre Gestehungskosten (Kreditkosten, Löhne und Inlandsrohstoffe) noch nicht dem gesunkenen Außenwert des Geldes entsprechend gestiegen sind (sog. inflationistisches Valutadumping). So wird jede, auch die unproduktive Produktion rentabel, und die Aussicht auf weiter steigende Preise steigert die Investitionen der Sachgüterproduktion. Zugleich kann die Produktion ihre auf Inlandswährung lautenden Schulden entwertet zurückzahlen. Enteignet wird demgegenüber der Sparer und Rentner, dessen auf Inlandswährung lautende Ansprüche ihren Wert verlieren. Benachteiligt wird auch der Festbesoldete (Arbeiter und Beamte). Insoweit er nicht eine Anpassung der Geldlöhne und Gehälter an die steigenden Preise durchsetzen kann muß er seinen Verbrauch einschränken. So kommt es zu erheblichen, den Leistungen nicht entsprechenden Änderungen in der Verteilung des Nationalprodukts, und der erzwungenen Verbrauchseinschränkung der Festbesoldeten und der Rentner kann bei den Unternehmern u. U. eine Vermehrung der Kapitalbildung bzw. der Investitionen entsprechen (sog. geldpolitisches Zwangssparen, beobachtet schon von Bentham, Thornton und J. St. Mill). Der Staat wird mehr und mehr entschuldet, insoweit seine In- und Auslandsschulden auf die eigene Währung lauten. Aber mit den Inlandspreisen steigen auch seine Ausgaben, und die dadurch steigenden Defizite in den öffentlichen Kassen erzwingen leicht eine weitere Inanspruchnahme der Notenpresse und so fort (sog. Spiralwirkung der Inflation).

Inflationsstadium II: Das Inland stellt sich auf die fortschreitende Geldentwertung ein, so daß der Inlandswert des Geldes jetzt fast ebenso schnell und mitunter schneller sinkt als sein Kurs im Ausland. Die Produktion verliert die Möglichkeit zur Unterbietung des Auslandes mehr und mehr, die Exporte gehen zurück. Langfristigere Verträge über Geldbeträge in Inlandswährung werden infolge des ständigen Hinschwindens des Realwerts dieser Beträge unmöglich, ebenso jede kaufmännische Kalkulation auf etwas längere Sicht. Geldlöhne und Gehälter werden nach dem Lebenskostenindex gesteigert, aber ihre Steigerung steigert wieder den Index, den sie daher doch nicht ganz einholen können. Der Darlehnszins erhöht sich um das Risiko der Geldentwertung, der Spartrieb der Bevölkerung wird durch die immer erneute Entwertung der Sparkapitalien gelähmt. Sehr bald leiht niemand mehr Währungsgeld aus, die Kapitalbildung in Geldform hört auf. Das liquide Kapital versucht ins Ausland zu fliehen. Die allgemeine Flucht in die Sachwerte steigert die Umlaufsgeschwindigkeit und damit die Entwertung des Geldes noch mehr. Die Notenpresse vermag dem Tempo der Geldentwertung nicht mehr zu folgen, das Geld verliert seine Eigenschaft als Wertmesser und Wertaufbewahrungsmittel. Dies bedingt eine steigende Zersetzung der Inlandswirtschaft. Diese kehrt zuletzt teils zum Naturaltausch zurück, teils bedient sie sich fremder Wertmaßstäbe (fiktiver Gold- oder Indexeinheiten, Auslandswährungen) oder rechnet in Sachwerten (Getreide-, Kohle-, Holzanleihen). So geht auch hier schließlich der „Gebrauchswert“ des Geldes (S. 254) durch Repudiation (Zurückweisung) desselben verloren.

Auch die Vorteile der ersten dieser beiden Stadien sind weitgehend nur Scheinvorteile. Die Belebung der Produktion, die durch das Valutadumping möglich wird, stellt volkswirtschaftlich gesehen oft nur einen Schleuderausverkauf der eigenen Wirtschaft an das Ausland dar. Die Entwertung der auf eigene Währung lautenden Auslandsschulden zerstört den Kredit des Landes. Auch diese „Vorteile" kommen nur für die Staaten in Betracht, die längere Zeit keine Inflation durchgemacht haben. Denn sonst übersieht die inflationsgeschulte Bevölkerung sofort die Zusammenhänge der Inflationierung und geht sogleich zum zweiten, perniziösen Stadium der Inflation über. Auch lauten die Auslandsschulden inflationsgewohnter Staaten meist nicht auf deren eigene, sondern auf fremde Währungen. In jedem Falle ist die Belebung von Landwirtschaft und Gewerbe im Stadium I auf künstlichen, bald schwindenden Voraussetzungen aufgebaut: Eine Fieberblüte mit bald folgender Erschlaffung. Als Störung der Entsprechung von Geld- und Warenseite bewirkt jede fortgesetzte Inflationierung früher oder später eine Verzerrung aller produktiven Proportionen in der Kombination (im Wirkungsverhältnis) der Produktivkräfte und somit schwere Lähmungen der Produktivität.

Unter **Deflation** (Geldverknappung) verstehen wir nach dem oben Gesagten eine Wertsteigerung des Geldes, die auf einer Verringerung des Zahlungsmittelumlaufs im Verhältnis zum Handelsvolumen, also auf einem Einschrumpfen der Geldseite gegenüber der Warenseite, beruht. Auch hier kann die Entsprechungsstörung sowohl durch eine Verminderung der Geldmenge als auch durch eine Verringerung der Umlaufsgeschwindigkeit (z. B. durch „Hamstern" von Münzen oder Noten) bewirkt werden. Auch hier kann man von Gelddeflation und von Kreditdeflation sprechen, je nachdem die Schrumpfung (Kontraktion) des Zahlungsmittelumlaufs beim Bargelde oder beim unbaren Kreditgelde (also beim zirkulierenden Kredit) einsetzt.

Die **Wege der Deflationierung** sind in ihrer Form ebenso verschiedenartig wie diejenigen der Inflationierung. Die Schrumpfung (Kontraktion) des Zahlungsumlaufs, die zur Deflation führt, kann einmal beruhen auf der Einziehung eines Teils des im Umlauf befindlichen Bargeldes (z. B. von Banknoten). Diese kann nicht nur im Wege der unmittelbaren Notenenteignung, sondern auch durch Verkauf von Staatsanleihen gegen Bargeld oder sonstige Aufnahme langfristigen Staatskredits, ferner vor allem auch durch Besteuerung bewirkt werden, wenn die dadurch beim Fiskus eingehenden Geldbeträge dem Verkehr entzogen, also stillgelegt werden. Daneben beruht die Geldschrumpfung häufig auch auf einer Verengung des Kreditvolumens der Wirtschaft (Kreditdeflation). Diese wird regelmäßig z. B. durch

Kreditverteuerung (vor allem Diskontheraufsetzungen), durch Effektenverkäufe der öffentlichen Hand (sog. Offenmarktoperationen) und als gröbstes Mittel mitunter auch durch Kreditrestriktionen (also Ablehnung der Rediskontierung auch „guter“ Wechsel durch die Notenbank) bewirkt. Aber auch eine freiwillige Nichtinanspruchnahme angebotener Kredite, eine Kreditscheu bzw. Investitionsmüdigkeit des Unternehmertums, kann zum gleichen Erfolg führen. Endlich können auch Einfuhrüberschüsse einer Volkswirtschaft durch die dann nötigen Devisenverkäufe der Notenbank dieser Volkswirtschaft zur Schrumpfung ihres Zahlungsmittelumlaufs führen. Diese Devisenverkäufe müssen um so eher zur Deflation führen, als gleichzeitig in dieser Volkswirtschaft die „Warenseite“ durch den Einfuhrüberschuß gegenüber der „Geldseite“ verstärkt wird.

Als **Wirkungen einer fortgesetzten Deflationierung** kommen für Volkswirtschaften mit stoffwertlosen Währungen, also vor allem für Papierwährungsländer, regelmäßig folgende beiden Stadien in Betracht:

Deflationsstadium I: Die Produktion (Gewerbe und Landwirtschaft) wie auch der Handel leiden bei sinkenden Warenpreisen, hohen Löhnen und hohem Zins stark unter Geld- und Kreditknappheit sowie unter der Werterhöhung ihrer Schulden. Überall, wo das Sinken der Warenpreise dem allgemeinen Sinken des Preisspiegels vorauseilt, entstehen Verluste. Die Mengen der produzierten Waren können bei ihrer Fertigstellung infolge der inzwischen gesunkenen Preise nicht mehr rentabel abgesetzt werden. So führt in diesem Stadium das Versagen des Geldwesens mitunter dazu, daß ganze Warenbestände angesichts des größten Warenhungers der Bevölkerung vernichtet werden. Die Ware findet den Weg vom Produzenten zum Konsumenten nicht mehr, und die Wirtschaft gerät in Zersetzung. Die Schwierigkeiten der Produktion ergreifen auch das Bankwesen. Die Angst vor den Bankzusammenbrüchen bewirkt ein Hamstern des Geldes, das dessen Umlaufsgeschwindigkeit vermindert und damit den Geldwert noch mehr steigert. Bevorzugt durch die Steigerung des Geldwertes (Preissenkungen) sind die Festbesoldeten (Arbeiter und Beamte) sowie die Besitzer festverzinslicher Werte, solange sie nicht durch Lohn- bzw. Gehaltskürzungen, Arbeitslosigkeit, Steuererhöhungen, Moratorien oder zwangsweise Zinsherabsetzung usw. betroffen werden.

Deflationsstadium II: Das Inland hat sich durch entsprechende Kürzung der Löhne und Gehälter allgemein auf den gestiegenen Geldwert (den gesunkenen Preisspiegel) eingestellt. Durch diese Senkung der Gestehungskosten hören die Zersetzungserscheinungen des ersten Stadiums auf, und die Wirtschaft wird im Ausland konkurrenzfähig, so daß durch Aktivierung der Zahlungsbilanz diese Höherbewertung des Geldes auch auf seinen Auslandswert übergreift. Ein neues Gleichgewicht zwischen Geld- und Warenseite spielt sich ein. Bei bestimmter Intensität und Plötzlichkeit der Deflationierung kann aber auch die Steigerung des Inlandsgeldwertes zu einem deflatorischen Valutadumping (und damit oft zu einem Schleuderausverkauf) der eigenen Volkswirtschaft führen.

Vergleichen wir die vorstehend kurz umrissenen Wirkungen von Inflation und Deflation, so ergibt sich, daß bei der Inflation eine zunächst verlockende Scheinblüte der Sachgüter erzeugenden Wirtschaft am Anfang steht, die oft durch die zusätzlichen Einnahmen, die sie der öffentlichen Hand erschließt, noch verführerischer aussieht. Erst später, im zweiten, dem perniziösen Stadium der fortgesetzten Inflationierung werden die für die Produktivität verderblichen Wirkungen offenbar. Bei den Folgen der fortgesetzten Deflation liegt es umgekehrt: Hier stehen die offenbar lähmenden Wirkungen am Anfang, und je schneller eine Währungspolitik diese verderbliche Schwelle einer etwa von ihr beabsichtigten Aufwertung ihres Währungsgeldes hinter sich bringt, desto geringer sind meist die Produktivitätsverluste der Volkswirtschaft.

Bei dieser unserer Feststellung der Erscheinungsformen und Wirkungen von Inflation und Deflation zogen wir nur den Bereich einer einzelnen Volkswirtschaft in Betracht. Berücksichtigen wir dagegen die modernen Volkswirtschaften in ihrer Eigenschaft als Glieder der Weltwirtschaft, so gestattet der Stufengedanke vermöge unserer obigen Unterscheidung volkswirtschaftlichen und weltwirtschaftlichen Geldes eine wesentliche Erweiterung dieser Erkenntnisse. Solange die Volkswirtschaften der Welt stoffwerte Währungen bevorzugten, ließen sich die bisherigen geldtheoretischen Erkenntnisse von der Volkswirtschaft ungefähr auch auf die nächsthöhere Wirtschaftsstufe, die Weltwirtschaft, übertragen. Heute aber arbeiten die meisten Volkswirtschaften mit dem nominalistischen Zwangsgeld (Papiergeld) einer nationalen Wirtschaftspolitik, während der weltwirtschaftliche Verkehr der Volkswirtschaften untereinander mangels einer übernationalen politischen Zwangsgewalt noch auf das individualistische stoffwerte Geld, im wesentlichen das Gold, angewiesen ist (S. 242). Die Rückverbundenheit ihres volkswirtschaftlichen Papiergeldes im weltwirtschaftlichen Goldgelde stellen die einzelnen Volkswirtschaften, wie wir sahen, dadurch her, daß sie ihr Zwangsgeld in ein festes Wertverhältnis zum Golde setzen und zur Aufrechterhaltung dieses „Goldstandards" nach Möglichkeit mehr oder weniger große Goldreserven gegen ihr Papiergeld halten.

Die Frage ist dann die: Wie wirken **Funktionsstörungen des weltwirtschaftlichen Goldgeldes** auf die Geldverhältnisse in den einzelnen Volkswirtschaften ein? Gehen wir bei ihrer Beantwortung vom Fall der letzten großen Weltwirtschaftskrise von 1930, einer deflatorischen Funktionsstörung des Weltgeldes „Gold", aus. Dabei können wir hier davon absehen, daß die Störung des Entsprechungsverhältnisses von Geld- und Warenseite, die diese Funktionsstörung bewirkte, im Fall der Weltwirtschaftskrise weitgehend nicht nur von der Geldseite, sondern auch von der sprunghaften Vergrößerung auf der Warenseite (Erfindungen, Rationalisierung) ausging (S. 268).

Die Deflation des weltwirtschaftlichen Goldgeldes übt in solchem Fall die regelmäßigen Wirkungen jeder Deflation (S. 275) aus, nur daß diese Deflationswirkungen im Rahmen des Weltwirtschaftsverkehrs ganz ungeheure Maßstäbe annehmen: Infolge des ständigen Sinkens der Weltmarktpreise vernichten ganze Länder große Teile ihrer Ernten, an denen die arbeitslosen Massen der anderen Länder den ärgsten Mangel leiden. Der ständige Preisverfall läßt ja oft nicht einmal den Transport der Ernte zum Markte zu. Die Völker verhungern so gleichsam bei gefüllten Schüsseln, weil der weltwirtschaftliche Umsatzvermittler „Gold" seinen Dienst versagt. Durch die Bindung der nationalen Papierwährungen an das Gold setzt sich dann die Goldknappheit mit ihren wirtschaftslähmenden Preissenkungen bis in die letzten Glieder der einzelnen Volkswirtschaften hinein fort, soweit diese Volkswirtschaften an dem festen Wertverhältnis ihrer Währungen zum Golde, am „Goldstandard" also, festhalten. In der Herabsetzung dieses Wertverhältnisses ihrer nationalen Papierwährungen zum Golde („D e v a l v a t i o n") oder im Absinkenlassen ihres Wechselkurses (A b w e r t u n g) unter gleichzeitiger entsprechender Vermehrung ihres Zahlungsmittelumlaufs haben aber die Nationalwirtschaften ein wichtiges Mittel, den lähmenden Wirkungen der Deflation des weltwirtschaftlichen Goldgeldes wenigstens teilweise zu entgehen, insofern das unvermeidliche Sinken der Goldpreise ihren Produzenten bei stabileren Papiergeldpreisen der Produkte weniger fühlbar wird. In der Zeit von 1931 bis zum zweiten Weltkrieg haben die meisten Länder (außer Deutschland) von diesem Mittel Gebrauch gemacht (vgl. S. 363 f.).

Im Verhältnis zum weltwirtschaftlichen Goldgelde gesehen, liegt in dieser Maßnahme einer Nationalwirtschaft eine Währungsabwertung. Diese braucht aber bei richtiger Dosierung nicht zu einer inflationistischen Geldentwertung zu führen: Die inflationistische S t e i g e r u n g der Nominalpreise (Papiergeldpreise), die unter regelmäßigen Umständen im Gebiet des v o l k s wirtschaftlichen Geldes eintreten müßte, wird kompensiert durch die deflationistische Preis s e n k u n g, die sich vom w e l t wirtschaftlichen Gelde her in der Volkswirtschaft durchzusetzen sucht. An die Stelle der Inflation tritt so die **Redeflation,** auch Reflation genannt, die das Entsprechungsverhältnis zwischen Geld- und Warenseite nicht stört, sondern die es im Gegenteil im ganzen aufrechterhält, weil sie als Gegenmittel gegen die Folgen der Weltdeflation wirkt. So kehrt hier eine Erscheinung wieder, die wir so oft im Leben auch der biologischen Organismen beobachten.

Ein Mittel, das unter normalen Umständen ein schweres Gift bedeutet, wird unter bestimmten Umständen und in bestimmter Dosierung zum rettenden Heilmittel.

Neben einer solchen volkswirtschaftlichen Redeflation durch Vermehrung des kreditären nationalen Zwangsgeldes ist auch eine weltwirtschaftliche Redeflation (Reflation) durch Vermehrung des metallischen internationalen freien Geldes denkbar. Da der natürliche Weg einer Steigerung der Goldproduktion hier meist nicht ausreicht, bliebe nur die Möglichkeit, andere Metalle, insbesondere das Silber, von der Warenseite auf die Geldseite herüberzunehmen, sie also gleichfalls zum Währungsmetall zu erheben. Der Bimetallismus schlug hier Doppelwährung (Alternativwährung: Gold und Silber kursieren frei ausprägbar, aber in gesetzlich festgelegtem Verhältnis) vor, er muß aber stets an den Wertverschiebungen von Gold und Silber scheitern, die es verhindern, daß zwei verschiedene Währungsmetalle reibungslos nebeneinander bestehen. Ändert sich nämlich das Wertverhältnis der Edelmetalle auf dem Edelmetallmarkt gegenüber der staatlich festgesetzten Norm, so wird das aus dem teurer gewordenen Metall bestehende Geld sofort für Zahlungen an das Ausland verwendet, eingeschmolzen oder gehortet, es verschwindet also vom Inlandsmarkt (vgl. das sog. Greshamsche Gesetz oben S. 259 Anm.). Gegen die (bis Ende des 18. Jahrhunderts überall vorherrschende) Parallelwährung, die auf die gesetzliche Festlegung des Wertverhältnisses von Gold und Silber verzichtet und so gleichsam zwei verschiedene Metallwährungen nebeneinander umlaufen läßt (Gold hat für Goldschulden, Silber für Silberschulden gesetzliche Zahlkraft, sog. Duometallismus), läßt sich ähnliches einwenden. Dieser Verzicht auf ein einheitliches Währungssystem hemmt den Verkehr. Dagegen scheint der Symmetallismus, der (nach einem Vorschlage Marshalls) Gold und Silber sowohl im Metallgehalt der Münzen als auch in den Metallreserven und Einlösungspflichten der Notenbanken stets in bestimmtem Verhältnis miteinander kombinieren will diese Schwierigkeiten nicht zu bieten. Dieser Vorschlag zielte auf eine so geringfügige Bindung der Währungspolitik der einzelnen Länder ab, daß er (im Unterschied zu allen utopischen Plänen einer Weltpapierwährung und dgl.) in friedlichen Zeiten vielleicht durch internationale Vereinbarung weitgehend hätte verwirklicht werden können.

Unsere Ausführungen über die volkswirtschaftliche Redeflation sind freilich nicht so zu verstehen, daß durch diese Redeflation (Reflation) alle Nachteile einer Weltdeflation ohne weiteres von der betreffenden Volkswirtschaft ferngehalten werden könnten. Viele Gegengifte beanspruchen den Organismus, den sie heilen, zugleich auch, so daß ihr Nutzen gegen ihren Schaden, ihre Chance gegen ihre Gefahr abgewogen werden muß. Ganz so steht es auch mit der Redeflation[3]. Daß

[3] Eine weitere interessante Parallele der Geldtheorie zur Therapie auch des menschlichen Organismus liegt darin, daß Volkswirtschaften, die die Inflation häufig angewandt oder mißbraucht haben, sie nicht mehr als Redeflation zur Heilung und Abwehr von Inflationsgefahren benutzen können. Denn die inflationsgeschulte Bevölkerung geht dann durch Steigerung der Umlaufsgeschwindigkeit, Kapitalflucht usw. sehr leicht zum zweiten, perniziösen Stadium der Inflation über. Die Belebung von Sachgüterproduktion

die Redeflation, die durch Vermehrung des nationalen Kreditgeldes erreicht wird, die Volkswirtschaft mit dem Aufgeben des „Goldstandards“ aus dem weltwirtschaftlichen Ausgleichsprozeß, den das Gold vermittelt, zunächst herausnimmt, wird sich meist noch am ehesten verschmerzen lassen. Denn die Weltdeflation bedingt auch ihrerseits, wie wir sahen, eine starke Lähmung der Weltwirtschaft und nimmt damit jener weltwirtschaftlichen Ausgleichstendenz bereits z. T. die produktivierende Kraft. Aber wir sahen (S. 252), daß eine Inflationierung infolge der Ungleichmäßigkeit der Geldeinströmungskanäle und der verschiedenen Widerstandsfähigkeit der Preise stets zunächst mit sehr unterschiedlichen Preissteigerungen auf die verschiedenen Märkte einwirkt. Das gilt nicht nur für die Steigerungen des Geldumlaufs, die zur Inflation, sondern auch für diejenigen Geldinjektionen, die zur Redeflation führen. Zwar steigert die Redeflation nach dem Gesagten den Preisspiegel der Volkswirtschaft im ganzen nicht, weil diese allgemeine Steigerungswirkung ja durch die entgegengesetzte Wirkung, den Druck der Weltdeflation auf die Preise, aufgehoben wird. Aber es ist zumeist auch von der Redeflation zunächst einmal jene Verzerrung der Proportionen in der Kombination der nationalwirtschaftlichen Produktivkräfte zu fürchten, die wir soeben (S. 274) als die produktivitätslähmende Wirkung jeder Inflation erkannten: Der durchschnittliche Gesamtstand aller Preise in der Volkswirtschaft bleibt erhalten, aber die einzelnen Preise verlieren zunächst ihr „richtiges“ (d. h. zweckmäßiges) Verhältnis zueinander, das Gefüge also der Preise wird trotz des Gleichbleibens des Preisniveaus (Preisspiegels) verzerrt.

Mit dieser Feststellung gewinnen wir zugleich die theoretische Grundlage für die Beurteilung aller jener neuzeitlichen Vorschläge, die durch Schaffung einer **Indexwährung** den Geldwert stabil halten wollen. Hier soll je nach dem Stande des Lebenskostenindex (S. 246) der Goldgehalt des Geldes vermehrt oder vermindert werden, um eine Stabilität des durchschnittlichen Standes der Inlandspreise aufrechtzuerhalten (so der „compensated dollar“ Irving Fishers). Keynes (Vom Gelde, deutsch 1932) forderte ähnlich eine „managed currency“, deren Kaufkraft durch Handhabung der Kreditpolitik (Kreditinflation und -deflation je nach Bedarf), also durch Änderungen des Zahlungsmittelumlaufs, stabil gehalten werden soll. Auch wenn wir von den Schwierigkeiten der Indexaufstellung absehen, machen diese Pläne ein Gift, das in extremen Fällen als Gegengift und kleineres Übel

---

und Ausfuhr als Vorteil des Anfangsstadiums der Inflation wird jedenfalls durch eine überschnelle Anpassung der inländischen Gestehungskosten an die gestiegenen Devisenkurse zunichte gemacht. Ähnlich verfügt auch der gewohnheitsmäßige Narkotiker nicht mehr über die Heilkraft seiner Rauschgifte.

ein wichtiges Heilmittel darstellen kann, zur täglichen Kost des volkswirtschaftlichen Organismus. Sie verewigen so die Proportionsverzerrungen, die jeder Redeflation und entsprechend auch jeder Reinflation zunächst anhaften. Die Schwankungen der einzelnen Preise, die Veränderungen im Preisgefüge also, die dadurch bedingt sind, stören den Wirtschaftsablauf auch dann, wenn es gelingt, ihren Durchschnitt stabil zu halten. Soll nämlich dieser Durchschnitt aller Preise stabil gehalten werden, so muß auch eine jede Preisänderung, die als Folge eines echten Leistungswettbewerbs auf die Herstellung des bestmöglichen Wirkungsverhältnisses der produktiven Kräfte hinzielt, entweder gelähmt werden oder ihr Gegengewicht finden in Preiserhöhungen, die nicht in dieser Weise sachlich geboten sind, und die insofern die produktivierende Wirkung jener wirtschaftlich „richtigen" (zweckmäßigen) Preisänderungen aufheben. Die künstliche Stillegung des Preisdurchschnitts muß insofern mit gleichsam krampfartigen Verzerrungen und Schwankungen im Verhältnis der einzelnen Preise zueinander bezahlt werden: Die gewaltsame Niederhaltung des Fiebers der Preisspiegelschwankungen führt so (nach Art mancher Fiebergegenmittel in der Medizin) gleichsam zu einem Schüttelfrost, der u. U. den „Organismus" der Wirtschaft mehr schädigt als es die Selbstheilung dieses „Organismus" durch das Fieber tun würde. Gilt das für den Binnenmarkt der Volkswirtschaft, so muß vollends der Außenhandel unter der ständigen Unsicherheit der Devisenkurse leiden. Die organisch gelenkte Volkswirtschaft wird daher von den Möglichkeiten der gedachten Auf- und Abwertungen nur dann Gebrauch machen, wenn die dargelegten Nachteile gegenüber den Opfern einer anderweitigen Krisenbekämpfung eindeutig das kleinere Übel darstellen. Eine Festlegung in dieser Hinsicht durch Währungsgesetze wird sie unter allen Umständen zu vermeiden suchen.

Nähere Ausführungen auch über die **Reinflation** als Gegenwirkung gegen eine sich anbahnende Inflation dürften sich hiernach erübrigen. Auch deflatorische Maßnahmen werden das Gleichgewicht zwischen Geld- und Warenseite nicht stören, sondern wahren, wenn sie als Gegenmittel gegen eine drohende Inflation (oder echte Teuerung) das Entsprechungsverhältnis zwischen Geldumlaufs- und Handelsvolumen aufrechterhalten. Dies ist der Fall der Reinflation. Das Verhältnis von Reinflation und Deflation entspricht grundsätzlich dem dargestellten Verhältnis von Redeflation und Inflation. Nur liegt das lähmende, eventuell perniziöse Stadium bei der Deflation, wie wir (S. 275) sahen, am Anfang, bei der Inflation hingegen am Ende ihrer fortschreitenden Entwicklung. Infolgedessen wird die Reinflation oft versuchen, mit wirtschaftspolitischen Maßnahmen (wie etwa Zwangsherabsetzung von Preisen, Löhnen und Zinsfuß von Samstag mittags auf Montag früh) möglichst schnell über ihr gefährliches Stadium I hinweg zum Stadium II zu gelangen. Überhaupt beruht die größere Häufigkeit der Inflation gegenüber der Deflation z. T. darauf, daß der Bevölkerung meist die Nachteile einer fortschreitenden Inflation erst im Stadium II, die Nachteile einer fortschreitenden Deflation schon im ersten Stadium zum Bewußtsein kommen. Zur Reinflation gehört daher meist großer Mut, zur Redeflation dagegen genügt oft die Willfährigkeit der Regierenden gegenüber gewissen Interessentengruppen.

Beide Heilmittel des Wirtschaftsorganismus, Redeflation wie Reinflation, können übrigens — ähnlich wie gewisse Gegengifte des biologischen Organismus — nur innerhalb einer gewissen Zeit nach Eintritt des „Erkrankungs"grundes die beabsichtigte Wirkung erreichen. Hat eine Inflation erst zu wirken begonnen, so daß sich Geld- und Warenseite auf ein neues Gleichgewicht eines erhöhten Preisniveaus eingestellt haben, so können deflatorische Maßnahmen niemals als Reinflation (Reflation), sondern immer nur als Deflation mit allen Störungen derselben wirken. Die deflatorische Rückgängigmachung einer vorgeschrittenen Inflation ist daher meist ebenso verlustreich wie die Inflation selbst, zumal die Entrechtung der durch die Rückzahlung entwerteter Darlehen enteigneten Sparer und Gläubiger durch die nachträgliche Wiedersenkung der Preise ohnehin nicht mehr aufzuheben ist. Insbesondere dann, wenn die deflatorische Senkung der Preise und Löhne im Inland nicht so nachdrücklich erfolgt, wie es dem festzuhaltenden Außenwert des Geldes (dem Wechselkurs) entspricht, erfolgen oft noch nach langer Zeit schwere Rückschläge (vgl. England 1931). Denn die Exportkraft des Landes wird dann durch den zu hohen Stand der Binnenpreise chronisch gelähmt, und auch im Inland wird die fehlende energische Preisherabsetzung der Anfangszeit durch eine schleichende Depression ersetzt.

Auch einer Deflation kann man so mit inflatorischen Maßnahmen wohl bei der Entstehung begegnen und entgegenwirken. Ist sie aber einmal in einer Senkung des Preis- und Lohnniveaus zur Auswirkung gekommen, so kann man sie damit nicht mehr unschädlich machen, sondern richtet durch eine inflatorische Wiederhochtreibung des Preisspiegels nur neue Störungen an.

In ihren Untersuchungen über Geld- und Kreditpolitik hat die praktische Volkswirtschaftslehre die obigen Erkenntnisse der Geldtheorie auf die einschlägigen praktischen Fragen anzuwenden und sie unter diesen Gesichtspunkten weiter auszubauen. Aber gerade die Geldtheorie wurde bisher im Rahmen wirtschaftstheoretischer Zusammenfassungen oft vernachlässigt. Die Folge waren die vielen Geldverbesserungslehren, die an einem Mangel zutreffender wirtschaftstheoretischer Grundauffassung kranken. Demgegenüber suchten wir hier zu zeigen, wie sich auch die Grundlagen der Geldtheorie aus den Gedanken der Ertragstheorie (Produktivitätsgesetz, Stufengedanke) heraus systematisch entwickeln (und oft auch durch organizistische Analogien verdeutlichen) lassen.

§ 23 Erklärungsversuche zur Einkommensbildung

Vergegenwärtigen wir uns kurz den **bisherigen Gang unserer Untersuchungen** zur Frage der Einkommensverteilung: Wir erkannten (im § 16) die Unzulänglichkeit der bisherigen Preistheorie zur Lösung dieser Frage. Wir griffen daher auf die Grundgedanken der Ertragstheorie zurück und fanden (S. 172 bis 186) die Größe der Verteilungsportionen (Realeinkommen) abhängig von dem Wirkungsverhältnis sowie der selbsttätigen Umgruppierungsfähigkeit, der „Elastizität", der Produktivkräfte. Wir untersuchten dann (im § 17) die Voraussetzungen dieser Wirtschaftselastizität zunächst in der wesentlich freien, individualistischen Marktwirtschaft. Im Umfange des Fehlens der Wirtschaftselastizität gewann die Wirtschaftslenkung auf der Grundlage der organischen Synthese von individueller Freibeweglichkeit und kollektiver Bindung der Wirtschaft Bedeutung für das Verteilungsproblem. Wir untersuchten zunächst (im § 18) die Einwirkung dieser Wirtschaftslenkung auf die Größe des zu verteilenden Nationalprodukts, betrachteten also die Produktivität der organischen Wirtschaftslenkung, sodann (im § 19) ihre Einwirkung auf den Schlüssel dieser Verteilung. Endlich untersuchten wir (in den §§ 20 bis 22) die Einwirkungen, die von der Seite des Geldwesens auf die Preis- und Einkommensbildung ausgehen können. Von ihnen werden wir im folgenden, soweit nicht ausdrücklich etwas anderes gesagt wird, nun wieder absehen.

Schon im Eingang aller dieser verteilungstheoretischen Untersuchungen (S. 168) erkannten wir das Einkommen der Individuen als den „Gesamtpreis einer einzelwirtschaftlichen Leistung", also als einen Preis. Unsere Feststellung, daß die Frage der Preisbildung ein Problem organischen Gleichgewichts und daher nicht kausal-mechanisch zu lösen sei (S. 173), mußte auch auf die Einkommensbildung anwendbar sein. Unsere bisherigen Untersuchungen bestätigen das in vollem Umfange.

Damit hängt freilich eine Begrenzung unserer Ergebnisse zusammen, die offen zugegeben werden muß: Unsere Untersuchungen gestatten auch da, wo sie sich im Bereich gesetzmäßiger, rein-theoretischer Betrachtung bewegen, niemals eine völlig eindeutige Erklärung der Vorgänge der Preis- und Einkommensbildung. Sie lassen uns diese Vorgänge verstehen, aber Rezepte von mechanischer Eindeutigkeit können sie dem Praktiker nicht geben. Da, wo sich unsere Betrachtung schon deskriptiver einstellte, gestattet sie, auch die Einzelvorgänge als Anstoßwirkungen bestimmter auslösender Bedingungen mit oft großer Wahrscheinlichkeit auf bestimmte kausale Regelmäßigkeiten des Wirtschaftslebens zurückzuführen. Mit diesen „Regeln“ kommen auch unsere Untersuchungen dem Kausalitätsbedürfnis des menschlichen Wissensdranges nach Möglichkeit entgegen (vgl. S. 41, 173). Aber da diesen Regeln die strenge Allgemeingültigkeit fehlt, so fehlt diesen Subsumierungsversuchen jenes Merkmal ursächlicher Notwendigkeit, das zum Wesen jeder eindeutigen „Erklärung“ eines Vorganges gehört. Sie erklären die Preisbildung zwar kausal, aber nicht mit der Exaktheit, wie sie etwa die theoretische Mechanik (z. B. in den Fallgesetzen) erreicht. So muß bei der praktischen Anwendung auch dieser Erkenntnisse das Einfühlungsvermögen und der Tastsinn des guten Wirtschaftspolitikers stets noch hinzutreten. Auch hier wieder ergibt sich in unserer Wirtschaftswissenschaft eine Parallele zur Biologie und Medizin, diesen anderen großen organizistischen Disziplinen. Auch sie müssen auf eine mechanisch-kausale Unfehlbarkeit ihrer Ergebnisse verzichten, so daß der beste Mediziner noch kein guter Arzt zu sein braucht. Wollen wir vollends den Preisbildungsvorgang als solchen auf letzte Ursachen zurückführen, so stoßen wir ebenso wie die Biologie auf jenes große „Warum“, das ungelöst am Anfang und Ende allen organischen Lebens steht.

Alle Versuche einer kausal-mechanischen „Erklärung“ der Einkommensbildung im Schrifttum sind daher von vornherein zum Scheitern verurteilt gewesen. Betrachten wir in aller Kürze die wichtigsten Grundgedanken der einschlägigen Lösungsversuche.

Alle diese Lösungsversuche wollen erklären, wie sich das Nationalprodukt der Volkswirtschaft unter die Gruppen der Bevölkerung verteilt. Dabei gruppierte man die Masse der Wirtschaftenden oft nach den drei Produktionsfaktoren in Landwirtschaft, Kapitalbesitzer (bzw. Unternehmertum) und Arbeitnehmer, untersuchte also die Problematik der sog. funktionellen Verteilung (s. S. 295). Nachdem die Auffassung verlassen war, die bei Physiokraten, Liberalisten und Marxisten dazu führte, daß nur einer der drei Produktionsfaktoren, zuerst der Boden, später die Arbeit, als allein ursächlich für den Ertrag, als allein wertschaffend (produktiv) bezeichnet wurde, suchte man das Wesen dieser Verteilungsfrage im sog. **Zurechnungsproblem.**

Man glaubte, die Summe des Wertes komplementärer Produktionsfaktoren mit dem Werte ihres Produkts gleichsetzen zu müssen, da der Wert des Produkts auf den Wert seiner Produktionsmittel gleichsam zurückstrahle. So warf man — mit einer Erinnerung auch an das alte Problem der „austeilenden Gerechtigkeit"[1] — die Frage auf, welcher Teil aus dem Gesamtertrage der Produktion dann dem Boden, dem Kapital und der Arbeit „zuzurechnen" sei.

Die ertragstheoretische Grundauffassung, von der wir hier ausgehen, vermittelt ohne weiteres die Erkenntnis, daß dies Problem als Verursachungsfrage nicht zu lösen ist: Alle Mittel eines Wirtschaftskomplexes sind notwendig für den Ertrag, jedes Mittel ist in grundsätzlich gleicher Weise conditio sine qua non für sein Zustandekommen. Als Entgelt für Ertragsverursachung im mechanischen Sinne des Kausalitätsbegriffs ist also das Einkommen nicht zu erklären. Vielmehr ist die Frage der unterschiedlichen Bedeutung der Produktionsfaktoren für den Ertrag nur als eine Frage ihrer Bestkombination, ihres bestmöglichen Wirkungsverhältnisses, als eine Gleichgewichtsfrage also, zu behandeln. Auf das Funktionalproblem (Entsprechungsproblem), das sich so ergibt, gab uns das Produktivitätsgesetz die Antwort, an der sich, wie wir sahen, auch die Verteilungstheorie zu orientieren hat. Demgemäß ist auch die Frage der Einkommensbildung zunächst ein Gleichgewichtsproblem: Die Größe des zu verteilenden Gesamtproduktes wie den Schlüssel seiner Verteilung fanden wir von der Kombination (dem Wirkungsverhältnis) der Produktionsfaktoren (einschließlich auch des Geldes) abhängig. Die zahlreichen Lösungsversuche, die die Bedeutung der Seltenheit der Güter und der sie hervorbringenden produktiven Kräfte für die Einkommensbildung der freien Wirtschaft hervorgehoben haben, liegen bereits in der Richtung dieser Auffassung. Im Rahmen der zweckmäßigen Synthese von individueller Freibeweglichkeit und kollektiver Bindung der Wirtschaft sodann sahen wir im § 18 das Machtmoment einer mehr am Bindungsgedanken (Kollektivgrundsatz) ausgerichteten Wirtschaftspolitik als einkommengestaltend hinzutreten.

Eine Gruppe von Lösungsversuchen steht der Behandlung der Verteilungsfrage als Gleichgewichtsfrage im Ausgangspunkt nahe, gleitet dann aber doch wieder in eine mechanisch-privatwirtschaftliche Betrachtung ab. Es sind das die Versuche zur Erklärung der funktionellen Einkommensverteilung, denen der **Gedanke der Grenzproduktivität** zugrunde liegt. Nach ihm bemessen sich die Renten des Arbeits- und des Kapitalfaktors nach dem produktiven Beitrag, den die letzte, d. h.

[1] Vgl. hierüber W. Weddigen, Wirtschaftsethik als System humanitärer Wirtschaftsmoral, Berlin 1952, S. 45.

die teuerste der vom Unternehmer noch angestellten Arbeitskräfte bzw. verwendeten Kapitaleinheiten zum Gesamtertrage leistet, deren Einsatz zur Deckung des kaufkräftigen Bedarfs für die Wirtschaft noch erforderlich ist. Denn mehr als den Wert dieses sog. „Grenzbeitrags“ könne der Unternehmer nicht zahlen, wenn anders der „Grenzarbeiter“ bzw. das „Grenzkapitalteilchen“ noch Verwendung finden solle, und mit weniger werde sich der Arbeiter bzw. der Kapitalbesitzer in dem Bewußtsein, in diesem Rahmen unentbehrlich zu sein, nicht begnügen. Dabei steht der Kapitalfaktor hier für das Realkapital und den Boden. Ausgehend von Thünen, gefördert von der Grenznutzenschule, wurde dieser Gedanke vor allem von den Amerikanern (Clark, Seligman, Carver, Taussig) als allgemeines Marginalprinzip vertreten.

Diese Lehre von der Grenzproduktivität beruht aber (ebenso wie die Grenznutzenlehre) auf einer unzulässigen Verallgemeinerung der Tendenz des abnehmenden Ertrages. Ist nämlich der Grenzbetrag nicht der kleinste, so bricht der Bau der Lehre zusammen (vgl. S. 105). Aber auch abgesehen davon würde nach der Lehre oft mehr als der Gesamtertrag an die Arbeiter und Kapitalbesitzer abzuführen sein. Stellen wir uns nämlich als Grenzfall einen völlig unelastischen, in sich mechanisch starren, also etwa nach Art eines Uhrwerks in keiner Weise umgruppierungsfähigen Wirtschaftskomplex vor, so daß dann also das ganze Produkt ohne den „Grenzarbeiter“ oder ohne das „Grenzkapitalteilchen“ nicht hergestellt werden könnte und auch der ganze Boden zur Herstellung des Produkts unentbehrlich ist, so bedingt hier jeder einzelne Faktor, Boden wie Kapital wie Arbeit, den ganzen Ertrag: Da hier kein Faktor für den anderen mit einspringen würde, so würde mit dem Ausfall eines jeden der drei Faktoren sogleich der ganze Ertrag entfallen. Somit wäre der dreifache Ertrag nötig, um jeden der drei Produktionsfaktoren nach der Grenzproduktivitätslehre zu entlohnen. Tatsächlich ist eben auch die Mitwirkung des „Grenzarbeiters“ ohne seine Ausrüstung mit Kapital und Boden und auch die Mitwirkung des „Grenzkapitalteilchens“ ohne dessen Kombination mit Arbeit und Boden nicht zu denken. Es ist daher unmöglich, den Teil des Gesamtertrages, der von der Mitwirkung des „Grenzarbeiters“ bzw. des „Grenzkapitalteilchens“ abhängt, ihm allein zur Gänze als „produktiven Beitrag“ zuzurechnen (vgl. auch S. 298 und 311)[2].

[2] Hans Mayer sucht dieser Schwierigkeit (im Hdwb. d. Staatswiss. 4. Aufl. VIII, S. 1223) durch die Feststellung zu entgehen, daß in demselben Verhältnisse, in welchem die letzten Teilmengen der einzelnen Produktionsmittel durch ihren Wegfall den Ertrag mindern (oder ebenso durch ihren Zuwachs mehren), sie durch ihr tatsächliches Vorhandensein zum Ertrage beitragen. Dieser Versuch, den Grenzproduktivitätsgedanken mit dem Hinweis auf die

Auch die Verschiebung der Preisbildungsfrage hin zum „Grenzprodukt“ bedeutet daher keinen Ausweg aus der Schwierigkeit, daß diese Frage nur als Gleichgewichtsproblem, als Frage der Verhältnismäßigkeit der Produktionsfaktoren also, gelöst werden kann.

Anzuerkennen bleibt nur die praktische Bedeutung, die der Gedanke der Grenzproduktivität bei relativ sehr kleinen Grenzteilen (von Kapital oder Arbeit) für deren Bewertung und Vergütung oft haben kann. Praktisch verwendbar ist der Gedanke auch für das Ausprobieren des bestmöglichen Wirkungsverhältnisses der Produktionsfaktoren, wenn man die Koordinierung dieser Faktoren an ihrer jeweiligen Ertragswirkung korrigiert. In beiden Fällen rechnet man den Mindestertrag, den das Wegfallen eines relativ sehr kleinen Kapital- bzw. Arbeitsteilchens beim Gesamtertrag zur Folge hat, diesem Grenzteilchen als ungefähr von ihm bewirkt zu und kommt damit der Produktivitätsbedeutung des Grenzteilchens meist in einem Ausmaß nahe, das für praktische Zwecke genügt[3].

Die Substitutionslehre: Von hier aus und insoweit wird die Kombination (das Zusammensetzungsverhältnis) der Produktionsfaktoren auch recht gut durch die Fassung erklärt, die Gustav Cassel (in Anlehnung an Marshall) mit seinem „Substitutionsprinzip“ dem Grenzproduktivitätsgedanken gab. Danach entspricht bei kontinuierlicher Ersetzbarkeit der Produktionsmittel gegeneinander diejenige Zusammensetzung der Produktionsmittel dem ökonomischen Gleichgewicht, bei der die letzten gegeneinander ersetzbaren Produktionsmitteleinheiten den gleichen Preis haben. Bei diskontinuierlicher Ersetzbarkeit werde die billigste Produktionsmethode gewählt. Diese Substitutionsformel erklärt, wie Predöhl mit Recht hervorhob, das verschiedene Mischungsverhältnis (Wirkungsverhältnis) der Produktionsmittel besonders einleuchtend. Sie zeigt uns, um einige Beispiele Predöhls (Außenwirtschaft, S. 30) zu benutzen, warum und bis zu welchem Grade bei hohen Arbeitskosten und niedrigen Zinssätzen eine Mechanisierung der Produktion stattfindet, die bei niedrigen Arbeitskosten und hohen Zinssätzen unwirtschaftlich wäre, warum also z. B.

Verhältnismäßigkeit der Produktionsmittel zu koppeln, bedeutet aber gleichfalls keine Lösung, sondern wirft nur die Frage nach der Größe der „letzten Teilmengen“ und deren Vergleichbarkeit untereinander auf.

[3] Mit Recht stellt allerdings Stavenhagen (Geschichte der Wirtschaftstheorie 1957[2] S. 303) fest, daß sich damit der Begriff der Grenzkosten und des Grenzertrages in der neueren Wirtschaftstheorie gegen früher verschoben habe. Diese (die Cambridgeschule) habe „die Begriffe ‚Grenzkosten‘ und ‚Grenzerlöse‘ im Sinne des durch die zusätzliche Einheit bewirkten reinen Zuwachses an Gesamtkosten oder an Gesamterlösen zur Anwendung gebracht, während man vordem unter den Begriffen ‚Grenzkosten‘ und ‚Grenzerlöse‘ (Grenzeinkommen) die Kosten und Erlöse (Einkommen) verstand, die die Grenzeinheit einer bestimmten Menge verursacht“.

die Zahl der Spindeln je Arbeiter in der Textilindustrie je nach den Lohn- und Zinssätzen verschieden ist. Sie erklärt, warum bei hohen Bodenpreisen eine intensive Agrarproduktion Platz greift, die bei niedrigen Bodenpreisen unökonomisch wäre. Sie zeigt, warum eine veraltete Technik unter besonderen Bedingungen wieder verwendbar wird usw. Den dieser Lehre zugrundeliegenden Ausgleichsgedanken fanden wir übrigens schon in Gossens Genußausgleichsgesetz oben S. 105 auf dem Gebiet der biologisch-organischen Produktion (von Arbeitskraft).

Ausmaß und Schnelligkeit, mit der in allen Fällen solcher Substitution der teurere Faktor durch den billigeren ersetzt wird, bezeichnet man als Elastizität der Substitution. Diese Elastizität bezeichnet also das Verhältnis des Steigens der Nachfrage nach dem billigeren Faktor zu der vorher eingetretenen Verbilligung dieses Faktors. Wird also z. B. in gleicher Zeitdauer bei einer relativen Verbilligung des Kapitals gegenüber der Arbeit um 1 % die Arbeit im gleichen Ausmaß durch Kapital ersetzt, so ist die Elastizität der Substitution gleich 1.

Eine andere Gruppe von Erklärungsversuchen legt das „Gesetz der Rentenpreise“ oder „Grenzkostengesetz“ zugrunde, das wir oben (S. 191) bereits behandelten: Das **Differentialrentenprinzip** wird hier dazu benutzt, um die Einkommensarten als Renten (d. h. hier als Vorzugseinkommen) aus den Unterschieden der Produktionskosten bei Einheitlichkeit des Preises zu erklären: Die Gestehungskosten des Grenzproduzenten, d. h. des unter den teuersten Bedingungen arbeitenden Erzeugers, der noch zur Deckung des Bedarfs herangezogen werden muß, bestimmen nach diesem Gesetz der Rentenpreise den Preis. Somit erzielen nach diesem Erklärungsversuch die billiger Erzeugenden einen Differentialgewinn, die Rente.

Der Gedanke wurde zuerst zur Erklärung der Grundrente benutzt. Diese erscheint (bei James Anderson und Ricardo) vor allem als Qualitäts- und Intensitätsrente: Die Heranziehung auch ungünstigerer Böden zur Bebauung und die intensivere Bebauung der schon benutzten Böden, die bei steigender Bevölkerungszahl notwendig wird, bedingen danach den Unterschied der Gestehungskosten. Bei Thünen bedingt die Entfernung der Güter vom Markte, also die Unterschiedlichkeit der Warentransportkosten, den Gestehungskostenunterschied. So erscheint hier die unterschiedliche Lage des Bodens, die Ricardo als Rentengrund nur kurz erwähnt hatte, als ein Hauptbestimmungsgrund der Differentialrente (Rente der Lage). Der Gedanke wurde später von Schäffle und Mangoldt auch auf die Industrierente erstreckt. Er wurde von Marshall sogar auf die Nutzenerzielung verschieden zahlungsfähiger Käufer, also auf den

„Konsumertrag" (S. 170), ausgedehnt: Der tauschkräftige Reiche mit seiner geringen Wertschätzung des Preisgutes „Geld", dem, wenn er hungrig ist, z. B. ein Brot soviel wert ist wie z. B. 100 Mark, der es aber für eine Mark kauft, erzielt danach die sog. Konsumentenrente im Vergleich zu dem mindesttauschfähigen „Grenzkonsumenten", dem diese Mark soviel wert ist wie dem Reichen jene hundert, und der daher das Brot mit dem vollen Wert bezahlt, den es für ihn besitzt.

Daß der Differentialgedanke, der dem Gesetz der Rentenpreise zugrunde liegt, über die Staffelung bestimmter Einkommen Auskunft gibt, sahen wir bereits. Als allgemeines Grundprinzip zur Erklärung der Einkommensbildung jedoch ist der Differentialrentengedanke nicht zu brauchen. Es sind gegen ihn in dieser Hinsicht grundsätzlich die gleichen Einwendungen zu erheben, wie wir sie schon gegen das „Gesetz der Rentenpreise" geltend machten, das ihm zugrunde liegt: Das eine Einkommen wird durch das andere, nämlich das Einkommen des Rentenbeziehers durch das Einkommen des „Grenzproduzenten" erklärt. Dieser selbst bezieht keine „Rente", also kein Vorzugseinkommen. Es kann aber nicht geleugnet werden, daß auch er ein Einkommen bezieht. Existenz und Größe dieses Grenzeinkommens bleiben ungeklärt. Setzt man es aber auch gleich den Gestehungskosten des Grenzproduzenten, so ist damit das Problem nur vom Einkommen auf die Produktivgüterpreise, also von einem Preis auf den anderen, verschoben.

Einem ähnlichen Fehler unterliegt auch der **Residualgedanke** als Erklärungsprinzip der Einkommensverteilung. Die Rente wird hier als Rest erklärt, der vom Gesamtertrage der Produktion nach Abzug bestimmter anderer Einkommensgrößen übrigbleibt. So bestimmen die Physiokraten die Grundrente (produit net) als den Teil des Bodenertrages, der übrigbleibt, wenn der Grundeigentümer (die „classe disponible") den übrigen Klassen (der „classe productive" der Bodenbearbeiter bzw. Pächter und der „classe sterile" des Handels und Gewerbes) ihre Leistungen vergütet hat (S. 124). Die Gefahr liegt nahe, daß man dabei jede der drei Renten durch die beiden anderen erklärt. Die Unlösbarkeit des Zurechnungsproblems, die wir soeben feststellten, besagt, daß man keinen einzigen Ertrag exakt in jene seine drei Bestandteile Grundrente, Kapitalrente und Arbeitsrente zerlegen kann. Damit fällt auch jede Residualerklärung. Mindestens müßte die Erklärung des Einkommens als einer Restportion zunächst den Gesamtertrag erklären, von dem diese Restportion übrigbleibt.

Auch wir wiesen in unseren Untersuchungen über die Regelungen der Verteilung in der gelenkten Wirtschaft (S. 229 f.) dem Machtmoment neben der Frage des produktiven Gleichgewichts eine erhebliche Bedeutung für die Einkommensgestaltung zu. So zieht auch eine ganze Reihe von anderen Lösungsversuchen den Machtgedanken zur Erklärung der Einkommensbildung heran. Diese **Lehre vom Einfluß der Machtlage** erklärt die Verschiedenheit der Machtposition zum Bestimmungsgrund der Einkommenshöhen. So ausschließlich freilich, wie das mitunter geschieht, wirken diese „Theorien" fast als bloßer Verzicht auf eine wirtschaftstheoretische Lösung des Problems, als eine Flucht in das schwer kontrollierbare Reich der Soziologie. Vor allem ist aus solchen Hinweisen die lediglich wirtschaftliche Macht (die sich durchsetzt durch Gewährleistung oder Entziehung nur von Mitteln) nach Möglichkeit auszuschalten. Denn da jede Monopolstellung auch auf dem freien Markte solche wirtschaftliche Machtstellungen begründet, so muß hier zu allernächst die Wirtschaftstheorie selbst Auskunft geben können. Erst die politische Macht (die sich durchsetzt durch Gewalt oder Drohung damit) betrifft den Bereich des Gedankens kollektiver Bindungen und führt damit aus dem rein wirtschaftstheoretisch erfaßbaren Bilde der freien Marktwirtschaft heraus. Nimmt man auf die politische Macht Bezug, so muß aber dieser Bereich der autoritären Wirtschaftsbeeinflussung nach Voraussetzungen und Wirkungsmöglichkeiten wirtschaftstheoretisch mindestens so genau umschrieben werden, wie wir es oben (in den §§ 18 und 19) zu tun suchten.

Unzweifelhaft kann ja die autoritäre Wirtschaftsbindung den Schlüssel der Einkommensverteilung insoweit maßgebend beeinflussen, als sie die Freibeweglichkeit der Einzelwirtschaften aufhebt (vgl. S. 229). Ganze Epochen der Geschichte — man denke nur an die Sklaverei und die Kolonatsverfassung in der Antike — standen unter mehr oder weniger kollektivistischen Verteilungsregelungen der politischen Macht. Aber ganze Epochen der Geschichte sind auch an den Gefahren bürokratischer Erstarrung eines solchen Kollektivismus, wenn er zu weit getrieben wurde, zugrunde gegangen. Mit einer Änderung des Verteilungs*schlüssels* allein ist wirtschaftlich noch nichts erreicht. Die Gleichmachung aller Einkommen im Deutschen Reich z. B. hätte selbst bei gleichbleibender Produktivität der Wirtschaft, selbst dann also, wenn sie das Nationalprodukt nicht vermindert hätte, die Lage der Arbeiterschaft nirgends wesentlich heben können und schon die Einkommen der gelernten Arbeiter empfindlich herabgedrückt. Auch findet eine wachsende Bevölkerung ohne Vermehrung des Nationalprodukts kein Auskommen. Die Wirtschaft ist stets nur Mittel, aber auch die Mittel müssen mit den Zielen wachsen. Stillstand bedeutet Rückschritt auch in der Wirtschaft, für die Bedarfsdeckung eines wachsenden und kulturell aufstrebenden Volkes gilt das mehr denn je. Die Verteilungstheorie muß daher auch den

Einfluß allgemeingültig zu erfassen streben, der von solchen Eingriffen der politischen Macht auf die Größe des zu verteilenden Nationalprodukts ausgeht. Je knapper die Versorgung eines Volkes mit lebensnotwendigen Gütern insgesamt ist, desto gebieterischer wird diese Rücksicht auf die Produktivitätswirkungen der von der politischen Macht durchzusetzenden Wirtschaftsgestaltung sich geltend machen. Die Berücksichtigung dieses Einflusses auf die Ergiebigkeit der Wirtschaft führt dann zwangsläufig zu einer Wirtschaftslenkung, wie wir sie oben (§§ 18, 19) in ihren Grundzügen und Bedingtheiten darlegten. Sie weist das Machtmoment in jene Schranken, die ihm durch die organische Synthese von Freibeweglichkeit und Bindung, von Persönlichkeit und Gemeinschaft, in der Wirtschaft gezogen sind.

Der eine oder andere der dargestellten Grundgedanken, der Gedanke der Zurechnung nach der Grenzproduktivität, der Differentialrenten-, der Residual- oder der Machtgedanke, kehrt in fast allen Versuchen wieder, die eine Erklärung der **einzelnen Einkommensarten** geben wollen. Als solche Einkommensarten unterscheidet die schon mehr wirtschaftsbeschreibend eingestellte Theorie, wie wir (S. 170) sahen, das Arbeitseinkommen (Arbeitsrente), das Kapitaleinkommen (Kapitalrente) und das Einkommen aus Grund und Boden (Grundrente). Unsere obigen Ausführungen freilich müssen uns auch bei der folgenden Betrachtung dieser drei Einkommensarten immer wieder daran erinnern, daß rein-theoretisch eine solche Aufspaltung des Einkommens nicht vorgenommen werden kann: Jeder Ertrag geht seiner Größe nach in grundsätzlich gleicher Weise auf sachliche (mobile und immobile) wie auf persönliche Produktivgüter zurück, beruht also grundsätzlich stets auf Boden, Sachkapital und Arbeit zugleich. Streng theoretisch betrachtet, beruht das Einkommen eines Landwirts stets nicht nur auf Boden, sondern auch auf Arbeit und Sachkapital, das Einkommen eines Arbeiters nicht nur auf seiner Arbeitskraft, sondern auch auf den Werkzeugen und dem Boden, ohne die er seine Arbeitsleistung nicht vollbringen könnte, und auch das Einkommen des Kapitalbesitzers würde ohne Arbeit und Boden nicht erfließen. Eine Aufteilung des Einkommens in Grundrente, Kapitalrente und Arbeitsrente ist unmöglich. Jedoch stellte sich uns (S. 119) die Unterscheidung der drei Produktionsfaktoren Boden, Kapital und Arbeit selbst als eine schon mehr beschreibende, nicht mehr rein-wirtschaftstheoretische Unterscheidung dar, die in jeder der drei Kategorien zahllose Unterschiedlichkeiten zusammenfaßt. In diesem Sinne einer nicht mehr exakten, dafür aber wirklichkeitsnäheren Wirtschaftsbeschreibung kann man das Arbeitseinkommen der „Arbeit“, das Kapitalbesitzer-Einkommen dem „Kapital“ und das landwirtschaftliche Einkommen dem „Boden“ zuordnen.

Im Sinne entsprechend zu bildender, schon deskriptiverer Sammelbegriffe sei das Arbeitseinkommen, das Kapitaleinkommen und das Einkommen aus Grundbesitz in den folgenden §§ 24 bis 26 einer näheren Betrachtung unterzogen.

§ 24 Das Arbeitseinkommen

Mit dem **Begriff „Arbeitseinkommen“** bezeichnen wir daher dasjenige Einkommen, das ohne erheblichen gleichzeitigen Aufwand von Kapital und Boden vorzugsweise aus der Verwertung der eigenen Arbeitskraft erzielt wird. In der Zentralverwaltungswirtschaft, in der die Produktionsmittel verstaatlicht sind, ist das Arbeitseinkommen grundsätzlich die einzige legale Einkommensart überhaupt. In solchen Planwirtschaften unter Einparteienregierungen kamen in Arbeitslagern u. dgl. auch erzwungene Arbeitsverhältnisse und Arbeitseinkommen noch im 20. Jahrhundert in volkswirtschaftlich erheblichem Umfang vor, wie sie früher zur Zeit der Sklaverei auch den hauptsächlichen wirtschaftlichen Unterbau für die Kultur der griechischen und römischen Antike bildeten. Im folgenden behandeln wir nur das Arbeitseinkommen der freien oder sozial gelenkten Marktwirtschaft der Neuzeit.

Was sodann die **Arten** dieses Arbeitseinkommens anlangt, so tritt es auf

1. als Ergebnis eigener Verwertung der eigenen Arbeitskraft, also ohne Arbeitsvertrag. Die bloße Okkupation von Naturerzeugnissen auf der Wirtschaftsstufe der niederen Jagd (S. 77), heute nur noch etwa das Beerensuchen in Gebirgsgegenden, der „Lumpensammler“ in den Großstädten bieten hier Beispiele;
2. als Ergebnis vertraglicher Verwertung der eigenen Arbeitskraft im Dienste Dritter. Diese kann erfolgen:
   a) in unselbständiger Arbeitslage im langfristigen Arbeitsvertrag oder öffentlichen Anstellungsverhältnis, also in „abhängiger Arbeit“. Der „Lohn“ des Arbeiters (sog. Lohn i. e. S.), das „Gehalt“ des Beamten und Angestellten stellen hier den Regelfall der heutigen Arbeitseinkommen dar. Man faßt diese unselbständigen Arbeitseinkommen als „Lohn i. w. S.“ zusammen, und wir meinen sie, wenn wir im folgenden schlechthin von „Lohn“ sprechen. — Die vertragliche Verwertung der eigenen Arbeitskraft kann ferner erfolgen
   b) in selbständiger Erwerbswirtschaft in einer Vielheit kurzfristiger Arbeitsverträge (z. B. Werkverträge). Die Hono-

rare der freien Berufe, aber auch die Verdienste vieler ohne wertmäßig erheblichen Kapitalaufwand arbeitenden, mindestens formal selbständigen Handwerker — man denke z. B. an das Lohnwerk (Stör- oder Heimwerk) oder auch an das Kaufsystem in der Heimarbeit (S. 76) — gehören als besonders reine Formen des Arbeitseinkommens hierher. Über den „Unternehmerlohn" s. S. 342.

Der **Lohn** (i. S. von 2 a) gibt als Hauptform der Arbeitseinkommen heute die Richtung für Höhe und Entwicklung auch der übrigen Arbeitseinkommen an. Er sei daher im folgenden besonders betrachtet.

In der Form des Lohnes hat heute der Geldlohn den (in natura gewährten) Naturallohn zurückgedrängt. Das „Deputat" des Landarbeiters, die „freie Station" der Hausangestellten, die Dienstwohnung der Beamten stellen noch Reste des Naturallohnes dar. Für den Geldlohn ist entsprechend unserer obigen Unterscheidung von Nominal- und Realeinkommen (S. 169) die Unterscheidung von Nominal- und Reallohn zu machen: Nominallohn ist der Geldlohn im Hinblick nur auf seine ziffernmäßige Höhe, Reallohn hingegen ist der Lohn im Hinblick auf seine Kaufkraft gegenüber den Unterhaltsmitteln, er besagt also, was sich der Arbeiter an Lebensunterhalt für seinen Lohn kaufen kann. Der Index des Reallohns ist also der Index des Nominallohns gemessen am Lebenskostenindex.

Was die Methoden der Lohnbemessung anlangt, so bemißt der Zeitlohn die Höhe des Lohnes nur nach der Dauer der Arbeitszeit ohne Rücksicht auf den erreichten Arbeitserfolg. So wirkt sich die Intensität der Arbeit (d. h. die Leistung in der Zeiteinheit) hier in der Höhe des Lohnes nicht aus. Soweit nicht schon die Technik das Tempo der Arbeit zwingend vorschreibt (z. B. fließendes Band oder voll automatisierte Herstellungsverfahren), ist hier meist eine Beaufsichtigung der Arbeitsintensität erforderlich. Zeitlohn i. w. S. bedeuten auch die Monatsgehälter der Angestellten und Beamten, während die Arbeiterlöhne meist allwöchentlich gezahlt werden.

Der Stücklohn (oder Akkordlohn) dagegen entlohnt den Arbeitnehmer nach der Zahl der gefertigten Stücke. So erhält der Arbeitgeber eine sichere Kalkulationsgrundlage für seine Gestehungskosten, und es steigt der Verdienst des Akkordarbeiters je Zeiteinheit mit steigender Arbeitsintensität stark (hyperbelförmig) an, was einen starken Anreiz zur Mehrleistung bedeutet („Akkordlohn — Mordlohn", erklärte daher der Sozialismus, solange er noch nirgends an der Macht war). Hier wählen die Prämiensysteme (z. B. das Zeitlohnprämiensystem, ferner die „Teilungssysteme" von Halsey und Rowan) einen Mittelweg: Sie zahlen zum Stundenlohn einen im ganzen geringeren, mit wachsender Arbeitsintensität steigenden Lohnzuschlag hinzu. Nur das sog. Taylorsche Lohnsystem, ein Differentialprämiensystem, sowie der sog. Progressivlohn des Bolschewismus (Stachanow- und Henneckesystem) zahlen auch zum Akkordverdienst noch Leistungsprämien. Daneben steigert genaue Arbeitsunterweisung (Stoppuhr!) nach Taylor die Leistung (vgl. S. 144). Neben Quantitätsprämien kommen übrigens auch Qualitätsprämien (z. B. auf niedrigen Kohlenverbrauch des Lokomotivführers) vor. Irgendwie aber muß der Arbeitserfolg mengenmäßig meßbar sein, um Akkord- oder Prämienlöhne anwenden zu können. Dies fehlt z. B. fast stets bei Reparaturen sowie bei Bereitschaftsdiensten (etwa von Wächtern oder Pförtnern), ferner auch bei rein geistiger Arbeit etwa von Beamten, Künstlern oder Gelehrten. Auch für bei hastiger Ausführung gefahrvolle sowie für qualitativ heikle und dabei schwer kontrollierbare Arbeiten (z. B. Präzisionsarbeiten) ist der Akkord nicht geeignet, überflüssig ist er für die Arbeiten am Fließband (S. 145), das das Tempo der Arbeit ja schon zwangsläufig vorschreibt. Im Unterschied zum Einzelakkord wird im Fall des sog. Gruppenakkords mit einer Gruppe von Arbeitern akkordiert, die gemeinsam an einer Arbeitsaufgabe zusammenarbeiten. Der Gruppenakkord im Bergbau heißt auch Gedinge. Wird nur mit dem Vorarbeiter akkordiert, der die Lohnsumme auf alle Mitglieder der Gruppe umlegt, so spricht man von Akkordmeistersystem.

Der Akkordpreis als Stückpreis des Arbeitsprodukts im Akkordlohn wird meist so festgesetzt, daß ein Akkordarbeiter von durchschnittlicher Leistungsintensität mit ihm eine Lohnhöhe erzielt, die etwas über der Lohnhöhe des Zeitlohnarbeiters liegt. Ist man über diese durchschnittlich im Akkordlohn zu erzielende Lohnhöhe einig, so kann noch das Maß jener dem Akkordpreis zugrunde zu legenden durchschnittlichen Leistungsintensität streitig werden. Wird diese in einem laufenden Akkordarbeitsverhältnis höher als anfangs angenommen, und werden demgemäß die Akkordpreise herabgesetzt, ohne daß die Leistungsfähigkeit des Akkordarbeiters (etwa durch Verbesserung seiner Werkzeuge) entsprechend gestiegen war, so begründet das gegenüber dem Arbeitgeber leicht den Vorwurf des sogenannten Akkordschneidens (auch Akkordreißen oder Akkordschere genannt). Um hier bei Lohnfestsetzungen tunlichst Klarheit zu schaffen, und um bei Tariferhöhungen nicht stets alle Akkordpreise (Stückpreise) ändern zu müssen, wird (im Unterschied zu diesem „Stückgeldakkord") heute meist der sog. „Stückzeitakkord" angewandt. Hier wird von der Herstellungsdauer des Arbeitsstückes ausgegangen. Während also der Stückgeldakkord gleich Stückzahl mal Stückpreis ist, errechnet sich der Stückzeitakkord nach der Formel: Stückzeit mal Vorgabezeit (d. i. die als normale Herstellungsdauer des Stückes zugrundegelegte Minutenzahl) mal Minutenfaktor (d. i. der Stundenlohn, den der Arbeiter bei normaler Leistungsintensität verdienen soll, umgerechnet auf die Minute). Zeitbedarf und Lohn je Zeiteinheit werden in diese Abrechnung also getrennt eingesetzt.

In Ergänzung des Lohnes erhält der Arbeitnehmer mitunter auch eine Beteiligung am Gewinn des Unternehmens, sei es in der Form einer mit dem Arbeitgeber vereinbarten prozentualen Beteiligung am Gesamtgewinn, sei es in der Form einer Zuteilung von Aktien des Unternehmens, die ihm ganz oder teilweise unentgeltlich überlassen werden. Die Hoffnung, damit die soziale Frage lösen zu können, hat aber diese Form des Arbeitseinkommens nicht erfüllt, und auch als Anreiz zur Mehrleistung hat sie sich nicht bewährt.

Die Beziehung zwischen Lohn und Leistung wird begriffsmäßig durch die Unterscheidung von Leistungslohn und Unterhaltslohn erfaßt: Der Leistungslohn ist der nur nach der Leistung des Arbeitnehmers bemessene Lohn (typischer Fall: Stücklohn). Für ihn gilt der Individualgrundsatz der freien Marktwirtschaft mit seinem Prinzip der Gleichheit von Leistung und Gegenleistung (Äquivalenzprinzip). Demgegenüber bezeichnet der Unterhaltslohn (auch „Familienlohn" und weniger zweckmäßig „Soziallohn" genannt[1]) den Lohn insofern, als er durch Berücksichtigung des Familienstandes oder besonderer Notlagen des Arbeitnehmers dessen Unterhaltskosten Rechnung trägt. Für ihn gilt der Kollektivgrundsatz der zentral geleiteten Planwirtschaft, der jedem gibt, wessen er im unmittelbaren Interesse der Gemeinschaft bedarf („jedem nach seinen Bedürfnissen"). Dem sozialen und bevölkerungspolitischen Interesse der Allgemeinheit an solcher Gestaltung des Arbeitseinkommens trägt oft die Einkommensbesteuerung Rechnung, indem sie die Kinderzahl usw. durch Steuerermäßigungen berücksichtigt. Insoweit freilich die niedrigsten Lohnklassen ohnehin steuerfrei bleiben, versagt diese Methode. Der Vorschlag einer Gewährung von Lohnzuschüssen durch die Arbeitgeber, aber auch der Gedanke einer Bildung von Lohnausgleichsfonds durch die Arbeiter selbst bedingt die Gefahr übergroßer Belastungsunterschiede der Unternehmungen im Wettbewerb. Daher bleibt insoweit nur der Weg von Lohnzuschüssen der öffentlichen Hand oder von Ausgleichskassen der einzelnen Wirtschaftszweige.

Was die vertraglichen Änderungen des Lohnes anlangt, so legt der feste Lohn die Lohnhöhe für eine bestimmte Vertragsdauer fest. So bestimmt z. B. der Tarifvertrag als kollektiver Rahmenvertrag meist eine Lohnmindestgrenze für die Dauer seiner Geltung. Der gleitende Lohn dagegen bestimmt mit der sog. „gleitenden Lohnskala" nur ein festes Verhältnis zwischen der Lohnhöhe und dem jeweiligen Stand der Preise (z. B. dem Preisstand der vom Arbeitgeber hergestellten Erzeugnisse oder, be-

[1] Der Ausdruck „Soziallohn" kollidiert auch mit dem Begriff „social wages" des amerikanischen Sprachgebrauchs. Dieser bedeutet einen Lohn, der nicht nur, wie etwa der Lohn einer gleitenden Lohnskala, mit den Preisen, sondern auch mit der Produktivität der Arbeit (wie sie z. B. durch Maschinisierung gesteigert wird) entsprechend steigt. Ein Soziallohn im Sinne des deutschen Begriffs wurde bisher (unter der Bezeichnung „Family allowance system") in USA fast nur theoretisch diskutiert.

sonders häufig in Inflationszeiten, dem Lebenskostenindex). Er setzt sehr leicht die Lohn-Preis-Spirale einer sich anbahnenden Inflation in Gang.

Neben diesen üblichen Unterscheidungen der Lohnterminologie ist eine weitere für unsere Überlegungen besonders wichtig, nämlich die Unterscheidung von Nationallohn und Individuallohn: Nationallohn oder Lohn im volkswirtschaftlichen Sinne ist derjenige Teil des Nationaleinkommens, der im Verteilungsprozeß der Volkswirtschaft dem „Arbeitsfaktor" zufällt. Der Nationallohn stellt also gleichsam die Dotierung des Arbeitsfaktors im Rahmen der Volkswirtschaft dar. Es geht hier also um die sog. funktionelle Verteilung, die zeigt, wie die verschiedenen Produktionsfaktoren entlohnt werden. Neben den soeben gekennzeichneten Erscheinungsformen des Lohnes umfaßt dieser unser Begriff des Nationallohnes auch alle Vorteile, die die Arbeitnehmerschaft als solche aus den sozialpolitischen Einrichtungen (Sozialversicherung, Arbeitslosenhilfe u. dgl.) erhält. Der Individuallohn oder Lohn im einzelwirtschaftlichen Sinne dagegen ist der Lohn, der sich aus den Arbeitsverträgen für den einzelnen Lohnempfänger ergibt. Bei ihm geht es also um die sog. personelle Verteilung, die zeigt, was der einzelne Arbeiter für seine Arbeitsleistung erhält. Diesem Individuallohn liegt der vereinbarte Lohnsatz (rate of wages) zugrunde, mag er nun (bei Zeitlohn) als Stundensatz oder (bei Stücklohn) als Akkordsatz (Akkordpreis) auftreten. Der Lohnsatz bestimmt den Individuallohn und damit das Arbeitseinkommen des Lohnempfängers während eines bestimmten Zeitabschnittes, wenn man dabei noch die Beschäftigungsdauer (also auch den Einfluß von Arbeitslosigkeit, Krankheit, Kurzarbeit, Überstunden u. dgl.) berücksichtigt.

Nach allen unseren Darlegungen des § 16 brauchen wir hier nicht nochmals zu betonen, daß es Gesetze, nach denen man die Höhe des **Arbeitseinkommens in der freien Marktwirtschaft** absolut errechnen könnte, nicht gibt. Stets ist es das quantitative und qualitative Verhältnis zwischen dem Arbeitsfaktor und den übrigen Produktionsfaktoren, das die Größe des Nationalprodukts und der davon auf den Arbeitsfaktor entfallenden Dividende, das also die Höhe der Arbeitseinkommen bei freier Wirtschaft bestimmt. Den Lohn erkannten wir (S. 160) als den Preis der Arbeit. Wie alle Preisbildung, so ist auch die Frage der Lohnbildung, rein theoretisch betrachtet, ein Entsprechungsproblem, eine Gleichgewichtsfrage all- und gegenseitiger Verhältnismäßigkeit der Produktionsfaktoren. Als solche ist sie nicht kausalmechanisch zu lösen. Schon Othmar Spann und Gustav Cassel haben das mit Recht betont (s. o. S. 42). Das quantitative und qualitative Verhältnis von Arbeitsfaktor, Kapital und Boden als Grundlage aller Produktivität ist, wenn wir von den in den §§ 18 und 19 behandelten wirtschaftspolitischen Eingriffen absehen, auf die Dauer der alleinige Bestimmungsgrund für die Höhe des Arbeitseinkommens. Wie weitgehend dabei die Höhe des Arbeitseinkommens abhängt von der Ergiebigkeit dieser Kombination der drei Produktionsfaktoren, und zwar insbesondere auch von der Ausrüstung der Volkswirtschaft mit Kapital, das zeigen deutlich die viel höheren Reallöhne, die ein und dieselbe Art der Lohnarbeit heute erzielt in Industrieländern im Vergleich zu gewerblich unentwickelten Agrarländern mit kapitalarmer Landwirtschaft.

Die Erkenntnis gerade dieser Zusammenhänge finden wir schon bei einem Autor ausgebildet, bei dem man sie nach den üblichen Hinweisen der Lehrbücher wohl am allerwenigsten vermutet, bei Ricardo. Ricardo wird gewöhnlich als Vertreter des sog. **„ehernen Lohngesetzes"** hingestellt. Der Sozialist Lassalle, der diesem Gesetz auch diesen Namen gab, umschrieb es in seinem „Offenen Antwortschreiben an das Central Comité zur Berufung eines Allgemeinen Deutschen Arbeiter-Congresses zu Leipzig" wie folgt:

„Das eherne ökonomische Gesetz, welches unter den heutigen Verhältnissen, unter der Herrschaft von Angebot und Nachfrage nach Arbeit, den Arbeitslohn bestimmt, ist dieses: daß der durchschnittliche Arbeitslohn immer auf den notwendigen Lebensunterhalt reduziert bleibt, der in einem Volke gewohnheitsmäßig zur Fristung der Existenz und zur Fortpflanzung erforderlich ist. Dies ist der Punkt, um welchen der wirkliche Tageslohn in Pendelschwingungen jederzeit herumgravitiert, ohne sich jemals lange weder über denselben zu erheben, noch unter denselben hinunterfallen zu können. Er kann sich nicht dauernd über diesen Durchschnitt erheben — denn sonst entstände durch die leichtere, bessere Lage der Arbeiter eine Vermehrung der Arbeiterehen und der Arbeiterfortpflanzung, eine Vermehrung der Arbeiterbevölkerung und somit das Angebot von Händen, welche den Arbeitslohn wieder auf und unter seinen früheren Stand herabdrücken würde.

Der Arbeitslohn kann auch nicht dauernd tief unter diesen notwendigen Lebensunterhalt fallen, denn dann entstehen — Auswanderungen, Ehelosigkeit, Enthaltung von der Kinderzeugung und endlich eine durch Elend erzeugte Verminderung der Arbeiterzahl, welche somit das Angebot von Arbeiterhänden noch verringert und den Arbeitslohn daher wieder auf den früheren Stand zurückbringt.

Der wirkliche durchschnittliche Arbeitslohn besteht somit in der Bewegung, beständig um jenen seinen Schwerpunkt, in den er fortdauernd zurücksinken muß, herumzukreisen."

Lassalle bagatellisierte jedoch im Weitergang jenes „Antwortschreibens" die Steigerungsmöglichkeit des „gewohnheitsmäßigen" Existenzminimums und behauptete, Ricardo habe dieses „eherne und grausame" Lohngesetz anerkannt. Ricardo stellt zunächst im Kapitel V seiner „Grundsätze der Volkswirtschaft und Besteuerung" — ähnlich übrigens wie schon Torrens — die erwähnte Gravitation des tatsächlichen Lohnes („Marktlohns") um das gewohnheitsmäßige Existenzminimum des Arbeiters, um den sog. „natürlichen Lohn" also, fest. Er schließt daran aber den Hinweis, der „natürliche Lohn" sei keine feste Größe, er werde vielmehr im Falle „einer wert- und mengenmäßigen Steigerung des Kapitals" ansteigen. Diese Ansammlung des Kapitals hänge von der Produktivität der Arbeit ab. R. fährt dann fort:

„Die Produktivität der Arbeit ist gewöhnlich am größten, wo Überfluß an fruchtbarem Boden vorhanden ist" (quantitative Verhältnismäßigkeit! W.). „Keine Bevölkerungszunahme könnte" (in Ländern mit Überfluß an fruchtbarem Boden) „zu groß sein, solange die Zunahme der Produktivkräfte noch größer wäre. . . . In reichen Ländern, in denen aller fruchtbare Boden schon bebaut ist, dürfte das letzte Mittel (nämlich die Bevölkerungsvermehrung, W.) weder erfolgreich noch wünschenswert sein: denn wenn dies zu weit getrieben würde" (Überschreitung des Optimismus! W.), „müßte es zur Folge haben, daß alle Schichten der Bevölkerung gleichmäßig verarmten . . ."

Ricardo ist nicht überall so optimistisch (vgl. unten S. 338), aber ein „ehernes und grausames" Lohngesetz im Sinne Lassalles hat er, wie man sieht, nicht anerkannt. Durch die Wirtschaftsentwicklung der letzten hundert Jahre in den Kulturstaaten aufs deutlichste widerlegt, war Lassalles Pessimismus in solcher Ausschließlichkeit auch bei Ricardo selbst nicht vorhanden. Am Grunde dieser Ausführungen Ricardos über den natürlichen Lohn steht vielmehr, wenn auch noch unsystematisch und nur unvollkommen gesehen, jene Erkenntnis von der Ertragswirkung der quantitativen und qualitativen Verhältnismäßigkeit aller Produktionsfaktoren, die wir im Produktivitätsgesetz zum systemgebenden Rückgrat der Wirtschaftstheorie überhaupt zu machen suchten. Der Gedanke des Pendelns des „tatsächlichen" oder „Marktpreises" um den „natürlichen" Preis, sonst bei den Klassikern gerade das Ergebnis der Auf-die-Dauer-Betrachtung, sinkt hier in seiner Anwendung auf die Lohnfrage gegenüber dieser Produktivitätsbetrachtung bei Ricardo fast zur Durchgangsphase herab. Wir werden diesen Pendelgedanken Ricardos sogleich noch zu kritisieren haben, aber es ist falsch, ihn allein zum Kennzeichen der klassischen Lohntheorie zu erheben. Denn auch Adam Smith betonte, der Lohn müsse im ungefähren Verhältnis zur Produktivität der gesellschaftlichen Arbeit wachsen.

Die Ansätze der englischen Schule zu einer Produktivitätsbetrachtung, wie wir sie hier hervorheben, wurden in der **Lohnfondstheorie** durch die Epigonen der Schule fast zum mechanischen Rechenexempel veroberflächlicht. Allerdings nahm man dabei (in Anlehnung an Malthus, S. 110) auch an, daß das Kapital viel langsamer zunehme als die Bevölkerung. Bei James Mill, bei Fawcett und anfangs auch bei John Stuart Mill ist die durchschnittliche Lohnhöhe bestimmt durch das Verhältnis der Arbeiterzahl zum „Lohnfonds": Man erhält sozusagen die Lohnrate, indem man den „Lohnfonds" — d. i. das von der Unternehmerschaft vorgeschossene, als eine jeweils gegebene Gesamtgröße angenommene Lohnzahlungskapital — durch die Zahl der beschäftigten Arbeiter dividiert. Nur ein relatives Steigen dieses Lohnfonds, in den sich danach die Arbeiter zu teilen haben, ermöglicht ein Steigen des Lohnes. Diese Theorie übersieht alle Entsprechungszusammenhänge (Funktionalbeziehungen), die — preistheoretisch wie ertragstheoretisch gesehen — den Arbeitsfaktor selbst mit dem Kapitalfaktor verbinden. Die Auffassung des Lohnes als des Preises der Arbeit, die bei Ricardo hervortritt, vereinigt sich hier mit einer einseitig-mechanischen Auffassung des „Gesetzes" von Angebot und Nachfrage, deren Fehler wir oben (S. 172) bereits kennzeichneten. In Wahrheit werden die Löhne aus dem Produkt bezahlt, an dessen Herstellung alle drei Produktionsfaktoren, nicht nur das Kapital, beteiligt sind. Bei Böhm-Bawerk, Taussig und Spiethoff wird die Lehre weniger starr und pessimistisch.

Eine andere Variation erfuhr die Produktivitätsbetrachtung durch die Anwendung des Grenzproduktivitätsgedankens (Marginalprinzips) auf das Lohnproblem. Von Thünen begründet, beherrschte diese Lohntheorie als **Lehre von der specific productivity** in verschiedenen Abwandlungen vor allem das amerikanische Schrifttum, so J. B. Clark (als Zurechnungslehre), Carver (in Kombination mit einer Hervorhebung der psychischen Arbeitskosten), Fetter (in Kombination mit dem Zeitmoment, ähnlich Böhm-Bawerk), Seligman (in Kombination mit der Lehre vom Existenzminimum). Die Unhaltbarkeit des Grenzproduktivitätsgedankens wiesen wir oben (S. 284) ganz allgemein bereits nach. Der „produktive Beitrag" auch des „Grenzarbeiters", der hiernach die Lohnhöhe bestimmen soll, hängt, wie dort gezeigt, von seiner Ausrüstung mit Kapital und Boden ab. Insofern verschiebt die Lehre das Lohnproblem, anstatt es zu lösen, in Wahrheit nur auf den „Grenzarbeiter".

Neben dieser seiner Grenzproduktivitätstheorie des Lohnes vertrat übrigens Thünen als lohnpolitische Forderung eines „naturgemäßen" Arbeitslohnes noch die Lehre, der Lohn (l) müsse das Existenzminimum (a) um sovielmal übersteigen, wie der erzielte Produktwert (p) den Lohn übersteige. Diese Funktionsgleichung ergab ihm die bekannte Formel: $l = \sqrt{ap}$. Obwohl weder die Voraussetzungen noch die Ableitung dieser Lehre ganz zutreffend sind, ist doch der Gedanke der Gewinnbeteiligung (Produktivitätsbeteiligung) des Arbeiters, der in ihr zum Ausdruck kommt, für die damalige Zeit bemerkenswert. Thünen führte ihn auf seinem Landgut auch praktisch durch. Die Achillesferse dieses Gedankens zeigt sich freilich sofort, wenn einmal der erzielte Produktwert p hinter dem Lohn l zurückbleibt.

In einseitig preistheoretischer Blickeinstellung sodann verabsolutieren die sog. **Ausbeutungstheorien** die Wirkungen, die von der Kapitalvermehrung mit ihrem lohndrückenden Zwang zur Umgruppierung des Arbeitsfaktors auf den Arbeitsmarkt ausgehen (vgl. S. 228). So findet sich schon bei Godwin, Ch. Hall und W. Thomson der Gedanke, daß der Kapitaleigentümer den Arbeiter mit einem Lohn abfinde, der gerade noch ausreiche, dessen Arbeitskraft zu reproduzieren, also mit dem Existenzminimum. Den entsprechenden Gedanken im „ehernen und grausamen Lohngesetz" Lassalles behandelten wir soeben. Ähnlich behauptet auch Rodbertus ein ständiges Sinken des Arbeitslohnes in seinem Verhältnis zum Kapitaleinkommen (sog. Gesetz der fallenden Lohnquote). Über die Ausbeutungstheorie bei Karl Marx s. S. 140.

Neben den betonten Produktivitätszusammenhängen hat dann der Pendelgedanke von Torrens und Ricardo (S. 296) für kürzere Dauer seine Bedeutung für die Höhe des Arbeitseinkommens in der freien Wirtschaft. Er hängt, wie wir (S. 175 ff.) sahen, eng mit der Preisempfindlichkeit des Arbeitsangebots und damit auch der Elastizität (Umgruppierungsfähigkeit) des Arbeitsfaktors zusammen, die dessen Produktivität und Einkommensdotierung insofern entscheidend mitbestimmt. Prüfen wir daher zunächst, inwieweit gewinnen wir damit zugleich die deskriptivere Ergänzung, deren sie als rein-theoretische Feststellung bedarf.

Konkret ausgedrückt, lautet diese Frage nach der Preisempfindlichkeit und Elastizität des Arbeitsfaktors: Inwieweit bedingen Lohnherabsetzungen auf dem freien Arbeitsmarkt eine entsprechende Senkung des Angebots an Arbeitskräften bzw. inwieweit rufen Lohnsteigerungen eine Erhöhung dieses Angebots hervor? Und umgekehrt: Inwieweit führt auf dem freien Arbeitsmarkt eine Verknappung des Arbeitsfaktors zur Erhöhung der Löhne bzw. inwieweit ruft ein Überangebot an Arbeitskräften dort eine Senkung der Löhne hervor? Mancherlei Starrheitsmomente sprechen hier zunächst zu ungunsten der Arbeitnehmer:

Die wichtigste allgemeine Voraussetzung für die Elastizität (Selbststeuerungsfähigkeit) eines Marktes, die spekulative Befähigung und wirtschaftliche Wendigkeit des Einzelnen, ist bei der großen Masse der Arbeitnehmer nur in begrenztem Maße gegeben. Selbst aber, wenn es dem Arbeitnehmer z. B. bei der Berufswahl gelingt, die zukünftige Gestaltung der Arbeitsmarktlage richtig vorauszusehen, ist es fraglich, ob er die nötigen Anlagen gerade zu den wirtschaftlich aussichtsreichen Berufen in sich fühlt. Gerade bei den hochqualifizierten Berufen, wo es an jener Voraussicht weniger fehlt, spielt das Moment der persönlichen Eignung eine große Rolle. Diese Hemmung vermag auch die sozialpolitische Berufsberatung bekanntlich nur unvollkommen auszugleichen. Oft erfolgt die Berufswahl auch weitgehend unter außerwirtschaftlichen Gesichtspunkten (z. B. Kunstbegeisterung, Naturliebe, Forschungsideal), so daß auf die Konjunktur des Arbeitsmarktes dann bewußt keine Rücksicht genommen wird. Die außerordentlich weitgehende räumliche und fachliche Differenzierung des Arbeitsmarktes erschwert dem Arbeitnehmer zudem auch den Überblick selbst über die gegenwärtige Gesamtlage des Marktes.

Nach allem bilden sich selbst bei allgemeiner Knappheit des Arbeitsangebots doch leicht partielle Stauungen des Arbeitsmarktes. Sie verhindern und verlangsamen das Durchsetzen höherer Löhne auch auf den übrigen Gebieten der Marktpreisbildung. Vielfache ethische und traditionelle Bindungen machen zudem ganz allgemein die Preisbildung gerade des Arbeitsfaktors unbeweglicher und träger als die Preisbildung der Sachgüter. Dies wirkt als Hemmschuh jeder zentralistisch unbeeinflußten Lohnbewegung (allerdings auch einer nach unten gerichteten). Der Arbeitnehmer ist heute auch meist nicht in der Lage, Besitzrücklagen zu schaffen. So kann er, anders als der Arbeitgeber, mit seiner „Ware“, der Arbeitskraft, nur selten lange genug zurückhalten, um die besseren Löhne und Arbeitsbedingungen die oben (§ 17) genannten Elastizitätsvoraussetzungen gerade hier beim Arbeitsfaktor vorliegen. Für unsere Auffassung des Lohnproblems als eines Problems gegenseitiger Entsprechung der Produktionsfaktoren durchzusetzen, die einer (einmal unterstellten) Verknappung des Arbeitsfaktors entsprechen würden. Ist so das Angebot an Arbeitskräften an sich schon sehr starr und wenig „preisempfindlich", so bilden auch die Familienmitglieder des Arbeiters oft noch eine Reserve des Arbeitsmarktes: Von einem bestimmten Tiefstand der Löhne an vermehrt die Mitarbeit dieser Familienangehörigen, die zur Existenzerhaltung der Familie dann notwendig wird, das Angebot an Arbeitskräften und senkt die Löhne weiter. Ähnlich kann, wie schon angedeutet, gerade ein besonders tiefes Sinken des Lohnsatzes den Arbeiter auch veranlassen, in eine Verlängerung der täglichen Arbeitszeit zu willigen, um die Senkung des Stundenverdienstes beim Tagesverdienst wieder hereinzubringen. So vermehrt (ganz im Gegensatz zur Regel von Angebot und Nachfrage) auch hier die Senkung des Lohnes das Angebot an Arbeitsleistungen, was die regelmäßige Ausgleichswirkung des freien Marktes insoweit in ihr Gegenteil verkehrt.

Umgekehrt hat eine Anhebung des Reallohns oft auch einen Rückgang des Arbeitsangebots zur Folge, insofern sie das Streben nach verkürzter Arbeitszeit und einer Einschränkung der Arbeit von Frauen und Kindern auslöst. Bei der Alternative „Lohnerhöhung oder Arbeitszeitverkürzung?" steht das Bedarfsdeckungsprinzip jeder Selbstregulierung des Arbeitsmarktes von einer gewissen Höhe des Reallohnstandes ab besonders wirksam entgegen.

Auch die Freizügigkeit des Arbeitnehmers, die ein lokales Überangebot von Arbeit ausgleichen könnte, wird nicht nur international durch die Einwanderungsverbote, sondern oft auch innerstaatlich durch Wohnungsnot (und gegebenenfalls Wohnungszwangswirtschaft) behindert. Das Kapital hingegen ist wenigstens von gesetzlichen Freizügigkeitsbeschränkungen im allgemeinen weniger betroffen, und gerade die Ungleichheit der auf beiden Marktparteien bestehenden Umstellungsmöglichkeiten verhindert ja vor allem den produktivierenden Ausgleich des Arbeitspreises. Diese Ungleichheit der Umstellungsfähigkeiten wird auch durch die langen Umschlagsperioden bedingt, die der biologisch-organischen Produktion (der Beschaffung von Arbeitskräften also) eignen sowohl da, wo sie als Bevölkerungsproduktion, als auch da, wo sie als Berufsausbildung der qualifizierten Arbeitnehmer in Erscheinung tritt. Gewiß erschwert das Anwachsen der fixen Kosten neuerdings auch dem Unternehmer die schnelle Umstellung mehr und mehr (S. 188). Aber ein wesentliches Mehr von Bewegungsunfreiheit bleibt hier doch auf der Seite der Arbeitnehmer, die sich z. B. auch der Hilfe des Kreditwesens meist nicht entfernt in dem gleichen Umfange bedienen können wie die Unternehmer. Ganz allgemein ist die „Preisempfindlichkeit", mit der die Nachfrage nach Arbeitskräften auf Lohnsteigerungen reagiert, oft sehr erheblich.

Kann so die Arbeitnehmerschaft ohne die Mithilfe des Sozialpolitikers bei freier Marktwirtschaft auch eine rein wirtschaftlich gebotene Lohnerhöhung meist nur verhältnismäßig langsam durchsetzen, so wird ihre Unterlegenheit auf dem freien Arbeitsmarkt noch verstärkt durch die ungleichen Aussichten, die die Selbsthilfe durch künstliche Monopolbildung beiden Arbeitsparteien hier bietet. Schon die viel geringere Zahl der Unternehmer erleichtert diesen den organisierenden Zusammenschluß und die Wahrung des Zusammenhalts ihrer Arbeitgeberverbände. Der geschulte Weitblick der Unternehmer erkennt leicht den Nutzen dieser Organisationen, die sie mit verhältnismäßig wenig fühlbaren Opfern aufrechterhalten können. Die Masse der Arbeitnehmer hingegen ist durch Interessengegensätze der mannigfachsten Art gespalten. Auf die wirtschaftlichen Gegensätzlichkeiten der Arbeitnehmer untereinander (z. B. zwischen gelernten und ungelernten, männlichen und weiblichen, alten und jungen Arbeitnehmern) wies allgemein schon Franz Oppenheimer mit seinen Ausführungen über die „Lohnpyramide" hin. Die geringer besetzten oberen Lohnstufen suchen danach den stärker besetzten unteren Lohnstufen den Aufstieg zu verwehren. Die Solidarität ihres Zusammenschlusses gegen Unterbietungen von dritter Seite zu wahren, ist daher bei der Masse der in Frage kommenden Arbeitnehmer und der Unübersichtlichkeit des Arbeitsmarktes ohne die Mithilfe der Sozialpolitik fast unmöglich (vgl. W. Weddigen, Grundzüge der Sozialpolitik und Wohlfahrtspflege, 1957 S. 67, 68).

So hat Brentanos Hinweis auf die Lohnsteigerungsmöglichkeiten, die die Arbeiterschaft im gewerkschaftlichen Zusammenschluß besitze, für die freie Marktwirtschaft doch nur beschränkte Geltung. Erst dank der Sozialpolitik (Tarifvertrags- und Schlichtungsrecht) zeigt heute der Arbeitsmarkt die Form eines bilateralen Monopols von Gewerkschaften und Arbeitgeberverbänden.

Alle diese Momente drücken auf den Lohn und hemmen ihn in seiner Anpassungsbewegung nach oben, mit der er also einer relativen Knappheit oder Verknappung des Arbeitsfaktors voll entsprechen möchte. Wie gering die Ausgleichstendenz auf dem Arbeitsmarkt auch zwischen den verschiedenen Berufsständen ein und derselben Volkswirtschaft ist, geht auch z. B. aus der Tatsache hervor, daß der Landarbeiter in Deutschland trotz dauerndem Landarbeitermangel viele Jahrzehnte lang mit und ohne Lohnpolitik durchschnittlich bestenfalls etwa die Hälfte und erst neuerdings in Westdeutschland etwa Dreiviertel des Realeinkommens hat, das der städtische Industriearbeiter erzielte. International sind die Unterschiede der Reallohnniveaus noch konstanter, wobei die Arbeiterschaft der Länder, die über eine reichliche Kapitalausrüstung verfügen, gegenüber der Arbeiterschaft kapitalarmer Länder stark im Vorteil ist. Im Ausmaß aller dieser hemmenden Momente ist so auch schon im Rahmen einer überwiegend freien Wirtschaftsverfassung die Produktivität interventionistischer Maßnahmen zum Schutz des Arbeitsfaktors (also insbesondere für Lohnstützungsaktionen) stets dann gegeben, wenn sich der Arbeitsfaktor im Sinne unserer obigen Ausführungen (S. 226 f.) im Unterschuß oder in der Umgruppierung befindet.

Hier und nur hier liegt der richtige Kern der sog. **Kaufkrafttheorie.** Vertreten vor allem in den Vereinigten Staaten und in Kreisen der deutschen Gewerkschaften, will diese Lehre — sie ist mehr ein lohn- und krisenpolitischer Vorschlag als eine Theorie — durch Lohnsteigerungen die Kaufkraft der Massen heben. Der dadurch gesteigerte Absatz der Massenproduktion soll als „Initialzündung" die Wirtschaft beleben und Krisen wie Arbeitslosigkeit beseitigen. Auch rein preistheoretisch gedacht, ergibt sich der Fehler jeder Verallgemeinerung dieser Lehre daraus, daß der Lohn nicht nur Kaufkraftträger, sondern auch Produktionskostenfaktor ist (vgl. S. 368), und diesem Einwand wird auch der Hinweis der Verteidiger dieser Theorie, die gestiegenen Löhne würden die Unternehmer zwingen, Arbeiter durch Maschinen zu ersetzen und dadurch rationeller zu produzieren, keineswegs für alle Fälle gerecht. Im übrigen tritt der Kaufkraftsteigerung der Arbeitnehmer, die die Steigerung ihrer Löhne erreichten, bei Konstantbleiben von Produktivität und Zahlungsmittelumlauf notwendig eine Kaufkraftverminderung bei der übrigen Bevölkerung gegenüber.

Auf lange Dauer, auf säkulare Sicht aber können auch die dargestellten Hemmungen eines natürlichen Lohnauftriebs dem Arbeitsfaktor nicht denjenigen Anteil am Nationalprodukt vorenthalten, der im Sinn unserer obigen Darlegungen der verhältnismäßigen Bedeutung des Arbeitsfaktors im Rahmen der Gesamtwirtschaft entspricht. Dies zeigen folgende Überlegungen:

Zunächst bewirkte selbst in solchen Volkswirtschaften, deren politische Macht geradezu planmäßig auf die Niederhaltung des Arbeitsfaktors bedacht war, die Verknappung dieses Arbeitsfaktors stets eine wirtschaftliche Besserstellung der Arbeitnehmerschichten, eine Aufbesserung des „Lohns im volkswirtschaftlichen Sinne" also. So erzwang im Rom der späteren Kaiserzeit das Versiegen der Sklavenzufuhren im Verein mit dem Bevölkerungsschwund eine erhebliche Erleichterung des Loses der Sklaven, insbesondere auf dem Lande den Übergang von der Sklavenplantage zur Kolonatsverfassung[2]. Der Schluß a majore ad minorem läßt hier folgern, daß jede Verknappung des Arbeitsfaktors in den freieren Marktwirtschaften vollends den Schlüssel der Verteilung des Nationalprodukts zugunsten der Arbeitnehmerschichten ändert. Freilich kann — wie im alten Rom und vielleicht auch

---

[2] Näheres bei W. Weddigen, Sozialpolitik, 1933, S. 133, sowie: Grundzüge der Sozialpolitik und Wohlfahrtspflege, 1957, S. 66.

heute — der Bevölkerungsrückgang ein Anzeichen für ein allgemeines Nachlassen der Privatinitiative und Tatkraft eines Volkes sein, so daß dann die dadurch bedingte Schrumpfung des Nationalprodukts diesen Beteiligungsvorteil u. U. wieder ausgleicht oder überkompensiert.

Ferner steht dem Abwärtsschwingen des Lohnpendels heute sehr oft noch ein weiteres entgegen: Jener Mechanismus, der nach einer Lohnsteigerung auf dem Wege über eine Vermehrung des Arbeitsfaktors den Lohn wieder senken soll, ist in den neuzeitlichen Kulturstaaten meist gar nicht mehr oder doch nur sehr unvollkommen in Kraft. Ein steigender Lohn nämlich kann auf zwei Wegen eine Steigerung des Arbeitsfaktors hervorreizen: Durch Steigerung der Leistungsintensität (Leistungsfähigkeit und Leistungswilligkeit) des Arbeiters und durch Bevölkerungsvermehrung. Über den Zusammenhang von Lohn und Leistung gab uns schon (S. 107) die Tendenz des abnehmenden Lohnertrages die Auskunft, daß eine Lohnsteigerung in den Kulturstaaten der Jetztzeit meist nicht mehr eine entsprechende Steigerung der Leistung bewirkt. Die Geburtenziffern der meisten Kulturländer aber sind trotz der fortgesetzten Steigerung des Reallohnes in den letzten hundert Jahren schon sehr bald nicht mehr gestiegen, sondern ständig gesunken. Insofern ist gerade in den neuzeitlichen Kulturländern mit ihrem hohen Lebensstandard das Bleigewicht, mit dem die Bevölkerungsvermehrung u. U. auf die Lohnkurve drückt, weitgehend aufgehoben. In den Ländern primitiver oder extrem kollektivistischer Wirtschaftsentwicklung freilich stellte das absolute Existenzminimum oft auch für längere Dauer keine untere Grenze für das Arbeitseinkommen dar. Die immer wiederkehrenden Hungerkatastrophen in den asiatischen Ländern zeigten das deutlich.

Im praktischen Ergebnis bleibt für eine Wirtschaftspolitik, die auf die zuletzt dargelegten mehr säkularen Entwicklungen nicht warten will, freilich die Tatsache wichtig, daß gerade die Lohnentwicklung besonders hartnäckigen Elastizitätshemmungen unterliegt, daß also gerade der „Arbeitsmarkt“ besonders wenig Selbststeuerungsfähigkeit aufweist. Was das **Arbeitseinkommen in der gelenkten Wirtschaft** mit ihrer unmittelbaren Berücksichtigung der Gemeinschaftsgesichtspunkte (S. 209, I_2) anlangt, so kommt hinzu, daß sie die Arbeit auch im wirtschaftlichen Zusammenhang nicht als Ware, daß sie den Arbeitsfaktor also nicht nur als Mittel, sondern auch als Ziel aller Wirtschaft behandelt (S. 135). Eine selbsttätige Regulierung nur durch den Automatismus der Löhne und Preise kommt insofern für die organisch gelenkte Volkswirtschaft beim Arbeitsfaktor und seinem Einkommen weniger als irgendwo in Betracht. Jeder Mangel z. B. an Arbeitsschutz, Lohnschutz, Arbeitslosenhilfe, Berufsberatung, -erziehung und -ausbildung bedeutet ihr ja nicht nur Raubbau und Vergeudung von Menschenkraft, sondern auch einen unmittelbaren Verstoß gegen die Forderungen der Volksgemeinschaft und der Humanität, die insbesondere auch das Recht auf Arbeit heute anerkennt.

Auf der anderen Seite allerdings hat die gelenkte Wirtschaft gerade bei der Steuerung des Arbeitseinkommens mehr als irgendwo die

Grenzen zu beachten, die ihr durch die oben (§ 18) dargelegten Erfordernisse einer zweckmäßigen Synthese von Freibeweglichkeit und Bindung, von Persönlichkeit und Gemeinschaft in der Wirtschaft auch nach der Seite des Kollektivismus hin gezogen sind: Jede in diesem Sinne übertriebene Beschränkung der Freizügigkeit der Arbeit, der Freiheit der Berufswahl oder der Aufstiegsmöglichkeiten des freien Leistungswettbewerbs lähmt ja sehr bald den Arbeitsfaktor, jede Zwangsarbeit vollends demoralisiert auf die Dauer Herren und Knechte. Wichtig ist dabei, daß autoritäre Beschränkungen der Arbeit meist als viel leichter tragbar empfunden werden, wenn sie als Ausnahmeregelungen von absehbarer Dauer (z. B. für Kriegszeiten) vorgesehen sind, oder wenn sie sich auf bestimmte jüngere Lebensjahre (z. B. Lehrjahre) beschränken. Jeder Versuch endlich, die Löhne in einer Volkswirtschaft im Widerspruch zu den dargelegten Erfordernissen eines produktiven Gleichgewichts autoritär zu erhöhen, muß mit der Verminderung des Nationaleinkommens sehr bald zu einer Senkung des Realeinkommens der Arbeitnehmer führen, die sich in der Form einer Verteuerung (bzw. bei Preisstop: Verknappung) der Waren und wachsender Arbeitslosigkeit durchsetzt.

Für die Steuerung des Arbeitseinkommens ist hier zunächst allgemein auf das zu verweisen, was wir für die Regelung der Einkommensverteilung in der gelenkten Wirtschaft oben (§ 19) bereits ausführten. Das Arbeitseinkommen ist ja der praktisch wichtigste Fall der Einkommensbildung überhaupt. Im einzelnen ist die Steuerung des Arbeitseinkommens in der gelenkten Wirtschaft meist nur eine in einem System von Methoden der Arbeitslenkung. Diese nämlich gliedert sich regelmäßig vor allem in:

1. Unmittelbare Lenkung der Arbeit. Sie wendet sich an den Arbeiter selbst, insbesondere als
   a) Lenkung des Berufsnachwuchses durch Berufsvorbildung (Brechung des „Bildungsmonopols"), Berufsberatung, Heranführung an Mangelberufe sowie Sperrung überbesetzter Berufe);
   b) Arbeitseinsatzlenkung z. B. durch Arbeitsvermittlung, Arbeitsbeschaffung (Belebung der privaten Wirtschaft, Notstandsarbeiten), Beschaffung und Steigerung von Arbeitskräften (durch Schulung bzw. Umschulung, Steigerung der Arbeitsintensität, Arbeitsschutz und dgl.), planmäßige Verteilung der vorhandenen Arbeitskräfte, dazu im äußersten Fall auch vorübergehende Beschränkung der Arbeitsfreizügigkeit;
   c) Arbeitslosenhilfe z. B. durch Arbeitslosenversicherung und -versorgung, Kurzarbeiterunterstützung und dgl.;
   d) Sicherung des Arbeitsfriedens durch Schlichtungspolitik.
2. Mittelbare Lenkung der Arbeit auf dem Wege über die Steuerung der Löhne und Gehälter.

In einem solchen System der Arbeitslenkung kann die Steuerung der Löhne und Gehälter die übrigen Arbeitslenkungsmaßnahmen dadurch unterstützen, daß sie mit der Staffelung der Arbeitsentgelte überall die nötigen Anreize (bzw. Abschreckungen) zu schaffen sucht. Das Angebot an Arbeitskräften, wie es beeinflußt wird durch die Zahl der vorhandenen geeigneten Kräfte und die Schwere bzw. Beliebtheit der betreffenden Arbeit, wird in seinem Verhältnis zum Bedarf an solchen Kräften hierbei meist von Bedeutung sein. Selbst die Festsetzung der Löhne und Gehälter in der wesentlich verstaatlichten Wirtschaft des bolschewistischen Rußlands kam über die Regel von Angebot und Nachfrage ja auf die Dauer nicht hinweg: Nach einer Zeit anfänglicher Nivellierung waren schon 1930 die Unterschiede in der Entlohnung der gelernten und ungelernten Arbeit in Rußland nicht mehr geringer als in den westlichen Ländern. Zur Steigerung und Hochhaltung der Leistungen sind ferner in der gelenkten Wirtschaft neben einem Einschlag zum Unterhaltslohn insbesondere auch Leistungslöhne grundsätzlich nicht zu entbehren (S. 294). Je mehr sich das System der Arbeitslenkung am Kollektivgedanken ausrichtet, in desto größerem Umfange dienen auch Examen, Prüfungen, Kontrollen und organisierte Berufswettkämpfe mit entsprechendem Einfluß auf die Dotierung der einzelnen Arbeitskräfte dem erwähnten Ziele der Leistungssteigerung. Auszeichnungen und Strafen ergänzen dann zumeist diese Maßnahmen. Das abschreckende Symbol, das die Wirtschaftslenkung bei der Steuerung des Arbeitsfaktors davor bewahren kann, mit ihrer Ausrichtung am Bindungsgedanken die Grenzen zum Kollektivismus hin zu überschreiten, ist das Arbeitshaus mit der ganzen Hoffnungslosigkeit seines persönlichkeitstötenden starren Zwanges.

§ 25 Das Kapitaleinkommen

A. Begriff und Arten des Kapitaleinkommens

Mit dem **Begriff** Kapitaleinkommen (Kapitalrente) bezeichnen wir dasjenige Einkommen, das ohne erheblichen gleichzeitigen Aufwand von eigener Arbeit und Boden aus dem Eigentum an Kapital (Sach- wie Geldkapitalien) bezogen wird. Die **Arten** des Kapitaleinkommens richten sich nach der Art seiner Erzielung. Das Kapitaleinkommen nämlich wird vom Kapitalbesitzer in der Regel erzielt entweder

1. durch Eigenverwertung seines Kapitals unmittelbar im eigenen Unternehmen. Soweit dieses nicht durch angestellte Direktoren geleitet wird, ist das Kapitaleinkommen hier allerdings fast stets verbunden mit dem Unternehmerlohn (S. 342). Man bezeichnet es hier auch als „ursprünglichen Zins"; da wir aber den Zins

(S. 160) als einen Preis bestimmen, so sprechen wir besser vom „ursprünglichen Kapitalertrag“ oder von „Kapitalrente i. e. S.“. Die Klassiker sprachen hier von „Profit“. — Oder das Kapitaleinkommen wird erzielt

2. durch zeitweilige Überlassung von Kapital an andere. Deren Entgelt tritt als sog. abgeleiteter Kapitalertrag neben den ursprünglichen Kapitalertrag:

   a) Der fest bedungene Preis solcher zeitlich begrenzten Kapitalüberlassung heißt, wie wir wissen, Zins. Er tritt auf:

      α) als Mietzins bei der zeitweiligen Überlassung von Sachkapital, so heute in Geldform bei Vermietung von Gebäuden, Maschinen, Reit- und Zugtieren usw., früher als Naturalzins häufig bei der „Viehleihe“,

      β) als Kapitalzins, d. h. als Darlehenszins kreditierter Geldkapitalien, z. B. als Hypothekenzins, Wechseldiskont usw. Die Naturalzinsen z. B. der antiken Getreideleihe gehören der Vergangenheit an. Der Sprachgebrauch versteht unter „Zins“ meist den Kapitalzins. Verwirrend scheint mir der Sprachgebrauch, der diesen Darlehnszins als den „Geldzins“ der oben zu 1 angeführten Kapitalrente i. e. S. als dem „Kapitalzins“ gegenüberstellt.

   b) Auch die nicht als fest bedungenen Erträge der Kapitalüberlassung sind „abgeleiteter Kapitalertrag“. Hierher gehören die Dividenden der Aktionäre, die Beteiligungsgewinne der Inhaber von G.m.b.H.-Anteilen, der Kommanditisten und aller übrigen, nicht selbst mitarbeitenden Mitglieder von Handelsgesellschaften sowie auch der sog. stillen Gesellschaft.

Der **Zins** als Preis zeitweiliger Kapitalüberlassung stellt das Kapitaleinkommen in reinster Form dar. Insbesondere bei der Ausleihung von Geldkapital, also im Fall des Kapitalzinses, ist die Verwaltungsarbeit des Gläubigers ja meist gering. Wie der Lohn als Preis der Arbeit im Vordergrund des Arbeitseinkommens, so steht der Zins als Preis des Kapitals heute im Vordergrund des Kapitaleinkommens. Allerdings tritt auch der Zins kaum jemals ganz rein als sog. reiner oder Nettozins auf. Er enthält vielmehr oft als sog. roher oder Bruttozins noch Entgelte für Abnutzung der Substanz des überlassenen Gutes (so z. B. fast stets der Mietzins) oder für Verwaltungs- und Regiekosten (z. B. bei Pfandbriefen). Es ist in diesem Rohzins ferner ein Entgelt für das Risiko der Nutzungsübertragung enthalten, das in der Gefahr der Nichtrückgewähr oder der Entwertung des hingegebenen Kapitals liegt. Diese Risikoprämie als Teil des Rohzinses tritt z. B. in Zeiten inflationistischer Geldentwertung beim Darlehnszins besonders deutlich in Erscheinung. Da es eine absolute Sicherheit nicht gibt, wird eine Risikoprämie rationaler Weise wohl in kaum irgendeinem Zins ganz fehlen können. Insofern ist der „reine Zins" ein Grenzbegriff.

B. Begriff und Aufgabe des Kredits

Der Kapitalzins ist nach allem der Preis des **Kredits.** Kredit im wirtschaftlichen Sinn ist die freiwillige zeitweilige Überlassung vertretbarer verbrauchlicher Sach- oder Tauschgüter, meist von Geldkapital (Leihkapital), durch den Gläubiger an den zu späterer Rückgewähr entsprechender Mittel verpflichteten Schuldner. Der in Geld gewährte sog. Geldkredit bedeutet so zeitweilig überlassene Kaufkraft und damit den „Tausch gegenwärtiger gegen zukünftige Kaufkraft" (Böhler). Er bedeutet für den Schuldner die Möglichkeit der Nutzung fremden Geldkapitals und für den Gläubiger stets einen „Verzicht auf Liquidität" (Keynes). Der Naturalkredit war in der Form der Getreideleihe in der Antike verbreitet, doch kommen Warenkredite (z. B. als „Kommissionsware") auch heute noch vor.

Die Überlassung des Kapitals beruht regelmäßig auf dem Vertrauen des Gläubigers, daß der Schuldner seinen Verpflichtungen zur Rückzahlung und zur Zinszahlung nachkommen wird. Sie ist juristisch meist in die Form des Darlehns, mitunter auch anderer Rechtsgeschäfte (Stundung von Kaufpreisen, Kostgeschäft, Kauf mit Rückkauf usw.) gekleidet. Der Kredit überträgt das juristische Eigentum an den kreditierten Sach- bzw. Tauschgütern auf den Schuldner, wirtschaftlich gesehen aber wird, da dem die Rückzahlungspflicht des Schuldners für später gegenübersteht, nur die Gebrauchsmöglichkeit (Nutzung) für diese Güter bis dahin auf den Schuldner übertragen.

Die Summe der in einer Volkswirtschaft gegebenen Kredite (unter Weglassung der in einer sog. Kreditkette z. B. durch Bankinstitute nur weitergegebenen Kredite, denen also entsprechende Forderungen ihrer Schuldner gegenüberstehen) bezeichnet man als volkswirtschaftliche Kreditsumme. Um ihren Betrag steht hinter zeitweiligem juristischen Kapitaleigentum von Schuldnern in einer Volkswirtschaft in Wahrheit wirtschaftliches Vermögen von Gläubigern, wenn wir von der Vernichtung kreditierter Kapitalien einmal absehen. Der Kredit ermöglicht es insofern dem Schuldner, über den Betrag seines eigenen Vermögens hinaus fremde Güter oder Dienstleistungen an sich zu ziehen (L. A. Hahn). Er ermöglicht auch die Einschaltung zeitlicher Verschiebungen in den Ausgleich von Einnahmen und Ausgaben, von Warenbezug und Kaufpreiszahlung, von Arbeitsleistung und Entlohnung.

Dient der Kredit der Beschaffung von Produktivgütern, so spricht man von Produktivkredit, dient er der Beschaffung von Konsumtivgütern (S. 48), so heißt er Konsumtivkredit. Produktivkredit zur Beschaffung von stehendem Kapital (S. 128) heißt Anlagekredit, Produktivkredit zur Beschaffung von umlaufendem Kapital, von Betriebsmitteln also, heißt Betriebskredit (alias Zirkulationskredit, der aber nicht mit dem sog. zirkulatorischen Kredit verwechselt werden darf).

Der Kapitalkredit als Produktivkredit soll das vom Eigentümer selbst nicht oder nur mit geringerem Nutzen verwendbare Geldkapital seiner produktivsten Verwendung in der Hand des Schuldners zuführen. Vermöge des Kredits saugen die Banken die zersplitterten Kapitalien der Sparer an und stellen sie konzentriert den Unternehmern als Produktivkredit zur Verfügung. Dabei vermehrt die eigene Kreditschöpfung der Banken als zirkulatorischer Kredit (s. S. 237, 269 f.) das Kreditvolumen u. U. noch beträchtlich und bildet ein elastisches Polster gegen plötzliche Veränderungen des Zahlungsmittelbedarfs, dessen Spitzen (z. B. an den Monats- und Quartalsenden) sie ausgleicht. Stets trägt der produktive Kredit dazu bei, komplementäre Produktionsgüter, insbesondere Sachkapital und Arbeitskraft, in der Verfügungsgewalt des Kreditnehmers zu vereinigen. So macht oft erst der Kredit aus unproduktiver Kaufkraft produktives Kapital.

Die Form der Kapitalgesellschaften, vor allem der Aktiengesellschaft, ermöglichte die Konzentration von Leihkapitalien auf Gewinnbeteiligung ohne persönliches Risiko der Geldgeber, d. h. ohne daß diese mit ihrem eigenen Vermögen für die Schulden der Gesellschaft haften. So fördert der Kredit den Großbetrieb unabhängig vom Einzelvermögen der Unternehmer und den Fähigkeiten der Kapitaleigentümer. Er fördert die nationale, sowie in der Exportindustrie auch die internationale Arbeitsteilung. Im Auslandskredit leihen reiche Länder den noch unentwickelten Ländern das Kapital zur Entwicklung ihrer Wirtschaft. Noch bis zum ersten Weltkrieg waren z. B. die Vereinigten Staaten Schuldner Europas. Hauptsächlich dem Kredit verdankt das Geldkapital seine Elastizität (Umgruppierungsfähigkeit, vgl. S. 315). Im Kreditgeld stellt der Kredit den weitaus größten Teil aller Umlaufsmittel. Dem Sparer erspart er das Horten seiner Rücklagen.

Der durch Pfandrechte (z. B. Hypotheken) gesicherte Kredit heißt Realkredit, der ungedeckte, nur auf die persönliche Tüchtigkeit des Schuldners hingegebene Kredit heißt Personalkredit. Vor allem der Personalkredit ermöglicht auch dem kapitalarmen Unternehmer die Teilnahme am Leistungswettbewerb mit dem Großkapital. Er intensiviert und verbreitet so den Wettbewerb und fördert dadurch die Umgruppierungsfähigkeit und Fortschrittskraft der Marktwirtschaft. Ist der Realkredit gedeckt durch Pfandrechte an Grundstücken (z. B. Hypotheken, Grundschulden), so heißt er auch Immobiliarkredit. Dienen dagegen bewegliche, sog. Faustpfänder (z. B. Waren oder Wertpapiere) als Deckung, so heißt er Lombardkredit (Waren- oder Wertpapierlombard). Ist der Kredit verbrieft in Wertpapieren, mit deren Besitz er übertragen werden kann (z. B. in Wechseln, Pfandbriefen, Obligationen), so spricht man von Urkundenkredit. Der Stundungskredit entsteht zumeist aus der Stundung von Kaufpreisforderungen (z. B. Lieferantenkredite).

Der Markt der kurzfristigen Kredite (z. B. Wechsel) heißt Geldmarkt, den Markt der langfristigen Kredite (z. B. Hypotheken, Staatsanleihen, Aktien) bezeichnen wir als Kapitalmarkt i. e. S. Bei kurzfristigen Krediten, besonders bei Wechseln, wird der Zins oft als sog. Diskont, d. h. als Zwischenzins für die Zeit von der Hingabe bis zur Fälligkeit des Darlehns, vorweg in Abzug gebracht. Wechseldiskont und Lombard herrschen regelmäßig auf dem Geldmarkt vor. Sie dienen vor allem dem Liquiditätsbedürfnis (Kassenbedarf) der Wirtschaft. Besonders der Wechsel bedeutet, soweit er rediskontierbar (d. h. „weiterverkäuflich") ist, eine sehr liquide Geldanlage. Erfolgt die langfristige Hingabe von Geldkapital in der Form des Kaufs entsprechender börsengängiger Wertpapiere (z. B. von Pfandbriefen), so kann der Käufer den Kredit für seine Person dadurch zu einem kurzfristigen machen, daß er das Papier weiterverkauft. Vor allem die Wertpapierbörse (Effekten- oder Fondsbörse) dient dieser Mobilisierung des in Effekten verbrieften Kredits. Liegt der Preis eines solchen Wertpapiers über oder unter dem Parikurs (von 100 %), so tritt dem Nominalzins des Wertpapiers die auf den Preis des Papiers bezogene tatsächliche Verzinsung, der sog. Realzins oder Effektivzins, gegenüber (z. B. der Realzins eines 4 %igen Wertpapiers, das zu 80 % gekauft wird, ist 5 %). Der Kapitalmarkt im e. Sinne dient der Wirtschaft vor allem zur Beschaffung von Anlage- und dauernd benötigtem Betriebskapital. Immobiliarkredit und Effektenemissionen (z. B. Ausgabe von Aktien, Obligationen) herrschen hier vor.

In der gelenkten Wirtschaft verstärkt der Staat, um Staatskredit zu erhalten, die Geldflüssigkeit der Kreditmärkte oft dadurch, daß er die Zentralnotenbank veranlaßt, die staatlichen Schuldtitel zu diskontieren, sie anzukaufen oder zu beleihen. Dies Vorgehen verschafft dem Staat über die wirklichen Ersparnisse, die ihm die Sparer und Kapitalbesitzer unter Verzicht auf den Eigengebrauch zur Verfügung stellen, also über den echten Kredit, hinaus einen sog. zusätzlichen oder geldschöpfenden Kredit, dessen Kredittitel die Geldgeber sogleich wieder bei der Notenbank zu Geld machen. Diese Methode, mit der der Staatskredit sich gleichsam immer wieder selbst gebiert, kann leicht zur Inflation führen (vgl. S. 271). Auch in allen anderen Fällen, in denen eine Notenbank Kredit gibt mit Noten, die sie über den Betrag ihrer Edelmetallreserven und Depositen hinaus in Umlauf setzt, gibt sie, wie (S. 269) schon dargelegt, nicht lediglich echte Ersparnisse, die andere ihr anvertraut haben, an jene Kunden weiter, sondern sie gibt dann Kredit mit zusätzlichem Gelde. Das gleiche gilt, wie wir sahen, bei jeder anderen Bank für die Wechsel, die sie auf sich ziehen läßt, oder für die Schecks usw. auf die Guthaben, die sie ihren Kunden einräumt, soweit der Gesamtbetrag des so in Umlauf gesetzten Kreditgeldes den Betrag ihrer Einlagen und Reserven übersteigt. Eine solche Kreditschöpfung ist also hier zugleich eine Geldschöpfung, der zirkulatorische Kredit (S. 236) wird hier zum sog. zusätzlichen oder geldschöpfenden Kredit. Die Banken sind dann also nicht nur Vermittler, sondern auch Produzenten des Kredits. Eine Grenze findet diese Geldschöpfung in der notwendigen Rücksicht der Bank auf ihre Liquidität (s. S. 270). Die Geldschöpfung der Banken ist grundsätzlich ebenso zu beurteilen wie jede andere Art der Vermehrung des Zahlungsmittelumlaufs.

C. Wesen und Funktion des Kapitalzinses

Wir lernten unsere gegenwärtige Marktwirtschaft oben (S. 130) als eine durch den Kapitalumschlag gekennzeichnete, d. h. als eine kapitalmäßige Wirtschaft kennen. Wir stellten weiter (S. 208) fest, daß die Wahrung des Privateigentums und des Vererbungsrechts, die durch die einzelwirtschaftliche Grundlage dieser kapitalmäßigen Wirtschaft erfordert wird, zeitweilig auch ein arbeitsloses Einkommen des Müßiggängers ermöglichen kann. Diese Reibungserscheinung der kapitalmäßigen Wirtschaft tritt nirgends so häufig und augenfällig in Erscheinung wie gerade beim Kapitalzins. Denn der Zins erscheint ja, wie wir sahen, als nahezu arbeitsloses Einkommen, und er ist auch ein solches, soweit ihn nicht der Sparer bzw. Erwerber des Kapitals selbst als Ertrag früherer produktiver Leistung, sondern ein Rentner bezieht, der das zinstragende Kapital mühelos im Erbgang, als unverdiente Monopolrente oder durch konjunkturale Zufallsgewinne erhielt.

Gegen den Kapitalzins richtete sich daher von jeher die Kritik des marxistischen Sozialismus und anderer Anhänger der Arbeitswerttheorien. Der Marxismus bezeichnete die Kapitalrente (in Anlehnung an eine ähnliche Residualerklärung bei J. St. Mill) als den „Mehrwert", den der Kapitalist in die Tasche stecke, nachdem er die allein produktive Arbeit mit dem Existenzminimum abgefunden habe (Ausbeutungstheorie, S. 140). Die „bürgerliche" Theorie konnte sich nicht dazu durchringen, jenen Nachteil der kapitalmäßigen Wirtschaft (unter Zurückführung auf seine wirkliche Bedeutung, vgl. S. 194, 207 zu 5) zuzugeben und Schlüsse nach Art unserer obigen Ausführungen (§§ 18 und 19) daraus zu ziehen. Anstatt dessen suchte sie — in bewußter oder unbewußter Verteidigungshaltung — den Übelstand dadurch zu rechtfertigen, daß sie das **Wesen des Zinses** (im Unterschied zu allen übrigen Preisen) besonders „erklärte".

So erklärten die sog. **Produktivitätstheorien** den Zins als Gegenleistung für die „produktiven Dienste", mit denen das Kapital den Ertrag der Produktion vermehre (J. B. Say, Lauderdale, Roscher, Leroy-Beaulieu, Thünen). Die Nutzungstheorie meint, das Kapital lasse einen dauernden Gebrauch zu. Neben seiner Substanz habe daher auch sein Gebrauch, seine „Nutzung" einen weiteren selbständigen Wert, der im Zins vergütet werde. So Hermann, Knies und Carl Menger, bei dem allerdings auch das Zeitmoment (s. u.) schon anklingt. Beide Theorien versagen gegenüber dem reinen Konsumkredit, bei dem kein dauernder „Gebrauch", sondern nur ein sofortiger Verbrauch in Frage kommt. Eine „Erklärung" des Zinses darf sich nicht auf die Erklärung eines (wenn auch überwiegenden) Sonderfalls seines Auftretens beschränken. Die modifizierte Produktivitätstheorie, mit der vor allem v. Thünen die „Produktivität des letzten Kapitalteilchens" als maßgebend für die Höhe des Zinses ansah, fällt unter die obige Widerlegung des Grenzproduktivitätsgedankens (S. 284).

Die **Abstinenztheorie** will den Zins als Entgelt für das Opfer erklären, das der Kapitalist bringt, indem er auf den unmittelbaren Genuß des bereitgestellten Kapitals verzichtet. Diese „Enthaltsamkeit" des Kapitalisten sei ein wichtiger Produktionsfaktor, und der Zins sei ihr Lohn (Senior). In Wahrheit aber ist die Darlehnshingabe als Tausch einer zeitlich begrenzten Kapitalüberlassung gegen Zinsgenuß gerade dann ideal produktiv, wenn der Kapitalbesitzer vorerst gar keine Möglichkeit zur Eigenverwendung für sein Kapital hat, also mit seiner Darlehnshingabe auf gar nichts verzichtet. Das zeigt die Unhaltbarkeit dieser (von Lassalle übrigens sehr billig verspotteten) Theorie. Das gleiche Argument trifft auch die Abwandlung, die die Abstinenztheorie vor allem bei Mac Vane, Marshall, Carver und Gustav Cassel in der Theorie des Wartens (Waiting-Theorie) erfahren hat. Hier tritt an die Stelle der „Enthaltsamkeit" des Kapitalisten sein Bereitsein, mit dem unmittelbaren Genuß des Kapitals zu warten.

Auch hier wird der Zins, der doch für den Gebrauch von Kapital gezahlt wird, gleichsam negativ erklärt, etwa wie wenn man die Miete für ein Haus als Belohnung für dessen Nichtverwendung durch den Vermieter selbst bzw. für dessen Warten auf das Selbstbewohnen erklären wollte.

Bei Cassel[1] allerdings ist dieses „Warten" nur die Kehrseite der „Kapitaldisposition". Diese stellt er an Stelle des „Kapitals" als dritten technisch „elementaren" Produktionsfaktor neben Arbeit und Boden. Richtig ist, daß man vermöge von Ersparnissen Zeit überbrücken muß, um erst Werkzeuge, Maschinen oder anderes Produktivkapital herstellen zu können, nach deren Einschaltung in den Produktionsprozeß man diesen ergiebiger fortsetzen

---

[1] Gustav Cassel, Theoretische Sozialökonomie, 1932[5], vgl. dazu auch Adolf Weber, Allgemeine Volkswirtschaftslehre, 1932[4], S. 138 ff.

kann. Das gilt aber in gleicher Weise für Bildung solchen Sachkapitals wie auch für jede Ausbildung von Arbeitsfähigkeiten und für jede Urbarmachung oder Verbesserung des Bodens. Daher kann man die Disposition über die Kapitalersparnisse nicht allein der Arbeit und dem Boden als dritten Produktionsfaktor an die Seite setzen (vgl. auch S. 134). Mit dieser Maßgabe immerhin ist Cassels Hinweis sehr brauchbar zur Erfassung der Funktionen des Geld- und Erwerbskapitals (s. oben § 12 unter II).

Der Abstinenztheorie nahe steht auch Keynes, der den Zins als Belohnung für Nichthorten, als Preis also für die Aufgabe der Liquidität mit allen ihren wirtschaftlichen Vorteilen, erklärt. Der Zins sei somit der Preis, der die „Liquiditätspräferenz" mit der verfügbaren Menge von Bargeld ins Gleichgewicht bringt. Bei dieser sogenannten Liquiditätstheorie des Zinses kommt freilich die Konsumneigung sehr zu kurz, und es bleibt grundsätzlich doch dabei, daß alle Motive von Angebot und Nachfrage nach Krediten Existenz und Höhe des Zinses in gleicher Weise erklären.

In der **Agiotheorie** geht Böhm-Bawerk[2] (ähnlich wie schon Carl Menger) von der (im Rahmen seiner psychologisch-einzelwirtschaftlichen Problemstellung irrtümlichen) werttheoretischen Annahme aus, daß der Wert der Kapitalgüter dem Werte des durch sie erzeugten Produkts gleich sein müsse. Die Frage, wieso trotzdem außer der Rückgewähr der Kapitalgüter dem Gläubiger aus diesem Werte des Produkts noch ein Zins bezahlt werden könne, beantwortet er mit dem Hinweis auf die allgemeine Höherschätzung gegenwärtiger gegenüber Zukunftsgütern. Dieses Wertagio der Gegenwartsgüter habe einmal psychologische Gründe in der Unsicherheit der Zukunft und in dem geringeren Bedacht der meisten Menschen auf die Sicherstellung ihrer zukünftigen Bedürfnisse. Sodann sei es zu erklären mit der größeren technischen Ergiebigkeit der Gegenwartsgüter, die ihrem Besitzer die Einschlagung weit ausholender und zeitraubender, aber dafür um so produktiverer Produktionsumwege gestatte. Wer Gegenwartsgüter gegen Zukunftsgüter gebe, erhalte daher als Ausgleich dieser Wertdifferenz den Zins.

Diese geistreiche Mischung von Abstinenz- und Produktivitätstheorie gewann besonders im amerikanischen Schrifttum und in Italien Einfluß (Irving Fisher, Taussig, Fetter, Graziani, Ricca-Salerno). Sie wird durch die Argumente widerlegt, die wir soeben gegen jede einzelne der genannten beiden Theorien vorbrachten. Besonders der Idealfall der Leihkapitalbereitstellung durch einen Sparer, der keine Gegenwartsverwendung für sein Geld, sondern nur das Bedürfnis der Zukunftsvorsorge hat, zeigt, daß die Annahme eines grundsätzlichen Wertagios der Gegenwartsgüter irrtümlich ist.

Unsere Auffassung dürfte aus der Stellungnahme zu den dargestellten Theorien schon klar geworden sein. Der Zins ist ein Preis. Wie die Bildung aller Preise, so beruht auch die Zinsbildung auf einem Austausch. Beim Kauf liegt der Austausch einfach. Er vereinbart die Überlassung eines Gutes (Mittels) gegen Geld, und zwar in diesem Falle eine endgültige Überlassung. Beim Darlehn, bei Miete usw. wird die Überlassung nicht endgültig, sondern nur für

---

[2] Vgl. Eugen v. Böhm-Bawerk, Positive Theorie des Kapitals, 1889^1, 1921^5.

eine bestimmte Frist vereinbart, nach deren Ablauf das Gut (oder ein gleichartiges) zurückzugeben ist. Wir sprachen hier von zeitweiliger Überlassung. Ihr Gegenwert in Geld hängt ab von der Dauer der vereinbarten Überlassung. Er wird daher meist in Raten Zug um Zug gegen den Fortgang dieser Überlassung, d. h. in vereinbarten Zeitabschnitten der Überlassungsdauer, gezahlt. Diese übliche, aber noch nicht einmal unbedingt notwendige Zahlungsmodalität begründet einen lediglich formalen Unterschied zwischen dem Zins und den übrigen Preisen. Sehen wir daher von ihr ab, so bedarf der Zins so wenig einer Erklärung wie alle übrigen Preise. Preise für die (endgültige wie zeitweilige) Überlassung eines Gutes werden gezahlt, wenn das Gut dazu angeboten und kaufkräftig nachgefragt wird. Warum das Gut nachgefragt wird, ob zum Gebrauch, wie die Produktivitäts-, die Nutzungs- und die Agiotheorie unterstellen, oder zum sofortigen Verbrauch (Konsumtivkraft), ist gleichgültig. Es genügt, daß das Gut begehrt, der fragliche Gegenstand also knapp ist. Der Zins wie alle anderen Preise ist eine Erscheinung der Marktwirtschaft. Daher braucht man nicht zu erklären, warum A etwas, was B ihm (wenn auch nur zeitweilig) überlassen soll, nicht geschenkt bekommt, sondern bezahlen muß. Man kann diese Auffassung des Zinses als des Preises der zeitweiligen Überlassung von Sachgütern als „Überlassungstheorie" bezeichnen, wenn man nicht gern auf eine besondere Theorie zur „Erklärung" des Zinses verzichtet. Sie führt aber nur den Zins auf die allgemeine Erscheinung des Preises überhaupt zurück und verzichtet darauf, im Kapitalzins jene Fälle eines arbeitslosen Einkommens von Kapitaleigentümern zu verteidigen, die bei der Kritik der kapitalmäßigen Marktwirtschaft als deren notwendiges Übel erkannt und gegen die Vorteile abgewogen werden müssen, die mit diesem Wirtschaftssystem nach den jeweiligen Umständen erreichbar sind. Übrigens faßten schon viele Merkantilisten den Zins als Preis der Geldüberlassung auf.

Mit dem Preis seiner zeitweiligen Überlassung, dem Zins, nimmt das Geldkapital als Leihkapital an der Preisbildung der übrigen Produktionsfaktoren teil. Betrachten wir zunächst den **Zins in der freien Marktwirtschaft,** so hat bei ihm wie bei allen übrigen Preisen die Preisbildung die Aufgabe einer Kombinierung und Regulierung der Produktionsfaktoren. Eingriffe in den Zins sind daher hier grundsätzlich ebenso zu beurteilen wie alle anderen Eingriffe in die Preisbildung des freien Marktes. Die Ausführungen des § 19 darüber gelten grundsätzlich auch hier.

Freilich bestehen die Beziehungen gegenseitiger Beeinflussung von Preisen und Produktionsfaktoren, von denen wir dort ausgingen, hier zunächst nur zwischen Zins und Geldkapital. Denn das Geldkapital, nicht auch das Sachkapital, erscheint ja heute als Leihkapital auf dem Markte, nachdem die Zeiten der Vieh- und Getreideleihe längst der Vergangenheit angehören. Aber auf der heutigen Stufe der „Kreditwirtschaft" arbeiten die meisten Unternehmungen der Sachgüterproduktion mit Leihkapital. Der Rest der Unternehmungen stellt sein selbstverwendetes Kapital (einschließlich des Bodenwertes) mit dem „landesüblichen Zinsfuß" in seine Kostenkalkulation ein. Da gleichzeitig der reine Konsumtivkredit immer mehr zurückgeht, stellt heute das Leihkapital tatsächlich doch nur eine besonders liquide Form der Verfügungsmacht über die sachlichen Produktionsmittel, also über Sachkapital und Bodennutzungen dar, während die Löhne regelmäßig viel eher aus laufenden Produktionserträgen bezahlt werden: Der Zins (zusammen mit der Preisbildung der Kapitalgüter) reguliert in der (genügend elastischen) freien Kreditwirtschaft tendenziell die Investitionen. Hierbei tritt der Kapitalzins als Preis zeitweiliger Überlassung der sachlichen (mobilen und immobilen) Produktivgüter dem Lohn als dem Preise zeitweiliger Überlassung persönlicher Produktivgüter (von Arbeitsfähigkeiten also) gegenüber. Die Höhe des Kapitalzinses reguliert insofern in der freien Kreditwirtschaft die hinter dem Leihkapital stehenden Produktionsfaktoren, seien es Sachkapital oder Boden, in ihrem Verhältnis zum Arbeitsfaktor: Ein hoher Zins schließt alle diejenigen Arbeitskräfte, d. h. hier vor allem alle diejenigen Unternehmer, von der Ausrüstung mit Kapital und von der Inanspruchnahme des Bodens aus, die damit (nach Vornahme der erforderlichen „Abschreibungen" für Abnutzung) nicht mindestens eine der Zinsquote entsprechende Rentabilität erzielen; ein sinkender Zins hingegen erweitert den Kreis jener Benutzer von Sachkapital und Boden, indem er die gedachte Sperrgrenze der Rentabilität herabsetzt. Auf diese Weise wird tendenziell eine Auslese der Kapitalverwendungsmöglichkeiten nach ihrer volkswirtschaftlichen Dringlichkeit, d. h. nach ihrer Produktivität, erreicht, und hinsichtlich der Bildung und Verwendung von Kredit wirkt der Zins als „Dringlichkeitsmanometer für die zulässige Höchstbelastung der Gegenwart zugunsten der Zukunft" (H. Röpke)[3]. Nur die Kapitalverwendung für Verbrauchszwecke, also der Konsumtivkredit, fällt weitgehend aus diesem Regulierungsmechanismus heraus.

Die Pendelbewegung von Zuviel und Zuwenig hin zum optimalen Ausgleich (S. 181 ff.) von Kapitalbildung und Verbrauch, von Sparquote und Konsum, in einer genügend elastischen Marktwirtschaft würde hier beim Zins grundsätzlich folgendermaßen verlaufen: Ein Zuwenig an Leihkapital, wie es etwa durch steigenden Wagemut,

[3] W. Röpke, Theorie der Kapitalbildung, 1929.

Leistungskraft oder Zahl des Arbeitsfaktors (besonders der Unternehmer) bedingt ist, bedeutet überwiegende Nachfrage nach Leihkapital, also steigenden Zins. Einem Zuviel an Leihkapital im umgekehrten Falle entspricht überwiegendes Angebot, also ein sinkender Zins. Im Ausgleichszustand, also bei genügender Elastizität (Umgruppierungsfähigkeit) der Volkswirtschaft, muß der Zinsfuß der Rentabilitätsquote entsprechen, die der Leihkapitalanbieter bei Selbstverwendung seines Geldkapitals in einem eigenen Betriebe gleichen Risikos nach Abzug der Arbeitskosten erzielen könnte. Um diesen „ursprünglichen Kapitalertrag“ (S. 305 zu 1), d. h. also die durchschnittliche Profitrate, den sog. Realzins, der ausgeglichenen (statischen) Wirtschaft muß dann in der genügend elastischen freien Marktwirtschaft der tatsächliche Zins (Geldzins) — freilich in gegenseitiger (interdependenter) Anpassung — pendeln, wie dort überall der tatsächliche oder Marktpreis um den (von den „Klassikern“ so genannten) „natürlichen“ Preis (d. s. die Herstellungskosten) gravitiert (vgl. S. 196). Dies ist der richtige Grundgedanke der (schon von Mangoldt angedeuteten) Lehre Wicksells vom „natürlichen Zins“, der hier also gleichsam die Bereitstellungskosten des Leihkapitals bedeutet. Denn der Zins entspricht nach Wicksell der Quote des Ertragsüberschusses, den das Sachkapital (nach Abgeltung von Arbeit und Boden) in der Naturalwirtschaft erzielen würde. Schon Ricardo stellte fest, der Darlehnszins pendele um die „Profitrate, welche sich bei der Anlage in Geld erzielen läßt“. Praktisch wird diese durchschnittliche Profitrate der Selbstverwendung des Leihkapitals, also der „Realzins“, freilich auch durch die Tatsache beeinflußt, daß viele Kapitaleigentümer gar nicht die Möglichkeit zur Selbstverwendung ihres Kapitals in einem eigenen Betriebe haben.

Wie alle Gravitationsvorgänge der freien Marktwirtschaft, so hängt auch das Pendeln des Zinses um den ursprünglichen Kapitalertrag der statischen (d. h. ausgeglichenen) Wirtschaft, sagen wir kurz: um den statischen Kapitalertrag, allerdings, wie angedeutet, von der Elastizität (Umgruppierungsfähigkeit) der Wirtschaft, und zwar hier vor allem von der **Preisempfindlichkeit des Kapitals** ab. Hier muß die Preisempfindlichkeit (d. h. also die Zinsreagibilität) des Geld- und Leihkapitals sehr wohl geschieden werden von derjenigen der Sachkapitalien und Bodenkräfte, die durch Vermittlung dieses Geldkapitals in die Produktion eingestellt werden.

Das Geldkapital ist vermöge der Vertretbarkeit (Fungibilität) der Geldbeträge der beweglichste, liquideste aller Produktionsfaktoren überhaupt. Infolge der Abstraktheit seines Summenausdrucks — non olet — gewinnt es, vom extremen Geiz (S. 16) abgesehen, keine Selbstzweckbetonung, unterliegt also in seiner Handhabung sehr weitgehend der Rationalität eines lediglich mittelbeschaffenden (d. h. wirtschaftlichen) Handelns. Durch ideelle Rücksichten somit wenig beschwert, beflügelt durch den internationalen Verkehr der Banken und Börsen, überspringt es leicht auch die Grenzen der Länder, um den Weg des größten Zinsgefälles, also hin zum Orte des höchsten reinen Zinses, zu suchen. Damit wird es in Zeiten weltwirtschaftlicher Zusammenarbeit und Arbeitsteilung der Völker zu deren wichtigstem Träger, es verbreitet den wirtschaftlichen Fortschritt bis in die entferntesten Winkel der Erde. Die Preisempfindlichkeit, mit der z. B. das Geldkapital auf eine Steigerung des Zinses hin in der einzelnen Volkswirtschaft zunimmt, beruht hier vor allem auf dem Zuströmen des internationalen Kapitals, viel weniger auf dem größeren Anreiz, den der erhöhte Zins auf die Spartätigkeit ausübt. Über die Zinsempfindlichkeit der Sparkapitalbildung herrscht ja im Schrifttum noch wenig Einigkeit (vgl. auch oben S. 175). Aber auch auf der oben erwähnten Schöpfung von Kreditgeld, wie sie in Aufschwungszeiten meist erfolgt, kann eine solche Zunahme des Geldkapitals beruhen.

Anders ist es in Zeiten einer Zersetzung und Hemmung der Weltwirtschaft, wie sie seit dem ersten Weltkrieg so vielfach bestand. Die politische Beeinflussung der Kapitalströmung wird in solchen Zeiten mangelnder internationaler Zusammenarbeit zum Mittel des latenten Kampfes aller Völker und Völkergruppen gegeneinander. Sie verzerrt die Verhältnismäßigkeit in der Kombination der welt wirtschaftlichen Produktivkräfte besonders wirksam. In den Volks wirtschaften wiederum, die, dem Zwange solcher Zersetzung folgend, sich auf sich selbst zurückziehen, betrachtet man dann das freizügige Element des Geldkapitals meist mit Mißtrauen und sucht es (durch Devisengesetze usw.) in den nationalen Rahmen zu bändigen. Hier sind dann auch langdauernde Divergenzen zwischen Kapitalbildung und Investitionsbedarf denkbar, zumal die Sparquote ja nicht nur durch den Zinsfuß, sondern noch wirksamer auch durch die Höhe des Realeinkommens bestimmt wird (S. 323 f.). Gerade der Fall eines ständigen Zurückbleibens der Investitionen hinter der Sparquote allerdings, von dem Keynes mit seiner Vollbeschäftigungstheorie ausging, wird in den meisten Ländern heute nicht häufig sein (vgl. S. 370).

Auch in solchen Zeiten aber setzt wenigstens im Rahmen der einzelnen Volkswirtschaft die große Beweglichkeit des Geldkapitals eine starke Ausgleichstendenz in Kraft. Sein Preisstand, der Zinsfuß also, ist daher so einheitlich wie auf keinem anderen Markt von solcher Ausdehnung. Es gibt jedoch gewisse Unterschiede zwischen dem Markt des kurzfristigen Leihkapitals — dem sog. Geldmarkt — und dem Markt des langfristigen Anlagekapitals, dem Kapitalmarkt

i. e. S. Dessen Kapitalien sind wegen dieser langfristigen Festlegung weniger umgruppierungsfähig, seine Zinsbildung schwankt weniger leicht und paßt sich nur langsam an. Auch bestehen Unterschiede der Risikoprämien bei den einzelnen Arten von Geldgeschäften, so daß die Einheitlichkeit der Preisbildung nur vom reinen Zins behauptet werden kann. Aber der sog. „landesübliche Zinsfuß" stellt als solcher doch eine im wesentlichen eindeutige Größe dar. Nur dadurch konnte er zum Hauptmittel der Wertkontrolle in aller Produktion werden (vgl. S. 206 zu I_2 und 211 zu II_3).

Soviel über die Elastizität des Geldkapitals. Es erfüllt freilich von seiner Geldform her stets auch die Funktion des bloßen Umsatzmittels. Das Geldkapital repräsentiert nicht nur Kapital, es ist auch Geld. Daher seine große Beweglichkeit. Mit der **Umgruppierungsfähigkeit des Sachkapitals** steht es erheblich anders. Einmal im Sachkapital angelegt, ist es mit der Beweglichkeit des Kapitals zum großen Teil vorbei. Der Zins verteile die Geldkapitalien in der freien, genügend elastischen Wirtschaft auf die Stätten der größten Produktivitätsaussichten, schon diese Behauptung der „klassischen Theorie" stößt heute auf mancherlei Bedenken. In der Wirklichkeit der heutigen Marktwirtschaft ist der Zins ja meist durch die zentral gehandhabte Währungs- und Kreditpolitik in seinen Schwankungen so eingeschränkt, daß er diese Regulierungsfunktion gegenüber dem Sachkapital schon infolge dieser seiner nivellierenden Fesseln nur sehr unvollkommen erfüllen kann. Zudem sind viele Investitionen der Unternehmer wenig zinsreagibel. Stucken weist wohl mit Recht darauf hin, daß dies auch auf der Kurzfristigkeit vieler der dazu nötigen Kreditaufnahmen beruhe. Als wirklich zinsreagibel können heute nach ihm in Westdeutschland „wohl nur der Häuserbau und eine Reihe langfristiger Investitionen in der Landwirtschaft und in Versorgungsbetrieben" angesprochen werden[4]. Wenn die Investition das Geldkapital in Sachkapitalien verwandelt hat, steht es mit seiner Anpassungsfähigkeit vollends nicht besser: Sobald es „investiert" ist, ist seine Anlage meist nur unter großen Verlusten wieder zu ändern. So stark die Ausgleichstendenz in der Zinsgestaltung selbst ist, so schwach wirkt sie daher beim ursprünglichen Kapitalertrag. Je nach der Kräftekombination, in die das Sachkapital sich eingliederte, weist dieser Ertrag große Unterschiede auf. Das gilt naturgemäß vor allem für das „stehende Kapital" (S. 128). Die Vermehrung des stehenden im Verhältnis zum umlaufenden Kapital durch die Entwicklung zum Großbetrieb ist ein bedeutsames Starrheitsmoment der neuzeitlichen Wirtschaft (vgl. S. 188 zu a)). Die Elastizitätsanforde-

[4] R. Stucken, Geld und Kredit, 1957², S. 88.

rungen, die die freie Marktwirtschaft an das großgewerbliche Sachkapital stellen kann, sind daher meist gering, die Verluste jeder Umgruppierung meist hoch.

Die Pendelwirkung des Kapitalzinses um den statischen Kapitalertrag erleidet noch eine besondere Komplikation. Sie betrifft den **Zusammenhang des Kapitalzinses mit dem Geldwerte** und kann hier nicht ausgeschaltet werden. Denn ein Absehen von den Geldwertänderungen, die in der weitgehend freien, elastischen Marktwirtschaft mit Zinsänderungen notwendig verbunden sind, wäre hier ähnlich irreführend wie das „ceteris paribus" des Angebot-Nachfrage-Gesetzes (vgl. S. 173).

Als Preis des Kredits nämlich greift der Zins auch in das Geldwesen ein. Die große Bedeutung des Kreditgeldes, also der Noten, Wechsel, Schecks, Anweisungen usw., sowie des gesamten Buchgeldes für den Zahlungsmittelumlauf hoben wir bereits hervor. Das Metallgeld tritt diesen Zahlungsmitteln gegenüber heute sehr in den Hintergrund. So beeinflußt der Bankdiskont, der als Zinsfuß der Zentralnotenbank in Zeiten ruhiger Wirtschaftsentwicklung deren Wechselbeanspruchung zu regulieren vermag, den Zahlungsmittelumlauf einer freien Marktwirtschaft meist ziemlich nachdrücklich: Steigender Diskont schränkt die Aufnahme von Wechselkrediten regelmäßig ein, weil die schwächeren Betriebe, die im Rahmen ihrer Rentabilität diesen gestiegenen Zins nicht mehr zahlen können, nunmehr als Kreditnehmer ausfallen; ein fallender Diskont dehnt umgekehrt die Aufnahme von Wechselkrediten regelmäßig aus. Der Kapitalzins senkt oder hebt somit den Binnenwert des Geldes, je nachdem er durch seinen Einfluß auf die Menge des Kreditgeldes diesen Zahlungsmittelumlauf in seinem Verhältnis zum Handelsvolumen vermehrt oder vermindert. Zugleich beeinflußt die Ansaugwirkung eines steigenden bzw. die Verdrängungswirkung eines fallenden Wechselzinses gegenüber den ausländischen Leihgeldern meist auch den Außenwert (Kurswert) des Geldes in gleicher Richtung. Wir deuteten diese Zusammenhänge von Zins und Geldwert oben (S. 266) bereits an. Eine Spekulation der Unternehmer auf stark steigende oder fallende Preise eines Konjunkturwechsels kann die dargestellten Wirkungen der Diskontpolitik einmal lähmen, regelmäßig aber werden sich diese Wirkungen in der freien Marktwirtschaft bei relativ stetiger Wirtschaftsentwicklung sehr bald durchsetzen, zumal dann die Diskontänderungen der Zentralnotenbank schon als deren Willenskundgebungen und Sturmzeichen auch psychologisch auf die Unternehmer wirken.

Ist dem so, so berührt das Pendeln des Zinses um den statischen Kapitalertrag nicht nur die Kombination von Sachkapital und Boden mit dem Arbeitsfaktor in der bisher betrachteten Weise. Diese Pendelbewegung bringt vielmehr gleichzeitig auch den ganzen Preisspiegel ins Schwanken: Bei steigendem Zins sinken die Preise (steigt also der Geldwert), bei fallendem Zins steigen sie (sinkt also der Geldwert). Diese Beeinflussung des Preisspiegels erfolgt nicht gleichmäßig, sie richtet sich vielmehr zunächst nach den Ausströmungskanälen des Kreditgeldes (vgl. S. 251, 272). Die weiteren Folgen sind die von Deflation bzw. Inflation (§ 22). Die Wirkung auf die Preise vollzieht sich auch dadurch, daß ein steigender Zins, also eine Geldverteuerung, die Warenlager entleert, das Warenangebot also steigert, während billiges Geld ein Zurückhalten der Waren ermöglicht. Liegt der Wechselzins über dem statischen Kapitalertrag, so muß auch das somit zu einem Sinken, liegt er unter diesem „natürlichen" Zins, so muß auch das zu einem Steigen der Preise führen. Die im ersten Falle sinkende, im zweiten Falle steigende Rentabilität der Warenproduktion verstärkt dann noch die soeben schon ausgesprochene Pendelwirkung von Angebot und Nachfrage auf dem Markte des Leihkapitals, um den Zins wieder auf den statischen Kapitalertrag zurückzuführen. Haben allerdings die de- und inflatorischen Verzerrungen im Wirkungsverhältnis der Produktivkräfte inzwischen das Nationalprodukt vermindert, so liegt auch dieser statische Kapitalertrag zunächst tiefer als zuvor.

Nun unterliegt freilich die Zinsbildung auch in der weitgehend freien Marktwirtschaft, wie schon erwähnt, heute fast stets einer wirtschaftspolitischen Beeinflussung. Die „Diskontschraube" der Zentralnotenbank, d. h. die Herauf- oder Herabsetzung ihres Wechselzinses, ist hier ein noch verhältnismäßig mildes Mittel. Bei Freiheit des Kapitalverkehrs setzt sie sich der privaten Zinsbildung gegenüber in Krisenzeiten, wie schon angedeutet, nicht immer durch. Der „Privatdiskont" (der Börse für qualifizierte Wechsel) und die sonstige Zinsbildung folgt dann u. U. der „Bankrate" der Zentralnotenbank nicht. Aber sobald die Freizügigkeit des Geldkapitals beschränkt ist, werden auch gesetzliche Zwangsbestimmungen des Zinses möglich. Jahrhundertelang haben gebundene Wirtschaften unter Zinsverboten und -beschränkungen gestanden. In der kapitalmäßigen Marktwirtschaft allerdings sind solche Zwangseingriffe in die Zinsbildung sehr gefährlich: Durch ihren Einfluß auf die Preis- und Kapitalbildung können sie leicht alle wirtschaftlich richtigen Verhältnisse in der Kombination der produktiven Kräfte verzerren und das Vertrauen des Sparers untergraben.

Um damit zum **Zins in der gelenkten Wirtschaft** überzugehen, so ist bei der außerordentlichen Umgruppierungsfähigkeit des Leihkapitals eine wirtschaftspolitische Steuerung der Zinsbildung, die als wirtschaftlich zweckmäßige Korrektur eines Elastizitätsmangels wirken könnte, viel weniger leicht denkbar als die entsprechende Beeinflussung der Preisbildung der anderen Produktionsfaktoren. Dabei stellt man die gewaltsame Zwangsherabsetzung des Zinses, die unter scharfem Eingriff auch in bestehende Gläubigerrechte erfolgt, als eine mechanische Zinsherabsetzung der sog. organischen Zinssenkung gegenüber. Die letztere sucht eine auf dem Geldmarkt vorhandene Tendenz zum Sinken des Zinses durch ein Vorangehen des Wechseldiskonts der Zentralnotenbank zu fördern, um so eine Zinssenkung auch bei den langfristigeren Anlagenkrediten des Kapitalmarktes i. e. S. anzubahnen. Diese wird dort möglichst durch Stützungskäufe der öffentlichen Hand vorbereitet, die den Kurs der hochverzinslichen Papiere auf und über Pari steigern. Ist das erreicht, so wird die Zinssenkung (als sog. Konversion) mit dem alternativen Angebot einer Rückzahlung der Darlehen verbunden. Auf diese Weise wird das Vertrauen der Sparer nicht enttäuscht, das für die Kapitalbildung und damit für weitere Zinssenkungen von so großer Bedeutung ist. So wird die vorhandene Selbstheilkraft des wirtschaftlichen Organismus hier nicht durch Zwang gelähmt und ausgeschaltet, sondern für die Ziele der Wirtschaftspolitik benutzt.

Im ganzen hängt die Steuerung des Kapitaleinkommens in der organisch gelenkten Volkswirtschaft stets eng mit **der Lenkung des Kapitalfaktors** überhaupt zusammen. Auch in dieser Hinsicht steht die Wirtschaftslenkung als Synthese von Freibeweglichkeit und Bindung zwischen Individualismus und Kollektivismus. Verläßt sich der Individualismus, wie wir sahen, auf die Selbststeuerung des Kapitals nach Maßgabe seiner Rentabilität, so investiert der Kollektivismus das Kapital unter Ausschaltung jeder einzelwirtschaftlichen Unternehmerinitiative nach den gemeinwirtschaftlichen Zweckgesichtspunkten seiner zentralistischen Planwirtschaft. Den Zins, den z. B. auch die Sowjetwirtschaft nicht abgeschafft hat, benutzt der Kollektivismus dabei nur als Kontrolle und Anreiz zu wirtschaftlicher Verwendung des vergemeinschafteten Kapitals. Die organisch gelenkte Wirtschaft sucht demgegenüber Rentabilität und Produktivität, also einzelwirtschaftliches Erwerbsstreben und gemeinwirtschaftliches Produktionsziel, tunlichst in Einklang zu bringen, um auch die Privatinitiative als Triebkraft der Kapitalverwendung zu erhalten. Insbesondere bei der Kapitalbildung legt sie nicht, wie der Individualismus und Kollektivismus, den Schwerpunkt einseitig nur auf Sparen bzw. nur auf Besteuerung, sondern stellt beide Quellen der Kapitalbildung je nach Lage der Voraussetzungen (s. S. 186 ff., 202 ff.) in ihren Dienst.

Nach diesen Gesichtspunkten erfolgt dann die Lenkung des Geldkapitals möglichst gleichlaufend mit einer entsprechenden Lenkung des Einsatzes von Sachkapital.

Die Lenkung des Geldkapitals beeinflußt Angebot und Nachfrage nach Kapital und damit das Kapitaleinkommen unmittelbar. Sie setzt ein

1. auf dem Geldmarkt (der kurzfristigen Anlagen): Hier steht die Kapitallenkung in besonders engem Zusammenhang mit der währungs- und konjunkturpolitischen Steuerung der Kreditgeldschöpfung (S. 308 ff.). Neben die schon erwähnte Handhabung der Diskontschraube tritt hier als schärferes Mittel eine unmittelbare Steuerung der Kreditinanspruchnahme, die sogenannte Kreditrestriktion (Krediteinschränkung): Die Notenbank kürzt entweder allgemein die Summen oder die Laufzeit, oder sie erhöht die Sicherheitsanforderungen der von ihr zu diskontierenden Wechsel; oder aber die Zentralnotenbank schließt bestimmte, sonst „diskontfähige" Wechsel je nach dem mit ihnen verfolgten Finanzierungszweck von der Diskontierung (Beleihung) aus, so daß sie damit bestimmte Finanzierungen verhindern kann, ohne gleich die ganze Breitenwirkung einer allgemeinen Beschränkung des Kreditvolumens einzusetzen. Wird dabei vor allem beabsichtigt, den Kredit nur in bestimmte Investitionen zu lenken, ohne den Gesamtumfang des Kredits (das Kreditvolumen insgesamt also) zu verringern, so spricht man auch von Kreditselektion (Kreditauswahl). So wird z. B. bei Kriegsgefahr das Durchhalten übergroßer Warenlager oder der spekulative Ankauf von Aktien auch dann nicht durch Kredite unterstützt werden, wenn man bereit ist, der Rüstungsindustrie jeden benötigten Kredit zur Verfügung zu stellen. Auch die sog. Offenmarktpolitik ist hier als Steuerungsmittel zu nennen: Der Verkauf lang- oder mittelfristiger Staatstitel, die nicht als Umlaufsmittel in Frage kommen, durch die Notenbank verengert, ihr Ankauf verflüssigt den Geldmarkt, wenn im Fall des Verkaufs solcher Papiere Zahlungsmittel von der Notenbank als vereinnahmter Kaufpreis aus dem Verkehr genommen werden und im Fall des Ankaufs der Staatstitel umgekehrt der Zahlungsmittelumlauf um den von der Notenbank gezahlten Kaufpreis vermehrt wird. Eine Staatsaufsicht über die Depositenbanken zur Beeinflussung von Kreditgewährung, Zinssätzen und Mindestliquiditätsreserven ist ein weiteres Mittel zur Lenkung des Geldmarktes. Dessen mehr mittelbarer Lenkung dient im weiteren die Beanspruchung der Notenpresse durch Aufnahme von Krediten des Staates bei der Notenbank sowie die Besteuerung. Eine entsprechende Beeinflussung des Devisenmarktes geht damit einher, ja die Devisenzwangswirtschaft stellt (als Schutz gegen Kapitalflucht)

oft die Vorbedingung für alle schärferen Eingriffe dar. Diese Devisenbewirtschaftung schreibt einen Zwangskurs für alle Devisen vor und begründet ein staatliches Devisenhandelsmonopol, indem sie Besitz, Ein- und Verkauf von Devisen genehmigungspflichtig macht und kontingentiert.

2. Auf dem Kapitalmarkt i. e. S. (der langfristigen Anlagen): Hier dienen die Beaufsichtigung und Normierung der Banken des langfristigen Kredits (z. B. Pfandbrief-, Hypothekenbanken) und der Börse, die Normierung der auszugebenden Effekten, Emissionskontrollen und Emissionssperren einer Steuerung des Kapitalangebots. Die Werbung oder steuerliche Begünstigung für bestimmte Anlagen (z. B. Kriegsanleihepropaganda), ferner Anlageverbote oder Anlagezwang sind auf der Seite der Nachfrage nach Kapital als häufige Steuerungsmittel zu nennen.

Die Lenkung des Sachkapitals beeinflußt das Kapitaleinkommen, wenn auch meist mehr mittelbar, so doch gleichfalls stark. Hier sucht die Wirtschaftslenkung unter möglichster Beibehaltung des echten Leistungswettbewerbs (S. 221 f.) Selbstverantwortung des Einzelnen und Führungsanspruch des Ganzen in einer Betriebs- und Auftragslenkung zu vereinen. Dabei schaltet sie auch die mittelstufigen Selbstverwaltungsverbände der Wirtschaft mit ein. Gerade hier beim Sachkapital kann die Wirtschaftslenkung ja wesentliche Kräfte einer auf Selbsthilfe gerichteten mittelstufigen Verbandsbildung benutzen. Hier ist nicht nur an Wirtschaftskammern, sondern u. U. auch an Zwangssyndizierungen u. dgl. zu denken.

Die Beschränkung der Umgliederungsverluste ist hier angesichts des erwähnten Elastizitätsmangels des einmal investierten Sachkapitals von besonderer Bedeutung. Wurde sie beim Arbeitsfaktor schon frühzeitig durch die Sozialpolitik übernommen (vgl. S. 227), so suchte sich das großgewerbliche Kapital seinerseits lange durch Selbstorganisierung zu helfen: Die Fertigungskartelle konnten durch zeitweilige Abschwächung der freien Konkurrenz im Schutze ihrer Preisabreden mitunter das Tempo der Umgliederung verlangsamen. So gewannen sie Zeit und Geld zur Rationalisierung und Umstellung und paßten die Belastungsprobe der geminderten Elastizität ihrer Großbetriebe an. Aber die Kapitalverluste der Niederkonkurrierung von Großbetrieben blieben dennoch häufig und schwer. Insofern kann bei entsprechender Lage der erwähnten Voraussetzungen unserer Synthese von Individual- und Kollektivorientierung ein mittelstufiger autoritärer Zusammenschluß der Industrie zweckmäßig erscheinen, der bei genügender Freilassung der Privatinitiative den Schutz gegen allzu schwere Umgliederungsverluste verallgemeinern, andererseits aber auch die Starrheitswirkung des künstlichen Monopols in der Preisbildung der Kartelle auflockern und jede monopolistische Beeinträchtigung eines geordneten Wettbewerbs verhindern kann. Der Wirtschaftslenkung kann er als Mittelstufe ihres organischen Aufbaus dienen. Läßt die erwähnte produktive Synthese von Persönlichkeit und Gemeinschaft ein solches Maß autoritärer Bindungen nach Lage der erwähnten Voraussetzungen nicht zu, so kann auch die Zulassung autoritär kontrollierter, freier Krisenkartelle u. U. eine ähnliche Wirkung erreichen. Im einzelnen gibt die Allgemeine (Theoretische (Volkswirtschaftspolitik (vgl. oben S. 28) die allgemeinen Grundsätze und Methoden für die Lenkung des Sachkapitals an.

D. Die Investitionen in der Marktwirtschaft

I. Der Investitionsmultiplikator. Eine rein preistheoretisch gesehene Einkommens- und Verteilungstheorie überschätzt mitunter die belebende Wirkung, die zusätzliche Aufwendungen zur Beschaffung von Anlagekapital, also zusätzliche Investitionen, auf die Volkswirtschaft ausüben. Nach dieser Auffassung (die 1903 von Johannsen und 1931 von R. F. Kahn vertreten sowie auch von Keynes übernommen wurde) erhöht, wenn sich die laufenden Investitionen und die freiwilligen Ersparnisse im Gleichgewicht befinden, der Betrag einer einmaligen zusätzlichen Nettoinvestition das Volkseinkommen, und zwar in der Form von Löhnen und Preisen der bei der Produktion der zusätzlich investierten Anlagekapitalien bzw. Rohstoffe eingesetzten Arbeitnehmer bzw. Produzenten usw. Die Bezieher dieses zusätzlichen Einkommens (also jene Arbeitnehmer, Rohstofflieferanten usw.) würden, sagt diese Meinung, einen Teil davon sparen bzw. stillegen, den Rest (in Höhe der sog. Konsumquote) aber für Verbrauchsgüter ausgeben. Die Bezieher wiederum dieser ausgegebenen Einkommensteile, also die bei der Herstellung dieser damit gekauften Verbrauchsgüter beschäftigten Arbeitnehmer und Unternehmer, würden dann auch wieder entsprechend verfahren usf. So müsse jede zusätzliche Nettoinvestition in der gedachten Lage das Volkseinkommen über ihren Betrag hinaus erhöhen, und zwar um so mehr, je größer jeweils die Konsumquote bzw. je kleiner die Stilllegung von Zahlungsmitteln durch Sparen sei. Dabei bezeichnet jene Lehre den Faktor, mit dem man den Betrag der zusätzlichen Investition multiplizieren müsse, um die durch diese Investition bewirkte Erhöhung des Volkseinkommens zu erhalten, als „Investitionsmultiplikator" oder schlechthin als „Multiplikator" und die erhöhende Wirkung der Investition auf das Volkseinkommen als „Multiplikatoreffekt". Der Multiplikator sei also indirekt proportional dem Grenzhang zum Sparen.

In Wahrheit bedeutet aber, was manche Vertreter des Gedankens nicht genügend beachten, noch nicht jedes Sparen, sondern nur das (heute meist unerhebliche) Horten eine Stillegung von Zahlungsmitteln. Ferner beschränkt sich die behauptete einkommenssteigernde Wirkung der zusätzlichen Investition in jedem Fall auf die Sphäre des nominellen Geldeinkommens, berücksichtigt also nicht die Auswirkung auf den Preisspiegel bzw. das Realeinkommen, das auf längere Sicht stets von der Produktivität der Investitionen abhängig ist. Zieht man einmal den Geldschleier weg und denkt zunächst an eine naturale Investition etwa in einer geschlossenen, tauschlosen, zentral geleiteten Gemeinwirtschaft (z. B. Klosterwirtschaft), so muß eine zusätzliche Nettoinvestition das Realeinkommen aller Mitglieder dieser Gemeinwirtschaft insgesamt zunächst verringern, da sie ja nur durch Rückstellungen aus dem gemeinsam erzielten Ertrag aufgebracht werden kann. Hernach wird diese zusätzliche Investition dies Realeinkommen je nach ihrer Ergiebigkeit (Produktivität oder Unproduktivität), d. h. nach Maßgabe des Produktivitätsgesetzes, entweder erhöhen oder verringern. Anders kann es auch mit den Realeinkommen in einer Marktwirtschaft mit intaktem Geldwesen sehr bald und auf die Dauer nicht sein. So kann hier die von der Multiplikatortheorie behauptete Einkommenssteigerung bestimmter Gruppen, wenn man von jener Produktivitätswirkung der zusätzlichen Investitionen absieht, gegebenenfalls nur auf vorübergehenden Verschiebungen in der Größenordnung der Geldeinkommen (Nominaleinkommen) untereinander beruhen, wie sie sich im Allzusammenhang (der Interdependenz) aller Preise, Zinsen und Löhne als erste Anstoßwirkung vorübergehend zunächst ergeben können, um sich hernach wieder auszugleichen. Irgendeinen Erklärungs- oder Voraussagewert hat die Theorie dabei nicht, solange sie sowohl diese allseitigen Zusammenhänge der Preis- und Einkommensbildung als auch die erwähnte Produktivitätsfrage vernachlässigt. Sie arbeitet dann eben doch mit zuviel Scheuklappen allzu eng gezogener Prämissen.

Wollte aber die Theorie auf die sich hier ergebenden verschiedenen Möglichkeiten und Fragen eingehen, so würde sie dazu so viel weitere hypothetische Voraussetzungen benötigen, daß ihr Erkenntniswert vollends zum Schwinden käme. Es ist ja auch, um dies nur wieder an einem Gleichnis aus der Biologie zu erläutern, der Medizin nicht möglich, bei einer Blutinjektion jedes Partikelchen der injizierten Blutmenge auf seinem Wege durch den Organismus zu verfolgen, geschweige denn, diesen seinen Weg theoretisch zu bestimmen.

II. Kapitalinvestition als Funktion der Nachfrage: Jede Vergrößerung der Nachfrage nach Konsumgütern bzw. konsumnäheren Gütern muß in der Marktwirtschaft im gleichen Zeitraum ein wesentlich größeres Ansteigen (also eine beschleunigte Zunahme) der Nachfrage nach den zur Herstellung dieser Konsumgüter nötigen Produktivgütern des Anlagekapitals, d. h. also ein überproportionales Ansteigen der Investitionen von Anlagekapital zur Folge haben. Denn laufend wird bei gleichbleibender Nachfrage hier stets nur der meist relativ geringe jährliche Ersatzbedarf zur Aufrechterhaltung des gleichbleibenden Bestandes der erforderlichen Produktivgüter, also die Abnutzungsquote des Anlagekapitals, investiert. Jede Erhöhung des Konsumgüterbedarfs aber bedingt eine alsbaldige einmalige Vermehrung des Bestandes an Produktivgütern in solcher Höhe, daß sie zur Produktion (Deckung) des jährlichen Mehrbedarfs an Konsumgütern für die ganze Abnutzungsdauer dieses zusätzlich benötigten Anlagekapitals, also meist für viele Jahre ausreicht. Diese einmalige Vermehrung des Anlagekapitals (sog. Nettoinvestition) wird im Verhältnis zur bisherigen laufenden Investition, die nur zum Ersatz der jährlichen Abnutzungsquote des Anlagekapitals ausreichte, um so beträchtlicher sein, je geringer jene jährliche Abnutzungsquote ist. Den Faktor, mit dem man die Veränderung der bisherigen Verbrauchsgüterproduktion multiplizieren muß, um den Betrag jener einmaligen Mehrinvestition zu erhalten, die durch die Steigerung der Nachfrage nach Konsumgütern bedingt wird, nennt man den Akzelerator (Beschleuniger). Als Akzelerationsprinzip bezeichnet man demgemäß die Regel, daß eine Schwankung der Nachfrage nach Konsumgütern meist eine prozentual größere, also überproportionale Schwankung der Nachfrage nach Investitionsgütern des Anlagekapitals veranlaßt; oder, mit anderen Worten: daß eine Steigerung der Nachfrage nach verbrauchsnäheren Gütern eine durch überproportionale Nettoinvestitionsvermehrung bedingte stärkere Steigerung der Nachfrage nach verbrauchsentfernteren Gütern (Produktionsmitteln) des Anlagekapitals im Gefolge hat (bzw. bei Verminderung jener Konsumgüternachfrage auch umgekehrt). Dabei wird diese beschleunigte (potenzierte) Ausdehnung (bzw. das Schwinden) der gedachten Investierungen der vorgelagerten Produktion um so größer sein, je größer der Anteil des Anlagekapitals am Gesamtaufwand in dem betreffenden Produktionszweig, und außerdem, wie schon dargelegt, je geringer die laufende Abnutzung dieses Anlagekapitals ist. Dem überproportionalen Schwinden der Investitionen bei Verminderung der Konsumgüternachfrage ist die Unterlassung aller Ersatzinvestitionen praktisch als Grenze gesetzt. Voraussetzen muß die Theorie das Nichtvorhandensein von Produktionsmittelreserven des betreffenden Anlagekapitals sowie auch, daß die Unternehmer, um deren Investitionen es sich handelt, die Veränderung in der Konsumgüternachfrage für genügend dauerhaft halten, um jene Investitionen als lohnend erscheinen zu lassen. Auch muß die Produktivität der zusätzlichen Investitionen als gleichbleibend unterstellt werden, was (nach dem Produktivitätsgesetz) selten der Fall sein wird.

III. Das Wachstum der neuzeitlichen Marktwirtschaft erfordert fast immer die Bildung von Produktivkapital (Sachkapital). Dazu brauchen die Unternehmer Geld, und reibungslos wird diese Kapitalbildung hier meist nur solange vonstatten gehen, als die geldlichen Ersparnisse der Haushaltungen nicht hinter den Investitionen der Unternehmer zurückbleiben. Andernfalls können ja diese Investitionen nur aus zusätzlicher Geldschöpfung bestritten werden, was sich, wenn Geld- und Warenseite bisher im Gleichgewicht waren, ceteris paribus inflatorisch auswirken muß (s. S. 271), also zu monetär bedingten Preissteigerungen führt. Wird andererseits von den Haushaltungen mehr Geld gespart, als von den Unternehmern investiert wird, so können diese geldlichen Sparüberschüsse auf dem Geld- und Kapitalmarkt schwer Abnehmer finden und werden, soweit der Zins hier nicht ausgleichend zu wirken vermag (s. o.), daher meist entweder an Umlaufsgeschwindigkeit verlieren oder sogar gehortet, also ganz stillgelegt werden. Dies muß, wenn Geld- und Warenseite bisher im Gleichgewicht waren, ceteris paribus zu deflatorischen Störungen des Wirtschaftsablaufs (Depressionen durch Druck auf die Preise, siehe S. 275) führen. Als Regulator, der Ersparnisse und Investitionen hier tendenziell ins Gleichgewicht bringt, kommen außer dem Zinsfuß der aus den Ersparnissen den Unternehmern gegebenen Kredite (vgl. aber S. 316) die Einkommenshöhe und bei entsprechenden Voraussetzungen auch wirtschaftspolitische Einflußnahmen in Betracht.

Als optimal kann man das Wachstum der Wirtschaft dann bezeichnen, wenn die mit den Investitionen gebildeten Geldeinkommen ausreichen, um das mit den (vorausgegangenen) Investitionen geschaffene Angebot von Gütern und Leistungen aufzunehmen und die Kapazitäten der Produktion soweit auszunutzen, daß die Bereitschaft zu weiteren Investitionen und damit auch die Voraussetzung weiteren Wachstums erhalten bleibt (F. Friedensburg).

Auf der Grundlage der Theorie des Multiplikator- und Akzeleratoreffekts haben Harrod, J. R. Hicks und E. D. Domar eine Theorie des wirtschaftlichen Wachstums zu entwickeln gesucht. Diese sucht „die Veränderung der zeitlichen Änderung wirtschaftlicher Größen" (G. Stavenhagen) durch Aufstellung gedanklicher Wachstumsmodelle im Wege von Möglichkeitsanalysen zu erfassen.

Das Geldkapital steht, wie wir sahen, in der Marktwirtschaft nicht nur dem Sachkapital, sondern auch dem Boden als Umsatzmittel gegenüber. Trotz dieser Überdeckung des Bodens durch das Geldkapital erweist sich jedoch die althergebrachte Dreiteilung der Produktionsfaktoren in Boden, Kapital und Arbeit auch in der Verteilungstheorie als zweckmäßig. Denn ungeachtet aller ihrer Unterschiede im einzelnen besitzt die Bodenproduktion als Ganzes, wie sogleich zu zeigen ist, dem Kapital gegenüber eigentümliche Besonderheiten, die sich auf das Einkommen aus Grund und Boden naturgemäß übertragen.

§ 26 Das Einkommen aus Boden

Mit dem **Begriff** „Bodeneinkommen" („Grundrente") bezeichnen wir dasjenige Einkommen, das ohne relativ erheblichen gleichzeitigen Aufwand von Kapital und Arbeit aus dem Eigentum an Grund und Boden bezogen wird. Die **Arten** dieses Grundbesitzeinkommens ergeben sich aus der Form seines Auftretens. Es kann nämlich bezogen werden in Form von

1. Bewirtschaftungserträgen eigener Bodenbewirtschaftung: Wir sprechen hier von der ursprünglichen Grundrente. Da diese Eigenbewirtschaftung des Bodens in unseren Breiten fast stets mit erheblicher Arbeit verbunden ist, so tritt diese Art der Grundrente in der Regel nur in gewissen tropischen Gegenden verhältnismäßig rein auf. Die Bewirtschaftungserträge ergeben sich dann dort oft in natura, bei uns überwiegend in Form von Preisen der gewonnenen Erzeugnisse des Bodens oder der Bodenkräfte (Wasser, Elektrizität usw.). Die andere Form der Grundrente ist die von
2. Bodenpreisen: Wir bezeichnen diese Form als abgeleitete Grundrente oder Grundrente i. e. S. Hier kommt in Frage:
   a) Der Preis zeitweiliger Überlassung des Bodens an den Pächter: Pachtzins. Außer der Arbeit wird auch das Kapital der unmittelbaren Bodenbewirtschaftung hier meist vom Pächter selbst gestellt. Insofern ist der Pachtzins die reinste überhaupt denkbare äußere Form der Grundrente, und diese wurde von der englischen Schule auch kurz „Rente" (rent = Pachtertrag) genannt.
   b) Der Preis endgültiger Überlassung des Bodens: Verkaufspreis. Ist er höher als der Einkaufs- oder sonstige Gestehungspreis des Bodens, so vermittelt der Verkaufspreis dem Verkäufer in Höhe dieses Überschusses den Kapitalfonds

einer Rente, deren Höhe außerdem durch den landesüblichen Zinsfuß bedingt ist. Die Rente stellt nicht die ganze Grundrente, wohl aber den Betrag ihrer Steigerung dar: Die beim Grundstück, also beim Käufer, verbleibende (ursprüngliche oder abgeleitete) Grundrente hat die „rentennivellierende Wirkung des Geldkapitals“ (S. 193) erfahren.

Der Boden unterscheidet sich auch für die rein wirtschaftliche Betrachtung als Einkommensquelle stark von den anderen beiden Produktionsfaktoren, Kapital und Arbeit. Diese seine Besonderheit beruht, um es vorweg zu sagen, auf dem **Elastizitätsmangel des Bodens,** auf seiner mangelnden Umgruppierungsfähigkeit (Selbststeuerungsfähigkeit) also. Auch nachdem die Auffassung der Physiokraten, die das Grundbesitzeinkommen (den „produit net“) des Bodens als ein einzigartiges freies Geschenk der Natur betrachteten, verlassen war, ist die lange herrschende liberalistische Grundrententheorie dieser Eigentümlichkeit des Bodens nicht gerecht geworden: Da der ökonomische Liberalismus mit seinem Harmoniegedanken die Elastizität der Produktionsfaktoren nicht genügend auf ihre Voraussetzungen hin untersuchte, sondern sie mehr oder weniger stillschweigend voraussetzte, mußte er einem Gegenstand gegenüber versagen, der diese Ausgleichsfähigkeit deutlich in besonders geringem Grade besitzt[1].

Die wichtigste wirtschaftliche Besonderheit des Bodens liegt nämlich nicht, wie man mit dem Liberalismus geglaubt hat, schlechthin in seiner rein mengenmäßigen Unvermehrbarkeit. Wie wir (S. 119) sahen, besteht diese Unvermehrbarkeit im Rahmen der Weltwirtschaft — und damit bei Wirtschaftsfreiheit auch für die Volkswirtschaft — nicht: Bei jeder Preissteigerung werden in Übersee heute noch leicht neue fruchtbare „Grenzböden“ unter Anbau genommen. Auch im Inland ist die Gewinnung von Boden am Meer oder die Urbarmachung von Ödland meist noch möglich. Allerdings kann die Geltung der Tendenz des abnehmenden Bodenertrages es hier erschweren oder verhindern, daß ein „Zuwenig“ an Bodenprodukten durch eine Steigerung der Bebauungsintensität ausgeglichen wird. Sie macht, wie wir sahen, die Bodenprodukte zu monopolartigen (d. h. nur mit steigenden Kosten vermehrbaren) Gütern. Aber auch dies führt heute zu erheblichen Seltenheitsrenten nur dann, wenn eine Schutzzollpolitik oder dgl. die betreffende Volkswirtschaft von der Auslandskonkurrenz abschließt. Denn im Rahmen der Weltagrarproduktion auf jungen

[1] Adam Smith selbst unterlag bekanntlich dem Einfluß der physiokratischen Lehre vom alleinigen „produit net“ des Bodens noch so weit, daß er im II. Buch, Kap. 5, seines „Völkerreichtums“ eine besondere Produktivität des Bodens annahm, die auf der Mitarbeit der Natur in der landwirtschaftlichen Produktion beruhe. Erst Jean Baptiste Say (1767—1823), Smith' Interpret auf dem Kontinent, hat diesen Irrtum ausgemerzt.

Böden unterliegt die Regel des abnehmenden Bodenertrages heute, wie wir sahen, besonders zahlreichen Ausnahmen (vgl. S. 98).

Dies ist auch den **Monopolrententheorien** des Sozialismus (Rodbertus u. a.) gegenüber einzuwenden, insofern sie (im Nachgang ähnlicher Ausführungen schon bei Adam Smith) die Grundrente als ein durch Ausbeutung der Arbeit erlangtes arbeitsloses Monopoleinkommen des Privateigentums am Grund und Boden erklären. Auch Franz Oppenheimers Lehre von der Bodensperre als Grund von Klassen- und Tauschmonopolen hat hier ihren wichtigsten Fehler.

Eher noch könnte die Unbeweglichkeit des Bodens als wirtschaftliche Besonderheit desselben von Bedeutung sein. Sie verhindert es, daß die Bodenproduktion nach Art der absatzorientierten industriellen Produktion dort konzentriert wird, wo sie am dringendsten gebraucht wird. Die Entfernung umgibt daher jede günstig gelegene Erzeugungsstätte der Bodenproduktion gleichsam mit einem natürlichen Schutzzoll, den Transportkosten des Bodenprodukts. Diese sichern ihr im Vergleich zu den entfernteren Böden eine Vorzugsstellung und damit auch ein Vorzugseinkommen, die (vor allem von v. Thünen untersuchte) „Rente der Lage" (S. 287). Günstigere Lage wirkt insofern wie bessere Qualitiät (erhöhte Fruchtbarkeit) des Bodens. Jedoch wirkt heute, wie wir (S. 123) sahen, die Verbesserung und Verbilligung der Verkehrsmittel dem überall stark entgegen. Nicht nur die inländische Bodenwirtschaft ist dadurch überall an ihre Binnenmärkte, auch die Rohstoffproduktion der überseeischen Gebiete ist dadurch wirtschaftlich stark an Europa herangerückt.

Bedenken wir, daß die Beschaffungsschwierigkeiten, die durch die genannten Hemmungen (Bodenertragstendenz und Unbeweglichkeit) etwa bei den Rohstoffen entstehen, sich preismäßig auch auf die daraus hergestellten Kapitalgüter übertragen, so reicht der Hinweis auf sie sicherlich nicht aus, um für die Einkommenslehre eine grundsätzliche Sonderstellung des Bodens gegenüber Kapital und Arbeit zu begründen. Dennoch stützt die liberalistische Grundrentenlehre der englischen Schule (Anderson, West, Ricardo) auf diese Hemmungen der Bodenproduktion die Auffassung, die Grundrente sei im Unterschiede zu allen anderen Einkommensarten als eine **Differentialrente** (Qualitäts-, Intensitäts- und Lagerente), also als ein Mehreinkommen gegenüber den Einkommen aus „Grenzböden", zu erklären:

Je knapper im Zuge der Bevölkerungsvermehrung die Bodenprodukte werden, desto mehr müsse man zur Bebauung auch ungünstigerer Böden und zur Intensivierung der Bebauung der bereits bestellten Böden übergehen. Beides bedinge wachsende Gestehungskosten, denn auch die Steigerung der Bebauungsintensität unterliege dem „Gesetz des abnehmenden

Bodenertrages". Der Preis der Bodenprodukte stelle sich dann (nach dem „Gesetz der Rentenpreise", S. 191) auf die Gestehungskosten der teuersten Erzeugung ein, die noch zur Deckung des Bedarfs herangezogen werden muß. So seien die Gestehungskosten der ungünstigsten sog. Grenzböden maßgebend für die Preise auch der Bodenprodukte, die die Eigentümer der günstigeren Böden mit ihren geringeren Gestehungskosten erzeugen. In Höhe dieses Gestehungskostenunterschieds bezögen daher die Eigentümer der günstigeren Böden ein Mehreinkommen gegenüber dem Einkommen der Bebauer jener „Grenzböden", die sog. Grundrente.

Allgemein kritisierten wir diesen Differentialrentengedanken bereits (S. 288). Insbesondere Ricardos Behauptung, der „Grenzboden" erbringe keine Rente, ist unrichtig. Angebauter Boden ist nützlich und daher knapp. Jeder Gegenstand, sobald er knapp wird, erhält in der Marktwirtschaft seinen Preis, auch der Grenzboden. Dessen Gebrauch steht in dieser Hinsicht allen anderen Nutzungen gleich, und es ist unmöglich, seinen Ertrag nur den anderen Produktionsfaktoren „zuzurechnen". Überhaupt erfaßt Ricardos Differentialgedanke in keiner Weise eine Besonderheit gerade des Grundeigentums. Die „Qualitätsrente" des Eigentümers besserer Böden besteht oft ganz ebenso zugunsten des Eigentümers z. B. besserer Maschinen oder Arbeitsfähigkeiten. Auch Maschinen sind ja häufig ebenso schwer vermehrbar wie Bodennutzungen. Die Arbeitsfähigkeiten vollends (man denke nur an Starbegabungen) begründen oft noch viel starrere Monopolrenten als die Fruchtbarkeitsunterschiede des Bodens, die durch wachsende Intensität der Bebauung nach Maßgabe der Bodenertragstendenz immerhin z. T. ausgeglichen werden können. Die „Rente der Lage" ist eine nur technisch unterschiedliche Abart der Qualitätsrente. Unter dieser als Oberbegriff hätte man richtiger die Fruchtbarkeits- und die Lagerente nebeneinander zu stellen[2]. Denken wir an den reinsten Fall der Grundrente, der auch Ricardo beschäftigte, an den Pachtzins als den Preis zeitweiliger Überlassung von Grund und Boden (S. 327 zu 2 a), so ist es ohne weiteres klar, daß man für die zeitweilige Überlassung eines nützlicheren Gutes auch einen höheren Preis erhält. Ähnliche Qualitätsunterschiede bestehen in aller Produktion, und es bedarf keiner besonderen Differentialgrundrententheorie, um das zu erklären. Ricardos viel zitierter Hinweis endlich, die Grundrente sei nicht als Kostenelement ein Faktor, sondern sie sei eine Folge der Preisbildung, hebt gleichfalls keine Besonderheit des Bodens gegenüber den anderen Gütern hervor (vgl. auch S. 195 f.).

Die Differentialrententheorie der englischen Schule erklärte daher mit ihrem richtigen Kern nur gewisse Renten*unterschiede* als Folgen von Qualitätsunterschieden in der Bodenproduktion. Hiergegen greift auch Careys Einwand nicht durch, daß zuerst die unfruchtbaren, dann die fruchtbareren Böden unter Anbau genommen würden, da die ersteren besser zugänglich seien. Es ging Ricardo ja nicht um die Reihenfolge, sondern um die Ertragsunterschiede der Bebauung, und ein zugänglicherer Boden ist u. U. ein wirtschaftlich „besserer" Boden, auch wenn er technisch unfruchtbarer ist. Aber die liberalistische Grundrententheorie hat keinen

---

[2] Ricardos sog. *Intensitätsrente* steht nicht auf gleicher Höhe neben der Fruchtbarkeits- und Lagerrente. Sie ist, wie auch v. Zwiedineck (Allgemeine Volkswirtschaftslehre, 1931, S. 236) zutreffend hervorhebt, in Wahrheit eine Folge des Steigens der Profitrate. Die Rente ermöglicht die Intensivierung, nicht die Intensivierung die Rente.

hinreichenden Grund dafür beigebracht, warum gerade der Boden nicht wie die anderen Produktionsfaktoren auch jener Ausgleichstendenz der Produktivkräfte unterliegen soll, die, vermittelt durch die Preisbildung des Marktes, nach liberalistischer Auffassung überall in der Sozialwirtschaft die bestmögliche Kombination der produktiven Kräfte herzustellen strebt. Die Behauptung, alle anderen Renten würden durch die freie Konkurrenz auf die Dauer ausgeglichen, nur die Grundrente trete infolge ihres Differentialcharakters jenen anderen sog. dynamischen oder Quasirenten als einzige dauernde Rente gegenüber — so Marshall im V. Band seines Handbuches der Volkswirtschaftslehre und späterhin der Neoliberalismus —, ist nicht bewiesen. Dieser angeblichen Dauerhaftigkeit der Differentialgrundrente bereitet oft schon der rentennivellierende Einfluß des Geldkapitals im Verkaufsfall (s. S. 327 zu 2 b) ein baldiges Ende. Diesen Einwand kann die klassische Theorie nicht als privatwirtschaftlich abtun, da sie ja die Rente als ein durch die Preisbildung der Bodenprodukte bedingtes Vorzugseinkommen auffaßt. Es ist der liberalistischen Wirtschaftstheorie der englischen Schule nicht gelungen, die Grundrente mit dem Differentialgedanken grundsätzlich vom Preismechanismus des freien Marktes auszunehmen.

In der Tat ist in der freien Marktwirtschaft, die der manchesterliche Liberalismus voraussetzt und fordert, auch die Bodenproduktion den Wirkungen dieses Preismechanismus und dem Druck seiner Konjunkturen grundsätzlich ebenso ausgesetzt wie die Arbeitskräfte und das Kapital. Die letzte Weltagrarkrise zeigte das mit grausamer Deutlichkeit. Bei völlig freier Wirtschaft hat die Grundrente — und zwar sowohl die abgeleitete Grundrente (Pachtzins und Mehrpreis) als auch das Preiseinkommen der Eigenbewirtschaftung (S. 327 zu 1) — grundsätzlich ganz ebenso das Bestreben, um die ursprüngliche Grundrente einer statischen (ausgeglichenen) Wirtschaft zu pendeln, wie der Zins um den „statischen Kapitalertrag" zu pendeln strebt (S. 314). Mit anderen Worten: Das Bodeneinkommen ist grundsätzlich ganz den gleichen konjunkturalen Kräften ausgesetzt, die bei den anderen Einkommensarten jene Pendelbewegung mehr oder weniger ausgebildet hervorbringen. Hierin liegt auch der richtige Kern der Grundrententheorie Schäffles und Mangoldts, die die Grundrente wesentlich nur als Sonderfall eines allgemeinen konjunkturbedingten Mehreinkommens auffaßten.

Allerdings gelingt es diesen Pendelbestrebungen gerade beim Boden ganz besonders schlecht, zu der vom ökonomischen Liberalismus behaupteten Harmonie zu gelangen, und damit kommen wir zu den Verhältnissen, die in der Tat praktisch eine Sonderstellung des Bodens gegenüber den anderen Produktionsfaktoren begründen. Sie betreffen die Umgruppierungsfähigkeit (Selbststeuerungsfähigkeit) der Bodenproduktion. Bei Umgruppierungen von geringerer Wellentiefe und Plötzlichkeit geht es noch an: Solange sich der leidlich tüchtige Landwirt noch durch entsprechende Wahl der anzubauenden Frucht, durch eine „richtige" Bemessung seiner Wirtschaftsintensität, durch rechtzeitiges Mitgehen mit technischen Fortschritten usw. den wechselnden Konjunkturen der Wirtschaft anpassen kann, wirkt auch hier das Gravitieren um den statischen Bodenertrag regulierend. In der Tat hat die neuzeitliche Landwirtschaft besonders in Übersee auf diese Weise vielfach schon einen mehr unternehmerischen Wesenszug bekommen, so daß die Pendelbewegung und der Druck der Konkurrenz, solange sie *in solchem Rahmen* blieben, als Auslese der Tüchtigen wirkten. Die „*Bewegung des Bodens zum besten Wirt*" war insoweit von Bedeutung. Sobald aber das Ausmaß der Umgliederung, die Tiefe und Plötzlichkeit der Konjunkturwelle, ein gewisses Maß übersteigt, würde der ganze Pendelmechanismus schon allein vom Grund und Boden her aus den Fugen gehen, wollte man ihm freien Lauf lassen: Ein *verstärkter Elastizitätsmangel* der Bodenproduktion zwingt den Wirtschaftspolitiker, sie viel mehr als die anderen Produktionsfaktoren aus der Selbstregulierung durch den Wettbewerb des freien Marktes herauszunehmen. Hier liegt die Sondernatur des Bodens in Wahrheit begründet.

Von den Gründen dieser Starrheit der Bodenproduktion lernten wir die Preisunempfindlichkeit der Nachfrage nach Lebensmitteln, wie die Landwirtschaft sie vor allem deckt, oben (S. 174) bereits kennen. Ihr steht ein weitgehend naturbedingtes, insofern gleichfalls starres Angebot an Agrarprodukten gegenüber: Der Ernteausfall z. B. richtet sich nicht nach den Preisen. Beides führt zu oft besonders schroffen Schwankungen der Agrarpreise. Zudem reagiert der bäuerliche Produzent auf Preissenkungen, wie wir (S. 175) sahen, oft mit Verstärkungen, der eingeborene Pflanzer überseeischer Länder auf Preissteigerungen, dem Bedarfsdeckungsprinzip folgend, oft mit Senkungen seines Angebotes. Der entscheidende Grund dieses verstärkten Elastizitätsmangels gerade des Bodens aber liegt in der eigentümlichen Verbindung, die der Boden in der Landwirtschaft mit dem Großteil des komplementären Arbeitsfaktors zumeist eingeht. Wir führten oben aus, wie die Vertretbarkeit und summenmäßige Abstraktheit, jenes „Non olet" des Geldes, das *Geld*kapital von Hand zu Hand gehen läßt und so dessen Umgruppierungsfähigkeit entscheidend fördert. Beim Sachkapital ist diese Verbindung des sachlichen mit dem persönlichen Produktionsfaktor schon etwas weniger leicht lösbar. Auch der tüchtige Arbeiter hängt an seinem Werkzeug, an der ihm anvertrauten Maschine und stellt sich auf sie ein. Beim Boden aber ist dieses Band zwischen dem sachlichen und dem persönlichen Faktor in der Regel noch durch Unwägbarkeiten verstärkt, die eine einseitig preistheoretisch eingestellte Wirtschaftstheorie nicht voll zu berücksichtigen vermag. Ein Arbeiter oder ein Kaufmann, der im Zuge einer erforderlichen volkswirtschaftlichen Umgruppierung aus der Arbeit freigesetzt wird, ist ein Erwerbsloser, bis er in Durchführung der Umgruppierung an anderer Stelle des Arbeitsmarktes wieder in die Produktion aufgesogen wird. Ein Bauer aber, der von Haus und Hof muß, ist meist in ganz anderem Sinne eine vernichtete Existenz. Regelmäßig kann er in keinem anderen Produktionsgebiet wieder das werden, was er in seiner Verbundenheit mit der Scholle für die Volksgemeinschaft bedeutete. Zur Rückkehr in die Landwirtschaft andererseits ist er auch fast stets verdorben. Die Siedlungsbestrebungen haben gezeigt, wie schwer es ist, geeignete Leute für die Bauernhöfe zu finden, die dort neu gegründet werden. Einmal verstädtert, ist der ländliche Mensch dem Boden meist für immer verloren.

Diese Erdverbundenheit des Landwirts ist nicht überall so ausgeprägt wie beim europäischen Bauern. Sie ist beim amerikanischen oder australischen Farmer meist wesentlich geringer. Insoweit sie aber in einem Lande vorhanden ist, kann die Volkswirtschaftspolitik die bäuerliche Grundrente nicht unter einen bestimmten Punkt sinken lassen. Dieser Punkt wird gesenkt durch die verhältnismäßig große Krisenfestigkeit des von Natur genügsamen Bauern, der sich in Krisenzeiten u. U. weitgehend auf die alte Naturalwirtschaft zurückzieht. Er wird aber erhöht durch jene Erscheinung, die wir oben (S. 327) als die Überdeckung des Bodens durch das Geldkapital bezeichneten: Insoweit der Bauernstand nach der Art der kapitalmäßigen Wirtschaft in weitem Umfang mit Krediten wirtschaftet, kann er sich unter dem Druck der Zinslast viel weniger lange gegen eine Agrarkrise halten. Auch das begründet wohl die größere Krisenfestigkeit des Bauernstandes der noch nicht so weitgehend kreditwirtschaftlich organisierten Agrarländer, verglichen mit der Landwirtschaft der neuzeitlichen Industriestaaten. Auch die Unmöglichkeit, sich nach der Art der industriellen Selbstorganisierung (in Kartellen, Trusts usw.) gegen übergroße Preiseinbrüche zu schützen, wirkt in der Landwirtschaft in gleichem Sinne.

Die Bedeutung der Landbevölkerung für das Volksganze — man denke nur an die Bevölkerungspolitik — veranlaßt so die Volkswirtschaftspolitik zu einer Einschränkung jener weltwirtschaftlichen Ausgleichstendenz, die die Agrarproduktion auf die Orte ihrer günstigsten natürlichen Bedingungen (z. B. die Weizenproduktion auf Amerika und Australien) beschränken möchte. Gerade auch dieser Gesichtspunkt erklärt jenes Bestreben der einzelnen Staaten, die Gliederung der Weltwirtschaft in Volkswirtschaften von eigenlebiger Selbständigkeit aufrechtzuerhalten, das wir oben (S. 147) bereits ganz allgemein begründeten. Zudem erleichtern auch die technischen Voraussetzungen des klima- und standortgebundenen landwirtschaftlichen Betriebes eine autoritäre Ordnung der Landwirtschaft. Neben Schutzzöllen, Einfuhrkontingentierungen u. dgl. zur Einschränkung eines Preisdrucks durch ausländische Konkurrenz kommen daher auch Anbaubeeinflussungen u. dgl. im Inland selbst hier in Frage. Alles Nähere hierüber gehört in die Volkswirtschaftspolitik. Es war hier nur die Sonderstellung, die der Grund und Boden hinsichtlich seiner Umgruppierungsfähigkeit einnimmt, systematisch mit dem Fehlen vieler der oben (Seite 186 ff.) genannten Elastizitätsvoraussetzungen zu begründen.

Abgesehen davon jedoch unterliegt die Grundrente ganz den gleichen wirtschaftlichen Gesetzmäßigkeiten und Regeln wie alle übrigen Renten. Ihre Höhe hängt insofern von dem Verhältnis des wirtschaftlich genutzten Bodens zu den übrigen Produktionsfaktoren ab, und alle unsere Ausführungen über die autoritären Regelungen der Verteilung (§ 19) gelten mutatis mutandis auch für sie. Das gilt besonders der **Bodenreformbewegung** gegenüber.

Wir sehen hier von den mehr agrarsozialistischen Autoren ab, die (wie Flürscheim, Herzka und z. T. auch Gossen) die Verstaatlichung des Bodens forderten. Denn diese Frage fällt theoretisch unter die Erörterungen des § 18, und praktisch hat die ältere und neuere Geschichte der Agrarpolitik hier die Gefahren einer Übersteigerung des Kollektivismus gezeigt. Maßvoller in seinen Schlußfolgerungen bezeichnet Henry George (Fortschritt und Armut, 1879, deutsch 1920²) die Bodenrente als Wurzel allen gesellschaftlichen Übels, wobei er theoretisch von der Lehre Ricardos und John Stuart Mills ausging. Seine Forderung, die Grundrente solle durch Erhebung einer alleinigen Steuer (single tax) vom Grund und Boden weggesteuert werden, wurde durch Adolf Damaschke (Die Bodenreform, 1922¹⁹) eingeschränkt auf die Wegsteuerung nur der „Zuwachsrente“, d. h. desjenigen Teils der Grundrente, der erst dem neuerlichen technischen Fortschritt zu verdanken ist. Vor allem die Rente der städtischen Bodenspekulation soll so zugunsten der öffentlichen Hand erfaßt werden.

Der Vorschlag völliger Wegsteuerung der Grundrente (Henry George) scheitert schon daran, daß eine Aussonderung der reinen Grundrente aus dem Rohertrag der Bodenproduktion im Wege der Zurechnung unmöglich ist. Abgesehen davon aber würde bei sonst freier Preisbildung eine allgemeine Besteuerung des Grundbesitzes, die den im § 19 von uns erörterten Gesichtspunkten nicht Rechnung trüge, entweder alsbald auf die Preise der Bodenprodukte, also letztlich auf die Verbraucher abgewälzt werden, wobei die ärmsten Bevölkerungsschichten wohl meist am schwersten betroffen würden. Oder sie würde durch Schwächung der Bebauungsintensität usw.

gefährliche Verzerrungen in der zweckmäßigen Kombination der Produktivkräfte und damit eine Verminderung des Nationalprodukts bedingen.

Der Vorschlag einer Erfassung des Wertzuwachses der Bodenspekulation (Damaschke) dagegen ist anders zu beurteilen. Er bezieht sich, wie gesagt, vor allem auf die sog. städtische Rente, die auf der unterschiedlichen Lage und Bebaubarkeit des städtischen Bodens beruht. Diese städtische Bodenrente stieg bis zum ersten Weltkrieg meist schnell an und wurde, anders wie die ländliche Rente, damals in der Regel von den Urbesitzern und Zwischenhändlern des Bodens sowie den Bauunternehmern ohne erhebliche körperliche Arbeit gewonnen. Der Vorschlag verkennt zwar grundsätzlich-theoretisch die Leistung jener Bodenspekulation, die bei freier Marktwirtschaft den Boden um die Städte herum rechtzeitig für den Wohnzweck zurückstellt: Die Bodenspekulation verhindert insoweit durch ihre Preissteigerungen, daß z. B. auf dem künftigen Cityboden der entstehenden Großstädte bis zum Vorabend ihrer Inanspruchnahme für Wohn- und Bürozwecke kostspielige Fabriken errichtet werden. Sie gleicht so die Bodenpreise aus, spart der Volkswirtschaft die Kosten beträchtlicher Fehlinvestitionen und brachte wenigstens ein Mindestmaß von Ordnung in das freie Wachstum der Städte. Sie leistet insofern auch hier den „zeitlichen Ausgleich von Mitteln und Bedarf" (vgl. S. 69). Als Entgelt dafür erhält sie den Wertzuwachs des Bodens, der dabei z. T. nur einen Risikoausgleich darstellt. Denn es besteht stets die Gefahr, daß die Zinsverluste in der Zeit, in der der Spekulant den Boden „liegenlassen" muß, den erzielbaren Gewinn übersteigen. Trotz dieses Mangels in der reinen Theorie aber hatte die Bodenreformbewegung Damaschkes für die städtischen Verhältnisse im praktischen Ergebnis heute weitgehend recht, und unsere teleologische Theorie liefert ihr insoweit auch die theoretische Begründung. Denn im Bereich der heutigen städtischen Bauwirtschaft ist nicht eine freie Entwicklung, sondern eine autoritäre Ordnung von Wachstum und Verkehrsmitteln der Städte schon rein technisch meist angezeigt (vgl. S. 209 zu I, 1). Insoweit demgemäß das Wachstum und Verkehrswesen der Städte autoritär-zentralistisch geregelt wird, ist die freie Preisbildung des Bodens und mit ihr auch die Bodenspekulation überflüssig und daher unzweckmäßig. Man kann nicht zweckmäßig in ein und demselben Wirtschaftsbereich die Kombination der Produktivkräfte kollektivistisch und gleichzeitig die Preisbildung individualistisch regeln.

Dies würde jener **Tendenz zur Homogenität des Wirtschaftssystems** widersprechen, die wir in unserer „Sozialpolitik" (1933, S. 61) begründeten: Wenn nämlich ein Wirtschaftssystem, das sonst mehr am individualistischen oder am kollektivistischen Pol orientiert ist, bezüglich eines seiner Produktionsgebiete einen Schritt hin zum anderen Pol tut, so ergibt sich aus dem Schwergewicht und der Verknüpfung der wirtschaftlichen Tatsachen mit einer gewissen Zwangsläufigkeit die Tendenz, auch die übrigen Wirtschaftsgebiete einer entsprechenden Orientierung an diesem letzteren Pol zu unterwerfen. Aus der kollektivistischen Regelung etwa eines Bebauungs- oder Verkehrsplans im Bereich der städtischen Wirtschaft folgt also auch die weitere kollektivistische Maßnahme einer zentralistischen Verhinderung der Gewinne, die durch solche autoritäre Planungen bei den Grundeigentümern ohne deren Zutun entstehen. Das geschieht z. B. heute dadurch, daß die öffentliche Hand diesen Boden rechtzeitig erwirbt und ihn nicht zu Eigentum, sondern nur zu „Erbbaurecht" weitervergibt. Es ist das praktische Verdienst der Bodenreformbewegung, solche Maßnahmen oft rechtzeitig gegen die einseitig liberalistische Lehre durchgesetzt zu haben.

Die wirtschaftspolitische Behandlung des **Bodeneinkommens in der gelenkten Wirtschaft** greift angesichts des dargelegten besonderen Elastizitätsmangels des Bodenfaktors und der Voraussetzungen für Kollektivorientierung in der Landwirtschaft u. U. zweckmäßig auch zu weitgehenden Bindungen. Hier denkt man heute bei dem Begriff der Bodenreform weniger an die städtische Grundrente, um die es sehr still geworden ist, als vielmehr vor allem an die Maßnahmen der landwirtschaftlichen Siedlungspolitik, der Flurbereinigung und der Verhinderung einer Zersplitterung des bäuerlichen Grundbesitzes. Begründet allerdings die Wirtschaftslenkung hier zur Sicherung und Erhaltung einer bodenständigen bäuerlichen Bevölkerung die gesetzliche Unveräußerlichkeit und Unteilbarkeit des landwirtschaftlichen Bodens nebst entsprechenden Beschränkungen des Vererbungsrechts (vgl. das Reichserbhofgesetz des Nationalsozialismus), so bedingt das die Gefahr, daß die Geburtenziffer absinkt im Hinblick auf die Unmöglichkeit, den Hof mehreren Kindern zu vererben, oder daß Raubbau am Hof getrieben wird, um die „weichenden Erben" mit beweglichem Vermögen bedenken zu können. Auch müßte dann eine gesetzliche Möglichkeit zur Abmeierung untüchtiger Landwirte die selbsttätige Auslese des freien Wettbewerbs ersetzen. In der Regel werden die wirtschaftlichen Nachteile, die von so weitgehenden Eingriffen zu besorgen sind, nicht geringer sein als die damit verbundenen Vorteile. Diese lassen sich ja meist auch durch weniger einschneidende Regelungen erreichen, wobei etwa an die Genehmigungspflicht von Veräußerungen landwirtschaftlichen Bodens, an Belastungshöchstgrenzen und an ein obligatorisches Anerbenrecht (mit den nötigen Erleichterungen der Gutsübernahme für den Anerben) zu denken wäre. Organisatorisch wird hier eine organische Wirtschaftslenkung vor allem auch die mittelstufigen Verbände der Landwirtschaft auf der Grundlage genügender Selbstverwaltungsrechte mit regem geistigen Leben erfüllen, auch um der Landflucht nachhaltig entgegen zu wirken und insbesondere auch die geistig regsamen Kräfte vermehrt in der Landwirtschaft zu halten. Ein freier genossenschaftlicher Zusammenschluß kann auch den bäuerlichen Kleinbetrieben die technischen Vorteile des Großbetriebes verschaffen, wenn eine durchgreifende Flurbereinigung (Zusammenlegung, Verkoppelung) nötigenfalls Äcker von genügender Größe herstellt.

Noch wesentlich weitergehende Bindungen im Sinne einer Kollektivierung der Landwirtschaftsbetriebe unter Aufhebung des Privateigentums am Grund und Boden hingegen müssen meist schon mit der Gefahr einer erheblichen Lähmung der Privatinitiative rechnen. Nur wenn bei großer Rückständigkeit des betreffenden Bauerntums in dieser Hinsicht ohnehin nicht viel zu verlieren ist, können die wirtschaftlichen Vorteile solcher Kollektivierung u. U. größer sein als ihre wirtschaftlichen Nachteile. Wo man eine solche totale Sozialisierung der bäuerlichen Betriebe in staatlichen Zwangsgenossenschaften (Kolchosen) u. dgl. versucht hat, da sah man sich meist gezwungen, diesen die Verwertung wenigstens der Überschüsse im freien Handel zu gestatten, die sie über das vorgeschriebene Ablieferungssoll hinaus erzielt hatten. Auch mußte man den Mitgliedern, die im übrigen die Stellung etwa von Gutsarbeitern erhielten, meist ihr Haus sowie etwas Land und Vieh als Privateigentum belassen, wenn die Lähmung der Agrarproduktion nicht allzu groß werden sollte.

Werfen wir noch einen Blick auf die „städtische Rente" in der gelenkten Wirtschaft. Hier sahen wir bereits, daß eine starke Beschränkung der Bodenspekulation im Sinne einer weitgehenden Erfassung ihres Wertzuwachses, die fast nur einen Risikoausgleich freiläßt, dem heutigen Regelfall einer autoritär geordneten städtischen Bauwirtschaft grundsätzlich entspricht. Die völlige Verhinderung jeder städtischen Bodenspekulation allerdings setzt eine umfassende Wertfeststellung und Preisregelung des für städtische Bebauung benutzten und noch in Frage kommenden Bodens, im weiteren auch eine ebenso umfassende Regelung der Mieten und Preise des Gebäudebesitzes voraus. Deren Regelung müßte dann, wenn auch nicht die absolute Höhe, so doch die Staffelung derjenigen Mieten- und Preisbildung nachzeichnen, die sich bei freiem Spiel von Angebot und Nachfrage ergäbe, und die dadurch bedingten Übergewinne des günstiger liegenden Hausbesitzes wären wegzusteuern. Denn eine Verhinderung aller Preissteigerungen des unbebauten Bodens würde entweder dem Grundstückskäufer, der darauf Neubauten errichtet, oder dessen Mietern in den verkehrsbegünstigten Lagen der neu angelegten Städte und Vororte ganz unbegründete Liebesgaben in den Schoß fallen lassen und das gesamte Preisgefüge verwirren. So folgt hier — wieder im Sinne unserer obigen Homogenitätstendenz — aus einem kollektivistischen Eingriff die Notwendigkeit vieler anderer. Dies wird meist dafür sprechen, es bei einer weitgehenden steuerlichen Erfassung der Gewinne der Bodenspekulation bewenden zu lassen. Grundsätzlich wird im Sinne einer Wahrung der organischen Synthese von Persönlichkeit und Gemeinschaft (s. S. 214) zu berücksichtigen sein, daß dem Hausbesitz einerseits besondere unternehmerische Aufgaben und Fähigkeiten in der gelenkten Volkswirtschaft zumeist nicht eignen, daß aber andererseits hier viel sauer erworbene Ersparnisse eines fleißigen Mittelstandes angelegt werden.

Der letzte Gesichtspunkt wird eine Aufhebung des Privateigentums am städtischen Grundbesitz, wie sie der *kollektivistischen Planwirtschaft* entsprechen würde, vollends meist nicht als zweckmäßig erscheinen lassen. Der Staat wird die umfangreiche und vielfältige Verwaltungsarbeit, die ihm dadurch zufiele, auch kaum besser leisten können als der (durch eine soziale Mieterschutzgesetzgebung beschränkte) private Hausbesitzer, an dessen Erträgen bzw. Gewinnen sich der Staat im Wege der Besteuerung besonders leicht und mit geringem Risiko beteiligen kann.

An die Grundrententheorie knüpfte die *Lehre von der* **Entwicklung der Einkommensverteilung** in der *freien* Marktwirtschaft an. Bei *Adam Smith* findet sich noch die Erwartung, mit steigender Kapitalbildung und zunehmender Produktivität der Wirtschaft müßten die Löhne der Arbeiter (als Nominal- wie als Reallöhne) steigen. Die späteren „Klassiker“ (vor allem *Malthus* und zum Teil *Ricardo*, später noch *John Stuart Mill*) aber entwarfen ein weniger optimistisches Bild. Sie behaupteten, die Grundrente müsse im Laufe der Zeit dauernd steigen, da infolge des „Gesetzes“ des abnehmenden Bodenertrages immer schlechtere Böden unter Anbau genommen werden müßten. Mit den Preisen der Bodenerzeugnisse stiegen die Unterhaltskosten der Arbeiter, und mit ihnen, also parallel zur Grundrente, steige auch der Nominallohn (*Ricardos Parallel-Theorie*), während der Reallohn (Lohn in Getreide) auf die Dauer nicht steigen könne, sondern gleichbleiben werde. Der Kapitalprofit dagegen müsse eine sinkende Tendenz zeigen, da infolge des Wachsens von Grundrente und Nominallohn nur ein immer kleinerer Teil des Nationaleinkommens für ihn übrigbleiben werde. Gestützt auf die Grundrententheorie eines *West* und *Anderson* hat hier also der Pessimismus des *Malthus* die optimistische Harmonielehre der frühen klassischen Schule verdunkelt, und zwar (H. *Ritschl* weist darauf hin) um so wirksamer, als man dabei an der naturgesetzlichen Zwangsläufigkeit festhielt, die jene ursprüngliche Theorie behauptet hatte. An diese pessimistische Variante der Klassiker knüpfte dann, wie wir sahen, die sozialistische Kritik der sich entwickelnden sozialen Zustände (Lassalle, Karl Marx, Rodbertus) an, während der bürgerliche Liberalismus eines Cobden, Prince-Smith u. a. die optimistische Variante propagierte.

Diese von den Spätklassikern vertretene pessimistische Lehre von der Entwicklung der Einkommensverteilung fällt mit der liberalistischen Theorie der Grundrente und des Lohnes, die wir bereits widerlegten. Sie nimmt (im Widerspruch zu anderen Äußerungen bei Ricardo, vgl. S. 297) auch das Nationalprodukt als gleichbleibend an. Aber gerade der Ausgleich der Einkommen, den sonst die klassische Schule mit ihrer Harmonielehre vom Pendeln des tatsächlichen um den natürlichen Preis behauptet, sucht die jeweils bestmögliche Kombination der Produktionsfaktoren herzustellen und damit das Nationalprodukt zu steigern. Insoweit das gelingt, können im Ergebnis einer solchen produktivierenden Umgruppierung der Produktionsfaktoren alle Einkommensarten nebeneinander eine Steigerung erfahren. Diese Steigerungen des Nationalprodukts sind der Zweck aller Volkswirtschaft. Unsere teleologische Wirtschaftstheorie stellt daher die Produktivitätsverhältnisse in den Vordergrund. Von ihren Veränderungen in statischer Betrachtungsweise mit einem „ceteris paribus" abzusehen, wäre wahrlich genau so zwecklos, als wollte man ein Pferderennen unter Abstraktion von allen Fortschritten seiner Reiter, oder ein Fußballspiel unter Abstraktion von den Bewegungen des Balls betrachten. Ricardo war, wie gezeigt, nicht so einseitig statisch, wie man im Schrifttum heute meist glaubt. Aber aus ihrer einseitig preistheoretischen Einstellung heraus konnten die „Klassiker" über die Dynamik von Produktivitätssteigerungen nichts aussagen, und dies erklärt nicht zuletzt das schließliche Vorherrschen einer pessimistischen Note in dem Bilde der Einkommensentwicklung, das sie entwarfen.

Daran kranken auch alle Theorien, die unter isolierender Ausschaltung einer der drei Einkommensarten der freien Wirtschaft eine Regel über die Bewegung der beiden anderen aufzustellen suchen. Neben der Behauptung, je höher der Zins, desto niedriger sei der Lohn und umgekehrt, hat man hier besonders die Meinung vertreten, Lohn und Grundrente müßten sich konträr gegeneinander bewegen (**Konträrtheorie,** Dietzel). Alle diese Behauptungen können sich bewahrheiten, sie haben aber nicht den Grad von Wahrscheinlichkeit für sich, der zur Aufstellung eines Gesetzes oder auch nur einer Tendenz gehört. Sehen wir selbst von allen Elastizitätshemmungen der Wirtschaft ab, die den Ausgleich auf das Bestverhältnis der Produktionsfaktoren u. U. verhindern, so **kann** einmal der dritte durch Abstraktion ausgeschaltete Faktor (B) gerade in der optimalen Quantität, der eine der beiden betrachteten Produktionsfaktoren (A) im Überschuß und demgemäß der andere dieser beiden Faktoren (C) im „Zuwenig" vorhanden sein. Der Ausgleich würde dann an sich eine sinkende Dotierung des Produktionsfaktors A und eine steigende Dotierung des Produktionsfaktors C zeigen. Auch nach dem etwaigen Hindurchschwingen der Konjunkturwelle durch die Horizontale (S. 182) würden diese Dotierungen von A und C sich noch konträr bewegen. Ein Ausgleich auf der Basis selbst dieser Konstellation aber kann durch die Herstellung der optimalen Kombination der Produktivkräfte gleichzeitig das zu verteilende Nationalprodukt so steigern, daß diese Konträrbewegung ganz oder teilweise in eine gleichgerichtete Bewegung von verschiedenem Ausmaß umgewandelt wird. Dies wird um so eher der Fall sein, je größer die produktivierende Wirkung eines solchen Ausgleichs im Verhältnis zur Größe seiner Schwingungsamplituden (Wellenhöhe und -tiefe) ist. Die Größe des Nationalprodukts hängt dabei nicht nur von der Kombination der volkswirtschaftlichen Produktivkräfte, sondern auch von der Eingliederung wiederum der Volkswirtschaft in die Weltwirtschaft ab. So ist die produktivierende Wirkung des Ausgleichs selbst immer nur für den Einzelfall, niemals allgemeingültig festzustellen. Man sieht, um Allgemeingültigkeit oder auch nur Wahrscheinlichkeit zu erlangen, erfordern Feststellungen nach Art der Konträr-Theorie soviel Abstraktionen und Voraussetzungen, daß sie kaum noch einen Erkenntniswert behalten.

§ 27 Der Unternehmergewinn

Blicken wir nach der Behandlung der drei Einkommensarten noch einmal auf unsere obige Darstellung des Verteilungsvorgangs einer elastischen freien Marktwirtschaft (S. 181) zurück. Wir sahen dort, daß diejenigen Produzenten, die sich an den Orten des „Zuwenig" in der Kombination der Produktivkräfte befinden, bald ein überdurchschnittliches Einkommen beziehen, während diejenigen, die an den Orten des „Zuviel" verweilen, sehr bald mit unterdurchschnittlichem Verdienst, ja u. U. mit Verlust zu arbeiten gezwungen sind. Diese Unterschiedlichkeit der Einkommensdotierung, sahen wir, zieht in der freien genügend elastischen Marktwirtschaft die Produzenten tendenziell hin zu den Orten des „Zuwenig" und weg von den Orten des „Zuviel", und sucht so stets die optimale Kombination (das bestmögliche Wirkungsverhältnis) der Produktivkräfte herzustellen. Denjenigen geistigen Fähigkeiten nun, die diese „Zuwenigs" in der Kombination der Produktivkräfte aufspüren und durch rechtzeitiges Zuströmen ausnützen, kommt in der Masse der Arbeitsfähigkeiten eine besondere Stellung zu.

Die große Produktivitätsbedeutung dieser Fähigkeiten der **Wirtschaftsführung**, denen die Reibungslosigkeit und Schnelligkeit aller Umgruppierungen in der freien Wirtschaft zu danken ist, erkannten wir schon im Rahmen der Ertragstheorie (S. 149 f.). Wenn es an diesen Fähigkeiten fehlt, wenn sie selbst also ins „Zuwenig" geraten, so sind krisenhafte Schwankungen, ein produktivitätsminderndes „Ausprobieren“ von Zuviel und Zuwenig, in den Wirtschaftsgebilden die Folge. Unser Labilitätsgesetz als ertragstheoretisches Grundgesetz der Konjunkturtheorie sagte uns das.

Aber auch hier im Rahmen der Verteilungstheorie nimmt die Mischung von Spürsinn, Wagemut und Entschlußkraft, die in diesen Fähigkeiten liegt, eine Ausnahmestellung ein. Der Einzelwirtschafter nämlich, der sich nicht damit begnügt, dem Zwange der Preisbildung des Marktes nur passiv zu gehorchen, sondern der als aktiver Führer der Wirtschaft die Möglichkeiten dieser Preisbildung vorwegnimmt, wird dadurch zum Pionier des wirtschaftlichen Fortschritts: Ob er dabei z. B. neue, von Erfindern oder Entdeckern technisch erschlossene, wirtschaftlich aber noch brachliegende Mittel oder Verfahren in die Wirtschaft einführt, oder ob er der Wirtschaft neue Absatzmärkte oder Bezugsquellen erschließt, ob er als Organisator die Zusammenarbeit der produktiven Kräfte wirksamer gestaltet oder ob er durch spekulativen Weitblick die zeitgerechte Versorgung der Wirtschaft mit Gütern ermöglicht, — stets setzt er auf eigene Gefahr neue Optima in der Kombination der produktiven Kräfte durch, deren Wirkungsverhältnis er so durch seine Initiative verbessert. Dabei setzt er oft Heere von Arbeitskräften und große Kapitalien zu deren Ausrüstung mit Werkzeugen, Maschinen, Rohstoffen und Gebäuden in Bewegung, indem er die Produktionskosten vorschießt in der Hoffnung, sie aus dem Ertrag zurückzuerhalten. Wir bezeichnen die Einzelwirtschafter, die diese Fähigkeiten zur Aufspürung und Ausnutzung jener „Zuwenigs“ der Kräftekombination zu betätigen und damit, geleitet vom Ertragsstreben, als Wirtschaftsführer auf eigenes Risiko neue Kombinationen der Produktivkräfte in der Wirtschaft durchzusetzen suchen (in Anlehnung an Clark und Schumpeter) als **„Unternehmer“**. Überführt so der Unternehmer neue technische Möglichkeiten und Kenntnisse — sei es aus seinem eigenen Kopf oder sei es aus Forschungsstätten und Laboratorien — in die wirtschaftliche Wirklichkeit von Produktion und Absatz, so erweist er sich als einer der wichtigsten Träger aller Fortschrittskraft der freien Marktwirtschaft. Schon Bentham (1748—1832) hat diese Bedeutung des Unternehmertums für die Dynamik der freien Marktwirtschaft mit Recht betont.

Füllt der erfolgreiche Unternehmer auf diese Weise als erster mit Gütern, die bis dahin fehlten, die Lücken der Versorgung aus (wozu er oft latente Bedürfnisse auch erst durch Reklame weckt), so stößt er dadurch gleichsam in ein Vakuum der Wirtschaft hinein. Dabei erhöht die Seltenheit dieser seiner bahnbrechenden Leistungen im freien Spiel von Angebot und Nachfrage naturgemäß sein Einkommen.

Eine exakte Zurechnung von Ertragsteilen an bestimmte unter den sie hervorbringenden Produktivkräften ist auch hier nicht möglich; sehen wir aber hier im Rahmen einer schon deskriptiveren Betrachtung davon ab, so können wir das Mehreinkommen, das diesen spezifischen Unternehmerfähigkeiten entspricht, mit dem üblichen **Begriff** als **„Unternehmergewinn"** bezeichnen. Dabei handelt es sich aber stets nur um denjenigen Teil der drei Einkommenskategorien Arbeitseinkommen, Kapitaleinkommen und Grundrente, mit dem diese Einkommen den statischen Durchschnitt, d. h. die Einkommenshöhe der ausgeglichenen Marktwirtschaft, übersteigen. In der ausgeglichenen Wirtschaft gibt es kein Unternehmereinkommen, und der Unternehmergewinn als eine typisch dynamische, unselbständige sog. Quasirente (S. 331) endet, sobald der Ausgleich der Wirtschaft eingetreten, die Auffüllung der „Zuwenigs" also vollzogen ist. Wir können also die einkommensteigernde Wirkung der Unternehmerfähigkeit keinesfalls mit einer verbreiteten Meinung als besondere Einkommenskategorie, etwa als Überschuß des Rohertrages über Lohn, Zins und Grundrente, neben diese drei Einkommensarten stellen. Eine solche Residualerklärung wäre sehr fehl am Platze. Denn jede sinngemäße Größenbestimmung jener drei Einkommensarten muß das konjunkturale Element durch die Bezugnahme auf die quantitative und qualitative Verhältnismäßigkeit der Produktionsfaktoren bereits berücksichtigen. Daher bleibt logisch kein Raum mehr, die kombinatorische Ausnutzung dieser konjunkturalen Möglichkeiten als Grund für noch eine zusätzliche vierte Einkommenskategorie, den Unternehmergewinn, anzunehmen. Zudem ist auch, wie Diehl unter Hinweis auf die Zufallskonjunkturgewinne richtig hervorhebt, nicht jeder Konjunkturgewinn ein Unternehmergewinn. Inflationsgewinne z. B. haben mit der spezifischen Unternehmerleistung meist nicht viel zu tun.

Begriffstheoretisch jedenfalls, das dürfte jetzt klar geworden sein, läßt sich der Unternehmergewinn, wenn man ihn schon auf eine Quelle zurückführen will, nur als „Unternehmerlohn", als eine Art von Arbeitseinkommen also, den besonders hoch qualifizierten geistigen Arbeitsfähigkeiten des Unternehmers zuordnen. Diese Unternehmerqualitäten werden ja z. B. auch dann sehr hoch entlohnt, wenn angestellte Direktoren sie im Dienste des Kapitaleigentümers betätigen, so daß dann Wirtschaftsführung und Risikotragung mehr oder weniger auseinander fallen. Die Aufteilung des Unternehmereinkommens in Unternehmerlohn, Risikoprämie (siehe unten) und Zins des Eigenkapitals sowie den Unternehmergewinn i. e. S., die sich in der Betriebswirtschaftslehre findet, knüpft mit ihrem Ausdruck „Unternehmerlohn" an diese Bezahlung angestellter Wirtschaftsführer an, obwohl ein Unternehmer ganz ohne eigenes Risiko m. E. nicht denkbar ist.

Anders freilich sieht die Sache aus, wenn wir noch mehr zur Wirtschaftsbeschreibung übergehen. Hier verbindet sich empirisch, d. h. in der Wirklichkeit, die einkommenssteigernde Wirkung der Unternehmerqualität besonders häufig mit einer der drei Einkommensarten, nämlich mit dem Einkommen aus Kapitalbesitz. Gewiß ist auch der Träger von Arbeitseinkommen oder Grundrente mitunter in der Lage, durch kluge Voraussicht und wagemutige Ausnutzung kommender Wirtschaftskonstellationen sein Einkommen zu erhöhen. Der Arbeiter, der den in einem Erwerbszweig entstehenden Arbeitermangel rechtzeitig erkennt und durch schnelle Umstellung ausnutzt, der Künstler, der an seine Begabung glaubt und — oft unter großen Risiken — seinen bürgerlichen Beruf aufgibt, um sich auszubilden, auch der Kleinbauer, der bei der Wahl der anzubauenden Frucht eine kluge Voraussicht der kommenden Konjunktur betätigt, — sie alle können ihr Einkommen auch ohne viel Kapital grundsätzlich nach Art des Unternehmers erhöhen. Der „unternehmerische Zug", der in der Landwirtschaft z. B. die hoch intensive konjunkturorientierte „freie Wirtschaft" etwa von der traditionellen „Dreifelderwirtschaft", oder der die Betriebsweise (den „job") des amerikanischen Farmers von der viel traditionsgebundeneren Wirtschaftsweise etwa des deutschen Bauern unterscheidet, ist bekannt. Aber wir schilderten soeben (S. 331) bereits, wieviel geringer diese Umstellungsfähigkeit des Arbeitsfaktors und des Bodens ist im Vergleich zur Liquidität des Kapitals, und zwar des Geldkapitals. Daher ist der typische Unternehmer zumeist irgendwie mit Verfügung über Kapital ausgestattet, mag diese Verfügung auch nur auf seinem Kredit beruhen. Die Entscheidung über das Ob, das Wie und das Wieviel der Kapitalinvestierung gehört zu den typischen Aufgaben des neuzeitlichen Unternehmers. Der mit Kapital arbeitende Unternehmer braucht nicht notwendig ein Exponent des Kapitalismus in dem oben (S. 130) bestimmten soziologischen Sinne dieses Ausdrucks zu sein, aber eine typische Erscheinung der „kapitalmäßigen" Marktwirtschaft ist er sicherlich.

Obwohl wir sonach den Unternehmergewinn nicht als einen Teil oder eine Abart nur des Kapitalgewinns auffassen dürfen — die „klassische" Schule faßte bekanntlich Zins und Unternehmergewinn geradezu im Begriff des Profits zusammen — so konnte doch Diehl für den Regelfall (also deskriptiv) mit Recht feststellen, es handele sich bei der „dispositiven Arbeit" des Unternehmers um „die Disposition über die Durchführung des Unternehmens, die planmäßigen Überlegungen über Beschaffung und Bezahlung der Arbeitskräfte, der Rohstoffe, der Maschinen und Werkzeuge, die Kalkulation der

Erträgnisse und damit zusammenhängend um die fortwährende Beobachtung der Marktverhältnisse, der Konjunkturen, der Vorgänge des Kapital- und Geldmarktes usw.“. Ohne Kapital ist das alles nicht möglich, und noch bestimmter kennzeichnet denn auch v. Zwiedineck die Unternehmung als „eine Wirtschaft für Kapitalumschlag, um durch diesen Kapitalumschlag auf dem Wege der Befriedigung fremden Bedarfs Erwerb zu erzielen“[1]. Die sozialen Aufgaben, die dem Unternehmer gegenüber seinen Arbeitern und Angestellten daneben obliegen, sind ihm nicht spezifisch eigentümlich, auch der „Manager“ des Staats- und Kommunalbetriebes hat sie zu erfüllen.

So wird der Kapitalbesitz in der Hand des Unternehmers zum Hauptträger allen wirtschaftlichen Fortschritts der freien Marktwirtschaft, mag es sich dabei um Eigenbesitz oder um geliehenes Kapital des Unternehmers handeln. Der **Unternehmergewinn in der freien Marktwirtschaft** ist die Prämie, die die Marktwirtschaft für die wirtschaftlichen Führerleistungen der Unternehmerschaft aussetzt, er ist der Preis dieser Leistungen, der alle Konkurrenten anspornt, aber nur wenigen Siegern im Leistungswettbewerb schließlich bezahlt wird. Gleichwohl wird man die Höhe des Unternehmergewinns im Einzelfall auch nicht überschätzen dürfen. Denn da die kommende Konstellation der Produktivkräfte sowie die Intensität und Kaufkraft zukünftiger Bedürfnisse niemals mit völliger Sicherheit vorausgesehen werden können, so bedeutet jede Unternehmerleistung auch die Übernahme einer Verlustgefahr, eines Risikos: An die Stelle des erhofften Gewinns kann auf dem Markt ja auch der Verlust treten. Zu diesem wirtschaftlichen sog. Marktrisiko kommt oft noch das technische Risiko des Nichtgelingens der Produktion (z. B. bei Ölerbohrungen, noch unerprobten Erfindungen usw.). So enthält jeder Unternehmergewinn, um einen Anreiz zu bieten, stets auch zum Ausgleich des Risikos eine größere oder geringere sog. Risikoprämie. Böhler[2] referiert amerikanische Statistiken, wonach von allen neu gegründeten Unternehmungen ein Drittel schon im ersten Jahr zugrundegeht und nur ein Fünftel das Alter von 10 Jahren erreicht. Es ist daher verfehlt, bei der Beurteilung der Gewinne eines erfolgreichen Unternehmers nicht auch an die Not der gescheiterten Unternehmer, bei der „positiven“ nicht auch an die „negative Unternehmerrente“ zu denken. Im großen und ganzen wird der Unternehmergewinn um so häufiger und höher sein, je ge-

[1] v. Zwiedineck-Südenhorst, Allgemeine Volkswirtschaftslehre 1932, S. 112. Der begriffliche Gegensatz von „Unternehmer“ und „Unternehmung“, den v. Zwiedineck dort (S. 116) betont, löst sich also, wenn man mit uns den Begriff der Unternehmung als deskriptivere Kategorie auffaßt.

[2] Böhler, Nationalökonomie, a.a.O. S. 258.

ringer die automatische Anpassungs- und Umgruppierungsfähigkeit, mit einem Wort: die Elastizität der Marktwirtschaft ist. Denn der Unternehmer ist nicht nur ein Faktor der Elastizität, wo sie vorhanden ist, sondern auch ihr Nutznießer, wo sie fehlt.

Nach allem ist der Unternehmergewinn eng verknüpft mit dem wirtschaftlichen Fortschritt in der weitgehend freien Marktwirtschaft. Der **Unternehmergewinn in der gelenkten Wirtschaft** bedeutet für diese bei stärkerer Ausrichtung am Kollektivgedanken ein schwieriges Problem. Sie muß es aber meistern, wenn sie nicht der Fortschrittskräfte der Unternehmerpersönlichkeit verlustig gehen will. Schon auf der betrieblichen Ebene bildeten sich bald große Kapitalgesellschaften (Aktiengesellschaften, Gesellschaften mit beschränkter Haftung), die als „juristische Personen" im Unterschied zu den Einzelunternehmungen und Personalgesellschaften (Offene Handels- und Kommandit-Gesellschaften) nur mit ihrem Firmenvermögen (nicht auch mit dem Privatvermögen der Beteiligten) für die Gesellschaftsschulden haften. Damit ging die Führung der Wirtschaft weitgehend auf festangestellte Direktoren, oft auch auf mehrgliedrige Direktionen über, die nicht mehr mit dem Risiko ihres eigenen Vermögens für die Richtigkeit ihrer Entscheidungen einzustehen haben. Mit der Führung der Genossenschaften, die als Selbsthilfeorganisationen besonders der Landwirtschaft und des Handwerks die Betriebe ihrer Mitglieder durch Zusammenlegung von Teilfunktionen und Aufbringung von Kreditmitteln fördern wollen, steht es in diesem Punkte ähnlich. Mit der Verbandsbildung der Kartelle und Konzerne mußte sich diese Entwicklung fortsetzen, und vor allem in ihren mittelstufigen Wirtschaftsverbänden muß auch die gelenkte Wirtschaft sie in Kauf nehmen. Man hat hier zwar den Leitern und Geschäftsführern der mittelstufigen Selbstverwaltungsverbände der Wirtschaft Unternehmereigenschaft zusprechen wollen, und auch die besondere Bedeutung der übrigen organisierenden und koordinierenden Direktoren und Verwaltungskräfte — Burnham prägte hier den Typ des „Managers" — für den Ablauf gerade der gelenkten Wirtschaft soll nicht verkannt werden. Aber selbst wenn wir von der besonders schwierigen Stellung der Verbandsfunktionäre zwischen Verbandsmitgliedern und Staat absehen, so sind die hauptberuflich tätigen Kräfte der Wirtschaftsverwaltung doch stets Beamte, die sich von den bekannten Begrenzungen und Gefahren der Bürokratie nicht freimachen können. Selbst ein Unternehmer von Hauptberuf kann im Rahmen einer Verbandsleitung, die er nebenamtlich wahrnimmt, nicht Unternehmer sein.

So wird die Wirtschaftslenkung ihr Augenmerk vor allem darauf richten, durch Sicherung und Benutzung des echten Leistungswettbewerbs (vgl. S. 221) auch dem selbstverantwortlichen Unternehmer genügend Spielraum zur Regung seiner Kräfte zu belassen. Im einzelnen werden Außenhandel, Kolonialwirtschaft und die wirtschaftliche Durchsetzung von gewerblichen Erfindungen hier besondere Möglichkeiten bieten, ohne daß man allein diese Gebiete etwa als „Naturschutzpark für heroische Reminiszenzen einer freien Wirtschaft" anzusehen brauchte. Auf allen diesen und ähnlichen Gebieten wird die organische Wirtschaftslenkung zweckmäßig genügend Freiheit für Tatkraft, Selbstverantwortlichkeit und Gewinn des Unternehmers lassen. Andererseits wird sie der Risikoverminderung Rechnung tragen, die der Unternehmer in der gelenkten Wirtschaft genießt. Daß die Wirtschaftslenkung überhaupt dem Wirken und Einkommen auch des Unternehmertums die Schranken setzen wird, die das Gemeinwohl verlangt, entspricht nur ihrem Grundsatz einer organischen Synthese von Persönlichkeit und Gemeinschaft.

Daß Unternehmer und Unternehmergewinn in der **kollektivistischen Planwirtschaft** keine Stätte finden, bedarf nach allen Ausführungen über deren Wesen keiner Begründung. Die Wirtschaftsführung liegt hier als Gesamtplanung der Wirtschaft bei der wirtschaftspolitischen Zentrale. Allen unteren Stellen bleibt nur die Wirtschaftsverwaltung, die die Anweisungen der Zentralgewalt auszuführen hat. Der Unternehmer ist hier völlig durch den Manager ersetzt, der die Produktionsfaktoren nach dem von der Zentralgewalt vorgeschriebenen Produktionsplan organisiert und koordiniert und ihre Zusammenarbeit laufend beaufsichtigt.

§ 28 Konjunktur und Krise

Die Theorie der volkswirtschaftlichen Wechsellagen muß sich nach einem oft zitierten Wort v. Böhm-Bawerks aus dem wirtschaftstheoretischen System als „reife Frucht der Erkenntnis sämtlicher sozialwissenschaftlichen Vorgänge und ihrer wechselnden Zusammenhänge" ergeben. So zeigt uns das Labilitätsgesetz aus der statischen Problemstellung der Ertragstheorie heraus bereits die eigentliche Wesenheit der Wechsellagen aller Wirtschaft überhaupt: Sie dienen der Ausgleichung eines Mißverhältnisses in der Kombination der produktiven Kräfte, zu dessen sofort treffsicherer Beseitigung Überblick und Fähigkeiten der komplementären Wirtschaftsführung nicht ausreichen. Diese Ausgleichung geht unter Schwankungen der Produktivkräfte von Zuviel auf Zuwenig vor sich, die, wenn die Ausgleichung gelingt, schließlich gravitierend auf die optimale Kombination der Produktivkräfte ausschwingen (auspendeln), so daß damit das bei der neuen Lage erreichbare bestmögliche Wirkungsverhältnis der Produktionsfaktoren wiederhergestellt ist.

Der Hinweis auf die Einzelwirtschaft, die im entsprechenden Fall die wirtschaftlich „richtige" Kombination ihrer Produktivmittel durch ein Abwechseln von Zuviel und Zuwenig ausprobiert, zeigte uns dabei die Analogie, die zwischen den Wechsellagen der Einzelwirtschaft und den Wechsellagen der Marktwirtschaft, den **Konjunkturen**, besteht. Denn wir erkannten die Wechsellagen auch der individualistisch-freien Marktwirtschaft als „Tastversuche der Selbstregulierung, mit denen diese Wirtschaft das erreichbare Bestverhältnis ihrer Mittel gleichsam ausprobierend wiederherzustellen sucht". Diese Konjunkturen kommen dort vor allem zum Ausdruck in Verschiebungen des Verhältnisses von Angebot und Nachfrage, die die Rentabilität der Einzelwirtschaften entsprechend beeinflussen.

In einem weiteren Sinne des Begriffs bezeichnet man als Konjunktur auch die Gesamtkonstellation der wirtschaftlichen Kräfte, die in gegenseitiger Ergänzung miteinander verbunden sind (conjungere = verbinden), und schließlich weitet der allgemeine Sprachgebrauch den Begriff „Konjunktur" auch so weit aus, daß er mit „Wirtschaftslage" schlechthin übersetzt werden kann.

Im Rahmen dieser Betrachtung bezeichnen wir dann als Krisen solche Gleichgewichtsstörungen der Sozialwirtschaft, die von tiefgehenden Einbrüchen in die Rentabilitätsverhältnisse der meisten Wirtschaftszweige, insbesondere von verlustreichen Umsatzstockungen (z. B. Absatzmangel, Zusammenbrüchen, Gütermangel, Arbeitslosigkeit) begleitet sind. Im Rahmen des zyklischen Wechsels der Konjunkturen (siehe unten) stellen sie den besonders jäh sich vollziehenden Übergang, den Wendepunkt von der Hochspannung zum Tiefstand der Depression in der Marktwirtschaft, eine Erscheinung des Konjunkturumschwungs also, dar. Sie können aber auch (als exogene Krisen, siehe unten) durch einen plötzlichen Abbruch der ganzen bisherigen Entwicklungsrichtung, z. B. durch eine Naturkatastrophe oder einen Krieg, verursacht werden. In dieser Form kommen sie auch für die sozialistische Planwirtschaft (die Zentralverwaltungswirtschaft) in Betracht.

Erinnern wir uns nämlich, daß die kollektivistische Leitung der Volkswirtschaft die Grundsätze der Einzelwirtschaftsführung auf die Volkswirtschaft überträgt (S. 199), so gewinnen wir von hier aus zunächst die grundlegende Einsicht in das Wesen der **Krisen in der kollektivistischen Volkswirtschaft.** Die tiefgehenden verlustreichen Einbrüche in die einzelwirtschaftlichen Ertragsverhältnisse, die, wie gesagt, das Wesen der volkswirtschaftlichen Krisen ausmachen, finden sich ja durchaus auch in der kollektivistischen Verwaltungswirtschaft. Krisengrund ist auch hier ein Mißverhältnis in der Kombination der produktiven Kräfte, das hier allerdings meist nicht durch Maßnahmen von Einzelwirtschaften, sondern durch Irrtümer oder durch Unvermögen der zentralen Leitung bedingt wird. Wenn z. B. ganze Fabriken oder Industriezweige zeitweise nicht produzieren können, weil die zentrale Leitung die Produktion bestimmter Rohstoffe oder Halbfabrikate nicht darauf abstimmte, wenn Ernten verfaulen, weil es an Verpackungs-, Konservierungs- oder Transportmitteln fehlt, so kommen solche Verluste den Ausfällen marktwirtschaftlicher Krisen im praktischen Ergebnis oft gleich. Die äußeren Formen sind etwas verschieden, insbesondere die Beschäftigungslosigkeit tritt in der sozialistischen Planwirtschaft mehr versteckt auf, aber ob z. B. der Ausfall eines Unternehmens in der freien Marktwirtschaft auf Grund eines privaten Konkurses oder in der gedachten Planwirtschaft auf Grund des Fehlens unentbehrlicher Ergänzungsgüter bzw. infolge einer Stilllegungsverfügung der zuständigen Staatsstellen erfolgt, ob die Konsummöglichkeiten der Arbeiterschaft in der freien Marktwirtschaft durch Arbeitslosigkeit, oder in der zentral geleiteten Planwirtschaft durch Konsumrationierung bzw. Hungersnot eingeschränkt werden, bedeutet keinen grundsätzlichen Unterschied.

Die Planmäßigkeit der zentral geleiteten Verwaltungswirtschaft kann diesen Störungen entgegenwirken. Inwieweit ihr das möglich ist, hängt, wenn wir von Einzelfällen absehen, generell vor allem davon ab, ob und inwieweit sich ihre Wirtschaftsbindungen im Rahmen der tatsächlichen Voraussetzungen halten, von denen, wie wir (S. 202 ff.) sahen, das Funktionieren einer solchen gebundenen Wirtschaft abhängt. Liegt aber in diesem Sinne eine Übersteigerung des Kollektivgedankens, d. h. Kollektivismus vor, so sind die wirtschaftlichen W i r k u n g e n solcher Störungen des kollektivistischen Wirtschaftssystems um so erheblicher, als sie dann zumeist durch keine private Selbsthilfe selbstverantwortlicher Einzelner abgefedert und gemildert werden können: Das zentralistische Hindurchregieren der staatlichen Wirtschaftsführung durch die mittelstufigen Verbände und die übermäßige Bindung der Einzelwirtschaften, die den Kollektivismus begriffsnotwendig kennzeichnen, haben die Einzelwirtschaften meist jeder privaten Initiative beraubt und ihnen durch die ganz zur Spitze hin orientierte Art der Wirtschaftsorganisierung auch die technische Möglichkeit zur Selbsthilfe weitgehend genommen. Wenn trotzdem die Krisenlosigkeit der zentralistischen Planwirtschaft behauptet werden konnte, so liegt dies vor allem daran, daß diesen Krisen zumeist infolge immer fortgesetzter Kapitalinvestierungen der öffentlichen

Hand das Merkmal offener Arbeitslosigkeit, wie schon angedeutet, fehlt. Die Arbeitslosenhilfe der Marktwirtschaft wird hier im Falle von Produktionsstillständen ja durch die Fortzahlung der Löhne und Gehälter ersetzt, die der Staat als alleiniger Arbeitgeber aus öffentlichen Mitteln der Steuerzahler aufbringt. Dabei werden Arbeitskräfte, die im Produktivitätsinteresse an andere Stellen der Wirtschaft umgruppiert werden müßten, leicht unnötig lange in den alten Arbeitsplätzen weiter mitgeschleppt. Der Gütermangel, in dem hier die Krisen zum Ausdruck kommen, ist dann um so schwerer. Bei restloser scheinbarer „Vollbeschäftigung" einer Volkswirtschaft kann durch solche Lenkungsfehler doch größerer Mangel an ihr herrschen als in einer Marktwirtschaft mit krisenhafter Arbeitslosigkeit.

Auch treten diese Krisen der Zentralverwaltungswirtschaft, anders wie oft in der freien Marktwirtschaft, nicht als Umschwungserscheinungen eines Wechsels der Konjunkturen auf. Eine Vielheit partieller Stockungen jedoch, unregelmäßig verstreut über verschiedene Wirtschaftszweige, bedeutet hier oft Wirtschaftsverluste, die zwar weniger auffallen, aber doch nicht weniger wirksam sind als die zyklischen Krisen der Marktwirtschaft. In der Marktwirtschaft deckt der Steuerzahler mit der Arbeitslosenhilfe, in der Zentralverwaltungswirtschaft deckt er über die Lohntüten der Belegschaft staatseigener Betriebe einen Teil des Einkommensbedarfs der Arbeitslosen, und der Produktivitätsausfall am Sozialprodukt ist in beiden Fällen gleich. Nur wenn etwa einmal die staatliche Wirtschaftsführung die zweckmäßige Verteilung ihrer Produktivmittel durch ein Abwechseln von Zuviel und Zuwenig erst ausprobieren muß — man denke z. B. an das zunächst übertriebene Abschlachtenlassen und darauffolgende Wiederansetzen von Schweinen durch die Landwirtschaftspolitik unserer Kriegswirtschaft — dann ist auch in der Verwaltungswirtschaft jener zyklische Zusammenhang einer Labilität des Leistungsniveaus hergestellt, in dem wir die volkswirtschaftlichen Krisen der freien kapitalmäßigen Marktwirtschaft lange zu sehen gewohnt waren.

Gehen wir nun zur Betrachtung dieser kapitalmäßigen Marktwirtschaft, zu den **Konjunkturen und Krisen der** wesentlich individualistisch **freien Marktwirtschaft** also, über. Sie sind auch hier bedingt durch Unverhältnismäßigkeiten in der Kombination der Produktivkräfte. Solange das Fehlen der oben (§ 17) zusammengestellten Elastizitätsvoraussetzungen die Volkswirtschaft noch starr und unelastisch macht, führen diese Kombinationsstörungen auch hier zu tiefgehenden, mehr einmaligen Einbrüchen in die Ertragsverhältnisse als zu besonders schweren Krisen. Dies war das Wesen der großen volkswirtschaftlichen Krisen bis etwa zur deutschen „Gründerkrise“ der 70er Jahre. Stellen dagegen jene Voraussetzungen, insbesondere die Ausbildung des Nachrichten-, Verkehrs- und Marktwesens, eine gewisse Elastizität (Umgruppierungsfähigkeit) der Volkswirtschaft her, so bezieht das Auf und Ab der Konjunkturen die Krisen mehr als Umschwungserscheinungen in seine wechselnden Schwankungen ein. Dieser letzte Fall sei hier zunächst näher betrachtet.

Die Unverhältnismäßigkeit der produktiven Kräfte, die beides, Krisen und Konjunkturen, herbeiführt, kann, wie (§ 14) schon angedeutet, entweder durch eine Veränderung der *Ziele* oder durch eine Veränderung der *Mittel* der Wirtschaft bedingt sein. Im ersten Falle (1) bedeutet z. B. ein Kriegsausbruch oder das Auftauchen neuer sozialer Ziele und Bestrebungen eine *Zieländerung* der Wirtschaft. Sie bewirkt eine „Neueinstellung“ der Wirtschaft (*Spann*) und damit eine Umwertung aller wirtschaftlichen Werte, ähnlich wie etwa eine Lageveränderung der als Ziel erstausgeworfenen roten Kugel im Bocciaspiel die Gunst oder Ungunst der Lage sämtlicher bisher nach ihr geworfenen Kugeln entscheidend verändert. Im zweiten Fall (2) wird die Kombinationsstörung durch eine *Mitteländerung* bewirkt. Es kann sich dabei sowohl a) um den *Ausfall* oder die *Verminderung* bzw. Verschlechterung von Mitteln (z. B. um Naturkatastrophen, Mißernten, Gebietsabtrennungen usw.) als auch b) um das *Neuauftreten* oder die Vermehrung bzw. Verbesserung von Mitteln (z. B. Erfindungen von Produktionsmitteln, neue Verkehrsverbindungen, Entdeckungen) handeln.

Im Falle des Mittel*ausfalles* (2 a) erstrebt die gravitierende Ausgleichswirkung der Wechsellagen durch Herstellung des bei den verminderten Mitteln noch bestmöglichen Wirkungsverhältnisses der Produktivmittel eine Zurückführung der Sozialwirtschaft auf den höchsten Produktivitätsstand, der nach dem verminderten Stand dieser Mittel noch erreichbar ist: Wirtschafts*rückbildung* oder Wirtschafts*schrumpfung*. Im anderen Falle, der Mittel*vermehrung* (2 b), erstrebt der Pendelvorgang den Ausgleich der Sozialwirtschaft auf derjenigen erweiterten Produktivitätsgrundlage, die der eingetretenen Mittelvermehrung entspricht: Wirtschafts*erweiterung*. In beiden Fällen aber, auch im letztgenannten Falle der Wirtschaftserweiterung, bedeutet die Unverhältnismäßigkeit in der Kombination der Produktivmittel, die die Wechsellagen bedingt, zunächst einmal einen Produktivitäts*verlust*, und die Wechsellagen mit ihren Schwankungen von Zuviel und Zuwenig pflanzen diese Verlustwirkung, wenn auch grundsätzlich in immer schwächerem Ausmaß, zunächst fort. Im letztgenannten Fall einer durch die Labilität vermittelten Wirtschaftserweiterung kennzeichnen sich daher die Wechsellagen gleichsam als die Geburtswehen des wirtschaftlichen Fortschritts, im erstgenannten Fall einer Wirtschaftsrückbildung stellen sie sich gleichsam als Anpassungskrämpfe einer Wirtschaftsschrumpfung dar.

Damit ist freilich das Auf und Ab zyklischer Konjunkturen selbst noch nicht erklärt, wie sie in wesentlich freien Marktwirtschaften vielfach zu beobachten waren. Die Theorie der volkswirtschaftlichen Wechsellagen wird hier zweckmäßig zwei Vorgänge scharf auseinanderhalten, so unmöglich es auch meist ist, sie in der Wirklichkeit genau voneinander zu sondern:

Der eine Vorgang ist entscheidend für die Frage, ob unter dem Einfluß technischer Fort- oder Rückschritte im weitesten Sinn sowie natürlicher Gegebenheiten als Endergebnis der Konjunkturschwankungen eine Wirtschaftsrückbildung oder eine Wirtschaftserweiterung eintritt, ob also unter dem Einfluß jener äußeren Wirtschaftsbedingungen die Kurve der Gestaltung des Wirtschaftsertrages (Nationalprodukts), aufs Ganze gesehen, nach oben oder nach unten zeigt. Die gedachten Anstöße oder Hemmungen aus Natur und Technik kommen von außerhalb der Wirtschaft, und man spricht bei diesen insofern außerwirtschaftlichen Bedingungen der Konjunkturgestaltung von exogenen Gründen der Konjunktur. So kann, wie schon angedeutet, eine technische Erfindung oder eine Erschließung neuer Gebiete die Mittel der Wirtschaft grundlegend im günstigen Sinne verändern, eine Mißernte oder eine Erdbebenkatastrophe kann viele Mittel ausfallen lassen, eine Änderung der Mode oder ein Kriegsausbruch kann der Wirtschaft neue Ziele setzen. Auch wirtschafts- oder sozialpolitische Eingriffe in eine Marktwirtschaft gehören hierher. Bei alledem handelt es sich also um eine gleichsam von außen kommende Veränderung volkswirtschaftlicher Daten (Gegebenheiten). Die Frage ihres Auftretens und ihrer Wirkungen gehört ins Gebiet der Wirtschaftsgeschichte, stellt also der Wechsellagen theorie keine Aufgaben. Auch Voraussagen sind hier müßig. Ein Versuch von Jevons, durch Zurückführen der Mißernten auf die wärmevermindernden Sonnenflecken die Periodizität der Konjunkturen exogen zu begründen, ist mißglückt. Die Vermehrung oder Verminderung der Wirtschaftsmittel ebenso wie die Veränderung der Wirtschaftsziele sind von der Wirtschaftstheorie nicht allgemeingültig zu erfassen.

Ähnlich ist übrigens auch die Konjunkturstatistik bemüht, solche gleichsam „von außen", also exogen bedingte Wirtschaftsveränderungen bei der Aufstellung ihrer Konjunkturkurve abstrahierend auszuschalten. So scheidet sie einerseits jene Auf-die-Dauer-Tendenz oder Grundrichtung der Gesamtentwicklung als (secular) trend aus, die sich aus langfristigen Gefügeverschiebungen im Aufbau der Wirtschaft, den (vor allem von Harms) sog. Strukturveränderungen, ergeben (z. B. aus technischem Fortschritt, Bevölkerungsbewegung, Erschließung und Konkurrenz der Überseegebiete, langfristigen Veränderungen im Geldwesen[1]). Und sie abstrahiert andererseits auch von den kurzwelligen Saisonschwankungen, die als Folge der Jahreszeiten — z. B. in der Landwirtschaft im Wechsel von Aussaat und Ernte, im Handel von Weihnachtshausse und Frühjahrsstockung, in der Bauwirtschaft von guten Jahreszeiten und Winterstillstand — alljährlich wiederkehren. Kurzfristig sind auch die sog. Lagerzyklen. Sie beruhen auf Übertreibungen im Sinne des Quantenproblem (S. 254), mit denen das Ausmaß der Lagerhaltung auf Veränderungen der Nachfrage reagiert (meist ein bis drei Jahre)[2]. Die Ausscheidung der sog. Zufallsschwankungen endlich, die sich als Folgen von Kriegen, Naturkatastrophen, Streiks, Entdeckungen usw. kurzfristig ergeben, ist dadurch besonders erschwert, daß ihnen jede Stetigkeit oder Regelmäßigkeit fehlt. Der Statistiker muß versuchen, sie als „Restschwankungen" auszuscheiden.

Der andere Vorgang dagegen, den die Wechsellagentheorie unterscheiden muß, ist nicht in der geschilderten Weise von außen, nicht exogen bedingt. Er ist vielmehr endogen (inkräftig), d. h. aus dem Wesen des preisgesteuerten marktwirtschaftlichen Organismus selbst, aus den immanenten Kräften des Preisbildungsvorganges, zu erklären. Es ist das jener Vorgang einer volkswirtschaftlichen Labilität, jener eigentliche Konjunkturzyklus, dessen Auf und Nieder im Wechsel von Aufschwung, Krise und Depression ähnlich wie Flut und Ebbe den Preisspiegel der weitgehend freien Marktwirtschaft hebt und senkt, und den wir uns daher als Wellenlinie gleichsam um die Grundrichtung des Trend herumgelegt denken müssen. Ein „Zyklus" ist dabei der Konjunkturverlauf zwischen zwei gleichen Phasen dieser mittelfristigen Wellenbewegung. Er sucht diese Marktwirtschaft auf ihrem Wege zu jenen datenbedingten Wirtschaftserweiterungen (oder -schrumpfungen) von einem Ausgleich zum nächsten zu führen, ohne doch jemals einen Ruhestand völliger Ausgeglichenheit zu erreichen. Dabei kann also empirisch z. B. ein exogener Krisengrund eine krisenhafte Gleichgewichtsstörung der freien Marktwirtschaft herbeiführen, die sich in Reaktion auf jene Datenveränderung

[1] Einige Forscher (zuerst Kondratieff) glauben auch in diesem Trend noch eine endogene zyklische Preisbewegung, die sog. langen Wellen, unterscheiden zu können, die sich über 40 bis 50 Jahre erstrecken sollen. Die kurze Dauer zuverlässiger Konjunkturbeobachtung (etwa seit Anfang des vorigen Jahrhunderts) macht aber den Nachweis der Periodizität und vollends der endogenen Bedingtheit dieser „langen Wellen" m. E. unmöglich.

[2] Umgekehrt können allerdings Verminderungen oder Vermehrungen der Lagerbestände auch zu Ausgleich und Verstetigung der Konjunkturen dienen.

dann im Auf und Ab des endogenen Konjunkturzyklus erst allmählich auf das nach der neuen Lage erreichbare Bestverhältnis ausschwingt; es kann aber auch ein solcher von außen unmittelbar krisenerzeugender exogener Anstoß fehlen, wie unsere Darstellung der hochkapitalistischen Expansionskonjunktur (S. 361) zeigen wird. In den liberalen, fortschreitend industrialisierten Verkehrswirtschaften Englands und des europäischen Kontinents war diese Abfolge der Konjunkturen seit etwa dem zweiten Jahrzehnt des vorigen Jahrhunderts bis etwa zum ersten Weltkrieg zunächst in Abständen von etwa sieben bis elf Jahren zu beobachten. Nach dem Franzosen Clemens Juglar, der (nächst Andeutungen schon bei Lord Overstone) 1860 zuerst auf diese zyklische Abfolge der Konjunkturen hinwies, hat man diesen Zyklus auch den „Juglarzyklus" genannt. Die Erklärung dieser innenbedingten, endogenen Gravitationstendenz, vermöge deren die genügend elastische freie Marktwirtschaft also von einem Optimum zum anderen fortzuschreiten (bzw. sich einer Schrumpfung ihrer Mittel anzupassen) strebt, und die nähere Untersuchung ihrer Formen und Grenzen in der hochkapitalistischen Sozialwirtschaft ist eine besondere Aufgabe der Verteilungstheorie. Erst die größere Aktivität, mit der die Konjunkturpolitik seit dem ersten Weltkrieg zur zielbewußten Vollbeschäftigungspolitik wurde, hat den zyklischen Verlauf der marktwirtschaftlichen Konjunkturschwankungen zurückgedrängt.

Als den Motor einer entsprechenden Wellenbewegung in der zentral geleiteten Einzel- und Betriebs- wie kollektiven Planwirtschaft bezeichnete uns das Labilitätsgesetz die Entschlüsse der zentralen Wirtschaftsführung: In Ermangelung eines ausreichenden Überblicks probiert diese die zweckmäßige Kombination ihrer Produktivmittel durch einen Wechsel von Zuviel und Zuwenig erst aus (§ 14). Wie kam es aber unter den Voraussetzungen des Labilitätsgesetzes auch in der wesentlich individualistisch freien Marktwirtschaft zu solchen gravitierenden Schwankungen, die in den meisten Wirtschaftszweigen einer Volkswirtschaft fast einheitlich auftraten? Unsere obige vereinfachte Darstellung des Preisbildungsvorganges der Marktwirtschaft streifte (S. 184, insbesondere Phase IV) bereits deren wesentlichen Grund: der Anreiz zur Steigerung oder Verminderung von Erzeugung und Verbrauch, wie er in der freien Marktwirtschaft allein von der Preisbewegung ausgeht, gibt der ertragsstrebigen Einzelwirtschaft keine Grenzen für das Ausmaß der durchzuführenden Veränderungen an. Dabei wirkt dieser Anreiz der Preisbewegung dezentralistisch auf eine große Anzahl von Einzelwirtschaften ein, die ihm meist unabhängig voneinander folgen, etwa wie die Insassen einer in Zellen geteilten Gefängniskirche wohl alle den Prediger auf der Kanzel, aber nicht sich untereinander sehen. Soweit dennoch eine nachbarliche Fühlung besteht, spielt der Herdentrieb eine Rolle, der sich erst dann zu einer Handlung entschließt, wenn viele andere das gleiche tun. Daher fassen nur zu leicht zu viele Wirtschaftende gleichzeitig die gleichen Entschlüsse, ohne zu übersehen, daß die Summierung dessen, was als Einzelhandlung wirtschaftlich richtig wäre, im ganzen ein Zuviel bzw. Zuwenig, also etwas wirtschaftlich Unrichtiges ergibt. Hat sich die Übersteigerung in der einen Richtung vermöge der Regel von Angebot und Nachfrage auf die Preisgestaltung ausgewirkt, so setzt von dieser Preisbewegung aus der gleiche Vorgang zwangsläufig in umgekehrter Richtung wieder ein. So beruht auch in der preisgesteuerten Marktwirtschaft die periodische Wechselfolge von Zuviel und Zuwenig, die sich so ergibt, auf einem Mangel an Überblick und Fähigkeiten der komplementären Wirtschaftsführung. Auch hier ins „Zuwenig" geraten, ist diese ihre Aufgabe, die übrigen Produktionsfaktoren zweckmäßig zu kombinieren, nicht gewachsen, nur daß diese Fähigkeiten hier — der individualistischen Natur der Marktwirtschaft entsprechend — ihren Sitz bei den Einzelwirtschaften (und zwar besonders bei den Unternehmern) haben. O. v. Zwiedineck-Südenhorst hat diesen Zusammenhang als „Quantenproblem" bezeichnet[3]. Erst die Spekulation setzt das Massenhandeln der Nachbarn ihrerseits wieder in ihre Berechnungen ein. Sie verengert die Schwingungsweiten der verlustreichen Schwankungen von Zuviel und Zuwenig, indem mit ihr jenes Nachhinken des Überblicks und der sonstigen Fähigkeiten der Wirtschaftsführung sich vermindert und schließlich wegfällt, das den tiefsten Grund auch dieser Wechsellagen darstellt.

Aus diesen streng allgemeingültigen Feststellungen der reinen Wechsellagen- und Krisentheorie lassen sich bereits einige wichtige **Schlußfolgerungen** ziehen:

1. Die Krisen treten, sahen wir, nicht nur im Rahmen des dargestellten endogenen Konjunkturzyklus, sondern auch als Folgen ganz unregelmäßiger exogener Datenänderungen sowie als Folgen kollektivistischer Fehlmaßnahmen auf. Sie können sich aus Gleichgewichtsstörungen nicht nur im Rahmen der eigenen Volkswirtschaft, sondern auch der Weltwirtschaft ergeben. In der kapitalmäßigen Marktwirtschaft (die ja heute auch kollektivistischer Einbauten nicht ermangelt) kann es daher wohl einen gelegentlichen zyklischen Konjunkturwechsel mit einer entsprechenden Wechselfolge auch der Niedergänge, aber keine **Periodizität der Krisen** im strengen Sinn, also mit gleichen Abständen der Wellenberge und -täler, geben. In der Tat ist

[3] Vgl. v. Zwiedinecks Vortrag: Konkurrenz und Monopol in Theorie und Wirklichkeit, in Ztschr. „Bayerische Industrie", Bd. 23, 1929, Nr. 6, S. 5. Dazu auch H. Keller, Ein Quantenproblem der Sozialwirtschaft, Jhrb. f. Nat. u. Stat. III. F., Bd. 81, 1932, S. 162 ff.

eine Gleichheit dieser Abstände auch nicht nachweisbar, und nicht einmal der Wechsel der Konjunkturen war immer deutlich ausgeprägt. Hier liegen auch die wesentlichsten Schwierigkeiten jeder Konjunkturvorhersage (Konjunkturprognose). Vor dem ersten Weltkrieg glaubte die nationalökonomische Wissenschaft auf Grund von reichlich zwei Jahrzehnten eines vorwiegend günstigen Konjunkturverlaufs bereits eine geringer werdende Schwere und Häufigkeit der Krisen annehmen zu können. Aber nach dem Ende jenes Krieges brachten schon die Jahre 1921, 1930 und 1937 schwere Krisen der Weltwirtschaft.

2. Die **Schwere der Krisen,** mögen sie exogenen oder endogenen Ursprungs sein, mindert sich mit zunehmender Elastizität (Umstellungs-, Anpassungs-, Umgruppierungsfähigkeit) des Wirtschaftsgebildes. Je geringer diese Elastizität der Wirtschaft, desto tiefer und langdauernder, je größer die Elastizität, desto geringer und kürzer sind die Schwankungen und Krisen der Wirtschaft. Unter den Elastizitätsvoraussetzungen der Marktwirtschaft, die wir oben (§ 17) zusammenstellten, sind hier als besonders bedeutungsvoll hervorzuheben:

a) Die Verbesserung der Marktbeobachtung und des Nachrichtenwesens. Sie begünstigt die krisenausgleichende Spekulation, indem sie den Einzelwirtschaften den Überblick über die gegenwärtigen und die Voraussicht der kommenden Ereignisse des Marktes erleichtert.

b) Die Voraussetzung eines nicht zu großen Einmalaufwandes der Produktion (S. 188). Die langen Produktionsperioden, auf die wir dabei hinwiesen, reizen zunächst zur Übersteigerung im Sinne des Quantenproblems: „Je länger eine Preislage mit dem Anreiz zur Angebotssteigerung dauert, und je länger es dauert, bis eine Marktänderung vom Angebot her eintritt, um so größer die Gefahr der Verhältnislosigkeit in der Angebotsentwicklung, weil nur um so mehr Nachläufer einen ursprünglich richtigen Gedanken aufnehmen, wenn er nicht mehr richtig ist" (v. Zwiedineck). Ferner legen die langen Produktionsperioden ebenso wie auch die hohen „fixen Kosten" der Massenproduktion die heutige Großindustrie stark in der einmal eingeschlagenen Produktionsrichtung fest. Daher kann hier der Produzent nicht jederzeit und meist nur mit erheblichen Verlusten aus dem Markt herausgehen. Dadurch werden die Krisen gleichfalls verschärft. Wo dieser große Einmalaufwand infolge der Vorteile der Massenproduktion nicht aufzugeben ist, kann daher die Selbstorganisierung der Wirtschaft in Kartellen usw. durch ihre preisausgleichende Wirkung u. U. von krisenmindernder Bedeutung sein.

3. Erkannten wir den endogenen Konjunkturwechsel der wesentlich freien Marktwirtschaft als eine Wellenbewegung, mit der der Leistungsstand der produktiven Kräfte eines Produktionsgebildes auf den optimalen Ausgleich auszuschwingen sucht, so ergibt sich: Einem Zuviel in einem Teil der produktiven Kräfte ein und desselben Produktionsgebildes muß stets ein Zuwenig in anderen Teilen gegenüberstehen.

Unmöglich ist also insbesondere ein Zuviel gleichzeitig auf allen Produktionsgebieten, jene allgemeine **Überproduktion,** mit der die „Überproduktionstheorien" die Absatzstockungen der Krisen in der Marktwirtschaft zu erklären suchten (vgl. S. 367). Die wirtschaftende Menschheit führt ja immer Krieg mit dem Mangel und der Knappheit der Güter. Insgesamt und im Ganzen kann also nie zuviel produziert werden. Insofern bedeutet das Volumen der Produktion stets die Grenze für die mögliche Konsumtion, nicht umgekehrt. Es kann sich immer nur um eine falsche Richtung der Produktion handeln, die hier ein Zuviel und dort ein Zuwenig entstehen läßt, bis der Ausgleich eintritt.

Ähnliches sahen schon Jean Baptiste Say (1767—1832) und James Mill (1773—1836). Unter Zustimmung Ricardos führte Say (Traité d'Economie Politique, 1803) gegen den Überproduktionsgedanken aus, Erzeugnisse könnten stets nur gegen Erzeugnisse ausgetauscht werden, das Geld vermittle nur diesen Austausch. Die Produzenten, die als Anbieter ihre Waren zum Markte bringen und dafür bezahlt werden, verfügten dadurch insgesamt auch über die erforderliche Kaufkraft und Kaufwilligkeit, alle diese Erzeugnisse als Nachfrager aus dem Markte zu nehmen. Daher könne das Gesamtangebot nie die Gesamtnachfrage übersteigen. Stocke dennoch der Absatz, so sei das nur ein Beweis, daß auf der einen Seite zu viel, in anderen „Kanälen des Gewerbefleißes" dagegen entsprechend zuwenig produziert worden sei. Eine allgemeine Überproduktion sei unmöglich, denn „die Menschen können nicht mehr hervorbringen, als sie imstande sind, zu verzehren". Nicht allgemein zuviel werde produziert, sondern es werde nicht das produziert, was jeweils gebraucht werde. Allerdings überschätzte Say dabei nach Art seiner liberalistischen Grundauffassung die Elastizität (Selbststeuerungsfähigkeit) der Volkswirtschaft, wenn er meinte, das freie Spiel der Kräfte werde solche Fehler in der Verteilung der Produktivmittel alsbald heilen, wenn man nur die Absatzwege (débouchés), nämlich die Tauschwege der Produkte, freimache (sog. Theorie der Absatzwege).

Als Teilkrisen (partielle Krisen) freilich können Überproduktionskrisen jederzeit durch eine solche falsche Verteilung der Produktivkräfte entstehen, und diese Gefahr liegt gerade in der mit großem Kapitaleinsatz arbeitenden neuzeitlichen Marktwirtschaft besonders nahe. Denn diese produziert ja nicht mehr von der Hand in den Mund, sondern schlägt mit diesem Einsatz von Kapital, wie wir (S. 133) sahen, „produktive Produktionsumwege" ein. Das erfordert Zeit, und in diesem Zeitraum, der zwischen der Einleitung der Produktion und der Ankunft der Produkte beim Verbraucher liegt, können Verschiebungen sowohl der Bedürfnisse der Verbraucher als auch ihrer Ausstattung mit Kaufkraft eintreten, die beim Beginn der Produktion nicht vorauszusehen waren. So kann z. B. eine Schrumpfung der Konsumentenkaufkraft, die in jenem Zeitraum bei den Verbrauchern des Produkts eingetreten ist, lähmende Absatzstauungen zur Folge haben. Der

Zeitraum, aus dem die Einkommen stammen, mit denen die Nachfrage die Produkte kauft, ist ja nicht identisch mit dem Zeitraum, in dem diese Produkte hergestellt wurden (vgl. dazu Simonde de Sismondi (unten S. 368) sowie auch Otto v. Zwiedineck-Südenhorsts „Gesetz der zeitlichen Einkommensfolge“ in dessen Allgemeiner Volkswirtschaftslehre 1948[2], S. 257). Auch die Struktur und Lieferfähigkeit z. B. von Zubringergewerben können Veränderungen erfahren, die, wenn nicht den Ausfall, so doch die Verteuerung wichtiger Ergänzungsgüter oder Rohstoffe u. dgl. bedingen und so die Absatzmöglichkeit der Produkte vermindern. Schon in der Richtung der Produktion können ferner die Produzenten nicht nur die Art der Konsumbedürfnisse, sondern auch die Größe des Kapitalgüterbedarfs für Investitionen sowie für die Reproduktion, Erneuerung und Erhaltung des Produktionsapparats falsch eingeschätzt haben. Auch kann die Wiederherstellung des Marktgleichgewichts durch die (oben S. 323 ff. behandelten) Multiplikations- und Akzelerationseffekte sowie durch Verzerrungen im Verhältnis von Sparvolumen und Investitionen verzögert werden, psychische Stimmungen (wie übertriebener Optimismus oder Pessimismus) der Unternehmer können den Ausgleich der Marktwirtschaft erschweren usw. Überhaupt ist niemals zu vergessen, daß sich die Ausgleichswirkung der Marktwirtschaft nicht stets — dem gedanklichen Modell gemäß — einheitlich auf allen Gebieten gleichmäßig geltend macht. Vielmehr können die Bewegungen in den verschiedenen Wirtschaftszweigen u. U. auch zeitweilig einander aufheben oder sich zu Übertreibungen kumulieren, die dem Ausgleich des Wirtschaftsganzen gleichfalls nicht förderlich sind.

Die Auffassung, es gebe nur Teilkrisen, bedarf dabei allerdings einer wichtigen Ergänzung: Nicht nur die Produktion von Sachgütern und Diensten, sondern auch die Produktion der Arbeitskraft (als „biologisch-organische Produktion“, S. 63) sowie die Schaffung von Geld im weitesten Sinn stehen in der Reihe der Produktionsgebiete, die bei der falschen Verteilung der Produktivkräfte ein Zuviel und Zuwenig aufweisen können. Ein Zuwenig oder Zuviel der Geldschöpfung bedingt hier die sog. monetären Krisen, deren Bild wir oben in unserer Schildung der Funktionsstörungen des Geldwesens schon vorfinden (s. Deflationsstadium I, S. 275 und Inflationsstadium II, S. 273). Von ihnen ruft die Deflationskrise mit ihrer allgemeinen Absatzstockung „zwischen Lipp und Kelchesrand“ der Bevölkerung den äußeren Eindruck einer Überproduktion hervor, da der Baisse in der „Wirtschaft“ hier eine Art Hausse nur bei den Realeinkommen der Festbesoldeten und Rentner gegenübersteht. Versteht man unter „der Wirtschaft“, wie es häufig geschieht, nicht auch diese Festbesoldeten und Rentner, sondern wesentlich nur die Sachgüterproduktion nebst Banken, Handel, Verkehr und deren Hilfsgewerben, so bedeutet diese allgemeine Überproduktion in der Tat eine totale Krise der Wirtschaft. Zuviel Waren werden aber hier produziert nicht in Anbetracht des Bedarfs, sondern nur deswegen, weil der zu knapp gewordene Umsatzvermittler Geld seine Dienste versagt. So können die Waren wegen des ständigen deflatorischen Preisverfalls, der den Absatz und oft schon den Transport der Waren zum Markt unlohnend macht, nicht zum Verbraucher gelangen. Dabei kann eine solche Deflationskrise nicht nur durch ein Zurückbleiben der Menge des Geldes hinter dem Handelsvolumen (S. 251), sondern auch durch eine Verminderung seiner Umlaufsgeschwindigkeit (etwa durch Stockungen in der Einkommensverwendung, Hortungen u. dgl.) bedingt werden.

Ferner gilt der Satz von der Unmöglichkeit einer allgemeinen Überproduktion nur für e i n u n d d a s s e l b e Produktionsgebilde. Es können also sehr wohl alle Produktionsgebiete einer V o l k s wirtschaft zugleich in das Wellental einer w e l t wirtschaftlichen Konjunktur hineingeraten (ähnlich wie etwa die Schiffchen, die ein Kind auf den Wellen einer Waschschüssel schwimmen läßt, alle gleichzeitig solange tief liegen, als die Waschschüssel selbst im Wellental einer Badewanne schwimmt). Die große Hartnäckigkeit der weltwirtschaftlichen Krise von 1930 (S. 363) macht diese Feststellung besonders bedeutsam. Dadurch und durch die im Bereich des Geldwesens liegenden (monetären) Krisengründe ist es wohl bedingt, daß die Konjunkturen der letzten Jahrzehnte auch in den Volkswirtschaften vielfach das äußere Bild der Totalität zeigten. Auch die Konjunkturstatistik, die die Preisbewegungen aus der Produzentenperspektive sieht und ihren Preiskurven stets volkswirtschaftliche D u r c h s c h n i t t e zugrunde legt, unterstützt diesen Eindruck. Die Theorie darf sich jedoch dadurch über die tieferen Zusammenhänge nicht täuschen lassen.

4. Die Krise in der wesentlich individualistisch organisierten Marktwirtschaft ist eine **Folge des Massenhandelns** von Wirtschaftsindividualitäten, die miteinander zu einem Wirtschaftsganzen verbunden, aber untereinander doch nicht so eng in Fühlung sind, daß durch diese ihre Fühlung eine Übersicht des Einzelnen über das Handeln aller anderen und damit eine optimale Elastizität dieses Wirtschaftsgebildes gewährleistet wäre. Das gilt für die E i n z e l wirtschaften im Rahmen der V o l k s wirtschaft ganz ebenso wie für die V o l k s - wirtschaften im Rahmen der W e l t wirtschaft. Die Krisen im Bereich der V o l k s wirtschaften haben daher, soweit sie endogen bedingt waren, an Heftigkeit eingebüßt, seitdem mit zunehmender Integrierung (Gesamtempfindlichkeit) und Differenzierung (Durchgliederung) der Volkswirtschaften die Fühlung und Zusammenarbeit der Einzel-

wirtschaften in ihrem Rahmen eine immer engere geworden ist. Und von Krisen im Bereich der Weltwirtschaft wiederum läßt sich erst sprechen, seitdem die Verkehrsverbesserungen der Neuzeit die Volkswirtschaften in eine nähere Verbindung miteinander gebracht haben. Erst seit etwa 100 Jahren zeigen die volkswirtschaftlichen Krisen die Tendenz, sich zu Weltwirtschaftskrisen auszuweiten, wobei vor allem die Kreditverbundenheit der einzelnen Volkswirtschaften von Bedeutung war. Andererseits sind diese weltwirtschaftlichen Krisen heute von besonderer Schwere und Dauer, weil unter dem Einfluß besonders des politischen Mißtrauens die weltwirtschaftliche Zusammenarbeit und Fühlung der einzelnen Volkswirtschaften doch noch eine recht lose ist.

5. Von hier aus erklärt sich dann eine regelmäßige Folge schwerer und langdauernder Krisen, die wir als **Tendenz der depressiven Wirtschaftszersetzung** bezeichnet haben. Die Wirtschaftsindividualitäten, die sich in einer Krise gleichsam höherer Wirtschaftsstufe (s. S. 72) befinden, erkennen nämlich meist sehr bald, daß die Depression, unter der sie leiden, die Folge einer Gleichgewichtsstörung desjenigen höherstufigen Wirtschaftsganzen ist, in das sie eingegliedert sind. Sie vergleichen dann sehr bald die Nachteile ihres depressiven Zustandes mit den Vorteilen, die ihnen aus diesem Eingegliedertsein, d. h. also vor allem aus ihrer Teilnahme am arbeitsteiligen Austausch des höherstufigen Wirtschaftsgebildes, erwachsen. Scheinen ihnen dabei die Nachteile zu überwiegen, so suchen sie sich dem arbeitsteiligen Zusammenhang, dessen Glied sie bisher bildeten, zu entziehen, d. h. sie ziehen sich in wirtschaftlicher Selbstbeschränkung (Autarkie) auf sich selbst zurück. Die Zersetzung des höherstufigen Wirtschaftsganzen, die damit eintritt, tritt naturgemäß besonders leicht und häufig bei denjenigen Wirtschaftsgebilden auf, bei denen die arbeitsteilige Integrierung und Differenzierung noch nicht sehr weit vorgeschritten ist. Denn diese bieten ihren Gliedern noch nicht so große Vorteile der Arbeitsteilung, und die einzelnen Glieder haben infolge ihrer noch verhältnismäßig losen Eingliederung noch mehr wirtschaftliche Selbständigkeit behalten.

So finden wir auf der Stufe der Volkswirtschaft die Tendenz der depressiven Zersetzung vor allem in den noch weniger arbeitsteilig durchorganisierten Agrarländern bestätigt. Hier ziehen sich die bäuerlichen Einzelwirtschaften in Zeiten schwerer und langdauernder Krisen weitgehend auf die tauschlose Naturalwirtschaft der geschlossenen Hauswirtschaft zurück. Dabei kann freilich unsere Feststellung der Zersetzung kein Werturteil bedeuten, denn der gedachte Vorgang ist zugleich auch ein Heilungsmoment: Die größere Krisenfestigkeit der agrarischen Volkswirtschaften im Vergleich zu den Industrie- und Handelsländern beruht auf dieser Selbstbeschränkungsmöglichkeit der bäuerlichen Einzelwirtschaften. — Ein Beispiel dafür, daß nicht nur die Einzelwirtschaften, sondern auch größere Glieder der Volkswirtschaft unter dem Druck einer krisenhaften Depression dieser Tendenz der Wirtschaftszersetzung Raum geben, liefern ferner die Zünfte des späteren Mittelalters. Die Depression, die durch die Wegverlegung der Handelswege an die Westküste Europas in Mitteleuropa bedingt war, führte hier zu den bekannten Abschließungserscheinungen der Zünfte (Erschwerung des Meisterwerkes, Verschärfung des Zunftzwanges, der Zuständigkeitsgrenzen usw.) und zu einer Arbeitsbewirtschaftung, die sich gegen das Eindringen produktionstechnischer Neuerungen wehrte, um die „Nahrung" der Zunftmitglieder nicht zu gefährden. Vom übergeordneten Wirtschaftsgebilde der Stadtwirtschaft aus gesehen, bedeutete das eine Ausgliederung der Zunftorganisationen aus dem Wirtschaftsganzen und damit dessen Zersetzung.

Die Glieder ferner der Weltwirtschaft, die einzelnen Nationalwirtschaften, zeigten z. B. unter dem Einfluß der schweren deflatorischen Weltwirtschaftskrise nach 1930 ganz das entsprechende Bestreben, sich durch Zollschranken, Einfuhrkontingentierungen, Industrieprotektionismus, Währungsabwertungen, Devisenvorschriften usw. aus ihrer weltwirtschaftlichen Verflechtung herauszulösen. Die Nachteile der so von den Volkswirtschaften erstrebten Autarkie (Selbstversorgung) trafen am schwersten die Industrieländer, die sich am weitgehendsten auf die weltwirtschaftliche Arbeitsteilung eingestellt hatten. Sie können aber auch hier gegenüber den Nachteilen der Weltwirtschaftskrise das kleinere Übel bedeuten (s. unten).

Wir legten bisher zunächst rein theoretisch den Krisengrund dar, der das Auf und Ab schlechthin aller volks- und weltwirtschaftlichen Konjunkturen erklärt. Das Labilitätsgesetz behielt auf dem Wege über den Mechanismus des Quantenproblems auch für die freie Marktwirtschaft seine Geltung. Wir zogen sodann einige Schlußfolgerungen hieraus, die gleichfalls wesentlich im Rahmen theoretischer Generalisierung blieben. Gehen wir nunmehr zur **Beschreibung** der freiwirtschaftlichen Konjunkturen über und sehen wir zu, wie sich der festgestellte Grund aller Krisen regelmäßig im Konjunkturrhythmus der weitgehend freien Marktwirtschaft des Hochkapitalismus verwirklichte. Jene Summierung vieler an sich „richtigen" Bewegungen der Volkswirtschaft, die uns hier das Wesen des Quantenproblems ausmachte, kann ja bei den verschiedensten Faktoren der Produktion auftreten. Dabei ist es wichtig, bei welchen

Wirtschaftsfaktoren einer solchen Marktwirtschaft dies regelmäßig zuerst geschieht, denn die erste Konjunkturbewegung zieht meist die anderen mit sich und drückt dem Bilde des Konjunkturverlaufs den Stempel auf. Die Produktionsfaktoren, die so im Zuge der volkswirtschaftlichen Umgruppierungen die Spitze übernehmen, können dorthin entweder durch exogene Anstöße einer Gleichgewichtsstörung, etwa einen Trend oder ein Datum der Kapitalbildung, gelangen. Als ständiges Auftriebsmoment (oder Bleigewicht) beeinflussen diese von außen kommenden Anstöße das Bild der wirklichen Wechsellagen, um die es sich hier beim Übergang zur Wirtschaftsbeschreibung schon handelt, ja naturgemäß sehr wesentlich. Oder die erwähnten Produktionsfaktoren können infolge endogener (inkräftiger) Zusammenhänge, nämlich auf Grund ihrer besonders großen Elastizität (Umstellungsfähigkeit), die Führung im Zuge des Konjunkturwechsels übernehmen.

Zwei Faktoren nun, an der Spitze der Umgruppierung marschierend, kennzeichnen regelmäßig die **hochkapitalistische Expansionskonjunktur** der von wirtschaftspolitischen Eingriffen noch weniger berührten Zeit vor dem ersten Weltkrieg: Der eine von ihnen verdankte diese seine Bedeutung hauptsächlich exogenen, der andere hauptsächlich endogenen Antrieben, beide aber unterstützten sich gegenseitig in ihrer Vorherrschaft. Diese beiden Produktionsfaktoren sind das Kapital und der Kredit, insbesondere das Kreditgeld. Sehen wir zu, wie dies geschah:

Die führende Rolle der Kapitalinvestierung in der Aufschwungsphase dieses Konjunkturwechsels war bedingt schon durch die natürliche Elastizität des Geldkapitals, vor allem aber durch jene fortgesetzte quantitative und potentielle Vermehrung des Kapitalsfaktors, die heute unter dem Druck der Bevölkerungsvermehrung durch den technischen Fortschritt ermöglicht wird.

Hat die Güterverknappung am Ende der Stockungsperiode die Lager gelichtet und die Preise gesteigert, so ist daher meist zunächst der Kapitalfaktor der Tummelplatz des Quantenproblems. Das Geldkapital investiert Sachkapitalien (Produktionsgüter) aller Art in steigender Menge. Der Kredit seinerseits als äußerst elastischer Faktor begleitet das Kapital, erhöht auch dessen Elastizität (Umgruppierungsfähigkeit) noch mehr und beschleunigt dadurch den Vormarsch des Aufschwunges. Zugleich aber unterliegt der Preis des Leihkapitals, der Zins, meist mancherlei hemmenden Einflüssen, wie sie vom Quantenproblem in seiner Anwendung auf die Kreditbereitschaft der Banken, von der Laufzeit unkündbarer Darlehnsverträge, oft auch vom Kollektivismus der Diskontschraube ausgehen. Daher hinkt der Zins bei dem Ansteigen der Preise nach (sog. Phasenverschiebung), während der „natürliche" oder „ursprüngliche" Kapitalertrag (S. 305) im Tempo des Aufschwungs steigt. Der daher „zu billige" Zins ermuntert zur Inanspruchnahme von noch mehr Leihkapital. Die Kreditexpansion (S. 271, 310) treibt dabei die Investitionen über die Grenze hinaus, die das

Volumen echter Ersparnis ihnen sonst ziehen würde, und anfangs kann die gesteigerte Investitionstätigkeit auch noch genügend Reserven von Arbeitskräften und Rohstoffen aufsaugen, die von der vorausgegangenen Stockung her noch brach liegen. So hält auch die Konsumkraft der Bevölkerung mit den steigenden Investitionen vorerst noch Schritt. Dann bläht der „zu billige Zins" das Kreditgebäude weiter auf, treibt durch Kreditinflation den ganzen Preisspiegel in die Höhe (S. 271 f.), spornt die Überkapitalisation noch mehr an und stimuliert auch diejenigen Wirtschaftsgebiete, die von der Aufschwungsbewegung bisher noch nicht erfaßt waren. Die Gewinne des beginnenden Aufschwungs werden noch gesteigert durch die geringe Beweglichkeit des Arbeitsfaktors. Dieser hinkt anfangs bei fortschreitender Aufsaugung der Arbeitslosigkeit mit seinen Löhnen noch nach, um erst gegen Ende des Aufschwungs, einmal in Bewegung geraten, die Preisbewegung ein- und schließlich zu überholen.

Denn jetzt leitet der Druck, den die im Verhältnis zur Aufnahmefähigkeit des Marktes übersteigerte Produktion auf die Preise ausübt, den Umschwung ein und setzt den Mechanismus des Quantenproblems in umgekehrter Richtung wieder in Gang. Die viel zu vielen, die vorher alle gleichzeitig Kapital investierten und Kredite anboten, wollen nun alle gleichzeitig retten, was noch zu retten ist. Besonders die allgemein werdende Zurückrufung der Kredite vollendet den deflatorischen Zusammenbruch des Preisniveaus und führt viele Konkurse erst herbei. Die Zurückhaltung der Käufer, die auf weitere Preissenkung hoffen, führt zur Absatzstockung und senkt die Preise noch mehr.

So führt der Abschwung beziehungsweise, wenn die Überanlage und Kreditüberspanung krankhaft stark war, die Krise die Wirtschaft mit überfüllten Lägern in die Stockung (Tiefstand, Depression). Diese bringt das Preisgebäude zum Einsturz, setzt Arbeitskräfte frei, senkt die nunmehr überhöhten Löhne und lähmt die Unternehmerinitiative so, daß jetzt die Investitionen hinter den Ersparnissen der Bevölkerung zurückbleiben, was deflatorisch weitere Preissenkungen zur Folge hat. Der allgemeine Produktionsrückgang entleert schließlich im Laufe der Zeit die Läger wieder und schafft so die endogenen Voraussetzungen für einen neuen Aufschwung.

Im ganzen war es also das Quantenproblem (S. 352), angewandt vor allem auf Kapitalinvestition und kreditäre Geldschöpfung, das dieser hochkapitalistischen Expansionskonjunktur zugrunde lag. Im ersten Fall handelt es sich um ein wechselndes Zuviel und Zuwenig im Verhältnis von Kapitalakkumulation und Verbrauch, im zweiten Fall um das gleiche wechselnde Mißverhältnis von Geldseite und Warenseite der Marktwirtschaft. Dabei betonte die eine Gruppe der modernen Überinvestitionstheorien als Grund eines „vertikalen Ungleichgewichts" (nämlich des Hinauswachsens der Investitionen bei der Kapitalgüterindustrie über die Aufnahmefähigkeit der Konsumgüterindustrie) das monetäre Moment kreditärer Geldschöpfung (so Hayek, Mises, Robins, Roepke), eine zweite Gruppe erblickte das verursachende Moment dieser Gleichgewichtsstörung mehr in der Sphäre der Produktion selbst (so Cassel, Spiethoff und Wicksell). Eine dritte Gruppe betonte hier allgemein die progressive Wirkung, die eine Veränderung in der Nachfrage nach Konsumgütern auf die Nachfrage nach Produktivgütern (Investitionsgütern) ausübe, also das Akzeleratorprinzip: Die langlebigen Produktivgüter des Anlagekapitals müßten ja im Aufschwung der Konjunktur sofort als Ganzes im Großen für eine lange Amortisationsperiode hergestellt werden. Sie könnten sich daher erst viel später rentabel auswirken, ihre Beschaffung bewirke also bis dahin die Spannungserscheinungen einer Überinvestition (so Aftalion, Carver, Pigou, vgl. S. 325).

Im Anschluß an die Phaseneinteilung des deutschen Instituts für Konjunkturforschung hat O. v. Zwiedineck-Südenhorst (Allgemeine Volkswirtschaftslehre, 1948², S. 270) die Konjunktursymptome dieses meist vorherrschenden Verlaufs der volkswirtschaftlichen Wechsellagen folgendermaßen zusammengestellt:

„1. Tiefstand (Depression): Niedriger Warenumsatz, Zurückhalten der Produktion wegen geringer Kauflust, daher allmähliche Lichtung der Läger, Wachsen der Sparkapitalien, Angebot kurzfristiger Kreditmittel reichlich, Nachfrage zurückhaltend, daher Wachsen der echten Depositen. Notenbankkredite und Notenumlauf rückgängig. Langfristige Kredite (Hypotheken!) bei sinkendem Zins leicht erlangbar, festverzinsliche Effekten leicht absetzbar.

2. Aufschwung: Produktionsanstieg namentlich in Produktionsmitteln, Absetzbarkeit der Forderungseffekten geht zurück, erhöhte Kauflust für Dividendenpapiere, echte Bankdepositen wachsen schwächer, weil Erwerbswirtschaften ihre Mittel selbst brauchen, Anstieg der kurzfristigen Bankkredite, steigender Notenumlauf.

3. Hochschwung (Hochkonjunktur): Hochbetrieb in Konsumgüterindustrien, Wohnungsbau aber rückgängig. Wachsende Schwierigkeit im Absatz von Produktionsmitteln, im ganzen aber noch hohe Warenpreise, Krediterlangung erschwert, Effektenplacierung rückgängig. Gespannte Lage der Banken, die ihre Depositen weitgehend zu Krediten ausnützen, insbesondere hoher Notenumlauf, Wechselziehungen steigen an (Lieferantenkredite), Zins ansteigend. Sinken der Aktienkurse.

4. Krise: Schroffer Abbruch der Kreditgewährung, zumeist dann notwendig, wenn Notenbankzins nicht entsprechend frühzeitig erhöht wurde. Dann plötzlich Abnahme der Wechselziehungen. Scharfes Schrumpfen der Depositen. Aufhören der Emissionen. Häufung von Zahlungseinstellungen, scharfer Rückgang der Produktion und Sinken der Warenpreise."

Diese Regelform der volkswirtschaftlichen Wechsellagen des Hochkapitalismus wurde von seiten der weltwirtschaftlichen Verflechtung her oft noch modifiziert. Die Aus- und Einfuhrverhältnisse, in denen sich die Einordnung der Volks- in die Weltwirtschaft ausdrückt, kommen hier vor allem in Betracht. Ein eigentlich zyklischer Ablauf ist diesen **Weltwirtschaftskonjunkturen** selbst jedoch, wie schon bemerkt, kaum zuzuerkennen. Der einzige selbständige endogene Krisengrund, der hier im Bereich der Weltwirtschaft einen Rhythmus erzeugen könnte, die Goldversorgung der Welt, ist nur sehr langfristig beweglich. Es kommt daher unter seiner Einwirkung vorerst wohl nur zur Bildung von Trends.

Die **Weltwirtschaftskrise** im Anfang der dreißiger Jahre hat freilich gezeigt, daß ein solcher abwärts gerichteter weltwirtschaftlicher Trend mit seinen allgemeinen Preissenkungen in allen wesentlich freien Volkswirtschaften die furchtbarsten Verheerungen anrichten und alle Aufschwungsansätze der volkswirtschaftlichen Konjunkturen lange Zeit hindurch aufsaugen kann. Der spezifisch weltwirtschaftliche Grund dieser Krise, die allgemeine Knappheit des Weltgeldes „Gold", wurde verschärft durch die Stillegung monetären Goldes, mit der die USA sich den inflatorischen Folgen ihrer durch eine einseitige Schutzzollpolitik bedingten ständigen Ausfuhrüberschüssen zu entziehen suchten (vgl. S. 277). Diese Verknappung des Goldes übte in allen Ländern einen deflatorischen Druck auf die Goldpreise aus[4] und verlieh damit dem Bilde der Weltwirtschaftskrise den Totalcharakter. Hier blieben alle Maßnahmen einer redeflatorischen Kreditausweitung in den freien Volkswirtschaften nutzlos. Schon seit Jahrzehnten im Gange — jeder Umlauf gering gedeckten Papiergeldes und anderer ungedeckter Umlaufsmittel gehört hierher —, haben diese Versuche den Ausgleich zwischen der zurückgebliebenen Geldseite und der durch den technischen Fortschritt so stark angewachsenen Warenseite der Welt nur hinausgeschoben[5]. Als dieser Ausgleich sich nach dem Zusammenbruch des über der schmalen Goldbasis errichteten kreditären Überbaus im Jahre 1931 schließlich doch vollzog, geschah das infolge der Plötzlichkeit des Kreditzusammenbruchs nur mit doppelter Heftigkeit: Die Goldpreise aller Länder mußten sich dem geringen Goldkern, den die Welt in Wahrheit nur besaß, letztlich doch anpassen. Die schweren Kämpfe der Wirtschaft, die diesen Ausgleich begleiteten, sperrten den Arbeiter ab von seiner Arbeit, sie sperrten den Überfluß an Waren aller Art auf der einen Seite ab gegen Millionen Hungernder auf der anderen Seite, weil der Umsatzvermittler Geld, im „Zuwenig" verharrend, die Verbindung von Produzenten und Konsumenten nicht herstellte. Der ständige Verfall aller Preise lähmte Produktion wie Verteilung. In Massen wurden Waren vernichtet, nach denen Massen dringend verlangten. Der offenbare Widersinn, der hierin lag, machte „aus der kapitalistischen Krise eine Krise des Kapitalismus" (Röpke).

Die Frage von **Konjunktur und Krise in der gelenkten Wirtschaft** hängt natürlich sehr davon ab, ob die Wirtschaftslenkung nach Lage ihrer beiderseitigen tatsächlichen Voraussetzungen (S. 186 ff., 202 ff.) in der bipolaren Synthese von Freibeweglichkeit und Bindung des Einzelnen zweckmäßig mehr den einen oder anderen Pol betont. Bei überwiegender Betonung des Bindungsgrundsatzes wird die dann mehr zentralistisch gelenkte Wirtschaft eher von jenem kollektivistischen Krisentyp bedroht sein, den wir oben (S. 347 ff.) zunächst schilderten. Bei verstärkter Ausrichtung am Freiheitsgrundsatz, insbesondere bei weitgehender Einschaltung des freien Wettbewerbs, andererseits wird der individualistische Typ von Konjunktur und Krise, den wir zuletzt schilderten, eher von Einfluß sein. Eine Wirtschaft ohne Mißgriffe und Fehler gibt es nicht, gleichgültig, ob die Fehler bei der wirtschaftlichen Spitze oder beim Massenhandeln der Einzelwirtschaften liegen. Eines aber ist sicher: Die organisch gelenkte Volkswirt-

---

[4] Die sonstigen Gründe der Weltwirtschaftskrise stellten wir in der Abhandlung Weltwirtschaftskrise und Kapitalismus (Gastvorlesung an der Universität Saloniki), Jhrb. f. Nat. u. Stat., III. F. 84, Bd. 1933, zusammen.

[5] Über den Symmetallismus, der hier vielleicht als Ausweg hätte dienen können, vgl. S. 278.

schaft (die also dem verhältnismäßigen Gegebensein jener beiderseitigen Voraussetzungen in der oben § 18 dargelegten Weise Rechnung trägt) steht der Krisengefahr grundsätzlich weit gerüsteter gegenüber, als das beim Individualismus und Kollektivismus, den Übertreibungsformen individueller Wirtschaftsfreiheit und kollektiver Wirtschaftsbindung, je der Fall sein kann.

Gegenüber dem einseitigen Individualismus des ökonomischen Liberalismus ergibt sich dies schon aus der grundsätzlichen Einstellung der organischen Wirtschaftslenkung. Bei voller Einsicht in die Bedeutung genügender Wirtschaftsfreiheit des Einzelnen vermeidet diese doch eine Überbewertung der Einzelwirtschaft, die durch ihre produktivitätslähmenden Wirkungen wieder gegen die Einzelnen zurückschlagen müßte. Sie ist daher jederzeit bereit, den Einfluß der wirtschaftspolitischen Spitze da einzusetzen, wo die Privatinitiative der Einzelwirtschaften und Gruppen in Produktion oder Verteilung versagt. So kann sie starren Machtpositionen des Großkapitals oder monopolistischer Verbände, die die Elastizität bzw. den selbsttätigen Ausgleich der Wirtschaft verhindern, durch Maßnahmen wie Kartellkontrolle oder sozialpolitische Beschränkungen entgegenwirken und so einen geordneten Leistungswettbewerb aufrechterhalten. Die Förderung einer umfassenden Marktbeobachtung durch konjunkturstatistische Institute kann dabei den Gesichtskreis spekulativer Voraussicht erweitern und dadurch krisenausgleichend wirken. Auch kommt die Hilflosigkeit, mit der manche Regierungen der individualistisch freien Marktwirtschaften die Deflationskrise durch bezahlte Warenvernichtung und Anbauflächenbeschränkung bekämpften, obwohl gleichzeitig Massen von Arbeitslosen im eigenen Land dieser Waren und Agrarprodukte dringend bedurften, für die organische Wirtschaftslenkung nicht in Betracht: Für die Erteilung öffentlicher Aufträge und Anregungen, für Kapitalinvestitionen und notfalls für eigene Wirtschaftsbetätigung der öffentlichen Hand stehen ihr in den mittelstufigen Verbänden der gelenkten Wirtschaft stets die erforderlichen organisatorischen Kadres zur Verfügung.

Kommt dazu eine zweckmäßige Handhabung der Geld- und Kreditpolitik, wie sie seit dem zweiten Weltkrieg im Vordergrund auch der westdeutschen Konjunkturpolitik steht (s. S. 370), so braucht es zu einer Arbeitslosigkeit größeren Umfangs, die mehr ist als eine umgruppierende Überleitung von Arbeitskräften auf ein neues Produktionsgebiet (sog. Umstellungs- alias Fluktuationsarbeitslosigkeit), in der gelenkten Volkswirtschaft wohl kaum jemals zu kommen. An umfangreichen Aufgaben der Volkswirtschaft, die Arbeitskräfte benötigen, wird es dieser Wirtschaft ja niemals fehlen. So kommt es hier nur darauf an, die staatliche Nachfrage nach Kapital und Arbeit nötigenfalls dann und da einzusetzen, wo sie einer Stockung oder Krise der „privaten“ Wirtschaft am besten entgegenwirkt. Dabei ist die Ergiebigkeit solcher staatlicher Hilfestellungen naturgemäß vor allem unter dem Gesichtspunkt ihrer Produktivität für das Wirtschaftsganze einschließlich der Krisenbekämpfung und erst in zweiter Linie unter dem Gesichtspunkt ihrer fiskalischen Rentabilität, d. h. ihrer Ergiebigkeit für die Staatskasse, zu beurteilen. Der periodische Wechsel von Hochkonjunktur und Depression, der die letzten Jahrzehnte eines einseitig individualistischen Kapitalismus kennzeichnete (S. 360 ff.), wird so in der gelenkten Marktwirtschaft regelmäßig einer wesentlichen Verstetigung der Wirtschaftsverhältnisse weichen.

Auch im Vergleich zum Kollektivismus einer sozialistischen Planwirtschaft ist die organisch gelenkte Marktwirtschaft wesentlich besser gegen krisenhafte Folgen plötzlicher Ausfälle oder wirtschaftspolitischer Fehlgriffe der zentralen Wirtschaftsführung geschützt. Verfügt sie doch vermöge ihrer organischen Gliederung über die fachliche und örtliche Erfahrung einer an Selbständigkeit und Selbstverwaltung gewöhnten Mittelstufe bzw. Mittelschicht und über die Wendigkeit von Einzelwirtschaften, die im Notfall noch verhältnismäßig weitgehend die erforderlichen Fähigkeiten zur Selbstanpassung an neue Lagen und zur Selbsthilfe besitzen. Der überzogene Zentralismus der kollektivistischen Planwirtschaft muß in dem Augenblick zu schwersten Folgen führen, wo durch unvorhergesehene Ausfälle — denken wir an Naturkatastrophen, an Krieg oder auch nur an schwere Dispositionsfehler der wirtschaftspolitischen Leitung — die Zentrale selbst betroffen wird. Hier verfügt die organisch gelenkte Wirtschaft mit allen Stufen ihres gegliederten Aufbaus über eine weit größere Elastizität. Durch planmäßige Förderung einer Wirtschaftsstruktur, wie sie erfahrungsgemäß den Vorteil relativ großer Krisenfestigkeit besitzt, kann diese Anpassungsfähigkeit der Wirtschaft noch vergrößert werden. Neben der schon erwähnten Bedeutung einer zahlreichen Landbevölkerung mittelgroßer Bauern, die möglichst nicht zu weitgehend mit Fremdkapital arbeiten dürfen, kommt hier auch die Entwicklung einer möglichst breiten Schicht eines selbständigen gewerblichen Mittelstandes in Betracht.

Im ganzen wird die Konjunkturpolitik der organisch gelenkten Wirtschaft im Sinne ihrer Synthese von Persönlichkeit und Gemeinschaft den zweckmäßigen Ausgleich herstellen zwischen dem Ziel möglichster Verhinderung und Beschränkung von Umgruppierungsverlusten einerseits und der Gefahr, durch zuviel Mittel gegen Wehen die Geburt zu gefährden, den Fortschritt also zu lähmen, andererseits. Schon um der erforderlichen Wettbewerbsauslese willen wird sie nicht jeden Kampf und damit auch nicht jede Niederlage von der Wirtschaft fernhalten können und wollen. Auch der geordnete Leistungswettbewerb der gelenkten Wirtschaft kann keine Versicherung gegen einzelwirtschaftliche Verluste bedeuten. Aber die organische Lenkung der Marktwirtschaft wird in jedem Fall verhindern können, daß Krisengründe, die bei zweckmäßigem Einsatz der wirtschaftspolitischen Mittel aller Stufen Zwischenfälle bleiben könnten, zu einem chronischen Siechtum nach Art der letzten Weltdeflationskrise der dreißiger Jahre ausarten. So vermag die heutige Vollbeschäftigungspolitik den früheren Zyklus der marktwirtschaftlichen Konjunkturen meist vorbeugend zu verhindern, und kämpft zumeist nur noch mit den Gefahren, mit denen Inflation und Deflation auch die gelenkte Marktwirtschaft bedrohen.

Zum Schluß sei hier die **Geschichte der Konjunkturtheorien** noch in einigen Umrissen betrachtet. Die wissenschaftlich wichtigste Unterscheidung dieser Theorien ist die in monokausale und polygenetische Konjunkturtheorien.

Anfangs war die Konjunkturtheorie mangels deutlicher Konjunkturzyklen wesentlich noch Krisentheorie. Damals herrschte die monokausale Einstellung vor. Sie sucht die Krisen schlechthin auf nur eine bestimmte Ursache zurückzuführen.

Abgesehen von den primitiven, mehr naturwissenschaftlichen Theorien nach Art der Sonnenfleckentheorie von Jevons (S. 351) und Moore gehören hierher zunächst jene einfachen Überproduktionstheorien, die wir oben (S. 356) schon erwähnten und (mit Says Krisenlehre) widerlegten. Vertreter dieser Lehre von der allgemeinen Überproduktion sind Earl of Lauderdale sowie H. Storch, beides Kritiker des Ad. Smith zu Anfang des vorigen Jahrhunderts. Malthus behauptet, eine übermäßige Kapitalinvestierung von Einkommensteilen bedinge eine Überproduktion im Verhältnis zur Verbrauchsfähigkeit der Bevölkerung. Er bildet also schon den Übergang zur Unterkonsumtionslehre.

Die neueren Überproduktions- bzw. Überinvestitionstheorien suchen die Krisen damit zu erklären, daß bereits begonnene Investitionsvorhaben infolge eines Mangels an Sparkapitalbildung abgebrochen werden müßten (so Cassel und z. T. auch Spiethoff). Über monetäre Überinvestitionstheorien s. S. 362 und 369.

Monokausal waren andererseits meist auch die älteren Unterkonsumtionstheorien: Die Absatzstockung der Krisen als Folge der Verhältnislosigkeit von Erzeugung und Verbrauch wurde von ihnen auf die Verbrauchsunfähigkeit der Arbeiterschaft zurückgeführt. Malthus verweist vor allem auf Fehler in der Verteilung. Den Grund der Überproduktion erblickt er (Principles of political Economy, 1820) in einer Verteilung des Erzeugnisses, die dem Kapitalisten zuviel Kapitalbildung, den Arbeitern zuwenig Verbrauch ermöglicht. Als Abhilfe fordert er u. a. eine Verkleinerung der Grundbesitzgrößen und eine Förderung des Handels. Hier ist auch Robert Owen zu nennen, der die Verbrauchsfähigkeit durch Bildung von Produktiv- und Konsumgenossenschaften gehoben wissen will.

Weitgehend Unterkonsumtionstheoretiker sodann ist Simonde de Sismondi (Nouveaux principes d'économie politique usw., 1827², deutsch 1901/02 und Etudes sur l'économie politique, 1836/37). Den Unterverbrauch der unteren Schichten führt er auf deren zu niedrige Entlohnung zurück. Als Kritiker der klassischen Harmonielehre fordert er daher ein sozialpolitisches Eingreifen des Staates zur Erhöhung dieser Einkommen. Er weist aber auch schon darauf hin, daß die Produktion des laufenden Jahres aus dem Gewinn des vorangegangenen Jahres gekauft werde. Bei wachsender Produktion ergebe das u. U. krisenhafte Spannungen, wenn die wirksame Nachfrage zur Aufnahme des ganzen Angebots nicht ausreiche. Die Kapitalbildung durch Sparen sei dann zu groß. J. A. Hobson erblickt den Grund der Unterkonsumtion in einer falschen Verteilung der Einkommen, da einem Übersparen oder Horten der Bezieher hoher Einkommen eine mangelnde Kaufkraft der Armen gegenüberstehe.

Die sozialistische Krisenlehre nahm naturgemäß den Gedanken des Unterverbrauchs auf. Er findet sich bei Rodbertus im Zusammenhang mit dessen Gesetz der fallenden Lohnquote (S. 298). Karl Marx (Das Kapital, 3 Bände, 1867/86/94) behauptete, der Kapitalist verwende den Mehrwert der Arbeit fortgesetzt mehr zur Bildung des (nach Marx unproduktiven) konstanten, d. h. des Sachkapitals, als zur Bildung des variablen, d. h. des (nach ihm allein Mehrwert schaffenden) Lohnzahlungskapitals. Daher müsse das Lohnzahlungskapital und der allein von ihm erzeugte Mehrwert im Verhältnis zum gesamten investierten Kapital auf die Dauer ständig sinken, und es würden dabei immer mehr Produktionsgüter hergestellt als Konsumtionsgüter. Dieses „Gesetz des tendenziellen Falls der Profitrate" bedinge die Unterkonsumtion der Arbeiterklasse bzw. die Überanlage von Kapital und müsse in der Entwicklung des Kapitalismus immer wieder durch kapitalvernichtende Krisen überwunden werden. Daneben betonte Marx die Disproportionalität der Erzeugung als Folge der „anarchischen Produktionsweise des Kapitalismus" (vgl. auch oben S. 129). Rosa Luxemburg (Die Akkumulation des Kapitals, Ein Beitrag zur ökonomischen Erklärung des Kapitalismus, 1913, 1921²), Hilferding u. a. behaupteten in Weiterverfolgung dieser Krisenlehre, der Kapitalist brauche, um trotz der Unterkonsumtion des kapitalistischen Arbeiters seinen Mehrwert realisieren zu können, als Absatzgebiet den nichtkapitalistischen Raum. Das treibe ihn zu expansiver Kolonialpolitik und Imperialismus. Durch Ausbeutung der unterworfenen Länder schiebe so der Kapitalismus seinen Zusammenbruch noch hinaus (Imperialismustheorie). Die imperialistische Expansionspolitik erstrebte aber nicht nur die Gewinnung von Absatzmärkten, sondern oft auch von Rohstoffquellen oder Land für Siedlung und landwirtschaftliche Nutzung, ganz abgesehen von politisch-strategischen Gesichtspunkten, hinter denen oft Sicherheitsgründe standen. Zweifellos gibt es neben dem ökonomischen auch einen nationalen Imperialismus. Sombart betonte unter Hinweis auf den russischen und japanischen Imperialismus der Zeit vor dem ersten Weltkrieg, daß der Imperialismus sich keineswegs auf die Länder eines voll entwickelten Kapitalismus beschränkt habe. Übrigens hat das Einströmen des Kapitals in die unterworfenen Länder deren Lebensstandard oft auch sehr beträchtlich gehoben, so daß man in diesen Fällen eine Ausbeutung nicht feststellen kann. Auch der Rückzug Englands z. B. aus Indien und Ägypten scheint der Imperialismustheorie zu widersprechen, und auch das neuere Expansionsstreben totalitärer Staaten mit planwirtschaftlich sozialisierter Wirtschaft ist mit ihr nicht in Einklang zu bringen.

Eine neuere, gleichfalls sozialistische Variante der Unterkonsumtionstheorie (Emil Lederer) verwies auf das Nachhinken der Löhne beim Konjunkturaufschwung (S. 361). Sie erhoffte daher von Lohnsteigerungen eine Behebung der Krisen (Konsum- oder Kaufkrafttheorie, S. 302), wobei sie vergißt, daß die Konjunktur meist gerade mit übersteigerten Löhnen in die Krise geht.

Teilweise monokausal ist auch die Gruppe der monetären Konjunkturtheorien. Seit Anfang des vorigen Jahrhunderts, als die Quantitätstheorie im Zusammenhang mit der praktischen Frage der Notendeckung vermehrt Aufmerksamkeit auf sich zog, hat man die Störungserscheinungen des Geldwertes (Inflation und Deflation) zur Erklärung der Krisen und Konjunkturen herangezogen. Ähnlich wie die Bullionisten (Thornton, Huskisson, Horner) dehnte die Currencytheorie (Lord Overstone, McCulloch, Torrens, Robert Peel) die quantitätstheoretischen Lehren Ricardos (S. 259) auch auf die einlöslichen Noten aus: eine Vermehrung des Umlaufs an Bargeld und Noten bedinge steigende Preise in der Hausse, eine Verminderung dieses Umlaufs sinkende Preise in der Krise. Solche Einflüsse einer Konjunkturverursachung bzw. -verschärfung könne man verhindern, wenn man die Banknoten durch die Vorschrift voller metallischer Deckung an die Edelmetallvorräte binde, also Notenausgabe nur bei entsprechendem Goldankauf zulasse. Denn wenn für jede neu ausgegebene Note der volle Betrag ihres Nennwerts in Gold als Deckung aus dem Verkehr gezogen werden müsse, so könne sich der Zahlungsmittelumlauf, bestehend aus Bargeld und Noten, nicht wesentlich erhöhen. So schrieb die Peelsche Bankakte von 1844 grundsätzlich eine volle Golddeckung der durch die Bank von England ausgegebenen Noten vor.

Im Widerspruch zur Currencytheorie erblickte die Bankingtheorie (Tooke, Fullarton) in der Geldvermehrung nicht die Ursache, sondern eine Folge der krisenhaften Preissteigerung. Nicht benötigte Noten schicke der Verkehr mit dem Fälligwerden der Wechsel selbsttätig in die Notenbank zurück (Fullartonsches Prinzip der Notenrückströmung). Sie verkannte damit die Möglichkeiten und Gefahren, die in einer der Wirtschaft gegenüber aktiven Geld- und Kreditpolitik der Notenbanken liegen. Zutreffend erkannten die Bankingtheoretiker aber die Bedeutung der Reaktionen, mit denen die Wirtschaft eine solche Geld- und Kreditpolitik der Notenbank beantwortet. Mit ihrer Forderung einer nur quotenmäßigen Bardeckung der ausgegebenen Noten, mit der sie auf dem Kontinent die Oberhand behielt, erreichte die Bankingtheorie so elastischere Regelungen, während die starre Deckungsvorschrift der Peelschen Bankakte in Krisenzeiten wiederholt hat aufgehoben werden müssen. Der Auffassung freilich, jedem (aus einer Warenlieferung hervorgegangenen) sog. Warenwechsel stehe eine entsprechende Vermehrung des Handelsvolumens H (s. S. 251) gegenüber, so daß er keine Inflationsgefahr bedeute und zur (unbaren) „bankmäßigen" Deckung geeignet sei, wird man nicht für alle Fälle zustimmen können.

Auch der Stand des Zinses (Diskonts) wird hier mit der Konjunktur in Verbindung gebracht: Sinkender Zins führe zur Geldvermehrung und Preissteigerung (Hausse), steigender Zins zur Geldschrumpfung und Preissenkung (Depression). Mit der erforderlichen Ausdehnung auf das gesamte Kreditgeld (nicht nur die Noten) wurde dieser Gedanke von Knut Wicksell (Geldzins und Güterpreise, 1898) weitergebildet, der das Verhältnis des tatsächlichen zum „natürlichen" oder „ursprünglichen" Kapitalzins als maßgebend betonte (S. 315). Im Anschluß daran hob Irving Fisher das Nachhinken des Zinses bei der Konjunkturbewegung als deren Grund hervor und forderte als Heilmittel die „manipulierte" Währung mit stabilisierender Diskontpolitik (S. 279). Monetäre bzw. kreditäre Varianten der Überinvestitionstheorie vertreten im Anschluß an Wicksell auch Myrdal, Ohlin, Lindahl, Hawtrey und Robertson sowie Schumpeter, Mises, Hahn und Hayek. Anreiz zur Überinvestition bietet dabei ein unter dem natürlichen Zins liegender Zins der Bankkredite. Die Überinvestition von Produktivgütern läßt dann die Konsumgüter, an denen es zu fehlen beginnt, im Preise steigen, und auch deren Produzenten begehren daher Kredite, so daß die verstärkte Nachfrage den Bankzins wieder auf die Höhe des natürlichen Zinses hinauftreibt. Monetärer Konjunkturtheoretiker war anfangs auch J. M. Keynes, soweit er den Konjunkturverlauf als ein selbständiges Sichabwechseln von Inflation und Deflation erklärte.

Keynes betonte mit seiner Vollbeschäftigungstheorie[6] als Krisengrund besonders das Zurückbleiben der Investitionen hinter der Sparquote, eine Investitionslücke (investment gap) also, welcher Hortungen des Sparkapitals und damit deflatorische Störungen der Marktwirtschaft (Preisverfall, Konkurse, Arbeitslosigkeit) entsprächen. Er forderte als Heilmittel gegen diese angeblich chronische Passivität der Unternehmerschaft zur Sicherung der Vollbeschäftigung Zinssenkungen (easy money policy), Kreditexpansion, eine Defizitpolitik im öffentlichen Haushalt (government deficit spending), öffentliche Aufträge und Arbeitsbeschaffungsmaßnahmen. Seine Auffassungen sind aus den deflationsbedingten Wirtschaftszuständen vieler westlicher Länder in den dreißiger Jahren zu erklären, in denen sie entstanden. Schon für jede kapitalarme Volkswirtschaft treffen sie aber offensichtlich nicht zu und die Prophezeiung säkularer Stagnation der Wirtschaft, mit der die Keynesrichtung damals das von ihr behauptete Zurückbleiben der Investitionen hinter den Ersparnissen zu begründen suchte, wurde durch die Entwicklung der folgenden Jahrzehnte schlagend widerlegt. Diese angeblich dauernde Divergenz von Sparen und Investieren wurde auch statistisch niemals nachgewiesen. Auch in kapitalreichen Ländern ist es keineswegs sicher, daß ein Übersparen im Sinne von Keynes stets zu Hortungen des Sparkapitals und Deflation führt. Dies hat auch Keynes in späteren Arbeiten erkannt. Was aber dann noch übrig bleibt, nämlich daß die Sparquote der Investitionsquote zu entsprechen hat, ist altes Gedankengut der Wirtschaftstheorie (vgl. S. 323, ferner die ähnlichen Gedanken eines Übersparens bei Simonde de Sismondi und Hobson, oben S. 368). Allgemeingültigkeit kann Keynes' Vollbeschäftigungstheorie jedenfalls nicht beanspruchen, wo man das vergißt, liegt bei den von Keynes empfohlenen Maßnahmen der Zinssenkung, Kreditexpansion, Defizitpolitik und dgl. die Inflationsgefahr auf der Hand, die sich dann auch sehr leicht noch mit einer Lähmung des Spartriebs verbindet. Mit Recht ruft Adolf Weber[7] gegenüber den Irrtümern der keynesianischen Lehre, die im Gelde ihren Ausgangspunkt nehme und im Gelde ende,

---

[6] J. M. Keynes, General Theory of Employment, Interest and Money, 1936.

[7] Ad Weber, Allgemeine Volkswirtschaftslehre, 1933[6], S. 589, S. 590.

zu einer Besinnung auf das güterwirtschaftliche Gleichgewicht, auf die „Proportionalität der einsatzbereiten Produktionselemente“, d. h. also, fügen wir hinzu, auf die Grundlagen der Ertragstheorie. Und mit Recht sagt H. v. Beckerath[8] im Verfolg seiner Argumentation gegen die statistisch nicht bestätigten und mechanisch-einseitig gesehenen Behauptungen von Keynes: „Der volkswirtschaftliche Prozeß gleicht mehr einem Organismus als einem Mechanismus. Korrekturen an einem Teil lassen im Gegensatz zu denen an einem Mechanismus die übrigen Teile und ihre Funktionen nicht unbeeinflußt, sondern verursachen über psychologische Bindeglieder oft unberechenbare allgemeine Folgen.“

Nur zum Teil als monokausal sind schließlich die meisten psychologischen Konjunkturtheorien anzusprechen. Sie wollten den Konjunkturwechsel aus seelischen Stimmungen, besonders aus übertriebenem Optimismus der Unternehmer, erklärt wissen. Jedoch können solche psychologischen Irrtümer wohl eine Disproportionalität der Produktivkräfte, niemals aber das darauf folgende Ausschwingen (Auspendeln) auf die optimale Kombination erklären. Der Hinweis auf Optimismus oder Pessimismus kann daher eine Expansionshausse bzw. eine Stockung, aber keine ganze Abfolge wechselnder Konjunkturen, keinen Konjunkturzyklus, erklären.

Am Schlusse dieses Buches brauchen wir nicht mehr zu betonen, daß wir die monokausale Einstellung der Konjunkturtheorie für verfehlt halten. Die Gesetze der reinen Wirtschaftstheorie sind Entsprechungsgesetze mit Geltung für die Wirtschaftsgebilde aller Stufen, von der Einzel- bis zur Weltwirtschaft. Das trifft auch zu für das ertragstheoretische Grundgesetz unserer Wechsellagentheorie, das Labilitätsgesetz. Es stellt eine Entsprechungsstörung der Produktivmittel, das Unzureichendwerden der komplementären Fähigkeiten der Wirtschaftsführung, als Grund aller Wechsellagen fest, der in der Einzel- und Kollektivwirtschaft durch das „Ausprobieren“, in der Marktwirtschaft durch das „Quantenproblem“ verwirklicht wird. Unsere Wechsellagentheorie im Bereich der reinen Wirtschaftstheorie ist daher monogenetisch, nicht monokausal. Der Übergang zur Konjunkturbeschreibung hatte dann mehr individualisierend festzustellen, auf welchen Gebieten und in welcher Weise sich der so festgestellte Grund aller Wechsellagen in der heutigen Marktwirtschaft regelmäßig verwirklicht. Hier fanden wir im Bilde der hochkapitalistischen Expansionskonjunktur die meisten der Krisengründe, deren alleinige Ursächlichkeit von den monokausalen Theorien behauptet wurde, in friedlichem Zusammenwirken wieder vor.

Dies Zusammenwirken einer ganzen Reihe von Antrieben, die (unter den Voraussetzungen des Labilitätsgesetzes) im Wechsel der Konjunkturen heute meist von Bedeutung sind, stellten die polygeneti-

---

[8] Herbert v. Beckerath, Großindustrie und Gesellschaftsordnung, 1954, S. 268.

schen Konjunkturtheorien in den Vordergrund. Mit einem meist bewußten Verzicht auf Entwicklung einer reinen Wechsellagentheorie beschränken sich diese Theorien vorwiegend auf eine realistische Erfassung der kapitalistischen Expansionskonjunktur, stellen sich also von vornherein mehr beschreibend ein.

Als Vorläufer dieser Forschungsweise ist der Russe Tugan-Baranowsky mit seiner Weiterbildung der Lehre von der Verhältnislosigkeit der Produktivkräfte zu bezeichnen. Als Neomarxist hält er freilich die Planwirtschaft für den einzigen Ausweg aus jener Anarchie der gesellschaftlichen Produktion, die allein die Verhältnislosigkeit der Erzeugung bedinge. Eine systematische Betrachtung des Kollektivismusproblems, wie wir sie im § 19 versuchten, führte uns (S. 229, 365) zu anderen Ergebnissen. Große Verdienste erwarb sich dann Arthur Spiethoff um die realistische Theorie der „Wechsellagen", als deren Phasen er die modernen Krisen untersucht. Die Bedeutung der Überkapitalisation zur Beschaffung von „Gütern des mittelbaren Verbrauchs" (z. B. Eisen) wurde von ihm hervorgehoben. Er faßte seine Lehre in dem Artikel „Krise" im Handwörterbuch der Staatswissenschaften (1925[4]) zusammen. Eine Überkapitalisationstheorie mit Betonung der Bedeutung des Unternehmers und seines Kredits ist die Krisenlehre Schumpeters. Auch Werner Sombart gehört wesentlich hierher. Er hebt die Bewegungen der Goldproduktion sowie das Nachhinken der „organischen" Produktion (Land- und Forstwirtschaft, Textilindustrie) hinter der Produktion „anorganischer Dauergüter" als Krisengründe hervor. Gute synthetische Arbeit leistete W. Röpke (Die Konjunktur, 1922), synthetisch mit Betonung monetärer Gedankengänge (insbesondere der Geldumlaufsgeschwindigkeit) ist auch die „Theorie der Konjunkturschwankungen" von R. Stucken (Jena, 1926). Die „Grundlagen einer universalistischen Krisenlehre" behandelte W. Heinrich unter diesem Titel (Jena, 1928). Fast nur noch Krisendarstellung gibt das bekannte Buch des Amerikaners W. C. Mitchell, „Business cycles" (1913). An ihn schloß sich in den Vereinigten Staaten die konjunkturstatistische Forschung des Harvard-Instituts an. Sie hat mutatis mutandis auch die konjunkturstatistischen Arbeiten des deutschen Instituts für Konjunkturforschung (unter Wagemann) beeinflußt.

Wir stehen am Ende unserer Ausführungen. Die Verteilungstheorie ist der Ertragstheorie angefügt, das System der Wirtschaftstheorie damit in großen Umrissen dargelegt. Schon beschreibender eingestellt, spiegelt die Verteilungstheorie die teleologische Einstellung der wirtschaftstheoretischen Systematik nicht mehr so rein wider wie die Ertragstheorie. Aber keines der Grundprobleme der Preis- und Einkommenslehre ließ sich zu Ende denken, ohne daß wir dabei auf die Grundgedanken der Ertragstheorie stießen, wie wir sie vor über dreieinhalb Jahrzehnten in der „Theorie des Ertrages" darzulegen suchten. Je mehr dabei die von der Verteilungstheorie untersuchten Sozialwirtschaften gemeinwirtschaftlichen Bindungen unterliegen, so daß der Automatismus einer freien Preisbildung in ihnen an Bedeutung verliert, desto deutlicher tritt diese Rückverbundenheit mit der Ertragstheorie an die Oberfläche jeder Betrachtung auch des Verteilungsvorganges.

Im Bereiche des Überganges zur Wirtschaftsbeschreibung legten wir das System der Wirtschaftstheorie hier vor allem nach der volkswirtschaftlichen Seite dar. Wie (S. 20) schon angedeutet, ist dies durch die überragende Wirklichkeitsbedeutung bedingt, die gerade der Volkswirtschaft im Vergleich zu den Wirtschaftsgebilden der übrigen Stufen auch heute noch zukommt. Immerhin könnte dies System in jenem Bereich einer schon deskriptiveren Theorie auch nach der betriebswirtschaftlichen und nach der weltwirtschaftlichen, insbesondere der kontinentalwirtschaftlichen Seite hin noch mehr ausgearbeitet werden, als es hier geschehen ist. Vor allem auch die Vertreter der Allgemeinen Betriebswirtschaftslehre sind hier dazu berufen, über den Bereich dieser ihrer angewandten Wirtschaftstheorie hinaus am Weiterausbau der in ihrem systematischen Kern „reinen" Wirtschaftstheorie (Ertrags- bzw. Kostentheorie) mitzuarbeiten, die erst die Einheit der Wirtschaftswissenschaft begründet[9] und in der die Zusammenarbeit von Theoretikern der Volks- und der Betriebswirtschaft heute bereits begonnen hat (vgl. S. 95). Ein solcher weiterer Ausbau des Systems der Wirtschaftstheorie würde noch deutlicher zeigen, daß der Name „Theoretische Volkswirtschaftslehre", den es heute in Deutschland führt, weitgehend nur einen Atavismus bedeutet: Er geht auf die Entwicklung zurück, die auch diese systematisierend-theoretische Disziplin zunächst aus praktischen Anfängen heraus (nämlich aus der Volkswirtschaftspolitik des Merkantilismus) genommen hat.

Ungeachtet aller solcher Ergänzungsbedürftigkeit unseres wirtschaftstheoretischen Systems aber hoffen wir doch, gezeigt zu haben, worauf es uns mit diesem Buche neben dem Lehrzweck vor allem ankam: Das theoretische Wissen von der Wirtschaft läßt sich mit der Übersichtlichkeit einer folgerichtigen Systematik einheitlich begreifbar auf wenige Grunderkenntnisse von zeitlos allgemeiner Geltung zurückführen. Ermöglicht wurde dies Ergebnis durch die hier angewandte Ergiebigkeitsbetrachtung eines logisch „richtig" bestimmten Erkenntnisobjekts, verbunden mit der und gemildert durch die Beachtung der Tatsache, daß diese teleologische Betrachtungsweise der reinen Wirtschaftstheorie in vielen feinen Abstufungen zweckmäßig überall sehr bald in eine wirklichkeitsnähere Wirtschaftsbeschreibung übergeht.

---

[9] Näheres darüber in meinen Abhandlungen: Über die Einheit der Wirtschaftswissenschaft, Ztschr. f. die ges. Staatswiss. 1951, sowie: Die Ertragstheorie in der Betriebswirtschaftslehre II, Ztschr. f. Betriebswirtschaft, 30. Jhg. 1960, S. 65 ff.

Namenverzeichnis

Adler, 110
Aftalion, 104, 363
Albrecht, G., 44
Amonn, 15, 43, 128
Anderson, J., 99, 287, 329, 338
Andreae, 39

Baader, 36, 39
Bagehot, W., 37
Baker, 203
Barone, E., 43, 95
Bechtel, 80
Beckerath, H. v., 371 f.
Bentham, 273, 341
Bernhard, 108
Bilimoric, 66
Black, 146
Bodin, 94, 248 f.
Böhler, 43, 66, 95, 127, 344
Böhm-Bawerk, v., 37, 91, 101, 105, 126, 171, 298, 312, 346
Bosch, R., 145
Bortkiewicz, 42
Bräuer, K., 45
Brassey, 108
Brentano, L., 37, 108, 172, 301 f.
Brinkmann, 43
Budge, 231
Bücher, K., 37, 75, 76, 77, 115, 117, 143, 144
Bülow, F., 44
Bulloc, 94
Burnham, 345
Byè, M., 94, 138

Cantillon, R., 124, 249
Carell, E., 44
Carey, 109, 110, 330
Carl, E. L., 124, 141
Carver, 94, 285, 298, 311, 363
Cassel, G., 42, 43 f., 64, 123, 173, 250, 260, 286, 295, 311, 362, 367
Clapham, 96
Clark, 101 f., 173, 285, 298, 341
Cobden, 339
Cournot, 42, 95

Damaschke, 334, 335
Davenport, 94
De Tracy, 101
Diehl, K., 44, 45, 96, 102, 108, 155 f., 198, 343
Dietzel, 110, 339
Dlugos, G., 99
Dobretsberger, 231
Domar, 320

Edgeworth, 42, 94, 106
Effert, O., 138
Egner, 120
Eick, 95
Engel, 104
Engels, F., 140
Engländer, 42
Engliš, K., 38
Errara, 94
Eßlen, 99
Eucken, W., 36, 44, 79, 166
Eulenburg, 146

Fawcett, 297
Fetter, 298, 312
Fisher, I., 42, 64, 72, 239, 250, 279, 312, 370
Flürscheim, 334
Ford, H., 145
Forstmann, 231
Friedensburg, 326
Fullarton, 369

Genz, 36
George, H., 110, 334
Gesell, S., 245 f.
Godwin, 298
Goebel, 117
Görres, 39
Goldscheid, 68
Gossen, 43, 104, 105, 334
Gottl-Ottlilienfeld, v., 41

Graziadei, A., 104
Graziani, 312
Gresham, 259 f., 278
Grünig, F., 57
Gutenberg, Erich, 95

Haberler, 146
Hahn, 308, 370
Hall, 298
Halm, 231
Halsey, 292 f.
Harrod, 326
Hasbach, 108
Hauck, 108
Hawtrey, 370
Hayek, 362, 370
Heimann, 44, 131
Heinrich, W., 39, 372
Heller, 44
Herkner, 108
Hermann, 311
Herzka, 334
Hesse, 44
Hicks, J. R., 106, 326
Hildebrand, 36, 77, 239
Hilferding, 368
Hobson, 368
Horner, 369
Hume, D., 249, 257
Huskisson, 369
Husserl, 81

Jacob, 97, 102
Jastrow, 45
Jessen, 45
Jevons, 42, 104, 105, 173, 351, 367
Jones, R., 37
Juglar, 352

Keller, 354
Kerschagl, 44
Keynes, J. M., 239, 247, 250, 279, 307, 312, 316, 370 f.
Kirchmann, 136
Kirkaldy, M. A., 94
Knapp, 239
Knies, 36, 239, 311
Kondratieff, 352
Kruse, 44, 45
Kühn, U. 95

Landry, 94
Lansburgh, 239
Lassalle, F., 296, 297, 298, 311, 339
Lauderdale, Earl of, 311, 367
Law, 257
Lederer, 369
Leroy-Beaulieu, 311
Leslie, Cliffe, 37
Lexis, 105
Liebig, J. v., 98, 99
Liefmann, R., 44, 138, 165
Lindahl, 370
Lippmann, 108
List, 36, 40, 77, 92, 115
Locke, J., 249
Lösch, 123, 146, 258
Lütge, F., 80, 231
Lukas, 231
Luxemburg, R., 368

Mahr, A., 44
Malthus, 99, 109 ff., 250, 297, 338
Mangoldt, 287, 315, 331
Marshall, 42, 58, 90, 96, 173, 278, 286, 287, 311, 331
Marx, K., 129, 140, 158, 298, 339, 368
Mayer, H., 285
McCulloch, 140, 369
McLoed, 269
McVane, 311
Meade, 258
Meinhold, 45, 117
Mill, J., 297, 356
Mill, J. St., 99, 140, 273, 297, 310, 334, 338
Mises, 213, 362, 370
Mitchell, W. C., 372
Mitscherlich, E. A., 95, 99
Mitscherlich, W., 37, 80
Moeller, 83, 231
Mombert, 45
Moore, 367
Morgenstern, 96, 106
Mühlenfels, 168
Müller, Ad., 36, 38, 39, 64
Muhs, 45
Myrdahl, 370

Neisser, H., 99
Neumann, v., 106
Newcomb, 250
Novalis, 39

Ohlin, 123, 370
Oppenheimer, 44, 110, 301, 329

Oresmius, N., 248
Ortes, 99
Overstone, Lord, 353, 369
Owen, R., 368

Pantaleoni, 42
Pareto, V., 41, 42, 94, 95, 105, 173
Paulsen, 44
Peel, 36
Perreau, C., 94
Pesch, H., 44, 45, 131
Peter, 44
Philippovich, v., 37, 44, 171
Pigou, 42, 58, 94, 95, 96, 363
Predöhl, 123, 286
Preiser, 45
Prince-Smith, 339
Pütz, 54

Quesnay, 124, 158

Ricardo, D., 36, 37, 38, 92, 99, 124, 140, 170, 172, 257, 259, 287, 296, 297, 298, 329, 330 f., 334, 338, 339, 356, 369
Ricca-Salerno, 312
Rickert, 21
Ritschl, 44, 80, 123, 338 f.
Robertson, 370
Robins, 362
Robinson, 258
Rodbertus-Jagetzow, 136, 298, 329, 339, 368
Röpke, 45, 243, 314, 362, 364, 372
Roscher, 36, 69, 239, 311
Rossi, 99
Rothacker, A., 15
Rowan, 292

Salin, E., 44
Samuelson, 44
Sauermann, 45
Sax, 117
Say, J. B., 23, 52, 311, 328, 356, 367
Schäffle, 99, 287, 331
Schmölders, 231
Schmoller, 27 f., 35, 37, 44, 77, 95, 128
Schneider, E., 44, 56, 95, 106
Schumacher, H., 44, 50, 157
Schumpeter, J., 102, 341, 370, 372
Schwabe, 104
Seligman, 285, 298
Senior, 255, 311
Serra, 99
Sieber, 27 f.
Simon, 250
Sismondi, de, 158, 368
Smith, 36, 37, 107 f., 124, 141, 172, 244, 255, 297, 328, 329, 338, 367
Sombart, 32, 79, 80, 132, 368, 372
Spann, O., 38, 39, 41, 42, 44, 251, 295, 350
Spiethoff, 37, 75, 80, 151, 154, 298, 362, 367, 372
Sraffa, 95
Stackelberg, H. v., 44, 91, 95, 106
Stalin, J., 198
Stammler, 38
Stavenhagen, 39, 44, 286, 326
Steuart, J., 99, 239
Stolzmann, R., 38
Storch, 367
Strigl, R. v., 45
Stucken, 270, 317, 372
Sucharewsky, 216
Suranyi-Unger, 44, 94, 104

Taussig, 146, 285, 298, 312
Tautscher, 44, 124
Taylor, 145, 293
Thomson, 298
Thornton, 273, 369
Thünen, J. H. v., 42, 45, 99, 121, 285, 287, 311, 329
Tooke, 369
Torrens, 146, 296, 298, 369
Truchy, H., 94
Tugan-Baranowsky, 372
Turgot, 36, 45, 90, 94, 99, 124, 126
Turner, 94

Valenti, 94
Viner, 146
Vogel, 94
Vogelstein, 90, 94, 102

Waffenschmidt, W., 45
Wagenführ, H., 37
Wagner, Adolph, 110, 239
Walras, 41, 42, 105, 173
Weber, Adolf, 44, 95, 98, 108, 111, 117, 126, 207, 231, 247, 370
Weber, Alfred, 122
Weber, F. S., 61
Weber, M., 32, 81
Weber-Fechner, 103

Weddigen, W., 29, 30, 32, 33, 39, 40, 50, 70, 79 f., 94, 132, 150, 217, 222, 226, 228, 229, 301
West, 99, 329, 338
Wicksell, 173, 260, 315, 362, 370
Wiese, L. v., 34
Wieser, v., 37, 44, 104, 105, 251
Wolf, 95
Wollny, 98

Zimmerman, L. J., 44, 66
Zimmermann, 108
Zuckerkandl, 37
Zwiedineck-Südenhorst, O. v., 44, 94, 102, 123, 128, 138, 166, 168, 251, 330, 344, 354, 355, 357, 363

Sachverzeichnis

Abrechnungsverkehr 265
Absatzgelegenheit 122
Abstinenztheorie des Zinses 311
Abwertung 277
Aesthetik 17, 32
Agglomerativfaktoren 122
Agiotheorie des Zinses 312
Akkordlohn 292
Akkordmeistersystem 293
Akkordpreis 293
Akkordsatz 295
Akkordschneiden 293
Aktien 309
Aktiengesellschaft 308
Aktionsparameter 164
Akzelerationseffekt 134, 325, 357, 362
Akzelerator 325
Allgem. Volkswirtschaftspolitik 31
Allgem. Finanzwissenschaft 32
Allgem. Soziologie 33
Allgem. Volkswirtschaftslehre 21
Alternativwährung 278
Angebot 163
Angewandte Wirtschaftswissenschaft 31 f.
Angewandte Wirtschaftstheorie 26
Anlagekredit 308
Anlageverbote 322
Anlagezwang 322
Anthropologische Produktion s. Biologisch-organische Produktion
Arbeit (Begriff und Arten) 52, 134 ff.
Arbeitseinkommen 141, 169, 291 ff.
— in der freien Marktwirtschaft 295 ff.
— in der gelenkten Wirtschaft 303 ff.
Arbeitseinsatz 304
Arbeitsfähigkeit 141
Arbeitsfaktor 135, 295
Arbeitsfrieden 304
Arbeitsgemeinschaft 141, 144
Arbeitsgliederung 143
Arbeitslenkung 304
Arbeitslosenhilfe 304, 349
Arbeitslohn, naturgemäßer 298
Arbeitslosigkeit 210
Arbeitsmilieu 141
Arbeitsort 122
Arbeitsproduktivität 60
Arbeitsteilung 75 f., 114, 141 ff., 144
Arbeitsverschiebung 144
Arbeitswertlehre 196
Arbeitszeit 139
Arbeitszerlegung 144
Arbitrage 69
Ausbeutungstheorien 140, 298, 310
Ausgleichsfähigkeit 225 f.
Auslandskredit 308
Auslandsverschuldung 262
Auslandswert 246, 256
Autarkie 143, 359
autonome Aktion 165

Bankdiskont 318
Bankgeld 236
Bankgewerbe 69
Bankingtheorie 369
Bargeld 237
Barreserve der Banken 270
Bedarfsdeckungsprinzip 75, 79
Bedarfszwecke 72
Befehlswirtschaft 53
Bergbau 63
Berufsbildung 144
Berufsteilung 144
Besondere (spezielle) Volkswirtschaftspolitik 31
Besondere Finanzwissenschaft 30
Besteuerung 321
Beteiligungsgewinn 306
Betrieb 24 f.
Betriebskredit 308
Betriebswirtschaft 25, 53, 73
Betriebswirtschaftslehre 27, 31
Bevölkerungslehre 110
Bevölkerungsproblem 109
Bewirtschaftungserträge 327
Bildungsmonopol 136

Bimetallismus 278
Biologisch-organische Produktion 63 ff., 102 f., 116
Boden 52 f., 119 ff.
Boden als Rohstoff- u. Energiequelle 120
Bodeneinkommen 327 ff.
Bodenertragstendenz 329 f.
Bodenpreis 327
Bodenreform 334, 335
Bodenspekulation 335
Bodensperre 329
Börse 322
Bretton-Woods-Abkommen 267
Bruttosozialprodukt 56
Bruttovermögen 48
Buchgeld 237

Cambridger Schule 42
Chartale Zahlung 236
Clearing 265
Clearingverträge 264
Cournotscher Punkt 165 ff., 191
Currencytheorie 369

Dämonie der Wirtschaft 231
Deckungsverhältnis 238
Deduktion 35 f., 37
Deflation 274 ff.
Deflationskrise 357
Depression 326
Deutsche Schule (ethische Schule, neuere historische Sch.) 37
Devalvation 277
Devisen (Begriff) 259
Devisenbewirtschaftung 264, 265
Devisenhandelsmonopol 264
Devisenkernsystem 265
Devisenkurs 259
Devisenzwangswirtschaft 321
Dienstleistungsbilanz 261
Differentialrente 329 f.
Differentialrentenprinzip 287
Differenzierung der Wirtschaftsgebilde 358 f.
Diktatur d. Proletariats 159
Diskont 265, 309, 369
Diskontschraube 265, 321, 361
Distribution 157 ff.
Dividende 306
Doppelwährung 278
Dreiteilung d. Sozialwirtschaft 23
Duometallismus 278
Dyopol 166

Effekten 322
Effektivzins 309
Ehernes Lohngesetz 296
Einkommen (Begriff u. Arten) 168 ff.
—, arbeitsloses 208
—, persönliches 56
—, verfügbares 56
Einkommensbilanz 261
Einkommensbildung 158
Einkommenstheorie des Geldwertes 253
Einkommensverteilung 338 ff.
Einzelakkord 293
Einzelwirtschaft 53, 73, 80
Einzelwirtschaftseinkommen 168
Einzelwirtschaftskönnen 214
Einzelwirtschaftspolitik 27, 31
Elastizität 54, 207, 244, 308, 317, 328, 332, 340
— der Substitution 286 f.
— des Arbeitsfaktors 298 f.
— des Bodens 328
— im Sinne der Ertragstheorie 83
Elastizitätsvoraussetzungen 207
Emissionskontrolle 322
Emissionssperre 322
Empirische Soziologie 33
Endogene Konjunktur 352, 354 f.
Engel-Schwabesches Gesetz 104
Englische Schule 37, 124
Erbbaurecht 336
Ergänzungsgüter 52
Ergiebigkeit (Einträglichkeit) 16, 58
— der Arbeit 137
Erosion 119
Ertrag (Begriff) 55 f.
Ertragsgesetz s. Produktivitätsgesetz 82 ff.
Ertragstendenzen 97 ff.
Ertragstheorie 39, 46 ff., 68
Ertragswert 52
Erwerbskapital, s. auch Geldkapital 128
Ethik 17, 32
Ethische (deutsche) Schule (neuere historische Schule) 37
Europäische Zahlungsunion 267
Existenzgüter 48
Exogene Konjunktur 352, 354 f.
Exportüberschüsse 272

Fabrikindustrie 63
Fabriksysteme 76
Faktorkosten, s. auch Produktionsfaktoren 56
Familienwirtschaft 54
Family allowance system 294
Finanzbeschreibung 30, 32
Finanztheorie 30, 32
Finanzwissenschaft 30
Flächenproduktivität 60
Forderungsbilanz 260
Fordsches System 145
Forschung, generalisierende 17
—, individualisierende 17
—, praktisch-normative 17
—, systematisierende 17
—, theoretische 17
Freihandel 146
Fronhofswirtschaft 75
Frühkapitalismus 79
Fullertonsches Prinzip der Notenrückströmung 369
Fungibilität 315
Funktionales Gleichgewicht 92
Funktionalität 40
Funktionelle Einkommensverteilung 170, 284, 295
Funktionelle Verteilung 295

Gebrauchswert 52, 254
gebundene Wirtschaft 141
Geld (Begriff und Arten) 232 ff.
Geldbedarf 244
Gelddeckung 243
Gelddeflation 274
Geldeinkommen 169
Geldgüter 233
Geldkapital 128, 307, 321, 327, 361
Geldmarkt 309, 316, 321
Geldschöpfung 270
geldschöpfender Kredit 309
Geldschöpfungskoeffizient 270
Geldüberhang 253 f.
Geldumlauf 243
Geldumlaufswährung 238
Geldwert 246 ff.
—, dynamische Theorie des 253
Geldwesen 169, 232, 268 ff.
Geldwirtschaft 78
Gelenkte Wirtschaft 53, 309
Gemeinschaftsgrundsatz s. auch Kollektivgedanke 202, 209
Gemeinschaftswollen 214
Gemeinwirtschaft 53, 80
Generalisierende Forschung 17
Gesamtwirtschaftlichkeit s. Produktivität
Geschichte der Konjunkturtheorien 367 ff.
Gesetz der abnehmenden Grenzrate der Substitution 106
— der erst ab- und dann zunehmenden Arbeitskosten 138
— der fallenden Lohnquote 298
— der Grenzpaare 171
— der Kostendegression 115
— der Massenproduktion 111 ff., 117
— der Rentenpreise 287, 330
— der Solidarität 93
— der steigenden Arbeitskosten 138
— der verhältnismäßigen Zunahme der Nahrung u. Bevölkerung 110
— der zeitlichen Einkommensfolge 357
— des abnehmenden Arbeitsertrages 138
— des abnehmenden Bodenertrages 329 f.
— des Genußausgleichs 105
— des Minimums 98
— Gresham'sches 259, 278
— von Angebot und Nachfrage 172 ff.
Gewerbe 63
Gewerbeform 75, 76
Gewerkschaften 167
Gewinn 56
Girale Zahlung 237
Giralgeld 237
Girierung 237 f.
Giroguthaben 270
Gleichgewichtspreis 41
Gold 238, 265
Goldausfuhrpunkt 266
Golddevisenwährung 238
Goldeinfuhrpunkt 266
Goldkernwährung 238
Goldparität 235, 266
Goldpunkt 266
Goldreserven 243
Goldstandard 256, 276, 279
Goldwährungsmechanismus 239 ff.
Goldzahlung 266
Gossensches Gesetz 104 f.
Grenzarbeiter 285
Grenzböden 328, 329, 330

Grenzertrag 85
Grenzkapitalteilchen 285
Grenzkosten 86
Grenzkostengesetz s. auch Gesetz der Rentenpreise 106, 287
Grenznutzenschule (oder Wiener-Schule) 37, 105 f.
Grenzprodukt 286
Grenzproduktivität 284 f., 298
Greshamsches Gesetz 259, 278
Großbetriebliches Monopol 168
Gründerkrise 349 f.
Grundbesitzeinkommen 327 ff.
Grundrente 170, 287, 327 ff.
— Wegsteuerung der 334
Grundrentenlehre 329
Grundrententheorie 328, 331
Gruppenakkord 293
Gut (Begriff und Arten) 47 ff.

Handel 68
Handelsbilanz 261
Handelsmünzen 235
Handwerk 63
Hauswirtschaft, geschlossene 75
Hauswirtschaftslehre 28, 31
Heimarbeit 76
Historische Schule (ältere u. neuere) 37
— Wirtschaftsforschung 23
Hochkapitalismus 79
Höchstpreise 161 f.
Homo oeconomicus 161
Horizontales Gleichgewicht 92, 143

Immaterielle Produktion 68
Immobiliarkredit 309
Imperialismustheorie 368
Index der Lebenskosten 295
Indexwährung 279
Indifferenzkurve 106
Indifferenzlehre 106
Individualgedanke 199, 206 ff.
individualisierend-deskriptive Wirtschaftsforschung 17, 19
Individuallohn 295
Induktion 35 ff.
Industrie 112
Inflation 268 ff., 295, 309
—, versteckte (gestaute) 247, 254
Initialzündung 302
Inlandswert 246
Input-Output-Analyse 57
Institutionalisten 38
Integrierung der Wirtschaftsgebilde 358
Intensität 112
Intensitätsrente 287, 330
Interdependenz der Peise 173
Internationale Arbeitsteilung 145
Internationaler Währungsfonds 267
— Zahlungsverkehr 266
Intervalutarischer Wert 256
Interventionismus 197
Investitionen 119, 126, 128, 361, 369 f.
Investierungen 119
Investitionslücke (investmentgap) 370
Investitionsmultiplikator s. Multiplikator

Juglarzyklus 353

Kapital 52, 125 ff., 128, 361
—, konstantes 129
—, variables 129
Kapitalbildung 133, 323 ff.
Kapitalbilanz 261
Kapitaleinkommen 305 ff.
Kapitalertrag 306
Kapitalertragsbilanz 261
Kapitalinvestierung 325, 348, 361
Kapitalismus 79, 130 ff.
Kapitalistische Expansionskonjunktur 361
Kapitalmarkt 309, 316, 322
Kapitalmäßige Wirtschaft 128, 130, 310
Kapitalrente 170, 305 ff.
Kapitalverkehrsbilanz 261
Kapitalzins 306
Kartelle 167
Kassenmünzen 235
Kathedersozialismus 197
Kaufhandel 163
Kaufkraft des Geldes 169
—, aufgeschobene 253 f.
Kaufkraftparität 260
Kaufkrafttheorie des Lohnes 302
Kausalität 40
Klassische Schule 36, 37, 124
Kolchosen 337
Kollektivgedanke 199, 202, 209 ff.
Kollektivierungsreife 216
Kollektivmonopol 166
Kollektivismus 198

Kollektivistische Planwirtschaft 338
— Volkswirtschaft und Krisen 347
— Wirtschaftsverstaatlichung 132
—s Wirtschaftssystem 348
Kollektivwirtschaft 53
Kommunismus 198
konjekturale Anpassung 165
Konjunkturen 150, 154, s. auch Krisen 346
Konjunkturprognose 355
Konjunkturstatistik 351
Konjunktursymptome 363
Konjunkturtheorien 367 ff.
Konjunkturumschwung 347
Konjunkturzyklus 352
Konkurrenz s. Wettbewerb
konnexe Preise 162
Konsum- oder Kaufkrafttheorie 369
Konsumentenrente s. Konsumertrag
Konsumertrag 170, 172
Konsumneigung 312
Konsumorientierung 122
Konsumrationierung 199
Konsumtion 47, 212
Konsumtivgüter 48
Konsumtivkredit 308
Kontinentalwirtschaft 73
Konträrtheorie 339
Konventionstheorie des Geldes 233, 239
korporativ gebundene Wirtschaft 80
Kosten 137 f.
Kostenfunktion 86
Kostengesetz 85, 106, 138
Kostentheorie 95
Kostenwert s. Kosten
Kredit 307, 309, 361
Kreditauswahl s. Kreditselektion
Kreditdeflation 274
Krediteinschränkung 321
Kreditexpansion 271, 361 f.
Kreditgeld 361
Kreditkontraktion 271
Kreditrestriktion s. Krediteinschränkung
Kreditschöpfung 133, 308, 310
Kreditselektion 321
Kreditüberspannung 272
Kreditwirtschaft 78, 236
Krisen 154 ff., 333, 347 ff.
Krisenlosigkeit der zentralistischen Planwirtschaft 348
Kulturgüter 48
Kurantgeld 235
Kurswert 246

Labiles Gleichgewicht 215
Labilität 151
Labilitätsgesetz 149 ff., 155, 341, 346, 371
Lagerhaltung 69
Lagerzyklen 352
Landwirtschaft 63, 112, 115 f.
Lausanner Schule 173
Lebenshaltung 48
Legierungsverhältnis 238
Leihkapital 128, 307, 361
Leistungsfähigkeit 230 f.
Leistungsintensität 141
Leistungslohn 294
Leistungswettbewerbe 141
Leistungswilligkeit 141
Lenkung der Wirtschaft s. Wirtschaftslenkung
— des Berufsnachwuchses 304
— des Geldkapitals 321
— des Sachkapitals 322
Lenkungsreife 230
Lieferantenkredit 309
Liquidität 269
Liquiditätsbedürfnis 269, 309
Liquiditätspräferenz 312
Liquiditätstheorie des Zinses 312
Lohn (Begriff und Arten) 160, 291 ff., 338 f.
Lohnbemessung 292
Lohnfondstheorie 297
Lohn-Preis-Spirale 295
Lohnkapazität 107
Lohnpyramide 301
Lohnsatz 295
Lohnskala, gleitende 294
Lombard 309

Macht 229
Manager 345
Manchester Schule s. englische Schule
manipulierte Währung 239, 370
Manufaktur 76
Markt (Begriff und Arten) 162 ff.
Marktbeobachtung 355
Marktformen 165 ff., 168
Marktordnung 168
Marktregulierung 168
Marktwirtschaft 53, 141, 255, 349
Marxismus 139 f., 196

Massenproduktion 114 f.
Massenproduktionsgesetz 117
materialistische Geschichtsauffassung 140
Materialort 122
materielle Wohlfahrt 67
mathematische Methode 42
Mehrwert 310
Mehrwerttheorie 140
Meinungsmonopol 123, 168
Melioration 119
Menschenökonomik 168
metallgebundene Währung 238
Metallismus 239, 242
Methodenfragen 35 ff.
Methodenstreit 35 ff.
Mietzins 306
Mikroökonomik 19
Mindestpreis 162
Mindestreserve der Banken 270
Minimumgesetz 98
Mittel 47
mittelbare Lenkung der Arbeit 304
— Preispolitik 223
Mittelbeschaffung 16, 47, 67 f., 134, 139, 231
Mittelentziehung 225
moderner Kapitalismus 131
monetäre Konjunkturtheorie 369
monetäre Krisen 357
Monopol 165 ff.
Monopolbildung 301
Monopoleinkommen 329
monopolistische Verhaltensweise 166
Monopolkapital 130
Monopolkontrolle 218
Monopolrententheorien des Sozialismus 329
Münzen 235
Münzhoheit 235
Münzparität 266
Münzregal 235
Münzverschlechterung 235
multilateraler Abrechnungsverkehr 265
Multiplikator 258
Multiplikationseffekt 134, 323, 357

Nachfrage 163
Nachrichtenwesen 70, 355
Nationallohn 295
Nationalprodukt 56, 72, 351
Nationalwirtschaft 21, s. auch Volkswirtschaft
natürliches (freies) Geld 233
Naturaleinkommen 169
Naturallohn 292
Naturalwirtschaft 77 f., 127
Neonep 198
Nettosozialprodukt 56
Nettovermögen 48
Nivellierungstheorie 256, 259, 260
Nominaleinkommen 169
Nominalismus 239 ff., 241
nominalistisches Zwangsgeld 259
Nominallohn 292
Nominalzins 309
Notenpresse 321
Nutzgrenze 83 f.
Nutzschwelle 83 f.
Nutzungstheorie 311, 313

Oberer Goldpunkt 266
Obligation 270, 309
Offene Arbeitslosigkeit 210, 348 f.
Offenmarktpolitik 272, 321
Ökonometrie 42
Ökonomisches Prinzip 22
Österreichische (Wiener) Grenznutzenschule 37
Oikenwirtschaft 75, 79
Oligopol 166
Optimumgesetz 91
Organisation 79
organisch gegliederte Volkswirtschaft 201
organische Produktion s. biologisch-organische Produktion
Organismus 143

Pachtzins 327
Parallelwährung 278
Parikurs 309
Peelsche Bankakte 369
Pendelgedanke (Torrens u. Ricardo) 298
pensatorische Zahlung 236
Periodizität der Krisen 354
persönliche Güter 48
Persönlichkeitsgrundsatz s. Individualgedanke
Personalkredit 309
Personelle Verteilung 295
Physiokraten 124, 328

Planwirtschaft 53, s. auch Kollektivismus
Politik 17, 32
Polygenetische Konjunkturtheorien 371 f.
Polypolitische Verhaltensweise 167
Präferenzen 166
praktisch normative Forschung 17
Praktische Volkswirtschaftslehre 28, 31
— Weltwirtschaftslehre 31
— Wirtschaftswissenschaft 31 f.
Prämiensysteme der Lohnbemessung 292
Preis (Begriff und Arten) 160 ff.
Preisbewegung 156
Preisbildung 160 ff., 171 ff.
Preisempfindlichkeit des Arbeitsangebotes 298
— des Kapitals 315
preventive checks 110
Privatbanknoten 270
Privateigentum 208
Privatkapital 126 f.
produit net 328
Produkt 47
Produktion 47, 71
Produktionsbedingungen 122
Produktionselemente 53
Produktionsfaktoren 52, 56 f., 119 ff., 125 ff., 134 ff.
Produktionskenntnisse 90
Produktionskostentheorie des Geldes 255
Produktionsmittel 53
Produktionsorientierung 122
Produktionstechnik 24
Produktionsteilung 144
Produktionsumwege 128
Produktionsziel 150
Produktivität 58 f., 60, 82, 132 f., 202, 230, 243, 244
Produktivität übertriebener Wirtschaftsbindung 211 ff.
Produktivitätsgesetz 82 ff., 247, 297
Produktivitätsgesichtspunkt 138
Produktivitätsnachteile 211
Produktivitätsrelation 114
Produktivitätstheorien 311, 313
Produktivitätsverlust 350
Produktivitätsvorteile der freien Marktwirtschaft 206
Produktivgüter 47 f.
Produktivkapital 125
Produktivkredit 308
Produzentenrente 170
Profit 343
Profitrate 315, 330
Proportionalität der Produktionsfaktoren 86, 244
Psychologische Konjunkturtheorien 371

Qualitätsrente 287
Quantenproblem 352, 354, 362, 371
Quantitätstheorie 250 ff.
quantitätstheoretische Verkehrsgleichung 269 f.
Quasirente 331

Rahmenpreise 162
rationelle Wirtschaftsrechnung 206
Rationalprinzip 22
Raumforschung 120
Raumordnung 120
Reagibilität der Produktion 206, s. Preisempfindlichkeit
Reaktionsgeschwindigkeit 41
Realeinkommen 169
Realistische Wirtschaftsforschung 23
Realkapital 125, s. Sachkapital
Realkredit 309
Reallohn 292
Realvermögen 48
Realzins 309, 315
Rechtswissenschaft 34
Rechtliches Monopol 168
Redeflation 277 ff.
Refa 145
Reflation 278, s. Redeflation
Regionalfaktoren 122
Regionalwirtschaft 73
regionalwirtschaftliches Geld 240
Reinertrag 56
Reine Wirtschaftstheorie 18
Reinflation 280
relatives Minimum 110
Rentabilität 58, 111 ff., 126
Rentabilitätsproblem 114
Rentabilitätsgesetz 111 ff., 113, 117
Rentabilitätsoptimum 138
Rente (Begriff und Arten) 327 ff.
Rente der Lage 329, 330
Rente, städtische 335, 337
Repudiation des Geldes 273
Residualgedanke 288

Richtpreis 162
Risiko 133, 344
Romantiker 36

Sachgüter 48, 307
Sachgüterbeschaffung 67
Sachgüterproduktion 63
Sachkapital 125, 320, 361
Saisonschwankungen 352
Schatzwechsel 271
Scheck 270
Scheidegeld 235
Schlagschatz 235
Schwundgeld 245
Selbstgenügsamkeit s. Autarkie
Selbstorganisierung der Wirtschaft 355
Selbststeuerungsfähigkeit 328
Selbstzweck 139
Seltenheit (Knappheit) 172
single tax 334
Sklavenkapitalismus 80, 132
social wages 294
Solidarität 93
Sonderbetriebswirtschaftslehren 31
Soziale Betriebspolitik 31
sozial gelenkte Marktwirtschaft 221
Sozialisierung 159, 212
Soziallohn 294
Sozialismus 198
Sozialistische Krisenlehre 368
Sozialpolitik 29
Sozialprodukt 56
Sozialreform 68, 197
Sozialwirtschaft 21, 53
Soziologie 34
Sparen 133
Sparvolumen 357
Spätkapitalismus 79
Specific productivity 298
Spekulation 69, 354
Spieltheorie 106
Spiralwirkung der Inflation 273
Staatskapitalismus 132
Staatskredit 271, 309
Staatsnoten 271
Stadtwirtschaft 75
standard of life 48
Standortfaktoren 122
Standortstheorie 120, 121, 123
stehendes Kapital 128
steuerliche Begünstigung 322
Steuerung des Arbeitseinkommens 304
Steuerwälzung 225
stoffwertes Geld 233, 256
stoffwertloses Geld 255
Stückgeld 237
Strukturveränderungen 352
Stücklohn 292
Stückzeitakkord 293
Stufengedanke 239
Stufentheorie des Geldes 239 f.
Stundungskredit 309
Substitutionstheorie 286
Suspensionen 98
Symmetalismus 278, 364
System ertragstheoretischer Gesetze u. Tendenzen 117 f.
— der Wirtschaftswissenschaft 26 ff.
systematisierend - theoretische Wirtschaftsforschung 17, 18, 30

Tauschgüter 48
Tauschhandel 163
Tauschwert 52, 254
Tauschwirtschaft 53, s. Verkehrswirtschaft
Taylorismus 145
Taxen 162
Technik 79
— Wirtschaft 24
Teilkrisen 155
Teilmonopol 166
Teiloligopol 166
Teilungssysteme der Lohnbemessung (Halsey, Rowan) 292
teleologische (zweckbezogene) Betrachtungsweise 38
Tendenz der abnehmenden Bevölkerungszunahme 108 ff.
— der depressiven Wirtschaftszersetzung 359
— der steigenden Kosten 106
— des abnehmenden Bergbauertrages 97
— des abnehmenden Bodenertrages 97 ff.
— des abnehmenden Ertrages der biologisch-organischen Produktion 71, 102 ff.
— des abnehmenden Ertrages der Landwirtschaft 97
— des abnehmenden Lohnertrags 107 f., 141

— des abnehmenden Nutzens 103 f., 106
— des zunehmenden Industrieertrags 100 ff.
— der Homogenität des Wirtschaftssystems 335
Theoretische Forschung 17
— Nationalökonomie 21
— Volkswirtschaftslehre 30
— Volkswirtschaftspolitik 28
Theorie der Absatzwege 356
— der komparativen Kosten 146
— der Preis- und Einkommenbildung 25
— der Verteilung 25, 30
— der Wahlakte 106
— der wirtschaftl. Wechsellagen 346
— des Ertrages 25, 30, 106
— des Geldwertes 247
— des Wartens 311
Territorialwirtschaft 73
Thünensche Kreise 121
Transportkosten 122
Trend 351 f.

Überinvestitionstheorien 362
Überlassungstheorie 313
Überproduktionstheorien 356, 367
Überschußeinkommen 170
Überschußreserve der Banken 270
Umgruppierungsfähigkeit s. Elastizität
Umgruppierungsverluste 227
Umlaufsgeschwindigkeit des Geldes 249 f.
Unbeweglichkeit des Bodens 329
Unmittelbare Lenkung der Arbeit 304
unterer Goldpunkt 266
Unterhaltslohn 294
Unterkonsumtionstheorie 367
Unternehmer 341
Unternehmergewinn 340 ff., 342
— in der freien Marktwirtschaft 344
— in der gelenkten Wirtschaft 345
— in der kollekt. Planwirtschaft 346
Unternehmerleistung 213
Unternehmung 24
Unvermehrbarkeit d. Bodens 119
Urkundenkredit 309
Urproduktion (Begriff und Arten) 63

Valutadumping 273
variable Kosten 111 f.
Verbrauchsgesetze 68
Verdienstspanne 223
Vereinbarungsmonopol 167
Vergesellschaftung 140
Verhältnis von Angebot — Nachfrage 223
Verhaltensforschung 166
Verkaufspreis 327
Verkehr 69 f.
Verkehrsgleichung 250
Verkehrstechnik 24
Verkehrswesen 112, 116 f.
Verkehrswirtschaft 53
Verlag 76
Verlaufsanalyse 41
Vermögensbildung 49
Verrechnungsabkommen 265
Versicherung 70
Versorgungsniveau 106
Verteilung 220 ff.
Verteilung, funktionelle 295
—, personelle 295
Verteilungstheorie 156, 157 ff.
Vertikales Gleichgewichtsproblem 143
Verwaltungswirtschaft 53, s. auch Kollektivismus
Volkseinkommen 56, 168 f.
Volkswirtschaft 21, 54, 73, 75
Volkswirtschaftliche Gesamtrechnung 57, 158
— Kreditsumme 307
Volkswirtschaftliches Geld 240
Volkswirtschaftslehre 21
Volkswirtschaftspolitik 21
Vollbeschäftigungstheorie 370
Vollkommene Konkurrenz 164 f.
Vollkommener Markt 165
vorgetane Arbeit 207
vorkapitalistische Wirtschaftssysteme 79
Vorzugseinkommen 170

Wachstum der Wirtschaft 326
Währung 238 f.
Währungsfonds 267
Waiting-Theorie 311
Weber-Fechnersches Gesetz 103
Wechsel 270
Wechseldiskont s. Diskont

Wechsellagen 149 ff., s. auch Konjunkturen 346 ff., 363
welfare economics 32, 58
Weltwährung 242
Weltwirtschaft 54, 155, 266
weltwirtschaftliches Geld 240
Weltwirtschaftskonjunkturen 363
Weltwirtschaftskrise 363
Weltwirtschaftslehre 29
Werbung 69
Wert (Begriff und Arten) 50 ff.
Wertagio 312
Wertaufbewahrungsmittel 245
Wertschätzung 171
Wertzuwachs des Bodens 335
Wettbewerb 53, 164, 206
Wiener- oder Grenznutzenschule 37
Wirtschaft (Begriff) 16, 47
Wirtschaftsbeschreibung 19, 30, 139
Wirtschaftseinheit 53
Wirtschaftserweiterung 350
Wirtschaftsführung 201, 217
Wirtschaftsgebilde 52
Wirtschaftsgeschichte 36 ff.
Wirtschaftsgesinnung 79 f.
Wirtschaftsintensität 332
Wirtschaftskomplexe s. Wirtschaftsgebilde
Wirtschaftslagen 347
Wirtschaftslenkung 196 ff., 209, 218 f.
Wirtschaftsordnung 53
Wirtschaftsorganisation 79 f.
Wirtschaftspolitik 26
wirtschaftspolitische Lenkungsmaßnahmen 217
Wirtschaftsrückbildung 350
Wirtschaftsschrumpfung 350
Wirtschaftssteuerung 200
Wirtschaftsstile 80
Wirtschaftsstufen 72 ff.
Wirtschaftsstufentheorien 74 ff.
Wirtschaftstendenzen 97 ff.
Wirtschaftstheorie 16 ff., 25 ff., 30, 39
— angewandte 26
Wirtschaftsverfassung 53
Wirtschaftsverwaltung 346
Wirtschaftszweige 62 ff.
Wohlfahrtsökonomie 32

Zahlungsbilanz 243, 260
Zahlungsbilanztheorie 243, 260
Zahlungssitten 270
Zahlungsunion 267
Zahlungsverkehr, multilateraler 266
Zeichengeld 234, 236
Zeitlohn 292
Zeitlohnprämiensysteme 292
zentralistische Planwirtschaft 198
Zentralnotenbank 309
Zieländerung der Wirtschaft 350
Zins 160, 306, 311, 314, 369 f., s. auch Diskont
—, natürlicher 315, 370
—, ursprünglicher 305, 370
Zinsverbilligung 273
Zirkulationskredit 308
Zufallsschwankungen 352
Zurechnungslehre 298
Zurechnungsproblem 283
zusätzlicher Kredit 309
Zuwachsrate 335
Zuwachsrente 334
Zwangsbewirtschaftung d. Arbeitsfaktors 212
Zwischentauschgut 232
Zyklus der Konjunktur 352